中山大学校庆（2005年）、广东省本届（2006年）
精品课程"双椅学专业"项目成果

中山大学校级（2005年）、广东省省级（2006年）精品课程"政治学导论"项目成果

政治学导论

Zhengzhixue Daolun

肖滨 主编

中山大学出版社
·广州·

版权所有　翻印必究

图书在版编目（CIP）数据

政治学导论/肖滨主编．—广州：中山大学出版社，2009.12
ISBN 978-7-306-03523-3

Ⅰ．政…　Ⅱ．肖…　Ⅲ．政治学—高等学校—教材　Ⅳ．D0

中国版本图书馆 CIP 数据核字（2009）第 196734 号

出版人：祁　军
策划编辑：施国胜　嵇春霞
责任编辑：嵇春霞
封面设计：林绵华　雷露沁
责任校对：赵　婷
责任技编：何雅涛
出版发行：中山大学出版社
电　　话：编辑部 020-84111996，84111997，84113349，84110779
　　　　　发行部 020-84111998，84111981，84111160
地　　址：广州市新港西路 135 号
邮　　编：510275　　传　真：020-84036565
网　　址：http://www.zsup.com.cn　E-mail：zdcbs@mail.sysu.edu.cn
印 刷 者：广州中大印刷有限公司
规　　格：787mm×1092mm　1/16　23.5 印张　560 千字
版次印次：2009 年 12 月第 1 版　2009 年 12 月第 1 次印刷
印　　数：1－3000 册
定　　价：48.00 元

本书如发现因印装质量影响阅读，请与出版社发行部联系调换

目 录

第一编 理解政治与研究政治

第1章 理解政治：政治是什么 ... 3
- 1.1 政治生活的轴心 ... 3
- 1.2 政治活动的主体 ... 6
- 1.3 政治的功能 ... 9
- 1.4 政治活动的方式 ... 12
- 1.5 政治生活的范围 ... 15
- 小结 ... 18
- 阅读书目 ... 19
- 思考题 ... 19

第2章 研究政治：何谓政治学 ... 20
- 2.1 政治学的性质 ... 20
- 2.2 政治学的学科发展 ... 24
- 2.3 政治科学的研究路径 ... 31
- 小结 ... 36
- 阅读书目 ... 36
- 思考题 ... 36

第二编 现代国家

第3章 民族—国家 ... 39
- 3.1 民族—国家作为现代国家 ... 39
- 3.2 民族—国家语境中的"民族" ... 47
- 3.3 作为民族—国家要素的"国家" ... 57
- 小结 ... 69
- 阅读书目 ... 70
- 思考题 ... 70

第 4 章　国家与社会 ····· 71
- 4.1　国家的分殊性：国家划界于社会 ····· 71
- 4.2　国家的自主性：国家超越社会 ····· 74
- 4.3　国家的有效性：国家渗透社会 ····· 79
- 4.4　国家的合法性：国家立足于社会 ····· 84
- 4.5　国家与公民社会 ····· 88
- 小结 ····· 93
- 阅读书目 ····· 94
- 思考题 ····· 94

第 5 章　法治与民主 ····· 95
- 5.1　法治 ····· 95
- 5.2　宪政 ····· 100
- 5.3　民主 ····· 105
- 小结 ····· 115
- 阅读书目 ····· 116
- 思考题 ····· 116

第三编　公民政治

第 6 章　公民身份 ····· 119
- 6.1　概述 ····· 119
- 6.2　公民权利 ····· 123
- 6.3　公民义务 ····· 128
- 6.4　公民身份在中国 ····· 132
- 小结 ····· 137
- 阅读书目 ····· 137
- 思考题 ····· 137

第 7 章　公民充权 ····· 139
- 7.1　充权理论与"相互充权" ····· 139
- 7.2　公民充权的界定 ····· 141
- 7.3　公民充权的要素 ····· 142
- 7.4　公民充权的过程 ····· 146
- 7.5　公民充权的个案：乙肝病毒携带者的维权 ····· 153
- 小结 ····· 156
- 阅读书目 ····· 156
- 思考题 ····· 157

第8章 公民参与 158
- 8.1 概述 158
- 8.2 公民结社 162
- 8.3 公民选举 168
- 8.4 公民治理 175
- 小结 179
- 阅读书目 180
- 思考题 180

第四编 现代政府

第9章 政府权力的纵向配置 183
- 9.1 国家结构形式的政治学意义 183
- 9.2 国家结构形式选择的理论基础 187
- 9.3 单一制模式 193
- 9.4 联邦制模式 195
- 9.5 当代中国的中央与地方关系 199
- 小结 203
- 阅读书目 204
- 思考题 204

第10章 政府权力的横向结构 205
- 10.1 政府权力的分与合 205
- 10.2 立法权与立法机关 211
- 10.3 行政权与行政机关 214
- 10.4 司法权与司法机关 217
- 小结 222
- 阅读书目 222
- 思考题 223

第11章 政府的功能与运作 224
- 11.1 政府职能：政府应该做什么 224
- 11.2 政府能力：政府能做什么 227
- 11.3 公共政策：政府选择做什么 230
- 11.4 公共预算：政府如何花钱 234
- 11.5 公共行政：政府如何管理 238

小结 ·· 241
  阅读书目 ·· 241
  思考题 ·· 242

第五编　在公民与政府之间

第12章　现代政党 ·· 245
  12.1　政党 ·· 245
  12.2　政党制度 ·· 252
  12.3　当代中国的政党制度 ·· 258
  小结 ·· 259
  阅读书目 ·· 259
  思考题 ·· 260

第13章　利益集团 ·· 261
  13.1　利益集团理论定位 ·· 261
  13.2　利益集团的论争 ··· 264
  13.3　利益集团的政治活动 ·· 267
  13.4　当代中国的利益集团 ·· 270
  小结 ·· 272
  阅读书目 ·· 272
  思考题 ·· 273

第14章　大众传媒 ·· 274
  14.1　从政治传媒到传媒政治 ··· 274
  14.2　传媒与政治的双向互动 ··· 278
  14.3　大众传媒与选举政治 ·· 280
  14.4　大众传媒与公共舆论 ·· 282
  小结 ·· 287
  阅读书目 ·· 287
  思考题 ·· 288

第六编　政治与文化

第15章　政治文化 ·· 291
  15.1　政治分析的文化维度 ·· 291
  15.2　政治文化的构成 ··· 294

15.3 政治文化与社会资本 …… 302
15.4 政治社会化 …… 306
小结 …… 310
阅读书目 …… 310
思考题 …… 310

第16章 政治价值 …… 311
16.1 自由 …… 312
16.2 平等 …… 319
16.3 福利 …… 325
16.4 正义 …… 330
小结 …… 337
阅读书目 …… 337
思考题 …… 338

第17章 意识形态 …… 339
17.1 无政府主义 …… 339
17.2 自由主义 …… 343
17.3 保守主义 …… 350
17.4 社会主义 …… 357
小结 …… 361
阅读书目 …… 362
思考题 …… 362

后记 …… 364

第一编

理解政治与研究政治

第一章

韓國現代史의 爭點

第1章　理解政治：政治是什么

政治学教科书一开篇总会碰到这样一个问题：政治是什么？任何教材的编写者都不能回避这个问题，但又很难回答它。因为，这是一个答案很多却没有一个答案为学界普遍接受、认可的问题。如果就国内政治学教材对此问题的讨论来看，目前采取的方式大致可以归纳为两种。一种着眼于"界定政治"，即对政治是什么的问题给出明确的回答，提出关于政治的确切定义，并加以阐释，这是大多数政治学教材通常采取的方式。另外一种则关注"如何界定政治"或"如何理解政治"，侧重分析界定或理解政治的不同方式。[①] 本书采取后一种方式。在此，我们把如此选择的理由简单陈述如下。

在我们看来，政治不仅是整体，而且是发展、变动中的整体，政治本身有着复杂而变化的面孔。因此，学界对政治已经做出的各种概念界定、各种理论解释虽然都在一定意义上捕捉、把握到了政治的某一副面孔，但都没有也不可能穷尽对政治的认知，因而也就不可能展现政治的整体面貌。这是政治本身的复杂性所决定的：政治的复杂性导致人们对政治认知的有限性。这也就意味着"政治是什么"的问题不太可能有一个单一的答案。这样，与其着眼于"界定政治"，直接回答政治是什么，不如集中讨论"如何界定政治"或"如何理解政治"，分析界定或理解政治的各种方式。事实上，学界所给出的各种政治定义、建构的各种政治观本身也是选择不同的界定或理解政治的方式或视角所带来的理论结果。就此而言，把重心放在"如何界定政治"或"如何理解政治"上，确实不失为一种明智的选择。

基于上述思路，我们挑选了理解、把握政治可能涉及的五个基本问题，力图通过考察不同的学者对这些问题的不同回答，来观察他们界定政治的不同方法或视角，由此展示政治复杂而多元的面孔。这五个基本问题是：政治生活以什么为轴心？政治活动的主体是谁？政治究竟干什么？政治活动的方式是什么？政治生活的范围何在？这五个问题本身不是孤立的而是相互交织的。我们之所以把它们分开来讨论，不只是出于叙述方便的需要，同时也是力图观察人们把握政治的不同进路、不同方法，从不同的视角来展示政治整体的不同侧面。也许把对这五个问题的回答整合起来，有可能拼出一幅由各种对立而又互补的元素组成的相对完整的政治图画。

1.1　政治生活的轴心

如果说人类的经济活动以财富为轴心，那么，人类的政治生活以什么为轴心？这是

[①] 参见景跃进、张小劲主编：《政治学原理》，北京：中国人民大学出版社2006年版，第4页。

政治学家们在界定政治时首先必须回答的一个问题，对此问题的解答构成了理解政治的基本前提。让我们对把握政治没有丧失信心的一个理由是，尽管不同的政治学家们对"政治是什么"可能有不同的回答，从而形成了各种分歧甚大的政治观，但他们都承认一个从无数的经验观察中发现的事实：政治以权力（power）为轴心。正如政治学家安德鲁·海伍德所言："所有政治都是关乎权力的。政治实践经常被视为权力的运作。"①由此来看，分析权力是把握政治以什么为轴心的必由之路。

在人类的政治生活中，权力虽然至关重要，但在政治理论中，权力却是"一个本质上有争议的概念"②。就把握政治学中的权力（power）概念而言，区分"power to"和"power over"是必要的：前者主要指人与物之间的一种关系，通常指某人做某件事情的能力；后者则涉及人与人之间的关系，指一个人对另一个人施加影响的控制力。政治学家把后者视为政治学的权力概念来加以定义："就最一般的含义而言，当A使B去做A想做而B不想做的事情时，可以说A对B行使了权力。换言之，权力是使他人去做本不想做的事情的能力。"③与此相类似，德国社会学家马克斯·韦伯把权力界定为"在社会交往中一个行为者把自己的意志强加在其他行为者之上的可能性"④。因此，权力实际上是一种权力主体和权力客体之间互动性的社会关系，这种关系的实质是权力主体对权力客体的支配、控制和权力客体对权力主体的服从与接受。在权力主体和权力客体之间，前者对后者具有强制对方服从的某种优势，因而，权力具有强制性、控制性的特征。换言之，权力关系具有非对称性："掌权者对权力对象的行为实施较大的控制，而不是相反。"⑤ 在此意义上，权力与影响力有所不同⑥："权力是与进行惩罚或奖赏的能力相联系的，这就使得它相对于包括进行合理说服在内的'影响力（influence）'而言，更接近于暴力和操纵力。"⑦

不过，权力虽然与暴力相关联，但二者是有区别的。一方面，暴力或武力可以成为权力的基础和后盾：权力的掌握者可能以暴力作为强制手段，迫使对方服从权力的宰制，以维持权力关系的非对称性；另一方面，暴力本身不是权力：暴力以身体、武器、技术等物质的力量为基础，通常反映物理学或生物学的力量关系⑧，而权力则以合法性、正当性为基础，是经过合法化的社会关系。因此，虽然权力难以割断与暴力的关

---

① Andrew Heywood. *Political Theory：An Introduction.* London：Macmillan, 1999. p. 122.
② （英）戴维·米勒、韦农·波格丹诺主编：《布莱克维尔政治学百科全书》，邓正来译，北京：中国政法大学出版社2002年版，第641页。
③ Andrew Heywood. *Political Theory：An Introduction.* London：Macmillan, 1999. p. 122.
④ 转引自（英）戴维·米勒、韦农·波格丹诺主编：《布莱克维尔政治学百科全书》，邓正来译，北京：中国政法大学出版社2002年版，第641页。
⑤ （美）丹尼斯·朗：《权力论》，陆震纶等译，北京：中国社会科学出版社2001年版，第10页。
⑥ 随着权力理论的发展，古典多元主义对权力的理解不再凸显其强制性的特征，而把包括合理说服、讨价还价等在内的影响力也视为权力。这虽然扩展了权力的面相，丰富了我们对政治的认知；但确如一些学者所言，"对权力概念的多元分析对于我们认识政治现象具有相当的意义和价值，但是这种收获不是没有代价的，在无限拉长的战线中，我们有可能丢失政治学的核心地带，模糊政治学的核心问题"。（参见景跃进、张小劲主编：《政治学原理》，北京：中国人民大学出版社2006年版，第22页。）
⑦ （英）安德鲁·海伍德：《政治学核心概念》，吴勇译，天津：天津人民出版社2008年版，第42页。
⑧ （美）丹尼斯·朗：《权力论》，陆震纶等译，北京：中国社会科学出版社2001年版，第10页。

联,但它与权威的联系更为紧密:"权威是基于被认可的服从义务,而不是任何形式的强迫或操纵。在这个意义上,权威就是披上了合法性和公正性外衣的权力。"①

如果把暴力、权力和(作为合法性权力的)权威合起来看,那么,我们就可以引出三个政治学的基本概念——国家权力、政治权力和公共权力。国家权力是一个国家共同体中作为统治组织的国家(state)所掌控和行使的以暴力为后盾、以合法性为基础的政治权力与公共权力。一方面,国家权力是公共权力,不是私人权力:国家权力在应然层面上归属于社会公众,为公众所有,它"姓公"不"姓私";国家权力是涉及公共事务的权力,它活动的领域是公共领域而不是私人领域;掌握、行使国家权力的国家统治组织实质是一种公共权力的机关,它是公共权威的化身。另一方面,国家权力是政治权力:国家权力以暴力为军事后盾,以税收为财政支撑,国家的统治者依靠其所掌控的国家权力迫使被统治者服从其统治,因而国家权力具有支配性、强制性;国家权力有效地持久运行不能完全诉诸暴力的强制,它需要通过某种形式的合法化以获得某种程度的合法性、正当性,由此,国家权力具有权威性。

由上述分析可见,所谓政治以权力为轴心其实是以具有公共性和政治性的国家权力为轴心。政治生活的经验事实也表明,政治活动通常都是围绕国家权力而展开的:无论国家权力被区分为制定和修改或废止法律法规的立法权、依法管理社会公共事务的行政权和解决社会利益冲突与维护法律尊严的司法权,还是归结为控制暴力资源的军权、汲取和分配财税资源的财税权和决定谁来行使国家权力的人事任免权,所有这些国家权力在政治舞台中都占据了最为重要的显赫位置,它们构成了政治活动的轴心。下面,我们以国家汲取和分配财税资源的财税权为例来讨论。

从表面来看,围绕财税权展开的活动是经济的而不是政治的;然而,实际上,这些活动在本质上恰恰是政治性的。一方面,政府汲取税收资源涉及的是财政收入的政治。因为,政府的"公共官员需要不断地增税,但他们试图去做这事的时候就会面对政治的雷区,结果是,他们得十分小心地增税,并且努力以一种能使反对最小化和支持最大化的方式来分配税负"②。否则,如果政府不顾民意、不按法律程序,依靠国家暴力强行增税,那就可能导致更大的政治麻烦,比如纳税人不再服从国家权威以致拒绝缴税,甚至以各种方式与统治者抗争。因此,一旦政府凭借自己手中掌握的征税权向民众或公民征税,就不可避免地进入了政治的领地。另一方面,政府分配财政资源涉及的是财政支出的政治。在财政支出中,政府根据什么理由把某些公共财政资源分配给甲而不分配给乙,这种分配究竟按照什么程序来进行,公共财政资源的分配是有利于所有的纳税人、整个社会或者说有利于社会中的大多数成员,还是仅仅惠及少数强势的利益集团或者某些特权阶层,等等,所有这些都是财政支出中不可回避的政治议题。

正是基于政治以权力为轴心,或者更具体地说,政治以国家权力为轴心,政治学家们提出了两种相互关联的政治观,形成了界定政治的"权力说"和"国家说"。

---

① (英)安德鲁·海伍德:《政治学核心概念》,吴勇译,天津:天津人民出版社2008年版,第17页。
② (美)爱伦·鲁宾:《公共预算中的政治:收入与支出,借贷与平衡》,叶娟丽等译,北京:中国人民大学出版社2001年版,第76页。

"权力说"根据政治以权力为轴心,把政治理解为对权力的追求和运用。按照中国古代法家的说法,集法、术、势于一体的政治之道乃是权力的获取、巩固和行使;与此相似,16世纪意大利的思想家马基雅维利则把政治归结为夺取权力、掌握权力和扩大权力之各种方法的总和。德国社会学家马克斯·韦伯主张政治乃是分享权力或影响权力分配的活动,20世纪美国政治学家哈罗德·拉斯韦尔则把政治行为看成是觊觎权力而采取的行为。由此,权力概念成为政治分析的中心,政治学的研究者也被称为研究权力的学者:他们试图知道权力是什么、谁拥有权力、权力如何配置、权力如何限制、权力如何行使、权力合法性的基础是什么等等。

　　"国家说"则从政治以国家权力为轴心出发,以国家权力、国家政权或者(更概括地说)以作为统治系统的国家为视角来界定政治,以致有学者甚至干脆宣称:"政治就是国事。"① 在作为统治系统的国家视角下,政治就是国家权力、国家政权或国家统治系统的建立、争夺、控制和运作的活动过程。在这种"国家说"的视野下,当今民族—国家的政治首先是围绕着国家统治系统(state)及其权力而展开的活动。因此,如果以国家统治系统的建立为分界线,那么,我们可以把民族—国家的政治区分为立国的政治和治国的政治:前者致力于建立国家统治系统,是为立国;后者着眼于国家统治系统的有效运转,是为治国。在立国的政治中,政治构成国家的前提,因为正是政治活动建构了国家统治系统及其权力;在治国的政治中,政治则以国家为平台,因为政治活动围绕国家权力或国家政权而展开。这样,无论在立国的政治还是治国的政治中,政治的要害都是国家权力或国家政权。马克思主义的经典作家们对此有非常明确而清醒的认识,他们把国家权力、国家政权问题视为"全部政治的基本问题,根本问题"②,认为政治活动"就是参与国家事务,给国家定方向,确定国家活动的形式、任务和内容"③。按照"国家说"对政治的界定,国家权力、国家政权问题自然成为政治学最主要的根本问题,政治学甚至被定为国家之学。

　　总之,基于对政治生活以什么为轴心这一问题,政治学家们提出了关于政治的两种界定——"权力说"和"国家说":前者把政治归结为以权力为轴心而产生的活动过程;后者则将政治定位为围绕国家权力、国家政权或国家统治系统而展开的活动过程。二者都捕捉到政治以权力为轴心这一基本事实;但比较而言,"权力说"没有把政治权力与经济权力、社会权力以及文化权力区分开来,因而它对政治的界定似乎过于宽泛,而"国家说"对政治的界定显得更为直接和到位。当然,"权力论"为"国家说"奠定了基础;而"国家说"则可以说是"权力说"的扩展,它深化了人们对政治与国家统治系统及其权力关系的认识。

1.2　政治活动的主体

　　如果把政治看成是在一个巨大舞台上展开的活动,国家权力、国家政权置于这个舞

---

① 李剑农:《政治学概论》,北京:商务印书馆1934年版,第2页。
② 《列宁全集》(第二版)(第37卷),北京:人民出版社1990年版,第60页。
③ 《列宁全集》(第二版)(第31卷),北京:人民出版社1990年版,第128页。

台的中心,那么,围绕这个轴心活动的政治主体是谁,这是理解人类政治生活需要回答的第二个问题。如果依据对现代政治的经验,这一问题本身似乎不难回答:政治人物、政府组织、阶级、利益集团、政党、公民、非政府组织等都可能在政治舞台上大显身手,成为政治主体。然而,面对这一问题,不同的政治思想家、政治学家却有不同的着眼点:有的强调阶级是政治最重要的主体,有的则把公民看成是政治中最活跃的主体,有的将利益团体视为主要的政治主体,如此等等。正是基于不同的视角,政治思想家、政治学家们对此问题给出了不同的答案,从而形成了对政治的不同界定。我们考察两种主要观点,以此说明政治思想家、政治学家对政治主体是谁这个问题的回答如何影响和制约了他们对政治概念的界定。

1.2.1 以阶级为政治主体

以阶级为政治主体:阶级政治观——政治就是各阶级之间的斗争。

把阶级视为人类政治生活中最基本、最重要的政治主体,以马克思主义的政治观最为典型。在马克思主义的理论视野中,阶级首先是一种基于其在社会经济结构中所处的地位不同而形成的经济和社会集团:"所谓阶级,就是这样一些大的集团,这些集团在历史上一定社会生产体系中所处的地位不同,对生产资料的关系(这些关系大部分是在法律上明文规定了的)不同,在社会劳动组织中所起的作用不同,因而领得自己所支配的那份社会财富的方式和多寡也不同。所谓阶级,就是这样一些集团,由于他们在一定社会经济结构中所处的地位不同,其中一个集团能够占有另一个集团的劳动。"① 阶级区分的根源在于阶级之间经济地位的根本不同,因此,阶级关系首先是一种经济关系,而经济关系本质上是一种利益关系:"每一个社会的经济关系首先是作为利益表现出来。"②

正是由于经济利益的差异和矛盾,阶级之间不可避免地形成对立、冲突和斗争;而阶级之间的对立和斗争必然进入政治领域,围绕国家权力或政治权力而展开:统治阶级需要借助国家权力或政治权力来维持自己既有的阶级统治地位,以确保统治阶级的经济地位和经济利益;被统治阶级则需要通过获得对国家权力的支配和控制来改变自己的经济地位,从而实现自己阶级的经济利益。由此,阶级关系具有政治性,阶级成为政治主体。

既然作为经济和社会集团的阶级是政治主体,那么,政治是什么?马克思主义的政治观对这一问题的解答主要包括三个核心命题。

(1)政治是经济的集中体现。这一命题主要涉及两个方面。一方面是经济基础和政治上层建筑的关系:"政治是经济的集中体现"实际是指经济基础决定政治上层建筑。具体来说,一定社会的经济基础决定一定社会政治上层建筑的产生、性质和变化,用列宁的话说就是,"经济制度是政治上层建筑借以树立起来的基础"③。另一方面是政治与社会经济利益的关系:"政治是经济的集中体现"意味着政治与社会经济利益有着

---

① 《列宁选集》(第4卷),北京:人民出版社1995年版,第11页。
② 《马克思恩格斯选集》(第3卷),北京:人民出版社1995年版,第209页。
③ 《列宁选集》(第2卷),北京:人民出版社1995年版,第311页。

紧密的直接联系，政治乃是各种社会经济利益和要求的集中反映。

（2）"政治就是各阶级之间的斗争。"既然政治的根基在于经济制度、经济利益，因而社会经济生活中的阶级划分、阶级对立、阶级冲突必然体现在政治生活中。这样，政治活动不可避免地具有阶级性。政治的阶级性包括相互关联的两个方面：一方面，正如列宁所言，"政治就是各阶级之间的斗争，政治就是反对世界资产阶级而争取解放的无产阶级的关系"①。当然，政治作为阶级之间的斗争既涉及敌对阶级之间对抗性的关系，也涉及阶级内部非对抗性的关系（如无产阶级与农民的关系等）。另一方面，阶级斗争必然发展为政治斗争。阶级之间的斗争形式虽然多种多样，但政治斗争是阶级斗争的最高形式，因而"一切阶级斗争都是政治斗争"②。

（3）国家政权是阶级斗争的中心。基于阶级之间社会经济利益而展开的阶级斗争必然以政治权力亦即以国家政权为中心。因为，哪个阶级控制或夺得了政治权力/国家政权，哪个阶级就可以在经济秩序中占据优势地位，获得更大的经济利益；反之，失去对政治权力/国家政权掌控的阶级就必定在经济秩序中处于劣势地位。这样，在作为阶级斗争最高形式的政治斗争中，国家统治权的争夺就成为要害所在，用恩格斯的话说就是："问题的中心仅仅是社会阶级的社会和政治的统治，即旧的阶级要保持统治，新兴的阶级要争得统治。"③

如果把上述三个命题整合为一体，那么，政治就是根源于经济生活、以社会经济利益为目标、以政治权力或国家政权为中心而展开的阶级斗争。

1.2.2 以公民为政治主体

以公民为政治主体："公民政治观"——政治是公民参与公共事务的活动与过程。

随着君主主权向人民主权转变、传统国家向现代公民—国家的转型，昔日的臣民成为享有公民权利、承担公民义务的公民，公民成为国家政治生活的主体：公民或参与立宪选择、政治决断以影响甚或决定国家宪法章程与政治制度的选择，或介入政府公共权力运作的具体过程（诸如立法活动、行政运作、司法实践等）以争取、维护公民自己的基本权利。正是以公民为政治主体，一些现代政治思想家提出了公民政治观，把政治理解为公民参与公共事务的活动与过程。其中，20世纪西方著名政治思想家汉娜·阿伦特对政治的界定最具有代表性。

阿伦特首先把政治的主体确定为公民。公民作为政治主体：一方面，公民的政治地位是平等的，每个公民都享有同等的政治权利，承担相应的政治义务，不因族群、人种、地域、宗教信仰等不同而有所区别；另一方面，公民需要富有公共精神或公民美德，例如，公民献身公共事务的勇气就是"一种卓越的政治美德"。④

公民以公共领域作为政治活动的舞台。公共领域并非静态的地理概念，而是人的组

---

① 《列宁选集》（第4卷），北京：人民出版社1960年版，第370页。
② 《马克思恩格斯选集》（第1卷），北京：人民出版社1995年版，第281页。
③ 《马克思恩格斯选集》（第3卷），北京：人民出版社1995年版，第334页。
④ 参见（美）汉娜·阿伦特：《人的条件》，竺乾威等译，上海：上海人民出版社1999年版，第27页。

织,是人活动的"世界"或"空间",具有公共性,是为公共空间①。正是在由公民构成的公共空间里,公民互为主体,相互交流,理性对话。这样,公共领域也就成为公民参与公共事务的政治空间,具有政治性。

公民在公共领域中开展政治行动。公民的政治行动既不同于面向自然界的劳动,也有别于艺术创造之类的制作,它是公民在公共领域中的行动:公民以平等主体的身份,就共同体中重大的公共事务发表意见,相互辩论,共同商议。因此,公民在公共领域的政治活动不同于政府官员、政党人物的政治作为,它是普通公民对公共事务的参与、介入。

公民在公共领域中的政治行动、对公共事务的参与强化了公民的自我认同,塑造了公民共同体,形成了公民权力。公民权力不同于强制,更非暴力。这样,一方面,社会的公共事务取决于公民的理性言说、对话辩论而不是通过强制与暴力来决定②;另一方面,来自公民共同体的公民权力成为抗衡国家权力专断的制衡力量,构成国家权力运作正当性的根源所在。

总之,以公民为政治主体,阿伦特把政治归结、定位为公民在公共领域中对公共事务的参与。显然,这种公民政治观与马克思主义的以阶级为政治主体的阶级政治观形成了鲜明的对比。这种对比清楚地表明,政治思想家们基于对"政治主体是谁"这个问题的不同回答,可能会对政治是什么给出截然相反的界定,形成根本相异的政治观。这意味着如何回答"政治主体是谁"这个问题对于政治概念的界定具有极为重要的制约意义。

1.3 政治的功能

如果说在政治的舞台上,各种政治主体(政治人物、阶级、政党、公民、利益集团等)围绕国家权力、国家政权这个轴心而展开各种政治活动,那么,这些政治主体在政治舞台上究竟在干什么?我们把这一问题称为政治的功能是什么的问题。这是理解人类政治生活需要回答的第三个问题。对此问题的不同回答可以推演、延伸出不同的政治概念。

按照阿伦特的分析,近代以来社会科学家们所谓的政治概念本质上是指一种纵向的统治或支配关系,这是统治者和被统治者之间的统治与服从的关系。在阿伦特看来,无论何种类型的统治或支配,都不是真正的政治;真正的政治中存在的是身份平等的公民之间的横向对话关系,而不是统治或支配意义上的命令与服从关系。③ 阿伦特把涉及统治或支配关系的政治排除在她说的真正的政治之外虽然留下了商榷的空间,但这种分析在此给我们的启发在于,把握政治的功能、形成政治的概念其实有两个维度:一个是统治与支配的维度,我们称之为纵向维度;另一个是对话与治理的维度,我们称之为横向

---

① 在阿伦特的术语中,所谓"世界"乃指一种空间,在此空间中,人之活动具有公共性。因此,所谓"世界"乃指我们生活与活动的公共空间。(参见蔡英文:《政治实践与公共空间——阿伦特的政治思想》,北京:新星出版社2006年版,第242页注①。)
② (美)汉娜·阿伦特:《人的条件》,竺乾威等译,上海:上海人民出版社1999年版,第21页。
③ 参见李强主编:《政治的概念》,北京:北京大学出版社2008年版,第92页。

维度。正是基于纵向和横向两个不同的维度，政治思想家、政治学家们对上述"政治功能何在"的问题给出了不同的回答，由此形成了两种不同类型的政治观和对政治的不同界定。

从纵向维度——统治与支配维度看，政治的首要功能是确立统治关系、进行政治统治，以确保被统治者对统治者的服从、支持。其具体内容涉及国家统治组织对社会大众的支配、对公共事务的管理、对公共资源与公共财政的分配等诸多层面，由此形成了一系列对政治的界定，其中比较典型的是"支配论"、"管理论"和"分配论"。

支配论：政治是国家统治组织或政府对民众的统治、支配、领导活动。在《政治作为一种志业》的著名演讲中，马克斯·韦伯一开头就定义政治。他说，虽然，在广泛的意义上，每一种自主的领导活动都算政治，但是我们通常所谓的政治指的是人们对于国家这种团体的领导或对这种领导所施加的影响。① 而所谓国家不过是一种在固定的领土疆域内合法正当地行使暴力资源的统治组织或者说政府而已。因此，政治总是涉及作为统治组织的国家或政府。而"在组织一个人统治人的政府时，最大困难在于必须首先使政府能管理被统治者，然后再使政府管理自身"②。这样，政治自然包括作为统治组织的国家或政府在固定的领土范围内对民众的领导、统治、支配，它必然与具有支配性、控制性特征的权力有关。支配论在一定程度上从经验上揭示了政治的真相：如果没有国家统治组织或政府对民众的领导、支配，社会就没有民众可以接受和服从的权威组织，社会就进入了没有权力运作的无政府、无政治状态，取而代之的将是暴力独霸横行的战争状态。何况，"如果没有权力支配、没有为了追求支配权力引发的一切现象（如竞选、政变、革命、卡位、谋略、斗争），那就等于没有政治"③。

管理论：政治是国家统治机关对公共事务的管理。孙中山先生对此有非常明确的表述："政治两字的意思，浅而言之，政就是众人的事，治就是管理，管理众人的事，便是政治。"④ "管理论"对政治的如此界定具有双重意义：一方面，我们不能把国家公共权力机关对公共事务的管理仅仅看成是单纯的技术性、事务性的管理问题，而应该同时看成是政治问题；另一方面，更重要的是，包括提供公共物品、提供公共服务在内的公共事务管理本身就是国家统治机关政治统治功能的一部分，因为，诚如马克斯·韦伯所言，"任何统治都表现为行政管理，并且作为行政管理发挥其职能"⑤。

分配论：政治是国家统治机关对公共资源的权威性分配。当代美国政治学家戴维·伊斯顿力主这种观点，为此他甚至把政治学看成是"研究人们如何为一个社会进行权威性价值分配的学问"⑥。根据分配论的观点，任何一个社会都需要对稀缺的公共资源

---

① 参见（德）马克斯·韦伯：《学术与政治》，钱永祥等译，桂林：广西师范大学出版社 2004 年版，第 195～196 页。
② （美）汉密尔顿、杰伊、麦迪逊：《联邦党人文集》，程逢如等译，北京：商务印书馆 2007 年版，第 264 页。
③ 江宜桦：《自由民主的理路》，北京：新星出版社 2006 年版，第 283 页。
④ 《孙中山选集》（下），北京：人民出版社 1956 年版，第 661 页。
⑤ （德）马克斯·韦伯：《经济与社会》（下卷），林荣远译，北京：商务印书馆 1997 年版，第 271 页。
⑥ （美）戴维·伊斯顿：《政治体系》，马清槐译，北京：商务印书馆 1993 年版，第 123 页。

进行分配，用伊斯顿的话说，"只要一个社会存在，那就总会有一种分配价值的方式，这种方式对一个社会中所有成员或大部分成员将是带有权威性的，即使这种分配方式实际上只影响少数人"①。所谓"权威性分配"具有两方面的含义：一方面，进行分配活动的主体是享有权力和权威的国家统治机关；另一方面，国家统治机关做出的分配对社会成员具有权威性。这种权威性的分配是国家政治统治功能的重要组成部分，它将决定一个社会中谁得到利益（如福利）、谁支付代价（如税收）；因而，分配是否公平公正将直接影响到社会大众对国家政治统治的支持度。

从横向维度——对话与治理维度看，政治是公民与公民之间，公民及公民团体与政党、政府组织、非政府组织之间，围绕公共权力的运作、公共政策的制定和执行、公共事务的管理等而展开的活动或过程。这里的"横向维度"是相对于上述"纵向维度"而言的："纵向维度"体现政治统治中权力的支配与控制，"横向维度"则反映多元政治主体之间的平等对话、协商治理。从这一维度来界定政治所形成的政治概念主要有两种：一种与上述以公民为政治主体所给出的政治概念基本一致，属于公民政治观的范畴，此处不再赘述；另外一种我们称之为治理意义上的政治概念。

在治理理论中，"统治（government）"与"治理（governance）"是两个不同的概念。治理理论的主要代表性学者詹姆斯·N. 罗西瑙在其开山之作《没有政府的治理》中对二者进行了区别。他认为，政府统治意味着由正式权力和警察力量支持的活动，以保证其制定的政策能得到有效的执行；治理则是由共同的目标所支持的，这个目标未必出自合法的以及正式规定的职责，而且它也不一定需要靠强制力量克服挑战而使别人服从。②

治理作为一个过程，其不同于单纯统治的特征在于，参与治理的主体是多元的，并不局限于政府机关，还包括各种各样的非政府组织、公民个体以及公民团体，甚至私人部门；多元治理主体之间不是支配—服从的纵向控制关系，而是一种平等对话的横向伙伴关系，从而形成了一种多元互动的扁平化的网络结构；治理的领域已经从国家政权统治、公共事务管理、公共部门自身管理扩展至各种社会组织和团体的管理等；法治构成治理的制度环境，善治（good governance）乃是治理的理想目标：法治意味着法律统治、尊重人权、回应民意、承担责任，善治的本质在于政府权力与公民权利的协调发展以及国家领域与公民社会和市场领域的结构均衡和良性互动。

在治理理论的视野下，"人类政治过程的重心正在从统治（government）走向治理（governance），从善政（good government）走向善治（good governance）"③。由此，政治在正反两种意义上获得了新意：一方面，政治不再只是国事，具体说，政治不再仅仅是国家权力机关进行统治的行为与过程；另一方面，孙中山先生所说的"管理众人之事"的政治成为社会多元主体参与、介入的公共治理。

---

① （美）戴维·伊斯顿：《政治体系》，马清槐译，北京：商务印书馆1993年版，第128页。
② 参见（美）詹姆斯·N. 罗西瑙：《没有政府的治理》，张胜军等译，南昌：江西人民出版社2001年版，第4~5页。
③ 俞可平：《治理与善治》，北京：社会科学文献出版社2000年版，第326页。

上述分析表明，就政治的功能而言，在纵向和横向两个维度所形成的政治概念之间具有极大的紧张性：纵向维度的政治概念主张政治乃是国家统治组织对社会大众的领导、支配，对公共事务的管理和公共资源的分配，凸显了政治的统治、支配功能，强化了政治中国家权力、权威的作用；横向维度的政治概念则强调政治乃是包括公民、政府、政党等在内的多元主体之间的平等对话与协商治理，彰显了政治的对话、协商功能，突出了政治中公民、（公民）社会的力量。然而，两种政治概念并不相互排斥，二者之间的紧张性恰好表明，界定政治恰当的选择不是用一个维度来否定另外一个维度，而是通过整合两个维度来透视、把握政治的一体两面——统治与治理或支配与协商：政治的两面既相互区别，却又相互补充，二者共同构成了政治之整体。

1.4 政治活动的方式

如果说在政治的舞台上，各种政治主体围绕政治的轴心——国家权力或国家政权而展开各种活动，那么，政治主体活动的方式是什么？我们把这一问题称为"政治的方式是什么"的问题。这是理解人类政治生活需要回答的第四个问题。概括而言，主要有两种回答，不同的回答引出了不同的政治概念。

一种认为政治活动的基本方式是理性的辩论、对话、谈判等，由此，政治被界定为是理性言说的活动、实现妥协的艺术、寻求共识的过程："政治被看做解决冲突的特定手段，即通过妥协、调解和谈判而非武力和赤裸裸的权力来达到目的。"[①]

作为西方政治学的开山始祖，古希腊的亚里士多德在《政治学》一书中最早点破了政治乃是理性言说的活动。在他看来，人是政治动物。这不仅指人趋向于城邦共同体的生活，而且意味着在万物之中独有人类具备理性言语的能力。"言语"或"理性言说（rational speech）"不同于"声音（voice）"：声音可以表达悲欢，它是一般动物都具有的机能；言语却能表达利与害、义与不义："至于一事物是否有利或有害，以及事物是否合乎正义或不正义，这就得凭借言语来为之说明。人类所不同于其他动物的特性就在于他对善恶和是否合乎正义以及其他类似观念的辨认（这些都由言语为之相互传达）。"[②] 人正是通过言语表达他对利害的分辨、善恶的判断，这种理性的言语活动即是政治的要义所在。以"理性言说"界定政治，其好处不仅在于彰显政治的非暴力的理性本质、突出言说和论辩与政治事务的相关性[③]，而且具有对现实政治进行价值引导的规范功能，促使政治按照理性言说的方式运转，而不让政治堕落为权术与阴谋、谎言与暴力交织的混合体。

承接亚里士多德把政治界定为理性言说的传统，一些现代政治学家拒绝把政治描绘成任意的相互倾轧、你死我活的暴力冲突，而将政治视为通过选择调停而非暴力和强制

[①] （英）安德鲁·海伍德：《政治学》（第二版），张立鹏译，北京：中国人民大学出版社2006年版，第11页。

[②] （古希腊）亚里士多德：《政治学》，吴寿彭译，北京：商务印书馆1996年版，第8页。

[③] 参见李强主编：《政治的概念》，北京：北京大学出版社2008年版，第18页。

以解决秩序问题的活动,是寻求妥协的艺术。当代英国著名政治学家伯纳德·克里克在其经典之作《为政治辩护》中就把政治定义为:"政治是这样一种活动,它根据不同利益集团对整个共同体福祉和生存的重要性,给予其相应权力,以此来调解他们在既定统治单位内的关系。"①

显然,将政治理解为妥协的艺术、共识的寻求,有着非常明显的积极意义。因为,"政治当然不是乌托邦式的问题解决之术(妥协意味着所有各方要做出让步,哪一方都不可能完全满意),但无疑比其他选择——杀戮和残暴——更为可取。政治在这个意义上可以看做文明和教化的力量。人民应该把政治当做一项正常的活动,并有意愿投身于所在共同体的政治生活"②。因此,面对人类事务中的对立和冲突,理性的声音是呼吁政治对话而不是武力解决,理性的选择是相互妥协以寻求双赢,而不是你死我活的两败俱伤。

与把政治活动的基本方式归结为辩论、对话、谈判相反,另外一些政治思想家的看法是,政治活动的基本方式是对抗、冲突、斗争,由此,对抗、冲突、斗争不仅成为界定政治的核心元素,而且被确立为政治的基本特性。马克思主义的"阶级斗争论"(政治是阶级之间的斗争)、卡尔·施密特的"敌友区分论"以及查特尔·墨菲对政治的解释都是这种政治观的典型代表。鉴于我们对"阶级斗争论"的政治观已有论述,在此主要叙述施密特的"敌友区分论"和墨菲的观点。

"敌友区分论"是现代德国政治思想家卡尔·施密特提出的政治概念。施密特建构其政治概念的逻辑出发点是民族—国家。民族—国家是确立了领土边界的、享有主权的民族政治共同体。任何民族—国家共同体都面临自身的生存问题:从外部来看,民族—国家统一体的生存问题是确立民族共同体自身的安全、独立、自主,亦即民族共同体不丧失其主权,不被异族所消灭;就内部而言,民族—国家统一体的生存问题则"是努力确保国家和疆域之内的彻底和平"③,亦即实现国内的统一与秩序。然而,无论民族共同体的外部主权,还是内部的和平与秩序,都有可能受到内外冲突的威胁和破坏:战争作为民族—国家之间相互的肉体杀戮是外部冲突的极端形式;内战作为民族—国家内部的自相残杀是内部冲突的典型形态。而正是战争、内战以及革命所展现的冲突性、对抗性、敌对性体现了政治的本性:"一切政治的概念、观念和术语的含义都包含敌对性;它们具有特定的对立面,与特定局面联系在一起;结果(在战争和革命中表现出来)便是敌—友阵营的划分。"④ 换句话说:"政治造成了最剧烈、最极端的对抗,而且每一次具体对抗的程度越接近极点,即形成敌—友的阵营,其政治性也就越强。"⑤

这样,民族—国家统一体为了在对抗、冲突的政治中维护其生存,无论在国际上争

---

① 转引自(英)安德鲁·海伍德:《政治学》(第二版),张立鹏译,北京:中国人民大学出版社2006年版,第11页。

② (英)安德鲁·海伍德:《政治学》(第二版),张立鹏译,北京:中国人民大学出版社2006年版,第13页。

③ (德)卡尔·施密特:《政治的概念》,刘宗坤等译,上海:上海人民出版社2003年版,第163页。

④ (德)卡尔·施密特:《政治的概念》,刘宗坤等译,上海:上海人民出版社2003年版,第144页。

⑤ (德)卡尔·施密特:《政治的概念》,刘宗坤等译,上海:上海人民出版社2003年版,第143页。

取民族共同体的主权和独立,还是在国内寻求统一与秩序,它都不可避免地要进行敌友的划分:"只要一个民族尚存于这个政治世界之中,这个民族就必须自己决定谁是朋友,谁是敌人。这乃是一个民族政治生存的本质所在。"① 如果说朋友是民族生存的维护、支持之力,那么,敌人则是民族生存的威胁、危险之源;敌人不是私敌,而是公敌——威胁到民族共同体内外生存的国家公敌。因此,划分敌友的决断是政治决断,与民族共同体的生死存亡有关,它是压倒一切的:这种决断"处理国内的无秩序以及遭受威胁的集体之间的关系。没有什么其他的决策在重要上比得上它们"②。故此,划分敌友构成政治的核心,如果这种划分消失了,那么政治生活也将随之彻底消失。

施密特的"敌友区分论"直接启迪了当代美国政治思想家查特尔·墨菲。诚如墨菲所言:"施密特使我们注意到了敌—我关系在政治学中的中心位置,由此我们才意识到和人与人的敌对因素的存在相关联的政治这一维。"③ 从施密特的"敌友区分论"出发,墨菲批评自由主义政治观把政治设想为自由平等的公民个体之间的一种理性协商的对话过程:自由主义之所以在把握政治的本质问题上软弱无能,其主要缺陷在于,"一是它必然看不到政治在其冲突/决定维度所表现出来的特殊性;二是它不能看出对抗在社会生活中的建构作用"④。

墨菲主张"把政治理解为一种公共领域中的群体性参与行为,包括利益的冲突、冲突的化解、分层的暴露、对抗的爆发等等"⑤。如此理解政治是因为政治生活中的对抗、冲突有其深刻的根源;或者说政治不可避免地与对抗、冲突相联系。一方面,人类政治行动具有集体特性及非理性特性。在政治生活中最为活跃的是团体、群体而非孤立的个人,因此,政治是"群体性的参与行为"。群体性的活动并非都受理性的支配,非理性的情绪、激情同样是政治活动的催化剂。另一方面,政治的动力也并非只是来自个人的利益算计,不同群体之间的利益之争才是政治的主要驱动力。何况,对于利益多元的群体来说,"公共利益始终是一件争论不休的事情,绝不可能达成最终的一致"⑥。这样,多元的群体之间必然因利益不同而分化、对抗、冲突,其结果必然使政治"以其复杂的形态存在着:不仅有'他们'的维度(建构对抗的方面),而且有'我们'的维度(构筑朋友一方)"⑦。因此,政治必然要"在差异与冲突的语境中建构一个'我们'。但是,要建构一个'我们'就必须把'我们'与'他们'区别开来,而这就意味着设立一个定义'敌人'的边界"⑧。

不过,墨菲主张把施密特的"敌人"置换为"对手"。理由是多元民主秩序奠基于"敌人"和"对手"的区分,这种区分意味着"不能把反对者视为有待消灭的敌人,而

---

① (德)卡尔·施密特:《政治的概念》,刘宗坤等译,上海:上海人民出版社2003年版,第167页。
② (美)贾恩弗兰科·波齐:《近代国家的发展——社会学导论》,沈汉译,北京:商务印书馆1997年版,第13页。
③ (美)查特尔·墨菲:《政治的回归》,王恒等译,南京:江苏人民出版社2001年版,第3页。
④ (美)查特尔·墨菲:《政治的回归》,王恒等译,南京:江苏人民出版社2001年版,第2页。
⑤ (美)查特尔·墨菲:《政治的回归》,王恒等译,南京:江苏人民出版社2001年版,第66页。
⑥ (美)查特尔·墨菲:《政治的回归》,王恒等译,南京:江苏人民出版社2001年版,第56页。
⑦ (美)查特尔·墨菲:《政治的回归》,王恒等译,南京:江苏人民出版社2001年版,第9页。
⑧ (美)查特尔·墨菲:《政治的回归》,王恒等译,南京:江苏人民出版社2001年版,第78页。

应作为一个对手,其存在不仅是合法的而且必须被容忍。我们将攻击他的观念,但我们却不能质疑其自我辩护的权利"①。"敌人"的概念虽然可以继续运用,但只适合于那些不接受民主政治的游戏规则、将自己逐出政治共同体之外的人。

透过上述相互争议的论述,我们需要思考的一个问题是,就政治活动的方式而言,政治本身是否就是一个矛盾体?或者说政治是集理性言说、对话、协商、妥协与矛盾、对抗、冲突、斗争为一体的混合物?由此,我们是否可以说,正是政治的双面性为政治思想家们界定政治提供了争论的空间,结果导致他们往往发掘政治的一面而遮蔽其另一面?

1.5 政治生活的范围

如果说各种政治主体围绕政治的轴心以各种方式在政治的舞台上展开各种活动,那么,政治活动的舞台究竟有多大的范围?我们称之为政治的范围问题,其实质是政治活动有无边界。这是理解人类政治生活需要回答的第五个问题。对此问题的不同回答也会影响政治的界定。概括地说,有三种回答,由此形成了三种政治的定义。

第一种回答把政治活动、政治事务限定在相对很小的范围内,即限定在国家或政府事务的范围内:"'政治'本来只指君主、国会、部长们的活动,还包括那些帮助或阻碍这些人物取得权力的政治参与者的活动。除此之外的一切活动都属于社会生活或是私人生活的范畴。"② 换言之,政治活动的领域限于由国家或政府事务组成的公共事务的领域,在此领域中活动的是那些掌握或试图掌握与影响公共权力的各种政治人物、政府官员等,至于公共事务之外的领域被称为私人领域,私人领域在国家统治组织的控制之外,它是社会生活的领域,不属于政治活动的领域。在此,政治领域与非政治领域的范围划分和公域与私域、国家与社会的二元界分是一致的,其格局可以图示如下(见图1-1):

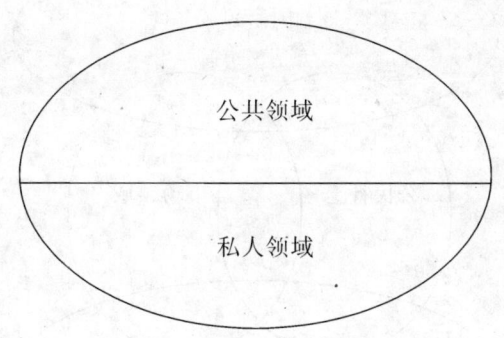

图1-1 公共领域与私人领域二分图

按照上述政治范围的边界划分,政治涉及的只是国家事务或政府事务,因而政治被界定为国家统治的艺术或政府管理的艺术。学界通常将之称为狭义政治观或政府政治

---

① (美)查特尔·墨菲:《政治的回归》,王恒等译,南京:江苏人民出版社2001年版,第5页。
② (美)米诺格:《当代学术入门:政治学》,龚人译,沈阳:辽宁教育出版社1998年版,第7页。

观。狭义政治观的价值在于，它试图通过公域与私域、国家与社会的二元界分，为政治活动限定范围，以避免政治活动无边界扩展、蔓延，从而为私人领域留出地盘、为个人自由争取空间。因为，"私人领域存在的先决条件是：具有统治权威的国家公共领域支持一个维护公民自主关系的法律体系。具有统治权威的公共法律体制对自己的权力进行限定，唯有在这样的条件下，政治才能存在。……政治与专制的区别就在于是否承认公共领域与私人领域之间的界限——我们这里说的政治可以粗略地称作自由民主政治"[①]。不过，狭义政治观也有其理论的限度。一方面，把复杂的社会生活划分为公域与私域、国家与社会的两大领域可能符合某些国家在一定发展阶段的情形，但如果以现代社会复杂的领域划分来看，这种二分法就显得过于简单，因而狭义政治观以这种二元界分作为支撑自然有些脆弱；另一方面，政治的范围被限定在国家统治或政府管理的狭窄范围内，虽然有利于阻止政治向私人领域的扩展，但反过来似乎也让政治成了封闭性的事务，国家或政府之外的组织、团体以及个人似乎都被排斥在外。

相对于第一种回答，第二种回答扩展了政治活动、政治事务的范围：政治不再限定在国家统治组织或政府的边界范围之内，而是越出这一边界，延伸到公民、非政府组织、利益集团等围绕公共权力与公共政策展开活动的领域。换句话说，国家统治组织或政府与公民、非政府组织、政党、利益集团互动的领域已经成为政治活动的空间。

支撑第二种回答的事实依据在于：一方面，随着国家与市场领域、公民社会和私人领域的分离，社会的整体结构突破了上述公域与私域、国家与社会的二元界分格局，由此形成的格局是国家与市场领域、公民社会和私人领域相互分离与彼此交织的四分结构（如图1-2所示）；另一方面，社会生活的复杂化、经济危机的不断出现以及公共问题

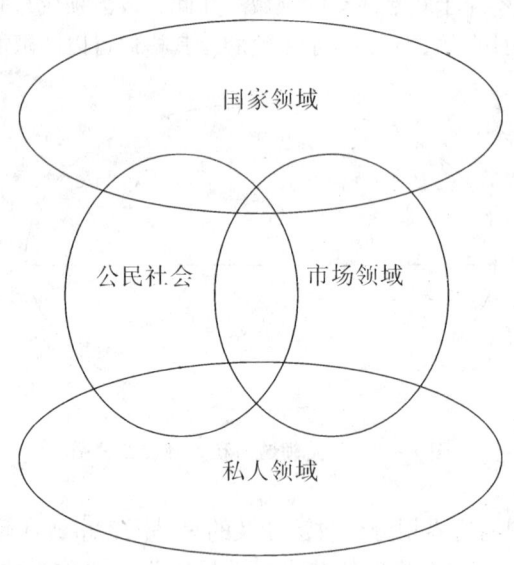

图1-2　国家领域、公民社会、市场领域与私人领域四分图

---

① （美）米诺格：《当代学术入门：政治学》，龚人译，沈阳：辽宁教育出版社1998年版，第5页。

的层出不穷促使国家扩大了干预的范围,而民主化则使公民、利益集团、非政府组织等参与公共事务的空间得以扩展,推动它们不断介入政治的领地。其结果是政治呈现出新的面貌:政治作为公共事务,不再由国家或政府所垄断,它同样也是公民、利益集团、非政府组织等介入和参与的领域。

根据上述对政治范围的重新划定,政治不再只是限于国家或政府范围内的国家统治行为,而是政府、公民、利益集团、非政府组织等多元政治主体相互作用、彼此互动、协同治理公共事务的过程,政治的逻辑是治理逻辑而非统治逻辑。这种对政治的界定即是治理论的政治观,我们称之为广义政治观,以区别于上述狭义政治观。

第三种回答把政治的范围扩大到社会生活的所有领域:"政治处于所有集体社会活动的中心——不管是正式的还是非正式的、公共的还是私人的——核心,存在于所有人类团体、机构和社会中。"① 这就意味着,在社会生活的任何领域,不管公共领域,还是私人领域,只要有支配和统治的服从关系、权力和权威的控制结构以及稀缺资源的分配方式,就存在政治:校园有校园政治、公司有公司政治、社区有社区政治,如此等等。如果极而言之,甚至私人生活里(如家庭、两性关系)也存在着政治,女性主义的著名口号——"私人的就是政治的"表达的正是这种观点。

女性主义认为,传统政治学界定政治的基石是公共领域与私人领域之间的分界线:政治属于公共领域,而不属于私人领域(个人的或家庭的生活场所)。传统社会中女性主要在私人领域中活动,家庭是她们基本的生活空间,因此,既然政治不属于私人领域,女性自然就被排除在政治领域之外。所以,女性主义主张打破公共领域与私人领域之间的二元划分,解构传统政治学的政治概念,把政治引入私人领域之中:"私人的就是政治的。"这一响亮的口号蕴涵着非常复杂的含义:"在某种程度上,它是指这样的事实,即在家庭和私人领域中,政治存在于丈夫和妻子的权力关系之中;它还指权力或强制力是影响女性日常生活的某种东西:她们穿什么、吃什么、做什么,都与构建'女性特质'的方法有关;第三,它也是对西方国家立法者的一种提醒或警告,即需要把政治延伸到公共领域以外的领域,现在是国家开始考虑妇女在迄今为止被定义为私人领域的角色的时候了,国家应该考虑家庭暴力、孩子的照看、老人的照顾、家庭津贴等等。"②

既然政治的范围已经如此广泛,甚至私人的也是政治的,那么,可以说有权力运用就有政治,"政治由此可以被视为围绕稀缺资源的争斗,权力则是进行争斗的手段"③。这是含义最为广泛的政治定义,可以将其简洁地表述为:政治乃是以权力为手段、争夺稀缺资源的活动。我们不妨称之为超广义政治观。超广义政治观把政治的范围扩展得如此广泛以致政治已经延伸到私人领域,这自然会引起人们对极权主义的担忧:"如果把任何引起争议的问题都称作'政治'问题,如果像一个流行口号说的那样,'个人的也

---

① 转引自(英)安德鲁·海伍德:《政治学》(第二版),张立鹏译,北京:中国人民大学出版社2006年版,第13页。
② (加)巴巴拉·阿内尔:《政治学与女性主义》,郭夏娟译,北京:东方出版社2005年版,第241~242页。
③ (英)安德鲁·海伍德:《政治学》(第二版),张立鹏译,北京:中国人民大学出版社2006年版,第14页。

就是政治的',那就没有一样东西是在政府的控制之外了。这种口号……是20世纪极权主义的基本准则。"① 当然,女性主义可能会认为这种担忧是多余的。在她们看来,"私人的就是政治的"这一命题虽然"意味着政治可以存在于任何对某人行使权力的地方,无论是在卧室里,女性杂志的封面上,还是国民大会通过的立法中。……政治是在其所有形式中表现出来的权力之争"②。然而,在卧室里或女性杂志封面上的政治和国民大会立法中的政治并不完全相同:前者涉及两性关系中的权力政治,后者则事关公民与国家关系的权力政治;说两性关系中也有政治,并不意味着国家或政府可以将其权力渗透、扩展到个人生活之中。

详细讨论这些观点及争论不是我们这里所能完成的任务。不过,上述分析陈述了一个值得注意的事实:学界对政治的界定随着政治范围的扩展而演变,从狭义政治观、广义政治观到超广义政治观正是这一演变轨迹的体现。这一事实令人思考两方面的问题:一方面,人类政治生活的范围究竟有多大?或者说政治生活有无边界或限度?如果有边界,政治与非政治的边界如何划分?如果没有边界,政治将弥漫在社会生活的所有领域,那人们还有没有非政治的私人生活、非政治的社会生活?另一方面,究竟是政治的范围决定政治的界定,还是反过来,政治的范围取决于我们对政治的界定?后者听起来似乎是一个鸡生蛋、蛋生鸡的问题。显然,回答这样的问题最终会把我们拖入政治哲学的层面。也许,只有在政治哲学的层面,政治的范围与政治的界定之间的关系问题才可能获得更为深刻的答案。

小结

本章讨论政治是什么的问题。在论述方式上,本书不着眼于"界定政治",即不直接回答"政治是什么"的问题,而是集中分析"如何界定政治"或"如何理解政治",即分析人们界定或理解政治的各种方式。由此出发,本章试图通过考察学者们对以下五个问题的回答来展示他们理解政治的不同方式以及所给出的政治定义,进而揭示政治的不同面相。

政治的轴心是什么?经验事实表明,政治以权力为轴心,或者更具体地说,政治以国家权力为轴心。基于此,政治学家们提出了界定政治的"权力说"(政治是对权力的追求和运用)和"国家说"(政治是围绕国家权力而展开的活动与过程)。

政治的主体是谁?不同的政治观对此问题有不同的回答,由此形成不同的政治定义,如政治是阶级之间的斗争或政治是公民参与公共事务的活动与过程。

政治的功能是什么?从纵向维度或统治与支配的维度看,政治涉及国家统治组织对社会大众的统治、对公共事务的管理、对公共资源与公共财政的分配等,据此,学界形成了一系列对政治的界定(如政治是价值的权威性分配);从横向维度或对话与治理维度看,政治则是多种政治主体(公民、公民团体、政党、政府组织、非政府组织等)

---

① (美)米诺格:《当代学术入门:政治学》,龚人译,沈阳:辽宁教育出版社1998年版,第6页。
② (加)巴巴拉·阿内尔:《政治学与女性主义》,郭夏娟译,北京:东方出版社2005年版,第344页。

之间围绕公共权力的运作、公共政策的制定和执行、公共事务的管理等而展开的活动或过程。

政治的方式是什么？答案主要有两种。一是政治以理性的辩论、对话、谈判为活动方式，因此，政治是理性言说的活动、实现妥协的艺术、寻求共识的过程；二是政治活动的基本方式是对抗、冲突、斗争，由此，政治被界定为对抗、冲突、斗争的过程。

政治的范围何在？狭义政治观把政治的范围限定在由国家或政府活动构成的公共领域，政治被界定为单纯涉及国家或政府的公共事务；广义政治观不把政治限于国家或政府活动的领域，而是把政治视为政府、政党、公民、利益集团、非政府组织等多元政治主体相互作用、彼此互动、协同治理的公共事务；超广义政治观把政治的范围扩大到社会生活的所有领域，政治被定义为以权力为手段、争夺稀缺资源的活动。

总之，政治是一个整体，它有复杂而多元的面孔，因而，关于政治是什么的问题没有单一的答案，基于各种不同的理解政治的方式所形成的答案是多元的，这些多元的答案可能相互对立，但也可能相互补充。

阅读书目

1. （英）安德鲁·海伍德：《政治学》（第二版），张立鹏译，北京：中国人民大学出版社2006年版。
2. （美）米诺格：《当代学术入门：政治学》，龚人译，沈阳：辽宁教育出版社1998年版。
3. （美）丹尼斯·朗：《权力论》，陆震纶等译，北京：中国社会科学出版社2001年版。
4. （美）查特尔·墨菲：《政治的回归》，王恒等译，南京：江苏人民出版社2001年版。
5. （加）巴巴拉·阿内尔：《政治学与女性主义》，郭夏娟译，北京：东方出版社2005年版。

思考题

1. 什么是权力？权力与暴力、权威的区别是什么？
2. 如何理解马克思主义的政治观？
3. 政治涉及的是纵向的统治与支配关系还是横向的对话与治理关系？
4. 政治是理性言说的过程还是对抗、冲突的过程？
5. 私人的是否就是政治的？

第 2 章 研究政治：何谓政治学

政治学是研究"政治"的学科。然而，这种定义仍然十分含混不清，这不仅由于政治学的研究对象即"政治"本身的内容和边界处于不断变动之中，而且，政治学作为一个专业学科，其专业化程度、研究领域和研究方法都有一个长期的发展过程。

2.1 政治学的性质

要回答"政治学是什么"这个问题，首先需要我们了解政治学作为一门独立学科的产生背景。虽然政治学的学问一直包括在中国传统思想以及西方古典思想之中，但是，作为一门独立的学科，政治学是20世纪初社会科学学科分化的产物，而政治科学的产生是政治学学科独立的重要标志。虽然政治学研究的对象千变万化，但是，我们将那些涉及权力约束机制及其运作的研究都囊括在这个学科的边界之内。

2.1.1 学科分化

严格来说，"政治学"是一门来自于西方的学科。在传统中国，儒学以心性为基本，治平为标的，一切学问必以政治治平大道为归宿。正如钱穆所说："孔门四科，曰德行，曰言语，曰政事，曰文学。言语即今之国际外交，则四科中之二三两科，全属政治。德行一科，乃抱有更高政治理想。用之则行，舍之则藏，非一意于仕进，而更多恬退。其文学一科，则不汲汲于仕进，而更用心在古籍中，熟悉历代政治往迹，培养政治理想，主要则仍在政治上。然则孔门四科，其最高目标，岂不全集中在政治上。"[①]然而，虽然传统中国经史子集无不涉政，但它们并不是现代意义上的政治学。这是因为这时的政治学与其他相关研究并未产生学科分化和学科专业化，"政治学"这一名称也未出现。在孔孟之学中，我们可以找寻哲学、政治学、社会学、心理学和史学的各种知识。所以，钱穆感叹到：中国之学，弥传而弥广大，乃益见其会通。西方之学，愈后而愈分裂，乃互见其冲突。这也就指出了包括政治学在内的学科专业"分门别类"的现象是在西方近代才出现的。

即便在西方，诸如政治学、伦理学、社会学等这样的学科分类和学科专业化直至20世纪初才逐步确立。虽然政治学的研究可以最早追溯到柏拉图、亚里士多德，但是，作为一个现代学科的政治学也是到19世纪末20世纪初才出现。在西方学术史上，政治学首先赢得了人们集中的注意，古代希腊人压倒一切的兴趣集中在政治体系的性质上

---

① 钱穆：《现代中国学术论衡》，上海：上海三联书店2004年版，第197~205页。

面。然而，这种政治知识仍然是囊括于以伦理学为主体的总体性知识之内的。在《理想国》中，柏拉图不仅讨论了什么是理想的政体，讨论了什么是最高的"善"，还涉及家庭、婚姻、文艺和诗歌的问题。这些知识与哲学、伦理学、教育学等都密切相关。亚里士多德的《政治学》把个人正义和国家正义作为两个问题讨论；但是，他也认为，因为政治学是最权威的科学，它制定着人们该做什么和不该做什么的法律，它的目的就包含着其他学科的目的，所以，那些最受人尊敬的能力，如战术、理财术和修辞术，都隶属于政治学[①]。在近代社会科学产生的历史进程中，政治学并非第一批脱离伦理学主体的学科，实际上它是最后一个脱离伦理学主体的学科之一。在其他得到公认的社会科学已经同以伦理学为主体的总体性知识疏远时，政治学最后才另起炉灶。[②]

政治学作为一门独立学科首先出现在美国。如果说19世纪以前的政治学研究中心是在西欧的话，那么从19世纪末开始，这个重心已经转移到北美了，这与"二战"期间大量欧洲学者进入美国的大学和研究机构有关。德国的宪法学以"国家"概念为中心，注重主权以及体现国家意志和最高权力的法律等方面的研究；英国19世纪的政治研究具有经验主义、实证主义的传统或倾向。这些对美国政治科学家界定政治学的范围和方法有着重要影响。伴随着西方社会科学分化的浪潮，政治学在美国确立了它的研究对象、范围及方法。1903年，全美权威性学术组织美国政治学会成立；1906年，学会出版著名杂志《美国政治学评论》，政治学逐步与经济学、社会学等学科一样，已经制度化而成为美国大学教育及学术研究体制中的一个有机组成部分。[③]

同时，促使政治学成为一门独立的专业学科的最重要的动因之一，在于政治科学的兴起。到20世纪初，行为主义革命席卷西方政治学研究，它宣称社会科学也应该同自然科学一样，开展科学的、客观的、可以证伪的研究。伴随着行为主义政治学的兴起，与近代社会科学的发展进程一致，"科学研究"取向开始进入政治研究中，与传统关注"应然"的政治规范研究不同，政治科学主张中立和客观地分析政治实际运作，逐步使得政治学作为一门独立的社会科学学科得以确立。

2.1.2 学科交叉

虽然政治学逐步成为现代社会科学门类中独立的专业学科，但是，这并不意味着学科之间壁垒森严、互不相关。事实上，从政治科学出现开始，包括心理学、社会学和经济学等在内的学科都在影响着政治学的发展，这种情况既反映在研究方法与研究概念的交叉上，也反映在交叉学科的出现上。

在政治科学诞生的初期，对其影响最大的莫过于心理学与社会学。政治科学家试图用心理学的知识去理解选民的投票行为，用心理上的相对剥夺感去解释政治抗议；他们还将社会学中宏大的系统理论运用到政治分析之中，将整个社会看做是一个庞大的社会

---

① （古希腊）亚里士多德：《政治学》，吴寿彭译，北京：商务印书馆1996版，第175~178页。
② 参见（美）戴维·伊斯顿：《政治体系——政治学状况研究》，马清槐译，北京：商务印书馆1993年版，第97页。
③ 参见陈振明：《20世纪西方政治学：形成、演变及最新趋势》，载《厦门大学学报：哲学社会科学版》1999年第1期。

系统，而政府作为政治系统则是这个系统中的子系统，这些系统之间进行着输入输出的交换，维持着系统的平衡。到了20世纪五六十年代，经济学又开始对政治学研究发起冲击，经济学家阿罗质疑立法投票的结果是否有可能是民主的，奥尔森和塔洛克运用经济学理论探讨宪政民主的逻辑基础，政治学家也开始使用理性选择模型来解释革命和阶级的形成。在20世纪六七十年代，人们终于将政治学的研究重新回归到政治制度这个传统研究的主题上时，政治科学家也仍然面对来自人类学、社会学和历史学等学科的影响。他们不得不回答如下问题：对于政治的分析是否应该采用人类学民族志的方法？如何在历史分析和政治理论构建之间寻求平衡？关于合法化机制和社会规范等社会学研究的对象是否作为非正式制度也应成为政治学研究的焦点？

此外，我们也可以看到，在研究概念上，在政治学学科之中充满了来自经济学、心理学、社会学、人类学等学科的基本概念。比如，社会学中的合法性、社会阶级、社会化和利益聚集等概念，心理学中的人格和社会控制概念，经济学中的资源配置、稀缺性、偏好、寻租等概念，等等。除了概念的交叉借用之外，政治学学科中还存在许多与其他学科的交叉研究，比如，政治社会学、政治与经济、政治与人类学、政治与哲学、政治与法律、政治与历史、政治与文学以及政治与公共管理等，这些都是政治学科中重要的分支学科或者研究方向。

2.1.3 学科边界

既然政治学逐渐发展为一门专业化的独立学科，同时，它却又存在纷繁的学科交叉问题，那么，与社会学、经济学和哲学等其他学科相比，我们怎么判断哪些研究是属于政治学的研究，哪些研究是不属于政治学的研究？也就是说，政治学的学科性质是什么？政治学研究的学科边界在哪里？在政治学发展的历程中，我们可以将政治学学科边界的演变大致划分为三个阶段。

第一阶段，传统政治学时期。在传统政治学研究中，政治学就是研究政体的学问，政体研究构成了政治学最重要的学科边界。对于柏拉图和亚里士多德，还有马基雅维利、洛克、卢梭、霍布斯和秉承这一传统的其他人，其中一个最重要的问题就是国家应该采取哪一种政治制度来造就最好的社会和社会成员，它需要研究如何创设一种政体来达到最高的善，来实现公民的美德。亚里士多德就认为，政治学是追求人和城邦最高的善，而研究如何实现城邦的善最为重要，为此，政治学的研究对象应该是各种政体："政治（政体）研究（即为各种实用学术的一门），这一门显然也该力求完备：第一，应该考虑何者为最优良的政体，如果没有外因的妨碍，则最切合于理想的政体要具备并发展哪些素质。第二，政治学术应考虑适合于不同公民团体的各种不同政体。……第三，政治学术还该考虑，在某些假设的情况中，应以哪种政体为相宜，并研究这种政体怎样才能创制，在构成以后又怎样可使它垂于久远。……第四，政治学术还应懂得最相宜于一般城邦政体的通用形式。……具有这些智虑的政治学者也应该懂得并分别最优良的理想法律和适合于每一类政体的法律；法律实际是也应该是根据政体（宪法）来制定的，而不能叫政体来适应法律。"①

到1906年，美国政治学协会成立，这个协会的最早会员来自政治学院或系，也来自一些历史系、哲学系以及部分法律院校。这些政治学者的研究兴趣存在差异，但是，将他们联系起来的仍然是传统的政治学研究主题，即对于政体以及不同国家比较政府的研究，他们着重研究引起现代特别是西欧以及英语各国的组织机构及其制度的重大历史变革。

第二阶段，行为主义政治学时期。"二战"后，行为主义政治学异军突起，在行为主义政治学中，研究者将政治学聚焦于关于"权力及其分配"的研究，与社会学、经济学和伦理学等不同，"权力分配"研究构成了政治学研究的特有研究领域，是政治科学研究的边界所在。

传统政治学关注政体研究的传统一直延续到"二战"前。"二战"前的政治学仍然与宪法学密切相关，它专注于对各种法律规定的政治制度的研究。"二战"后，政治学家通过把注意力集中到公共管理、政党、宣传团体和政治人物等各个方面，扩大了政治学的研究范围，一些人已经对于把他们研究的范畴和"政府"或"国家"等同起来表示不满。他们发现传统的政治学词汇已经难以适应对各种有关变化的论述了。传统上只有"主权"与"非主权"、"国家"与"非国家"、"集中"与"分散"的区别。但是，大多数时间似乎处于这些"非此即彼"的用语之间，要求我们在"多或少"之间做出区分。长时期研究的结果把世界上的国家分类为"专政制度"与"非专政制度"，但是这种区分似乎并不特别重要。因此，对不同程度的"权力"或"势力"的研究兴趣在不断增长。②

当政治科学力图不再停留在条文规定的政治制度研究，而力图深入到政治运作的实践时，政治学家转而将政治学的边界限定在对于"权力及其分配"的研究上。作为行为主义政治科学开创者之一的哈罗德·D.拉斯韦尔重新界定了政治学的学科性质："政治学是对权势和权势人物的研究。"③进而，这种对于权力的研究的核心是在于权力的分配，就如拉斯韦尔所言：政治学研究"谁获得什么，什么时候获得，如何获得"的问题，凡是有关权力分配的研究都可以归于政治学的研究。

这种对于政治学性质的界定大大拓宽了政治学研究的学科边界，政治学研究的对象不再局限于政府制度、政治体系，而是包括了政治过程中的暴力、象征、物资、精英、群众、人格和态度等等。拉斯韦尔就深入分析了尊重、收入、安全等可带来权力的价值的分配，考察决定权力分配的因素是什么，考察取得价值最多的精英和取得价值较少的群众在政治生活中的影响。

第三阶段，后行为主义时期。随着政治学研究者对于行为主义政治学的反思和批判，研究者将政治学的学科边界界定为对于权力约束条件的研究。

---

① （古希腊）亚里士多德：《政治学》，吴寿彭译，北京：商务印书馆1996年版，第175~178页。
② 参见（美）哈罗德·D.拉斯韦尔：《政治学：谁得到什么？何时和如何得到？》，杨昌裕译，北京：商务印书馆2005年版，第14~15页。
③ 参见（美）哈罗德·D.拉斯韦尔：《政治学：谁得到什么？何时和如何得到？》，杨昌裕译，北京：商务印书馆2005年版，第15页。

随着政治学的深入发展，研究者日益认识到，很多政治行为首先是非分配型的，很多政治互动行为有更深刻的社会意义。作为新制度主义代表人物的马奇和奥尔森就认为，1950年以来的政治学理论一个重要的特征就是工具主义，它倾向于将决策和资源的分配作为政治生活的中心问题，而较少关注政治生活是如何围绕符号、仪式、象征等意义来组织起来。这些仪式被工具主义者描绘成为真实政治目标的掩饰或者理性行动者追求目标的工具。而马奇和奥尔森坚持，政治仪式的作用要比结果重要许多。比如，咨询专家的决策过程并不在于其产生的实际作用，而在于它反映了现代的、世俗的社会秩序观念。[1]

因此，为了将政治学中的不同研究纳入进来，在广泛意义上而言，我们界定政治学的学科性质如下："政治"以权力在约束条件下的行使为基本特征。因此，有关政治的研究，就是有关这些约束条件的本质、来源以及在既定的约束条件下行使社会权力的技巧。分析这些约束条件——包括它们的来源、运作方式，以及政治代理人如何在这些约束条件中进行活动——是政治学研究的核心。[2]

在这样一个关于政治学的学科性质的界定中，政治学不仅仅是研究"权力分配"的学科，因为许多政治活动并非围绕权力分配进行；政治学也不仅仅是研究"国家"的学科，因为社会经济也可能构成约束权力运作的因素，它们往往也成了政治学研究的对象，特别是在政治的系统分析之中，政治结构的变化往往不过是对社会经济变化的反应；同样，政治学也不仅仅是研究政治的社会经济约束条件，因为制度、历史以及理性（诸如社会化以及大众信仰、意识形态等）都构成了约束权力的重要因素。因此，作为一门独立的学科，政治学研究围绕着权力的约束条件不断地拓展了其研究问题和研究领域。

2.2 政治学的学科发展

要回答"政治学是什么"，不仅需要我们了解政治学的学科性质，了解它是学科分化和学科专业化的产物，而且，还需要我们进一步了解政治学中的不同研究路径和研究方法，这是由于政治学不是一个完全统一的研究领域，其内部不仅充满了不同的研究议题，还囊括了差异甚巨的不同研究路径和方法。鉴于这种"多样性"的存在，我们难以以任何一个单一的方法或者路径来界定政治学整个学科。

2.2.1 规范研究与科学研究

现代政治科学研究诞生于19世纪末20世纪初。然而，作为人类古老的知识领域之一，政治学研究源远流长，它的历史与国家的历史一样悠久。西方政治学的研究传统是

---

[1] 参见 James G. March and Johan P. Olsen. "The New Institutionalism: Organizational Factors in Political Life." *The American Political Science Review*, 1983, 78 (3).

[2] 参见（美）罗伯特·古丁、汉斯-迪特尔·克林格曼主编：《政治科学新手册》（上册），钟开斌等译，上海：上海三联书店2006年版，第8页。

古希腊的圣哲们所奠定的。古希腊时期涌现了一大批杰出的政治思想家或哲学家及学派。如梭伦、赫拉克利特、毕达哥拉斯学派、德谟克利特、诡辩学派、苏格拉底、柏拉图和亚里士多德等，其中尤以柏拉图和亚里士多德政治研究的成就最大。这一传统的一个基本特点是政治思想与道德哲学或伦理学密切相关，人们研究政治问题是为了实现某种"正义"或最高的"善"，其研究成果主要是以政治伦理学的形式表现出来的。近代，文艺复兴、宗教改革等运动使政治学研究逐步摆脱基督教神学的束缚。在17、18世纪，英国、法国等西欧国家的政治研究空前繁荣，出现了一大批杰出的政治思想家，如霍布斯、洛克、斯宾诺莎、伏尔泰、孟德斯鸠、卢梭等。这一时期，国家、政府、主权、自然法、自然权利、社会契约、分权与制衡、自由、平等、幸福成为政治研究的主要概念框架，出现了边沁的功利主义、密尔的自由观和代议制理论等。①

与现代政治科学不同，我们常常将这些传统政治学的研究归为一种"规范研究"。所谓"规范的政治学"就是政治哲学或对政治生活意义的哲学分析。政治学的规范理论，把发现和运用政治生活领域的道德观念作为研究的基本目标，因而，规范理论多多少少具有政治道德主义特征，探求政治生活的意义或价值。从更广的意义来看，规范理论把所有有关"应然"问题都作为自己的研究主题。因此，权利、自由、民主、秩序、争议、公平、正当、理性、法治等都是规范分析的研究对象。这些概念反映的都是规范分析的研究对象，而且，每一个概念都是一部思想史。不打开这些思想的史册，就不能把握这些政治价值的真谛。②

因此，与政治科学研究宣称"价值中立"不同，在规范研究中，价值是一个核心的问题。比如，柏拉图讨论五种政体的时候，一直关心的是"幸福"的价值问题，他认为贵族制、荣誉制、寡头制、民主制和暴君制这五种政体的执政者分别是贤者、强者、寡头、平民和暴君，这些人拥有的幸福是依次下降的。正义国家里的人是幸福的，不正义国家里的人则是不幸福的，国家的统治者尤其如此。

在规范研究看来，科学研究无法向任何人说明他应该做什么，而只是说明他能够做什么和他想做什么，科学研究只能衡量某种"意义"或价值的实现程度，而不能解释意义或价值本身，由此，政治科学可能导致虚无主义的产生。而为了避免这种情况的出现，政治学必须通过恢复政治哲学的传统，通过对话和思考，并通过对市民精英的教育，从而寻找公正的社会和政体。列奥·施特劳斯就认为，"价值判断所产生的释放——价值迟钝——那种不从价值判断出发去看待社会和人类现象的习惯，对于任何偏好都具有腐蚀性的影响。作为社会科学家，我们越是认真行事，就越可能完全地进入一种对任何目标无差别的状态，或是一种漫无目的和动荡不安的状态，我们可以将这种状态称之为虚无主义"③。

---

① 参见陈振明：《20世纪西方政治学：形成、演变及最新趋势》，载《厦门大学学报：哲学社会科学版》1999年第1期。
② 参见郭正林：《政治学的范式推演与路径多元》，见郭正林、肖滨编：《规范与实证的政治学方法》，广州：广东人民出版社2003年版，第12~13页。
③ 转引自（美）罗伯特·古丁、汉斯-迪特尔·克林格曼主编：《政治科学新手册》（上册），钟开斌等译，上海：上海三联书店2006年版，第108页。

到 19 世纪末 20 世纪初，伴随着近现代社会科学的学科分化和行为主义的兴起，西方政治研究向政治科学转变。20 世纪初，梅里亚姆领导芝加哥学派将科学研究真正引入到政治学研究之中。1931 年，梅里亚姆发表了《新视野》宣言，着手建立芝加哥大学政治科学系，并开展各种不同的研究项目。芝加哥学派启动的第一个主要研究项目是 1923 年芝加哥市长大选的选民投票行为，他们采用比例抽样的方法，抽取了 6000 个芝加哥选民，研究芝加哥无党派的信件劝诱方式对于投票结果的影响。在此之前，没有一个政治学研究者采用这种办法进行政治学研究。随后，拉斯韦尔出版了六部专著，包括《政治科学：谁得到什么？何时和如何得到？》，从政治科学的新纬度和新视角对政治进行了探讨。这种政治研究方法到行为主义革命时得以发扬光大，从而真正确立了不同于传统政治规范研究的政治科学。

与规范研究不同，政治学中的科学研究将价值中立和客观性作为研究准则。马克斯·韦伯被认为是现代实证社会科学的开创者，也是政治科学研究的发端者。韦伯使得现代实证社会科学把事实和价值相分离，努力实现"价值中立"的行为合法化。并且，韦伯还将知识的客观性问题纳入讨论之中。一方面，韦伯承认社会科学研究的主观性。在他看来，绝对客观的科学分析是不存在的，各种现象是依据观点——特别强调或者缄默地、有意识或者无意识地——被挑选出来作为对象加以分析和分门别类的。同时，科学的研究领域不以"事物"的"实际"联系为依据，而是以"问题"的"思想"联系为依据。一切经验知识的客观有效性依赖于并且仅仅依赖于既定的实在按照范畴得到整理，而这种范畴在一种特定的意义上，即在它表述了我们认识的先决条件的意义上是主观的，并且是受到唯有经验知识才能提供给我们的那些真理的价值前提制约的。另一方面，韦伯更强调知识的客观性和科学性，强调"科学"的方法。他认为，社会科学认识的科学"客观性"依赖下面这个事实：经验因他们所具有的源于这些价值观念的意义而被理解，但是绝不意味着这些观念在经验中无法得到其有效性证明。[①]

作为行为主义政治科学的开创者，拉斯韦尔就简单明了地指出："政治（科）学的任务在于阐明情况，而政治哲学则要为政治选择提供辩护。"[②]在政治科学研究看来，规范研究缺乏对于因果关系的"科学"论证。比如，柏拉图的《理想国》分析了政体类型和幸福的关系，亚里士多德的《政治与伦理》分析了地位、职业、专业和阶级与政治制度之间的关系。如果从科学研究的角度来看，柏拉图和亚里士多德的研究包含了大量的因果假设，但缺乏对这些关系进行系统性的验证，作为科学研究，就必须回答："你想归纳的案例是什么？""此处所使用的度量标准是什么？""如何检验这种关系的强度？"以及其他类似的问题。这些都迫切需要进行研究设计和严格的定量分析，而非规范研究的泛泛而谈。[③]

---

① 参见（德）马克斯·韦伯：《社会科学方法论》，韩水法、莫茜译，北京：中央编译出版社 2005 年版，第 22～31 页。

② （美）哈罗德·D. 拉斯韦尔：《政治学：谁得到什么？何时和如何得到？》，杨昌裕译，北京：商务印书馆 2005 年版，第 3 页。

③ 参见（美）罗伯特·古丁、汉斯-迪特尔·克林格曼主编：《政治科学新手册》（上册），钟开斌等译，上海：上海三联书店 2006 年版，第 74 页。

2.2.2 阐释研究与科学研究

政治学内部还存在两种相当不同的研究路径，即政治学研究的科学模式和阐释学模式。① 如果说规范研究关注"应然"的问题，那么，阐释研究与科学研究一样都是关注"实然"的问题，但是，两者却存在相当的差异，这种差异与社会科学哲学中关于社会科学知识性质的争论一脉相承。

在近代社会科学发展的历史进程中，社会科学家曾经试图简单地仿效自然科学的研究，霍布斯就曾把古典力学看做是为社会科学提供了恰当的抽象方法，而图尔干偏爱生物学的整体论特征。但是，研究者也越来越质疑运用自然科学的假设和方法来获取社会科学知识。到19世纪，关于社会科学的方法和目的的争论，引发了关于自然科学和人文科学之间，特别是自然科学和精神科学之间是否存在本质区别的争论。人文主义者试图建立起一种不同于自然科学的，把人视为自我诠释的、自主的主体的社会科学类型，即不同于科学研究的阐释研究模式。到20世纪60年代末期和70年代早期，实证主义大行其道，包括托马斯·库恩、玛丽·海塞和保罗·费耶阿本德等在内的科学哲学家，力图将科学研究的标准遍及社会科学的研究之中，打碎社会科学研究和自然科学研究原本存在的本质的差异。② 这也影响到政治学的发展，行为主义政治学从实证主义中汲取养分，以科学研究的标准来衡量政治学研究的有效性。然而，阐释研究与规范研究的争论仍然始终是包括政治学在内的社会科学中不可回避的问题，特别是在后行为主义时代，研究者越来越认识到阐释研究的重要意义。政治学研究过程中也日益汲取人类学和历史学等人文学科的研究方法，来探索一条不同于科学研究的阐释研究模式。

简单来说，在政治学研究中，科学研究与阐释研究不同的是，政治学中的阐释研究对于"理论"在研究中扮演的角色具有不同的判断，这种差异来源于它们在本体论和认识论上的分歧。

（1）本体论问题。本体论立场反映的是研究者关于世界性质的观点，即观察者能够在社会现象之间辨识出"真实的"或者"客观的"关系吗？是否有一个"客观"存在的政治现象等着我们去认识和发现？

政治学中的科学研究模式相信社会现象以及因果关系的"客观"存在。它们认为，与自然科学研究的对象相似，政治学研究的对象当然也是客观存在的，是在那里等着我们去研究的，世界是独立于我们对于它的知识而存在的，世界是真实的而不是社会建构的。

而阐释研究模式则认为，不存在一个可以被发现的、独立于行为者赋予其行为意义的"真实"世界，没有一个观察者能够做到"客观"，因为他们生活在社会的世界中，受到社会建构的"现实"之影响，我们研究的各种政治"事实"不过是社会建构的产

---

① 参见 J. Donald Moon. "The Logic of Political Inquiry: A Synthesis of Opposed Perspectives." in Fred I. Greenstein and Nelson W. Polsby, eds. *Handbook of Political Science Vol. 1*. Addison Wesley Publishing Company, 1975. p. 175.

② 参见（美）詹姆斯·博曼：《社会科学的新哲学》，李霞等译，上海：上海人民出版社2006年版，第2～3页。

物，充满了各种社会赋予的象征、仪式和意义。

（2）认识论问题。认识论则反映了对于这个世界我们能够知道什么以及我们如何能够知道的观点，也就是不管政治研究的对象是否是客观存在的，研究者是否有可能获得关于研究对象的真实性。

政治学中的科学研究认为，我们可以通过科学的研究认识到政治发展的客观规律，与自然科学类似，我们能够在社会现象之间建立起规律性的联系，运用理论来形成能通过直接观察得以检验的假设，不存在无法观察的深层结构，并且，政治学的研究是客观的和价值中立的，理论具有普遍性和科学性。由此，在研究工具上，科学研究更强调使用"硬资料"，如统计数据、选举结果、量化研究、抽样调查，而非访谈或者参与式观察。

而阐释研究则认为，没有一个观察者能够做到"客观"，因为他们生活在社会的世界中，受到社会建构的"现实"之影响。这里存在所谓的"双重阐释（double hermeneutic）"：世界是由行为者来解释的（第一个阐释层次），而他们的解释又是由观察者来解释的（第二个阐释层次）。因此，任何试图建立跨越国界、跨越文化的普遍性知识都是不可能的，所谓总结客观规律的理论更是难以成立。由此，对于政治的研究应该是定性的、阐释的研究，而不是表面的数据分析。

这种本体论和认识论上的差异隐含的问题是：我们是否可能理解别的传统和社会的政治，以及所谓关于政治的普遍和客观的知识是否能够独立于诸如时空、文化和意识形态等背景而被总结概括为普遍性的政治学理论。这一点提出了政治学研究中普遍性和客观性知识的可能性问题。政治学的科学研究，深受自然科学方法论中实证主义的影响。坚持这一模式的研究否认自然科学与社会科学在方法论上具有本质的区别。他们认为，无论是对于自然科学，还是对于社会科学来说，科学研究的目标都在于揭示和预测自然现象和社会现象，他们试图去寻求人类社会中潜在的各种定律和规则，这些规律形成了解释各种现象的理论，而这些理论代表了科学的最高成就。[1]

与科学研究不同，阐释研究认为，社会科学的现象包括人类的行动，它们同自然科学的现象根本不同，因为这些现象包括社会行动者本身的观念和自我理解，社会科学研究的人类行为根本不同于自然科学的研究对象在于它是有目的和充满意义的。其中，意义建构、历史以及语言都是影响所谓"科学研究"的因素。首先，理性是建立在对于意义建构的基础上的。如果没有对于日常情景中意义的理解，我们根本不可能谈论理性。其次，理性具有其历史面向。历史客观主义隐藏了历史意识本身就是在历史结果编制的网络之中这样一个事实。[2] 了解不同的传统无可避免地要涉及不可能化约为共同因素的这些传统的历史性。[3] 最后，语言的重要性。没有语言，我们不能够达到现实。不

---

[1] 参见（美）格林斯坦、波尔斯比：《政治学手册精选》（上卷），竺乾威等译，北京：商务印书馆1996年版，第152～153页。

[2] 参见 Hans-Georg Gadamer. "Hermeneutical Understanding." in Gerard Delanty and Piet Strydom, eds. *Philosophies of Social Science: the Classic and Contemporary Readings*, Open University Press, 2003. pp. 158～159.

[3] 参见 Timothy McDaniel. "Meaning and Comparative Concepts." in Gerard Delanty and Piet Strydom, eds. *Philosophies of Social Science: the Classic and Contemporary Readings*, Open University Press, 2003. p. 94.

同于在宗教或者自然科学中，语言定义了不同的现实，要了解社会，唯一的途径就是语言，它是我们赋予意义于世界的规则。这里就提出了我们是否能够真正地理解其他文化的问题。因此，我们不可能脱离行动者、行动者所处的社会系数和基本概念等来归纳出一个普遍性的科学规律和理论。

总的来说，阐释学研究提醒科学研究中蕴涵的必然性、目的论和普遍性，以及其对于例外、不确定性和差异的忽视。对于阐释学传统而言，社会科学的任务，是对于人类思想和行为进行阐释以求阐明和推动"理解"，而不是做出"预测"。"理解"是通过感觉从事物的表象来认识内在的过程。它关注于行为的"理由（reason）"，而解释是关注于行为的"原因（cause）"。

不过，在科学研究看来，阐释研究也存在多种局限。首先，缺乏解释能力，是相对主义。阐释理论放弃对于普遍性理论的建构，否认政治学研究中理论的普适性或者说局部普适性，过分强调差异性，也就否认了任何比较研究的可能性。其次，批评者还认为比较政治学中的阐释学研究路径根本无法真正放弃因果解释：对于意义的描绘和把握并不能够避免其中可能产生的对于事实的随意选择和遗漏；没有某种因果关系分析就不可能建立真正成立的知识。最后，批评者还认为比较政治学中的阐释学研究可能陷入"阐释循环"中：一个成功的阐释是可以澄清和展现原本破碎的、迷雾般的意义，然而，我们如何得知这种阐释是正确的？我们只有通过继续的阐释来验证我们过去的阐释。[①]

2.2.3 批判研究与科学研究

自从马克思在早期宣布了"对一切现存制度进行无情批判"的要求以来，马克思的著作就代表了一种致力于激进批判的努力。马克思的历史唯物主义为他的资本主义批判提供了坚实的理论基础，法兰克福学派进一步将这种批判理论发扬光大，建立了完全迥异于科学研究的政治研究取向。

马克思主义政治学对于政治的研究十分突出的特点是它采取经济分析和阶级分析的方法。1）经济分析的方法。在马克思主义政治学中，我们可以将社会分为经济基础和上层建筑，切入政治现象的关键在于对经济基础的理解。经济基础是生产关系的总和，它对于上层建筑具有基础性的和决定性的影响，法律和政治的上层建筑建立于经济基础之上，物质生活的生产制约着整个政治生活；同时，在一定条件之下，上层建筑会反过来影响经济基础。2）阶级分析的方法。根据在不同生产关系中所处地位的不同，我们可以将社会划分为不同的阶级。阶级首先是一个经济范畴，是阶级社会政治生活的主体，阶级力量之间围绕着统治地位形成的相互关系和相互斗争，构成了阶级社会政治的基本格局和内容，政治的历史演进就是经济基础演变和阶级斗争的历史。

基于这种经济分析和阶级分析，马克思从历史唯物主义的立场发展出资本主义通往周期性和循环的危机的发展趋势的理论。但是，"二战"结束后，马克思关于历史发展

---

① 参见 Charles Taylor. "Interpretation and the Sciences of Man." in Gerard Delanty and Piet Strydom, eds. *Philosophies of Social Science: the Classic and Contemporary Readings*, Open University Press, 2003. p.126.

规律和资本主义发展危机等的论证被政治学研究者认为是虚幻的，那种认为工人的贫困在不断增长的观念被认为是抽象的东西，甚至是幻想，无产阶级被认为已经融合到社会之中，而不再有反抗和革命，也不再可能有乌托邦式的自由王国。在崇尚实证科学的行为主义政治学者看来，马克思主义政治学中充满了经验分析的谬误，资本主义现实的发展已经瓦解了马克思主义政治学的经验根基，马克思关于历史发展的判断是完全不科学的。

"二战"后，针对实证主义的这些批评，法兰克福学派严厉批判了实证主义方法论的幼稚和问题，重拾马克思主义政治学中的激进批判立场，探索出一条不同于科学研究的批判研究模式。

作为法兰克福社会研究所所长的麦克斯·霍克海默就指出，马克思所强调的科学作为生产力和生产手段对社会生活进程有所贡献这一事实，绝没有证明实用主义的知识理论就是合理的。在他看来，对于政治的科学研究总是将经验事实、概念以及理论等看做是外在于他的东西，是客观和科学的，而科学不外乎是安排和重新安排实施的体系，至于从无限的事实中进行挑选的活动则是无关紧要的。与这种科学研究不同，批判理论将这些理论和知识与其特定的社会定位相联系，剖析这些理论和知识所联系的社会阶级，从而深入到事物的世界中，去揭示人与人之间的深层关系。[1]

从批判理论看来，行为科学隐藏了经验保守主义的意识形态和残酷的政治现实。我们必须意识到知识建立的价值基础。比如，研究者就指出，美国的政治科学学者们将依附理论简化为一种关于依附资本主义发展的铁律，以实证主义的方法沿着自然科学方法论的路径来理解依附理论，而没有看到它实现整体批判的力量。[2] 从批判研究的视角出发，研究者认为，依附理论对待经验数据的方式是根本不同于实证主义的，在他们看来，依附理论是一种激进的批判理论，因为它追求提供社会行动者理解和改变它们被压迫现状的理论武器。它是一种特别的反抗支配的斗争理论。虽然为了使得辩证的分析不那么抽象和更加具体，信息和实证是必需和有用的，然而，更重要的是通过对于关键概念的辩证分析，我们才能够"从整体上（in totality）"解释历史的演进。[3] 那就是说，只有当各种阐释提出足够强大得可以阐明各种支持和反对特定结构环境的根本关系的概念时，历史才变得可以理解。依附理论较之于其他任何比较政治学研究的理论更加"真实"，因为这些分析通过洞悉能够推动转变进程的历史主体以及提供这些历史主体斗争的理论和方法论的工具，来把握历史演进的意义，帮助否定既存支配秩序。[4]

---

[1] 参见（德）麦克斯·霍克海默：《批判理论》，李小兵等译，重庆：重庆出版社1989年版，第5~10页。

[2] 参见 Fernando Henrique Cardoso. "The Consumption of Dependency Theory in the United States." *Latin American Research Review*, 1977, 12 (3): 16.

[3] 参见 Fernando Henrique Cardoso and Enzo Faletto. *Dependency and Development in Latin America.* University of California Press, 1979.

[4] 参见 Fernando Henrique Cardoso. "The Consumption of Dependency Theory in the United States." *Latin American Research Review*, 1977, 12 (3): 16.

2.3 政治科学的研究路径

区别于规范研究和阐释研究,政治科学是政治学成为一门独立学科产生的肇始。作为与规范研究和阐释研究的分野,政治科学奉行价值中立、客观和科学的原则,而促使这种政治学研究"科学转向"的正是行为主义革命的浪潮。此后,理性选择和新制度主义对行为主义研究进行了反思和修正,推动了政治科学研究的发展。

2.3.1 行为主义

行为主义政治学是对于传统政治学研究的一个反叛。简单而言,这种反叛体现在三个重要的方面。

(1)研究方法,即从规范研究到经验主义和科学分析。作为行为主义的代表人物之一,戴维·伊斯顿就指出,从传统的角度看,政治理论可以说就是政治哲学,它坚持并鼓吹自己仅只探求和理解美好生活的本质,或者只限于把握先人对此问题的看法。高居于理论之特权等级巅峰的是道德的分析,而不是严格的经验世界的分析。到了行为主义革命时代,人们才清楚地认识到,政治理论不是、不必要是而且也不应该是一种唯独限于道德和哲学探讨的专断的学科。[1]他在《政治分析的框架》(1965)一书中将行为主义政治学的基本原则概括为如下几条:"政治学可望成为一门科学,可以进行预测和解释,其目标是建立系统的、经验的理论;社会科学研究应以理论定向,理论与资料之间必须有密切的相互作用;政治分析必须将事实问题与价值问题区别开来;社会科学的各学科从根本上是一致的,学科合作或跨学科研究对各学科都是有益的;政治学者对方法论应该更加自觉、熟练和精通;政治分析应以个人、团体的行为作为焦点,而不是以政治制度作为焦点。"[2]

以实证主义作为其哲学根源,行为主义坚持科学主义、客观主义、价值中立、工具主义和技术主义的立场。由此,它认为,建立科学的理论必须在原则上可以证伪、普遍性的法则必须从个别的经验观察中获得、政治行为有规可循、法则性的规律须通过归纳来获得。[3]这种科学研究的路径根本区别于传统的规范研究和阐释研究,也是政治科学兴起的标志。

(2)研究目标。作为政治科学研究的肇始,行为主义政治学力图在纷繁复杂的经验数据中寻求出政治行为和政治发展的规律,建构普遍性的理论。在伊斯顿看来,知识越具有归纳性和内在一致性、越能够应用到大量不同的案例中,它们就越可靠。因此,政治科学研究的发现被认为是客观和科学的,不受历史、国界的约束,具有普遍适用性。

---

[1] 参见(美)戴维·伊斯顿:《政治生活的系统分析》,王浦劬译,北京:华夏出版社1999年版,第6页。
[2] David Easton. *A Framework for Political Analysis*. N.J.: Prentice-hall, 1965. pp. 6~7.
[3] 参见 David Sanders. "Behavioral Analysis." in David Marsh and Gerry Stoker. eds. *Theory and Methods in Political Science*. New York: St. Martin's Press, 1995; Colin Hay. *Political Analysis*. New York: Palgrave, 2002.

(3) 研究对象,从正式制度分析到政治实际运作的研究。正如我们在上文提到的,古典政治学研究的核心是政体,是国家的正式制度安排,这种传统延续了很久,当政治科学在19世纪末20世纪初作为一门现代学科开始出现时,古典传统对其产生了巨大影响。不论在欧洲还是在美国,在被称为"传统比较政治学"的研究中,研究者在很大程度上都关心国家的宪法结构体系,特别是各种正式制度和法律制度方面。这也是政治学与宪法学之间密切联系的结果。①从总体上而言,行为主义的兴起将研究对象从正式制度转到了对于政治实际运作的研究,传统政治学关注正式制度和政府架构,被认为从根本上是狭隘、静态和描述性的研究,而行为主义的研究则关注选民投票行为和利益集团的政治行为等问题而非正式制度安排。

行为主义为政治科学研究打开了新的视野,然而,它也遭遇许多批评。

(1) 关于归纳研究。许多行为主义者的研究,是通过大量经验数据资料中显现的统计规律而做出的,是一种典型的归纳研究。对它的批评认为:狭隘的归纳主义式研究,永远也不能有所进展。甚至它的第一个(收集事实)阶段也永远无法完成。这也就是说,因为要收集到所有的事实,将要等到世界末日的到来,而且既然存在着各种各样的无穷无尽的事实,即使要把迄今为止的所有事实都收集齐全也绝无可能。并且,被观察到的事物在特定程度上往往是研究者采用的理论立场的结果,不同的理论立场可能会引发对"现实"的不同描述,可能会产生不同的"观察"。此外,对数据资料的强调和对未经观察的理论推断的贬低可能产生两种错误倾向:强调易于度量的事务而非可能具有重要理论意义的事务,以及集中关注可观察的现象,而非更深层而微妙的、推动社会政治制度的稳定与变迁的结构性力量。

(2) 关于普遍性理论的建构。行为主义对于科学、客观规律的追求往往被批评过分追求政治过程中的一致性、统一性、规律性,而忽视了各种独特性和各种低概率的政治事件或者政治结果。在一个充满普遍性的法则和因果关系的世界中,没有例外。②当研究者试图调和普遍性和情境分析的时候,他们往往不得不面对两难的困境:为了寻求更普遍的法则,他们不断将各种变量添加到普遍性理论中,但这时普遍性的理论往往也渐渐丧失了其归纳性。

2.3.2 理性选择

理性选择是政治科学学科发展史上重要的转向。这种转向至少体现在两个重要的方面。

(1) 从归纳研究到演绎研究。在行为主义研究中,政治科学意味着从无数的政治事实中寻找出有关政治的规律,是关于政治经验的归纳研究,而理性选择路径下的政治科学则是从已有抽象的理论去分析政治现实,是从理论到经验的演绎而非归纳研究。

(2) 从寻求普遍性理论到强调个人选择。行为主义强调从无数的经验数据中探求

---

① 参见(美)罗伯特·古丁、汉斯-迪特尔·克林格曼主编:《政治科学新手册》(上册),钟开斌等译,上海:上海三联书店2006年版,第205~211页。

② 参见 Gabriel A. Almond. "Clouds, Clocks, and the Study of Politics." *World Politics*, 1977, 29 (4).

具有规律性和普适性的政治知识,它希望从经验研究中发现科学、客观且可证伪的规律。因此,行为主义遭到广泛批评的一个关键问题是其包含的决定论因素和它缺乏不确定性和随机性。它暗示某种从西方国家经验推导出来的普遍性法则一定会为非西方、非发达国家所追随,它忽视了行动者可能扮演的重要角色,而只是将行动者看做是特定行为模式的载体。从而,它忽视了行动者这个使得社会科学根本地区别于自然科学的关键因素。① 而事实上,政治研究根本不同于自然科学的一个基本因素,就在于政治中的行动者使得政治学研究中的因果关系不可能是放之四海皆准的"铁律"。② 而理性选择研究正是从个人行为推导出政治现象的结果,因而它强烈地关注行动者,从而将行动者的选择纳入到普遍性的理论建构中。所以,理性选择研究不同于实证主义,它侧重于行为者通过做出策略性的选择和行为者之间的互动来追求目标的分析。它鼓励了对于不确定性和可能性对于政治变迁意义的研究,而降低了结构性束缚的重要性。③

理性选择研究的这两种转向与其坚持的"方法论的个体主义"密切相关。理性研究之所以根本背离了行为主义,一个十分重要的原因是来自经济学的方法和理论对于政治科学研究的挑战和渗透。到 20 世纪 60 年代,经济学对于政治科学的影响日益明显,研究者开始试图跨越两个学科在研究方法和基本研究假设等方面的鸿沟。这种努力的起点是"方法论上的个体主义"的引入,与行为主义用社会学或者心理学的方法不同,它运用经济学的理论和方法来分析和解释政治现象。

来自经济学的研究批判以往经济学与政治学中存在的两套完全不同的假设:一方面是由利己主义和狭隘个人利益所驱使的个人、经纪人、消费者、生产者;另一方面是超凡至圣的超级机器——政府,政府是集体利益的体现,它被一些除了认同和维护公共利益之外别无他求的官员所操纵。因此,来自经济学的批评者认为,政治学的研究也应该以个人而非个人的集合作为分析的单元,这样我们就需要解释个人的行为如何导致了利益集团、阶级、政府等的集体行动以及如何促成了政治秩序的形成。正如理性选择的代表人物之一詹姆斯·M. 布坎南所言,"方法论个体主义"不等同于个人主义,前者代表着一种企图,要把所有政治组织问题都归纳为个人面对的种种取舍以及他在这些取舍之间所做出的选择。他的选择逻辑成了这种分析的核心部分,这种选择往往无须任何终结目标或者价值的指引。同时,它假设人无论在其市场活动中,还是政治活动中,都追求效用最大化,但是这并不要求一个个体的人牺牲其他个人以增强他自己的效用。相比之下,个人主义则是一定价值标准指导下的行为模式。④

由此,从"方法论的个体主义"出发,一方面,理性选择研究将形式政治模型、博弈分析以及定量经济学引入政治学研究,不同于行为主义力图摈弃任何经验研究之前的理论预设,理性选择研究用高度抽象的理论假设去分析政治现象,试图透视变幻莫测

---

① 参见 Colin Hay. *Political Analysis*. New York: Palgrave, 2002. p. 51.
② 参见 Gabriel A. Almond. "Clouds, Clocks, and the Study of Politics." *World Politics*, 1977, 29 (4).
③ 参见 Guillermo A. O'Donnell and Philippe C. Schmitter. *Transitions from Authoritarian Rule: Tentative Conclusions about Uncertain Democracies*. Baltimore: Johns Hopkins University Press, 1986.
④ 参见(美)詹姆斯·M. 布坎南、戈登·塔洛克:《同意的计算——立宪民主的逻辑基础》,陈光金译,北京:中国社会科学出版社 2000 年版,第 3 页。

的政治现象中隐藏的简单原则;另一方面,它以个人选择为起点来分析政治现象,从而开辟了政治科学研究的新领域,将集体行动研究、公共选择理论、博弈论、阿罗不可能定理以及寻租理论等新议题引入政治学,提出了新的研究问题,构建了新的理论模型。

不过,理性选择研究同样也面对一些批评。

第一,关于演绎研究。作为一种演绎性研究,理性选择被认为过于简化政治生活,事实上,政治生活中充满了各种仪式、象征和意义的建构,不是高度抽象的理性个人和理性行动可以概括的。虽然,有的理性选择研究的修正者试图用"文化理性"等概念来丰富单薄的经济理性概念,从而在演绎研究之外将更多的经验分析引入,然而,在批评者看来,这些尝试性的研究只是将场景性的因素作为理性选择的变量,不管理性的场景如何,理性选择分析中行动者的选择永远是理性的,因而,往往也不能够排除其他有力的解释,因而不可证伪。①

第二,关于个人选择。在批评者看来,理性选择并未将个人选择纳入政治分析中,它并不是一种真正的关于随机性和不确定性的理论;相反,它将选择性从理性选择中剥离,即理性选择的"矛盾的结构主义":在理性选择分析中,我们不需要知道任何有关行动者的细节就可以预测出政治行为的后果,也正是这种富于理性选择研究的预测能力所在。②因此,理性选择研究并不代表社会科学哲学中的新的研究方向;相反,它被认为是本质上的实证主义。阿尔蒙德就认为,从本质上而言,理性选择理论之所以如此受欢迎也正是在于它迎合而非挑战了政治学研究寻求普遍性理论和解释的热诚。③

2.3.3 新制度主义

与理性选择研究不同,新制度主义是对传统政治学的一种反叛,也是一种回归。所谓"反叛"是指它不同于旧制度主义的研究;所谓"回归"是指它将"制度"重新带回了政治学研究之中。

第一,新制度主义的"反叛"。传统政治学以政体作为研究的核心,在新制度主义诞生后,这些研究国家正式制度安排的研究被冠以"旧制度主义"的名号。而新制度主义与旧制度主义不同,它不仅关注制度的设计,更关注制度的运作;它不仅关注正式制度,更关注非正式制度。大体而言,新制度主义之"新"体现在以下几个方面:"从以组织为焦点到以规则为焦点;从对制度的正式理解到对制度的非正式理解;从对制度的静态理解到对制度的动态理解;从隐含的价值到一种价值决定论的态度;从对制度的整体主义的理解到对制度的分散化的理解;从独立到嵌入(环境):制度规则被放置在一个更基本甚至更权威的规则、体制、实践和程序的持续上升的等级体系中。"④

---

① 参见 Margaret Levi. "A Model, a Method, and a Map: Rational Choice in Comparative and Historical Analysis." in Mark Irving Lichbach Alan S. Zuckerman, ed. *Comparative Politics: Rationality, Culture, and Structure.* Cambridge, U.K.; New York: Cambridge University Press, 1997.

② 参见 Colin Hay. *Political Analysis.* New York: Palgrave, 2002.

③ 参见 Gabriel A. Almond. "Clouds, Clocks, and the Study of Politics." *World Politics*, 1977, 29 (4).

④ (英)大卫·马什、格里·斯托克:《政治科学的理论与方法》,景跃进等译,北京:中国人民大学出版社2006年版,第95页。

在新制度主义的研究中,"制度"本身的含义已经发生了变化,它所说的"制度"不仅包括正式制度,还包括符号、仪式、价值等在内的非正式制度;同时,研究的问题也不再是关于设计怎样的政治制度来实现最高的"善",而是探讨制度变迁如何发生、制度稳定为何可能、制度如何塑造了行动者的行为等问题。

第二,新制度主义的"回归"。新制度主义将行为主义和理性选择研究中忽略的"制度"这个变量带回到政治分析中,"制度"重新成为政治学研究的焦点,研究者明确提出:在很多情况下,制度并非毫无作用,只不过它是没有发挥原本设想的作用;事实上,在政治分析中,政治制度而不是非政治的社会经济,是任何政治行为和结构的最直接的环境。

在行为主义和理性选择研究中,"制度"这个传统政治学研究的对象被严重忽略了,它们常常是以心理学或者经济学的假设来分析政治行动者的行为,将政治过程简约为社会、经济和文化变量,而将约束政治行为的制度因素撇在一边。从20世纪60年代末开始,研究者才又重新发现"制度"在政治生活中扮演的重要角色:新马克思主义开始关注国家的具体组织形式,组织理论学家发现了组织文化的重要性,比较历史分析的学者认为有必要"让国家回归",国际关系专业的学生则强调"政权制度",经济学者发现了"游戏规则"的重要性,比较政治学从制度分析入手对政治发展理论进行再思考。到1989年,马奇和奥尔森在《新制度主义:政治生活中的组织因素》一文中第一次提了"新制度主义"的概念。此后,新制度主义逐步分化为三种不同的研究流派,即理性选择制度主义、历史制度主义和社会学制度主义。

与行为主义研究一样,新制度主义的研究也是一种归纳研究,它们都从经验现实出发,去寻求这些纷繁的经验现实后可能隐藏的因果关系。但是,与行为主义对于科学理论建构的狂热不同,新制度主义通过考察不同制度背景的差异,力图发现不同国家、不同政治体系的差异,从而避免理论建构中可能存在的决定论和对特殊性的忽略。

虽然理性选择也通过强调行为者的选择来修正行为主义研究中对于普遍性规律的强调,但是,新制度主义与理性选择研究的方式存在差异。对于理性选择研究而言,它强调要走出决定论的陷阱就必须强调"选择"。正是因为它强调选择而非预定的结构束缚和功能的需要,所以,它被认为是对于结构主义的纠正和对功能主义分析的回应。在理性选择研究看来,新制度主义强调制度或者结构性的分析,而排斥了政治分析中的选择。而对于新制度主义而言,除非了解制度背景,宽泛地假设所谓的"自利行为"是完全空洞的。理性选择研究作为一种演绎研究,以高度抽象的理性个人去推导现实政治运作,忽视了现实中的各种文化、历史、例外等等。[①]因而,相对于理性选择对于普遍性理论的热诚,新制度主义更关注于中层的问题和解释,通过对不同制度背景下的差异进行深入探讨而对政治学研究作出了贡献。

---

① 参见 Sven Steinmo, Kathleen Thelen and Frank Longstreth. *Structuring Politics: Historical Institutionalism in Comparative Analysis.* Cambridge, New York: Cambridge University Press, 1992. p.9.

小结

本章讨论了"政治学是什么"的问题。政治学作为一门独立的专业学科，产生于西方近代社会科学分化的进程之中，政治科学的出现是政治学学科专业化的重要转折。虽然与其他社会科学学科仍然存在一定学科交叉的情况，但是，政治学具有其相对明确的学科边界，这里，我们将"政治学"界定为是研究权力的不同约束条件以及运作的学科。在政治学研究中，存在规范研究与科学研究、阐释研究与科学研究以及批判研究与科学研究的不同研究路径；作为现代政治学的肇始，政治科学研究在过去几十年中经历了行为主义、理性选择以及新制度主义三大发展阶段，这些不同的研究方法或者说研究视角渗透到政治学的不同研究领域和研究议题之中，在推动政治学研究方法变革的同时，也丰富了政治学研究的研究问题、扩宽了其研究视野。

阅读书目

1. （古希腊）亚里士多德：《政治学》，吴寿彭译，北京：商务印书馆1996年版。
2. （德）马克斯·韦伯：《社会科学方法论》，韩水法、莫茜译，北京：中央编译出版社2005年版。
3. （美）戴维·伊斯顿：《政治体系——政治学状况研究》，马清槐译，北京：商务印书馆1993年版。
4. 郭正林、肖滨编：《规范与实证的政治学方法》，广州：广东人民出版社2003年版。
5. （英）大卫·马什、格里·斯托克：《政治科学的理论与方法》，景跃进等译，北京：中国人民大学出版社2006年版。

思考题

1. 如何理解政治学的学科性质？
2. 政治学中规范研究与科学研究有何异同？
3. 如何理解政治学中的阐释研究与科学研究的差异？
4. 行为主义政治学的特点是什么？
5. 理性选择研究与新制度主义研究有何区别？

第二编

现代国家

第 3 章　民族—国家

3.1　民族—国家作为现代国家

3.1.1　从传统国家到现代国家

在世界历史上，寻找最适合、最有效的政治单位和确定最适当的国家规模，是困扰人类的一个大问题。在过去的 3000 年里，人类已经尝试了解决这一问题的三种方案："按时间顺序，它们分别是城邦国家、帝国和民族国家。第四种可能是区域国家。最终的可能性则是世界国家。"① 从目前的情况来看，欧盟的形成似乎为第四种可能——区域国家的出现提供了某种例证，而世界国家依然只是一种离现实还很遥远的理想。在全球化的浪潮之下，民族—国家尽管受到挑战，但仍然是现代国家的基本形式。为了理解作为现代国家基本形式的民族—国家，我们需要从传统国家的两种典型形式——城邦和帝国说起。

在西方，最早的国家共同体是城邦，它形成于公元前 8 世纪～公元前 6 世纪的古代希腊。严格来说，城邦不是我们所理解的城市，甚至也不是所谓的城市—国家（city-state），而是一个自给自足且独立的政治共同体或者说国家共同体。② 作为一种国家共同体，城邦最明显的特征称得上是"小国寡民"：无论人口规模，还是地域规模，城邦都非常之小。因此，就规模来说，城邦恰好居于与帝国正相对应的另一个极端。从城邦内部的统治来看，一方面，"城邦组织导致在相关地域内不可能会存在一个庞大的、中央集权的政治权威机构。……城邦对其臣民只是实行低水平的直接行政控制"③；另一方面，城邦是一个完全自治的共同体，它的人口和地域小得足以让公民有条件直接参与集体决策，其情形正如我国学者顾准所描述的那样："直接民主制度唯有在领土狭小的城市国家中才有可能。在这些国家中，乡居的公民进城参加公民大会可以朝出暮归，人们相互间比较熟悉，一国政务比较简单，易于在公民大会中讨论和表决。在领土广阔的国家，这些条件是完全不具备的。所以，城邦制度和直接民主两者是互相依赖，互为条

---

① （美）莱斯利·里普森：《政治学的重大问题——政治学导论》，刘晓等译，北京：华夏出版社 2001 年版，第 268 页。

② 参见（英）杰弗里·托马斯：《政治哲学导论》，顾肃等译，北京：中国人民大学出版社 2006 年版，第 112 页。

③ （英）安东尼·吉登斯：《民族—国家与暴力》，胡宗泽等译，北京：生活·读书·新知三联书店 1998 年版，第 48～49 页。

件的。"①

从城邦的外部条件来看，城邦具有这样一个特征："只有在与其相对毗邻的地区也有其他城邦存在时，这些城邦才会存在下去。它们共同组建成一种松散的国家体系，这既不同于那些由较大规模国家所组成的国家体系，也有别于现代民族—国家体系。"② 这意味着城邦不可能孤立存在，城邦与城邦之间有着相互依存的关系。

与狭小的城邦相反，帝国的规模十分巨大，历史上的罗马帝国和秦汉以后的中华帝国都是帝国规模巨大的典型例证。帝国不仅规模巨大，而且覆盖着文化多样性的疆域和异质的共同体。"通常，帝国的特征就是企图将集权的政治权威强加给松散界定的领地，这块领地上居住着许多不同的社会和种族群体。"③ 因此，对内，帝国具有强制性；对外，帝国则具有扩张性。"帝国形态不管存在多长时间，都不能像当今的民族—国家那样，毗邻于其他具备同等力量的领土。凡是毗邻其边陲的国家都是小国，而且一般说来，统治集团也都会把它们归入所有其他的野蛮民族。"④ 在规模巨大、文化多样和种族繁多的条件下，实行帝国的统治非常不容易，需要采取一定的策略。根据学者的研究，帝国的统治主要有四种策略：一是通过附庸，通过被征服的当地精英进行统治；二是直接通过军队进行统治，这意味着把国家置于军事主义的基础之上；三是强制式合作；四是发展一种共同的统治阶级文化。⑤ 然而，不论帝国采取什么统治策略，也不论与敌对的权力中心相比它有多么强大，帝国只能维持有限的行政权力。在此意义上，"帝国是被统治的，但不是被治理的，也就是说，皇帝控制着有限的社会和地理空间，但缺乏管理手段——制度、组织、信息、人员等等——在他们宣称为自己的领土的疆域内进行系统化的管理。尽管政治权力的强度可能是可观的，但政治权威的广度却是受到限制的"⑥。这样，帝国统治不可避免地面临一系列互相关联的结构性问题或矛盾，其中最基本的问题就是集权和分权。因为，当帝国完全由中央来统治时，它们实施统治的能力经常会受到限制。中央不断发出并实施命令需要时间、资源和有效的基础设施。因此，帝国需要尽可能远地将权力授予周边地区，但是如果这样做，后者就会威胁到自己的完整。⑦ 正是帝国统治所面临的上述结构性问题或矛盾决定了帝国的统一是脆弱的。历史上，中华帝国"分久必合，合久必分"的分合循环现象见证了帝国统一的脆弱性。

城邦和帝国虽然在规模上各执一端，但它们都属于传统国家。民族—国家则与之不

---

① 顾准：《顾准文集》，贵阳：贵州人民出版社1994年版，第73页。
② （英）安东尼·吉登斯：《民族—国家与暴力》，胡宗泽等译，北京：生活·读书·新知三联书店1998年版，第49页。
③ （英）戴维·赫尔德等：《全球大变革——全球化时代的政治、经济与文化》，杨雪冬等译，北京：社会科学文献出版社2001年版，第466页。
④ （英）安东尼·吉登斯：《民族—国家与暴力》，胡宗泽等译，北京：生活·读书·新知三联书店1998年版，第101页。
⑤ 参见（英）迈克尔·曼：《社会权力的来源》，刘北成等译，上海：上海人民出版社2002年版，第194页。
⑥ （英）戴维·赫尔德等：《全球大变革——全球化时代的政治、经济与文化》，杨雪冬等译，北京：社会科学文献出版社2001年版，第45~46页。
⑦ 参见（英）戴维·赫尔德等：《全球大变革——全球化时代的政治、经济与文化》，杨雪冬等译，北京：社会科学文献出版社2001年版，第466页。

同，不仅在规模上介于城邦和帝国之间，而且在性质上是现代国家。

民族—国家作为现代国家，是从传统国家中逐步演化而来的，其历史源头是欧洲的绝对主义国家（absolutist state）："现代政治世界的最近源头——即现代民族国家体系本身的最近源头——是欧洲的绝对主义以及所产生的国家间秩序。"① 从欧洲民族—国家的历史起源来看，绝对主义国家是战胜欧洲封建主义（feudalisn）的产物，是传统国家向现代国家转型的过渡阶段。

尽管在不同学者的视野里，封建主义呈现出不同的面孔。但是，一种比较公认的看法是，封建主义在政治上的根本特征是主权分散。主权分散意味着"政治主权从未集中在一个单一的中心，……因而在封建主义中有一个内部的矛盾：一方面是它最高主权分解的严格趋向，另一方面是一个最终的权威中心在绝对紧急情况下能够出现实际的重组"② 绝对主义战胜封建主义正是最终权威中心的确立，它意味着扫除封建割据，实现国家权力的集中："在将政治、军事权力聚集到它自己手里的，试图创造一个中心统治体系的过程中，绝对主义为一个世俗的、民族的权力体系的出现铺就了一条坦途。"③

在16世纪，绝对主义国家在西欧的出现，不仅结束了这种公共权力的分散状态，而且逐步确立了等级体系的、分工运作的国家机器。正如马克思所观察的那样，"中央集权的国家政权及其遍布各地的机关——常备军、警察、官僚、僧侣和法官（这些机关是按照系统的和等级的分工原则建立的），是起源于绝对君主制时代，当时它充当了新兴资产阶级社会反对封建制度的有力武器"④。用安东尼·吉登斯的话说，在绝对主义时代，能反思性地予以监控的国家体系（reflexively monitored state system）的主要基础得以建立起来。⑤

3.1.2 民族—国家的基本要素

民族—国家之所以是现代国家，是因为它拥有边界精确划分的领土、享有对内对外的国家主权、具有现代性的国家统治系统以及以国（民）族和国（公）民为基础。民族—国家有四项基本要素。

（1）领土。传统国家，无论城邦，还是帝国，当然也是领土实体，它们都在地球的表面上占有特定的有型的区域。然而，传统国家只有边陲（frontiers）而无边界（boundaries）⑥，而民族—国家作为现代国家，其领土范围却拥有明确划分的边界。边

---

① （英）戴维·赫尔德等：《全球大变革——全球化时代的政治、经济与文化》，杨雪冬等译，北京：社会科学文献出版社2001年版，第49页。
② （英）佩里·安德森：《从古代到封建主义的过渡》，郭方等译，上海：上海人民出版社2000年版，第152~155页。
③ （英）戴维·赫尔德等：《全球大变革——全球化时代的政治、经济与文化》，杨雪冬等译，北京：社会科学文献出版社2001年版，第49页。
④ 马克思：《法兰西内战》，见：《马克思恩格斯选集》（第2卷），北京：人民出版社1995年版，第372页。
⑤ 参见（英）安东尼·吉登斯：《民族—国家与暴力》，胡宗泽等译，北京：生活·读书·新知三联书店1998年版，第110页。
⑥ 参见（英）安东尼·吉登斯：《民族—国家与暴力》，胡宗泽等译，北京：生活·读书·新知三联书店1998年版，第98页。

陲与边界是不同的：边陲指某个国家的边远地区，中心区的政治权威会波及或者脆弱地控制着这些地区，而边界却是使国家之间得以区分开来的地理上的分界线。① 用P. 萨林斯的话来说，"边界"是"限制性的、政治语境中的精确的线形的分界线"，而"边陲"则"意味着更多的带状性质和更广泛的社会语境"。② 因此，在政治层面上，这种精确的线形的边界之所以有别于带状的边陲，其实质在于它是国界，而国界乃是"使国家的主权得以区分开来的分界线"③。

（2）主权。作为现代国家，民族—国家不同于传统国家的重要标志之一在于它享有主权。主权是政治法律体系中的最高权力、最终权力，在确定的范围内，其行使效力具有普遍性，其运行过程具有自主的独立性，因而，主权在政治法律体系中地位上的至上性、序列上的终极性、效力上的普遍性和运行上的独立性构成了主权的四个基本属性。④ 民族—国家的主权是国家主权（national sovereignty），它表现在对外和对内两个层面。

对外主权涉及民族—国家的对外关系，它是国家在对外事务上独立自主的决定权，其具体内容主要包括：

——独立。这是国家对外主权的集中表现。一个国家如果没有获得独立或者丧失了独立性，它也就不成其为国家，"某一个本质上没有从另一国家实体中独立出来的实体，本身不是国家"⑤。

——平等。国家与国家之间是平等的，"在法律概念上，它们的地位、人格、法律能力、权利、义务和责任是平等的"⑥。

——自治。"国家自治意味着某一个国家不隶属于任何外部的权威。"⑦

——领土完整。各个国家本质上享有其领土的完整性和不可侵犯性。

国家对外主权的这四个方面构成当今国家地位的本质特征。对于现代国家来说，国家对外主权的重要性在于，它"是一个国家获得国际社会成员资格的必要条件。只有那些能够证实其主权地位的政治实体才能进入国际社会，享有它们前已存在的地位，并

---

① 参见（英）安东尼·吉登斯：《民族—国家与暴力》，胡宗泽等译，北京：生活·读书·新知三联书店1998年版，第60页。

② 参见（美）约瑟夫·拉彼德等主编：《文化和认同：国际关系回归理论》，金烨译，杭州：浙江人民出版社2003年版，第31页。

③（英）安东尼·吉登斯：《民族—国家与暴力》，胡宗泽等译，北京：生活·读书·新知三联书店1998年版，第62页。

④ 参见（英）戴维·米勒、韦农·波格丹诺主编：《布莱克维尔政治学百科全书》（修订版），邓正来译，北京：中国政法大学出版社2002年版，第778页。

⑤（美）路易斯·亨金：《国际法：政治与价值》，张乃根等译，北京：中国政法大学出版社2005年版，第12页。

⑥（美）路易斯·亨金：《国际法：政治与价值》，张乃根等译，北京：中国政法大学出版社2005年版，第12页。

⑦（美）路易斯·亨金：《国际法：政治与价值》，张乃根等译，北京：中国政法大学出版社2005年版，第13页。

获得新的权利和义务"①。从根本上说，国家的对外主权是一个民族在国际社会中享有的基本权利："外部主权体现了民族独立和自治的原则。只有民族是握有主权的，其人民才能根据他们特定的需要和利益塑造自己的命运。要求一个国家放弃主权就等于让它的人民放弃自由。无怪乎在外部主权或国家主权方面是那样的敏感；而当其受到威胁时，对主权的维护又是那样的狂热。"②

民族—国家的对内主权涉及民族—国家的内部事务，它是民族—国家的统治组织亦即通常所说的国家（state）在一个有着明确边界的地域内所拥有的至高无上的权力或权威③，国家统治组织（state）凭借这种权力或权威，"在有限的领土之内，有能力立法，有效地制裁其组成部分，垄断对暴力手段的处置权，控制与政府的国内政治或行政形式相关的基本政策，以及处置作为其岁入基础的国民经济成果"④。

（3）人民。"人民"最直接的含义是主权领土上的居民。从表面来看，它是构成民族—国家的四项要素中最为简单的一项。"然而，事实上它是最复杂的一项。其复杂性在于，'人民'不仅仅是居住在领土上的人类的简单总和。"⑤ 一方面，人民不是一盘散沙，人民构成了一个独特的整体——民族。民族—国家中的居民通过一些共同的纽带（历史文化、族体结构、信仰体系、共同的语言以及国家统治组织在领土内实施的共同法律等）整合为一个共同体——民族。另一方面，人民是国民，由公民组成。在传统国家，除了国王或皇帝等少数统治者以外，绝大多数个体只是被统治的臣民，不是享有权利的公民，只有服从的义务，对政治权力没有任何影响力。在现代民族—国家，绝大多数个体都是公民，公民享有公民权利和义务，即获得了公民身份。

（4）国家统治体系（state）。民族—国家之所以成为现代国家，一个重要的原因在于民族—国家拥有一套被视为现代性特征之一的国家统治体系，通常人们简称之为"国家（state）"。作为民族—国家的构成要素之一，这种"国家（state）"既是一种新型的政府组织系统，也是一种新型的权力体系、制度体系，因而它是一种国家统治体系。这种国家统治体系（state）的建立不仅使民族—国家因其理性化的政府组织系统而"拥有了高效率的手段，从而使它能够集中和协调大众的能量和价值观；并转化为国家实力和军事力量"⑥；而且使民族—国家凭借其独特的权力体系、制度安排获得了现代性的品格。

上述简要分析表明，民族—国家的四项基本要素实际涉及现代国家研究的一些基本

---

① （日）篠田英朗：《重新审视主权——从古典理论到全球时代》，戚渊译，北京：商务印书馆2004年版，第151页。
② （英）安德鲁·海伍德：《政治学核心概念》，吴勇译，天津：天津人民出版社2008年版，第48页。
③ （英）安东尼·吉登斯：《社会学》（第四版），赵旭东等译，北京：北京大学出版社2003年版，第533页。
④ （英）安东尼·吉登斯：《民族—国家与暴力》，胡宗泽等译，北京：生活·读书·新知三联书店1998年版，第331页。
⑤ （挪威）托布约尔·克努成：《国际关系理论史导论》，余万里等译，天津：天津人民出版社2004年版，第5页。
⑥ （挪威）托布约尔·克努成：《国际关系理论史导论》，余万里等译，天津：天津人民出版社2004年版，第4页。

内容——国土（领土）、国权（主权）、国族（民族）、（享有公民身份的）国民和（作为统治体系的）"国家（state）"。本章将主要讨论国族（民族）和（作为统治体系的）"国家（state）"，至于国民的公民身份则在第6章专门讨论。

3.1.3 民族—国家的概念界定

作为现代国家的民族—国家是一种极为复杂的现代现象。因此，如何界定民族—国家概念一直是学界争论不休的话题。尤其在汉语学术界，"nation-state"作为引入的西文术语，究竟译为"民族—国家"或"国族—国家"，还是"国民—国家"，学界对此就未达成共识，至于如何界定其内涵，学界的分歧就更大。概而言之，汉语学术界对"民族—国家（nation-state）"概念的界定主要有两种学术进路。

一是民族学、人类学的进路。在此学术话语中，民族—国家概念的定义有狭义说和广义说之分。"狭义说"把民族—国家（nation-state）中的"nation"理解为汉语中狭义的"民族"（如汉民族、藏民族等），并基于此种意义的"民族"概念，从所谓"民族结构"出发，将民族—国家（nation-state）定义为"一般指由单一民族组成的国家"①。持这种观点的论者也承认，如此"民族—国家"在世界上"其实是很少的"，甚至只是"一场虚构"或从来也没有实现的理想。②然而，如此界定民族—国家有其明显的问题。所以，学术界对此提出了很大的质疑："从民族结构上界定民族国家，打一开始就遇到了不可解决的矛盾，即近代以来建立的各个国家，特别是当代世界的各个国家，很少纯粹是由一个民族组成的。"③与上述"狭义说"根本不同，"广义说"不把"nation"解释为汉语中狭义的"民族"，而是理解为广义的民族（如"中华民族"概念中的"民族"），从而将民族—国家界定为由诸多族体组成（如采用汉语中狭义的"民族"概念，则称为"多民族"）的国族—国家或国民—国家④。

二是政治学的进路。就此而言，宁骚给出的民族—国家（nation-state）的定义最富于代表性："所谓民族—国家就是建立统一的中央集权制政府的、具有统一的民族阶级利益以及同质的国民文化、由本国的统治阶级治理并在法律上代表全体国民的主权国家。"⑤由此出发，宁骚还勾画了"民族—国家"的五大基本特征："国家独立、民族统一、领土完整，中央集权制，主权人民化，国民文化的同质性，统一的民族市场。"⑥这一定义的长处在于，它不仅突出了民族—国家是确立中央集权、达成民族统一的主权

---

① 陈永龄主编：《民族词典》，上海：上海辞书出版社1987年版，第351页。
② 参见宁骚：《民族与国家：民族关系与民族政策的国际比较》，北京：北京大学出版社1995年版，第266页。
③ 宁骚：《民族与国家：民族关系与民族政策的国际比较》，北京：北京大学出版社1995年版，第266页。
④ 有学者明确提出，要"以'国民—国家'代替'民族—国家'来表达西方的'nation-state'之概念，这样可以使我们的'多民族国家'或'多民族的国民—国家'理论不致因语言逻辑问题而产生无谓的歧见，因为我们对国内56个民族是称'民族'的"。（参见王建娥、陈建樾等：《族际政治与现代民族国家》，北京：社会科学文献出版社2004年版，第288页。）
⑤ 宁骚：《民族与国家：民族关系与民族政策的国际比较》，北京：北京大学出版社1995年版，第269页。
⑥ 宁骚：《民族与国家：民族关系与民族政策的国际比较》，北京：北京大学出版社1995年版，第270～280页。

国家，而且还强调民族—国家是以主权人民化为特征、代表全体国民的国民—国家。不过，这一定义也有其局限：一方面，尽管它突出了主权的人民化，但是，由于它撇开构成民族—国家基石之一的公民或者公民身份来把握民族—国家，这就无法彰显出民族—国家的公民性；另一方面，虽然它避免了上述"狭义论"界定民族—国家（nation-state）概念的弊端，但它似乎也回避了潜藏在民族—国家框架下的族体组成和族际关系问题，这就难以全面揭示出民族—国家的国族性。

其实，西语学术界对"民族—国家"的定义大致也有上述两种进路。比如，著名民族主义学者安东尼·D. 史密斯分析民族—国家所采用的"社会的角度"其实就是民族学或人类学的进路。① 史密斯区分民族与族群，将族群视为民族的基础。他不仅把民族—国家理解为由族群组成的国家，而且发现由族群组成的民族—国家存在的范围相当大：一端是由一个核心族群完全或几乎完全控制的民族—国家（如波兰、丹麦、日本），另一端是那些族群划分非常鲜明的民族—国家（如比利时、加拿大等），在这两端之间的民族—国家则有一个占支配地位的族群或核心族群，但同时有一个或多个重要的族群或少数民族（如中国、越南、法国、英国等）。当代西方著名思想家尤尔根·哈贝马斯则从政治学的进路出发，认为民族—国家的民主过程可以从四个方面来加以分析。这也就是说："现代国家是1）管理国家和税收国家；2）享有主权的地域国家；3）在民族国家范围内；4）可以发展成为民主法治国家和社会福利国家。"② 在此，哈贝马斯虽然没有直接给民族—国家概念下定义，而着眼于分析在民族—国家范围内的"现代国家（modern state）"，即民族—国家中的国家统治体系。但是，这些分析已经揭示出民族—国家概念的核心内涵。与此相类似，近年来有学者主张从四个维度来界定民族—国家：在资源（resources）维度，民族—国家是集中控制暴力和税收资源的领土主权国家（territorial state）；在法律（law）维度，民族—国家是立宪的法治（rule of law）国家；在合法性（legitimacy）维度，民族—国家是以民意作为合法性基础的民主国家（democratic state）；在福利（welfare）维度，民族—国家是通过国家干预来实现经济平等、建立福利保障的干预国家（intervention state）。因此，民族—国家是集主权、法治、民主和福利于一体的现代国家。③

就对民族—国家概念的界定而言，上述两种学术进路的分歧固然明显，不过二者却具有互补性。因为，虽然它们都从不同的角度揭示了民族—国家概念的某些方面，但也各有其盲点。因此，只有整合二者，才能完整地把握民族—国家概念。基于这种整合的思路，我们立足于上述民族—国家的基本要素，从主权、国族和国民三大层面来界定作为现代国家的民族—国家（nation-state）。

在领土—主权层面，"民族—国家"是划定领土边界的主权国家。一方面，民族—国家是具有确定领土边界的主权国家："现代国家是一块封闭的和划定的领土，它有被

---

① 参见（英）安东尼·D. 史密斯：《全球化时代的民族与民族主义》，龚维斌等译，北京：中央编译出版社2002年版，第123页。
② （德）尤尔根·哈贝马斯：《后民族结构》，曹卫东译，上海：上海人民出版社2002年版，第75页。
③ 参见 Stephen Leibfried and Michael Zurn. *Transformations of the State*? Cambridge: Cambridge University Press, 2005. pp. 2~9.

国际组织确定和承认的边界。与其他时代不同，今日的主权国家基本上是以领土来定义的。"① 另一方面，民族—国家是拥有内外主权的主权国家：在国际上，主权国家是国际政治体系中平等和独立的成员，享有国际法主体的地位，构成国际政治的基本行为体；在国内，主权国家是一个在其领土范围内垄断暴力和税收资源、集中掌控和行使国家权力的最高权威系统。概言之，作为主权国家，"民族—国家存在于由他民族—国家所组成的联合体之中，它是统治的一系列制度模式，它对业已划定边界（国界）的领土实施行政垄断，它的统治靠法律以及对内外部暴力工具的直接控制而得以维护"②。

在族体—国族层面，"民族—国家"是由族体整合和融合而成的国族—国家。一方面，民族—国家是国族—国家，国族是由一定的族体组成的享有内外主权的共同体；另一方面，民族—国家是以一定的族体为基础的国族—国家，作为整体的国族离不开作为部分的族体。显然，这一定义排斥上述民族学、人类学进路中狭义论的界定，而采纳广义论的界定，即不把民族—国家界定为由汉语中狭义的"民族"组成的国家，而界定为由诸多族体组成的国族—国家。国族意义上的民族—国家与主权国家其实是同一的：一方面，民族—国家作为国族—国家就是主权国家，整合和融合各个族体于一体的民族是国族，是国家主权的主体，行使国家主权的国家统治组织是民族共同体自己建立起来的国家政权；另一方面，主权国家代表和维护的是包括各个族体利益在内的民族共同体的整体利益，作为国族的民族共同体是民族认同的对象，这样，"主权国家的这种含义一般不是被理解为与公民社会形成对比的国家组织，而是被理解为'民族—国家'，即现代人民的祖国"③。

在个体—公民层面，"民族—国家"是国民—国家。一方面，作为国民—国家，民族—国家以公民身份为基础，它承认和保障所有公民个体平等的权利，把国家权力的行使定位于对公民权利的保护，并以公民权利作为国家统治权威合法性的源泉，因而国民—国家实质是以公民权利为本的公民—国家："公民国家建立在政治纽带之上，并且诉诸政治纽带，其核心制度是公民权。"④ 另一方面，民族—国家以强大的国家权力为后盾，以公民税收作为财政支撑，以法律作为制度规范，承担管理社会公共事务、提供公共物品和公共服务的职能，因而，国民—国家也是税收国家、管理国家。在国民—国家内部，公民权利与国家权力双峰对峙、相互支持，构成国民—国家的两大支柱。

---

① （西）胡安·诺格：《民族主义与领土》，徐鹤林等译，北京：中央民族大学出版社2009年版，第32~33页。
② （英）安东尼·吉登斯：《民族—国家与暴力》，胡宗泽等译，北京：生活·读书·新知三联书店1998年版，第147页。
③ （日）篠田英朗：《重新审视主权——从古典理论到全球时代》，戚渊译，北京：商务印书馆2004年版，第177页。
④ （美）菲利克斯·格罗斯：《公民与国家——民族、部落与族属身份》，王建娥等译，北京：新华出版社2003年版，第26页。

3.2 民族—国家语境中的"民族"

3.2.1 作为政治学概念的"民族（nation）"

著名民族主义学者埃里克·霍布斯鲍姆曾设想：在核战浩劫后的一天，一位来自银河系外的星际史学家横渡银河，亲赴战争后满目疮痍的地球，想探究地球毁灭的原因。他从残存的图书与文献中找寻地球毁灭的蛛丝马迹，最终的结论是，若想把握近两世纪以来的地球历史，则非从"民族（nation）"以及衍生自民族的种种概念入手不可。因为透过"民族"这个字眼可以发现人类毁灭的奥秘所在。[①] 然而，在西语的学术术语中，"nation"被称为斯芬克斯（sphinx）式的概念，其复杂多元的面孔、谜一样的内涵曾经让无数的学者在艰苦的探索之后无功而返，以致迄今为止并无一个公认的可以接受的说法。因此，如何界定"民族（nation）"概念一直是学界的一大难题，以致有学者感叹：若你不曾问起民族的意义为何，我们会以为我们早已知道答案，然而，实际上我们很难解释清楚民族究竟是什么，也很难给它下一个简单的定义。[②]

不过，学界一直都在努力界定"民族（nation）"概念。按照一些学者的归纳，对民族（nation）概念的定义主要有两种方法：一种强调民族（nation）的客观因素（如语言、宗教和习俗、领土和制度等），其范例是在中国民族学理论中影响巨大的斯大林的定义："民族是人们在历史上形成的一个有共同语言、共同地域、共同经济生活以及表现于共同文化上的共同心理素质的稳定的共同体。"[③] 另外一种突出民族（nation）的主观因素（如情感、意志、想象、感受等），其典型定义是本尼迪克特·安德森提出的："民族是一种想象的政治共同体，——并且，它是被想象为本质上是有限的（limited），同时也享有主权的共同体。"[④] 按照著名民族主义学者安东尼·D. 史密斯的看法，上述两种定义虽然都在一定意义上揭示了民族的重要特征，但二者又各有其缺陷：前者总是将某些被广泛接受的民族所固有的特征排除出去；后者则过于宽泛，以致无法将民族与其他集团（如部落等）区别开来。[⑤]

"民族（nation）"概念虽然难以界定，但英文"nation"一词的词义演变却有大致清晰的历史脉络：从英文"nation"一词的词源来看，它可以追溯到拉丁文的"natio"，"natio""意指一群人，这些人由于有相同的出生地而被归为一类"[⑥]；从"nation"一

[①] 参见（英）埃里克·霍布斯鲍姆：《民族与民族主义》，李金梅译，上海：上海人民出版社2006年版，第1页。

[②] 参见（英）埃里克·霍布斯鲍姆：《民族与民族主义》，李金梅译，上海：上海人民出版社2006年版，第1页。

[③] 《斯大林选集》（上卷），北京：人民出版社1979年版，第64页。

[④] （美）本尼迪克特·安德森：《想象的共同体——民族主义的起源与散布》，吴叡人译，上海：上海人民出版社2003年版，第5页。

[⑤] 参见（英）安东尼·D. 史密斯：《民族主义：理论，意识形态，历史》，叶江译，上海：上海人民出版社2006年版，第12页。

[⑥] （英）埃里·凯杜里：《民族主义》，张明明译，北京：中央编译出版社2002年版，第5页。

词的发展演化来看，民族（nation）经历了一个从生物学、人种学到社会学、政治学演变的历史过程。① 在法国大革命时期，1789 年通过的《法国人权宣言》第三条以一个全新的命题赋予了"nation"一词的政治意蕴："整个主权的本原在于国民（sovereignty rests with nation）。"这表明，"nation""这个概念从 18 世纪以后已经断绝了与古代希腊罗马的 natio，gens 和 ethnos 等诸概念的关系，并且获得了其近代意义，指的是作为一种公共领域的政治社会的成员资格，是作为希腊罗马时代所使用的 politai 和 cives 的近代版本的'国民'的概念"②。不过，按照霍布斯鲍姆的说法，1884 年才是一个根本性的分界线：在 1884 年之前，"nation"的意义是指"聚居在一省、一国或一帝国境内的人群"；到了 1884 年，"nation"开始指称"辖设中央政府且享有最高政权的国家或政体"或"该国所辖的领土及子民，两者结合成一整体"。③ 这意味着在 1884 年之后"nation（民族）"开始成为政治学的概念。

既然民族（nation）是政治学的概念，那么，对民族（nation）概念的分析就不能不涉及另外一个重要的政治学概念——国家（state）。这是因为"'民族'的建立跟当代基于特定领土而创生的主权国家（modern territorial state）是息息相关的"④。因此，如果我们不将民族（nation）与国家（state）放在一起讨论，政治学意义上的民族（nation）概念将会变得无法理解。换言之，只有在民族—国家（nation-state）的语境中，政治学意义上的民族（nation）概念才能得到合理的解释。

在民族—国家的语境中，"nation"的含义涉及两个层面。一是"民族"。民族是一个享有独立自主权、占有确定的土地、具有其历史/语言/文化/风俗的政治实体或政治共同体。二是"国民"。国民是一国公民的集合体，共同居住在国境之内、受同一中央政权管辖，是国家权力的最终所有者，构成国家权力的基础。⑤ 在此，我们主要讨论"nation"的"民族"含义。

就政治学意义上的民族（nation）概念而言，学界尽管没有对此形成一致公认的定义，但以下两点大致是学界可以接受的共识。

民族（nation）不是国家（state），或者更准确地说，民族不是国家统治组织。稍后的分析将表明，国家或国家统治组织（state）是不同于其他社会组织的、在一块既定的土地上垄断暴力资源、提取税收、掌握和行使公共权力的公共机构，而民族（nation）则是凭借文化和政治契约统一在一起的政治共同体，成员们分享其历史文化和领土。⑥

民族（nation）是国家性的政治共同体。民族虽然不是国家统治组织，但与之有着

---

① 参见王联主编：《世界民族主义论》，北京：北京大学出版社 2002 年版，第 10 页。
② （日）加藤节：《政治与人》，唐士杰译，北京：北京大学出版社 2003 年版，第 160 页。
③ （英）埃里克·霍布斯鲍姆：《民族与民族主义》，李金梅译，上海：上海人民出版社 2006 年版，第 14 页。
④ （英）埃里克·霍布斯鲍姆：《民族与民族主义》，李金梅译，上海：上海人民出版社 2006 年版，第 9 页。
⑤ 参见郭少棠：《民族主义理论与发展的再反省》，见刘青峰编：《民族主义与中国现代化》，香港：香港中文大学出版社 1994 年版，第 86 页。
⑥ 参见（英）安东尼·D. 史密斯：《民族主义：理论，意识形态，历史》，叶江译，上海：上海人民出版社 2006 年版，第 12 页。

内在的紧密关联性：民族不仅占有领土、享有主权，而且建立国家政权并在其管辖之下。用著名社会政治理论家安东尼·吉登斯的话说，民族（nation）是指"居于拥有明确边界的领土上的集体，此集体隶属于统一的行政机构"①。史密斯也提出了类似的定义：民族是"一个横向和纵向联系上的一体化的、拥有固定领土的群体，它是以共同的公民权利和具有一种（或更多）共同的集体情感为特征的"②。因此，作为政治共同体，民族（nation）总是涉及领土、主权以及国家统治组织（state）这些基本要素。这样，民族作为政治共同体，其实质乃是国族。在此意义上，诸如"中华民族"、"法兰西民族"、"美利坚民族"等概念的确切含义是"中华国族"、"法兰西国族"、"美利坚国族"等。③

3.2.2 民族与民族的构成

既然民族—国家语境中的民族（nation）是政治学的概念，其实质是国族，这也就意味着作为国族的民族（nation）不同于通常在汉语中说到"壮族"、"藏族"等少数民族时所使用的"民族"概念。因此，在当代中国，"民族"概念实际上在广义和狭义两个层面上使用：广义上，中国领土内的所有族体总称为"中华民族"；狭义上，作为中华民族组成部分的56个族体也被称为"民族"，而且汉族以外的55个"民族"被称为"少数民族"。由此引出了两个问题：一是如何将这两个层面的"民族"概念在理论上区分开来；二是如何把握民族与其组成部分即族体之间的关系。

就中国语境中两个层面的"民族"概念而言，我国学者主要采用两种方式来区分二者：一种方式主张保留国内56个"民族"的称谓，同时用"中华国族"来代替"中华民族"的概念，由此把"民族"与"国族"区分开来。宁骚教授力主这种方法。他认为，"与国家概念紧密相连的民族"应该称为"国族"，作为国族组成部分的族体则是"民族"（如组成中华国族的56个"民族"）。④ 另外一种方式则是保留"中华民族"的称谓，引入"族群（ethnic groups）"概念，用"族群"指称中华民族内部的56个"民族"。马戎先生是这种方式的支持者。他在一篇文章中明确写道："长期以来，中国把族群（ethnic groups）都称为'民族（nationalities 或 nation）'，从严格学术意义上来看，中国的56个'民族'实质上是西方学术话语中的'族群（ethnic groups）'而不是西方政治术语中的'民族（nation）'。而我们日常所说的'中华民族'和'民族主义'则十分接近于西方的'Chinese nation'和'nationalism'。"⑤

第一种方式的支持者虽不乏其人⑥，但我国不少学者似乎更倾向于第二种方式。他们强调，族群（ethnic groups）与民族（nation）根本不同："'族群（ethnic groups）'

---

① （英）安东尼·吉登斯：《民族—国家与暴力》，胡宗泽等译，北京：生活·读书·新知三联书店1998年版，第141页。
② （英）安东尼·D. 史密斯：《民族主义的理论》，宁骚译，载《民族译丛》1986年版，第1期。
③ 参见宁骚：《民族与国家：民族关系与民族政策的国际比较》，北京：北京大学出版社1995年版，第5页。
④ 参见宁骚：《民族与国家：民族关系与民族政策的国际比较》，北京：北京大学出版社1995年版，第5页。
⑤ 马戎：《中国各族群之间的结构性差异》，载《社会科学战线》2003年第3期。
⑥ 参见任军锋：《地域本位与国族认同》，天津：天津人民出版社2003年版，第5页。

和'民族（nation）'这两个词汇在中文里仅有一字之差，但在政治上的差别是非常本质性的。"① 具体说，民族是与固定领土相联系的、建立了国家政权的政治实体，它具有鲜明的政治性；而族群却是凸显非政治性因素（如语言、宗教和习俗等）的群体，它更多地具有文化性。因此，"'民族'与'族群'……两者的主要差异在于是否具有政治属性这一点上，这也是我们理解'民族'实质的关键"②。然而，也有论者对此提出异议，他们认为，族群（ethnic groups）概念不适合用来表示组成中华民族（Chinese nation）的 56 个民族，因为"族群（ethnic groups）"是"情感—文化共同体"，而国内的 56 个"民族"是经过国家官方承认的、具有某种法定权利与义务的群体，而且"少数民族"是特指汉族之外的具有法定民族自治权利的群体。因此，"族群"这个概念无法表达国内 56 个"民族"的政治内涵③，尤其用"族群"来指称"少数民族"更为不妥④。由此出发，一些学者甚至建议：在对外交流中我们应该用"民族"一词的拼音"minzu"而不是"ethnic groups"来表示组成中华民族（Chinese nation）的 56 个民族。⑤ 在中国学术界，目前这场争论尚未结束，学者们也还没有对此问题形成共识。⑥

显然，上述争论有助于我们深入认识民族与其组成部分之间的复杂关系。因为，无论民族的组成部分是族群（ethnic groups），还是汉语中所说的狭义的"民族"（如组成中华民族的 56 个"民族"），作为国族的民族总是由一定数量的族体所构成。这意味着民族与族体之间是整体与部分的关系：在理想意义上，民族是统一的整体，是一体性的；民族由一定的族体所构成，族体是民族的组成部分，组成民族的族体可能是相对单元的，也可能是多元的。这样，在一体化的、作为整体的民族与多样化的、作为组成部分的族体之间形成了复杂的民族—族体格局。在理想类型的意义上，我们大致可以把它们划分为三种类型⑦。

单元一体：由占全国人口绝大多数的单一族体为主体形成的民族。在单元一体的民族—族体结构中，构成民族的族体成分相对单一，即虽有少数族体，但它们在民族中所占的比重极小，而且已经在语言与文化方面深深地同化、融入主体性的族体之中，并且确立了民族或国族认同。

双元一体：由两个主体性的族体构成的民族。在两个主体性的族体之间，虽然存在族体认同的差异，但建立了共同的全国性政权，形成了共同的民族认同。

多元一体：由多个族体（其中通常有一个核心族体）构成的民族。在这种民族—族体结构中，虽然族体数量为多，但已在现行的国家疆域内形成了一个统一的民族，建立了统一的全国性的国家政权，确立了民族认同。比如，中华民族就属于这种"多元

---

① 马戎：《民族社会学——社会学的族群关系研究》，北京：北京大学出版社 2004 年版，第 110 页。
② 李红杰：《论民族概念的政治属性》，载《民族研究》2002 年第 4 期。
③ 参见郝时远：《中文语境中的"族群"及其应用泛化的探讨》，载《思想战线》2002 年第 5 期。
④ 参见王东明：《关于"民族"与"族群"概念之争的综述》，载《广西民族学院学报》2005 年第 2 期。
⑤ 参见马戎：《民族社会学——社会学的族群关系研究》，北京：北京大学出版社 2004 年版，第 64 页。
⑥ 参见潘蛟：《"族群、民族——概念的互补还是颠覆？"研讨会纪要》，见王铭铭主编：《中国人类学评论》第 6 辑，北京：世界图书出版公司 2008 年版。
⑦ 这一类型划分参考了宁骚教授的分类框架。（参见宁骚：《民族与国家：民族关系与民族政策的国际比较》，北京：北京大学出版社 1995 年版，第 259～264 页。）

一体"的格局:"'中华民族'这个词用来指现在在中国疆域里具有民族认同的十一亿人民。它包括的五十多个民族单位是多元,中华民族是一体,它们都虽称'民族',但层次不同。"① 在此"多元一体"的格局中,中华民族由56个"民族"组成,是为"多元";但中华民族"并不是56个民族加在一起的总称,因为这些加在一起的56个民族已经结合成相互依存、统一而不能分割的整体",是为一体。②

当然,在民族—国家体系下,民族与族体之间的区分也不是绝对的,在一定条件下二者也有相互转化的可能性。如果按照马戎等人的说法,民族由族群所构成,那么,"在'族群'(作为具有自己历史和文化传统的群体)与'民族'(作为与固定领土相联系的政治实体)之间并没有一道不可逾越的鸿沟,在一定的内部和外部条件下,两者之间是可以相互演变的"③。换言之,在历史的发展进程中,在某种条件下,某个族体确实有可能从现有的民族—国家中分离出去,转变成作为政治实体的民族,而一个民族也可能会被并入其他民族—国家而成为该国的族体之一。④

3.2.3 民族形成中的建构与演化

在民族—国家的发展历程中,民族的形成离不开民族建构。所谓民族建构,"意指引导一国内部走向一体化,并使其居民结为同一民族成员的过程"⑤。这是国家对具有不同历史、文化的人口进行整合,以确立民族认同、增强民族凝聚力、维系民族统一的一体化过程。对于民族—国家来说,通过民族建构实现民族的一体化具有极为重要的意义。

民族—国家的存在、运作需要建构一体化的民族。从外部来看,在民族—国家的国际体系中,每一个民族—国家都面临自身生存的安全问题,必须时刻防御来自外部的入侵;就内部而言,在民族—国家领土边界确定的疆域内,人口的非均质性、族体的多样化使民族—国家需要随时防范源于内部的分裂。这样,凝聚疆域内的人口,整合多元的族体,使之团结为一体的民族,避免其一盘散沙的局面,从而化解民族—国家可能遭受的外部入侵和内部分裂的双重威胁,就成为国家推进民族建构的巨大动力。

国家也不能只靠暴力和行政权力来进行统治,一体化的民族作为历史、文化共同体可以为国家机器的运转提供历史和文化的正当性。故此,"从国家建立之初,国家就寻求控制政治认同的定义;因为国家的合法性一直受到亚国家和跨国家忠诚造成的侵蚀力量的威胁,国家的生存和成功都有赖于创造和维护民族认同的合法性"⑥。

一体化的民族可以降低国家统治的成本,提高其统治的有效性:"从国家的立场来

---

① 费孝通等:《中华民族多元一体格局》,北京:中央民族学院出版社1989年版,第1页。
② 参见费孝通等:《中华民族多元一体格局》,北京:中央民族学院出版社1989年版,第13页。
③ 马戎:《民族社会学——社会学的族群关系研究》,北京:北京大学出版社2004年版,第47页。
④ 参见马戎:《民族社会学——社会学的族群关系研究》,北京:北京大学出版社2004年版,第624页。
⑤ (英)戴维·米勒、韦农·波格丹诺主编:《布莱克维尔政治学百科全书》(修订版),邓正来译,北京:中国政法大学出版社2002年版,第527页。
⑥ (美)约瑟夫·拉彼德等主编:《文化与认同:国际关系回归理论》,金烨译,杭州:浙江人民出版社2003年版,第211~212页。

看,如果社会中的公民享有共同的民族语言、文化和身份,要治理社会就较容易。如果在公民之间有一种确定的文化共同性,那么,国家所有的重要功能——沟通、协商、计划、投资、管制、执法——都会发挥得更好。"①

国家需要获得来自共同体成员在对民族共同体认同的基础之上所提供的支持、忠诚和奉献,因为民族认同"这样一种抽象的一体化形式又表现为随时准备为了祖国而打击敌人、牺牲自己的精神和勇气"②。

在民族建构过程中,各个不同的族体如何通过整合而形成民族?按照史密斯对欧洲历史的观察,民族的构建途径主要有两种:官僚式的融合和本土化的动员。③ 所谓"官僚式的融合",是指随着一个理性的国家机器的确立,国家不断使其控制下的族体标准化和同质化,使之融合为一体,从而建立起民族—国家。这是用国家来整合族体、构造民族。所谓"本土化的动员",则是指另外一种情形:在国内和国际各种社会、经济和文化条件的激发之下,伴随着社会精英分子对民族统一体或多或少的想象以及对民族意识觉醒的推动,民族认同趋于形成,各个族体开始整合,民族逐渐发育成熟,从而提出了建立本民族之国家的强烈要求,踏上了民族立国之路。如果借用哈贝马斯的说法,前者属于"国家在先、民族在后",后者则属于"民族在先、国家在后"。④

然而,在民族建构过程中,民族的缔造不管采取哪种途径,无论在国家(state)之前还是在国家之后,民族的构建都离不开国家的组织与推动:"民族首先是通过国家进入历史进程之中的。二者构成一个共生体,民族是生命体,国家是组织者。而在这一图解中,前者具有生物特点和自发性,后者由意识形态导向并具计划性。"⑤ 换言之,民族的建构与国家的成长是难以分割的,它们彼此互动、结伴而来,形成了民族—国家(nation-state)的共生结构。

不过,现代民族虽然是国家建构的产物,我们却不能过分夸大民族的建构性,即把民族归结为完全是人为发明、创造、想象的产物,而否定民族形成的族体(族群或"民族")基础和演化进程,亦即无视民族形成的演化性。事实上,现代民族不仅是国家建构的结果,而且也是族体(族群或"民族")历史演化的产物。就此而言,安东尼·D. 史密斯的告诫值得注意:一方面,民族形成必然有其族体(族群或"民族")基础:"民族在族群的世界之外是无法孕育的,并且除非在以前的族群纽带基础上,某些特定的民族是不可能出现的。"换言之,族体(族群或"民族")历史性地构成了民族的原型和出发点,民族乃是一些或众多松散的族体(族群或"民族")彼此渗透、逐渐聚集、最终融合的结果。因此,我们不能在现代民族和作为民族之历史渊源的族体

---

① (加)威尔·金里卡:《当代政治哲学》,刘莘译,上海:上海三联书店2004年版,第588页。
② (德)尤尔根·哈贝马斯:《包容他者》,曹卫东译,上海:上海人民出版社2002年版,第151页。
③ 参见(英)安东尼·D. 史密斯:《全球化时代的民族与民族主义》,龚维斌等译,北京:中央编译出版社2002年版,第104页。
④ 参见(德)尤尔根·哈贝马斯:《包容他者》,曹卫东译,上海:上海人民出版社2002年版,第125页。
⑤ (法)吉尔·德拉诺瓦:《民族与民族主义》,郑文彬等译,北京:生活·读书·新知三联书店2005年版,第66~67页。

（族群或"民族"）之间人为制造巨大的断裂，否定二者之间的历史延续性。① 另一方面，民族建构不是深思熟虑的"发明"，而是"重新建构"，即将民族建构过程"视为对以前就存在的文化主题的重新诠释，以及对早先的族群联系和情感的重新建构"②。从根本上说，"重新建构"是在尊重历史的基础上对族体（族群或"民族"）既有的历史文化的再发现、再诠释，其实质是通过再现族体（族群或"民族"）之间互动的历史过程、诠释族体（族群或"民族"）共享的文化传统、塑造各个族体共有的象征系统、唤醒族体之间的情感记忆等把各个族体整合为现代意义的民族。

3.2.4　民族—国家内部的族际关系及其政治制度安排

在民族—国家中，族体成分绝对单一的国家几乎是不存在的。即使在上述主要由单元族体组成的民族—国家里，少数族体在人口中依然占有一定比例。这样，在民族—国家（尤其是多族体的民族—国家）内部必然存在复杂的族际关系。由于各个国家环境、条件和制度的不同，民族—国家内部的族际关系不仅有各种不同的表现形式（如作为国族的民族与族体的关系、主体性族体与少数族体之间的关系、主体性族体与主体性族体之间的关系等），而且在性质上截然相异，如有的族际关系比较友好、和谐，有的族际关系则比较紧张，甚至族际之间相互冲突。

从政治学的角度来看，族际冲突（ethnic conflict）具有独特的分析价值。一方面，20世纪90年代后，民族—国家内部的族际冲突日益成为世人瞩目的全球性的政治现象："今天的族群冲突并不局限于世界上的某些地区；它是一个全球性现象。"③ 另一方面，南斯拉夫联邦在血腥的族际冲突中解体，这一事实充分表明，族际冲突具有巨大的危害性、残酷性。因此，无论从族际冲突的普遍性和全球性看，还是就其危害性、残酷性而言，族际冲突都值得高度关注。

根据宁骚的界定，所谓族际冲突，就是有关族体间或者它们与民族—国家之间围绕特定目标直接进行的、对抗性和强制性的互动。④ 族际冲突不同于族际竞争（ethnic competition）：族际竞争是族体之间维护自身利益的合法活动，它限定在民族—国家现行的制度框架和规则范围内；而族际冲突则是某个族体谋求通过挫败对手的目标来实现自身所诉求的目标，并为此不惜采取反对民族—国家现行制度和规则的行为。⑤

在各个民族—国家内部，族际冲突的产生具有各种复杂的具体原因。然而，从宏观来看，族际冲突的根本原因在于民族一体化的内在要求与族体自我发展要求之间始终存

---

① 参见（英）安东尼·D. 史密斯：《民族主义：理论，意识形态，历史》，叶江译，上海：上海人民出版社2006年版，第113页。

② （英）安东尼·D. 史密斯：《民族主义：理论，意识形态，历史》，叶江译，上海：上海人民出版社2006年版，第86页。

③ （美）马丁·N. 麦格：《族群社会学》（第六版），祖力亚提·司马义译，北京：华夏出版社2007年版，第524页。

④ 参见宁骚：《民族与国家：民族关系与民族政策的国际比较》，北京：北京大学出版社1995年版，第202页。

⑤ 参见宁骚：《民族与国家：民族关系与民族政策的国际比较》，北京：北京大学出版社1995年版，第202页。

在着某种程度的紧张性①：一方面，如上所言，推进民族一体化是民族—国家成长必然的历史性的战略选择；另一方面，各个族体具有维护其族体存在、实现族体利益、保持族体特性的发展目标。如果说，民族一体化的要求体现普遍性，族体自我发展的要求意味着特殊性，那么，这种普遍性与特殊性的矛盾深深地植根于（尤其是多族体的）民族—国家之中，成为族际冲突的深层根源所在。在这种普遍性与特殊性的对立与紧张中，民族—国家内部各个族体在经济、社会（如人口）、文化、地域等诸多方面所形成的结构性的资源分布不均衡和由于国家权力所造成的制度性、政策性的资源分配不平衡构成了族际冲突的两大主因。在这两大主因中，制度性、政策性的资源分配不平衡是族群冲突主要的政治性原因："如果民族国家的现行价值分配制度和政策对国内某些族体过分倾斜，造成族体间的不平等，再加上结构性不均衡的存在，那么国内各族体间的关系就呈现为一种事实上的等级关系，而属于较低等级的那些族体就会产生被剥夺的心理，它们势必要求公共权力机构对现行价值分配度和政策做某种程度的修改，当这种期望严重受挫时，冲突就是不可避免的了。"②

这样，在族际冲突中，国家统治组织（state）不可避免地成为族际矛盾的关键所在："统治地位的群族和居于从属地位的族群双方都把国家机器视作族群矛盾的守门人和控制者。"③ 因而，国家权力在族际之间如何分配直接关系到族际冲突能否得到抑制、化解："如果国家权力被集中于某一族体那里，也就是仅仅由某一族体垄断地占有国家权力而排拒那些被视为'异类'的族体在权力分配中占有适当的份额，那么族际冲突就是不可避免的。相反，如果按照公平和公正的原则进行国家权力的分配，国内各族体通过共同分享权力而意识到民族国家是由国内各民族人民共同拥有和缔造的，那么族际矛盾就可能不至于激化为暴力冲突。"④

由此可见，在民族—国家内部，国家权力在族际之间的分配方式和国家权力对族际之间的资源分配制度对于处理族际关系、抑制和化解族际冲突具有极为重要的意义。换言之，国家需要设计和选择一种适当的政治制度安排以处理族际关系。从各个国家的实践来看，这种处理族际关系的政治制度在国家结构层面的主要选择是联邦制、联盟制和民族区域自治等。在这些制度安排中，民族区域自治是中华人民共和国处理族际关系或者说处理"民族关系"问题的一项基本制度。具体说，民族区域自治是在国家统一领导下，各少数民族聚居的地方实行区域自治、设立自治机关、行使自治权的制度。少数民族、聚居区域、自治机关和自治权构成民族区域自治的四个基本要素，前两个要素是建立民族自治地方的必备因素，后两个要素是民族区域自治制度的核心。⑤ 国家统一与

---

① 参见宁骚：《民族与国家：民族关系与民族政策的国际比较》，北京：北京大学出版社1995年版，第204～206页。
② 宁骚：《民族与国家：民族关系与民族政策的国际比较》，北京：北京大学出版社1995年版，第203页。
③ 参见马戎：《民族社会学——社会学的族群关系研究》，北京：北京大学出版社2004年版，第607页。
④ 宁骚：《民族与国家：民族关系与民族政策的国际比较》，北京：北京大学出版社1995年版，第220～221页。
⑤ 参见宁骚：《民族与国家：民族关系与民族政策的国际比较》，北京：北京大学出版社1995年版，第617页。

民族自治相结合、民族自治与区域自治相结合是民族区域自治制度的重要特点。①

3.2.5 民族主义

"民族主义"是很现代的术语。尽管早在18世纪末期人们就开始使用该词,然而,直到20世纪"民族主义"一词才获得了现代意义。② 根据史密斯的分析,"民族主义"这一术语主要指三种含义,即民族的语言和象征、民族的社会和政治运动以及民族的意识形态。③ 鉴于民族主义是一种极为复杂的现象,在此,我们不全面考察民族主义的方方面面,只着重讨论作为象征系统的民族主义、作为意识形态的民族主义和作为民族集体情感的民族主义。

(1) 作为象征系统的民族主义。在此意义上的民族主义至少涉及以下几个层面。

每个民族—国家都有自己独特的象征系统、符号体系,如国旗、国徽、国歌、国语、国花、国家的博物馆/图书馆/纪念馆、传统与国家法定的假日、民族音乐等,以此作为民族的标识。"如果没有这些象征,则表明其存在着严重的民族缺陷。"④

民族的象征系统、符号体系表达民族精神。一方面,诸如国旗的颜色、形状、图案以及国歌的歌词和曲调等这些民族符号集中体现了一个民族特有的精神品质;另一方面,民族的象征系统、符号体系建立了一种多少带有想象特点的同一性,并由此而让居住在一定国土范围内的民众意识到他们的共同属性。"正是一个'民族'的符号结构使得现代国家成为了民族国家。"⑤

民族的象征系统、符号体系唤起每个民族特有的历史感、使命感,增强民族的团结。以国歌为例,无论它的歌词多么陈腐,曲调多么平庸,也不论唱国歌的人彼此是否相识、身在何处,然而,将我们全体联结起来的正是国歌的声音。⑥ 因此,诚如史密斯所言:"民族诸象征的华丽甲胄为表达、代表和加强民族的定义范围服务,并且通过共享的历史记忆、神化、价值观等共同形象把民族内部所有成员团结起来。"⑦

在传统的认同对象(比如地方社区和亲属群体)已经瓦解的条件下,民族主义作为符号象征体系"不仅提供了群体认同的基础,而且还显示出这种认同是一种与众不

---

① 参见张植荣:《中国边疆与民族问题——当代中国的挑战及其历史由来》,北京:北京大学出版社2004年版,第58页。
② 参见(英)安东尼·D. 史密斯:《民族主义:理论,意识形态,历史》,叶江译,上海:上海人民出版社2006年版,第6页。
③ 参见(英)安东尼·D. 史密斯:《民族主义:理论,意识形态,历史》,叶江译,上海:上海人民出版社2006年版,第7页。
④ (英)安东尼·D. 史密斯:《民族主义:理论,意识形态,历史》,叶江译,上海:上海人民出版社2006年版,第9页。
⑤ (德)尤尔根·哈贝马斯:《后民族结构》,曹卫东译,上海:上海人民出版社2002年版,第76~77页。
⑥ 参见(美)本尼迪克特·安德森:《想象的共同体:民族主义的起源与散布》,吴叡人译,上海:上海人民出版社2003年版,第172页。
⑦ (英)安东尼·D. 史密斯:《民族主义:理论,意识形态,历史》,叶江译,上海:上海人民出版社2006年版,第9页。

同、弥足珍贵的成就"①。民族主义借助民族的象征体系、符号系统,一方面为民族确立了集体认同,展现了特定民族共同体的文化自主性,使民族与民族之间区分开来,另一方面则为每一个体提供了心灵归属之地、情感寄托和认同的对象。

(2) 作为意识形态的民族主义。按照史密斯的分析,民族主义的意识形态是一种内容复杂、种类繁多、面孔多元的全球现象:在某个层面上,它表现为政治意识形态,而在另一些层面,则表现为公共文化和一种代理的政治宗教形式。② 不过,民族主义的意识形态尽管纷繁复杂,它总是由一些基本的原则、理想和观念构成。以民族主义的基本理想为例来说:"民族主义是将民族作为关注的焦点并力求促进民族利益的一种意识形态。"③ 民族主义促进民族利益的基本理想有三个:一是对外争取民族独立、民族解放;二是对内寻求国家和民族的统一,以实现国家内部政治、经济和文化的统一和民族内部各个族体之间的和谐共存;三是构建民族认同,以确立民族成员对民族共同体的尊严感、归属感和忠诚感。如果说民族的生存和发展意味着民族独立、民族统一和民族认同的三位一体,那么,实现这三大目标就是作为意识形态的民族主义的理论纲领。正是由于作为意识形态的民族主义以观念与原则为理论支撑、以理想目标为价值追求,它赋予了民族主义的象征体系和实践运动以力量和方向。④

(3) 作为民族集体情感的民族主义。民族主义无论作为象征系统、社会政治运动,还是作为意识形态,它们中的任何一个都必须以一定的民族情感为前提。⑤ 表达民族情感的民族主义是一种赋予民族成员共同的民族—国家认同,激发他们民族尊严和民族忠诚的集体情感。在此意义上的民族主义涉及民族成员对自己所属民族共同体和对外族的情感和态度,它主要由四个基本要素构成⑥。

民族认同感。民族认同感具体体现在两个方面:一方面,个体把某个民族共同体作为自己的民族认同对象,把自己视为其中的一个成员;另一方面,个体通过民族认同把自己所属民族与其他民族区分开来。正是基于对民族共同体的认同,个体不仅获得了自己的民族归属感,而且形成了对民族共同体的心理依恋感。

民族尊严感。由于各个民族的历史发展和现实处境不同,民族尊严感有三种不同的来源和表现形式:源于本民族成就的自豪感,源于担忧民族未来的焦虑感和源于受外族压迫的耻辱感。

---

① (英) 安东尼·吉登斯:《民族—国家与暴力》,胡宗泽等译,北京:生活·读书·新知三联书店 1998 年版,第 259 页。

② 参见 (英) 安东尼·D. 史密斯:《民族主义:理论,意识形态,历史》,叶江译,上海:上海人民出版社 2006 年版,第 36 页。

③ (英) 安东尼·D. 史密斯:《民族主义:理论,意识形态,历史》,叶江译,上海:上海人民出版社 2006 年版,第 9 页。

④ 参见 (英) 安东尼·D. 史密斯:《民族主义:理论,意识形态,历史》,叶江译,上海:上海人民出版社 2006 年版,第 9 页。

⑤ 参见 (英) 安东尼·D. 史密斯:《民族主义:理论,意识形态,历史》,叶江译,上海:上海人民出版社 2006 年版,第 7 页。

⑥ 此处"四个要素"分析来源于王绍光教授的一项研究;本书在表述上有所调整。(参见王绍光:《安邦之道:国家转型的目标与途径》,北京:生活·读书·新知三联书店 2007 年版,第 89~92 页。)

民族忠诚感。民族忠诚感有强弱之分：强度最高的一极把对本民族的忠诚视为高于一切，它压倒对其他主客体的忠诚；强度最弱的一极被称为普世主义，普世主义虽然不否认民族忠诚的必要性，但认为对人类的责任高于对民族的忠诚；介于两个极端之间的是一种平衡立场，它仍然把对民族的忠诚置于对家族、种族等的忠诚之前，但它不忽略对人类社会以及对异族人民的责任和义务。

对外族的态度。这种态度大致可以分为三种：一是由于民族的弱小、缺乏安全感而引发的对外族的猜疑、排斥；二是因民族强大所激发的优越感而衍生出对外族的狂傲与骄横；三是对外族不卑不亢的自信、开放态度。

如果说，在积极的、正面的意义上，民族主义的要义在于维护国家主权、民族统一、族际和谐，那么，时下流行的族群民族主义就是民族主义的反面。按照人类学家马丁·N. 麦格的分析，族群民族主义主要有两种形式。一种主张支配族群或者多数人所属的族群对于其他族群的优越性，同时将竞争的族群视为潜在的危险；基于这种理念，占支配地位的族群竭力打压、剥削甚至灭绝与自己竞争的族群，以确立自身权力及其优势地位。另外一种族群民族主义是现代社会中更常见的形式，其特点是，少数族群宣称其族群的独特性，以其受到文化和政治压迫为理由或借口，挑战多数族体的支配地位，以谋求更大的权力或者从统一的民族—国家中分离、独立出去。① 如果说前者有可能走向种族灭绝（例如，在20世纪90年代的卢旺达，胡图族对图西族人的种族大屠杀），那么，后者则可能导致民族分裂，因而其实质是民族分离主义。历史的经验表明，民族分离主义不仅根本行不通，而且完全无法切中人类目前面临的问题。因为它既不能解决普遍性问题，甚至也无法解决地方性问题，它只会雪上加霜，让民族—国家内部的族际关系变得更加棘手。②

3.3 作为民族—国家要素的"国家"

上述民族—国家要素的分析表明，构成民族—国家基本要素之一的"国家（state）"是一种现代性的新型国家统治体系。在一定意义上，"state"一词的语义变迁可以见证这种新型国家统治体系的现代性品质。据思想史家分析，"state"是从拉丁文"status（等级、状态）"演化而来的。但在16世纪之前，"status"作为政治术语，或者指统治者自己所处的身份、地位（社会地位、统治地位），或者指整个王国的地位。"这两种用法所缺乏的是作为公共权力形式的国家独特的近代概念与统治者和被统治者的分开，并且在某种限定的领土范围内构成了最高权力。"③ 然而，从15世纪末16世纪初开始，"state"获得了新的意义，它被用来指称不包括被统治者在内的、为进行统

---

① 参见（美）马丁·N. 麦格：《族群社会学》（第六版），祖力亚提·司马义译，北京：华夏出版社2007年版，第508～509页。
② 参见（英）埃里克·霍布斯鲍姆：《民族与民族主义》，李金梅译，上海：上海人民出版社2006年版，第165页。
③ （英）昆廷·斯金纳：《近代政治思想的基础》（下卷），奚瑞森等译，北京：商务印书馆2002年版，第500页。

治而建立的各种制度与机构。① "state"由表示"统治者的地位"或"王国的地位"演变为指称掌握公共权力的国家统治组织,这是一个漫长的历史过程。其意义转变始于15世纪文艺复兴时期一些人文主义思想家的著述,经过意大利政治思想家马基雅维里的《君主论》,在16世纪后期法国思想家的著作中最终得以完成,法国政治思想家布丹的《国家六论》是其中总结性的著作。因为,"到16世纪末,在像布丹这样的《国家六论》中,我们不仅发现了在明显的近代意义使用的'国家'一词,而且还发现开始以独特的风格分析国家的权利和权力"②。为了更好地理解和把握这种现代性的国家统治体系,我们从早期国家的起源说起,然后分别讨论现代国家的起源、特征、性质和建构。

3.3.1 早期国家的起源

在人类历史上,国家作为政治统治组织,其起源甚早。因此,在讨论作为现代政治统治体系的国家(state)之起源、特征和本质等问题之前,有必要探讨的问题是,在人类历史的早期,是什么因素或者说哪些原因导致早期国家统治组织的起源?按照学界通常的表述,这些分析性的解释通常被称为早期国家形成的理论。

迄今为止,学者们在对早期国家形成原因的研究中,已经揭示出早期人类社会生活可能与早期国家形成有关的诸多因素,这些因素包括人口增长带来的压力、地理环境、生产的进步、战争、社会分层与阶级冲突、贸易等。③ 由于学者们观察的角度各不相同,研究的个案差异很大,他们往往把早期国家起源归结为某种或某些因素,并根据他们所揭示的因素来描述、解释早期国家统治组织起源的历史过程,由此形成了各种解释早期国家起源的理论。

根据学者们的研究,这些理论大致可以区分为两大理论框架——融合论和冲突论。融合论主张,国家乃是适应人类协调社会关系、维持和平与秩序、管理公共事务之需要而产生的,其主要代表人物有卢梭、梅因、摩尔根、魏特夫、塞维斯等人;冲突论则把国家的起源看成是阶级之间或者部落之间对立、冲突甚至战争的结果,其主要代表人物有斯宾塞、奥本海默、弗里德、卡内罗等人。

问题是,融合论与冲突论是否绝对互相排斥、不可兼容?让我们以恩格斯关于国家起源的理论解释为例,来回答这个问题。

恩格斯的国家起源理论通常被归入冲突论的范畴。因为恩格斯明确主张,国家是阶级矛盾不可调和或者说阶级冲突的产物。在《家庭、私有制和国家的起源》一书中,恩格斯论证说,原始社会里没有国家,随着生产力发展水平的提高和两次社会大分工(农业和畜牧业的分工、手工业和农业的分工),私有制出现,社会阶层分化,形成了阶级:"除了自由人和奴隶之间的差别以外,又出现了富人和穷人之间的差别,——随

---

① 参见(日)加藤节:《政治与人》,唐士杰译,北京:北京大学出版社2003年版,第159页。
② (英)昆廷·斯金纳:《近代政治思想的基础》(下卷),奚瑞森等译,北京:商务印书馆2002年版,第507页。
③ 参见谢维扬:《中国早期国家》,杭州:浙江人民出版社1995年版,第51页。

着新的分工，社会又有了新的阶级划分。"① 由于社会中阶级之间的矛盾不可调和，阶级对立日益尖锐化，这样的社会面临着两种选择：它"或者存在于这些阶级相互间连续不断的公开斗争中，或者存在于第三种力量的统治下，这第三种力量似乎站在相互斗争着的各阶级之上，压制它们的公开的冲突"②。作为政治统治组织的国家正是第三种力量的体现。因此，国家统治组织是社会在一定发展阶段上的产物，是社会陷入了不可解决的自我矛盾、分裂为不可调和的对立面而又无力摆脱的结果："为了使这些对立面，这些经济利益互相冲突的阶级，不至于在无谓的斗争中把自己和社会消灭，就需要有一种表面上驾于社会之上的力量，这种力量应当缓和冲突，把冲突保持在'秩序'的范围以内；这种从社会中产生但又自居于社会之上并且日益同社会脱离的力量，就是国家。"③

然而，在恩格斯的国家起源理论中，也有融合论的成分。让我们来读读恩格斯的两段论述："社会产生着它所不能缺少的某些共同职能。被指定去执行这种职能的人，就形成社会内部分工的新部分。这样他们就获得了和授权给他们的人相对立的特殊利益，他们在对这些人的关系上成为独立的人，于是就出现了国家。"④"在社会发展某个很早的阶段，产生了这样一种需要：把每天重复着的生产、分配和交换产品的行为用一个共同规则概括起来，设法使个人服从生产和交换的一般条件。这个规则首先表现为习惯，后来变成了法律。随着法律的产生，就必然产生出以维护法律为职责的机关——公共权力，即国家。"⑤

一方面，恩格斯把国家出现的根源归结为阶级之间的矛盾和斗争，归结为统治者阶级与被统治阶级之间利益的对立、冲突，这是冲突论的思想，当然，更准确地说，这是国家起源的阶级斗争论。另一方面，他也论证说，由于社会需要有人来承担某些共同职能，需要以法律作为规则来确立社会生产、分配和交换的秩序，由此，以维护法律为职责的国家机关得以出现。后一方面正是从社会公共职能（如管理、协调、维护秩序等）的需要来解释国家的起源，这当然是融合论的观点。

上述分析表明，恩格斯既断言国家是阶级矛盾不可调和的产物，阶级冲突论构成了其国家起源理论的主调；但他并不否认国家也是适应社会调控、管理需要而产生的，融合论同样是其国家起源理论的组成部分。这表明，单靠任何一种理论，无论是冲突论，还是融合论，都难以解释早期国家起源的全部原因。事实上，大量考古学、人类学的实证研究发现，影响早期国家形成的因素众多而且复杂，"这些因素中的任何一项单独的因素对于国家形成都不是充分的"⑥。因此，进一步推进对早期国家起源问题探讨的方向是，通过多学科的努力，考察在不同的环境下，各种不同因素如何相互作用的具体历史过程，以寻求更为概括性的理论解释。

---

① 《马克思恩格斯选集》（第4卷），北京：人民出版社1995年版，第164页。
② 《马克思恩格斯选集》（第4卷），北京：人民出版社1995年版，第169页。
③ 《马克思恩格斯选集》（第4卷），北京：人民出版社1995年版，第170页。
④ 《马克思恩格斯选集》（第4卷），北京：人民出版社1995年版，第700~701页。
⑤ 《马克思恩格斯选集》（第2卷），北京：人民出版社1995年版，第211页。
⑥ 谢维扬：《中国早期国家》，杭州：浙江人民出版社1995年版，第52页。

3.3.2 现代国家的起源

与作为统治组织的早期国家不同,构成民族—国家基本要素之一的"国家(state)"是一种非常复杂的现代统治体系。历史事实表明,这种现代性的国家统治体系在中世纪的中后期和近代初期逐步形成于欧洲,尤其在17、18世纪后,逐渐上升为一种对整个世界都具有某种支配力量的现代性现象。然而,这种国家统治体系究竟为何起源、如何起源,一直是一个令历代学者孜孜以求的学术课题。尽管学界已经对此问题进行了长期的思考和研究,然而,迄今为止,它"仍是一个令人痴迷的难题,一项极为重要的研究课题"①。

按照一些学者的归纳,在众多的研究中,对上述问题现有的答案主要有四种:一是集权主义的分析模式,它把民族—国家的国家统治体系的形成主要看成是一些国家在自己领土内发生的非经济事件的结果,其解释取向是内部主义的政治决定论;二是地缘政治的分析模式,它非常重视民族—国家的国家统治体系形成的外部力量,把国际体系视为这种国家统治体系的塑造者,其解释取向的外部主义与集权主义分析的内部主义相映成趣;三是生产方式的分析模式,它从生产方式(封建主义以及资本主义的生产方式)的内在逻辑中寻找民族—国家的国家统治体系形成的秘密,其解释取向是经济决定论;四是世界体系的分析模式,它以世界经济体系的发展为背景,把民族—国家的国家统治体系看成是作为世界经济中为国家的统治阶级利益服务的工具而出现的。② 在四种现有的答案中,集权主义和生产方式的解释模式着眼于从国家内部寻找原因,前者以政治为分析视角,后者体现经济分析视角;地缘政治和世界体系的解释模式则重视外部的国际因素,前者突出国际地缘政治的制约,后者强调世界经济体系的影响。

在上述几种分析视角中,经济视角的分析继承了马克思主义的传统,将现代性的国家统治体系看成是资产阶级利益的捍卫者,是资本主义生产方式下无产阶级和资产阶级之间阶级斗争的产物。这一立场在一些学者的宣言中表露无遗:"我们把国家设想成为来自资本主义商品生产必须履行的相等的经济和政治命令。国家最终包含在剩余价值的生产和分配之中,因为国家要寻求对自己权力和财富的支持。"③ 佩里·安德森是这些学者中的代表人物。在《绝对主义国家的系谱》一书中,他写道:"十分有必要重提历史唯物主义的一个基本原理:阶级之间的长期斗争最终是在社会的政治层面——而不是在经济或文化层面——得到解决。换言之,只要阶级存在,国家的形成和瓦解是生产关系重大变迁的标志。"④

基于历史唯物主义的基本原理,安德森在研究欧洲现代国家统治体系兴起的历史源头中发现,绝对主义国家作为迈向现代资产阶级国家的过渡形式,保持了不容低估的封

---

① (美)维克多·李·伯克:《文明的冲突:战争与欧洲国家体制的形成》,王晋新译,上海:上海三联书店 2006年版,第11页。
② 参见(美)查尔斯·蒂利:《强制、资本和欧洲国家》,魏洪钟译,上海:上海人民出版社 2007年版,第7~13页。
③ (美)查尔斯·蒂利:《强制、资本和欧洲国家》,魏洪钟译,上海:上海人民出版社 2007年版,第11页。
④ (英)佩里·安德森:《绝对主义国家的系谱》,刘北成等译,上海:上海人民出版社 2001,前言第5页。

建主义性质，它是一个建立在贵族的社会地位至高无上、受到土地财产规律制约的国家。随着绝对主义国家统治的结束，这就"标志着封建贵族阶级权力的危机，资产阶级革命的来临，资本主义国家的诞生"①。正是通过分析经济关系变化和阶级之间的较量对绝对主义国家演变的深刻影响，安德森确信，欧洲现代国家统治体系兴起的秘密存在于生产方式变革基础上的国家统治体系与阶级之间的互动。

除了上述四种解释模式以外，20世纪晚期以来，还有以下两种解释模式值得注意。

查尔斯·蒂利提出的我们称之为"战争—强制—资本"的解释模式。蒂利通过对欧洲自公元990年以来近1000年历史的多维视角（政治、军事和经济等）的研究发现，欧洲民族—国家的国家统治体系之形成有极大的偶然性，它是欧洲人对战争和军事能力的追求中所创建出来的副产品。② 换言之，战争是民族—国家的国家统治体系起源的发动机。在蒂利看来，民族—国家的国家统治体系是在一片边界明确的领土上控制着主要的集中的强制手段、在某些方面享有凌驾于在同一领土上运行的其他一切组织的优先权的独特的组织。作为强制资源的全面垄断者，民族—国家的国家统治体系随着强制资源的积累和集中而出现："当强制资源的积累和集中一起增长时，它们就产生了国家。"③ 然而，正是战争驱动了强制资源的积累和集中。这是因为战争和准备战争使得统治者不得不榨取各种战争资源（武器、装备以及购买武器装备的钱等），对战争资源的榨取和争夺推动了民族—国家的国家统治体系（包括税收、财政、法庭在内的中央组织架构等）的建立："长期以来，战争和准备战争导致了欧洲国家的主要构件的产生。"④ 战争不仅导致强制资源的积累和集中，推动了这种新型的国家统治机构的建立，而且转过来改变了战争的利害关系，形成了国家统治体系建立过程中强制与资本结合的三种不同模式：在强制密集模式里，统治者从他们自己的人口和所征服的人口中榨取战争资源，建立起庞大的榨取机构；在资本密集模式里，统治者依靠和资本家的契约、为资本家的利益服务，来租借或购买军事力量，从而不用建立庞大的永久的国家机构来进行战争；在介于上述二者之间的资本化强制模式中，由于强制资源的运用者和资本资源的操纵者相互作用，统治者更为直接地把资本家和资本的来源吞并到他们的国家机构中去，从而更早地建立起成熟的民族—国家的国家统治体系。17世纪以来的历史证明，基于强制和资本有机整合的资本化强制模式在战争中更为有效，因此，立足于资本化强制模式的民族—国家的国家统治体系在与诸多国家统治体系的竞争中最终胜出。这样，尽管欧洲人不是沿着单一的道路走向现代国家统治体系的建立，但"欧洲国家总体上走向资本和强制更大的集合"，会聚于民族—国家的国家统治体系。⑤

"文明斗争冲突模式。"这是蒂利的学生维克多·李·伯克提出的。其核心观点是，

---

① （英）佩里·安德森：《绝对主义国家的系谱》，刘北成等译，上海：上海人民出版社2001年版，第26页。
② 参见（美）查尔斯·蒂利：《强制、资本和欧洲国家》，魏洪钟译，上海：上海人民出版社2007年版，第229页。
③ （美）查尔斯·蒂利：《强制、资本和欧洲国家》，魏洪钟译，上海：上海人民出版社2007年版，第22页。
④ （美）查尔斯·蒂利：《强制、资本和欧洲国家》，魏洪钟译，上海：上海人民出版社2007年版，第32页。
⑤ 参见（美）查尔斯·蒂利：《强制、资本和欧洲国家》，魏洪钟译，上海：上海人民出版社2007年版，第177页。

欧洲国家统治体系的起源是"诸多伟大文明之间各种冲突碰撞的产物"①。一方面，诸多文明之间相互冲突，"这些冲突的影响向下施加作用并塑造出各类的政治结构"。具体说，诸多文明之间的冲突与斗争首先在普世层面或文明层面展开，其影响从上到下延伸至超宏观层面（在此层面，各个不同的国家、城邦、部落、氏族之间相互的对抗、斗争）、宏观层面（在此层面，同一社会之中各个阶级、集团和群体之间的矛盾与斗争）和涉及个体行为的微观层面。另一方面，"超宏观、宏观、微观诸层面的冲突的发展也对位于其上方的文明的和诸文明之间的各个层面发生作用并影响了各种文明的命运。这些相互作用使得欧洲的政治结构发生变形"②。总之，在文明斗争冲突模式的解释框架下，欧洲国家统治体系（state）正是各种文明之间斗争和冲突的产物。③

3.3.3　现代国家的特征

作为现代统治体系的国家，它的基本特征是什么？由于分析视角的差异，学者们对此有不同的描述和归纳。综合学界的研究成果，我们从四个层面来把握作为现代统治体系的国家所具有的基本特征。

（1）从资源层面看，作为现代统治体系的国家是集暴力、税收和公权于一体的公共资源体系，具有暴力控制以及税收提取的垄断化和公权掌控的中央集权化的特征。

作为现代统治体系的国家不仅在政府组织体系上以理性化为特征，而且在控制暴力资源和提取税收资源上呈现出中央权威专门垄断化的特征。德国社会学家埃利亚斯对此特征有非常精到的描述："个体不能自由地运用军事武器，只有中央权威（不管其形式如何）才能专享。同样，对个人财产或收入进行征税的权力也集中在主要的社会权威手中。如此流入中央权威手中的财政工具使它能维持对武力的垄断，反过来又保证了对税收的垄断。两者绝不存在孰先孰后的情况，它们是同一垄断的两面。一方消失另一方随之自动消失。……只有出现了中央权威的不断垄断，出现了专门的统治机构，统治才呈现出'国家'的特征。"④

作为统治体系的传统国家虽然也要求在其版图内对暴力资源实施正规化的垄断，然而，"只有在民族—国家中，这项要求才能特有地取得或多或少的成功"⑤。因为，在传统国家那里，"政治中心对暴力手段相对不稳固的掌握，意味着几乎没有可能实行现代意义的'警察制度'，意味着老是潜含着针对中心的武力挑战，意味着强盗、劫匪、海

---

① （美）维克多·李·伯克：《文明的冲突：战争与欧洲国家体制的形成》，王晋新译，上海：上海三联书店2006年版，第15页。
② （美）维克多·李·伯克：《文明的冲突：战争与欧洲国家体制的形成》，王晋新译，上海：上海三联书店2006年版，第15页。
③ 参见（美）维克多·李·伯克：《文明的冲突：战争与欧洲国家体制的形成》，王晋新译，上海：上海三联书店2006年版，第175页。
④ （德）诺贝特·埃利亚斯：《论文明，权力与知识——诺贝特·埃利亚斯文选》，刘佳林译，南京：南京大学出版社2005年版，第131页。
⑤ （英）安东尼·吉登斯：《民族—国家与暴力》，胡宗泽等译，北京：生活·读书·新知三联书店1998年版，第145～146页。

盗以及城乡地区形形色色帮派的广泛存在"①。换言之，作为现代统治体系的国家才实现了对暴力以及税收资源的彻底垄断。

作为现代统治体系的国家不仅全面垄断暴力和税收资源，而且以国家集权的方式集中掌控、行使公共权力资源。就国家集权而言，单一制国家最为典型，联邦制国家的情况尽管较为复杂，但它同样存在国家集权或联邦集权。因为，尽管联邦制国家在联邦政府和其他次级政府（州或省）之间进行了分权，然而，"从历史上看，集权过程同样适用于联邦国家在联邦政府和成员政府之间的关系"②。因为，在联邦制的构建中，联邦政府把那些属于全国性的或联邦性的公共权力集中于联邦政府手中，这是联邦化过程中关键性的历史步骤，没有这种意义的集权，联邦化也就蜕变为分离化，从而导致国家的解体。③

（2）从组织层面看，作为现代统治体系的国家是一套政府组织体系，具有理性化的特征。

国家组织内部分工明确，存在许多不同的组成部分，每一部分都有其权限、人员和设施，具有一定的自主性："构成国家的不同组织和机构在具体行使权力、授权和控制活动方面也存在着巨大差异，由于这一原因，这些机构具有相对的自主性。每个机构均力图使自己所控制的资源最大化，在所有的国家机构中得到优先考虑。"④

国家各组成部分在分工的基础上合作、协调，构成国家组织有机整体的组成部分，从而使国家组织体系具有整体性、一体性："国家的每一个部分不仅仅是作为一个独立的权力中心，而且也是国家的有机组成部分，使国家作为一个整体在实现自己的目的方面具有更高的权能。"⑤

在国家组织体系中，那些主要负责行政管理事务的机构是按照一种特定的组织模式——官僚制模式建立和运作的。按照马克斯·韦伯的观点，官僚制是一种由训练有素的专业人员依照既定的规则持续运作的行政管理体制，它具有如下特征：层级制（在一种层级划分的劳动分工中，每个官员都有明确界定的权限，并在履行职责时对其上级负责）；连续性（借助于提供有规则的晋升机会的职业结构，公职成为一种专职的、领薪的职业）；非人格性（工作按照既定的规则进行，而不听任于个人任意的偏好）；专业

---

① （英）安东尼·吉登斯：《民族—国家与暴力》，胡宗泽等译，北京：生活·读书·新知三联书店1998年版，第223页。

② （美）贾恩弗朗哥·波齐：《国家：本质、发展与前景》，陈尧译，上海：上海人民出版社2007年版，第23页。

③ 托克维尔曾经从理论上把这种意义的国家集权称为"政府集权"（将一个国家涉及全国性的、与外国的关系以及与全国各地都有利害关系的权力集中于国家或联邦政府），使之与"行政集权"（即将涉及地方性事务的权力也集中于中央）区分开来。基于这种区分，托克维尔确信："我决不能设想一个国家没有强大的政府集权会生存下去，尤其会繁荣富强。"[参见（法）托克维尔：《论美国民主》（上卷），董果良译，北京：商务印书馆1991年版，第96页。]

④ （美）贾恩弗朗哥·波齐：《国家：本质、发展与前景》，陈尧译，上海：上海人民出版社2007年版，第30页。

⑤ （美）贾恩弗朗哥·波齐：《国家：本质、发展与前景》，陈尧译，上海：上海人民出版社2007年版，第24页。

化（官员们根据实绩进行选拔，依据职责进行培训，提供存档的信息对他们进行控制）。①

（3）从规则层面看，作为现代统治体系的国家是一套规则体系，具有制度化的特征。

如果按照制度经济学家的解释，"制度是一个社会的游戏规则"，那么，国家作为规则体系，它是制度化的规则体系。这些制度化的规则集中体现为国家的法律。因此，国家的法律及其运行集中体现了国家是制度化的规则体系。

一方面，国家"垄断着其领土内的规则制定"②，享有垄断性地制定法律的特权。基于这种特权，国家建立了一整套规范经济、政治、社会等各个方面以及约束个人行为的法律法规体系。并且，国家不仅是法律规则的制定者，同时也是法律规则的执行者和维护者。

另一方面，国家自身的组织架构和权力运作也必须依照法律规则进行，国家受到制度化的法律规则的约束："正是通过法律手段，国家将自己的组织发展为各种有机组成部分、机构和权威，赋予每一个部分以权能、设施和人员，建立对各种政府活动的控制，赋予个人各种公民权利和义务，从经济活动中汲取大量资源来资助政府的活动，等等。"③

（4）从与其他社会组织的关系来看，作为现代统治体系的国家是一种与其他社会组织在结构上相互分离的体系，具有分离化（differentiation）的特征。

在历史上，作为现代统治体系的国家与其他社会组织的分离是一个复杂而漫长的过程，现代国家本身正是这种分离过程的产物。以西方近代国家的成长为例来说，国家与其他社会组织的分离主要表现在：国家与教会组织的分离（国家政权世俗化，不再关心国民的精神信仰，将精神信仰的训导留给教会）、国家与社会领域的分离以及国家与市场领域的分离。这种分离的结果既是结构性的，即国家与其他社会组织在结构上的分离，也是功能性的，即国家功能领域与私人功能领域、社会功能领域、经济功能领域的分离。

在理论上，作为现代统治体系的国家与其他社会组织的分离使国家呈现出现代性的特质。首先，现代国家成为专门管理公共事务的管理国家，"只有国家才可以在垄断正当的权力运用手段基础上履行最重要的公共行政管理"。其次，现代国家成为权力运行有其边界限度的有限国家，国家具有有限性的特质。与此相反的国家被称为全能国家（total state），全能国家具有无限性，其特征是国家权力无边界扩展，吞噬市场领域、社会领域和私人领域。最后，现代国家成为以汲取纳税人税收作为财政来源的税收国家，用哈贝马斯的话说，"享有特殊功能的公共权力机关作为税收国家又离不开私人领域中

---

① 参见（英）戴维·毕瑟姆：《官僚制》，韩志明等译，长春：吉林人民出版社2005年版，第4页。[参见马克斯·韦伯：《经济与社会》（下卷），林荣远译，北京：商务印书馆1997年版，第278~281页。]
② （美）约翰·A.霍尔等：《国家》，施雪华译，长春：吉林人民出版社2007年版，第2页。
③ （美）贾恩弗朗哥·波齐：《国家：本质、发展与前景》，陈尧译，上海：上海人民出版社2007年版，第29页。

的经济交往所提供的动力资源"①。

3.3.4 现代国家的性质

作为现代统治体系的国家具有何种性质,这是一个现代政治理论中争论不休的问题。大致而言,学界对现代国家性质的理论分析主要可以归纳为两大类:一种是社会中心论的国家观,另外一种是国家中心论的国家观。前者包括马克思主义和自由主义的研究路径,它把国家本身看做次要的现象,认为国家的特性与动力来自社会力量施加于国家的影响,主张"国家被阶级或团体所渗透,因而基本上受源自社会力量的制约"②;后者将国家本身看做是一种重要的社会力量,有着自己的特定利益,自主性地、有时是决定性地影响自己的安排和政策。由于理论立场的对立和分析路径的差异,不同的理论分析框架刻画了现代国家性质的不同面貌。

(1)马克思主义强调国家的阶级性和压迫性。马克思主义的国家理论把国家视为阶级矛盾不可调和的产物,不仅在一般意义上将国家的本质归结为阶级统治的暴力工具,而且特别地把现代国家定性为是适应现代资产阶级私有制发展的产物,是资产阶级维护其私有财产和利益的统治组织形式:"现代国家是与这种现代私有制相适应的。现代国家由于捐税逐渐被私有者所操纵,并由于借国债而完全为他们所控制;这种国家的命运即受到交易所中国家债券行市涨落的调节,所以它完全取决于私有者即资产者提供给它的商业信贷。……由于私有制摆脱了共同体,国家获得了和市民社会并列的并且在市民社会之外的独立存在;实际上国家不外是资产者为了在国内外相互保障自己的财产和利益所必然要采取的一种组织形式。"③

马克思主义的国家观当然不否认国家因承担社会公共事务管理职能而具有的社会属性和管理属性,但认为国家的公共属性和管理属性从根本上服从和服务于国家的阶级属性。换言之,公共事务管理只是国家实现其阶级统治的手段,国家的公共属性和管理属性不能代替国家阶级统治的本质属性。

(2)自由主义彰显国家的有限性和权威性。自由主义把国家界定为使用强制和暴力手段、迫使那些危害社会的人遵守社会共同生活规则的社会机构,认为没有国家,"没有强制措施,社会就会面临危险;为了保障人们的和平与合作,必须制定人们共同遵守的规则,必须保留暴力和威慑手段,只有这样才不至于使任何人破坏社会秩序"④。不同于无政府主义,自由主义承认国家存在的必要性、合理性。不过,自由主义把国家视为是必要的恶,是个人自由和权利的主要侵害者。基于对个人自由价值和个人权利的捍卫,自由主义揭示了国家复杂的两面性质。一方面,国家作为一种必要的恶,它本身具有侵犯个人自由空间的扩张性。因此,为了限制国家权力,自由主义极力突出国家的有限性,即国家权力行使有其限度,不能无边界扩张,不能侵犯个人自由和个人权利的

---

① (德)尤尔根·哈贝马斯:《后民族结构》,曹卫东译,上海:上海人民出版社 2002 年版,第 75 页。
② (美)约翰·A. 霍尔等:《国家》,施雪华译,长春:吉林人民出版社 2007 年版,第 15 页。
③ 《马克思恩格斯选集》(第 1 卷上),北京:人民出版社 1972 年版,第 69 页。
④ (奥)路德维希·冯·米瑟斯:《自由与繁荣的国度》,韩光明等译,北京:中国社会科学出版社 1994 年版,第 77 页。

空间："国家在行使其权力时必须保障个人在法律允许的范围之内的充分自由。"① 另一方面，个人自由和个人权利离不开国家提供的保护。因此，自由主义把国家定位为个人自由和权利的保护者，认为国家是个人权利纷争、社会利益冲突中的裁判者，国家具有权威性。近代英国自由主义思想家洛克在著名的《政府论》中清楚地表达了这一点：国家是为了结束无政府的自然状态、在一个社会中所设置的明确的权威，"当这社会的每一成员受到任何损害或发生任何争执的时候，可以向它申诉，而这社会的每一成员也必须对它服从"②。在现代自由主义中，新右派强调国家强制性地从个人手中获取税收资源的掠夺性，而多元主义则把国家视为利益集团压力被动的接受者，只能被动地谋求利益集团之间的妥协与平衡，具有被强大的利益集团所渗透、影响的"偏向性"，即"偏向这些集团，并且实际被这些集团所占领"③。

（3）现实主义凸显国家的强制性与威慑性。在某种意义上，国家观上的现实主义者是国家主义的思想家，他们是倡导国家中心论的国家观的先驱者，因为他们通常认为，国家能够或多或少有目的地行动，以追求更大的经济或地缘政治目标。④ 在他们的视野里，国家掌控了所有的强制资源，对内确保和平、对外抵御侵略，国家是内部秩序和外部安全的提供者。近代英国政治思想家霍布斯是主张现实主义国家观的代表性人物。在《利维坦》一书中，霍布斯把现代国家视为公众授权的结果，即大家把所有的权力和力量转让、托付给某一个人或由多人组成的集体从而形成了"国家"，他称之为"伟大的利维坦"。霍布斯对现代国家的强制性与威慑性给予了生动的描述："我们在永生不朽的上帝之下所获得的和平和安全保障就是从它那里得来的。因为根据国家中每一个人授权，他就能运用托付给他的权力与力量，通过其威慑组织大家的意志，对内谋求和平，对外互相帮助抗御外敌。国家的本质就在于他身上。"⑤

在晚近的理论发展中，国家中心论的国家观遵循马克斯·韦伯传统，把国家本身看成是一个独立的行为主体和有影响力的组织体系，突出国家的自主性："作为一种对特定领土和人民主张其控制权的组织，国家可能会确立并追求一些并非仅仅是反映社会集团、阶级或社团之需求或利益的目标，这就是通常所说的'国家自主性（state autonomy）'。"⑥ 由此出发，国家中心论的国家观还强调国家的有效性：国家实现其独立目标需要具备相应的国家能力。本书将在第4章对国家自主性和国家能力进行详细分析，此处从略。

---

① （奥）路德维希·冯·米瑟斯：《自由与繁荣的国度》，韩光明等译，北京：中国社会科学出版社1994年版，第96页。
② （英）洛克：《政府论》（下篇），叶启芳、瞿菊农译，北京：商务印书馆1983年版，第55页。
③ （英）帕特里克·邓利维等：《国家理论：自由民主的政治学》，欧阳景根等译，杭州：浙江人民出版社2007年版，第30页。
④ 参见（美）约翰·A.霍尔等：《国家》，施雪华译，长春：吉林人民出版社2007年版，第15页。
⑤ （英）霍布斯：《利维坦》，黎思复等译，北京：商务印书馆1985年版，第132页。
⑥ （美）彼得·埃文斯等：《找回国家》，方立维译，北京：生活·读书·新知三联书店2009年版，第10页。

3.3.5 现代国家的构建

在民族—国家成长的历史进程中，现代国家统治体系有其建立和发展的过程。政治学把这一过程称之为"国家构建（state-building）"。综合学界的论述，我们把"国家构建"① 过程区分为理性化和公民化两个阶段。

（1）理性化的"国家构建"是领土主权国家和理性国家的构建。这一阶段"国家构建"的中心任务在于确保现代国家统治体系自身的建立、运转，着眼于国家统治体系自身的生存性、独立性建设。其具体内容主要涉及三个层面。1）在资源—权力层面，国家统治体系通过在一定的领土范围内全面垄断暴力、税收资源，掌握了具有至高性和终极性的政治权力，从而成为主权国家。2）在组织体系层面，国家统治组织不仅成为集权的"单一的组织"，其内部不同的机构之间形成了分工细化、相互协作的关系，而且国家机构由经过专门培训的职业化的公务员来操作，在官僚制模式下以决策、控制、监督、执行的机制运作，"当这种机制得以实现时，它赋予了国家一种叫作'基础设施的权力'。即，政治中心能够领导、推动和批准在自己领土范围内发生的各种各样的社会活动，根据自己制定的、灵活多样的命令管理整个国家"②，国家成为管理公共事务的理性国家。3）在外部关系层面，国家与其他组织在结构上分离，如国家与宗教组织、企业组织以及社会组织相分离，由此形成国家领域、私人领域、市场领域和公众领域相互分离与彼此渗透的文明社会格局。

（2）公民化的"国家构建"是公民国家的构建。在此阶段，"国家构建"集中体现为旨在保障公民权利的国家制度建设，其具体内容主要包括三个方面。一是宪政化。国家的宪政化不仅以宪法的形式确立了公民的基本权利，而且以分权制衡等制度安排制约了国家权力的滥用，以避免其对公民权利的侵害，国家的宪政化为国家提供了法理合法性。二是民主化。国家的民主化意味着普选制度的推行、国家议会制度的建立、公民参与渠道的增加和社会自治空间的扩大，由此确保了国家的政治合法性。三是福利化。即国家建立社会福利保障制度，为所有公民提供基本的社会福利保障，"使所有人都有同等的机会行使均等的公民权"③。

在上述广义的"国家构建"过程中，如果说理性化的重心是确立国家统治体系的独立性、有效性，那么，公民化的实质则是为国家统治体系提供合法性与正当性。我们可以从民族—国家构建（nation-state building）的角度来把握"国家构建"的理性化和公民化。因为所谓民族—国家构建（nation-state building）包括狭义的"国家构建（state-building）"和"民族构建（nation-building）"双重历史进程。在此历史进程中，"国家构建"为民族共同体和国民确立现代性的国家统治体系，正是这种国家统治体系为民族共同体和国民提供了外部安全、内部秩序等多重保障。富有双重意义的"民族

---

① 在概念上，狭义的"国家构建"主要指理性化阶段，广义的"国家构建"则包括理性化和公民化两个阶段。
② （美）贾恩弗朗哥·波齐：《国家：本质、发展与前景》，陈尧译，上海：上海人民出版社2007年版，第31页。
③ （德）尤尔根·哈贝马斯：《后民族结构》，曹卫东译，上海：上海人民出版社2002年版，第77～78页。

构建"则对国家统治体系的运转具有两方面的支持功能①：一方面，致力于族体整合的民族构建通过确立民族认同为国家统治体系提供历史文化的正当性，使之获得来自各个族体的认同和忠诚；另一方面，着眼于确立公民身份的国民构建依靠落实公民权利为国家统治体系提供政治合法性，使之获得来自公民的各种支持（如纳税、服兵役等）。不过，"国家构建（state-building）"和"民族构建（nation-building）"并非前后相继的两个阶段，而是紧密相连、彼此交织、相互支撑，重叠于民族—国家成长的历史进程之中。

从历史事实来看，民族—国家的构建是一个非常复杂的过程。无论是区分"国家构建"的理性化和公民化，还是将整个民族—国家的构建理解为相互关联的"国家构建"和"民族构建"，所有这些理论框架似乎都难以揭示在世界的不同地区民族—国家构建过程中各个阶段的复杂性。因此，一直有学者试图发展出更为富有概括性的分析框架。其中，特别值得提到的是，挪威著名政治学家施泰因·罗肯基于对欧洲历史的观察而提出的民族—国家构建的四个时段的理论框架。在此理论框架中，民族—国家的构建需要经过四个时段②。

（1）渗透：建立理性的行政体系，实现行政统一，吸纳公共资源，以确保公共防御、维护内部秩序，为经济和政体构筑基础。这也是国家权威从中央向地方、从中心向边缘渗透的阶段。

（2）标准化：建立义务制学校，推行统一的国民教育，借助大众媒介沟通处于政治中心的权力精英和位于边缘的地方民众，等等，确立民族认同。

（3）参与：将民众引入政治系统积极的参与活动之中，尤其是扩大代表机关的民选范围，确立表达反对的权利，等等。

（4）资源分配：增加再分配的部门，建立公共福利机构，制定旨在均衡经济状况的全国性政策，实行累进税制，推动富人向穷人、富裕地区向贫困地区的财富转移。

概而言之，上述四个时段实际上构成了民族—国家构建过程中中央权威确立、民族认同形成、大众政治参与和经济分配平等依次推进的发展历程。在此发展历程中，各个时段推进的先后顺序和时机选择对于民族—国家的成功构建具有极为重要的影响。从这一角度来看，如果说西欧民族—国家的构建是按照四个时段的顺序依次、逐步地推进的，那么，许多其他地方的民族—国家构建则没有西欧这么幸运，它们可能同时面临四个时段所提出的挑战，比如，它们可能不得不同时处理确立民族认同、满足政治参与、克服经济不平等的问题。换言之，历史没有给予这些国家充足的时间，使它们可以通过制度性的建设去解决某个单项的挑战，常常是一场挑战尚未解决，它们又不得不被迫应付另一场挑战。按照一些学者的分析，这些挑战构成了民族—国家构建过程中的五种危

---

① "民族构建（nation-building）"具有双重意义：一是把各个族体整合于一体，这是一体化的民族构建或者说国族构建；二是将领土之内的住民变成公民，这是确立公民身份、塑造公民群体的国民构建。

② 参见 Stein Rokkan. "Dimensions of State Formation and Nation-building: A Possible Paradigm for Research on Variations within Europe." in Charles Tilly, ed. The Formation of National States in Western Europe. N.J.: Princeton University Press, 1975. pp. 570 ~ 572.

机：渗透性危机、认同性危机、参与性危机、分配性危机和合法性危机。① 前四种危机大致与罗肯提出的民族—国家构建的四个时段相对应，而合法性危机则贯串于民族—国家构建的整个过程或者说四个时段之中。因为，统治权威合法性的本质是公民对国家统治权威的首肯、认同、支持和志愿服从，而无论渗透性危机、认同性危机，还是参与性危机、分配性危机，都会威胁到国家统治权威合法性的确立：国家统治权威缺乏渗透性意味着国家权力无法延伸到整个国家的所有地区，这无疑会削弱民众对国家权威的服从；民族认同性危机表明国家统治组织的族体整合能力受到严重挑战，它将损害国家统治权威建立合法性所需要的民族认同基础；而政治生活的参与性危机和经济生活的分配性危机则直接降低民众对国家统治权威的认可与支持。因此，在民族—国家构建过程的各个时段中，国家统治权威合法性的确立至关重要。不过，对于新兴的民族—国家而言："真正的诀窍也许并不是如何去获取自己的合法性，而是如何去创设出一套牢固的国家制度，以便提前为这种合法性奠定坚实的基础。"② 换句话说，在民族—国家构建的各个时段中，国家基本制度（如税收制度、民主制度、分配制度等）建设才具有根基性的意义。

本章讨论民族—国家。民族—国家或国民—国家是现代政治学的逻辑起点。

民族—国家不同于城邦和帝国，它是现代国家。领土、主权、人民和国家统治组织或政府构成民族—国家的基本要素。民族—国家是划定领土边界的主权国家，是由族体整合和融合而成的国族—国家，也是以公民身份为基础的国民—国家。

民族—国家语境中的民族作为政治学概念，它是国家性的政治共同体，其实质是国族。国族总是由一定数量的族体构成，在作为整体的国族与作为部分的族体之间形成了复杂的民族—族体格局。民族是国家建构的产物，也是历史演化的结果。民族建构是引导一国内部走向一体化并使其居民结为同一民族成员的过程。民族—国家需要设计和选择一种适当的政治制度以处理国族内部的族际关系，以避免族际冲突。民族区域自治是中华人民共和国处理族际关系或者说处理"民族关系"问题的一项基本政治制度。

民族主义包括作为象征系统的民族主义、作为意识形态的民族主义和作为民族集体情感的民族主义。具有分离主义取向的族群民族主义对现代民族—国家的统一构成了极大的挑战。

作为现代政治统治体系的国家是一种复杂的政治现象：从资源层面看，国家是集暴力、税收和公权于一体的公共资源体系，具有暴力控制以及税收提取的垄断化和公权掌控的中央集权化的特征；从组织层面看，国家是一套政府组织体系，具有理性化的特征；从规则层面看，国家是一套规则体系，具有制度化的特征；从与其他社会组织的关系来看，国家是一种与其他社会组织在结构上相互分离的体系，具有分离化（differenti-

---

① 参见（美）迈克尔·罗斯金等：《政治科学》，林震等译，北京：华夏出版社2001年版，第35页。
② （美）奥罗姆：《政治社会学》，张华青等译，上海：上海人民出版社2006年版，第270页。

ation）的特征。

由于理论立场的对立和分析路径的差异，不同的理论分析框架凸显了国家的不同性质：马克思主义强调国家的阶级性和压迫性；自由主义彰显国家的有限性和权威性；现实主义展现国家的强制性与威慑性；国家中心论的国家观把国家本身看成是一个独立的行为主体和有影响力的组织体系，突出国家的自主性。

民族—国家构建（nation-state building）包括狭义的"国家构建（state-building）"和"民族构建（nation-building）"双重历史进程。"国家构建"为民族共同体和国民确立现代性的国家统治体系，"民族构建"包括族体整合的国族构建和确立公民身份的国民构建。民族—国家的构建是一个复杂的历史过程，它要经过不同的时段，面临各种挑战，这些挑战构成了民族—国家构建过程中的各种危机。

阅读书目

1. （英）安东尼·吉登斯：《民族—国家与暴力》，胡宗泽等译，北京：生活·读书·新知三联书店1998年版。
2. 宁骚：《民族与国家：民族关系与民族政策的国际比较》，北京：北京大学出版社1995年版。
3. （英）安东尼·D.史密斯：《全球化时代的民族与民族主义》，龚维斌等译，北京：中央编译出版社2002年版。
4. （美）菲利克斯·格罗斯：《公民与国家——民族、部落与族属身份》，王建娥等译，北京：新华出版社2003年版。
5. （美）贾恩弗朗哥·波齐：《国家：本质、发展与前景》，陈尧译，上海：上海人民出版社2007年版。

思考题

1. 民族—国家为什么是现代国家？
2. 如何界定民族—国家？
3. 作为国族的"民族（nation）"是建构的产物还是演化的结果？
4. 作为现代统治体系的"国家（state）"的本质是什么？
5. 如何理解"民族—国家构建（nation-state building）"？

第4章 国家与社会

国家与社会的关系，无疑是政治学研究中一个十分重要而充满争议的问题。在政治哲学中，研究者对于"社会先于并高于国家"还是"国家先于并高于社会"进行了长久的争论，并从规范研究的角度追寻公民社会和国家应有的地位和作用；在政治科学中，研究者则从经验分析出发，对"国家"与"社会"分别在实际政治生活中扮演了何种角色以及应该扮演何种角色进行了不断的探讨。同时，研究者从不同的研究角度还发现国家与社会研究框架的不同意义。在一些研究者看来，国家与社会关系的研究框架最为重要的就是对于公民社会的发现和关注，强调公民社会对于推动公民政治参与和制约国家权力的重要意义；另外一些研究者却认为，国家与社会关系的研究框架更重要的在于对于"国家"而非社会的发现和关注，强调国家划界于社会的分殊性、超越社会的自主性和渗透社会的有效性。

本章主要回顾政治科学研究中对于国家与社会关系的讨论，分析研究者如何从经验研究出发提出并深化国家与社会关系的研究框架。本章将从国家与社会的分殊性谈起，并基于国家的分殊性，讨论国家的自主性、有效性和合法性三个重要问题。进而，本章对研究者如何把握国家与公民社会的关系进行简单的介绍和分析。

4.1 国家的分殊性：国家划界于社会

在当今的现实政治生活中，"国家"作为一个区别于社会的政治组织已经成为一种日常现象，国家拥有其特定的机构、制度和人员，有着与其他社会组织明确区分的组织体系，当我们谈论"国家"时，往往都可以明确地知晓其所指代的特定组织结构，而不用混淆于其他社会组织结构。但是，这种与社会相分化的国家并不是亘古至今就始终存在，相反，它是历史演进到一定阶段的产物，它是区别于传统国家或者前现代国家的"现代国家"。现代国家的出现伴随着国家与宗教的分离、国家组织与其他社会组织的分离、国家对于合法暴力的垄断和国家权力的集中等历史演进，最终，这种国家在结构上与社会相分化，具有相对于社会的分殊性。

4.1.1 国家分殊性的概念

在政治学研究中，对于"国家"的概念存在多种不同的界定，而不管如何定义，"国家"都必然指向一套与社会分化的独立的政府制度体系，它与其他社会组织相区分，代表了国家主权，是唯一拥有合法使用暴力权力的主体，是唯一以国家强制力作为支撑、为其领域内的人们订立规则并确保这种规则得以执行的主体。"国家"概念所指向的这些特征，其基础正在于国家相对于社会的"分殊性"。

这里，所谓"国家的分殊性"是指国家在组织和结构上相对于社会的独立性，它是国家在"形式"上独立于社会、与社会相分离的特性，而不管国家在"本质"上是否是阶级利益的代表、是否是利益集团争夺的平台，抑或是否独立于社会利益。恩格斯在《家庭、私有制和国家的起源》中就指出："国家是社会在一定发展阶段上的产物；国家是承认：这个社会陷入了不可解决的自我矛盾，分裂为不可调和的对立面而又无力摆脱这些对立面。而为了使这些对立面，这些经济利益相互冲突的阶级，不致在无谓的斗争中把自己和社会消灭，就需要有一种表面上凌驾于社会之上的力量，这种力量应该缓和冲突，把冲突保持在'秩序'的范围以内；这种从社会中产生但又自居于社会之上并且日益同社会相异化的力量，就是国家。"①

虽然恩格斯强调国家这种力量是"表面上"凌驾于社会之上的，但是，他也同时指出了国家在"形式上"是居于社会之上并同社会相异化的力量。

4.1.2 国家分殊性的两个维度

国家的分殊性即国家与社会的结构分化体现在两个重要的层面上：其一，国家自身拥有一套独立的组织体系；其二，这种组织体系由于其享有对于合法暴力的垄断而根本不同于其他社会组织，并且，随着它的日渐完善和理性化，它建立起了对于其统治疆域内民众的管辖和统治。

（1）国家组织体系的建立。在韦伯看来，国家是一种组织，这种组织区别于社会以及构成组织的个人和团体，其中，理性官僚体制是现代国家最为重要的组织体系之一。此外，国家不仅仅被看做是政府，它还是行政、司法和强制力体系。

在前现代国家，国家依靠社会中间人进行统治，这些介于国家及其臣民之间的中间人包括统治者的家族成员、贵族、地方精英等等。这些地方精英或者贵族拥有征税、铸造货币、裁决司法等广泛的权力，这些权力不仅是对于民众的权力，而且也是对于统治者的权力。这时的国家还没有拥有替代这些中间人的行政机器。现代国家的建立，意味着一系列联系中央公共权威与社会经济制度体系的建构。国家可以摆脱对于各种社会中间人的依赖，转而依靠一个非家族性的、非贵族的行政体系直接建立其对于其疆域内民众的统治。现代国家的产生过程正是创设一系列的制度和机构以建立国家与社会各阶级及群体的直接联系、实现从间接统治向直接统治的现代国家转变的过程。②

在14~16世纪之间，欧洲国家从中世纪的封建国家向现代民族国家转型。宗教改革，使得国家政权与基督教会相分离，国家实现了世俗化，从而为建立统一主权的现代国家奠定了基础。同时，一个与社会相分离的国家行政体系在统治者的家长权力向政治权力发展的过程中产生。这里，家长权力是指家长对于其家族的支配权力，而政治权力是指一个家长对于不受其家长权力支配的其他家族主人的支配权力，主要包括司法权力和军事权力。起初，这种政治权力是有限的，但随着统治者对于对非本族支配权力要求

---

① 《马克思恩格斯选集》（第4卷），北京：人民出版社1995年版，第170页。
② 参见 David Waldner. *State-Building and Late Development*. Ithaca, New York: Cornell University Press, 1999.

的扩大,这种对于非本族的政治权力日渐发展成如同对本族的家长权力一样毫无限制。在这个过程中,统治者及其家族不能够完成日益复杂和庞大的行政任务,一个初步的行政体系开始建立。①

在这种国家行政体系的建立过程中,欧洲经历了两个平行的变化。其一,在资本控制上,在14~18世纪之间,欧洲的君主们在借款、对于产生财政收入的企业的管理都十分依赖独立的资本家,甚而有时在税收征收上都不得不依赖他们,并且还受到严格契约关系的限制。但到18世纪末,主权者把财政机构吸纳到了国家结构中,建立起了国家独立于社会的财政机构,从而显著地削减了独立承包人的干涉。其二,在强制力方面,过去君主们不得不通过契约在社会上雇佣拥有自身劳力支配权的民兵、零售商等中征兵。到18世纪末,他们直接把军队纳入国家的政府构架中,并最终解散了外国的雇佣兵,并从自己的臣民中招募军队。同时,在从依靠各种独立中介人到依靠国家自己的行政体系进行直接统治的过程中,统治者们不得不为了财政收入、人力和各种战争需要而与资本家以及社会其他阶级讨价还价。社会各阶级对于国家提出了无数的新要求,包括养老金、穷人救济、公共教育和城市规划等等。由此,国家不仅建立起了自己的军队和自己的税收汲取机构,而且还建立起了提供社会多种服务、履行多种国家职能的机构,从而,国家演变成了一个多功能的并与社会相分离的组织。②

与欧洲国家形成的历史不同,古老的中国很早就结束了封建统治的历史,经历了漫长的帝国时代。在帝国时代,国家在相当长的时期内拥有一套优越的行政体系,这种行政体系以科举制和儒家学说为基础,保持了相当的稳定性。较之于欧洲的前现代国家,古代中国的帝国体系有着复杂而精妙的职责划分,并且力图建立其对管辖疆域的统治,国家正式机构建立到了县级,这种庞大的行政体系无疑是古老中国的巨大成就。不过,它仍然被韦伯认为并非是现代的"理性的国家",因为它并非是建立在"专业官僚"和"理性的法律"基础之上的。③ 并且,国家正式机构难以再向基层延伸,国家还相当依靠地方精英来维持其在乡土社会的统治,同时,国家还不得不依靠诸如胥吏和监生等各种非正式官僚来处理社会事务,国家在税收汲取、强制力的垄断等诸多方面仍然非常虚弱。在从帝国体制向现代国家转变的过程中,中国的国家机构第一次延伸到县级以下;并且,整个国家机构日益庞大和复杂化。1949年后的中国变迁,并不仅仅在于国家政权性质的变化,更重要的在于一个前所未有的现代国家官僚组织体系的建构,国家组织在"条"、"块"上都不断延伸,将社会经济生活的各个方面揽入管辖范围之内,建立起了现代国家与社会分化的庞大组织体系。

(2) 国家组织的特性。这种国家组织与其他社会组织最大的区别在于其对于合法暴力使用的垄断。在韦伯的定义中,"国家"是在一定疆域内成功地对于暴力享有合法垄断的人类共同体。"国家"最重要的特征就是其对合法暴力的垄断,国家是唯一具有

---

① 参见 Max Weber. *Economy and Society*: *An Outline of Interpretive Sociology*, Vol. III. New York: Bedminster Press, 1968.

② 参见 Charles Tilly. "Entanglement of European Cities and States." in Charles Tilly and Wim P. Blockmans, eds. *Cities and the Rise of States in Europe*, A. D. 1000 to 1800. Boulder: Westview Press, 1994. pp. 8~9.

③ 参见(德)马克斯·韦伯:《经济与社会》(下卷),林荣远译,北京:商务印书馆1998年版,第720页。

使用暴力的权利的主体。

"一个'政治的'团体，特别是一个'国家'，不能用他的所作所为的内容来界定。几乎没有任何一种任务不是某一个政治团体时不时地染指、插手参与的，另一方面，也几乎没有任何一种任务，可以说他任何时候都仅仅总是那些今天成为政治团体及国家所固有的任务，或者历史上政治国家的前身固有的任务。毋宁说，从社会学上看，人们最终只能用一种特殊的手段来界定现代国家，这种手段是它以及任何政治团体所固有的：有形的暴力手段。"①

并且，现代国家的建立伴随着政治权力的集中，即以单一的、世俗的国家权威取代传统的家族、地方、宗教和种族权威。由于这种与社会在结构上相分化的国家组织日渐完善，其制度体系的不断创设和理性化，国家逐渐建立起对于管辖疆域的统治，使得只有现代民族国家的国家机器才能成功地实现垄断暴力工具的要求，而且也只有在现代民族国家之中，国家机器的行政控制范围才能与这种要求所需的领土边界直接对应起来。②

现代国家的建立还伴随着国家功能的多元化。前现代国家很少为其臣民提供公共物品，而随着现代国家组织体系的建立和完善，国家日渐开始为社会提供各种公共服务，从军事国防到基础设施，从教育到健康医疗，等等。这些公共职能使得国家更能够表现出区别于"私域"的"公共性"，从而与其他社会组织相分离。

当然，在一些研究者看来，国家与社会的分殊性不仅来源于两者事实上的结构分化，还在于从规范层面而言国家理应享有其相对于社会的独立性。在黑格尔看来，国家不是手段而是目的，它代表不断发展的理性的理想和文明的真正精神要素；而公民社会由非道德的因果规律所支配，它在伦理层面上表现为一种不自足的地位，因此，对这种不自足状况的救济甚或干预，只能诉诸整个社会进程中唯一真正的道义力量，即国家。从规范研究出发，作为"国家—社会"研究框架较早的提倡者，斯蒂芬同样认为，人类的政治本性、权力的必需性和合法性以及政治群体的主体论地位，这三者都使得"国家"理应成为独立于社会的力量。他将"国家"的这种地位追溯到亚里士多德的论断，即在自然秩序中城邦先于家庭和个人，因为整体在本质上必须优先于部分，由此，他强调国家在追求公共利益过程中扮演的核心角色。③ 由此，这种规范研究的起点为国家与社会的分殊性奠定了基础。

4.2 国家的自主性：国家超越社会

在国家分殊性的基础上，我们需要进一步考察，国家除了在"形式"上与社会相分化，具有相对独立于社会的组织结构体系之外，国家在"本质"上究竟是否具有超

---

① （德）马克斯·韦伯：《经济与社会》（下卷），林荣远译，北京：商务印书馆1998年版，第731页。
② 参见（英）安东尼·吉登斯：《民族—国家与暴力》，胡宗泽等译，北京：生活·读书·新知三联书店1998年版，第20页。
③ 参见 Alfred Stepen. *The State and Society: Peru in Comparative Perspective*. Princeton, N. J.: Princeton University Press, 1978. pp. 29~30.

越于社会的自主性，也即是说，虽然国家拥有独立于社会的组织结构体系，但这种与社会结构分殊的国家是否只是社会利益实现其目标的工具和手段，国家在"本质"上是否只是社会经济利益的反映？在国家与社会关系的讨论中，一些研究者将国家化约为社会经济利益的代表，从而忽视了国家相对于社会的自主性。与此相对应，国家主义者明确地提出了"国家自主性"问题，并将国家的自主性建立在国家作为有目的和理性的行动者以及国家宏观制度结构对于社会政治生活的影响之上。由此，基于国家划界于社会的分殊性，研究者将"国家自主性"的问题提到了突出的位置。这种对于国家自主性的强调被认为是对于欧洲大陆传统的恢复，研究者从韦伯和欣茨等人的研究中汲取理论资源，并进一步探讨了国家自主性多层面的意义。

4.2.1 "国家自主性"的界定

所谓"国家自主性"，是指国家作为对一定疆域和人口享有控制权的组织，它制定并追求特定的目标，这些目标不仅仅是社会集团、阶级或者社会的要求或者利益的反映。①"国家自主性"意味着，国家应当被当做是自主的结构：即拥有自我利益和自我逻辑的结构，它是独立于（虽然受束缚于）社会经济利益和结构的自主性组织，它不等同于或者混淆于统治阶级的利益或者社会团体的利益，也不是自由主义者所假设的社会争夺社会经济利益的平台。②通过对于"国家自主性"的明确讨论，一些被称为国家主义者的研究者认为，不应该将国家看做完全为利益集团或者统治阶级所创造和操纵，而应关注国家本身是什么，国家的结构变化和国家的活动与社会经济结构的关系。

在"国家自主性"概念的基础上，研究者进一步提出了国家的"嵌入式自主性（embedded autonomy）"的概念。国家的"嵌入式自主性"是指：一方面，国家保持了相对于社会经济利益的自主性，而没有为特殊利益集团所操纵，没有为庇护关系和腐败等问题所侵蚀；另一方面，国家又保持了与社会经济利益有选择性的联系，通过为社会经济集团提供稀缺的资本和信息等促进经济发展。在这两者的关系中，国家的"自主性"是"嵌入"的前提，它们保证国家不会为社会中的既得利益所统治，也不形成一个单独的利益集团；而嵌入性则是要求国家在推动经济发展中扮演一个更积极的角色。③

在马克思和恩格斯那里，国家不过是"表面上凌驾于社会之上的力量"，从本质上而言，国家是统治阶级统治的工具。不过，他们也探讨了国家自主性的问题。在他们看来，首先，国家的这种自主性体现在国家在形式上与社会力量的分殊，也就是说，国家是"从社会中产生但又居于社会之上并且日益同社会相异化的力量"，但是，这种形式

---

① 参见 Peter B. Evans, Dietrich Rueschemeyer and Theda Skocpol. *Bringing the State Back In*. Cambridge: Cambridge University Press, 1985.

② 参见 Theda Skocpol. *States and Social Revolutions: a Comparative Analysis of France, Russia, and China*. Cambridge, New York: Cambridge University Press, 1979.

③ 参见 Peter B. Evans. *Embedded Autonomy: States and Industrial Transformation*. Princeton, N. J.: Princeton University Press, 1995; Peter B. Evans. "The State as Problem and Solution: Predation, Embedded Autonomy, and Structural Change." in Stephen Haggard and Robert Kaufman, eds. *The Politics of Economic Adjustment: International Constraints, Distributive Conflicts, and the State*. Princeton, N. J.: Princeton University Press, 1992.

上的独立是虚幻的，它难掩国家的阶级本质；其次，国家的这种自主性还体现在，当各种社会力量斗争势均力敌时，国家在表面上作为这些社会力量的调停人而具有某种独立性。比如，在马克思看来："在那里，等级还没有完全发展成为阶级，在那里，比较先进的国家中已经被消灭的等级还起着某种作用，并且那里存在某种混合体，因此在这样的国家里居民的任何一部分都不可能对居民的其他部分进行统治。"①

在这样的情况下，我们才可以说国家不是统治阶级进行阶级统治的工具。但是，在他们看来，这种自主性是暂时的，国家最终仍然只不过是服务于占据社会统治地位的人们的利益。

新马克思主义者不完全将国家作为阶级统治的工具，他们也强调了国家对于统治阶级直接控制的"相对自主性"。尼科斯·波朗查斯认为，国家自主性是指"国家对阶级斗争领域的关系，特别是其针对权力集团的阶级和派别的相对自主性，并扩大到针对权力集团的同盟和支持力量的相对自主性"；"并且要说明，国家总的说来只是统治阶级的一种简单工具这一甚至整个错误的概念，对于理解资本主义国家的作用，是毫无用处的"。②

在新马克思主义者看来，如果国家统治者能够施行符合整个统治阶级根本利益的政策，那么，统治者可能可以不受特定统治阶级集团或者个人的控制，而这种所谓的"根本利益"就是指维护其现存的阶级结构和生产方式。因而，所谓"国家自主性"就是国家为了维护统治阶级的长远利益和根本利益而在一定程度上独立于特定统治阶级集团或者个人的特性。

在一些研究者看来，新马克思主义者仍然没有真正认识到国家及其结构超越于社会的自主性，他们实际上与多元主义者一样，都把国家看成是一个社会上的各种利益斗争的舞台，而不是具有自主性的一个组织。两者的不同只是在于，马克思认为"国家"这个政治舞台体现的是一种强制性的支配性，国家是社会中某一个阶级暴力统治的工具，而多元主义者认为国家不是某一阶级的暴力统治，而是一种建立在社会更广泛的同意之上从而获得合法性的权威。

在政治学研究中，多元主义者也承认国家相对于社会的分殊性，将国家与社会作为两种结构分化的组织体系，但是，他们对于利益集团的强调在事实上忽视了国家在"本质"上与社会的区分，忽视了国家超越于社会的自主性。在多元主义看来，社会是由处于流动中的相互竞争的不同团体构成，而这些团体拥有各种有用的政治资源，他们相互竞争追求他们自我定义的集团利益；同时，个人在各种团体中的交叉存在以及对于游戏规则的广泛共识保证了政治的正常运作。基于此，多元主义将国家看做是各种社会行动者争夺利益的竞技场，国家的行为与政策不过是社会经济利益实现与表达的手段和工具，而非超越社会、独立进行统治和控制的自主行动者。多元主义者本特利就提出，

---

① 《马克思恩格斯选集》（第1卷），北京：人民出版社1995年版，第123页。
② （希腊）尼科斯·波朗查斯：《政治权力与社会阶级》，叶林等译，北京：中国社会科学出版社1982年版，第285页。

民主政府不过就是平衡社会中各种竞争性的利益。①

虽然一些多元主义的研究也强调政治领袖以及官员在政治生活中的作用，但是，研究者仍然只是将国家看做是由各种占据了不同职位、扮演不同角色的个人组成的集合体，而非行政机构或者法律秩序。比如，在达尔的研究中，政治领袖以及社会团体有不同的目标和政治资源，公共政策不过是利益和资源角力的结果，而制度约束、政治信仰等都不扮演重要的作用。并且，达尔还更加倾向于将官员看做是为社会压力所约束。社会团体的同意和支持是官员的政策目标及其施行的重要影响因素，而非去考察政治领袖如何利用国家资源改变社会偏好、改变社会团体所能拥有的政治资源。

与多元主义和新马克思主义不同，强调"国家自主性"的研究认为，即便是在资产阶级社会或者说西方民主体制下，国家也仍然享有一定的自主性，是政治分析中重要的变量。1）在国家与社会偏好一致的情况下，国家可以采取各种策略加强国家与社会的一致性。比如，强调国家行为与社会偏好的一致性，提供特定社会团体利益表达的途径、操纵信息、设定议程等等。2）国家还可以将不同的社会偏好转为与国家保持一致。比如，国家限制社会反对者的资源、取得中立者的支持、增加支持者的资源等。3）国家还可以将其偏好转为权威性的行动，而对与之不同的社会偏好置之不理。比如，停止某项政府计划、使用公共资源控制社会反对者、隐藏决策议程等。② 此外，研究者还认为，除了资源的权威性分配、控制与统治之外，国家权力还具有象征的纬度。这使得它不仅作为"自主的行动者"影响了政治生活，同时，它作为一种规范秩序，渗透到整个政治共同体的基本政治和伦理情感中，对个体行为产生制度性的约束，甚至使得个体愿意为之付出生命。从象征的意义上，国家获得了其超越于社会的自主性。③

在这些观点的基础之上，国家主义者进一步指出了"国家自主性"在两个层面上的体现，也即"自主"的国家在政治生活中扮演的两种角色：其一，作为有目的和理性的行动者，国家追求特定的目标，并能够根据其掌有的资源较为有效地实现这些目标；其二，作为宏观的制度结构，国家影响了整个社会中所有的团体、阶级对于政治意义的理解和它们政治运作的方式。④

从这两个层面出发，研究者探讨了国家作为有目的和理性的行动者以及印刻了历史痕迹的国家制度结构在社会经济活动中扮演的角色，并在许多领域取得了积极的成果。比如，国家形成的研究，国家在经济发展中作用的研究，国家对于社会运动、民族身份形成影响的研究，等等。

---

① 参见 Authur Bentley. *The Process of Government: a Study of Social Pressures.* New Brunswick, N. J.: Transaction, 1995.

② 参见 Eric Nordinger. *The Autonomy of the Democratic State: on the Autonomy of the Democratic State.* Cambridge: Harvard University Press, 1981.

③ 参见 Clifford Geertz. *Negara: the Theatre State in Nineteenth Century Bali.* Princeton: Princeton Universtiy Press, 1981.

④ 参见 Theda Skocpol. "Bringing the State Back In: Strategies of Analysis in Current Research." in Peter B. Evans et al., eds. *Bringing the State Back In.* Cambridge: Cambridge University Press, 1985. pp. 27~28.

4.2.2 "国家自主性"的意蕴

在政治学研究中,"国家自主性"概念的提出并非只是文字和词汇上的创新;相反,它对于我们深入把握国家与社会的关系具有两方面深刻的意蕴。一方面,在"应然"层面上,它指出了国家在与社会交往的过程中应该保持其相对于社会的自主性,以防止国家为社会特殊利益所俘获,从而保持国家的中立性,维护公共利益,追求国家自主的公共政策目标;另一方面,在"实然"层面上,它指出了"国家"事实上在政治生活中并非只是被动的社会利益的传输带,相反,作为相对于社会自主的行动者和制度结构,它在社会经济活动中扮演了重要的角色,因此,在政治分析中,我们要将"自主的国家"作为一个独立的变量,考察它对于政治社会经济生活的影响。

(1) 保持国家自主性,防止国家为社会特殊利益所捕获。长期以来,人们认为利益表达是民主政治的一个核心内容。最简单的利益表达是个人通过政务官、议员等向政府提出要求或请求,而利益集团则加强了个人要求的力量和有效性。因此,人们通过社会上的各种利益团体进行利益聚集和利益表达,以制约国家的权力,并影响政府的政策制定和政策执行。同时,组织化利益团体中的多重成员身份是在这种民主政治中的一个平衡因素,它使得没有一个固定的利益集团永远并在任何地方都处于支配地位。

但是,在现实中,人们却发现,与这种民主政治的假设不同,在很多时候能够进行有效利益表达的团体总是那些人数少而获利大的集团,这最终导致了特殊利益集团的出现,它们操纵公众的偏好和官员的行动,而大多数一般的公众利益是无法组织起来影响政府的。所以,结果并不是像多元主义所预测的那样,社会各种利益都能够组织起来相互竞争,而是特殊利益集团统治了国家。美国国内的民意调查也显示,2000年大约60%的公众认为政府是由少数大的利益集团所操纵的,而在1995年,这个比例高达75%左右。①

在许多第三世界国家,这个问题更加突出,这些国家掌有所有的重要资源,却难以执行社会政策和让民众听令于自己,这种情况的出现往往是由于国家为一些特殊的利益集团所支配,而缺乏独立地制定公共政策、实现公共政策目标的自主性。我们一般将这种情况称之为"国家捕获",即国家成了特殊利益集团的操纵对象,而丧失其超越于社会经济利益的公共性。

因此,鉴于这些问题的产生,人们越来越意识到国家自主性对于国家维护公共利益、制定公共政策、实现公共目标的重要性。一个保持自主性的国家,被认为是社会经济问题的解决者,而非社会经济问题的制造者。比如,在经济发展中,国家长期以来被认为是一个掠夺者,国家经济干预中的寻租行为是阻碍经济发展的重要因素。但是,如今人们逐渐发现,在许多发展中国家,保持国家自主性是促进经济改革、克服特殊利益集团改革阻力的重要条件。在这些国家,自主的国家往往是经济改革的领导者,是推动经济发展的主要力量。在强调国家自主性的研究者看来,那些把利益集团的压力作为经济改革动力的观点站不住脚。因为人们往往不知道在变动的改革中,他们的利益在哪

---

① 参见 David Lowery and Holly Brasher. *Organized Interests and American Government*. Boston: McGraw-Hill, 2004.

里，人们对自身利益的界定也往往是可以被改变的；甚而，在人们知道利益在哪里的情况下，由于改革收益分布广泛，利在将来，充满不确定性，而成本和损失却是集中、近在眼前的，所以，改革的这种公共物品的性质，使得改革的动力往往抵不上既得利益者的反对力量，推动改革的利益集团往往软弱无力。人们虽然经常批评或抱怨存在的问题，但难以发起有组织的运动来支持改革。由此，研究者提出，推动经济改革的力量只能是在于国家，而国家是否能够有效地推动经济改革的进行在于国家是否能够保持"国家自主性"，从而避免特殊利益集团的操纵，克服既得利益集团的改革阻力，从而在经济改革中扮演政治企业家的角色，发起和深化改革。

（2）自主的国家是政治分析中独立的变量，在政治社会经济生活中扮演了重要的角色。在相当长时期内，政治学的研究者往往将政治现象看做是社会经济因素作用的后果。比如，政治发展是经济发展的后果，民主转型是经济现代化的产物，社会革命是社会经济利益冲突的结果，等等。这些研究在揭示了社会经济因素对于政治现象的重大影响的同时，却忽视了国家相对于社会经济的自主性。政治分析中的这种国家自主性体现在两个方面。

一方面，政治制度演进相对于社会发展的独立性，政治制度的发展可能落后于社会经济条件的发展。作为以国家为中心研究路径的开创者，亨廷顿对于变化社会中政治秩序的研究发现，社会经济的发展可以促进政治制度的发展，在一些情况下，社会经济发展了，公民的政治参与意识相应地提高了；但是，国家制度安排却没有得到充分的发展，国家没有能够提供公民政治参与相应的制度渠道，政治制度化落后于经济现代化，从而造成了政治参与的爆发和政治的不稳定。

另一方面，作为理性的行动者和一套制度结构，国家具有对社会经济因素的影响或者说所谓的"反作用"。比如，国家的制度和结构对于经济发展具有重要的反作用，国家的制度和结构还直接影响到社会矛盾和冲突是否会演化为社会革命。在对于国家与社会革命的研究中，斯考切波就发现，不能将社会革命的爆发简化为社会经济力量之间的冲突，革命的爆发也不仅仅是像一些非马克思主义者认为的那样只是由于政治权威的合法性丧失或马克思所说的某种附着于生产方式之上的阶级冲突的结果；相反，它们是旧政权国家结构集中体现的矛盾冲突的直接表现。她在对于法国、俄国和中国的历史比较研究中得出结论：对于社会革命的爆发，真正关键的是为经济发展、阶级结构和国际形势发展等所影响的国家组织的结构和能力。[①]

4.3 国家的有效性：国家渗透社会

在对于国家划界于社会的分殊性基础上，与国家自主性问题同时出现的是"国家有效性"问题。与假想国家的绝断权力自然而然意味着国家能力的强大以及假想对于国家绝断权力的制约就意味着国家能力的最小化不同。研究者发现，在许多第三世界国

---

① 参见 Theda Skocpol. *States and Social Revolution: a Comparative Analysis of France, Russia and China.* Cambridge, New York: Cambridge University Press, 1979.

家的民主转型中，一方面，社会势力通过各种方式侵蚀和控制了国家系统，社会强人和社会势力制定的规则取代了国家的规则；另一方面，国家难以建立制度化的官僚体系来履行其必需的社会经济管理职能，国家难以为社会订立规则、实现有效的国家治理。随着"社会俘获国家"、失败国家和弱国家等问题的不断提出，国家有效性问题越来越成为研究者关注的问题，人们也日益认识到，保持国家有效地渗透社会并建立起对于社会统治的能力具有十分重要的意义。

4.3.1　国家能力：内涵及外延

"国家能力"是衡量国家有效性的指标。"国家能力"意味着国家要建立起对于社会的统治，在其统治的疆域内确保其属民遵从国家订立的规则。由此，它包括三个方面的含义。一是葛兰西所讲的文化或意识形态霸权问题。也就是说，国家对于社会阶级的文化渗透。这种渗透以教化的形式实现，学校、教会、大众媒介是主要载体。二是国家的社会控制能力问题。文化霸权指的是对属民的内心征服，社会控制指的是对属民外在行为的约束。它是国家配置资源以实现特定目的的能力和管理民众日常行为的能力，是国家成功地使用国家规定的规则取代人们自己社会行为的倾向或者别的社会组织规定的社会行为的能力。三是国家实施其社会经济政策的有效程度问题。换句话说，是国家以动员、分配、使用各种资源的方式实现其既定目标的能力问题。[①]

具体而言，国家能力涉及多个层面。阿尔蒙德将政治系统的"能力"分为五类：汲取能力、监管能力、分配能力、象征能力和回应能力。[②] 世界银行将国家能力分为四个部分：制度能力、技术能力、行政能力和政治能力。[③] 王绍光认为，一个有效政府应该有六种必需的能力，即强制能力、汲取能力、濡化能力、规管能力、统领能力和再分配能力。

（1）强制能力：国家垄断合法暴力的使用、抵御对国家主权的外来侵犯和对社会秩序内在威胁的能力。

（2）汲取能力：国家形成良性的公共财政税收的能力，以财政收入占 GDP 比重来衡量。

（3）濡化能力：国家培育与巩固国族认同和社会核心价值的能力。

（4）规管能力：国家使个体和团体改变或摆脱自身偏好，并进而服从国家规定的能力。

（5）统领能力：维持国家制度的内部凝聚力、使官僚机构专业化和精英化的能力。

（6）再分配能力：在不同社会群体之间对稀缺资源进行权威性再分配，以对社会中最不幸的成员提供经济保障，同时缩小收入和财富分配差距的能力。

---

① 参见王绍光：《安邦之道：国家转型的目标与途径》，北京：生活·读书·新知三联书店 2007 年版，第 5 页。

② Gabriel A. Almond. "A Developmental Approach to Political Systems." *World Politics*, 1965, 17（2）：183~214.

③ "State-Society Synergy for Accountability: Lessons for the World Bank." *World Bank Working Paper*, 2004, 30.

4.3.2 国家能力与政权类型的关系

"国家能力"问题的出现首先是建立在它与国家政权类型的区分上。长久以来,对于国家能力与政权类型的关系,人们存在两种认识:其一,研究者关注如何制约国家的权力、如何保障社会的权利不受国家权力的侵犯,因此,最重要的研究议题是对于政权类型的探讨,人们希望通过民主体制限制国家的权力,建立最小化的国家,从而忽视了国家能力的重要性;其二,很多研究者认为,民主的国家自然就是强大的国家,而专制的国家必然是虚弱的国家,因此,国家政权类型与国家能力是直接等同的,国家能力虚弱的根源就在于权力的集中和国家过多地干预社会。

然而,国家"管得宽"并不意味着国家"管得住"。历史和现实都对上述观点提出了质疑。在历史上,对于欧洲国家形成的研究发现,在权力集中的绝对主义国家或者说君主专制国家,也存在国家能力很强的情况,而在国家权力受到制约和分享的宪政国家,也存在国家能力很弱的情况。现实中,许多第三世界国家在民主转型的过程中,民主体制的建立并未带来国家能力的增强;相反,"失败国家"成为广大新兴民主国家难以解决的问题(见表4-1)。

表4-1 "失败国家"的十二个指标①

1. 日益积累的人口压力	7. 国家的犯罪化或者非法化
2. 大规模的难民和人口流动	8. 公共服务的日渐恶化
3. 存在旨在寻求群体报复的积怨	9. 对人权的广泛侵犯
4. 长期和持续的人口逃亡	10. 安全部门成为国中之国
5. 群体之间经济发展的不均衡	11. 精英派系化的日渐分明
6. 突然和严重的经济滑坡	12. 别国或外在势力的干涉

同时,不仅民主体制不一定能够带来国家能力的强大;反过来,一个有效的国家是民主体制巩固和稳定的重要条件。1)有效的国家确定民主制度运行的政治秩序。一个自由政府可以良好地运用其公共权力来保卫财产权、防止伤害以及对弱者提供保护等,从而维护一个民主赖以运行的稳定政治秩序。2)建立并维持一个基于准则的政权。只有一个高度制度化的政府,才能保持政治规则的稳定性、有效性和限制政府的权力。3)激活公民社会。只有一个健全的政府才能为公民社会提供一个赖以活动的空间。4)满足人民的基本需要,为其提供基本的公共设施和公共服务,保证其在经济上的有效性。②

基于以上这些问题的存在,研究者开始将国家能力的问题提上研究议程,并开始对国家政权性质和国家能力的关系进行重新地思考。吉登斯就提出,国家的范围(scope)

---

① 参见 Foreign Policy and the Fund for Peace (2005).
② 参见王绍光:《安邦之道:国家转型的目标与途径》,北京:生活·读书·新知三联书店2007年版。

与国家的"强度(intensity)"之间是存在区别的。福山也认为,国家的"范围(scope)"与国家的"力量(strength)"之间是需要加以区分的。①

这里,对于国家能力和国家政权类型的区分,其实也就是表明,国家能力与政权类型并不能完全等同。一方面,两者的相互独立性并不意味着两者之间不存在任何相互关联,而是意味着对两者关系的讨论是以两者的独立性为分析前提的;另一方面,在两者的关系分析中,政权类型并不能完全解释国家能力的强弱,它并非影响国家能力的唯一因素,我们仍然需要进一步探讨影响国家能力发展的因素。

4.3.3 国家能力的发展:两种观点

既然国家能力具有相对于国家政权类型的独立性,那么,除了国家政权类型以外,究竟还有什么因素影响国家能力的变化?这里,我们介绍两种不同的观点:其一是系统功能分析的研究路径,它将国家能力作为政治系统必需的功能性需要,国家能力的发展是政治发展的过程;其二是历史制度主义的研究路径,研究者将国家能力放在民族—国家形成和国家政权建设的历史进程中进行分析,力求避免国家能力发展的现代化论调,具体考察历史演变中影响国家能力发展的因素。

(1)系统功能分析的观点。从系统功能分析出发,政治系统"能力"的变化在很大程度上为系统输入、政治精英的行为和社会其他系统所影响。

阿尔蒙德认为,政治系统的能力是系统输入与政治系统相互作用的产物。这在很大程度上表现为,系统以"需求"和"支持"为形式的输入方面的变化会相应地引发政治系统在能力上的变化,即引发政治系统汲取、监管、分配和沟通等方面的变化,以取得系统的平衡。因为政治系统是平衡的系统,所以,社会中各种团体需求和支持的涌入、国际政治系统中需求和支持的涌入以及政治系统内部政治精英的输入,都相应地使得政治系统向社会和国际政治系统进行政治输出,即汲取、监管、分配和沟通。正是在政治系统内部,以需求和支持为形式的输入被转化为汲取、监管、分配和沟通。当所有这些输入处于一定内容、范围和一定的规模等级之内时,政治系统可以处理它们,我们就可以说,这个政治系统是处于平衡之中的。

而当一种或者多种"需求"或者"支持"的系统输入超出一定的内容、数量和强度时,就可能导致政治系统的功能性失调,影响到政治系统的汲取、监管、分配和沟通等能力。比如,"大萧条"和失业等导致对于工作和食物需求的急速增加,突发的战争威胁着领土的安全,等等,都可能造成政治系统相关能力的失调。虽然阿尔蒙德也承认政治系统本身就可能存在功能失调,从而影响政治系统的汲取、监管和分配等能力;但是,他又认为,政治系统本身在输出方面的功能性失调对于能力的影响是间接的,是通过所谓"输入反馈"来实现的。

在阿尔蒙德看来,政治精英并不是消极地对功能失调的需求和支持做出反应,他们会发起社会中创新性的输入,并对根源于其他地方的创新性输入做出积极的反应。当他

---

① 参见安东尼·吉登斯:《民族—国家与暴力》,胡宗泽、赵力涛译,北京:生活·读书·新知三联书店1998年版;Francis Fukuyama. "The Imperative of State-building." *Journal of Democracy*, 2004, 15 (2): 17~31.

们是创新的源泉时，他们发展了新的目标和新的能力去追求这些目标的实现。在一般的情况下，精英对于系统输入一般有三种不同的反应。1) 适应性地回应。比如，民众对于普选权的需要，使得政治精英不得不接受这种由政治文化、结构等方面变化带来的后果。2) 拒绝，包括冷漠。比如，拒绝接受对于创新的需求或者直接镇压这种需求。3) 替代。比如，对于民众普选权的需求，政治精英可能只是提出国家更积极的外交政策或者福利政策作为需求替代。

此外，其他社会系统的能力也会相应地影响政治系统的能力。比如，在经济系统能力很强的情况下，由于经济的发展，置于政治系统之上对于再分配的需求压力就会大大降低，从而，政治系统功能性失调的可能性就会大大下降。[1]

（2）历史制度主义分析的观点。从历史制度主义出发，研究者认为国家能力的演变是历史演进的产物，战争和税收汲取在其中扮演了重要的作用。

在政治学研究中，国家形成或者国家建设的研究是最为突出的从历史制度主义的角度探讨国家能力问题的研究。从中，我们可以看到它与系统功能分析的差异。在对欧洲国家形成的研究中，"国家渗透能力"是研究的焦点。蒂利就认为，国家形成研究关注于对税收、军事力量和警察等问题的讨论，而这些主要是涉及国家渗透能力问题，然后才是关涉到合法性能力，它较少地涉及民族国家的整合和身份认同问题，几乎与参与和分配能力无关。[2]

从历史制度主义的研究路径出发，欧洲国家形成的研究延续了韦伯对于"国家"的历史性分析，将国家能力的演变放在具体时空中考察，而不是抽象地讨论系统输入的变化如何相应地导致政治系统能力的变化。在他们看来，系统功能分析和政治发展理论的问题在于它们将民族国家本身视为理所当然。[3]因而，对于政治发展的研究也往往把国家能力的发展当成自然而然的从不发达到发达的直线过程，而忽视这个历史进程中国家如何真正地挣扎存活下来。在蒂利看来，这种研究无法解释经济发展阶段相似、社会分化程度和劳动分工程度相近的国家存在的差异。与之不同，国家形成的研究把研究的焦点放在一个特定的单位内，比如，在特定的领土、特定的国家和特定的人口中，具体考察民族—国家历史演进的进程，对为何有的国家存活下来、有的国家消失灭亡进行讨论。

在历史分析中，研究者特别关注战争和税收汲取对于国家能力发展的影响。按照蒂利的分析，国家渗透能力的发展在于战争对税收汲取的功能性需要，即不同战争类型对资金的不同需求导致了统治者对于资金汲取的不同压力，不同经济类型产生了对于汲取资金的行政体系的不同需求：俄国是非商业化的农业经济，因而，国家形成遵循了强制力密集型的轨迹，造就了庞大的官僚系统在农业部门汲取资金；而威尼斯有相当发达的

---

[1] 参见 Gabriel A. Almond. "A Developmental Approach to Political Systems." *World Politics*, 1965, 17 (2): 183~214.

[2] 参见 Charles Tilly. "Reflections on the History of European State-Making." in Charles Tilly, ed. *The Formation of National States in Western Europe*. Princeton, N. J. : Princeton University Press, 1975. p. 609.

[3] 参见 Charles Tilly. "Reflections on the History of European State-Making." in Charles Tilly, ed. *The Formation of National States in Western Europe*. Princeton, N. J. : Princeton University Press, 1975. p. 612.

商业，所以，国家形成是属于资金密集型，依赖关税和消费税这些容易征收的税种，从而就不需要庞大的行政机构。①具体来说，税源越小，商业化程度越低，越难以征收到足够的给养战争的税收，财政机构延伸的范围就越广；反之亦然。②其他研究者进一步深化了蒂利的研究提出，战争和税收汲取不仅影响到行政体系的规模，还直接影响到行政体系的运行，即国家是否能够依靠这个行政体系实现其社会控制的目标，国家是否能够有效地监控行政体系中的国家代理人。这也就是说，影响国家渗透能力发展的因素在于：不同的社会经济背景；不同的战争类型；对于税收汲取的不同需求。

4.4 国家的合法性：国家立足于社会

在国家划界于社会的分殊性、国家超越社会的自主性以及国家渗透社会的有效性基础上，研究者还进一步讨论国家立足于社会的权威问题，也即国家的政治合法性问题。"政治合法性"说明为什么拥有政治权力的人们获得权力和实施权力是正当的，为什么那些服从他们的人有相应的责任去服从这种政治权力。当权力的合法性受到置疑的时候，人们就会反思和争论是什么使得权力具有合法性这个问题。

4.4.1 合法性的内涵

在政治生活中，一切权力都要求为自身辩护，试图展示其政治统治的正当性，获取民众对其统治的认可，这就涉及合法性问题。在对于合法性问题的探讨中，韦伯的研究是具有开创性的，他较早地对"合法性"进行界定和系统的分析。韦伯旨在揭示事实上不同统治形式下民众的不同合法性要求及其构成的不同统治类型。他指出："没有任何统治自愿地满足于仅仅以物质的动机或者仅仅以情绪的动机，或者仅仅以价值合乎理性的动机，作为其继续存在的基础。任何统治都企图唤起并维持对它的'合法性'的信仰。但是，根据所要求的合法性种类的不同，服从的类型，为保证服从而确定的行政管理班子的类型，以及实施统治的特点，也是根本不同的。"③

由此，他指出了三种不同的合法性，并在此基础上，区分了建立在三种不同合法性基础之上的政治统治类型。1）合法性建立在历来适用的传统的神圣性和统治者由传统授命实施权威之上，在这种合法性之上建立的统治是传统型统治。2）合法性建立在一个人所具有的独特超凡魅力以及由他所默示和创立的制度的神圣性之上，在这种合法性之上建立的统治是魅力型统治。3）合法性建立在统治者的章程和规定的制度与指令权力之上，并且，统治者是合法受命进行统治，建立于这种合法性之上的统治是合法型统

---

① 参见 Charles Tilly. *Coercion, Capital, and European States, AD. 990－1990*. Cambridge, Mass：Basil Blackwell. 1990；Charles Tilly. "Entanglement of European Cities and States." in Charles Tilly and Wim P. Blockmans, eds. *Cities and the Rise of States in Europe*, A. D. 1000 to 1800, p. 11.

② 参见 Charles Tilly. "War Making and State Making as Organized Crime." in Peter B. Evans et al, eds. *Bringing the State Back In*. Cambridge：Cambridge University Press, 1985. p. 182.

③ （德）马克斯·韦伯：《经济与社会》（上册），林远荣译，北京：商务印书馆1998年版，第239页。

治。① 当然，纯粹依靠以上某一种合法性而存在的政治统治在历史和现实中是很少的，在多数情况下，政治统治的维持总是在不同程度上试图获取每一种合法性来源的支持。

这里，韦伯从经验层面探讨国家的合法性问题，他将合法性作为被统治者的某种心理认同，考察在事实上国家统治建立的心理基础或者说为何民众认为统治是合法的信念基础。也就是说，他对于合法性的考察并非在于对国家统治的正当与否做出评价。

哈贝马斯进一步区分了两类不同的"合法性"概念，即经验主义和规范主义的合法性。1）经验主义的"合法性"指："一种统治规则的合法性仍是根据那些隶属于该统治的人对其合法性的相信来衡量的，这是一个'相信结构、程序、行为、决定、政策的正确性和适宜性，相信官员或国家的政治领导人具有道德上良好的品质，并且应该借此得到承认'的问题。"韦伯的"合法性"概念就属于经验主义的合法性。2）规范主义的"合法性"则把某种永恒的美德、正义作为合法性的基础。一种统治是否合法，不依赖于大众对它的相信、赞同或忠诚，只要它是符合永恒的美德、正义的，即使它得不到大众的赞同和支持，也是合法的。②

上述两种"合法性"理论各有侧重。1）经验主义的"合法性"理论将有效性，亦即将被统治者的相信、赞同与否作为合法性的标准，但它又缺乏对政治统治正当性基础的说明，缺乏对大众的赞同、认可的根据的说明。2）规范主义的"合法性"概念将合法性问题视为应该不应该的问题，对政治统治的正当性基础进行探讨，但它又忽略其是否得到大众认可的经验基础，去寻求一种合法性的、永恒的正义基础和标准，从而陷入了一种抽象的思辨。

今天，流传最广的合法性形式是对合法履行的信仰。换句话说，接受那些形式上正确的、按照与法律的一致性所构建的规则，是一种"合法律性"。但是，需要注意的是，合法性不等同于合法律性，即符合法律的政治统治、政治制度和政治运作不一定具有合法性。为了区分"合法性"与"合法律性"，我们需要进一步明晰"合法性"的三个要素，即：符合法律性是合法性的基础要求；政治统治要享有合法性，还需要使其法律和规则本身符合社会正当性的要求，法律本身的制定需要以合法性为前提；更重要的是，政治统治本身需要获得人民的同意和承认并被视为是正当的。这三个要素缺一不可，否则，将合法律性作为评价政治合法性的最终衡量标准，事实上意味着对国家权力的一种屈从，这种屈从与合法性理念是完全相违背的。因为这样一来，源自自愿认可与服从的权威与以法律的形式强加给人们的权威统治就失去了区别。

4.4.2 合法性的意义

在国家与社会关系中，在国家的分殊性、自主性和有效性之外，国家合法性问题的存在使得国家的统治需要建立在社会认同基础之上，从而使得国家权力在一定程度上为社会所限定。对应规范主义和经验主义两种不同的合法性概念而言，在政治生活中，合法性也具有两种不同的重要意义。

---

① （德）马克斯·韦伯：《经济与社会》（上册），林远荣译，北京：商务印书馆1998年版，第241页。
② 转引自白钢、林广华：《论政治的合法性原理》，载《天津社会科学》2002年第4期。

从规范层面而言，合法性问题的重要性在于我们需要从政治理想或者政治价值出发对国家统治和政治权力的正当性进行评价。在古典政治学中，柏拉图和亚里士多德都在分析究竟什么是"善"的政权类型，什么是"正当"的政治。社会契约论者则试图将政治统治建立在公民同意的基础之上，他们将政治权力的来源归诸于社会个人自身权力的让渡和社会契约的订立，由此，他们建立了这样一个原则：政治权力的统治之所以是正当的，民众之所以要服从于它，是因为它获得人民的同意，而它要维系民众对它正当性的认可和服从，就必须获得人民的同意，这在实际上为制约政治权力的滥用奠定了基础。

从经验层面而言，合法性问题的重要性在于国家的政治统治并非限于对暴力的垄断性使用，任何国家都并非完全依靠赤裸裸的武力进行统治，国家的有效性也并非维持统治的全部解释；相反，国家立足于社会以其权威的建立为重要基础，因而需要我们了解维系国家统治的合法性基础是什么，以及政治合法性会对国家统治和国家权威产生何种影响，比如，合法性危机是否会导致政治不稳定。

4.4.3 合法性—稳定模式及其挑战

在国家与社会关系中，国家是否享有社会对其政治合法性的认可无疑具有十分重要的意义，其中，最为关键的问题之一是合法性对于维持政治稳定的意义。帕森斯就指出：合法性是防范社会秩序瓦解的最高的规范武器。[1] 在政治研究中，研究者将这种强调合法性对政治稳定意义的研究称为"合法性—稳定模式"。

李普赛特认为，除了经济发展之外，合法性是民主稳定的最为重要的必需条件。在他看来，合法性问题之所以能够成为影响政治统治的重要因素，就在它对于政治统治"有效性"的相对独立性。也就是说，政治统治的基础并不完全在于政治系统的有效性，一个政治系统的有效性很强，但是，它的合法性可能很弱，政治系统同样可能是不稳定的。

由此，李普赛特根据"有效性"和"合法性"的强弱，划分了四种政治系统类型。1）强有效性和强合法性。这是稳定的政治系统，比如，美国、瑞士和英国。它们拥有主权象征的长期性和延续性，没有任何与系统价值冲突的少数群体。2）弱有效性和弱合法性。除非它们是建立在武力基础上的独裁统治，否则，它们是不稳定的政治系统，还可能会走向解体。3）强有效性和弱合法性。比如，20世纪20年代的德国与西班牙。在政治系统有效性突然下降的时候，没有合法性的支持，政治系统可能走向瓦解。4）弱有效性和强合法性。比如，20世纪30年代的美国和英国。与强有效性和弱合法性政治系统不同，这些国家在经济危机突然来临、政府有效性突然下降的时候，由于拥有较高合法性，因而，这些政治系统能够稳定地存活下来。[2] 因而，除了保持国家的有

---

[1] 参见 Pansons. "Some Reflections on the Place of Force in Social Process." in Harry Erckstein, ed. *Internal War: Problems and Approaches*. New York: Free Press.

[2] 参见 Seymour Martin Lipset. "Some Social Requisites of Democracy: Economic Development and Political Legitimacy." *The American Political Science Review*, 1959, 53 (1): 90~91.

效性之外，国家的合法性对于政治系统的维系和稳定意义重大。

在合法性—稳定模式看来，当政治统治的合法性受到挑战时，合法性危机就随之而产生，政治稳定也随之受到挑战。导致合法性危机的因素是多方面的。1）政府有效性的崩溃。建立在有效性基础之上的合法性，当有效性受到挑战——比如，经济危机发生时——合法性危机也随之产生。2）除了有效性之外，合法性危机在很大程度上取决于是否较好地解决了造成社会诸多分裂的历史关键问题。比如，宗教问题、对下层民众公民权的承认问题、对于国民收入分配的持续争夺问题等，如果政治系统不能够缓和系统内部的各种群体冲突和党派斗争，合法性危机就可能随即而生。3）合法性危机还往往为社会结构转型所催化。在结构转型中，在以下两种情况下可能引发合法性危机：其一，在转型的初级阶段或者当社会群体刚刚产生政治需求的时候，如果社会主要的社会群体都不能确保有参与政治系统的机会，那么就可能发生合法性危机；其二，在结构转型中，如果主要的保守势力的既得利益遭到威胁，也可能导致合法性危机。①

这种强调合法性和政治稳定关系的合法性—稳定模式，实际上蕴涵了两个方面的假设：其一，政治秩序建立的基础是民众的信任、认同和支持；其二，民众能够很容易地将他们对于政治系统的不满情绪转化为对政权的抗议。因而，国家政治合法性的丧失就意味着统治基础的动摇，在这样的情况下，民众就会行动起来，发起政治反对或者社会革命，瓦解政治系统。

对于这种关于合法性与政治稳定关系的研究模式，一些研究者提出了修正或者反对的意见。在他们看来，政治合法性并不对国家政治统治和政治稳定发生如此重要的影响。

首先，合法性的丧失并不意味着民众可以自然而然地将他们的不满转化为政治抗议来影响政治稳定。研究者认为，合法性的下降究竟是否会造成民众的反对和政治统治的不稳定以及民众能否将他们对政治统治的不满转化为现实的、有特定目标的、一致的政治反对，有赖于许多社会条件。它不仅与民众的相对剥夺感和政治信念等心理因素有关，而且更有赖于社会结构因素，比如，民众间沟通网络的存在、他们对于重要资源的占有以及参与反对的民众的职业结构与地理因素等等。②

在对欧洲民族国家形成过程中民众骚乱的研究中，蒂利认为，骚乱或者说社会抗争的产生并不简单地在于政治合法性的衰弱或者丧失。事实上，不管民众的不满聚集到了什么程度，除非他们成为能够拥有一定资源的有组织的团体的一部分，否则，他们都不可能采取包括暴力在内的任何政治行动。并且，就算民众拥有必需的重要资源和组织体系，政府也可能通过提高民众采取行动的成本来成功地压制人们想要参与这种集体行动的意愿。因此，他认为革命和集体暴力行动只不过是"偶然"的发生，它们是正常政

---

① 参见 Seymour Martin Lipset. "Some Social Requisites of Democracy: Economic Development and Political Legitimacy." *The American Political Science Review*, 1959, 53 (1): 87.
② 参见 Ber Useem and Michael Useem. "Government Legitimacy and Political Stability." *Social Forces*, 1979, 3: 840~852.

治过程的副产品。①

其次，合法性并非政治统治重要的基础，同样，合法性的丧失以及民众的不满并非政治不稳定以及社会革命最重要的原因。从这种观点出发，研究者认为，质疑民众的不满如何转化为导致政治不稳定的社会反抗并没有真正揭示合法性—稳定模式的问题所在，蒂利仍然将民众的支持作为政治统治的基础，而这种观点本身就是有问题的。合法性—稳定模式更重要的问题在于合法性本身并非影响政治统治稳定的基础。

斯考切波认为，强调合法性的丧失是社会革命爆发的原因，是由于人们幼稚地相信以下的观点，即社会秩序建立在人们对于政府的认同、支持和服从的基础之上，政府权力和稳定直接有赖于社会民众的支持。由此，他们将国家看做是一个从根本上建立在一致性同意基础上的合法性权威。国家所拥有的这种合法性权威体现在它制定政治游戏的规则、实行领导和制定政策，而这些都为民众的道义认同以及社会绝大多数成员的偏好所支持。

反过来，强调合法性是政治统治基础的研究者会认为，如果现存政府丧失了其合法性，就会导致革命的产生，民众的选择决定社会革命是否爆发。从这种观点看来，在社会转型中，民众的相对剥夺感、大众动员、集体行动起到了关键的作用。当不满的民众感觉到暴力是可以接受的或者皈依于新的革命意识形态时，现存政府的合法性就会受到挑战。②

针对这种观点，斯考切波认为，合法性并非政治统治的基础。一方面，政权合法性的衰弱是解释政权瓦解的一个中间变量，因为对于民众、政治上强大而被充分动员的社会群体以及政权本身的成员而言，如果政权合法性的丧失，可能导致国家不能够处理既存的任务，或者不能够处理危机带来的突然任务，从而可能间接地促发社会革命。另一方面，合法性并非最重要的原因。在很多情况下，即便一个国家失去大部分的政治合法性，并可能产生内部民众的反叛，但是，这个政权很可能仍然保持政治稳定，特别是在强制机关保持强制力的内聚性和有效性的情况下。③

上述对于合法性—稳定模式的挑战直接质疑了经验主义层面上合法性的意义，这种观点需要我们进一步进行探讨和分析，不过，规范主义层面上合法性却始终对政治生活具有十分深刻而重要的影响。不管怎样，在国家与社会关系中，国家的合法性问题都是不可回避并需要我们深入分析和思考的重大问题。

4.5　国家与公民社会

在国家与社会关系之中，对国家分殊性、自主性、有效性的讨论是否走得如此之

---

① 参见 Charles Tilly. *Contention & Democracy in Europe*, 1650~2000. Cambridge, New York: Cambridge University Press, 2004.

② Theda Skocpol. *States and Social Revolutions: a Comparative Analysis of France, Russia, and China*. Cambridge, New York: Cambridge University Press, 1979. pp. 25~26.

③ Theda Skocpol. *States and Social Revolutions: a Comparative Analysis of France, Russia, and China*. Cambridge, New York: Cambridge University Press, 1979. p. 32.

远,以至于我们忽视了更加重要的问题,即如何制约国家权力?合法性问题已经为国家权力的制约奠定了基础,政治统治要获得道义上的合法性和民众认可的合法性以保持其政治统治的稳定,就需要从多个方面约束自身的权力,并促进公共福祉。但是,对"合法性—稳定模式"的反思提醒我们,仰赖于合法性来制约国家的权力并非如此可靠。因而,我们还需要将公民社会纳入到视野中来。在一些研究者看来,国家与社会研究框架的提出,首先是对公民社会兴起、成长与发育的关注,是希冀以公民社会来制约或者反抗国家的横暴权力及其对社会的压制。因此,我们进一步考量如何建立国家与公民社会的平衡关系:一方面,探求公民社会的意义在何处;另一方面,探求国家的限度是什么。

4.5.1 公民社会的界定

"civil society"本身就是一个充满争议的概念。在中文翻译中,存在着"民间社会"、"市民社会"和"公民社会"几种译法。我国台湾学者大多采用"民间社会"的译法,蕴涵了"民间"与"官府"的二元对立;"市民社会"的翻译来源于马克思主义经典著作的中译本,马克思将之与资产阶级社会等同起来,在社会学研究中,许多研究者使用"市民社会"的译法;相对于"民间社会"和"市民社会"的中文翻译,政治学研究更多地使用"公民社会"的译法,它更加蕴涵了公民政治参与和公民社会对国家权力制约的政治意义。本书中姑且使用"公民社会"的概念。

在政治学研究中,"公民社会"概念的含义经历了历史的演变,我们可以将对这个概念的不同理解分为三种类型。第一种是所谓"洛克型"公民社会概念。在洛克等人的自然法哲学的著作中,公民社会是包括了文明国家(civil state)在内的、区别于自然状态的文明社会。这里,公民社会不是指自然状态下不受任何政治权威干涉的社会,而是政治社会或者国家的同义词。第二种是所谓的"黑格尔型"公民社会概念。黑格尔第一次将国家与公民社会分离。在他看来,公民社会是介于家庭与国家之间的中间地带,是与自然社会(家庭)和政治社会(国家)相对应的概念。进而,黑格尔认为,国家作为目的和秩序高于公民社会,只有国家才能将市民社会所代表的特殊利益纳入到代表普遍利益的政治共同体之中。第三种是所谓的"托克维尔型"公民社会概念。从托克维尔开始,人们在承认国家相对独立性的基础上,逐步开始关注公民社会或者公民社会的发展对于抵制国家专制权力的意义。公民社会限制国家干预范围,禁止国家染指,防止国家剥夺公民自由的领域。

如今政治学研究中所讨论的"公民社会",一般是指区别于政治社会即国家的社会领域,它包括了三个要素。1)公民社会由那些公民自主、自愿结合而成的社会团体组成,包含了一系列经济、宗教、知识和政治的自主性组织,有别于家庭、家族和国家,是不受国家权力干扰的公共领域。2)在它自身与国家之间存在一系列特定关系以及一套独特的机构或者制度,得以保障国家与公民社会的分离并维持二者之间的有效联系。3)它是一套广泛传播的文明风范。[1]

---

① 参见 Edward Shils. "The Virtue of Civil Society." *Government and Opposition*,1991,26(1).

对于社会发展到究竟什么样的状况才算作是"公民社会"的存在，研究者存在不同的观点。在一些研究者看来，只要有不受国家权力支配的自由社团，就算是有了公民社会的成长发育；有的研究者则认为，只有当整个社会能够通过那些不受国家支配的社团来构建自身并协调其行为时，公民社会才算存在；另外一些研究者则更进一步，认为只有这些处于国家、家庭与市场之间的社团能够影响国家的决策，才可以称得上是公民社会的出现。

4.5.2 公民社会的意义

公民社会的成长有多重意义，公民社会可以防止国家过分专权以致侵犯个人自由，可以纠正市场经济造成的个人本位主义，可以为其成员提供安全网，它形成了一道防止以"公意"名义压制少数人的坚固屏障，它还能使人们在公民社会生活中超越狭隘的自我，逐步增加彼此的信任，建立起社会交往的网络，认识到社会交往的必要性和优越性。一般而言，我们可以将公民社会的意义分为三个方面。

（1）"公民社会反对国家。"这是指公民社会是限制和反对国家专制权力的武器。不管对公民社会的成长用何种标尺来衡量，公民社会在政治生活中的重要意义之一，正是在于其对公共领域的保障及其对国家专制权力的制约。

在政治哲学中，"托克维尔型"的研究在承认国家权力必要性的基础上，强调公民社会是抵制国家专制权力的重要力量。延承"托克维尔式"传统，许多研究者认为，只是强调国家的自主性和国家能力，将忽视国家取得公民合法性认同的基础、忽视对个人自由和公共领域的保障，难以解决一个强大而自主的国家如何不沦为腐败滋生、横征暴掠的专制者的问题。在许多第三世界国家，国家权力的运作往往是由统治者任意的权力所左右，国家相对于社会的"自主性"有时却是国家软弱的根源。如同公民社会的发育是美国民主的社会基础一样，公民社会对于其他国家而言也将是民主运转的润滑剂。正如托克维尔所言："再没有比社会情况民主的国家更需要用结社自由去防止政党专制或大人物专权的了。在贵族制国家，贵族社团是制止滥用职权的天然社团。在没有这种社团的国家，如果人们之间不能随时仿造出类似的社团，我看不出有任何可以防止暴政的堤坝。另外，在这样的国家，一个伟大的民族不是要受一小撮无赖的残酷压迫，就是要受一个独夫的残酷压迫。"[①]

（2）"公民社会加强国家。"公民社会限制和约束国家专制权力，同样重要的是，公民社会还有助于国家能力的加强，一个强大的公民社会有助于造就一个强大的国家，这是一种"强国家—强社会"模型，反之，是一种"弱国家—弱社会"模型（见表4-2）。

[①] （法）托克维尔：《论美国的民主》（上卷），董果良译，北京：商务印书馆1991年版，第217页。

表 4-2　国家与社会关系的类型

国家＼社会	强	弱
强	强国家—强社会	弱国家—强社会
弱	强国家—弱社会	弱国家—弱社会

这种国家与公民社会的关系其实并不难理解，在现实生活中，我们可以看到，在国家的诸多监管领域，如果国家面对的是无数个体的被监管对象，国家监管能力必定受到限制，难以实现国家监管的目标；反之，如果国家面对的是自愿集结起来进行内部协调和组织的各种行业协会，国家监管的困难必定大大下降，国家的监管能力就能够得到改善，国家的监管目标就更容易实现。进一步，从理论上而言，公民社会之所以可以促进国家能力的增强，可以从四个方面来解释。

第一，公民社会有助于社会自发秩序的形成。公民社会作为公民的民主训练营，可以培育公民自身的公民精神，提高公民能力。并且，通过参与社团，个人可以有效而富有意义地把自己与其他公民以及整个政治体系联系在一起，从而促成社会的自组织和秩序的自我形成与调节，约束了国家权力干预的范围和干预的限度，促成国家与社会的良性互动。

托克维尔在观察美国民主为何运行如此良顺时，就指出了美国公民社会自发秩序形成的重要性："在美国，'除了依法以乡镇市县为名建立的常设社团以外，还有许多必须根据个人的自愿原则建立和发展的社团。美国的居民从小就知道必须依靠自己去克服生活的困难……这种精神也重现于社会生活的一切行为。假如公路上发生故障，车马行人阻塞不通，附近的人就会自动组织起来研究解决办法。这些临时聚集在一起的人，可以选出一个执行机构，在没有人去向有关主管当局报告事故之前，这个机构就开始排除故障了。……在美国，为促进公安、商业、工业和宗教，也建有社团。人们的愿望一定会通过私人组织的强大集体的自由活动得到满足'。"[1]

第二，公民社会有助于政府制度绩效的提高。公民社会还可以通过培育公民参与网络，克服集体行动的困境，增强政府制度运行绩效，从而使得强社会造就强政府。帕特南对于意大利南北制度绩效差异的比较研究就指出，横向组织（社团）的成员数量（如体育俱乐部、合作社、互助会、文化团体等）与好政府正相关，在制度绩效差的地区，人们极少参与社会生活，在他们眼里，公共事务就是别人的事务，他们互不信任，社会生活是按照垂直的等级制组织起来的，腐败和违法乱纪是家常便饭。相反，活跃的公民结社是改善制度绩效的根本原因：公民参与网络增加了人们在任何单独交易中进行欺骗的潜在成本；公民参与网络培育了强大的互惠规范；公民参与网络促进了交往，促进了有关个人品行的信息之流通；公民参与网络体现的是以往合作的成功，可以把它作

---

[1] （法）托克维尔：《论美国的民主》（上卷），董果良译，北京：商务印书馆1991年版，第213~214页。

为一种具有文化内涵的模板，未来的合作在此之上进行。

因此，公民社会越发达，公民参与网络越密集，公民就越有可能为了共同利益而合作，克服集体行动的困境，促成国家制度框架内的利益表达和利益集结，从而，促成有效的民主治理，增强国家的基础权力。由此，帕特南认为，这些都有助于解释为什么公民参与网络提供了政府和经济绩效，也即是说强大的公民社会有助于强大的国家的产生。①

第三，公民社会有助于强化政府的横向问责制。公民社会的成长可以避免包括选举在内的横向问责制（horizontal accountability）的缺陷，通过建立一种纵向问责制（vertical accountability）来强化国家对于社会的问责，从而有助于建立持续的民主体制（sustainable democracy）。在一些情况下，包括选举在内的纵向问责制可能会带来政治庇护和政治分赃等问题，由选举产生的政府可能倾向于只对少数特殊利益集团问责，并可能由此牺牲公众的利益。公民社会的成长使得公民积极的政治参与成为可能，公民社团的建立促进了公民利益表达和利益聚集，从而让公民更积极和更有效地参与政府活动，从而推动政府对于公民和公共利益的问责。②

第四，公民社会有助于加强对国家代理人的监控。公民社会的成长可以约束国家绝断权力，通过公民对国家事务的参与有助于克服国家内部自身的代理人监控问题，弥补自上而下的代理人监控存在的局限和不足，从而遏制国家内部的腐败寻租行为，促进国家权力的健康运作。

（3）从经济学角度看，社团与其他非营利组织构成政府、市场之外的"第三部门"。社团及其他非营利组织能够以更加多元、灵活和高效的方式提供公共品或准公共品，弥补"市场失灵"、"政府失灵"留下的空白，降低"合约失灵"的风险。根据约翰·霍普金斯大学的非营利部门国家比较项目的统计，35 个国家的非营利部门在 20 世纪 90 年代末年度支出达到 1.3 万亿美元，占到这些国家 GDP 总额的 5.1%；非营利部门雇用了 3950 万全时工作人员，占到总就业人口的 4.4%，是公用事业部门就业人数和纺织部门就业人数的 10 倍；参与非营利部门的制约者达到 1.9 亿之多，占到这些国家成年人口的 20%。③

4.5.3　国家与公民社会的平衡发展

我们在之前的内容中已经讨论了国家自主性和国家能力的重要性，以及公民社会发展的重要意义，那么，我们究竟应该如何平衡这两者的关系？具体而言，我们需要进一步回答：1) 究竟在什么情况下，"公民社会反对国家"，什么情况下，"公民社会加强国家"？2) 究竟加强国家自主性和国家能力会否导致对于公民社会的压制？反过来说，

---

① 参见（美）罗伯特·D. 帕特南：《使民主运转起来》，王列、赖海榕译，南昌：江西人民出版社 2001 年版，第 201～204 页。
② 参见"State-Society Synergy for Accountability: Lessons for the World Bank."*World Bank Working Papers*，2004，30。
③ 转引自何建宇：《现代化、转型、政策波动与社团发展：中国社团革命的政治经济学》：[博士论文]，香港：香港中文大学政治与行政学系，2006。

公民社会的发展是否会削弱国家的自主性和国家能力？也即是否会出现"强国家—弱社会"和"弱国家—强社会"这两种非双赢博弈的情况。要厘清这两个问题，需要我们进一步将国家权力做出区分，由此，把握不同国家权力与公民社会关系的不同层面，促进国家与公民社会的平衡发展。

根据曼恩的观点，国家权力分为两个不同的类型，即"国家专制权力"和"国家基础权力"。前者是指国家精英可以不经过与公民社会常规的、制度化的协商妥协而单独采取一系列行动的权力，它是一种国家精英凌驾于公民社会之上的权力。后者则是指国家实际渗透到公民社会、在其统治的疆域内执行决定的能力，它是一种国家通过国家基础渗透和集中地协调公民社会活动的权力。在曼恩看来，这两种权力并不等同，它们是国家权力独立的两个分析维度，国家基础权力的增强并不一定如韦伯所暗示的那样一定导致国家专制权力的增强。①

在此基础上，曼恩区分了历史上四种国家不同的国家基础权力：一是封建国家，国家的专制权力和基础权力都很弱；二是帝国，相当于韦伯所说的世袭制国家，它的专制权力强大，但是国家的基础权力弱小；三是官僚制国家，国家的专制权力弱小，而基础权力强大；四是权威主义国家，国家的专制权力和基础权力都很强大。②

在国家权力与公民社会关系的讨论中，基于"国家专制权力"和"国家基础权力"的区分，我们可以进一步厘清国家与公民社会的关系，进而探讨如何建立两者更为平衡的关系。一是促进公民社会的发展。一方面，公民社会的发展有利于制约国家专制权力；另一方面，公民社会的发展有利于加强国家基础权力。在"强国家—强社会"模型中，公民社会与国家存在的"互强"或者"相互增权"，即公民社会的发展促进了国家能力的增强，国家能力的增强也有利于公民社会的成长发育，而这其中的关键就在于国家能力是指国家的基础权力而非国家的专制权力。这种国家的强大不是国家专制权力的增强，而是国家基础权力的增强，它也表现为国家制度建设的完善。二是促进国家基础权力的发展。一方面，国家基础权力的发展有利于增强国家的自主性和国家的有效性，避免国家为社会所俘获，承担国家应有的社会经济监管任务；另一方面，国家基础权力的发展可以为公民社会的发展创造良好的条件，从而实现国家与社会的良性互动。

国家与社会的关系始于国家划界于社会的分殊性。作为相对独立于社会的组织体系，作为拥有合法垄断暴力的主体，作为拥有对于其疆域内人口集中管辖权的主体，国家在结构上分殊于社会。在国家分殊性的基础上，随着而来的是国家超越于社会的自主性和国家渗透于社会的有效性问题。这两者强调国家相对独立于社会并渗透社会的能

---

① 参见 Michael Mann. *The Sources of Social Power*, Vol. II : *The Rise of Classes and Nation-States*, 1760~1914. Cambridge: Cambridge University Press, 1993. p. 59.

② 参见 Michael Mann. *The Sources of Social Power*, Vol. II : *The Rise of Classes and Nation-States*, 1760~1914. Cambridge: Cambridge University Press, pp. 60~61.

力，它们是国家实现其职能的必要保障。

如果说国家的分殊性、自主性和有效性强调的是国家组织和权力的重要性和必要性，那么，合法性和公民社会则提出了制约国家权力的问题。国家的合法性要求将政治统治的基础建立在民众的认可和同意之上，而公民社会的发展则形成社会制约国家专制权力的保护膜，是民主体制运转的润滑剂。

在国家与社会之间达成一种平衡发展的关系，需要我们将国家权力进行区分，区分国家专制权力和国家基础权力的差异，认识到公民社会发展与这两种权力发展的不同关系，从而避免"强国家—弱社会"和"弱国家—强社会"的陷阱，实现"强国家—强社会"的良性互动。

当然，除了在理论上需要进一步深化对于国家权力与公民社会关系的认识以外，如何在实际中把握国家与社会的关系依然是一个很大的挑战。国家如何能够依靠公民社会这个对话者和伙伴，而又不为其所俘获或者不成为它们消极的代表？国家基础权力的发展是否可能带来国家专制权力的相应发展以及公民社会如何在国家能力的成长中寻求其发展的空间？这些都是长久存在而需要我们不断深入研讨的问题。

阅读书目

1. （美）查尔斯·蒂利：《强制、资本和欧洲国家（公元990~1992年）》，魏洪钟译，上海：上海人民出版社2007年版。
2. （美）西达·斯考切波：《国家与社会革命——对法国、俄国和中国的比较分析》，何俊志、王学东译，上海：上海人民出版社2007年版。
3. 王绍光、胡鞍钢：《中国国家能力报告》，沈阳：辽宁人民出版社1993年版。
4. （美）罗伯特·D.帕特南：《使民主运转起来》，王列、赖海榕译，南昌：江西人民出版社2001年版。
5. 邓正来、亚历山大编：《国家与市民社会——一种社会理论的研究路径》，北京：中央编译出版社2002年版。

思考题

1. 如何理解国家与社会在结构上的分化？
2. 什么是"国家自主性"？在国家与社会关系中，它有何重要意义？
3. 系统功能分析与历史制度主义对"国家能力"的讨论有什么不同？
4. 你认为合法性对于国家政治稳定是否有重要影响？
5. 你认为应该如何把握公民社会成长与国家能力发展之间的关系？

第5章 法治与民主

5.1 *法治*

5.1.1 **法治的源流**

法与法治，源远流长。这两者都是在历史中产生的，但并不是同步的。有法，不一定有法治。法，作为一种调整和维系社会利益与社会秩序的规范，早在人类原始社会，特别在氏族社会后期，就已经产生了。那时的法，是长期习惯形成的一些生活规则（习俗），已具有后来法律的某些萌芽元素，如强制性（社会强制）、普遍约束性（氏族内部）等等。有的学者则称之为"原始法"或"非国家法律"[①]，也就是说，在国家法产生以前，已经存在原始法了。法治不只是作为防民的统治工具，而是上升为制约国家权力、保障人民权利的价值目标，即将法制同民主政治结合，使法成为统治一切的准则（而且首先是针对当权者、执法者），这才是近现代意义上的民主的统治，即法的统治（rule of law）。

在西方，法治思想十分古老，起源于古希腊、古罗马时代。古希腊人开西方法治理论的先河。他们把对法律和自由的尊重一视同仁，是实现其政治理想——城邦生活的和谐（"善"）——的两个基本政治准则，主张自由就是人只受法律的约束，法律比人更有权力。毕达库斯最早提出"人治不如法治"之说。作为"希腊的学府"的雅典城邦，在梭伦立法之后，"进入'法律'统治，亦即希腊语的所称为优鲁米来（Eunomia）时代……希腊城邦制度中的法治传统，遂于此奠定"[②]。因此，古希腊城邦政治制度实质上就是法治；城邦共和国也就是"宪政国家"或"法治国家"。[③]

古希腊人的法治观，不仅外化于城邦组织、生活和政治制度之中，而且蕴涵于两位伟大的哲学家即柏拉图和亚里士多德的哲学理念和社会政治理想之中。早期柏拉图在他的《理想国》中，主张贤人治国的人治论，即"哲学王的统治"——理想国家是靠哲学家的智慧和知识而不是靠法律来掌管的，因为"法律条文来束缚哲学家—国王的手脚是愚蠢的，就好像是强迫一个有经验的医生从医学教科书的处方中去抄袭药方一

[①] （美）霍贝尔：《原始人的法》，严存生等译，贵阳：贵州人民出版社1992年版，第2页。
[②] 转引自顾准：《希腊城邦制度》，北京：中国社会科学出版社1982年版，第125页。
[③] 参见王人博、程燎原：《法治论》，济南：山东人民出版社1998年版，第5页。

样"①。但是，柏拉图的这个"乌托邦"在实践中碰了壁，后期他转向推崇法治。在《法律篇》中，柏拉图认为，法律是"第二等好国家"的统治者，这个国家是奉法律至上的政府，统治者和臣民都服从这个法律；这个国家是人们（包括官吏）应受法的统治而不是暴力的统治的政府。

亚里士多德师承柏拉图，但又对柏拉图的社会政治思想进行了种种批判和驳难，并最早提出法治的概念。他说："法治应包含两重意义：已成立的法律获得普遍的服从；而大家所服从的法律又应该本身是制定得良好的法律。"② 可以说，这段话已从逻辑上最早粗略地勾画出法治概念。他明确主张"法治优于一人之治"。这意味着，法律是为了公众利益而不是为了某一阶级（或个人）的利益；良法意味着对自愿的臣民的统治，以区别于恶法的仅靠武力支持的专制统治；法治是守法的统治，即统治的实施必须根据普遍的法律，而不是专横的命令。换言之，法律应当受到普遍的尊敬并保持至高无上的权威，民众的活动要服从法律，如果有良法而人民不能全部遵循，那么仍然不能实行法治；国家政治权力受制于法律，而不能超然于法外，执政者凭法律来执掌他们的权力，并借以监察和处理一切违法失职的人们。总之，严格服从良法，亦即法律的至上性和法律的正当性就是亚里士多德的法治思想模式。在亚里士多德那里，法律至高无上的权威、公民的自由和平等、立宪政体的道德思想，始终是国家应当存在以求实现的目的。

古罗马法学家同样主张"以法为据"。他们不仅用法律的眼光来观察社会，而且设计出了自由的法治模式。在西塞罗看来，法律是正义与非正义事物之间的界限，塞尔苏斯把法律定义为"善良公正之术"，乌尔比安认为法学"是有关正义与非正义的学问"。他们与古希腊法哲学家们不同，希腊法哲学家认为权力先于法律而存在，而罗马人则认为权力生于法律。"是罗马法最先制定了私有财产的权利、抽象权利、私人权利、抽象人格的权利。"罗马人"也完全根据私人权利的准则来看待君主权利的，换句话说，他们把私人权利看成国家权力的最高准则"③。希腊人关注伦理学的思考，强调政治生活的道德特性，罗马人注重从政治学和法律学来考察政治生活，强调政治生活的法律特性，因此，当柏拉图和亚里士多德把国家识别为伦理（善）的实体时，罗马人却提出了国家是一个法团（法人）的实体。罗马人"当然会把最高权力授予国家；但是他们这样做，并不是认为国家代表一个至上的道德力量。他们认为国家之所以是至高无上的，是因为它垄断着立法权，是法的制定者，这种法既约束着个人，也约束着国家。国家被视为一个法人，在法的限制内行使它的权利"④。因此，国家在本质上被描述为一个法的联合体（法人团体），或一种法的制度。古希腊、古罗马的法治思想和法治模式对西方法律文化产生了深远的影响。近代资产阶级法治理论从根源上说来自古希腊、古罗马的法治原则，并得以发扬光大。

---

① 转引自（美）萨拜因：《政治学说史》，北京：商务印书馆1986年版，第92页。
② （古希腊）亚里士多德：《政治学》，吴寿彭译，北京：商务印书馆1965年版，第199页。
③ 《马克思恩格斯全集》（第1卷），北京：人民出版社1982年版，第379~382页。
④ （印）阿·库·穆霍帕德希亚：《西方政治思想概述》，姚鹏等译，北京：求实出版社1984年版，第50页。

5.1.2 法治的真谛

西方近代以来的自然法学家和古典自由主义者多是法治主义的倡导者，学术界通常认为，法治主义的奠基人是洛克。迄今为止，法治的真谛及其概念的提炼均由此而来。洛克在《政府论》（下篇）中，从维护个人的自由权利基调出发，强调政府的依法而治和民众的依法而行。他认为，一方面，法律要集中于对公民的自由权利的保护："法律按其真正的含义而言与其说是限制，还不如说是指导一个自由而有智慧的人去追求他的正当利益。法律首先是自由的宣言和保障。法律的目的不是废除或限制自由，而是保护和扩大自由。这是因为在一切能够受法律支配的人类的状态中，哪里没有法律，那里就没有自由。这是因为自由意味着不受他人的束缚和强暴，而哪里没有法律，那里就不能有这种自由。"① 另一方面，法治社会的政治权力，在法律上是有限的、分立的和负责任的。有限的权力是指政治权力依法受到限制，如政治权力不得为所欲为，任意剥夺和限制人民的自由、任意处分人民的财产或产业，或不得扩张到超出公众福利的需要。限制的基本准则就是有利于实现个人自由权利。这一准则也是人类从自然状态进入政治社会或建立国家、政府的目的：国家和政府本身不是目的，而是保护个人自由权利的工具。"使用绝对的专断权力，或不以确定的、经常有效的法律来进行统治，两者都是与社会和政府的目的不相符合的。分立的权力是指各种政治权力依法进行划分，不能由某一个人或政治组织集中行使，如果同一批人同时拥有制定和执行法律的权力，这就会给人们的弱点以巨大诱感，使他们动辄要攫取权力，借以使他们自己免于服从他们所制定的法律，并且在制定和执行法律时，使法律适合于他们自己的私人利益，因而他们就与社会的其他成员有不相同的利益，违反了社会和政府的目的。"②

掌权者总是容易为权力所诱感和腐蚀，因而法律下的权力是绝对必要的。负责任的权力是指政治权力可以依法受到追究，这是防止政治权力侵犯个人自由的责任体制。因此，无论国家采取什么形式，统治者应以正式公布的和被接受的法律来进行统治。这是因为："政府所有的一切权力，既然只是为社会谋幸福，因而不应该是专断的和凭一时高兴的，而是应该根据既定的和公布的法律来行使；这样，一方面使人民可以知道他们的责任并在法律范围内得到安全和保障，另一方面也使统治都被限制在他们的适当的范围之内，不致为他们所拥有的权力所诱感，利用他们本来不熟悉的或不愿承认的手段来行使权力，以达到上述目的。法律的执行关系到宪政的生存和稳定。同时，司法保障也是不可或缺的。法律一经制定，任何人也不能凭自己的权威逃避法律的制裁；他不能以地位优越为借口，放任自己或任何下属胡作非为，而要求免受法律的制裁。公民社会中的任何人都是不能免受它的法律的制裁的。"③

经过几个世纪的发展，洛克式的"法治"理念越来越得到法理学家和宪法学家的重视。1885 年英国宪法学家戴雪因《英宪精义》一书而名扬天下，成为现代宪法的宗

---

① （英）洛克：《政府论》（下篇），叶启芳、瞿菊农译，北京：商务印书馆1981年版，第35页。
② （英）洛克：《政府论》（下篇），叶启芳、瞿菊农译，北京：商务印书馆1981年版，第36页。
③ （英）洛克：《政府论》（下篇），叶启芳、瞿菊农译，北京：商务印书馆1981年版，第85页。

师。他明确提出了"法治（rule of law）"的概念，并把排除法律专断、法律平等、法律至上宣布为法治的基本原则，认为宪法不是个人权利的源泉，而是它的结果。"法律主治"四个字概括了戴雪的法治思想。戴雪认为，法律主治不仅是英国宪法中最出色的大义，而且确立了英国宪政的实质，是英国制度的要素。法律主治指的是，英国宪政受法律精神的支配，普通法律绝对地、普遍地运行于全国，普通法院有权惩治任何人所犯的任何非法行为，尤其是最终有权力约束政府。这种对法治的界定主要包括以下四层含义：1) 政府的一切活动必须守法，即行政行为合法性原则；2) 法治原则要求法律的平等保护；3) 法治原则要求法律符合一定的标准，具备一定的内容，核心是公民的自由和权利；4) 政府和公民在法律上负有相同的法律义务和责任，尤其是政府不能享有不必要的特权。这是当代社会实践和学术界最为经典的法治概念。

实际上，法治这个概念在使用时具有各种不同的含义，很难加以界定。比如，在《牛津法律大辞典》中，法治被看做"一个无比重要的、但未被定义，也不能随便就定义的概念"；"它意指所有的权威机构、立法、行政、司法及其他机构都要服从于某些原则。这些原则一般被看做表达了法律的各种特性。如：正义的基础原则、道德原则、公平和合理诉讼程序的观念，它含有对个人的至高无上的价值观念和尊严的尊重"；"在任何法律制度中，法治的内容是：对立法权的限制；反对滥用行政权力的保护措施；获得法律的忠告、帮助和保护的大量的平等的机会；对个人和团体各种权利和自由的正当保护；以及在法律面前人人平等……它不是强调政府要维护和执行法律及秩序，而是说政府本身要服从法律制度；而不能不顾法律或重新制定适应本身利益的法律"。同样，最有权威的专业词典《布莱克维尔政治学百科全书》对法治的解说是："人们提出的一种应当通过国家宪政安排使之得以实现的政治理想。就其基本的含义而言，法治概念仅仅意味着崇尚法律和秩序，反对无政府状态和冲突。"① 从这种狭义上来说，只要它具有某种实施效果，它就与任何形式的政府都是一致的。一般来讲，这个概念也意味着某种有时被人们称之为合法性原则的东西：统治必须依据法律行事。反过来，也可以理解为它规定一个受到政府行动影响的人可以在有独立裁判权的法官进行裁决的法庭上对政府的合法性表示异议。但是，如果法治的全部含义只是官方的行动必须披上合法的外衣，那么岂非可以证明第三帝国期间的德意志国家同样遵奉法治，而且这一概念岂非根本没有对更为基本的价值不受侵犯提供保证？鉴于此，这个概念的极为系统的阐述不断发展，进而包括了道德上和政治上的内容，使之成了一种具有开放性特征的概念。

尽管难以为法治做出科学合理的定义，但我们有必要把握其真谛。法治的基本理念是强调平等，反对特权，注重公民权利的保障，反对政府滥用权力。由此，法治应有几个真谛：第一，法治不只是一种制度化模式或社会组织模式，也是一种理性精神和文化意识；第二，法治作为特定社会人类的一种基本追求和向往，构成了工业化和民主化的秩序基础；第三，法治最重要的含义，就是法律在最高的终极的意义上具有规限和裁决

---

① （英）戴维·米勒、韦农·波格丹诺主编：《布莱克维尔政治学百科全书》，邓正来译，北京：中国政法大学出版社2002年版，第725页。

人们行为的力量，法律既是公民行为的最终导向，也是司法活动的唯一准绳。

5.1.3 法治的原则

由法治的真谛进一步形成法治的原则。然而，西方现代早期国家成立前后，法治原则一般集中体现在政治宣言或者宪法序言之中，另有少量的内容体现在宪法正文里面。这其中最为典型的是法国的《人权与公民权宣言》。当时体现法治原则的内容规定主要有：1）法律面前人人平等；2）未经审判不为罪，法律不得溯及既往；3）未经正当程序不得剥夺任何人的权利和自由，宪法所未列举的权利应为人民保留；4）国家机关不得行使法律所未授予的职权；5）司法独立；6）宪法是国家的最高法律，任何法律、法令都不得与宪法相抵触；7）国家机关之间应严格实行分权。我国1999年3月15日由第九届全国人民代表大会第二次会议通过的《宪法修正案》明确规定："中华人民共和国实行依法治国，建设社会主义法治国家。"从而也在总体上确立了我国的法治原则，具体内容是：1）在序言中郑重宣告，中国要建设"富强、民主、文明"的国家，要发展社会主义民主，健全社会主义法治。确认宪法具有最高的法律效力，一切政党、团体、组织和个人必须在宪法和法律范围内活动；在总纲中明文规定"国家维护社会主义法制的统一和尊严"，"任何组织或个人不得有超越宪法和法律的特权"。2）在"公民的基本权利和义务"一章中确认"中华人民共和国公民在法律面前一律平等"、"公民的人身自由不受侵犯"、"公民的人格尊严不受侵犯"等。3）在国家机构中规定，人民法院和人民检察院依法独立行使职权，不受社会团体、行政机关和个人的干涉。

从法治概念的发展到法治真谛的实现过程中逐渐体现出法治的原则。但在这方面，戴雪的法治概念所包括的9条原则依然最为当前学术界推崇。1）法律必须是公开的、普遍的、不自相矛盾的、稳定的、明确的、针对未来的、合乎实际的。法律不能是针对一些人特别制定的，而必须是对所有人同等适用的。2）法律是善意的、合乎情理的。因此，法治之下的法律不能要求人民去履行不应履行的不正当义务。3）法律具有最高权威性。这意味着不允许存在超然于法律之上的、专横的权力，意味着任何人除因违反法律的行为之外不得受到法律的惩罚。4）法律必须是可预知的、可信赖的。这意味着法律与政策的制定和实施要依据实现公开的、制度化的程序规则。5）法律的目的只能是正义本身。如果法律服务于除政治之外的其他目的，那么法律本身就是不正义的。6）一切法律都不得违背宪法，不得侵犯宪法所保障的权利与义务。宪法则不得违反保障人权和宪政原则。因此，一切法律都必须接受违宪审查。7）越权无效原则。政府机构必须在立法机关的法律授权的范围之内行使职权。任何行政机构不得在法律之外行使职权。在法治之下政府要依法行政。8）国家责任原则。这意味着政府及其机构应为其非法的或不当的行为负责，并补偿由此造成的损失。9）不溯及既往原则。这就是说，新的法律不能适用于过去已经发生的行为，因为不能用今天的法律来指导人们昨天的行为。

法治概念的这些原则反映出法治具有实体和形式的两种价值。实体价值体现在法治确认不能剥夺、不可侵犯的基本人权，即使立法机关也不得以绝对多数的意见剥夺这些权利。形式价值体现为宪法和法律不是基本人权的渊源，而是其产物，是宪法和法律造就了统治者,而不是统治者造就了法律。而且,宪法和法律可以修改,但人的基本权利不可剥夺,维护这种权利的基本制度原理不得背弃。为确保人权不受践踏,必须建立专门的司法审查和违宪审查机构,确保司法独立。所以,不论是把法治界定为治国方法、法制的理想状态、法律运行的原则,还是把法治看做是法律制度的价值标准、社会结构状态,都必须首先建构法律制度这个前提,理所当然地要以宪法作为法治的核心。因此,我们可以说宪法存在本身就是实行法治的一个重要标志,虽然法治原则在不同国家、不同时代、不同民族传统和法律背景之下,有不同的宪法形式体现。

5.2 宪政

5.2.1 宪法的内涵

宪政(constitutionism)的字面意思就是"宪法至上",所以,宪政的前提是要理解宪法的含义和权威性价值。首先,宪法是法,具有法的一般特征,同时,它作为集中体现统治阶级意志,确认国家根本制度,规定公民基本权利与义务,具有最高法律效力的根本法,又有别于普通法的特征。其次,宪法是近代民主政治的产物,宪法通过调整特定的社会关系来建构并维护国家制度,体现近代民主政治的一般原则,所以宪法是近代民主国家中的最高权威,一切国家机关、社团和公民首先必须服从宪法并以宪法作为最高行为准则,在一国法律体系中,宪法具有最高法律效力并处于根本法的地位,其他法律不得与之相抵触。这两方面说明,宪法是调整国家机关之间相互关系和国家机关与公民之间的权力义务关系的国家根本法。

"宪法"一词的现代含义始于18世纪,在其当时概念化的过程中,"宪法"是由博林布罗克首先使用的,该词实际上只是在1776～1787年间的美国才真正获得其确切含义。"宪法"早在1787年联邦宪法草创阶段,立法、执法与司法权的分立已被美国的缔造者们全盘接受。今天,尽管在实际运作上,三权分立因政府规模之膨胀而受到削弱,但它在西方宪政中已具备不可动摇的理论地位和实践价值。

(1)宪法是一部成文的法律文件,因而必须对政府与社会具备约束力。在这一点上,宪法和普通的法律是一致的。要实现保护普遍的人格与权利这一基本目标,宪法条款必须能够在人们的日常生活中发挥实际作用。真正的宪法并不是一代统治者的"花瓶",被社会的某个集团用来宣告与粉饰其暂时的胜利;相反,它是全体公民的权利宣言,是为实现这一宣言所必需的理性政府之结构蓝图。要有效地约束政府行为,使之真正成为个人权利与社会公益的保护者,一部合格的宪法就必须设定某种可行的机制,来处理政府的任何分支机构的越轨行动。和孟德斯鸠的三权分立说相一致,这一职能通常由特殊的司法机构完成,由此衍生出司法审查或宪政审查。以司法性质为主的中立机构必须被赋予宪法权力,以根据宪法条文之规定,去审查由公民本人或不同政府部门针对国家机构所提出的法律申诉。如果不能为独立的司法机构所实施,宪法就只能是一纸空文;即使权利条款包罗万象,它们也只不过是空中楼阁,毫无现实意义。既然在人民的实际生活中可有可无,当然它也就不能期望获得人民的尊重与认同。因此,由法院独立审查所保障的法律约束力，乃是一部宪法之所以合格的必要条件。

（2）宪法是一部法律文件，但并不是普通的法律文件。不论如何冗长，宪法不可能包括人们在日常生活中需要调控的全部细节；否则，它必然挂一漏万，防不胜防。相反，宪法所反映的，乃是全体人民在涉及基本原则的重要问题上所达成的共识。至少在两个方面，宪法条款不同于任何普通的立法或规章。首先，宪法文字通常措词笼统、含义广泛，从而给司法解释以很大的回旋余地。如果宪法因其解释权的不当行使而失去了可被遵循的确定原则，那么所谓的司法审查权就只能导向法官个人的人治——而非法治。因此，司法机构必须发展出一套和谐的案例法，严格与谨慎地发展对宪法的基本条款之解释。与此相联系，宪法的普遍原则不可能——也不应该——受到立法机构或人民自身的频繁修正。尤其对于整个联邦国家而言，经由民主程序的修宪努力在实际上极难成功。这项程序上的现实困难，要求司法机构能按照法律的精神和社会需要来灵活解释宪法，在条文不变的情形下赋予宪法以合理的意义，使之在变化的社会中不断获得新的生命力。

（3）与普通立法不同的是，宪法主要处理政府机构之间以及政府和公民之间的法律关系，且必须是可被实施的法律条款，所以宪法所规定的权利与责任义务体现出显著的"单向性"。换言之，宪法的大部分条款可被归结为两类：或者规定政府的结构、责任义务及其权力限制；或者直接规定公民所不可侵犯的权利。在他人权利未受侵犯的前提下，宪法的最终目的在于保障每个公民的自由。公民个人或其团体对他人利益之干涉，一般可被普通法律所限制或禁止。宪法本身的首要作用在于保证这些法律被限于合适的范围内，而不至于对个人自由产生过分苛刻的限制，因此亦可被视为"限制之限制"。出于这一理由，宪法所规定的公民义务在多数情形下是不可直接实施的，因而不宜作为宪法的有效部分。当然，这并不排除少数条款可能对个人或团体产生直接的法律约束力，且视具体情形而定，这些条款的数量与适用范围可随社会发展而增多或减少。

（4）宪法乃是一部反映全民理性意志的法律文件，是基于社会共识而产生的全民契约，因而必须经由全体人民或其代表的自由与公开讨论而产生并获得修正。但不论人民通过何种具体条款，宪法的根本目标与核心原则是不变的，即通过宪政来尊重与保障每个人的权利、自由与人格。任何人都不可能具备理性的理由去反对之。这一核心原则将要求宪法的具体设计符合某些次级或派生原则，并完全禁止某些条款或司法决定成为宪法的一部分，例如，违反人的本性，基于种族、性别或财富等不相关的因素来歧视人的政治权利。

宪法与其他普通法律不同之处在于解决了两个问题：一是国家与公民之间的关系问题，或者说国家权力与公民权利的关系问题；二是国家机关之间的权力关系及其背后所隐含的利益关系问题。所以，宪法具有政治、经济、社会三方面的功能。

在政治功能方面，宪法通过调节政治结构与规范政治权力，适应社会经济、文化的变迁。事实上，宪法的意义就在于它通过重新塑造国家理念、建构贯彻这种国家理念的新的政治结构，从而解决了与当时经济发展要求、社会思想文化以及总的社会发展进程相冲突的政治桎梏。具体说来，宪法的政治功能表现为政治创新功能和权力控制功能。前者是指宪法通过阐明权力来源于人民、只有人民选举产生的政府才是合法的政府，实现了顺应民族国家产生所要求的统治权力的合法性位移；后者是指宪法成功地构建了一套既受到严格的约束，又有弹性，能够通过自我完善而适应社会变迁的政府结构体系，从而实现了对权力的控制。

在经济功能方面，宪法不能简单地与节约成本或增进效益联系起来，宪法所改进的是作用于经济因素的制度环境，包括政治环境和人文环境，以及激发人的创造力，进而促进经济因素最大化地发挥自身的潜力和效用。宪法的经济功能主要体现在三方面：1）有序的市场环境。市场经济要求市场的统一，消除任何对国内贸易不合理的限制，而宪法的权威性统一法律制度，则是市场活动的行为准则得以统一的根本保证。2）独立的经济主体。宪法确认保护财产权的不可侵犯为宪法的基本立场，在为必要之公共利益所需时，确立对财产的特定征收原则以及征收应遵循法定程序并给予合理补偿的原则。3）自由的经济生活。经济自由权是自由权的重要内容，是人权的重要组成部分，也是宪法和宪政所要实现的价值目标。所以，宪法保护经济自由权不仅意味着国家对经济生活的干预不应是无限的，而且对政治自由权的保障具有重要价值。

在社会功能方面，马克思指出："社会不是以法律为基础的，那是法学家的幻想，相反，法律应该以社会为基础。法律应该是社会共同的，由一定的物质生产方式所产生的利益和需要的表现，而不是单个人的恣意横行。"[①] 因此，宪法与社会的关系必须建立在法律以社会为基础这一基本共识之上，进而对宪法产生的社会背景进行分析。

5.2.2 宪政的原则

法治的最高形式就是宪政，也就是按照宪法的条文与精神来展开的政治观念、政治生活和政治制度。对宪政概念的界定必须考虑三个问题：1）"宪政"一词源于西方，其基本的价值目标是通过限制政治权力以保障公民权利；2）宪政既具有普遍性，又具有特殊性，这就要求我们对宪政不能作完全中国式的解释，也不能完全照搬西方的现成话语；3）宪政与共和、民主、法治、人权虽然各有不同的取向和理念，但这几个概念并非各自独立存在的，而是具有内在的必然逻辑联系。基于以上考虑，我们可以将宪政简单地定义为：宪政是以宪法为前提、以法治为基石、以保障人权为目的的现代政治形态。

宪法与宪政的关系如何？是不是有了宪法，有了一部全面规定公民基本权利和限制政府权力的宪法就有了宪政？英国没有完整的成文法典，但却是民主宪政之母；相反，《德国魏玛宪法》是世界上最完美的宪法，但却为纳粹极权主义所取代。这说明宪法与宪政存在三层关系：1）宪法是宪政的前提和基础，无宪法则无宪政；2）宪政以宪法为起点，是宪法内容的实现，说明有无宪法是有无宪政的一个重要标志，但不能由此推论，有了宪法就必然有宪政；3）宪政不仅要求有好宪法，还要求宪法至上。宪法只有得到有效实施，宪法确立的公民基本权利只有得到有效实现，宪法规定的国家权力分工与监督制约机制只有真正有效运作，才能算真正有了宪政。

宪政是当代一种理想的政治制度，是全人类共同创造的一大文明成果，而当今凡是

---

① 《马克思恩格斯全集》（第6卷），北京：人民出版社1961年版，第291～292页。

实施宪政的现代国家必定遵循六条宪政基本原则。

第一是宪法至上原则。宪法至上是指在国家和社会管理过程中，宪法的地位和作用至高无上。也就是说，宪法是国家的根本大法，具有最高的法律效力，是一切机关、组织和个人的根本行为准则。宪法没有最高的法律效力是无宪政可言的。宪政作为静态宪法规范与动态政治实践的统一，在法治状态下的最高表现就是宪法至上。

第二是法治原则。我们知道，法治是现代各国的普遍要求，是现代政治文明的普遍准则，是民主、自由、平等、人权、理性、文明、秩序、效益和合法性的完美结合。法治是运用法律治理国家的方式，是依法办事的社会状态和文明精神。其基本要素有：有普遍的法律、法律为公众所知晓、法律可预期、法律明确、法律无内在矛盾、法律可循、法律稳定、法律至上、司法权威和司法公正。

第三是人权原则。人权是指人作为人应当享有的权利，如果失去这些权利就意味着失去了做人的资格。人权可分为个人人权与集体人权两大类。个人人权指个人应当和实际能够享有的权利。集体人权在国内是指某些特殊群体的权利，在国际上主要是指民主自决权和发展权等等。诸如生命权、自由权、安全权、财产权和平等权等基本权利是人权的核心内容，保障和实现人之为人的这些基本权利是宪政的应有之意。

第四是权力制约原则。权力必须受到制约是一条普遍的政治规律。从法治的实质而言，它首先意味着存在权力的控制和遵守权力制衡的原则。没有权力的制约就没有法治，没有宪政。

第五是有限政府原则。所谓有限政府，是指一个政府自身在规模、职能、权力和行为方式上都受到宪法和法律的制约。政府的权力受到被管理者权利和自由的限制，这一原则基于立宪政府的根本思想。限制政府权力是宪政体制的核心任务。路易斯·亨金指出："宪政意味着政府受制于宪法。它意味着一种有限政府，即政府只享有人民同意授予它的权力并只为了人民同意的目的，而这一切又受制于法治。它还意味着权力的分离以避免权力集中和专制的危险。"[①]

第六是保障财产权原则。各国宪法都把财产权问题作为其宪政的基石之一。1789年的法国《人权宣言》第17条庄严宣布"财产是神圣不可侵犯的权利"，并把保护私有财产权规定于宪法之中，在此后的200多年历史中，保障财产权在各国宪法中居于首要位置，是宪政的一条重要原则。

从法哲学及政治理论的视角来看，坚守这六大原则的宪政不仅是一个静态的制度体系，它还包含着动态的政治实践，以及超越于制度体系及政治实践之外的多元价值内涵。

5.2.3 宪政与民主的关系

然而，无论是法治还是宪政都隐含一种消极的政治观。这是因为，不仅法治的理想是基于对人性，尤其是对掌权者的本性所做的悲观、消极的假设，法治的使命就是把法

---

① （美）路易斯·亨金：《宪政·民主·对外事务》，邓正来译，北京：生活·读书·新知三联书店1996年版，第11页。

律中专横权力之恶的危险降到最低程度，而且，宪政作为制约国家和政府权力运作的基本制度框架，宪政的运行方向是自上而下的消极控制，目的在于限制政府权力的扩张，因而宪政对于政府权力具有规范性和约束性。因此，宪政必然需要一种基于积极政治观的自下而上的制度安排来与之配合和平衡，那就是民主。民主与宪政互相依赖、密不可分，宪政对政府权力的约束并不是旨在反对民主；相反，却能巩固和加强民主体制。宪政与民主的相互支持才成为既能够控制权力扩张又能使之充满活力的一种理想政制，二者的相互联系集中体现在三个方面。

（1）保障人权是宪政与民主共同致力的目标。民主理论家的立论基础是人的价值与尊严的道德信念。他们认为，人是万物之灵，是理性动物，必须受到社会与国家权力的尊重。社会与国家尊重个人的实际方式是给予个人高度的自治权，使他们能够参与公共事务的管理，包括对他们自己的管理。然而，不仅是在复杂的现代社会，甚至在现代以前的社会里，所有的公民直接参加公共事务的管理也是不可能的。他们唯一可选择的方式是将自己参加公共事务管理的权利授予自由选举而产生的代表。宪政的道德基础也是尊重人类的价值和尊严，但是，宪政理论对人性的本性更为悲观，认为为了保护人类价值和尊严，最有效的办法不是动员民众的积极参与，而是为政府的权力和行为设置实质性的障碍，换言之，就是以宪法作为武器来约束统治者的行为。尽管宪政与民主有着显著差异，但它们共同的基石是对于个人尊严和公民权利的尊重。因此，这一基本出发点决定了人类政治史上积淀的这两种文明成果不是相互排斥的，而是相互补充和相互促进的。

（2）宪政为民主的运作提供制度保障和规范机制。民主主义者认识到，在一个不符合宪法的政治体制中建立民主是不可能的。民主政治不仅需要保护，还需要公认的制度和规则。在宪法框架之外建立民主政治，严格地讲是不可能的。霍姆斯对此也进行了评述。他说："离开某种法律框架来谈论'人民政府'毫无意义，法律赋予全体选民以统一的意志，稍微夸张一点说，人民不捆住自己的手，就等于没有手。"① 另一方面，也许更为重要的是，宪政对民主政治具有更为积极的作用。它使公民们获得了"自主"的感觉，只有宪政才能产生如此效果。这是因为，限制政府的权力或者说对政府施加诸种限制，是为了让人类更好地在民主政治中实现自治、自主。波斯特在《宪政领地》一书中分析道："我们不可能认为这样一个社会具有民主的特征，其中'人民被赋予'了决定自己政府性质的权利，但是组成'人民'的个人却不曾自由地行使自己的意志来选择自己的政治命运。"他补充道："民主最重要的问题因此在于个体自主与集体自治的协调一致。"② 为了保证公民自治得以维持，民主需要支持和巩固。通常，这必须运用一些公认的手段，因为公民自治并非天然就存在于一个国家当中，尤其当这个国家庞大而且复杂的时候。公民自治的实现、民主的运作需要通过一套制度框架来对民主的参与者进行规范和约束。宪政便是这种约束与控制机制。

---

① S. Holmes. "Precommitment and the Paradox of Democracy." in *Constitutionalism and Democracy*. Cambridge: Cambridge University Press, 1933.

② C. Post. *Constitutional Domains*. Cambrige: Harvard University Press, 1995. p. 34.

(3) 民主为宪政的实施构建公共平台。既然人民是国家与社会的主体，既然人民的政治参与权及其保障是宪法至高无上的目标，那么，合乎逻辑的结论就是：宪法与法律的合法性只能来自于这样的事实，即它必须是由主权人民行使自治权所授予的权威制定的。同样，人民对权力的控制主要是通过法律来实现的，因此，法律之所以而且能够支配权力，就是因为它所表现的是多数人的意志。人民之所以受法律的约束，就是因为法律可以表达他们的意志；反之，在没有民主的情况下，政策与法律便不具有合法性。以上是就实质意义来说的。在程序的意义上，使政府决策有道德约束力的程序，人们自由选择自己代表的程序，代表的提名、辩论、制定政策、再竞选以及在竞选中表达自己政治纲领的程序，必须是人民经过其代表参与制定的。因此，虽然人们因各自情况与背景不同，政治观点与利益关系不同，对于同一问题所作的理解和选择能力不同，依据民主程度所产生出来的产品有时不尽明智和合理，但是一般说来，依据上述程序所产生的官员制定出的法律能够代表公共利益。

5.3 民主

5.3.1 民主的基本理念

民主最原始的含义，是指全体公民平等、无差别地参与公共决策和公共事务管理，即"人民的统治"或"人民的权力"或"人民当家做主"。因此，民主的基本理念是主权在民。换言之，民主政治运行的精髓是人民主权原则。这一原则的基本要义在于：首先，国家的一切权力属于人民，政府的权力由人民所赋予，政府超越宪法所规定的权限，就是越权与非法；其次，人民是国家的主人，政府是人民的公仆，政府代表人民行使权力，政府要受人民的监督；最后，政府一切活动的目的是为全体人民谋幸福，而不是为某个组织、团体、政党或少数人谋私利。

"人民主权"原则的落实有其具体的内容和复杂的形态，它需要通过一系列基本的民主制度来体现并予以保障。就此而言，在落实"人民主权"原则涉及的方方面面中，以下四个方面是最基本的。

(1) 政府由普选产生，这种选举应是自由的、公正的，要能真正反映出选民的意志。世界上除了极少数小国可以实行直接民主外，绝大多数国家只能实施代议制，即通过普选产生政府，由政府代表人民掌握和行使国家权力。政府的合法性需要人民的认可，其基本形式就是选民通过选举产生政府和更换政府。因此，保证普选的公正性具有极其重要的意义。美国大法官布莱克曾指出，选举是民主理论的一个重要原则，"在一个自由国家中，最宝贵的权利是选举权。这一权利保证在选举中表达意志，而这些被选举的人制定法律。作为良好的公民，我们将依据这些法律而生活"[1]。

(2) 经过普选而合法产生的政府要真正把人民赋予的权力掌握在自己手里，而不能被任何非民选的组织或个人所取代。现时代有三种情况属于后者。一是国家权力实际

---

[1] 《1974年美国最高法院案例报告》（第376卷）。

掌握在并非民选的少数独裁者手里，他们也许是通过合法继承而握有权力，也许是通过篡夺而掌握权力；二是军队长期代替政府掌握国家权力；三是政党不按现代政党活动的民主原则行事而实际掌握政权。这里所指的民主原则有三个内容：1）政党自身应当按民主原则进行组织与活动，其路线与政策不能由一个或少数几个领袖人物说了算，广大党员应能充分自由地表达自己的意志并真正起作用；2）党与党之间，包括执政党与在野党之间，在政治地位上是平等的，它们在政治活动中平等地接受人民的选择，平等地接受人民的监督；3）政党不能凌驾于国家权力机关之上，不能把权力机关仅仅当做摆设。

（3）国家政权体系无论采取什么结构形式，都必须采用分权与制衡原理，以防止某一机关或个人权力过分集中而滥用权力、胡作非为。权力不受制约，必然导致腐败，这是一条铁的规律。

（4）人民必须享有充分的知情权、参政权、议政权和监督权。在实行代议制民主的条件下，人民享有上述基本权利，是实现人民主权原则的重要保证。知情权的含义是，除了重要的、必要的军事与安全等机密外，国家的一切政治、经济、文化活动都要向人民公开，人民有权了解国家在各个方面的发展情况，了解国家制定政策和法律的过程，了解自己选出的代表在各种国务活动中的立场和观点，这是人民行使其他政治权利的基本前提。什么事情都向人民"保密"，是同现代宪政根本不相容的。参政权的内容除了选举权和被选举权外，还可直接参与国家制定和执行政策与法律的讨论，包括参与对某些重大国是问题的全民公决。议政权是人民享有充分的议论自由，享有发表各种政见的权利。监督权包括对议员（人民代表）和政府工作人员的监督，人民有权批评、检举、揭发、控告各级官吏直至国家最高领导人。

5.3.2 民主的古典形态

我们今天常说的"民主（democracy）"一词源于古希腊文的两个单词，一个是 demos，指人民或者是公民，一个是 cracy，指某种公共权威或统治。两个单词合在一起就是指"由人民来统治"。确切来说，民主最原始的含义是指全体公民平等、无差别地参与公共决策和公共事务管理。当然，此后历史上的各种"民主"变体远离了这个原始含义。

"民主"一词的创造应该归功于古希腊商业比较发达的城邦，而最为直接的是雅典两次民主改革即梭伦改革和克里斯梯尼改革。公元前6世纪初，随着工商业的发展，雅典出现新兴的工商业阶层，他们出身平民阶层，受到世袭贵族的不公正待遇，经济上富有但在政治上处于无权地位。因此，工商业阶层要求改变城邦政治体制结构，分享控制城邦的政治权力。在这种背景下就出现了公元前594年的梭伦改革，改革的内容主要有三项：在经济上取消商人的债务负担；在社会结构上以财产划分等级；在政治上提升公民大会的作用。此外，还增设所有公民均可参加的四百人会议和陪审法庭两个机构。这次改革为后来出现民主制度奠定了社会基础。

公元前508年，平民领袖克里斯梯尼进一步推行雅典的民主改革。他看到，虽然梭伦改革提高了人们的生活水平，削弱了贵族的力量，但贵族势力仍然希望恢复往日的荣耀，政治生活自然会动荡不安。因此，需要进一步消除贵族赖以生存的社会基础，即以血缘为基础的宗法制度。他的做法是，以重划行政区域来削弱氏族宗法基础，以地籍取代族籍。他说服了已经适应平民文化的雅典公民们接受新划分的政区。过去以血缘为基础的四大部落被取消，代之以10个新"部落"，均以雅典神话中的英雄命名。每个部落包括地域和利益上不统一的三部分，即城市、沿海和内地。部落之下是雅典社会的基层组织"村社（demes）"，当时大约有140个。住在村社里面的人自然是"demos"，意为"人民"。从前人们以部族为姓，建立了村社之后雅典人以村社的名字为姓。同时，克里斯梯尼把梭伦的四百人议会变成了五百人议会，每个部落出50人，从而把城市的政治生活与最遥远的村社紧密连在一起。议会还有一个50人组成的主席团，由十大部落的代表先后各执政1/10年。议会每天抽签选一个主席，他在公民大会召开时还任公民大会主席。公民大会依旧由所有雅典籍的自由成年男性组成，但克里斯梯尼规定参与者的总数为3万人，重要决议要求多数通过，而且不得少于6000人同意。高级行政职位依旧有财产限制，但也是通过抽签产生的。这次改革确立了雅典城邦的民主制，而且在伯利克里时代（公元前443～前429年）达到了顶峰，实现了民主的最原始含义。

雅典民主制既然是民主政治最为典型的个案，公民是如何实现当家做主的呢？最重要的是通过三个机构，即公民大会、五百人议事会和民众法庭。作为最高权力机关的公民大会具有以下四个特点：1）不是公民选举产生代表组成的，而是全体公民参与；2）公民大会讨论的内容是随意的，事先不要调研或提案，比如战争、条约、外交、财政、法律、宗教等，只要是大家关心的问题，都可以在大会上提出来并一起辩论，最后投票表决；3）公民大会相当频繁，每年至少召开40次，每次5小时；4）公民大会必须达到一定人数才能召开，一般至少要6000人以上，重要的议题如果不足人数就要强制参与。五百人议事会是公民大会的常设机构，最重要的只能是安排大会议程，在大会休会期间代表最高权力，监督行政官员的权力。据统计，雅典议事会的500名成员每年至少花费260天的时间开会。这500名成员是由10个部落各自通过随机抽签的方式产生50人组成的，任期1年，不得连任，而且每个公民一生只能担任两次，其目的是让尽可能多的公民直接参与这种公共事务管理。民众法庭是由没有专门法律知识的公民组成的司法机构。如果有人被指控违反城邦法律，就由200多名公民来集体审判，他们既是陪审员，也是法官，最后通过投票表决来了结。美国著名作家斯东在晚年用10年时间调查了"苏格拉底之死"这桩千古奇案。他展示当时的记录是，在参与审判的所有公民中，有281人说他有罪，220人说他无罪，361人判他死刑，140人反对，所以苏格拉底就这样被判处死刑，要求他喝下毒芹草熬制的毒酒。①

从以上可以看出古雅典民主政治的一些特点。1）公民在很大程度上做了城邦的主人，始终把对公共事务的管理控制在自己手里。但他们不容易扮演好公民这个角色，因为参与公民大会是一种义务而不是权利。公民几乎是唯一也是全部的角色，这意味着没有时间和精力从事其他活动，因此"人民主权"的"民"应该是少数人组成的，公民

---

① 参见（美）斯东：《苏格拉底的审判》，董乐山译，上海：上海三联书店1998年版，第1页。

完全是一个只从事政治和军事的特有阶层。2）妇女、奴隶以及在雅典生活的外国人这三个群体被排除在"人民"之外，而公民仅占总人口的1/4或者更少，这说明公民的民主自治只有在大量奴隶从事物质生产劳动的情况下才有可能。3）雅典民主没有选举产生专职从事行政管理的政府官员，因为都是采用随机抽签的方式产生的；没有代议机构，因为所有公民直接参与投票和管理；没有竞争性的政党轮流上台执政，党争一直被认为是最破坏民主的祸根，直到20世纪才认为政党竞选是民主政治的标志。4）民主最明显的特征是少数服从多数，所有参与议事的公民都是通过随机抽签产生的，公民一律平等自由地直接参与辩论、选举和投票表决法律制定和公共事务，这个过程不受任何法律的限制。正是民主制的这些特点才使那些不具有公民身份的人力争成为公民，因为唯有民主制下才能直接表达自己真正的意愿，满足自己的利益诉求。

在这些特征中，雅典的抽签民主模式并没有向近代开启，从而成为此阶段民主政治的重要标志。除了10位将军是由每年的公民大会选出之外，其他大部分公共职务通常以公民抽签决定的形式，在有限的时间内（通常是1年）发挥作用，甚至包括重要的立法会议、五百人议事会成员和陪审员，以及绝大多数的一般行政官。雅典城邦每年大约选择1100名官员，其中100名左右由公民大会直接选举产生，其他都由抽签选任。这样，每个人当选的机会是随机决定，保证了所有公民参政上的机会平等。如今，很多国家的司法体系里有陪审团，其成员由抽签挑选，使公民应尽的义务。既然法院里的陪审员（这种性命攸关的重要工作）都可以由抽签决定，那么像是听证会议和公民陪审团（citizen jury）等，其成员也是抽签产生的。抽签民主可以部分弥补间接民主和精英民主产生的问题，防止议会盗用人民的名义来统治人民。通过随机抽签来选取政府机构人员，人民享有参与公民大会的权利。这样一个体制意味着，在公元前462年到公元前322年，雅典实现了人民管理自己的民主理想，它是通过公民参与，而不是现代的代表制度或者代理制度来实现的。

然而，也正是民主制的这些特点，在历史上不仅使得雅典走上一场堪称古代世界大战的伯罗奔尼撒战争（公元前431～前404年），进而导致其民主制度的解体和希腊辉煌文明的终结，而且后来许多惨绝人寰的历史悲剧多多少少都与民主有关，以至于在理论上一直引起和招致诸多历史学家和哲学家的反思与诟病。

5.3.3 民主的近代模式

英国民主理论家戴维·赫尔德在《民主的模式》一书中列举了各种各样的民主，如古典民主、自由民主、直接民主、保护型民主、合法型民主、竞争的精英民主、多元主义民主等等。[①] 但在民主理论和民主观念的复杂演绎中，我们发现，现代西方的民主理论与其说重视民主的价值取向，不如说重视民主的程序取向。这种转变以美国民主理论家约瑟夫·熊彼特为标志。他明确指出，"民主是一种政治方法"；而"民主方法就是那种为做出政治决定而实行的制度安排，在这种安排中，某些人通过争取人民选票而

---

① 参见（英）戴维·赫尔德：《民主的模式》，燕继荣等译，北京：中央编译出版社1998年版，第4页。

取得作决定的权力"。① 塞缪尔·P. 亨廷顿把熊彼特的思想进行了进一步的发挥。他认为:"民主政治的核心程序是被统治的人民通过竞争性的选举来选择领导人,……如果用普选的方式产生最高决策者是民主的本质,那么民主化过程的关键点就是用在自由、公开和公平的选举中产生的政府来取代那些不是通过这种方法产生的政府。"②

实际上,"二战"以来,主流的方法几乎完全根据选举来界定民主,把原本与民主不很相关的选举视为制度民主不民主的分水岭。

选举民主是指人民根据"主权在民"的原则,按照一定的程序选举代表组成代议机关(议会或国会)来行使国家最高权力的政治制度。与古典的抽签民主相比,这种民主形式在现代国家具有明显的优越性:首先,选举民主制比较成功地解决了民主的规模和民主的实现问题。在西方国家,选举民主使用的手段除了代表制外,还包括联邦制、分权制衡、司法独立和违宪审查等制度,以此扩大公民参与政治生活的空间。其次,选举制是沟通公民社会与政治国家的桥梁,是规范公民社会与政治国家相互关系的准绳。公民社会通过政治参与培育了对政治国家的理性认识,通过由直接行使权力变为制约权力来维护自身权利。再次,选举民主更具有包容性。选举民主的国家在基层政权中引入一些直接民主的因素,这并不影响间接民主的性质,反而可以提供给公民参与空间并锻炼其参与能力。最后,选举民主可以防止多数暴政和少数暴政的产生。选举制是一种程序民主,通过各级代表机构和代议程序对民意进行过滤、筛选和归总,可以有效地克服民意中的非理性成分,从而实现尊重多数的意志并保护少数的利益的双赢。

把选举视同为民主,是现代西方政治理念中的金科玉律。把选举作为一种根本性的民主政治制度,不仅是表面上的投票行动,将选票转换为席位的政治机制,而且是一种民主秩序的建构方式:权力是由下至上逐级授予的,掌权者是由下至上选举的。所以,选举应当是秘密的(不因投反对票而受到惩罚)、公平的(每一票的价值必须是相等的,在投票与计票中不得作弊、不得贿选)、自由的(可以在不同的候选人中间做出自由的选择,可以去投票,也可以不投)、有效的(所投的选票不能被任意重复计算或任意作废)。不言而喻,西方发达国家的选举制度贯串着自由民主的精神。因此,选举被确认为现代政治合法性的唯一源泉,是民主宪政体制内在的基石和外在的标志,并对西方社会政治观念、行动和制度产生了深刻影响。它彻底动摇了"君权神授"的传统观念,根本改变了国家权力产生的机制和程序,提高了普通公民在社会政治生活中的地位和影响,培养了公民的公共意识和民主意识,调动了公民政治参与的积极性,也巩固了资产阶级的政治统治,是资产阶级政治文明的标志。

当民主越来越集中并倾向于等同选举之后,选举权与被选举权的争取问题和投票问题成为西方民主政治活动中的核心议题。一方面,普选权是衡量公民身份的一个重要指标,而对普选权的争取是公民追求民主权利的一种重要向量。普选制意味着只有公民选

---

① (美)约瑟夫·熊彼特:《资本主义、社会主义与民主》,吴健良译,北京:商务印书馆1999年版,第359页。

② (美)塞缪尔·P. 亨廷顿:《第三波——20世纪后期民主化浪潮》,刘军宁译,上海:上海三联书店1998年版,第4~7页。

举产生的公共权力才具有合法性。这既是一种政治理念，又是一种政治原则。因此，普选权奠定了现代民主政治的基础。普选权的功能在于，通过非暴力的、和平有序的方式即公民普选的方式实现公共权力机构的产生、让渡与更替。作为现代民主政治的一种制度保障，它对于维护政治稳定和政治发展起着决定性的作用。它不仅是人民主权原则、社会契约原则以及公民的平等、自由权利的实现形式，而且是公共权力机构运作机制的制动杠杆。因此，现代民主政治必然是选举政治。另一方面，由于现代选举大多是由政治精英竞选和公民投票选择两个相互关联的过程组成，因此，西方民主理论以及公民的现实民主生活都集中于投票制度以及选票的计算问题。对于以选票多寡为选择方式的普通公民来说，选举工作程序，诸如选区划分、选民登记、候选人资格规定与提名等成为重点关注的对象；对于追求政治权力的精英来说，争取选民手中的选票成为全部竞选活动的重中之重，因此，为了吸引选民，候选人必须筹措选举经费，制定和宣传竞选纲领，组织竞选机构，等等。这样，投票就等同于选举。在这种意义上，西方的民主政治制度越来越被操作化、经验化和简化为选民运用手中的选票选择掌权者的选举规则和程序。

5.3.4 选举民主的缺憾

随着市场经济和普选制的发展，选举民主逐渐成为近现代民主政治发展的主流。特别是到 20 世纪 70 年代前期，随着财产、性别、年龄、种族、文化程度等选举限制的取消，绝大多数西方发达国家的普选权基本实现，达到了以争取和实施普选权为中心的选举民主的运动高潮。而在亨廷顿概括的第三波民主化浪潮（1974～1990 年）和当代一些学者所谓的第四波民主化浪潮（1991 年至今）中，绝大多数后发国家走向政治现代化也是以选举民主的普遍实施作为主要的衡量标准。但与此同时，选举民主也逐渐暴露了它本身的弊端和由于时代背景的变迁而带来的时代性弊端，给民主政治实践带来了一系列的负面影响。这些弊端和负面影响已经引起了社会性的关注和政治学界的反思。

（1）参加竞选所需成本高昂，使选举民主可能沦为金钱政治，使公共权威可能为经济精英或其代表掌控。民主选举的前提之一就是政治信息的公开性，候选人要尽可能地使自己的政治纲领为最大多数人所知晓，以多种宣传或渗透方式使尽可能多的人给予政治认同，最终达到获取多数选民选票、取得竞选的政治职位的目的。而这需要大量的人力、物力和财力支持。据《泰晤士》2000 年 11 月 8 日报道，2000 年美国大选共耗资 40 亿美元。其中，竞选总统和参议员花费约 30 亿美元，各州竞选花费约 10 亿美元。而这些费用绝大部分需要参加竞选的个人出资或募集，再加上竞选总统和国会议员时的保证金限制，使得竞选成为金钱控制下的富人游戏。资产者或其代理人始终成为民主竞选的主角，而绝大多数公民只拥有在"金钱"指定下的竞选者之间进行挑选的权力。美联社 2000 年 11 月 9 日援引美国一位竞选观察家的观察进行竞选报道，即"美国民主令人丧气的情况是，只要我在联邦大选委员会那里查一下筹集资金的账户，我就能在大选之前告诉你大选的结果"。这清晰地揭示了选举民主可能沦落为金钱支配下的不完善的民主，公共权威力量可能为经济精英或其代表所掌控。

（2）选举民主奉行多数裁定原则，对政治力量进行硬性整合，可能导致强势力量掌控政治，出现多数暴政或加剧内部分裂。以多数裁定为原则的选举民主以参选主体获取的选票多少作为衡量竞取公共权威力量成败的标准。因此，这种民主观又被人们视为"合计的"或"以投票为中心"的民主观。有的西方学者认为："在'二战'之后相当长的时期内，民主几乎被理解成了投票。"① 而在选举中，选民的选票实际代表了选民的私人偏好，而选举就为相同或相似的偏好提供了程序性的聚合机制。在多数原则的裁定下，获取绝对或相对多数选票的力量掌控政治，实质上是占统治地位的社会偏好或群体掌控了公共权威，而处于弱势的社会偏好及其群体则被排除在公共权威之外。所以，选举民主是对分散的社会政治力量以和平的利益对决方式进行的硬性政治整合。无论是对西方公民社会中的社会团体还是正在实行民主化的政治现代化国家中待整合的分散政治力量来说，这种硬性整合可能带来权力的和平过渡，但会使治理过程荆棘满途甚至加剧内部的冲突。多数裁定原则使强势力量或多数群体掌控政治，可能导致对弱势力量或少数群体利益的忽视或政策性的排斥，出现多数暴政，促使社会冲突的加剧。

（3）选举民主提供的政治合法性日渐衰微。选举最大的政治功用就是将公民主权以选举的方式合法地、程序地转换为政府治权，并通过选举的循环往复提供的政治信息反馈效应来约束在位的政治人物理性地为公共利益服务。这种政治合法性功能却由于以下两方面的因素而日趋削弱。

一方面，选举民主只是偏好的聚合，而难以发展社会共识或提供社会妥协机制。一般而言，偏好是独立于政治过程而事先形成的。选举提供的断点式的（每隔几年一次的）、利益对决式的（即限定期限内的多数裁定）和偏好聚合式的政治力量整合机制，既无法为公民提供充足的时间或足够的信息，以使他们把基于自利、偏见、无知或情绪冲动的要求与那些基于正义原则或基本需要的要求区分开来，也无法提供这样的机会或场所以进行多层次的讨论、协商，说服他人接受自己观点的价值或承认自己要求的正当性，尽量达成社会共识或妥协。可见，断点式的政治利益对决所带来的只是多数公民或强势力量对公共权威的认可，由此获得的政治合法性缺乏全民的社会共识性的认可或对多元分歧的尊重。

另一方面，选举民主局限于政治民主，领域狭隘，深度和开放度不足。当代民主的发展，使民主的内涵和外延都在拓展，社会民主和经济民主也进入民主发展的视野。而选举民主以谋求占有政治权力为目标，局限于在政治领域内进行政治资源与价值利益的对决式分配，而忽视了社会民主和经济民主。政治的合法性表面看来源于选举之程序性的赋予，而实际上它更深层次地来源于社会资源的公平与正义的权威配给。社会民主和经济民主的缺失或不足必然从基础上动摇形式上或程序上的政治合法性。此外，选举民主是断点式的民主，每隔几年在事先确定的期限内以选举为唯一方式进行政治资源与价值的分配，这使得人民民主权力的充分行使被局限在一个短暂的时间范围内和特定的形式上，以致民主的深度和开放度不足。在选举的间歇期内，公民只能通过自己的代表来行使主权，个人则几乎成为政治的局外人。而公民通过选举选出来的代表，在间歇期内能多大程度代表选民和维护选民的利益，也是令人置疑的。西方国家选举背后的金钱控

---

① （加）威尔·金里卡：《当代政治哲学》（下），刘莘译，上海：上海三联书店2003年版，第522页。

制，使得代议者大都成为富人的政治职业（如1994年11月的美国国会中期选举35名当选的参议员，平均每人花费的竞选费用高达370万美元），国会则成为富人的俱乐部（如据1994年4月的统计，美国参议院至少1/4以上的参议员都是富豪，众议院也有15%以上的议员是富豪），① 这样的代议者和议院能在多大程度上代表普通选民的利益是可想而知的。而一些发展中国家选举的社会代表，或是政治荣誉性的称号，或是部族力量的政治分赃，也大都难以起到实际上的代表作用，由此而来的政治合法性自然让人置疑。

（4）选举民主削弱了公民的参与热情，政治冷漠心理蔓延。选举民主作为断点式的金钱政治游戏，其普选权"只是让人民每隔几年行使一次，来选举议会制下的阶级统治的工具"②。这样，对绝大多数人而言，选举式的政治参与最多只是每隔几年偶一为之的、旨在形式上赋予公共权威以合法性、保障政府尊重和支持个人追求私人职业和维系私人纽带而不得不承担的负担。由于选举民主形式令人乏味和内容令人沮丧，老年人对政治参与感到厌倦，年轻人就更加关注自己的私人生活。20世纪70年代中后期以来，许多国家公民的投票率大幅下降，只有很少的人愿意参与其中。即使参与选举的公民，部分也采取嬉皮士的游戏态度："选举那些像自己的政治家或者能让自己进入梦境的人；或者是喜欢那些逗他们哈哈一笑的人——以教诲者自居的人已不再为人们所赏识。不易为人们所理解的严肃的政治家已难博得好感。美国人选举里根当总统可谓在这个方面率先走出一步。欧洲人也在追随美国人。"③

此外，公民政治冷漠心理的蔓延也来自民主理念自身的老化。在一些处境优裕、有着悠久民主历史传统的国家中，选举民主已成为一种世俗的政治生活常规，太习以为常反而难以唤起显著而持续的热情。对于绝大多数选民来说，选举不过成了一种礼仪或一种不可缺少的例行公事。再加上时代的发展所带来的具有公共性的新生事物的增加，也在转移一向是政治积极参与者的年轻公民的政治兴趣。保护生态、人道主义救助等政治以外的具有公共性的活动，都分散着年轻公民的政治热情，吸引着年轻公民的另类公共参与。

5.3.5 民主的当代探索：协商民主

20世纪后期的西方社会是潜藏着深刻而持久的道德冲突的多元文化社会，在这种多元文化社会中，种族文化团体之间因认知资源的不平等而造成的多数人难以有效地参与公共决策的现象普遍存在。协商民主重新强调公民对于公共利益的责任，强调对民意的质的提升，即通过不断地公共协商使各方都能了解彼此的立场，拓宽彼此的心胸，进而把私利提升为公利，以弥补选举民主多数票决的制度缺陷。协商民主理论是在政治学家针对代议制民主政治体制在当代发展过程中的局限，对民主本质进行了深入反思的结果，是对自由主义民主或选举民主过于强调自由而忽视平等倾向的一种修正，是民主理

---

① 参见李铁映：《论民主》，北京：人民出版社2001年版，第407页。
② 《马克思恩格斯选集》（第3卷），北京：人民出版社1995年版，第96页。
③ 中国社会科学杂志社编：《民主的再思考》，北京：社会科学文献出版社2000年版，第33页。

论在当代的新发展。

"协商民主"一词首次从学术意义上使用是 1980 年，克莱蒙特大学政治学教授约瑟夫·毕塞特在《协商民主：共和政府的多数原则》一文中提出的。但真正赋予协商民主动力的是伯纳德·曼宁和乔舒亚·科恩。到了 20 世纪 90 年代，协商民主理论引起了更多学者的关注，其中不乏有哈贝马斯、罗尔斯等理论大师。从一般的意义上讲，协商民主指的是这样一种民主政治形态，即公民通过广泛的公共讨论的过程，各方的意见在公共论坛中互相交流，使各方了解彼此的立场和观点，并在追求公共利益的前提下寻求并达成各方可以接受的可行方案。

与选举民主相比较而言，协商民主具有八大特征。

（1）多元性。20 世纪后期，不同种族、民族、宗教和社会团体逐渐形成一种多元的文化认同，社会分化加剧，社会主体日益多元化，利益追求呈现出多元的取向，个人、政党、组织等对社会、经济、政治和文化等不同利益的要求导致社会分歧也逐渐扩大。多元文化社会要求政治体制、运作机制对于解决分歧做出明确回应。多元性是协商民主的社会基础，同时，在某种程度上，多元性的社会现实也是协商民主的动力。就文化多元主义来说，多样性甚至促进公众利用理性，并使民主生活生气勃勃。

（2）合法性。协商过程的政治合法性首先出于参与者的意愿，其次是基于集体的理性反思经过讨论、审议形成政治决策，其合法性不是来源于个人意志，而是决策形成的程序，即理想的协商程序使各种分歧最终通过讨论而达成共识。公共协商结果的政治合法性不仅建立在广泛考虑所有人需求和利益基础之上，而且还建立在利用公开审察过的理性指导协商这一事实基础之上。

（3）程序性。协商民主尊重程序，并将程序看做决策获得合法性的规范性要求。正如科恩所说的那样："合理的多元主义会导致程序民主概念。按照这种定义，源于合法性的民主谱系只能通过集体决策的程序以及与公平过程相关的价值来体现，如公开性，提出替代性选择的平等机会，以及对这些替代进行全面公正地审视。"[①] 在这种程序中，参与者都是彼此平等的，他们根据讨论的结果进行合作。协商程序还具有广泛的包容性，少数可以合理地期望其能够以前所未有的方式影响未来的结果。

（4）公开性。在协商民主的理念中，每个人都有权利知道和评判对自身具有约束力的政策或法律。因此，协商民主的公开性特征表现为：首先是协商过程是公开的，整个程序是公众知悉的；其次是协商参与者在讨论和对话过程中公开自己支持某项政策的理由和偏好；最后是立法或政策建议是公开的，公众知道政策的形成过程，协商过程的公开性使决策的理由更理性，结果也更公正。讨论中提出并最终被公民接受的理由必须首先满足公开性条件，也就是说，其理由必须让所有公民信服。

（5）平等性。平等是人类理解或建构民主的重要理念。协商民主需要的平等是具体的、相对复杂的。参与协商过程需要机会平等，即平等获得政治影响力的机会；资源平等在于确保个人同意其他人提出观点确实不是强制性的，而如果要提出具有说服力的观点，协商参与者还需要具有平等的说服能力。平等是理解协商民主的基本要素之一。

---

① James Bohman and William Rehg. *Deliberative Democracy*. Massachusetts: The MIT Press, 1997. p. 409.

(6)参与性。协商民主鼓励立法和决策的利益相关者积极参与公共协商,在参与过程中公开自己的偏好和理由,尊重他人的意见。公民参与意味着公民之间,以及公民与相关问题、制度和政治体系之间的联系;参与能够在公民与公民、公民与共同体、公民与问题、公民与决策,乃至公民与整个共同体之间建立密切的联系;参与能够为公民有平等的表达机会与发言权创造条件;参与能够有效地维护公民个人以及共同体的利益。

(7)责任性。在政治参与过程中,对自己的行为负责就是责任性的表现。协商过程的参与者在协商对话过程中,知道自身的偏好,了解他人的看法,更知道促进公共利益的政策建议来自各方的共识。因此,公民有责任维护并促进公共利益。参与协商过程的公民承担着一系列的特定责任:提供理由说服协商过程中所有其他参与者的责任;对他人的观点做出回应的责任;根据协商过程提出的观点和理由修正各种建议、以形成共同接受之建议的责任。

(8)理性。除了对于公共利益的责任和协商过程公正,协商过程的实质性特征应该是以理性为基础。协商过程发挥作用的是合理的观点,而不是情绪化的诉求。参与者应该可以在获得最具说服力信息的基础上修改自己的建议,并接受对其建议的批判性审视。"公共协商结果的政治合法性不仅基于考虑所有人的需求和利益,而且还建立在利用公开审视过的理性指导协商这一事实基础之上。"① 这种集体的批判反思过程预设协商参与者都会超越自身观点的局限而理解他人的观点、需求和利益。通过相互理解和妥协的过程达到一致,而不是将自己的观点强加给别人。由此,我们可以将协商民主理解成这样一种涉及立法和决策的治理形式。其中,平等、自由的公民在公共协商过程中,提出各种相关理由,尊重并理解他人的偏好,在广泛考虑公共利益的基础上,利用公开审议过程的理性指导协商,从而赋予立法和决策以政治合法性。

作为一种弥补选举民主缺憾的民主范式,协商民主能够促进决策合法化,控制行政权力膨胀,培养公民精神,以及平衡自由主义的不足。

(1)协商民主促进决策的合法性。政治决策只有在获得广大政策对象的认同和支持,即获得合法性的基础上才能够有效实施。协商民主能够通过讨论审议等过程赋予立法和决策以合法性。"协商过程的政治合法性不仅仅出于多数的意愿,而且还基于集体的理性反思结果,这种反思是通过在政治上平等参与尊重所有公民道德和实践关怀的政策确定活动而完成的。"② 首先,所有受决策影响的利益相关者都能够平等地参与决策过程,政治讨论包容所有的人,没有人具有超越任何其他人的优先性。其次,决策是在公民及其代表的公共讨论和争论过程中形成的,公共利益是他们的共同诉求。最后,形成决策的过程是说服而非强制。

(2)协商民主培养公民精神。良好的公民精神是民主政治的重要基础,协商民主是建构这一基础的重要途径。首先,协商民主能够培养出健康民主所必需的公民美德,

---

① 瓦德拉斯:《协商民主》,载《马克思主义与现实》2004 年第 3 期。
② Jorge M. Valadez. *Deliberative Democracy, Political Legitimacy, and Self-Democracy in Multicultural Societies.* USA Western View Press, 2001. p. 32.

如政治共同体成员之间的相互理解、相互尊重、妥协和节制个人需要等。其次，协商民主能够形成集体责任感。协商民主能够使人们看到，政治共同体的每个人都是更大社会的一部分，承担责任有利于促进共同体的繁荣。再次，随着文化多元化的发展，协商民主能够促进不同文化间的沟通与理解。通过公开的对话、交流和协商，各种文化团体之间就会维持一种深层的相互理解，从而成为建立参与持续性合作行为所需要的社会信任的基础。最后，协商过程和程序包容存在差异的种族、文化团体，平等、公正地对待社会的异质性，促进多元文化国家的政治合法性。

（3）协商民主矫正自由民主的不足。随着国家角色、政体规模以及异质性因素的变化，作为自由民主制度形式的代议民主与技术官僚管理开始越来越不适应 21 世纪人类面临的各种新问题。代议机制已经无法有效实现民主政治的核心理想：促进公民的积极政治参与；通过对话形成政治共识；设计并实施基于经济发展和健康社会的公共政策；确保所有公民都得益于国家福利。协商民主则开始重新强调公民对于公共利益的责任、强调通过共识形成决策的过程，改变了重视自由而忽视平等的传统。作为协商民主的核心，协商过程是对当代自由民主中流行的个人主义和自利道德的矫正。协商过程不是政治讨价还价或契约性市场交易模式，而是公共利益责任支配的程序。

（4）协商民主制约行政权的膨胀。20 世纪以来，行政机构的权力或者说官僚自由裁量权日益膨胀。怎样控制行政权力的非民主取向，已经成为各国学者关心的重要问题。官僚自由裁量权的问题是，行政机构获得了制定规则以确定公共政策的内容，而无须承担同等民主责任的问题。协商民主论者认为："控制官僚自由裁量权的恰当途径是实行协商民主，实行协商的民主立法模式。"① 只有协商模式才能规范、建构现代的公共行政。因为真正的公共行政需要在讨论和决策中把公开性、平等和包容性最大化，所有政策协商的参与者都有确定问题、争论证据和形成议程的同等机会，协商过程能够包容各种不同的利益、立场和价值，协商能够使讨论和决策过程中的社会知识最大化。

总之，作为 20 世纪后期兴起的协商民主理论，其前提在于承认并接受多元社会的现实，以及不同利益主体之间存在的差异和分歧。其核心则在于强调基于理性的公共协商，即讨论、审议、对话和交流，从而实现立法和决策的共识。协商民主对民主本质的再思考激发了政治参与和公民自治的理想。将平等、参与、对话、公共利益、理性和共识作为协商民主的关键，是对选举民主的反抗，而诉诸直接民主、协商、公共理性、协商宪政和司法实践等则是对代议民主的修正和补充。民主共识、平等参与以及关注公共利益是现实实践中完全能够实现的政治目标。合理的制度建构能够并已经使协商理想变成了现实。

法治有着源远流长的历史，源于古希腊、古罗马的柏拉图、亚里士多德和西塞罗等

---

① Christian Hunold. "Corporatism, Pluralism and Democracy：Toward a Deliberative Theory of Bureaucratic Accountability." *Governance：An International Journal of Policy and Administration*, 2001, 14 (2).

经典阐释,近代的流变是以英国的洛克为标志,进而形成现代西方的法治精神,即限制政治权力以保护个人权利,其真谛表现为戴雪的"法律主治"。法律在最高的终极的意义上具有规制和裁决人们行为的力量,是司法活动的唯一准绳。在实践中就是通过宪法与宪政来落实这种法治精神,其中宪政是法治的最高表现,宪法是宪政的基础和实现形式。宪政是自上而下地消极限制政府权力的扩张,它需要一种公民的民主参与来与之配合和平衡。但是,西方的民主经历了古典的最原始形态和近代的选举代议模式两种,各自存在不同的特点。选举的民主在近现代成为主流,但经过几个世纪的发展也遭遇到不少挑战,如今其缺憾越来越明显,以至于呼之欲出的协商民主有着补充选举民主之不足的优势。

阅读书目

1. (英)戴雪:《英宪精义》,雷宾南译,北京:中国法制出版社2001年版。
2. (美)路易斯·亨金:《宪政·民主·对外事务》,邓正来译,北京:生活·读书·新知三联书店1996年版。
3. (英)戴维·赫尔德:《民主的模式》,燕继荣等译,北京:中央编译出版社1998年版。
4. 王绍光:《民主四讲》,上海:上海三联书店2008年版。
5. (美)詹姆斯·博曼、威廉·雷吉:《协商民主:论理性与政治》,陈家刚等译,北京:中央编译出版社2006年版。

思考题

1. 法治的概念与原则是什么?
2. 宪政具有哪些特征?
3. 如何体现人民主权的原则?
4. 简述宪政与民主的关系。
5. 论述选举民主的不足及其超越。

第三编
公民政治

第6章 公民身份

6.1 概述

6.1.1 古典公民身份

公民身份（citizenship）是政治理论中重要而复杂的范畴，它的历史与政治的历史同样久远。早在古希腊城邦时期，公民身份就成为政治的核心问题。公元前800年左右，随着雅典、斯巴达诸城邦的崛起，希腊开始进入辉煌灿烂的文明时代。城邦由独立的城堡以及周围的农村所组成。城邦依赖于公民提供的保护和服务，同时，公民也依赖于城邦提供的稳定与安全，从而形成了城邦与公民之间的互惠关系，公民身份正是在这种互惠关系中发展起来的。公民意味着属于城邦的人，城邦也就是公民团体，公民身份表现为个体在这种公民团体中的成员身份。城邦是一个道德共同体，它强调公民参与治理城邦、服从法律、培养德性以及对城邦的无私奉献。在城邦中，公民"不遗余力地献身于国家，战时献出鲜血，平时献出年华；他没有抛弃公务照顾私务的自由……相反，他必须奋不顾身地为城邦的福祉而努力"①。义务优先、道德至上是古代公民身份的突出特征。但是，在古希腊城邦，只有那些占有土地，并且出生在希腊的男性人口才拥有完全的公民身份，对于占人口绝大部分的奴隶、妇女、外邦人和其他次等群体来说，他们不属于城邦的组成人员，也不拥有公民身份。因此，古希腊的公民身份仅仅是一种为少数人所享有的特权。

在古希腊城邦基础上发展起来的古罗马公民身份同样属于古典公民身份的范畴，它继承了古典公民身份的基调，把"有德性"和"乐于奉献"作为评价好公民的标准，强调把共同体作为最高的善和公民展现自我德性的舞台。但另一方面，古罗马又打破了公民身份的财产和血缘限制，使公民身份表现出更大的包容性。它不仅被扩展到平民身上，而且被扩展到外邦人身上，并最后演化成为一种普适性的身份地位。公民身份包容性的加强带来了内涵的微妙变化。在古希腊，公民身份建立在血缘和地域的基础上，强调公民对城邦公共事务的参与。但到了古罗马时期，公民身份逐步演化成一种普遍性的身份和心理归属，以及一种可以进行拆分的权利集合。公民身份是所有罗马人的象征，古典公民身份的那种高贵情怀逐步消解。公民的政治参与要求不断被淡化，但通过完备的法律体系，他们依然能够享有作为公民的法律权利和社会权利。"罗马人（发展出）

---

① （美）乔·萨托利：《民主新论》，冯克利、阎克文译，北京：东方出版社1998年版，第316页。

一种注重实效的在应用中能够扩展的公民身份形式。但这种弹性正是最后毁灭公民身份高贵形式中蕴涵的思想的祸端。"①

由罗马共和国蜕化而来的罗马帝国在日耳曼蛮族的入侵浪潮中趋向分裂，公元476年，西罗马帝国灭亡。西欧连绵的战火使这一地区变得法律废弛、经济停滞、社会动荡、文化破坏，人们的归属感丧失殆尽。伴随着北方蛮族的征服以及他们对原始自由的尊崇和部落法的继承，由领主和封臣所构成的等级体系及教会的兴起和发展，构成了中世纪欧洲的基本社会景观。在这种情况下，公民身份的内涵也发生了分化和转型，形成了以世俗世界与彼岸世界二元划分为基础的双重公民身份和以城市为基础的古典公民身份的延续。经过蛮族破坏后建立起的以国王及其封臣为代表的世俗世界，与作为在人们内心树立起壮丽与辉煌的基督教会所代表的彼岸世界，构成了中世纪两个分裂的领域。与此相适应，统一的个体也分裂为两种不同的身份：他既是世俗世界的臣民，又是彼岸世界的公民。公民身份隐含了个体独立与平等的含义，中世纪此岸世界中盛行的作为依附和等级体现的臣民关系根本不可能产生公民身份的基本条件和要求，但是，以德性和平等为表征的古典公民身份一定程度地在彼岸世界继续得到延续。在彼岸世界，所有个体都是平等的兄弟关系，他们同为上帝的子民，彼此负有责任，个体可以公开以行动展示自己的德性以影响他人积极向善，为了给上帝增添荣耀和使自身得到救赎，个体之间还必须组织起良好的合作关系。"一个人真正的公民身份，并不表现在他服从于蛮族政权，而在于他在基督教会中的成员身份；而且他把主教而不是把国王视为基督教社会的领袖。"②

另一方面，古典公民身份传统在中世纪欧洲的商业城市中继续得到延续。11世纪后期，城市在欧洲尤其是意大利北部得到迅速发展。中世纪的城市是一个由城市居民联合起来的共同体，居民从领主或主教手中买下自治的特许状，立下互助和将自己的利益与城市的存亡兴衰相联系的誓言。因此，它们基本都是一些独立而自治的商业实体，不受封建权利和义务的束缚。正是在这些地方，古典公民身份的涓涓细流得以漫过中世纪的荒原。居民在城市中的生活并非私域的生活，而是意味着参与城市共同体的基本治理：决策、打仗、祈祷、纳税、服兵役、担任公职等。城市政权是公民生活的核心，"如果城市政府要起作用，公民活动就必不可少，它有人们可以讨论和进行公共生活的公共语言"③。古典公民身份遗产在城市生活中继续发挥着很大的影响，这些遗产一部分体现在公民对于公共福祉、个人荣誉的关注和献身于共同体的道德上，一部分则体现在对罗马法中关于公民身份、居所、外邦人地位等的复杂讨论和深入研究上。到16～18世纪，伴随着欧洲封建国家向绝对主义国家过渡，以君主为中心的世俗政权不断增强了自己的实力。自治城市在抵抗绝对主义国家过程中的颓势日益显现，并最终走向奄奄一息。城市中仅存的公民最后变成了王权统治下的臣民；但另一方面，城市公民身份

---

① Dered Heater. *Citizenship: The Civic Ideal in World History, Politics and Education.* Longman Group UK Limited, 1990. p.16.

② （英）克里斯托弗·道森：《宗教与西方文化的兴起》，长川某译，成都：四川人民出版社1989年版，第25页。

③ 褚松燕：《个体与共同体——公民身份的演变及其意义》，北京：中国社会出版社2003年版，第108页。

也悄悄侵入了绝对主义的肌体并在其中繁衍开来,由此开启了现代公民身份的序幕。

6.1.2 现代公民身份

人们习惯于把 16~18 世纪的欧洲国家称为绝对主义国家,它是传统国家与现代国家之间的一个过渡阶段。绝对主义国家之间连年纷飞的战火烧毁了传统贵族掌握的特权,以君主为核心的中央集权明显得到加强。伴随着中央集权的加速,绝对主义国家出现了一系列制度变革,国家开始有了常备军、常设的官僚机构、明晰的边界,以及全国统一的税收、货币、法律、市场和代议机关等。在经济领域,商业得到迅速扩张,萌动中的市场经济不断啄破孕育自身的卵壳而显现出雏形,工业革命则为市场经济的发展提供了必要的技术支持。同时,在思想领域,随着宗教改革、文艺复兴和启蒙运动的展开,世俗主义、人本主义、平等主义逐渐占据了人们的思维,古典公民传统重新进入西方政治的地平线,汇成一股支流四溢的以现世关怀为特征的公民人文主义。总之,在这一时代,"欧洲有一个强大的推动力———一个牟利的欲望和机会、一个使牟利得以实现的社会和体制结构"①。绝对主义国家的变化为现代公民身份的产生提供了平台,国家的统一和集权推动了近代主权观念的形成,为人民主权的出现准备了舞台,经济和社会结构的变迁则打破了传统社会的身份依附关系,日益世俗化和平等化的思想使人们发出了"人人生而平等"的呐喊,并使他们开始以主体的眼光审视个人与公共权力之间的逻辑关系。

伴随着 17、18 世纪欧洲资产阶级革命的胜利,公民身份也完成了其孕育和现代转型过程,现代公民身份得以完整地建立起来。现代公民身份建立在自然法学派的基础上,将近代人文主义中的个人主义与基督教文明的契约精神结合在一起,突出体现在公民权利和人民主权两大原则上。洛克对前者进行了开创性的论述,他把公民权利分为生命权、自由权和财产权,并把财产权置于所有权利的首要之列。在公民权利与政府的关系上,"人们联合成为国家和置身于政府之下的重大的和主要的目的,是保护他们的财产"②。公民身份象征着个人可以经由国家所保障的权利,充分地追求私人的生活和利益。卢梭则是近代人民主权理论的集大成者,认为公民是主权者,共和国是公民意志的体现,所有公民都有平等地参与治理共和国公共事务的权利,"共和国的存续以公民美德为基础,没有公民,便没有美德,没有道德,便没有公民的自由"③。卢梭一定程度上又把现代公民身份带回到古典的语境之中。

以洛克和卢梭作为起点,现代公民身份逐渐分化为两大对立的传统:自由主义公民身份和共和主义公民身份。④ 尽管共和主义传统可以一直追溯到悠远的古典时代,而且存在着为数众多的著名代表,但事实上,迄今为止,自由主义传统已持续支配了过去的

---

① (美)斯塔夫里阿诺斯:《全球通史———1500 年以后的世界》,吴象婴等译,上海:上海社会科学院出版社 1999 年版,第 32 页。

② (英)洛克:《政府论》(下篇),叶启芳、瞿菊农译,北京:商务印书馆 1996 年版,第 77 页。

③ A. Cobban. *Rousseau and the Modern State*. London: Heinemann and Cambridge; M. A.: Harvard University Press, 1964. p. 104.

④ 参见 Derek Heater. *What Is Citizenship*? London: Polity Press, 1999. p. 4.

两个多世纪。两者的区别主要体现在三个方面。

（1）人性的假设不同。自由主义公民身份以个人主义作为立足点，从经济人的角度定义公民身份，把它看做是一种法律地位以及法律上对权利的消极保护，公民身份的核心在于获得权利和保障权利，它是通往自由的一种手段，而不是自由本身。共和主义公民身份则从政治的角度定义公民，强调公民是政治事务中的成员资格，而且只有拥有财产的成年男子才有资格成为公民，从事公共政治事务意味着能够摆脱私人领域中的困扰而自由进入公共论辩领域，公民身份的核心不在于它是达成自由的一种手段，而是自由本身的体现，参与公共讨论和集体决策、超越私利而追求公益等活动本身都是公民自由的具体体现。

（2）公民身份的建立基础不同。共和主义和自由主义都区分了公共领域和私人领域，但对于共和主义传统来说，私人领域是物质基础，意味着要受到物质世界的束缚，因而不自由不解放，公共领域则是精神升华、人格提升和自我价值实现的场所，是自由和解放的象征。理想的好公民必须把公共领域的事务放在第一位，将公共利益或公共善的考虑置于私利的考虑之上，并且通过承担公共职位、参与公共事务来体现自身的德性和价值。但在自由主义传统那里，公民身份只是借以实现个人权利和价值的必要手段，公共领域的存在只是为了保证私人领域的自由，个人权利优先于公共善，私人领域才是公民身份的真正目的，公共美德只局限于公共领域，它只是美好生活的必要条件，而非充分条件。

（3）"好公民"的评价标准不同。共和主义传统塑造了一种积极公民形象。在它看来，好公民的判断标准主要体现在参与公共事务和为共同体奉献的美德上。自由主义传统则把好公民的伦理要求下降为是否纳税、是否为经济作出贡献、是否守法、是否不侵害他人权利、是否不违反公共法律规范等标准。自由主义塑造出来的是一种消极公民的形象，这种公民形象在共和主义那里至多是一种合格的公民而已。

综合公民身份的演化以及不同时期对于公民身份的理解，可以看出，公民身份的内涵主要体现在个体在政治秩序中的完全的成员资格，以及与这一资格联系在一起的权利与义务上。[1] 它涉及个体与共同体之间的互惠关系，规定了哪些人可以或者不可以成为共同体的成员，以及作为共同体成员可以享有的权利和必须承担的义务。"公民身份指个人同国家之间的关系，这种关系是，个人应对国家保持忠诚，并因而享有受国家保护的权利。公民身份意味着伴随有责任的自由身份。一国公民具有某些权利、义务和责任是不赋予或只部分赋予在居住的外国人和其他非公民的。一般来说，完全的政治权利，包括选举权和担任公职权，是根据公民身份获得的。公民身份通常应负的责任有忠诚、纳税和服兵役。"[2]

---

[1] 参见 Peter Riesenberg. *Citizenship in the Western Tradition*. Chapel Hill：The University of North Carolina Press，1992. p. 237.

[2] 《不列颠百科全书》（国际中文版）（第4卷），北京：中国大百科全书出版社1999年版，第236页。

6.2 公民权利

18世纪以来,自由主义公民身份日益取代共和主义公民身份成为现代政治运作的基础。自由主义公民身份以公民权利为核心,把权利看做是通往个人自由的手段。与自由主义公民身份的兴起和发展相适应,18世纪以来,公民权利也经历了一个兴起和发展的过程。在这一方面,英国社会学家T. H. 马歇尔有关公民身份的论述集中表明了公民权利的发展过程。1949年,马歇尔在纪念与自己同名的经济学家阿尔弗雷德·马歇尔时,在剑桥发表年度演说。次年,该演说的内容以《公民身份与社会阶级》为名出版,并且在全球学术界引起巨大的轰动。科林·贝尔在评价T. H. 马歇尔时说道:"在本世纪,英国社会学家对社会政治理论的最杰出贡献体现在'公民身份'上,这件事本身很值得一提,作出这一贡献的人是T. H. 马歇尔。"[1] 拉尔夫·达伦多夫则将该演说誉为"社会分析的瑰宝"[2]。马歇尔的演说之所以能带来如此巨大的影响,不仅在于他明确提出了政治理论中孕育已久的"公民身份"概念,而且在于他将公民身份与一系列权利的发展联系在一起,并且结合20世纪中期以来西方资本主义国家的社会背景,阐述了公民身份与社会阶级之间的关系。在该书中,马歇尔将公民身份看做由公民的要素(civil element)、政治的要素(political element)和社会的要素(social element)所组成,三种要素分别对应于三种权利:公民权利、政治权利和社会权利。

6.2.1 公民权利

公民权利(civil rights)的兴起是现代政治发展中具有根本意义的事件。绝对主义国家后期,西欧思想领域发生了宗教改革、文艺复兴、思想启蒙等一系列具有根本意义的变革。这些变革不仅打落了中世纪教会至高无上的权威,把由教会所中介的信仰问题交给了个人的内心和私人领域,而且还使古希腊、古罗马时期的人文关怀和理性精神重新得到复兴,使人成为衡量万物的尺度。与这一发展相适应,启蒙思想家所提出的自然权利学说也发展到了顶峰。自然权利学说的主要代表人物是格霍布斯、劳秀斯、洛克、斯宾诺莎、卢梭等,正是他们推动了自然法从神学化走向世俗化。霍布斯把自然权利看做是"每一个人按照自己所愿意的方式运用自己的力量保全自己的天性——也就是保全自己的生命——的自由"[3],这种权利平等地属于所有的人,不论聪明还是愚笨。洛克把自然状态看做是政治权力出现以前,人类所处的一种完备无缺的平等和自由状态,认为在这一状态中,每一个人都拥有与生俱有的、不可剥夺的权利,它们是生命权、自由权和财产权,财产权是所有三种权利中最重要的权利。[4] 启蒙思想家的自然权利学说

---

[1] M. Bulmer and A. M. Rees. *Citizenship Today: The Contemporary Relevance of T. H. Marshall*. London and Bristol, P. A.: University College London Press, 1996. (封底的评论。)

[2] M. Bulmer and A. M. Rees. *Citizenship Today: The Contemporary Relevance of T. H. Marshall*. London and Bristol, P. A.: University College London Press, p. 35.

[3] (英)霍布斯:《利维坦》,黎思复、黎廷弼译,北京:商务印书馆1996年版,第97页。

[4] 参见(英)洛克:《政府论》(下篇),叶启芳、瞿菊农译,北京:商务印书馆1996年版,第53页。

为近代公民权利的兴起奠定了思想基础。

与思想领域的变革相适应，近代市民社会的兴起则为公民权利的产生奠定了社会基础。市民社会的兴起改变了传统的国家与社会关系。私人利益的兴起和发展使得公共利益不再是大家的共同利益，共同利益在近代变成了私人利益的总和。私人利益在近代的发展首先遭到的阻力来自封建状态下的分封割据，贵族阶层盘踞在王权与市民阶层之间，阻碍了市民社会的发展。市民阶层在利益的驱动下，通过与王权的结盟，摧毁了贵族阶层的权威。近代国家日益发展成为以国王专制为特征的绝对主义国家。当市民阶层的进一步发展受到来自王权的阻挠之时，不断壮大的资产阶级便按照启蒙思想家的论证和设计，推翻旧有王权的统治，建立起现代资产阶级国家。资产阶级革命的过程同时也是公民权利兴起和大发展的过程，在英、法、美等国资产阶级革命所颁布的里程碑式的文件中，明确宣告了现代公民权利的内容和神圣性。美国的《独立宣言》指出："我们认为这些真理是自明的：人人生而平等，他们从他们的造物主那里被赋予了某些不可转让的权利，其中包括生命、自由和追求幸福的权利。"① 法国的《人权宣言》则认为："在权利方面，人们生来是而且始终是平等的……任何政治结合的目的都在于保护人的得天独厚的和不可动摇的权利。这些权利就是自由、财产、安全和反抗压迫。"② 在思想启蒙和市民社会发展的基础上，近代资产阶级革命成为兑现公民权利要求的转折点。

公民权利主要发展于18世纪，它们是确保个体从封建依附关系中解放出来，实现个体独立和平等的手段。公民权利的内容主要包括"由个人自由所必需的权利组成：包括人身自由，言论、思想和信仰自由，拥有财产和订立有效契约的权利以及司法权利（right to justice）"③。这些权利具有三大特征。

（1）界限性。公民权利是由国家和法律规定的"法定权利"，它有国界，局限于那些属于本国的公民或居住在其国界范围内的人。从这一点而言，公民权利与人权存在区别，人权并不依赖于法律而存在，它是一种普遍的权利。不管个人具有何种特殊属性、能力、财产或地位，也不管本国政府是否承认或保护这些权利，他都是人权的拥有者。

（2）平等性。公民权利尽管不像人权那般普遍，但依然体现出明显的平等性。公民权利最初所指向的目标是封建贵族、君主、教士等特权阶级，旨在打破封建社会的等级秩序、特权统治和血缘政治，使所有的社会个体都具有平等的价值和尊严，并且在政治共同体中拥有平等的成员资格。"权利就是人的价值，人的地位，人的尊严；只要是人，他就有人的权利，就有人的价值，就具有人的地位。"④

（3）历史性。公民权利是一个历史范畴，与一定的生产方式相联系。只有在近代资本主义经济的发展以及随之而来的市民社会发展的条件下，公民权利才能得到发展。

---

① （美）卡尔·贝克尔：《论〈独立宣言〉——政治思想史研究》，彭刚译，南京：江苏教育出版社2005年版，第4页。
② （美）苏珊·邓恩：《姊妹革命：美国革命与法国革命启示录》，杨小刚译，上海：上海文艺出版社2003年版，第254页。
③ 郭忠华、刘训练编：《公民身份与社会阶级》，南京：江苏人民出版社2007年版，第7页。
④ 张春律：《人权论》，天津：天津人民出版社1980年版，第7页。

6.2.2 政治权利

政治权利是"公民作为政治权力实体的成员或这个实体的选举者,参与行使政治权力的权利"[①]。公民参与和行使政治权力主要由选举国家权力主体、担任国家公职、监督与制约国家权力三个方面组成,由此形成了政治权利的三个基本组成部分,即选举权与被选举权,担任国家公职的权利,以及对国家权力进行监督和制约的权利。

(1) 选举权和被选举权。在社会还没有进化到高度自治的阶段,人类共同体中需要分离出少数人具体行使公共权力,以便处理公共事务。依照人民主权的宪政理念,公共权力的具体行使者必须得到公共权力所有者的同意,选举权和被选举权从而成为全部政治权利中最基本的一项。对于选举的意义,有学者指出:"选举是产生近现代国家机构或其他公职人员的最普遍、最根本的方式……是公民对国家和社会发展的一种决定性选择。"[②] 在西方资本主义国家,选举权主要发展于19世纪。19世纪初,英国工业革命初步完成,地主制经济被最终挤出历史舞台,社会结构也发生了重大变化。贵族地主阶级衰落了,资产阶级和无产阶级日益壮大。后者强烈要求参与政治,使本阶级对工业化进程中增长的社会资源拥有更多的分配份额。这种要求汇集起来造成了争取普选权运动的兴起。在这种背景下,1830年,代表资产阶级利益的辉格党在人民要求普选权的声浪中提出了第一个选举制度改革法,并于1832年得到国王批准,这就是著名的1832年《选举改革法》。该法着重解决了两个问题:一是重新分配议会议员的席位,使许多人口众多、工业发达的新兴城市获得了议席;二是降低选民的财产资格限制,扩大选民队伍。1832年改革之后,英国相继于1867年、1872年、1883年、1884年、1885年又进行了几次大的选举制度改革,进一步降低了选民资格限制,重新调整了某些议席的分配,公民的选举权和被选举权迅速得到发展。[③]

(2) 担任公职的权利。指每一个公民都有权根据自己的意愿依照法定标准并经法定程序,使自身成为公共权力的行使者,参与国家权力的运作,参与对公共事务处理的权利。国家权力的运行直接关系到公共利益与个体利益的实现状况,这决定公民参与国家权力运行、参与对公共事务的处理是公民政治权利不可或缺的方面。《中华人民共和国宪法》(以下简称《宪法》)第2条规定:"中华人民共和国的一切权力属于人民……人民依照法律的规定,通过各种途径和形式,管理国家事务,管理经济和文化事业,管理社会事务。"这些规定表明了我国公民具有担任国家公职的政治权利。

(3) 对公共权力的监督权。监督权主要表现为监督权、批评和建议权、检举权、申诉和控告权等方面。公共权力的运行存在着背离共同体的意愿和利益的可能,因此必须对国家权力的实际运行加以监督与制约,从而尽可能避免公共权力运行损害公共利益或在损害发生之后加以救济。对公共权力的监督和制约可以具体化为两种机制:一是孟德斯鸠所揭示的"以权力制约权力"的机制,即公共权力之间的相互制约和自我制约

---

① 郭忠华、刘训练编:《公民身份与社会阶级》,南京:江苏人民出版社2007年版,第8页。
② 王玉明:《选举论》,北京:中国政法大学出版社1992年版,第12~13页。
③ 参见蒋劲松:《议会之母》,北京:中国民主法制出版社1998年版。

机制；二是人民主权对国家权力的制约，即"以权利制约权力"的机制，表现为国家权力系统的外部制约，这种制约形式只有通过公民的政治权利才能得到实现，这一方面的政治权利主要表现为批评建议权、罢免权、复决权、请愿权等。我国《宪法》第27条规定："一切国家机关和工作人员必须依靠人民的支持，经常保持同人民的密切联系，倾听人民的意见和建议，接受人民的监督，努力为人民服务。"第41条则规定："中华人民共和国公民对于任何国家机关和国家工作人员，有提出批评和建议的权利；对于任何国家机关和国家工作人员的违法失职行为，有向有关国家机关提出申诉、控告或者检举的权利。"这些规定是我国公民具有的对国家机关和国家工作人员进行监督的政治权利的写照。

6.2.3 社会权利

社会权利主要指"从某种程度的经济福利与安全到充分享有社会遗产并依据社会通行的标准享受文明生活的权利等一系列权利"①。作为公民身份权利的重要组成部分，社会权利主要发展于"二战"后成长起来的西方福利国家。凯恩斯主义为社会权利的发展创造了条件。面对20世纪30年代的全球经济大危机以及由此造成的社会动荡，1936年，英国经济学家凯恩斯出版了《就业、利息和货币通论》一书，提出政府应当对经济进行积极干预的主张。在当时，凯恩斯主义不啻是对古典自由主义理论的一次重大突破，它使西方经济运行机制从自由经营论的旧经济思潮向政府干预论的新经济思潮转变，对西方经济学说和西方国家垄断资本主义经济体制的发展产生了深远的影响。在凯恩斯主义精神的指导下，西方发达国家开始朝福利国家的方向迈进。1948年，英国首相艾德礼宣布英国建成了世界上第一个福利国家，此后，其他国家相继效尤，纷纷以福利国家相标榜。福利国家实行"从摇篮到坟墓"的社会保障政策，它使公民获得了许多与以往权利类型完全不同的权利。社会权利主要体现在经济、文化和社会领域，最主要体现在三种权利上。

（1）劳动权。劳动权通常被认为是公民最基本的社会权利之一，在宪法赋予公民的各项基本权利中居于重要地位。劳动权主要包括两个方面的重要内容：一是凡是具有劳动能力的公民都有参加劳动和就业的权利；二是所有劳动者都有按其劳动的数量和质量取得相应劳动报酬的权利。除此之外，它还包括福利待遇权、就业训练权、受职业教育权、休息权、休养权、休假权、退休权、社会保障权、企业民主管理权、男女同工同酬权、创造性工作受鼓励和帮助权等。劳动权是社会制度和社会发展阶段的标志，体现了阶级力量的对比。从根本上说，现代世界各国对劳动权的重视是劳动者为争取生存的权利而长期斗争的结果。1931年，法国里昂工人起义时就曾以"生活、工作或死亡"为口号，为争取劳动权而斗争。1848年法国"二月革命"中，无产阶级也曾以劳动权作为斗争纲领，迫使当时的法国资产阶级临时政府承认了劳动权。1919年德国的《魏玛宪法》、1946年的《法国宪法》、1946年的《日本宪法》、1947年的《意大利宪法》等都规定了全体公民均有劳动权。工人阶级的斗争在推动劳动权发展方面发挥了重要的

---

① 郭忠华、刘训练编：《公民身份与社会阶级》，南京：江苏人民出版社2007年版，第8页。

作用。

在我国，劳动权同样是公民最基本的权利之一。1982年《宪法》第42条明确规定："中华人民共和国公民有劳动的权利和义务；国家通过各种途径，创造劳动就业条件，加强劳动保护，改善劳动条件，并在发展生产的基础上，提高劳动报酬和福利待遇。"《中华人民共和国劳动法》第3条规定："劳动者享有平等就业和选择职业的权利、取得劳动报酬的权利、休息休假的权利、获得劳动安全卫生保护的权利、接受职业技能培训的权利、享受社会保险和福利的权利、提请劳动争议处理的权利以及法律规定的其他劳动权利。"除此之外，我国还对妇女的劳动权做了特别的规定。《妇女权益保障法》规定：国家保障妇女享有与男子平等的劳动权利；保障妇女与男子平等的就业权利；坚持同工同酬和平等的生活福利待遇及晋升机会；根据妇女的特点，在工作和劳动中给予特殊保护；妇女有获得物质帮助的权利；等等，体现了我国对于妇女劳动权利的规定和保护。

（2）受教育权。人们的科学知识来源于两个方面：一是从自身的社会实践中获得，二是从前人那里学习和继承获得。由于通过自身实践获得的知识总是非常有限，系统的、循序渐进的学校教育在培育公民的过程中发挥了最主要的作用，这意味着受教育权是公民社会权利最主要的组成部分。受教育权主要指公民有获得接受文化教育的机会和使这种教育得到实现的物质帮助的权利。公民文化教育活动范围的广阔决定了受教育权类别的繁多，从目前世界各国种类繁多的教育法规来看，受教育权主要包括公民具有受学前教育权、受义务教育权、受高等教育权、受成人教育权、受职业教育权、受扫盲教育权、受国防教育权、受特殊教育权、受终身教育权等。作为社会权的重要内容，受教育权的实现有赖于国家的积极作为。受教育权的发展经历了一个长期的过程。在人类社会很长一段时期内，教育一直被看做是父母、家庭或教会的职能。近代社会以来，资产阶级在反封建教会的斗争中，竭力主张教育是独立于教会之外的公共事业，因而是国家的责任。18世纪，欧洲一些国家曾试图通过强制入学的方式来规范儿童受教育的途径。直到1849年的《德意志帝国宪法》才第一次真正将教育规定为国家的责任，并规定了国民的办学权、教育权、受教育权、受培训教育权，以及穷人接受免费教育权利，等等。

在我国，公民受教育的权利也经历了一个不断发展的过程。1949年的《中国人民政治协商会议共同纲领》提出妇女在文化教育方面享有与男子平等的权利、国家的"文化教育为新民主主义的，即民族的、科学的、大众的文化教育"及发展民族教育，并使受教育的内容范围从普及文化知识教育，扩展到中等教育、高等教育、技术教育、劳动业余教育、在职干部教育、革命政治教育等方面。这些内容后来被1954年《宪法》概括为："公民有受教育的权利。国家设立并且逐步扩大各种学校和其他文化教育机关，以保证公民享受这种权利。"（第94条）1982年《宪法》不仅扩展了公民的受教育权，而且还提高了它的重要性，指出："公民有受教育的权利和义务。"（第46条）现行《宪法》规定，公民有接受义务性受教育的权利和非义务性受教育的权利。在这一基础上，我国政府相继出台了《教育法》（1995）、《义务教育法》（1986）、《职业教育法》（1996）、《高等教育法》（1998）、《国防教育法》（2001）、《民办教育促进法》

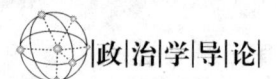

（2004）等法律文件。

（3）获得各种救济的权利。在人生的各阶段，生老病死是难以逾越的现象，负伤、致残、失业等也是人们经常遇到的难题。当公民处于这些阶段或者遭遇这些问题的时候，他们的生存和生活也将变得异常艰难。获得救济的权利所针对的正是这样的一些现象和问题。从狭义的意义而言，救济权指公民在特定情况下不能以自己的劳动获得物质生活资料，或获得的劳动报酬不足以满足自己的基本生活需要时，享有国家和社会给予金钱或实物帮助的权利。广义意义的救济权还包括公民有获得司法救济的权利，指当权利在受到侵犯的时候能凭借司法救济的手段消除侵害，获得赔偿或补偿，与这一权利相联系的"救济"不再是一般意义上的物质救济的含义，而是一个以纠正、矫正、改正已经发生或者将要发生的对权利的侵害、危害、损失或者损害并给予一定弥补为内容的法律概念，因此超出了社会权利的内涵。经济救济的权利主要体现在养老金、失业救济、伤残救济、医疗救济、最低生活保障等方面。与劳动权和受教育权一样，公民获得物质救济的权利也体现了不同的社会发展水平，是社会阶级之间长期斗争的结果。

我国现行宪法对公民获得物质帮助和物质救济的权利做了明确的规定。《宪法》第45条第一款规定："中华人民共和国公民在年老、疾病或者丧失劳动能力的情况下，有从国家和社会获得物质帮助的权利。国家发展为公民享受这些权利所需要的社会保险、社会救济和医疗卫生事业。"这是公民享有物质帮助权的宪法依据。当然，宪法的原则规定要变成公民"看得见，摸得着"的现实权利，还必须有相应的法律、法规的制定和实施。在这一方面，《中华人民共和国老年人权益保障法》（1996）、《中华人民共和国劳动法》（1994）以及国务院颁布实施的《失业保险条例》（1999）、《城市居民最低生活保障条例》（1999）等发挥了重要的作用。随着我国现代社会制度的不断完善，有关物质帮助和物质救济方面的法律也越来越趋于完善和细化。

6.3 公民义务

6.3.1 公民义务的产生

公民身份是国家与公民之间的互惠关系，公民在享有权利的同时，还必须履行相应的义务。实际上，现代政治哲学的历史很大程度上正是围绕着政治义务问题而展开的，该问题包括三个方面：1）我对谁或对什么负有政治义务？这一问题旨在识别政治权威；2）我对政治权力的服从究竟有多大程度或者在什么方面？这一问题旨在表明政治权威的范围；3）我是怎样负有政治义务的，或者更进一步说，我真正负有政治义务吗？这一问题旨在说明政治权威的起源。公民义务与政治权威互相关联。假定我有义务从事或者不从事某项行动，那么，必定会有别的人（或别的实体）有权利要求我去从事或者不从事该行动。结果，就该行动来说，他（或它）对我拥有权威。一般来说，政治权威是国家，或政府，或它的代表。但个人只对它拥有公民身份的国家负有政治义务，而不是对所有的国家都负有政治义务。在日常生活中，这种义务表现为国家用法律明确规定并用国家的力量强制公民履行的对于国家的某种职责。

那么，公民义务又是从何而来的呢？不同时代对于这一问题存在着不同的回答方式。在漫长的传统社会，人们对义务的起源存在着两种不同的解释方式：一是把它们当做自然的事实加以继承，我的前辈们一直负有这些义务，我所负担的义务是我从我的前辈们那里自然地继承下来的；二是把政治义务当做上帝的意愿加以接受。以社会生活中的服从为例。《圣经》记载，上帝造人时，从男人的身上取出一根肋骨，并用这根肋骨造了一个女人，女人便成为男人身上的一根骨头，女人对男人负有服从的义务。① 其实，这种故事不光出现在古代外国宗教的经书内，中国古代神话中也有女娲用黄土造人的故事。《太平御览》卷七八引《风俗通义》中说道："俗说天地开辟，未有人民，女娲抟黄土作人，剧务，力不暇供，乃引绳于泥中，举以为人。"先被造出来的人也就是人世间高人一等的人，而由绳子上的泥分散甩出去所变成的人则是下等人，对前者具有服从的义务。

现代政治哲学以一种完全不同的方式解释了公民义务的起源。在它看来，公民义务并非如传统思想所认为的那样是一种不可避免的东西，而是坚持所有的正当义务都来源于公民的自愿产生和自愿接受。这种观点立刻产生了正当合理性的问题：我们为什么应当承受各种各样的义务？16世纪以来的启蒙思想家从两个角度回答了这一问题。一是人们承担各种义务是出于保存自身利益的需要。对于我们自身所需要的东西，如生命安全、财产保护、个人自由等来说，国家是一种必要的手段，国家在给予公民这些权利的同时，公民必须相应地履行对于国家的义务。各种契约论思想代表了这一取向。按照古典契约论所持的立场，只有当政治权威取决于下属的意愿和同意并且被限制在一定范围内时，它才是合法的。例如，洛克说道："政治权力就是为了规定和保护财产而制定法律的，判处死刑和一切较轻处分的权利，以及使用共同体的力量来执行这些法律和保卫国家不受外来侵害的权利；而这一切都只是为了公众福利。"② 因此，公民所承担的义务是一种有条件的义务。二是从道德的角度论证各种义务的合理性。我们承担各种义务是出于基本道德的前提，如保障正义、扩大人类幸福等，如果想要使这些道德理想得到实现，那就必须承担各种政治义务，尤其是服从政治权威的义务，因为政治权威被看做是实现这些义务的根本途径。不论是哪一个角度，都把义务与公共福利或者集体利益联系在一起。"义务这个名词的应用，似乎应该在于描述一个人能够最好地为公共福利服务的那种方式。这种义务的范围受着这个人能力大小的限制。"③

6.3.2 公民义务的种类

从广义的角度来看，公民义务可以划分为三种类型：公民对国家的义务，如公民有向国家纳税的义务、有保卫祖国的义务；公民对社会的义务，如公民有遵守公共秩序的义务、有遵守社会公德的义务；公民对某些特定个人的义务，如子女有赡养父母的义务、父母有抚养和教育未成年子女的义务。但公民身份所针对的主体是政治国家，因此

---

① 参见：《圣经·创世纪》，上海：中国基督教协会2002年版，第2页。
② （英）洛克：《政府论》（下篇），叶启芳、瞿菊农译，北京：商务印书馆1996年版，第4页。
③ （英）威廉·葛德文：《政治正义论》（第1卷），何慕李译，北京：商务印书馆1982年版，第12页。

它包含的义务也主要是针对国家,这种义务通常表现为各种法律义务。也就是说,国家加诸于公民的任何义务,都应来自于法律的规定,公民只履行法律规定的义务,不服从任何个人的意志。

但是,公民义务主要是通过国家的普通法律得到实质性规定的,而不是通过国家的宪法。因为按照一般宪法原理,公民的义务通常不会规定在宪法中,因为宪法是公民用来约束政府,而不是约束自己的,政府在宪法上只有义务而无权利。所以,宪法有时尽管会规定某些公民基本义务,但多数仅具象征意义。这些义务是国家对公民最重要、最根本的要求,国家生存和国家管理依赖于这些义务的履行。对国家来说,公民的基本义务就是国家的权利,国家有权要求其公民按照宪法和法律的规定,做出一定行为或者不做出一定行为。如果个别公民不履行义务或不忠实地履行义务,为了全社会的利益,国家和社会有权予以谴责、处分和制裁。公民不履行宪法规定的基本义务的行为,通常都是依照普通法律予以制裁的,因为普通法律都是根据宪法规范制定的,包含了对基本义务的详细规定。从各国的宪法文本来看,公民的基本义务主要表现在五个方面。

(1) 维护国家统一和民族团结的义务。这是公民最高的法律义务,它要求公民维护国家的主权独立和领土完整。任何人都不得以任何方式分裂国家、接受外国势力支配、割让领土、服从外国势力或要求外国干涉本国内政。这种义务不仅是对于公民的要求,实际上更是对政府及国家各级领导人的要求,因为后者违反此项义务的后果要比普通公民违反此项义务所造成的后果严重得多。维护民族团结则是指每个公民都有责任维护各民族间的平等、团结和互助关系,同一切破坏民族团结和制造民族分裂的言行作斗争。这项义务与多民族的国家结构密切相关,它要求任何人不得以任何形式制造民族矛盾和民族冲突。我国《宪法》第52条规定:"中华人民共和国公民有维护国家统一和全国各民族团结的义务。"1958年《法国宪法》第1条规定:"共和国以及海外领地的人民自由决定通过本宪法,并组成共同体。共同体建立于组成共同体的各族人民的平等和团结的基础上。"第77条则规定:"在共同体中,只有一种公民身份。全体公民,不论他们的出身、种族或宗教信仰,在法律上一律平等。全体公民承担同样的义务。"

(2) 遵守宪法和法律的义务。遵守宪法和法律是公民必须履行的最根本义务。在法律完备的法治国家,只要公民守法,也就等于公民履行了其他的宪法和法律义务。法治国家必须以公民守法为条件,否则法治就失去了建立的可能。当然,在现代国家,公民履行法律的义务以公民拥有相应的权利为前提。我国宪法除规定公民遵守宪法和法律的义务外,还规定公民具有保守国家秘密、遵守劳动纪律、遵守公共秩序、尊重社会公德的义务,这些规定实际上是对守法义务的进一步补充。《宪法》第53条规定:"中华人民共和国公民必须遵守宪法和法律,保守国家秘密,爱护公共财产,遵守劳动纪律,遵守公共秩序,尊重社会公德。"同时,对于遵守宪法和法律的义务,还必须从广义的角度加以理解,即公民不仅应当遵守宪法和法律,还应遵守行政机关制定的行政法规。因为根据宪法的规定,行政法规也属于立法机关监督权的范围;除此之外,公民还负有遵守地方性法规的义务,这同属于遵守宪法和法律的范畴。

(3) 依法纳税的义务。纳税也是公民或国民对国家应尽的古老义务。国家产生的标志之一就是居民纳税,因为公共机构的设立和公共权力的行使必须建立在国家财政的基础上，而国家财政的主渠道就是税收。没有税收，就没有国家的管理和对社会的服务，也就没有国家本身。同时，税收还是进行各项建设的重要资金来源，是国家调节国民经济的重要杠杆。所以，为了国家的安全、稳定和繁荣，依法纳税成为公民的基本义务之一。《美国宪法》第1条第八款规定："国会拥有以下权力：赋课并征收直接税、间接税、输入税与国产税；偿付国债，并供应合众国之共同防务与一般福利经费：唯各种税收、输入税与国产税应全国划一。"① 我国《宪法》第56条也明确规定："中华人民共和国公民有依照法律纳税的义务。"纳税以公民的自觉性为基础，辅以国家的强制手段，所有负有义务的单位和个人，都必须自觉履行纳税义务；任何偷税、漏税的行为都被视为违法，必须承担相应的法律责任。

（4）服兵役的义务。共和主义公民身份传统深信军事义务对于公民德性的重要性，坚信服兵役是形成公民良好纪律和品德的必要途径。服兵役曾经是雅典公民身份的典型特征。苏格拉底曾两次被征召去参加作战，尽管第二次参战的时候已经45岁了，但他仍然很好地完成了自己的义务。在马基雅维利看来，一支英勇无畏而又纪律良好的公民队伍是国家存在的必要条件，因为只有公民才会负责任地、忠诚地保护自己的国家，唯利是图的雇佣兵只会给国家带来浩劫。② 卢梭也坚决反对请雇佣兵作战的做法，因为这样的士兵既懒惰又唯利是图，完全不关心国家大事，"只要有人谈到国家大事时就会说：'这和我有什么相干？'"③ 在那个时候，服兵役被看做是只有公民才能拥有的一项神圣的权利，奴隶是不能服兵役的。时至今日，共和主义公民身份传统尽管早已衰退，但服兵役依然被看做是公民的一项光荣义务。之所以光荣，就在于它保留了共和主义传统的原始含义。服兵役的义务包括保卫祖国、抵抗侵略、参加民兵组织等。我国《宪法》第55条规定："保卫祖国、抵抗侵略是中华人民共和国每一个公民的神圣职责。依照法律服兵役和参加民兵组织是中华人民共和国公民的光荣任务。"《兵役法》（1998）更明确地规定："除依法被剥夺政治权利的人以外，公民不分民族、种族、职业、家庭出身、宗教信仰和教育程度，都有服兵役的义务。"

（5）维护国家安全、荣誉和利益的义务。这是对于公民热爱自己国家的要求。国家的安全是每一个公民生产生活、安居乐业的必要条件，反过来每个公民也就有义务维护祖国的安全。国家的荣誉也就是国家和民族的尊严，作为自己国家的公民，任何人都有义务维护国家的荣誉，任何崇洋媚外、丧失人格国格的行为都被看做是有损国格的表现，为国家所禁止。维护国家的荣誉通常与维护一个民族的荣誉联系在一起。一个不热爱自己祖国或者有辱于本国公民人格的人，不仅会受到其他公民的谴责，而且还会受到法律的制裁。同理，对于国家利益，每个公民都有维护的责任。这里的国家利益，主要是指国家的整体利益，不是在公民与国家关系意义上讲的，而是相对于外国国家利益而言，其中包括政治、经济等方面的内容。它要求任何公民都不能以牺牲国家利益来换

---

① 转引自（美）汉密尔顿、杰伊、麦迪逊：《联邦党人文集》，程逢如等译，北京：商务印书馆1997年版，第456页。

② 参见（意）尼科洛·马基雅维利：《君主论》，潘汉典译，北京：商务印书馆1997年版，第65页。

③ 转引自（英）德里克·希特：《何谓公民身份》，郭忠华译，长春：吉林出版集团2007年版，第65页。

取个人好处，否则就要受到法律的制裁。我国《宪法》第 54 条规定："中华人民共和国公民有维护祖国的安全、荣誉和利益的义务，不得有危害祖国的安全、荣誉和利益的行为。"

除上述所列基本义务之外，由于各国实行的基本国策不同，还会规定公民其他一些义务，如各个国家普遍规定的公民有参加劳动的义务、有接受义务教育的义务等等。此外，我国《宪法》还对"夫妻双方有实行计划生育的义务"、"父母有抚养教育未成年子女的义务，成年子女有赡养扶助父母的义务"等做了专门的规定。

6.4 公民身份在中国

6.4.1 公民概念在中国的演变

马克斯·韦伯曾指出："在西方之外，从来就不存在城市公民的概念。"[①] 的确，对于中国来说，公民和公民身份都是外来的概念，真正在中国土生土长并长期处于霸主地位的是"臣民"、"草民"、"子民"。新中国成立以后，中国人抛弃了这些概念，但最先喜出望外地拥抱的并非"公民"，而是"人民"。概念的分殊表现出截然不同的政治形象，潜含着迥然相异的政治关系和政治理念。"草民"的形象是掌权者的超大权威和民众的柔弱无助、备受欺凌；"臣民"的形象是掌权者"四海之内，莫非王土；率土之滨，莫非王臣"的宣告和人们对政治权威的俯首帖耳、唯命是从；"子民"的形象是掌权者对"民贵君轻"、"水可载舟，亦可覆舟"的体认以及臣民对有道明君的歌功颂德、顶礼膜拜。与前三者相反，"人民"的形象则是高大伟岸、威风凛凛，它貌视和破坏一切政治权威。如果说前三者折射出来的政治关系是国家与社会关系中社会处于国家的绝对掌控之下以及由此形成的唯命是从的话，"人民"所折射出来的政治关系则是国家与社会关系的倒转，社会对政治权威的践踏，"人民"通常与"公敌"、"造反"、"斗争"、"革命"、"专政"等结伴同行。"公民"和"公民身份"概念落户中国并取得其宪法地位仅数十年之久。

清末立宪运动时期，公民和公民权利的思想开始传入我国；其标志性的事件是 1908 年颁布《钦定宪法大纲》。《钦定宪法大纲》尽管仍未脱离几千年来君臣关系的思想，但它还是预示了一种新的政治理念的开端。该文件的最后辟有"臣民的权利"章节，尽管所有的"民"都被称作臣民，仍需要接受千年来的三纲五常的约束，但还是破天荒地列举了臣民所能享受的权利和必须履行的义务。臣民享有包括被选举权、言论、著作、出版、集会、结社的自由，以及人身权、诉讼权、财产权等权利。例如，它规定，"合于法律命令所定资格者得为文武官吏及议员"、臣民凡在法律范围内的事"均准其自由"[②]。臣民必须履行纳税、服兵役和守法等义务。"按照法律所定，有纳税

[①] （德）马克斯·韦伯：《新教伦理与资本主义精神》，于晓、陈维纲等译，西安：陕西师范大学出版社 2002 年版，第 22 页。

[②] 故宫博物院明清档案部：《清末筹备立宪档案史料》（上册），北京：中华书局 1979 年版，第 59 页。

当兵之义务。"① 随后，清王朝在辛亥革命的革命压力之下企图力挽颓势，又于1911年仓促出台了《重大十九信条》。这一文本没有再使用"臣民"的提法，而是采用了"国民"，同时还规定了国民的选举权，"上院议员由国民于法定特别资格中公选之"。这两部法案尽管一直被看做清王朝假借立宪之名、行抵制革命之实的作品，但从公民的角度看，从"臣民"到"国民"的转变却是在这一过程中悄然完成的，这种明文表达至少说明清王朝意识到形式平等的重要性，显示了一定的积极意义，与2000多年来一直使用的"草民"、"臣民"、"子民"等概念比较，对外来词"国民"概念的接受意味着对政治关系开始产生新的认识。

辛亥革命胜利后，民国临时政府颁布了《中华民国临时约法》，并庄严宣布："民国之主权，属于国民全体。"但除该规定之外，该约法在规定基本权利和义务的时候使用的全部是"人民"一词。人民究竟何指，语焉不详，而且在随后出台的《选举法》中还规定了种种限制人民选举权和被选举权的条件。如"只有具备年纳直接税2元以上和价值500元以上的不动产，在选区内居住2年以上，并具有小学毕业文化水准，才能享有选举权"。因此，在许多学者看来，它所指的人民实际上"只限于资产阶级本身，而不包括广大劳动人民在内"②。1913年民国国会宪法起草委员会拟定的《天坛宪法草案》首次明确提及了"国民资格"的认定，"凡依法律所定属中华民国国籍者，为中华民国国民"，在基本权利义务的规定上则继续沿用了"人民"的概念。1914年的《中华民国约法》（又称《袁记约法》）、1923年的《中华民国宪法》（史称《贿选宪法》）都继续沿用了这些规定。此后，1931年的《中华民国训政时期约法》以及民国政府后来拟定的《中华民国宪法草案》（史称《五五宪草》）、制定的《中华民国宪法》皆大同小异，都以"国民"指称国家权力的归属主体的每一分子，以"人民"概称权利义务主体。

20世纪初，近代文人志士在介绍西方宪法的过程中，"公民"一词开始进入中国。如康有为曾发表《公民自治篇》，较早提出近代意义的"公民"概念。此后，上海预备立宪公会还出版了《公民必读初编》小册子。在近代中国产生较大影响的宪法学教材之一《比较宪法》，专辟有"公民团体"一编，并对公民概念进行明确的界定："公民这个名词，系指享有参政权的人民而言。因为某一国公民所享有的参政权，其范围或与另一国公民的参政权不同。所以公民这个名词，在一国有一国的含义。"③ 孙中山在《中华革命党总章》中则以一种等级身份的方式把党员和非党员的区别归结为公民和非公民的区别："1）凡在革命军起义前入党者，称作首义党员，属于元勋公民等级，具有参政和执政的优先权；2）凡在革命军起义后，革命政府成立以前入党者，称作协助党员，属于有功公民等级，享有选举及被选举权；3）凡在革命政府成立之后入党者，称作普通党员，属先进公民等级，享有选举权。"④ 因此，孙中山关于公民身份的认识

---

① 故宫博物院明清档案部：《清末筹备立宪档案史料》（上册），北京：中华书局1979年版，第59页。
② 蒋碧昆：《中国近代宪政宪法史略》，北京：法律出版社1988年版，第130页。
③ 王世杰、钱端升：《比较宪法》，北京：中国政法大学出版社1997年版，第133页。
④ 《中华革命党总章》，见：《孙中山全集》（第3卷），北京：中华书局1984年版。

与现代公民身份存在较大差异,他所强调的是政治等级和特权,与现代公民身份强调的平等完全不同。

"公民"一词首次出现在新民主主义的法律文件上则是 1934 年的《中华苏维埃共和国宪法大纲》,其第 4 条规定:"在苏维埃政权领域,工人、农民、红色战士及一切劳苦民众和他们的家属,不分男女、种族、宗教,在苏维埃法律面前一律平等,皆为苏维埃共和国的公民。"为使工农兵劳苦民众真正掌握自己的政权,《苏维埃选举法》特规定:"凡属苏维埃公民,在 16 岁以上者皆有苏维埃选举权和被选举权,直接派代表参加各级工农兵苏维埃的大会。"在那里,公民主要指工人、农民、红军战士等社会下层阶级,而且规定了所有公民一律平等的原则,一定程度上反映了现代公民的含义。

新中国诞生之际制定的《中国人民政治协商会议共同纲领》不仅继续把"人民"作为基本权利的享有主体,把"人民"作为主权的归属者,而且在有关义务的条款中还继续沿用了"国民"术语,而不是"公民"。新中国最早使用"公民"的规范性文件被公认为是 1953 年公布的《中华人民共和国全国人民代表大会及地方各级人民代表大会选举法》,该文件第 4 条规定:"凡年满 18 周岁之中华人民共和国公民,不分民族、性别、职业、社会出身、宗教信仰、教育程度、财产状况和居住期限,均有选举权和被选举权。"那时候,中华人民共和国国籍是获得公民身份的唯一条件,公民拥有选举权和被选举权。直到 1954 年《宪法》之后,"公民"才开始取代"国民"概念得到普遍的使用,它不仅用来表示基本权利的享有者,还用来表示基本义务的承担者,"人民"则由先前表达基本权利的主体转向仅仅适用于表明主权归属者的身份。"自此,公民这一概念的法的内涵发生重大嬗变。"① 此后,相继制定修改的三部《宪法》均广泛采用了"公民"这一概念,不再独立使用"国民"概念,但公民概念含义的真正明晰则直到 1982 年《宪法》颁布之后,现行《宪法》第 33 条规定:"凡具有中华人民共和国国籍的人都是中华人民共和国公民。"这一规定表明,在我国,公民除必须拥有中华人民共和国国籍以外,不必再具备其他的资格条件。

6.4.2 公民权利与义务在中国的发展

公民概念在中国的发展经历了长期的演化过程,与此相适应,与公民密切相关的权利和义务也经历了曲折发展的过程。新中国成立以前,不仅宪法和法律文件中有关"公民"的字眼非常罕见,而且相关权利和义务的落实更是困难。《钦定宪法大纲》规定了臣民五条权利、四条义务。在大部分情况下,公民权利仅仅与选举权和被选举权联系在一起,很难谈得上公民权利和义务的落实。新中国成立之后,1954 年《宪法》对公民的权利和义务进行了系统的规定。以这一宪法为蓝本,此后的 1975 年、1978 年和 1982 年《宪法》都对公民的权利和义务进行了专门的规定,并且体现出不断发展的趋势。与新中国成立前的三部《宪法》相比,现行《宪法》在公民基本权利和义务方面的发展主要有四个方面。

(1) 更加突出了公民权利和义务的地位。这集中表现在调整了"公民的基本权利

---

① 林来梵:《从宪法规范到规范宪法》,北京:法律出版社 2001 年版,第 84~85 页。

和义务"一章在宪法结构中的位置,将其从第三章调整到第二章,放在第一章"总纲"之后、"国家机构"一章之前。从而表明在国家生活中,保护公民权利的地位重于国家机构,反映了公民权利与国家机构之间的价值取向,即由国家机构管理人民的理念改变为国家机构的权力来自人民并服务于人民的理念。

(2) 公民基本权利的条款有所增加,内容更加充实具体。有关公民基本权利的条款,1954年《宪法》是14条,1975年《宪法》是2条,1978年《宪法》是12条,而现行《宪法》则增加到18条,而且内容更加充分、具体与明确。

(3) 更加强调公民基本权利的实现条件。现行《宪法》充分体现了公民基本权利的价值性与实践性相统一的原则,从而确认了公民权利和自由实现的法律保障与物质保障,使公民基本权利的实现具有现实基础。比如,为了保障公民的人格尊严不受侵犯,现行《宪法》规定"禁止用任何方法对公民进行侮辱、诽谤和诬告陷害"等等。

(4) 更加强调公民基本权利与义务的一致性。现行《宪法》明确规定,任何公民享有宪法和法律规定的权利,同时必须履行宪法和法律规定的义务。此外,宪法还要求公民在行使权利和自由的时候,不得损害国家的、社会的、集体的利益,不得损害其他公民的合法权利和自由。

但是,改革开放乃至20世纪90年代以前,我国尽管出现了众多有关公民权利和义务的制度性规定,但长期缺乏落实公民身份权利的程序性支持,使公民身份权利的落实长期存在实质性的障碍,甚至在1957年之后尤其是"文化大革命"期间出现长期肆意践踏公民身份权利的现象。20世纪90年代以后,中国市场机制不断得到发展并逐步成为资源配置的主要途径,我国政府相继于1997年和1998年签署了《经济、社会及文化权利国际公约》和《公民权利政治权利国际公约》,2001年,我国又正式加入了WTO,这些因素的合力在推动中国社会结构转型的同时,也使公民身份权利得到了实质性的发展。90年代以来,中国公民身份权利的发展主要体现在三个方面。

(1) 公民权利得到了实质性的发展。如果说百年来公民政治权利更多是停留在文本表述的话,市场社会的发展开启了公民用行动来检验各种政治权利的机会和空间,并用实践推进着公民权利在制度上的发展和程序上的落实。当前,公民运用法律武器保护和捍卫合法权利的做法日益普遍,公民权利的内容也在不断揭示既有制度和程序漏洞的过程中拓展。在公民人身自由方面,随着改革的深入和政府向有限政府转变,国家机关工作人员尤其是基层政府工作人员滥用执法权力的行为在一定程度上得到纠正。2003年和2004年期间,最高人民法院先后出台了《关于严格执行刑事诉讼法,切实纠防超期羁押的通知》和《最高人民检察院关于在检察工作中防止和纠正超期羁押的若干规定》,严厉禁止刑讯逼供、变相羁押、超期羁押犯罪嫌疑人和非法限制证人人身自由或其他合法权利的现象。同时,由于2003年"孙志刚事件"的发生以及由此引发的广泛的社会关注,某些危害公民人身权利的制度也被废止,原来的《城市流浪乞讨人员收容遣送办法》被新的《城市生活无着的流浪乞讨人员救助管理办法》所取代。在公民的迁徙自由方面,由于市场经济对平等个体的流动的需求,人们的跨地域流动大幅增加,居住自由和择业自由进一步扩大,传统户籍制度对人的约束力出现大幅松动。在财产权利方面,对公民私有财产权的保护不仅正式载入了宪法,在此基础上,还正式制定和颁布了《中华人民共和国物权法》，为公民的财产权提供了明确的法律保障。同时，公民的言论、思想和结社自由从制度到实践也都有了一定的发展。

（2）政治权利得到了进一步发展。改革开放和发展市场经济以来，我国的民主政治也在探索中不断取得进展，公民的政治权利在民主政治实践中正在探索从选举程序的不断完善到知情、民主管理、民主监督权利在实践中不断落实的道路。公民政治权利的发展表现在三个方面。1）公民的选举权正从文本规定转向政治实践。1995年修改后的《中华人民共和国选举法》（以下简称《选举法》）将人大代表的城乡人口比例差别由原来的8:1、5:1、4:1的比例一律改为4:1，向平等的选举权迈出了实质性的一步。1995~2004年间，全国人民代表大会先后4次对《选举法》进行修订，使选举权的落实不断趋于可操作化。2）公民的政治监督权得到了发展。1995年，国务院公布《信访条例》，并于2005年进行新的修订，为公民通过信访渠道监督政府行政提供了渠道。监察制度逐步趋于完善，近年来，行政监察机关在拓宽公民监督渠道方面进行了一些有益的尝试和探索，创设了特邀监察员制度、廉政建设巡视制度、民主评议行风制度等形式，既有效地落实了公民的监督权，又有力地促进了政府的行政效能。3）公民参与政治管理的范围不断扩大。这表现在：在关涉公民利益的重大决策过程中开始引入各种形式的听证制度；公民的知情权开始受到重视并逐步进行制度构建，各种形式的政务公开开始变得制度化；问责制度在危机管理层面开始出现；各种形式的村民自治和社区自治制度蓬勃发展。所有这些方面汇集在一起，使政府与公民的关系本质不断得到理顺。

（3）对社会权利的保护和发展进行了有益的探索。改革开放初期，改革目标主要在于解除束缚生产力发展的思想、体制和制度，但20世纪90年代中后期以后凸显的社会问题开始制约生产力发展的速度，在解决改革所带来的问题的过程中，公民的社会权利同时得到了发展。这主要表现在两个方面。1）公民的社会保障权利开始迈入更加规范发展的轨道。1998年，劳动与社会保障部成立，成为实施全国劳动和社会保障工作的最高机构，承担了制定总体规划、基本方针和法律法规草案等任务。2000年，国务院印发《关于完善城镇社会保障体系的试点方案》，开始试点探索建立全国统一的社会保障制度。与此同时，农村社会保障制度进行了试点，农村卫生医疗和农民工权益保障开始受到重视和保护。2）公民受教育权取得一定程度的保护。在公民的义务教育方面，1993年，中共中央、国务院印发的《中国教育改革和发展纲要》明确了到2000年我国教育事业发展的目标和任务。此后，国务院还陆续批准和颁布了《义务教育法实施细则》等一系列保障《义务教育法》实施的政策法规。到目前为止，政府承担了义务教育阶段的全部经费，义务教育的条件得到了明显的改善。农民工子女的教育开始受到重视并进行了某些有益的探索。同时，高等教育的普及性和机会平等有所加强，并开始形成多样化的筹资渠道以解决贫困家庭的入学难问题。

改革开放以来，我国公民身份权利逐步改变原来由国家完全掌控的融和发展格局，呈现出分化发展和相互促进的态势。公民权利的内容和范围得到了拓宽，政治权利越来越通过程序性设计得到落实，社会权利也逐步摆脱全能主义时期的国家化供给方式，不断走向平等和多样化发展的格局。国家制度建设和公民社会的政治实践成为推动公民身份权利发展的双重动力。当然，我国目前公民身份权利的发展还存在诸多的不足之处。

这突出体现在：公民权利落实的程序性设置和保障仍然严重不足，许多权利仍然停留在文本的规定上；城乡二元社会结构造成了公民身份权利的极大不平等，户籍制度对公民平等地行使公民权利仍然存在相当大的制约作用；数量庞大的流动人口尤其是农民工的公民身份权利处于发展的盲区，肆意践踏他们权利的现象屡屡发生；等等。但是，可以预期，随着中国市场经济体制进一步完善，民主政治进一步发展以及与全球体系的交融进一步深入，中国的公民身份权利也将进一步得到完善和发展。

小结

公民身份是政治学中的古老概念。它起源于古希腊雅典城邦，历经古罗马共和国、中世纪城市共和国而发展成为现代的模式。公民身份表示个体在共同体中的成员身份，与特定的权利和义务相关联。公民身份分为自由主义公民身份和共和主义公民身份两大类型。前者把个人权利看做是共同体存在的基础，后者则强调共同体的维系是个体存在的关键。公民身份权利表现在公民权利、政治权利和社会权利等三个方面。公民权利是维系个人自由必不可少的条件，如人身安全、财产权利以及言论、集会、出版、结社自由等；政治权利是个人作为共同体成员参与行使政治权力的权利，如选举权、被选举权、监督权和担任公职的权利等；社会权利是个体作为共同体成员享受某种程度的福利与安全，过着某种通行生活标准的权利，如劳动权、受教育权、获得最低生活保障权等。公民义务是个体在享受权利的同时必须付出的代价，表现为依法纳税的义务、服兵役的义务、维护国家统一和民族团结的义务等。公民身份在中国的发展仅百来年的历史。百年来，公民权利大部分时候仅表现为文本的规定。改革开放和市场经济的发展为公民权利的发展注入了新的活力，公民权利不断朝着多元化的方向发展，公民权利的落实不断得到制度和程序上的保障。

阅读书目

1. 郭忠华、刘训练编：《公民身份与社会阶级》，南京：江苏人民出版社2007年版。
2. （英）德里克·希特：《何谓公民身份》，郭忠华译，长春：吉林出版集团2007年版。
3. （英）布赖恩·特纳：《公民身份与社会理论》，郭忠华、蒋红军译，长春：吉林出版集团2007年版。
4. 王世杰、钱端升：《比较宪法》，北京：中国政法大学出版社1997年版。
5. Dorothy J. Solinger. *Contesting Citizenship in Urban China-Peasant Migrants, the State, and the Logic of the Market*. California: University of California Press, 1999.

思考题

1. 简述公民身份的演化过程。

2. 自由主义公民身份与共和主义公民身份的区别主要表现在哪些方面?
3. 公民身份主要包含哪些权利?
4. 公民基本义务主要有哪些方面?
5. 改革开放以来,中国公民身份权利的发展主要表现在哪些方面?

第7章 公民充权

"充权"英文原词为 empowerment，从字面意思理解就是"赋权"。然而，在中国背景下，"赋权"往往容易被理解为政府（权力机关）自上而下赋予权力给公民，这与 empowerment 强调公民自身"能力构建"的本质并不一致。因此，本章把 empowerment 理解为"充权"。

7.1 充权理论与"相互充权"

充权理论最早出现在美国的社会工作与社区研究中，在20世纪60年代开始被一些政治家、教育者和社会工作者使用。其目的在于改变以往由政府或代理机构主导安排社区中"弱势群体"生活的模式，使"弱势群体"能在社会工作者的协助下提升能力、主动要求政府或代理机构提供满足自己需求的服务。随后，学者们开始把"充权"概念引入到不同的研究中，充权理论逐渐成为环保运动、妇女维权运动、残疾人维权运动等多个领域的有效理论工具。到了20世纪90年代初，"充权"已经成为美国流行的一个新概念；如今，充权理论在西方已经形成了较为成熟的理论系统，适用于多个社会科学领域乃至商业领域。

在政治学研究中，对于充权理论的关注来源于国家与社会"相互充权（mutual empowerment）"这一概念的提出。从韦伯以来，人们长期将"权力"当做是一种单维度的支配与被支配的关系，假定权力关系中的双方处于一种零和游戏之中，一方权力的获得必然导致另一方权力的失去。从这种"权力"的概念出发，在国家与社会研究之中，研究者假设公民社会的成长必然意味着限制国家的权力，国家权力的扩张必然意味着对公民社会的压制，两者是一种此消彼长的关系。在这种"权力"概念下，只会存在两种国家与社会的关系，即强国家与弱社会抑或弱国家与强社会。[①]

"相互充权"概念的提出，对这种观点进行了修正。"相互充权"意味着权力可以扩展和转换，权力关系之中的双方可以达成某种双赢游戏的结果。相互充权实现的可能性正是在于更深入地揭示"权力"的三个方面：权力的可扩展性、权力的可转变性和权力的可共享性。

（1）权力的可扩展性。权力的可扩展性意味着权力关系中的双方所拥有的权力并

[①] 参见 Xu Wang. "Mutual Empowerment of State and Society: Its Nature, Conditions, Mechanisms, and Limits." *Comparative Politics*, 1999, 31 (2): 231~249.

非是固定不变的，而是可以减少或者增加的。① 通过公民充权，公民可以摆脱依赖和完全受支配的地位而享有自尊自主以及进行社会参与和政治参与的能力与权力。如果仅把权力作传统意义上的相对狭隘的理解，会直接影响到我们是否了解充权的真正含义。西方学者在探讨充权理论时曾指出，充权理论认为权力有不同的来源，而且是无穷的（因为它是在社会互动过程中产生出来的）。②

（2）权力的可转变性。有的观点认为，权力是一种"零和博弈"。这意味着除非他们肯放弃，否则权力将一直掌握在有权者的手中，即权力的专有性。就这种角度下理解的权力是不可转变的。而如果权力不能改变，是固有于人们的关系中，那么充权根本是没有意义的，因为充权应该是一个权力转变的过程。

（3）权力的可共享性。传统的社会科学中使用的权力，通常是与控制、统治联系在一起的。通俗地说，就是让别人做我们所想的事情的能力。然而，虽然在很多情况下"权力"的行使是一种支配和强制关系，在另外一些情况下，"权力"的行使是为着达成权力关系中双方共同的目标，抑或为了加强双方对于第三方的权力。也就是说，权力关系中的双方并非完全是敌视和对立的。

基于以上对于"权力"概念更深入的认识，在国家与社会关系之中，研究者认识到，公民的充权不一定就会削弱国家的权力；反过来，国家的充权也不一定就会压制公民的权利和权力。在这样的情况下，国家与社会之间存在某种"协作（synergy）"关系，两者存在共享的目标，并通过相互充权来实现。这种国家与社会的"相互充权"包括国家与公民两个层次。

第一个层次，国家充权。在比较民主转型的研究中，研究者越来越发现，一个强有力的国家而非一个虚弱的国家是民主巩固的重要条件，而要实现国家充权可以通过两个方面的努力来实现。一方面，国家的充权需要依靠国家自身的改革和制度建设来实现，通过漫长的国家政权建设来推动国家的理性化和制度化，从而加强国家实现其社会控制目标和代理人监控的权力。另一方面，公民社会的成长也可以促进国家的充权。在将国家权力划分为国家专制权力和国家基础权力的基础上，研究者发现，公民社会的成长和公民的充权有助于加强国家的代理人监控、促进社会自发秩序的形成、提高国家的制度绩效以及强化政府的横向问责制，从而可以促进国家基础权力的发展，推动国家能力的建设（详见第 4 章）。

第二个层次，公民充权。国家与社会的相互充权绝不仅仅局限于加强国家的基础权力和增强国家的能力，公民充权不仅仅可以提升公民自身能力、促进社会自组织和自发秩序的形成与推动公民的政治参与和利益表达，而且，如第一层次所指出的，它对于国家能力的建设和民主的巩固都具有积极的意义。而公民充权可以通过两个方面来实现。一方面，公民充权需要依靠公民自身以及众多公民自愿集结起来形成的公民社会来实现，通过公民充权意识的形成以及公民社会内部的组织、联系、动员和参与来提升自身能力，改变其弱小无助的状态；另一方面，公民充权也需要国家积极承担其保障公民充

---

① 参见 Cheryl E. "Empowerment: What Is It?" *Journal of Extension*, 1999, 37 (5).
② 转引自陈树强：《增权：社会工作理论与实践的新视角》，见 http://www.sociology.cass.cn。

权基本条件和培育强有力的公共领域的责任，不断改革和完善其制度安排，提供更多的政治和经济资源来促进公民充权，促进社会组织的成长。

7.2 公民充权的界定

公民充权是在多个学科领域内共同使用的一个概念：社区发展、心理学、教育、经济、社会运动研究等等。然而，公民充权的定义理解在学术界至今还没有明确的共识，各个学者均是按照自己研究的对象做出适当的解释。宏观层面的学者通常逐字地界定公民充权，把它刻画成增加集体政治权力的过程；相反，微观层面的学者经常把公民充权描绘成个人增加权力或控制感，而没有结构安排上的实际变化；第三类学者则试图把两种取向调和起来：个人充权如何为集体充权作出贡献，群体权力的增加如何提升个别成员的功能。① 以下是国外相关的研究文献中部分学者对公民充权的解释。

拉帕波波尔特（Rappaport）认为，从心理学的角度来看，公民充权是个人积极主导与控制自己的生活与对社区生活的民主参与的过程。②

齐默曼（Zimmerman）认为，公民充权可以从不同层次的分析进行理解。例如，一个组织充权，因为它影响了政策或它使个人感觉能主导自己的生活；一个群体充权，因为公民参与到维持或改善他们生活质量的行动中。③

阿兰（Susan M. Arai）认为，公民充权是一个伴随着个人能力提高的逐渐对自己生活增加控制的过程。这个过程开始于个人对自己需求的界定与渴望，并随后寻求提升能力、获得资源与支持的途径以最终需求目标。④

绮丽儿（Cheryl E.）认为，公民充权是一个多维的社会过程。充权的过程使人们能自主控制生活、提升个人的能力、自主参与到自己认为重要的行动中。⑤

施威林（Schwerin）认为，公民充权是人们为了满足根本需要而逐渐获得对自身及周边环境控制权的过程。这个充权的过程需要把个人态度与个人能力结合在一起，才能形成有效的个人与集体行动，进而实现个人与集体的社会政治目标。⑥

基弗（Kieffer）认为，公民充权可以看做是一个持久的自主参与能力获得的过程。这个定义包括三个方面的含义：1）更积极的自我观念或自我能力观念的发展；2）社会环境与政治环境的构建；3）社会与政治行动的个人与集体资源的获得。⑦

---

① 转引自陈树强：《增权：社会工作理论与实践的新视角》，见 http://www.sociology.cass.cn。
② 参见 Edward W. Schwerin. *Mediation, Citizen Empowerment, Transformational Politics*. Library of Congress Cataloguing-in-Publication Data, 1995. p. 59.
③ 参见 Douglas D. Perkins and Zimmerman. "Empowerment Theory, Research and Application." *American Journal of Community Psychology*, October 1995.
④ 参见 Susan M. Arai. "Empowerment: From the Theoretical to the Personal." *Journal of Leisurability*, 1997, 24 (1).
⑤ 参见 Cheryl E. "Empowerment: What Is It?" *Journal of Extension*, 1999, 37 (5).
⑥ 参见 Edward W. Schwerin. *Mediation, Citizen Empowerment, Transformational Politics*. Library of Congress Cataloguing-in-Publication Data, 1995. p. 81.
⑦ 参见 Edward W. Schwerin. *Mediation, Citizen Empowerment, Transformational Politics*. Library of Congress Cataloguing-in-Publication Data, 1995. p. 60.

尽管公民充权在学界并没有一个统一的定义，但是综观以上各个学者对充权的定义与理解，我们可以发现与充权定义相关的几个关键词：自主、能力、控制、参与。由此我们把公民充权界定为：公民充权是公民通过各种途径自主提升自己的能力、参与社会政治生活以实现自主控制自己生活目标的行为过程。

7.3 公民充权的要素①

公民充权包括八个基本的要素，分别是自尊（self-esteem）、自我效能（self-efficacy）、知识与技能（knowledge and skills）、政治意识（political awareness）、社会参与（social participation）、政治参与（political participation）、政治权利与责任（political rights and responsibilities）、资源（resourses）。这八个要素相互作用、层层深入，是充权理论框架构建的基石，贯串于充权的各阶段。

7.3.1 自尊

就汉语语境下的解释，"自尊（self-esteem）"意为"尊重自己，不向别人卑躬屈节，也不容许别人歧视、侮辱"②。在充权理论中，自尊发挥着自我（self-）概念的评估功能，即自我评价。高度自尊意味着对自己及自身行为采取积极评价的态度。这种自我评价并不是一成不变的，而是可以随着自身能力的提高以及不同的环境因素而改变的。在马斯洛的层次需要理论中，自尊作为较高层次的需求，是与最高层次寻求——"自我实现"过程紧密相关的，是驱动行为的主要动力，是个人身心健康的基础，更是与民主政治参与紧密联系在一起的。③

7.3.2 自我效能

与"自尊"相类似，"自我效能（self-efficacy）"在充权理论中也发挥着一种自我评价的功能。高度的自我效能感意味着对环境的控制采取积极的态度。个人能力发展研究的理论专家艾伯特·班杜拉为"自我效能"下了这样的定义："人们对自己实现某特定目标的组织能力与行动能力的评价，它并不注重技能本身，而是关注拥有各种不同技能的个人可以采取怎样的行动。"他认为，在自我认知的各个方面，可能没有比"自我效能"更具影响力的概念。

事实上，"自尊"与"自我效能"两个要素的核心都在于"自我（self-）"这一概念以及对"自我"与环境之间关系的态度与信念。简而言之，这两个要素是一种对事

---

① 参见 Edward W. Schwerin. *Mediation, Citizen Empowerment, Transformational Politics.* Library of Congress Catalouging-in-Publication Data, 1995. p. 53~91.

② 中国社会科学院语言研究所词典编辑室：《现代汉语词典》（第5版），北京：商务印书馆2005年版，第1810页。

③ 马斯洛层次需要理论认为，人的需求按层次从低至高可以划分为五个层次：生理需要、安全需要、社交需要、尊重需要、成就需要。（参见徐国华、张德、赵平编：《管理学》，北京：清华大学出版社1998年版，第253~259页。）

物的评价和偏好的价值观念,是充权过程的心理基础,因此,这两个要素又可以统一看做是"心理充权"。其中,"自尊"侧重的是评估个人价值;"自我效能"侧重的是评估个人能力。

7.3.3 知识与技能

充权理论中的"知识"包括三个方面:基础文化知识、实践知识与自我知识。所谓"自我知识",指的是个人目标、价值观等。而对于政治充权过程,我们还需要掌握其与政治游戏相关的专业知识。充权理论中的"技能"则是指"帮助达成目标或完成任务的一系列行动"。不同领域的充权背景下,技能的指向可能是不一致的。最基础的技能包括:缓解压力、交际沟通、解决问题的能力。而在社会与政治行动领域,还要求具有组织能力、领导能力等。可以说,充权技能是社会及政治组织行动所需要的。在民主社会中,这些技能的发展有利于"参与民主"的发展,也为进一步的"社会充权"提供了基础。

7.3.4 政治意识

政治意识的一个重要方面就是"批判意识(critical consciousness)"的构建,即构建自己对社会公平的概念,并提供辨认目标的概念的工具。事实上,"关键意识"的理念与拉美解放运动理论家保罗·伯多禄倡导的"解放教育"是紧密联系的。伯多禄为了帮助受压迫的民众批判地思考自己身处的社会环境与政治环境,发展了觉悟运动的概念,让民众认识到自己受到政治强权的压迫,并倡导他们采取政治行动以摆脱压迫。然而,伯多禄所倡导的教育充权工具是以师生之间的持续对话为基础的,即主张师生之间相互尊重与相互学习。

而按照施威林的观点,政治意识应该包括四个相关的问题[①]。

(1) What is? 要了解民主政治社会中整个政治游戏的规则,区别政治游戏中的权力精英与主要行为者,并尝试回答:政治与经济体制是如何运作的?权力掌握在何人手中,是如何被使用的?谁将从现有的体制中获得利益?等等。

(2) What will be? 在了解现有体制的条件下,对未来发展趋势进行恰当预测。这是一个比对现有体制的了解更为高难度的环节,但是对于形成有效政策却是更为关键的环节。

(3) What should be? 要获得一个更好的未来,需要的是以基本价值(如社会公平、正义等)为基础的阐述清楚的理论支撑。因此,很多理论家与政治家认为充权理论应该为人们所期望的未来发展提供指导。

(4) How to get there from here? 施威林认为,如果一个人认为现有的政治经济制度是相对公平的,或者仅需要很少改变,那么需要进行的是现有体制的维护以及很少的渐进改革;相反,如果一个人认为现有的制度是压制性的、不授予权力的,那么试图进行

[①] 参见 Edward W. Schwerin. *Mediation*, *Citizen Empowerment*, *Transformational Politics*. Library of Congress Catalouging-in-Publication Data, 1995. pp. 63~66.

社会结构改革是更为困难的。但是，要实现目标，改革是必不可少的关键。

可见，政治意识是发展政治能力或者说"政治充权"的核心部分。与前三个要素联结在一起，政治意识使公民在不同的政治活动中具有更大的影响力。事实上，上述自尊、自我效能、知识与技能以及政治意识等四个要素主要是和公民的个人充权相关的。以下将要描述的社会参与和政治参与要素将是与公民的集体充权相关的。

7.3.5 社会参与

"社会参与"是"社会充权"的实践。充权理论中的"社会参与"涉及广泛的社团群体、组织与活动者。社会参与为公民提供了一个缓解压力的支持系统，既提供了帮助他人的机会，也同时帮助了自己，使自己获得新的知识与技能的发展可能，从而提高自己对环境的控制能力与提升自尊与自我效能感。实际上，很多经验事实表明：参与社团与公民充权之间是正相关的。参与社团的很多因素将影响到公民充权：如个人参与社团的动机、频率、程度以及在社团中各项任务的表现与技能的掌握等等。另一些影响公民充权的因素还包括社团特征、意识形态、社团文化、领导风格。然而，需要强调的是，这里所描述的"社会参与"是假定现存的政治经济体制基本是公平的，一旦公民拥有了解体制如何运作的知识，就可以运用他们的权利获得所需要的服务与资源。

7.3.6 政治参与

"政治参与"是"政治充权"的实践。施威林把政治参与划分成四种类型：日常政治、转型政治、革命政治与改革政治。① 在四种政治类型的背景下，参与形式也是不一样的。

日常政治（参与）：投票、筹集资金、政治行动、写信、倡议与游说等。这些参与支持了现存的政治体制，也可以使个别公民充权，但是其目的并不在于政治改革。

转型政治（参与）：转型政治的起因源于现存的政治经济制度不够公正、腐败并使很多公民感觉受到压迫。要解决这些具有深刻原因的问题，要从整个制度的转型着手，使感觉无力与受压迫的公民能够获得应有的权利与资源。

革命政治（参与）：革命政治的发生是由于统治精英的不让权，只有通过政治暴力或革命才能完成政治变革。然而，在革命之后，一些国家可能实现的是参与民主，另一些国家可能实现的是由另一个权威代替原有精英。因此，革命政治参与的结果将是参与者个人充权的实现。

改革政治（参与）：施威林认为，改革政治是处于"日常政治"与"转型政治"之间的政治类型。其发生是由于改革者逐渐认识到现有体制的缺陷。而公民在改革政治背景下的参与结果很可能也是个人充权的实现，并带来某些制度性的转变。

事实上，社会参与和政治参与虽然是两种不同的要素，但是它们之间时而会发生重

---

① 参见 Edward W. Schwerin. *Mediation*, *Citizen Empowerment*, *Transformational Politics*. Library of Congress Catalouging-in-Publication Data, 1995. p. 67. 四种类型的原文为 "Politics as usual", "Transformational politics", "Radical revolutionary politics", "Reform politics"。

叠。首先，个人可以同时参与社会活动与政治行动。其次，个人可能由于参与社会团体而成功充权，并因此在政治行动中表现更出色，从而引起政治的改革。再次，社会团体建立的初期可能只处于社会服务、社会利益等目的，但随着它政治意识与权力的提升，最终可能会被政治化。最后，不同类型的社会参与和政治参与都可能发展出不同类型的充权。

7.3.7 政治权利与责任

如果说上述公民充权的六个要素分别是充权的基础与实践，那么，"政治权利与责任"以及以下所描述的"资源"则是充权的条件。充权的核心实际上就是对个人权利与资源运用能力的强调。而这里所指的权利与义务，实际上与我们平常所理解的意义基本是一致的。所谓政治权利，是指民主社会中的传统价值，包括思想自由、言论自由、宗教自由与结社自由、投票权利、法律面前人人平等等等。所谓政治责任，则包括了保卫国家、纳税、遵守法律、尊重他人权利等等。如今，越来越多充权理论家强调权利与责任在个人充权中的中心地位。

7.3.8 资源

大多数的充权理论家认为，充权的提升意味着获得基本资源能力的提高。这些"资源"包括了满足人类需求的各种各样的资源，包括物质资源、心理资源与社会资源。而何种资源属于基本资源，在一定程度上依赖于社会文化、社会意识形态与一些个人与政治上的因素。施威林认为，一般而言，"权利与责任"和"资源"两者正如自由与平等是很难同时实现的，但是作为成功充权的要素，却必须是资源获得与权利行使的同步进行。

在本节末尾，我们将以图表的形式（见表7-1）总结与概括上述充权要素的内容，以便更清晰地说明充权理论各个要素之间的关系。

表7-1 充权理论①

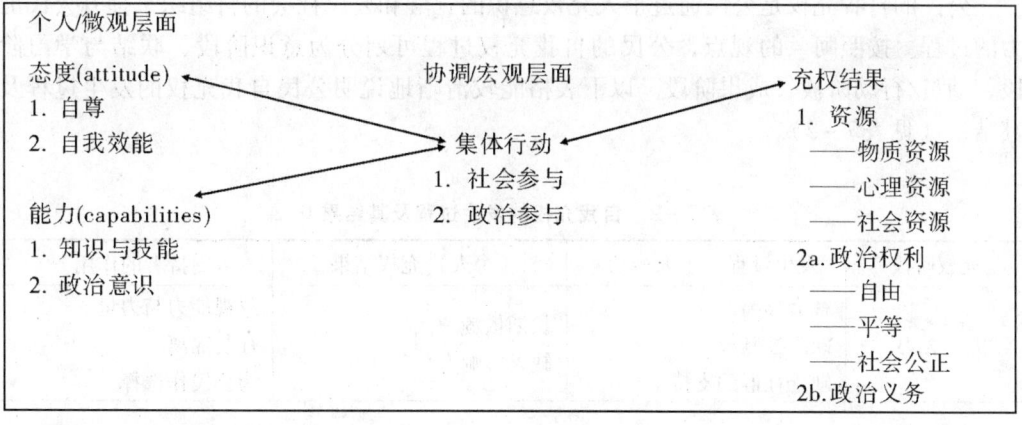

---

① 参见 Edward W. Schwerin. *Mediation*, *Citizen Empowerment*, *Transformational Politics*. Library of Congress Catalouging-in-Publication Data, 1995. p. 83.

7.4 公民充权的过程

国外对公民充权理论的研究最先源于社区工作。按照传统的观点，政府和代理机构会自主决定并主动地为无力的居民或弱势群体（妇女、残疾人等）安排和提供各方面的服务，但逐渐地，作为服务对象的居民发现代理机构提供的服务总是有限的，无法满足他们的现状要求。因此，无力的居民开始要求主导自己的生活、自主选择与决定自己的需求，而不是被动地由政府和代理机构安排。但是，他们如何有能力真正主导自己的生活呢？这也就是"充权"所要解决的问题。

针对这个问题，研究不同问题的各个学者对于公民充权的过程提出了不同的理论模型：社区心理学家拉帕波波尔特是研究"充权"概念及其实际应用的前沿学者，他强调心理充权（psychological empowerment）的重要性，即作为参与者的公民对自己的能力、地位要产生心理认同以形成预防干涉的"自助"理念；弗里德曼把充权理论与拉丁美洲的案例结合起来，从心理充权（psychological empowerment）、社会充权（social empowerment）、政治充权（political empowerment）几个方面构建了解决贫困问题与性别平等等问题的充权理论框架；基弗则提出充权的四阶段：初始阶段、提升阶段、协作阶段、成熟阶段。

在政治学研究中，"公民充权"的研究得以继续扩展。通过社会参与而得到能力提升的"充权"理论可以应用到政治活动和政治问题中，"充权"对于增加公民参与和民主化是一个极为重要的概念，对于民主制度的成功建立是极为关键的。因此，一方面，研究者关注公民自身能力的提升和公民社会自组织的形成与发展对于公民充权的积极意义，这是公民自我充权的过程；另一方面，研究者也不断探讨国家在公民充权过程中产生的影响和应当扮演的角色，这是国家充权于公民的过程。本节将对这两个方面分别进行讨论。

7.4.1 公民的自我充权

公民的自我充权是公民通过个人充权意识的觉醒和公民社会的自组织来提升公民能力的过程。按照阿兰的观点，公民的自我充权过程可划分为意识阶段、联结与学习阶段、动员/行动阶段、成果阶段。以下表格能较清晰地说明公民自我充权的发生过程及其结果（见表7-2）。

表7-2 自我充权的发生过程及其结果①

充权阶段	发生过程（个人行动）	（个人）充权结果	支持者的作用*
经历"无力"	社会隔离 缺乏控制权 缺乏社群的支持	长期依赖 缺乏影响力	忽视能力与力量 社会隔离 为公民作选择

---

① 参见 Susan M. Arai. "Empowerment: From the Theoretical to the Personal." *Journal of Leisurability*, Volume 24, Number 1, Winter, 1997.

续表 7-2

充权阶段	发生过程（个人行动）	（个人）充权结果	支持者的作用*
充权意识产生	对新信息的回应 遭遇危机或生活转折 回应环境的转变	渴望转变的意识产生 能够表达所遭遇的困境与挫败 发展新方向	给予转变的信号 激发充权意识的产生 为个人提供新信息或新环境
联结与学习	个人与个人之间相互支持 与各种资源的联系（经济、技术、行业） 扩展选择与机会	消除社会隔离 提升自尊 提升控制能力 改善"自我"观念 扩展社会网络	提供道德或实践支持 提供指导 提供便利与发挥联系的作用 充当信息来源
动员与行动	参与新的行动 自我表达 参与新的社会团体	提升能力 扩大参与范围 进一步扩大"联结与学习"阶段的成果	支持公民参与到行动中 与参与社会团体 鼓励与激励
收获成果	感觉作为群体中积极参与、有贡献的一员被认可	获得归属感与认同感 重申"自我"概念，合并以上阶段的充权产出	鼓励群体自主成长，只在群体有需求时才继续支持

*西方理论背景下的充权过程往往还涉及支持者的作用，支持者可以是社会工作者、社区组织或提供服务的代理机构。

从以上公民自我充权的过程可以看到，公民的自我充权过程并非只是涉及公民个人的事情；相反，公民社会的成长和发育对于公民的自我充权具有积极而重大的影响。只有在一个成熟发育的公民社会中，公民才能够有效地联结起来，相互学习，并在此基础上进行组织化的动员和参与。这里我们将介绍公民自我充权的三个方面。

（1）公民个人充权意识的提升。公民充权过程发生最根本的原由在于期望改变现状的个人意识的产生与发展。通常而言，安于现状或者对现状感到满足的个人似乎不会突然产生充权的意识；相反，那些由于某些环境因素而经历到印象深刻的挫折与愤怒的个人将更容易产生充权的意识。这种意识的产生使人们有机会聚集在一起为其希望实现的目标与梦想进行奋斗。因此，充权的对象往往是社会上求助无门的弱势群体。在意识产生这一初始阶段，感觉无力的公民做好了接受与发展自己的新方向的准备，逐步建立起一系列的目标与期望，为将来在充权过程中出现的困境解决做好准备。[①]

因此，公民充权首要任务就是要帮助他们建立充权意识。通过与受助对象一系列的交谈接触，帮助他们认识到自己的地位、权利、能力所在，并协助他们认知与发掘身边

[①] 参见 Susan M. Arai. "Empowerment: From the Theoretical to the Personal." *Journal of Leisurability*, 1997, 24(1).

可利用的资源，给予他们扩展自我能力的技术上与情感上的帮助。但充权意识的产生往往依赖于个人的需求认知，也就是说，知道自己需要的是什么。弗里德曼认为，需求可以从四个方面理解。1）作为一种迫切的需求（as an intense want）。这种需求是个人的主观现实需求，个人如果没有办法满足这种迫切的需求，他们会感到挫折与失望。2）作为一种功能联系（as a funcitonal relationship）。迫切需求的满足需要这种功能上的联系，正如钉钉子需要用合适的工具一样。这种联系就是一种满足需求的适合的办法。这种办法往往依赖于掌握科学技术知识或相关经验的专业人士的帮助。3）作为一种政治诉求（as a political claim）。政治诉求通常是由基于共同利益、掌握共有资源的公民群体提出的。政治诉求的提出往往会导致一种政治主张，要求集体资源朝向有利于无力公民重新分配。4）作为一种习惯性权利（as a customary right）。所谓"习惯性权利"，是一种更加直接的政治主张。需求的前两个方面的理解侧重的是保障公民广泛的基本权利，如免费义务教育、医疗卫生、公共交通、社会安全等等；"习惯性权利"指的是制度化的政治诉求。这种诉求是以公民期望的样式所建立的，一旦破坏了规则，便可能引起公民的不满与抗议。[①]

弗里德曼对需求的理解用更为通俗的语言来表述，就是：1）公民认知自己所处的无力位置，意识"自尊"所在，要求改变现状；2）意识到"自我效能"的积极作用，自主寻求解决问题的办法；3）具有同样需求的公民集合在一起时，基于共同利益的公民群体意识到把需求上升为政治诉求，产生政治意识，要求应有的权利与资源；4）意识到只有从制度上满足政治诉求才能使争取来的权益得到保障，避免再次陷入无力状态。

（2）公民社会的成长促发公民与公民之间的联结与学习。在一个成熟的公民社会之中，分布在各个领域的各种社团能够帮助公民避免隔绝于社会生活和政治生活，帮助他们不成为受大批政治机构以及政府摆布和调动的弱势群体。公民可以通过积极参与各种社团生活培育参与和宽容的民主精神、获得政治传播的渠道，从而促进公民的个人效能感及其能力的提高。

对于公民与公民之间的关系而言，个体的弱者离开了群体的关系，将既无法提升自己的权力与能力，也无法表现自身对他们或其他群体的控制力和影响力。这就决定了群体在充权过程中的功能：一方面，弱势人群通过与他人的互动结成了基于共同利益的利益群体网络，从而拥有一定的社会资源或社会资本。这些社会资源或社会资本既可以对他们施以更强的影响力，也可以使其改善自身生活环境和工作环境。另一方面，弱势人群的充权过程及结果可以使他们在与其他群体互动的过程中提升自我形象，改变对自身群体的不利评价，争取公平、平等的社会环境。[②]

社会自组织的发展和公民社会的培育对于公民充权具有十分重要而积极的意义。在西方，充权理论的研究学者们也强调了群体对充权的重要作用。按照弗里德曼的观点，充权类型划分为心理充权、社会充权与政治充权。对应地，在充权的过程中涉及心理权

---

① 参见 J. Friedmann. *Empowerment*: *The Politics of Alternative Development*. Cambridge, M. A.: Blackwell, 1992. pp. 60~62.

② 参看范斌：《弱势群体的增权及其模式选择》，载《学术研究》2004 年第 12 期。

力、社会权力与政治权力。其中，最为核心的是政治权力，因为充权实际上是一个社会参与和政治参与的过程，然而，最终社会权力一定要通过政治参与上升到政治权力才能有效地表达需求。事实上，心理充权、社会充权与政治充权三种充权是互相联结的，而当具有充权关系的个体互相联结成为充权网络后，整个群体的力量将大大加强，有非常大的潜能促使社会转变。网络与组织（也就是集体行动）能够加强利益群体社会充权、心理充权以及政治充权过程，这是弗里德曼研究拉丁美洲社会运动所总结出来的经验。① 具体而言，公民的联结过程可以从两个方面来理解。

第一，构建公民群体的"身份认同"。所谓"身份认同"，简单地讲就是每个人对其自身的身份和角色的理解与把握，身份认同是个体进行活动的基础。② 一些处于弱势的公民群体之所以能把各个成员整合起来，前提在于公民具有共同的利益与共同追求的目标，他们相似的经历更容易使他们产生"共鸣"，这种"共鸣"使群体内产生互助友爱、积极参与的气氛，让成员感受到"自我效能"以及群体强大的凝聚力，他们逐渐意识到自己是能主动提出利益诉求并且有能力参与社会活动乃至政治活动的公民。这种新的"身份认同"为无力的公民群体自主改变现状提供了持续的动力。

第二，存在积极活动的公民。按照奥尔森集体行动逻辑的模型起点的主张：只有当个人或组织努力实现集体收益时，他们才会联合起来组成利益集团；一旦向某些人提供了集体收益，特定社会范畴内的其他人就自然会获益。③ 也就是说，积极活动的公民基于自己的利益向政府或企业诉求保障其合法利益，这种行为可能会使具有共同利益的公民群体受益，而不管这些公民是否提出过此诉求。通过这些公民积极分子的活动，群体的号召力将大大增强，有机会联结更多的公民。同时，各个公民身边可利用的资源因此联结成更大的网络，公民群体由此学习到如何表达自己利益的新方法与新知识，例如相关法律知识、法律诉讼程序、政治制度运作等等。通过学习，公民群体的影响力不断扩大，能尝试在自己不熟悉的领域里发出自己的声音，构建自主表达利益、改变无力现状的能力。

（3）公民的动员与参与。当公民在上一个充权阶段中获得新的信息或者与具有共同利益的群体联结起来之后，他们的下一个目标就是采取行动，让自己所期待的改变成为现实，这实际上就涉及公民的"参与"。就西方充权理论的观点，"参与"是充权理论的核心。公民可以参与到各种行动中或者加入各种社会团体。这种参与提升了公民自身的效能感与能力。成功地参与会使他们获得足够的信心，继而采取进一步的行动。

在中国的政治体制大背景下，由于我国公民利益表达机制的不完善，公民的利益表达途径不可避免的是个人直面政府，特别是对于一些弱势群体而言，上访、静坐、示威、抗议往往是他们最常用的方式。而基于政府与公民之间力量的不均衡，公民个体直面强大的政府机构往往力不从心，形成极大的挫败感。个别公民甚至选择更为极端与过激的行为方式，以企图引起政府的关注从而形成了与政府两败俱伤的"双输"局面：

---

① 参见 J. Friedmann. *Empowerment*: *The Politics of Alternative Development*. Cambridge, M. A.: Blackwell, 1992. p. 116.

② 参见：《网络空间、交往和身份认同》，见 http://lunwen.lw123.org/lunwen/lw122-lw99922911。

③ 参见（英）帕特里克·敦利威：《民主、官僚制与公民选择——政治科学中的经济学阐释》，张庆东译，北京：中国青年出版社2004年版，第35页。

乙肝病毒携带者因公务员考试受歧视杀人①、农民工为讨薪而跳楼②等等。在这种情况下，公民不得不思考一种提升自己能力与影响力的方式。这些方式包括三个方面。

第一，利用媒体资源。在我国公民缺乏参与渠道的情况下，借助媒体的力量引起社会对某个问题的广泛关注对于公民影响政府议程显得尤其重要。媒体的目标是追求新闻价值，公民遭受不公平的状况对于他们而言是具有吸引性的新闻素材，在媒体追逐新闻真相的同时，公民遭受不公平这一问题通过媒体宣传将影响扩大化，能引起社会上更多的关注。

第二，利用互联网。在我国，传统的政治参与方式主要包括投票、选举、信访、集会、游行、示威等。随着互联网的发展，一种全新的政治参与形式——网络参与正越趋成熟。所谓"网络参与"，是指现代公民借助互联网来发表政治主张、表达政治意愿、参与政治活动、监督行政管理的网络化政治参政行为。③ 网络参与又被称为"电子民主"，这种类似"广场政治"的模式使公民群体获得了"直接民主"的机会，使他们能够随时随地表达自己对政府行为与政策的偏好意见。

目前，我国公民的自发充权还处于初步发展的阶段，受到多方面的制约，如缺乏自我生活的控制力、可利用的社会资源及广泛的人际关系网络等等。但是，互联网所发挥的作用能在很大程度上帮助他们克服这些困难，实现主动充权。笔者在表7-3中尝试概括出互联网对公民充权所发挥的作用。

表7-3 互联网对公民充权的作用

充权要素	网络的作用
自尊 自我效能	提供一种新的生活方式，以离散的、无中心的结构模式消除了歧视，实现了地位平等
知识与技能	提供大量的信息资源，从科学知识到国家法律、政策，统统包括在内，为充权奠定有力的基础
政治意识	提供便利的利益表达方式，使参与者对政治参与表现出更加强烈的参政心理。公民充分意识到参与政治不仅是权利，还是对自身切身利益的呵护
社会参与	虚拟的社区空间。公民可以自主选择加入各种自己感兴趣或与自己有共同利益诉求的"社群"之中
政治参与	提供自由、自主参与政治的机会，包括对政策的讨论、表达利益诉求等

---

① 2003年4月3日，浙江大学毕业生周一超由于报考公务员时因"小三阳"而没被录用，便持刀闯进嘉兴市秀洲区人民政府，刺向负责公务员招录的两名官员，致一死一伤。同年9月4日，周一超被判处死刑。

② 近年来，在安徽、厦门等地均出现了农民工为讨薪而跳楼的事件。而有人曾计算，在厦门，处理一次"跳楼讨薪"事件至少有20人参与，平均每人要花上一个半小时，还要出动车子、充气垫等大型工具。还不算这期间造成交通拥堵等其他社会成本的支出。（参见：《治理跳楼讨薪 应严惩欠薪者》，见 http://408jhwu.blogchina.com/3902473.html。）

③ 参见张彬：《网络时代的民主政治》，载《内蒙古大学学报：人文社会科学版》2002年第7期。

基于表7-3中网络所发挥的几个作用，公民能够借助网络提升自己的本质力量，实现从"受众"到"对话者"的话语转变，大大提高了他们的政治责任感，使他们意识到政治参与不仅是一项权利，更是一种责任。① 总的来说，人们在与网络互动中，既可以通过网络这个媒介参与社会政治生活，又能够直接参与社会政治实践，从而获得政治知识和能力，提升自己的力量。② 更重要的是，我国逐渐强大的网络政治参与将打破传统的、统一的政治控制格局，让公民有力地发出自己的声音，使现代政治所推崇的"民主"可以在网络上得到真切的体现。

第三，寻求"支持者"帮助。根据充权理论，"支持者"的存在将能为"无力"群体的充权提供持续的动力。能力构建不是一朝一夕的事，支持者对此起着不可替代的作用。要实现充权，"支持者应结合特定的社群知识，形成联合学习机制，协助社群正确、有效地表达他们的观点"③。事实上，充权理论的精髓正是在于，充权是个过程，它可以在外力的推动、他人的帮助下，发挥弱势群体成员自己的潜能和提升自己的能力，经由这种"他助"，逐步达到从无权到有权、从"弱权"到"强权"的自我发展目标。④ 从社会工作角度而言，社会工作者就是这个"支持者"；从公民表达利益、维护自我权利的政治行为角度而言，"支持者"可以包括学者、律师、医生等专业人士。

7.4.2 国家与公民充权

在政治学研究中，不仅公民自身充权意识的成长、公民自组织的发展以及公民动员与行动对公民充权产生了重要的影响，而且，国家在公民充权的过程中也扮演了十分重要的角色。在中国政治制度背景下，公民群体在争取与维护权利方面的成功充权改变"无力"现状很大程度还依赖于政府是否打开与民意交流的窗口。大量的例子说明了当公民群体的力量不断提升足以引起党和政府的重视与关注时，改变现状就能成为现实。因此，接下来我们需要进一步讨论国家与公民充权的关系。这里，我们可以将国家对于公民充权产生的影响分为消极和积极两种。

（1）消极的影响。有的学者认为，民主是公民学习政治知识最好的途径；反过来说，如果国家断绝公民政治参与的途径、阻碍公民自组织的形成和垄断资源的分配，那么，就会使得公民成为相互孤立而又过于依赖国家的无助者。

世界银行2004年关于《国家与社会协作》的一份报告曾经指出，长久以来我们总是存在两个迷信：其一，我们将那些穷人和边缘群体想象成冷漠、易于操纵和无力进行政治参与；其二，我们将他们想象成乱哄哄、好斗和不值得信任的。而事实上，这两个假定都是完全错误的。当政府的制度建立在这种错误的假定之上，可能会强化这种认识。比如，当官员向公众隐瞒信息时，民众可能就的确变得无知和冷漠；当政府以暴力来对待街头游行的民众时，可能会使得民众更加倾向于以冲突和对抗而非理性和制度化

---

① 参见陶建钟：《网络发展对政治参与的影响》，载《社会科学》2002年第2期。
② 参见李斌：《网络政治的政治学分析》，载《社会主义研究》2003年第3期。
③ Marilyn M. Taylor. *Public Policy in the Community.* Palgrave Macmillan, 2002. p. 200.
④ 参见范斌：《弱势群体的增权及其模式选择》，载《学术研究》2004年第12期。

的方式与渠道来表达他们的意见。①

同时，当国家垄断一切资源，并阻碍社会自组织和自发秩序形成的时候，社会就被分解成无数孤立的公民，他们无法通过相互交往、联结和协调来解决各个公民自身以及公民之间面对的问题。这样，一方面，国家面对应接不暇的问题不堪重负；另一方面，公民也变得孤立无助，任何问题都只期冀国家来解决而非依靠公民自身和公民社会的力量，任何问题的根源也都只会归结于国家的无能而无视自身能力的不足和公民社会的软弱。

也正是在上面的这种背景下，当全能主义国家从社会经济领域逐步退出时，就会出现公民行为的失范和社会的失序。比如，民国时期，养老、育婴、学校等大量社会事务由教会、同乡会、宗族和商会等社会组织分担；新中国成立后，国家将这些事务全部接收过来，由相应的政府部门或者事业单位承担。当国家试图从这些领域退出或者说无力全部大包大揽时，许多弱势群体就成为国家和社会都不管的孤立无助的利益受损者。并且，我们往往只是指望国家帮助他们解决问题，而不试图通过个人或者社会的力量来改变他们的处境。

（2）积极的影响。斯蒂芬·霍姆斯曾经宣称："最庞大并最可信赖的人权组织是自由的国家。"②事实表明，国家可以在推动公民充权的过程中作出积极的贡献，这包括提供公民充权的基本条件、促进社会组织的成长、推动公民的政治参与等多个方面。

国家提供公民充权的基本条件。为了保障公民充权的实现，国家必须承担许多重要的责任，比如保证领土完整和安全，保障公民权利的有效行使，协调资源调配，修正收入分配，等等。否则，在一个失败国家之中，公民的基本权利难以得到保障，社会经济权益屡受侵犯，也就谈不上公民充权的发展。③

国家促进社会组织的成长。公民之间的联结和组织对于公民充权具有重要的意义，托克维尔所描绘的美国具有活力的社团组织和公民社会无疑是公民充权的良好环境，但是，在许多发展中国家，这些社团组织和公民社会的成长发育需要国家制定有利的政策、进行公众的动员，提供政治和经济资源。也就是说，推动公民充权的公共领域的出现并非与国家完全对立；相反，在很多情况下，它是需要国家进行培育的。

国家推动公民的政治参与。公民充权所包含的重要内容之一，即是在于公民提高其政治参与和利益表达的能力，从而能够有效地实现其政治权利和维护其社会经济利益。因此，国家是否能够建立有效的机制和制度来保障公民的知情权和参与权就对公民充权具有重要的意义。国家隔绝公民政治参与的途径会削弱公民的政治效能感、阻碍其公民能力的提高；反之，国家畅通公民政治参与途径会增强公民的政治效能感，推动其公民能力的提高。

---

① 参见 "State-Society Synergy for Accountability: Lessons for the World Bank." *World Bank Working Papers*, 2004, 30.

② Stephen Holmes. "What Russia Teaches Us Now: How Weak States Treaten Freedom." *The American Prospect*, July-August 1997, pp. 30~39.

③ 参见 Xu Wang. "Mutual Empowerment of State and Society: Its Nature, Conditions, Mechanisms, and Limits." *Comparative Politics*, 1999, 31 (2): 231~249.

在中国的村委会选举中，村民直接选举村长和村委，不仅有利于促进村长和村委对村民负责，还有利于丰富村民的政治知识、增强其政治认同、提高其政治参与的能力；反之，如果我们将村民设想为无知、愚昧和狭隘的小农，由此，阻碍乡村选举的正常进行，就可能造成村民的政治无力感，不利于其关于民主等政治知识和信息的习得与获取，不利于其政治参与能力的提高。在一些极端情况下，还可能造成他们通过非制度化的途径来表达他们的利益，从而，不利于他们公民权利的正确行使。

在推动公民的政治参与、促进公民充权的过程中，国家需要推动政务信息公开。透明是关键，只有公民能够了解政府在做什么，他们才可能有能力去维护自身的权益；同时，透明也并不足够，将国家的黑盒子向公众的眼睛打开是一个主要的进展，但是，这仅仅是第一步。政府不能期望单纯的信息公开就能够产生国家与社会之间积极的反馈和沟通。政府还需要直接刺激社会的参与，并将国家与社会关系的机制制度化。否则，这些新信息也无法得到有效的认识和使用。政府应采取的制度化的措施有多种多样。比如，政府的机构及其规则和程序应该规定必须要求基层官僚咨询民众；政府应当建立特定的机构来保证公民参与到公共政策制定和执行之中，或者建立特定的机构来扮演政府与公民之间的联系者的角色；参与机制也可以加以法律化，以要求政府或者特定机构在公共政策制定过程中必须有公民的参与。①

总之，在公民充权的过程中，公民自身、公民社会以及国家都扮演了重要的角色。在国家与社会相互充权的理论视野下，国家并非公民充权的麻烦制造者；相反，强国家造就强社会，强大的国家可以培育公民社会的成长，也可以培育现代公民的成长，促进其能力的提高。

7.5 公民充权的个案：乙肝病毒携带者的维权

2003年4月3日，浙江大学毕业生周一超由于报考公务员时因"小三阳"而没被录用，便持刀闯进嘉兴市秀洲区人民政府，刺向负责公务员招录的两名官员，致一死一伤。这一案件把"乙肝歧视"这一现实以一种血淋淋的方式彻底地曝光在世人面前，在全国引起了巨大的反响。以往，乙肝病毒携带者群体对于自己所遭受的不公正对待往往采取沉默的态度。而这一状态随着大学生周一超刺杀公务员案的发生，终于被打破，促使乙肝病毒携带者群体产生了力求凭自己的力量改变现状的充权意识。那么，他们是如何充权的呢？

7.5.1 联结群体与联结资源

乙肝病毒携带者在网上开设"肝胆相照"论坛，该论坛作为一个大家庭把他们互相联结起来，形成了强大的凝聚力。由此，互联网成为联结他们的基石。正如一些媒体评论说，乙肝病毒携带者群体是基于互联网产生的特异群体。有了互联网这个平台以

---

① 参见 "State-Society Synergy for Accountability: Lessons for the World Bank." *World Bank Working Papers*, 2004, 30.

后，不仅乙肝病毒携带者群体之间联结起来，而且他们维护其权益所凭借的资源网络也不断扩大（见表7-4）。

表7-4 乙肝病毒携带者群体联结资源情况

资源分类		联结方式
媒体资源	报业/电视媒体	寄信、电邮、宣传
	网络媒体	信息转贴
政治资源	国家领导 相关部门负责人	寄送建议书 寄送联名信
	"两会"代表	寄送动员信、公开信 寄送提案蓝本 发送电子邮件
	法院	提起"乙肝歧视"诉讼案
社会资源	科普机构	寻求合作
	专业人士（律师、医生等）	寻求帮助

7.5.2 媒体动员与影响舆论

乙肝病毒携带者的维权代表极力争取大众媒体对这一群体处境的关注。2003年9月，"肝胆相照"论坛协助中央电视台拍摄的有关乙肝病毒携带者受到歧视的新闻调查专题片播出后，全国媒体对乙肝歧视这一社会问题的报道开始一发而不可收拾，一时间形成了电视、报刊、广播、网站等各大媒体争说"乙肝歧视"的局面。[①] 下图是我们根据论坛上网友转帖媒体报道统计的数据[②]。

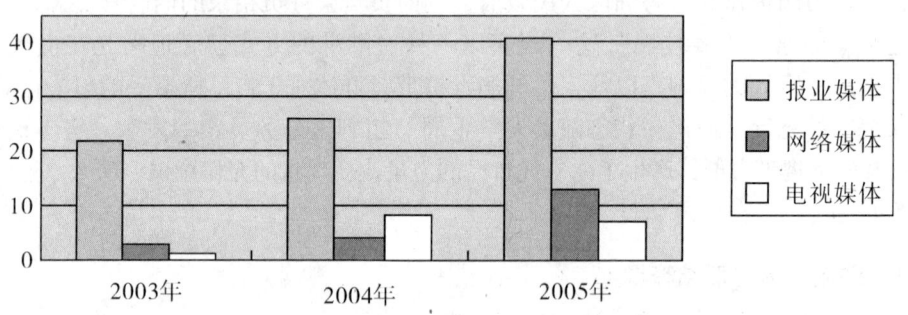

说明：以上数据统计的对象仅为媒体的数量，并不包括同一媒体在一年中报道文章的篇数以及采访的次数。

图7-1 2003~2005年报道"乙肝携带者维权"媒体数量统计

---

① 参见"肝胆相照"论坛著：《战胜乙肝》，北京：东方出版社2005年版，第176~179页。
② 数据统计来源：http://www.hbvhbv.com/forum/index.asp?boardid=1004（"肝胆相照"论坛权益版）。

7.5.3 行动：游说政府官员与提起诉讼

(1) "上书"行动。比如，致信国务院领导。2004年7月18日，"肝胆相照"论坛发起了"联名致信国务院领导同志"的活动，征集了4000多位公民的签名，其中还包括了国内一些知名肝病防治专家。同年8月6日，该联名信分别寄给了温家宝总理、吴仪副总理、何鲁丽副委员长与卫生部高强副部长。此举引起了党和政府的高度重视与积极回应。人事部与卫生部在同年8月10日公布了《人事部、卫生部致乙肝病原携带者及关注者》公告。

(2) 动员"两会"代表。每逢接近"两会"召开，"肝胆相照"论坛上积极的维权人士就会把全国"两会"代表、各地"两会"代表的资料转帖在网站上，并撰写好该年的相应提案，在此基础上动员全体会员积极给"两会"代表发电邮、提案与呼吁信。经过几年的努力，他们获得了人大代表的积极回应。2004年全国"两会"上，广东35名代表联名向全国人大提交了议案，建议国家制定和修改相关法律，保护乙肝病毒携带者的权益；全国政协委员朱永新向大会提交了关于制定《保护乙肝病毒携带者权利法》的建议。2005年全国"两会"，朱永新再次重申了其关于制定《保护乙肝病毒携带者权利法》的建议；全国人大代表周洪宇在会上提交议案建议制定《乙肝病毒携带者权益保护法》。

(3) 司法诉讼。在乙肝病毒携带者的维权行动中，社会影响最大的是被称为"中国乙肝歧视第一案"的张先著案。张先著因携带乙肝病毒而遭遇公务员录取被取消后，在乙肝病毒携带者的支持与法律界人士的建议下，于2003年11月10日把芜湖市人事局告上了法院。2004年4月2日，法院判定被告安徽省芜湖市人事局以体检不合格的理由取消原告录取资格的决定，主要证据不足，予以撤消，并于4月19日驳回了芜湖市人事局的上诉。这件案件的最终胜诉对乙肝携带者群体产生了巨大的鼓舞。随后，许多同样遭遇到就业歧视的乙肝病毒携带者纷纷挺身而出，走上了维护自身权益的法律道路。

7.5.4 寻求"支持者"的帮助

在维权过程中，乙肝病毒携带者积极寻求与科普机构、卫生部门和专业人士的合作，律师、医生等专业人士等成为乙肝病毒携带者维权的"支持者"，为他们提供法律诉讼、科普宣传等知识技能的支持。

在上述行动中，乙肝病毒携带者作为公民不仅在维权，同时也在充权，而且这种充权是有集体效应的。可以说，正是维权的经历使这些维权者的能力在各个方面都得到大大地提升。因为，医学知识、基本的法律知识、国家相关政策、政府理念等等，这些都是他们在维权中所必须学习与掌握的。只有掌握了这些知识，他们才有能力与政府进行对话，实现"理性"维权。①

---

① 资料来源于2006年3月10日笔者与"肝胆相照"权益版版主金戈铁马进行的电话访问。

7.5.5 收获成果

乙肝病毒携带者的维权行动最终取得了重要的成果。一是《传染病防治法》的修订。新的《传染病防治法》规定，不得泄露涉及个人隐私的有关信息、资料；同时，还规定任何单位和个人不得歧视传染病病人、病原携带者和疑似传染病病人。这两条规定虽然很简短，却是乙肝携带者群体维权的重要诉求，为消除乙肝歧视提供了强大的法律依据。二是《公务员录用体检通用标准（试行）》的修改。2005年1月20日，人事部、卫生部宣布《公务员录用体检通用标准（试行）》正式实施。根据此标准，乙肝病原携带者是合格的，而在公务员录用体检表中，也没有了乙肝"两对半"的检验项目。

小结

在本章，我们学习了西方充权理论的基本知识，并介绍了乙肝病毒携带者维权个案，使我们对充权理论在中国背景下的实践有了初步认识。首先，介绍了国家与社会相互充权的理论视野，了解政治学研究中公民充权的理论背景，进而界定了"公民充权"概念的含义。其次，介绍了充权的八个要素：自尊、自我效能、知识与技能、政治意识、社会参与、政治参与、政治权利与责任、资源。再次，分析了如何实现公民充权：一方面，介绍了公民的自我充权过程；另一方面，分析了国家在公民充权中发挥的三方面作用。最后，在充权理论框架的指导下，以乙肝病毒携带者维权个案为例，探索充权理论在我国政治生活中的实践过程。

"充权"如今在我国虽然还不是一个普遍使用的词汇，但是在民主政治制度发展的促使下，公民社会的发展、公民意识的觉醒越发使公民提高自我效能，自主控制自己的命运。充权作为一种理念和路径，既能内化为自我意识，又能作为实践的指导，在民主社会有着广阔的发展空间和潜力。

阅读书目

1. Edward W. Schwerin. *Mediation, Citizen Empowerment, Transformational Politics.* Library of Congress Catalouging-in-Publication Data, 1995.

2. J. Friedmann. *Empowerment: The Politics of Alternative Development.* Cambridge, M. A.: Blackwell, 1992.

3. Barbara Levy Simon. *The Empowerment Tradition in American Social Work.* New York: Columbia University Press, 1994.

4. 刘文富：《网络政治——网络社会与国家治理》，北京：商务印书馆2002年版。

5. （论文）Susan M. Arai. "Empowerment: From the Theoretical to the Personal." *Journal of Leisurability*, 1997. 24 (1).

思考题

1. 学术界对"充权"含义的理解多种多样，你比较同意哪一种观点？尝试结合自己的研究，谈谈你对"充权"的理解。
2. 充权的八个要素是什么？它们之间有怎样的联系？
3. 充权过程包括哪几个阶段？谈谈你对每个阶段的理解。
4. 国家在公民充权过程中扮演了何种角色？结合中国实际谈谈你的理解。
5. 乙肝病毒携带者维权案例对你的启发是什么？尝试从充权的角度研究中国公民群体的维权行动，分析其中的成败关键所在。

第8章 公民参与

8.1 概述

8.1.1 公民参与的含义

2007年5月，备受世界瞩目的法国大选迎来了决战时刻。当地时间5月6日上午8点，第二轮总统选举投票正式开始，投票于当地时间晚上8点（北京时间7日凌晨2点）结束。此次选举共有4450万名法国民众登记成为选民，比2002年大选时多了340万人。其中，约有82万法国公民登记在海外投票，而2002年总统大选时只有38.5万人。在4月21日进行的首轮投票中，法国选民的投票率大约为74%，创下了自1981年大选以来的投票率新高。英国《卫报》分析称，如此高的投票率代表了法国民众渴望变革的心理。尼古拉·萨科齐最终赢得了总统选举的胜利。萨科齐的胜选在一定程度上得益于他推崇的自由经济政策，他在竞选中提出要"与过去决裂"。法国多年来经济增长乏力，失业严重，民众生活水平下降，社会安全问题较多。民众对此深感不满，并产生强烈的变革愿望。萨科齐的政策正好一定程度地满足了选民的期望。5月7日，数百名反对党候选人、罗亚尔的支持者聚集在巴黎的巴士底广场并举行示威游行，游行在几分钟内演变成了骚乱。示威者沿途捣毁了商店的橱窗、电话亭和公共汽车站候车亭，赶到骚乱地点的法国防暴警察驱散了示威人群并逮捕了至少35名骚乱分子。据巴黎警察局提供的初步资料显示，示威者打碎了大约15个商店橱窗，砸破了3个电话亭。从5月6日起，萨科齐的反对者在法国各地的游行示威活动中烧毁了超过700辆汽车。

法国总统大选和反对派人士的示威游行，为我们理解什么是公民参与提供了某些启示。1）公民参与的形态是多种多样的，由于形态不同，对参与者的规模和要求也是不同的。选举总统必须有大部分选民参加，法国总统选举人数达到了4450万名之众，而且选举是以和平的方式进行的。但在随后的游行示威和骚乱中，只要数百名参加者就足够了，游行示威和骚乱充满了暴力的色彩。游行示威和骚乱尽管参加人数不多，但却可以带来巨大的影响。2）选举和骚乱尽管都是公民参与政治的形式，但合法程度却各不相同。总统选举过程中，公民的参与得到了警察的保护，但在骚乱中，公民的参与却遭到了防暴警察的驱散和逮捕。3）公民的参与热情反映了政府的合法性程度。当政府绩效还基本能为公民所接受时，公民参与投票的数量相对较低，而当由于经济增长下降、失业严重等问题带来公民心理的不满时，他们就不会再像一只"睡着的狗"乖乖地躺在那里，而是起而行使自己的权利，选举更加符合自己要求的政治领导人。

这些都是了解公民参与的重要问题。公民参与和政治参与几乎是两个含义完全一致的概念。在大部分教科书中，公民参与更经常被称为是政治参与。但我们还是要记住，两者并非意思完全一致的概念。与政治参与相比，公民参与更侧重于强调参与的主体，表明参与者是国家的公民，因此也更符合现代社会的本质。但政治参与则更反映参与的属性，即公民的参与行为是发生在政治领域的。除了参与政治领域以外，公民的参与行为还体现在其他更加广泛的领域，如参与居民委员会组织的公益活动、参与公司发展战略决策等，它们分别发生在社会和经济领域。但是，这些参与活动本质上是公民以其他的身份参与其中的，如居民、职员等，因此不属于我们所要分析的公民参与的范畴。从政治学的角度来看，公民的参与活动指向政府和国家，公民参与也就是政治参与。

这样说来，公民参与的含义似乎不会引起太多的歧义，但从许多政治学家对它的定义来看，情况却并不如此。例如，诺曼·H.尼和西德尼·伏巴认为，公民参与指"平民或多或少以影响政府人员的选择及（或）他们采取的行动为直接目的而进行的合法活动"①。从中可以看出，公民参与只包括合法的参与活动，它的目标在于影响政府的人事和（或）政府的决策，消极抵制、骚乱、游行示威、恐怖活动等不属于公民参与的范畴。塞缪尔·P.亨廷顿和琼·纳尔逊对公民参与进行了更加严格的界定。他认为，公民参与的含义包括以下几个方面：1）公民参与是实际的活动，不包括政治方面的知识、对政治的关心以及政治的力度感等心理上的指数；2）公民参与是普通公民的政治活动，因此不包括官僚、政治家和院外活动家作为职业进行的各种活动；3）公民参与仅仅限于对政府施加影响的活动，因此一些形式性、仪式性的、支持性的参与不纳入公民参与的考察之列，同时，公民参与的活动对象是政府，因此普通工人为增加工资举行的罢工等活动也不在公民参与的考察之列；4）只要是对政府的决策施加影响的行为，不论其活动是否产生了实际效果，都属于公民参与的范畴；5）由于要在自主参与和动员参与之间做出准确的区分几乎是不可能的，因此，公民参与研究除了研究依照自己的意志进行的自主参与以外，受他人动员参与的活动也包含在研究的范围之中。② 从这一系列定义中可以看出，在他们那里，抗议、游行示威、暴动乃至叛乱都属于公民参与的范畴。

亨廷顿等人对于公民参与的定义尽管为我们了解公民参与提供了广阔的视野，但缺乏一定外延限制的概念常常变得没有精确性可言。因此，本书将公民参与的定义限制在一定的范围之内，同时又尽可能包含各种不同的参与形态。基于这一点考虑，我们把公民参与定义为：普通公民或者公民团体在特定的体制框架内采用合法的途径影响政府公共决策和公共管理的行为。从这一定义出发，公民参与的含义主要包括五个方面。

（1）公民参与的主体是普通公民或者由公民组成的团体。首先，我们集中精力探讨的是一般公民的活动，他们是一些并非以他们在职业上卷入政治时所扮演的角色进行

---

① （美）格林斯坦、波尔斯比：《政治学手册精选》（下卷），竺乾威等译，北京：商务印书馆1996年版，第290页。

② 参见（美）塞缪尔·P.亨廷顿、琼·纳尔逊：《难以抉择》，汪晓寿等译，北京：华夏出版社1988年版，第3~6页。

活动的公民，后者如政府官员、政党官员和职业说客等。① 其次，众所周知，公民并非总是以个人的方式参与政治，他们还经常组成各式各样的团体参与政治。因此，公民参与的主体还应包括各种公民团体，如政党、利益集团、非政府组织等，但必须注意的是，当我们把这些团体纳入参与主体的时候，并没有包括它们当中的职业角色一类的人员，如职业党棍、职业说客或者职业工作人员。

（2）公民参与的目标是影响政府，企图影响政府对"社会价值的权威性分配"。也就是说，公民在非政府领域所从事的一些活动尽管可能带来影响，但并不属于公民参与的分析范畴。但在影响政府的各种活动中，不管参与者是否最终实现了他们的目的，只要他们的行为是直接针对政府的，它们就属于公民参与的范畴。同时，在分析公民影响政府的各种行为中，特别注重分析影响政府人事构成和政策制定方面的活动。

（3）我们的注意力主要限定在参与的行为上，对于参与的动机、态度、意识等方面，尽管这些心理取向作为参与的源泉可能十分重要，但并不纳入公民参与的分析范围。公民参与分析的是公民试图影响政府的实际行为。

（4）作为一个限度，公民参与指的是发生在"体系内部"的活动，它们是一些影响政治的合法行为，表现为体制内的非暴力行为。名目繁多的其他行为如革命、起义、骚乱等不属于公民参与所要关注的范围，尽管一些较为极端的公民倾向于通过这些手段来影响政府。当然，这并不意味这些不合法的活动不重要或者不值得研究，而是说它们属于其他范畴的分析内容，如政治革命、政治变迁等。

（5）公民参与存在着各种不同的形态。最常见的有政治结社、政治投票、公民治理等。除此之外，还有如我国存在的来信来访、参与政府部门举办的各种形式的听证会和恳谈会等。公民参与的形式和实现程度与国家的经济发展水平相关，也与国家的政治民主化程度密切相关。

8.1.2 公民参与的功能

公民参与是联结国家与公民社会的纽带，有效的公民参与可以起到多方面的作用。

（1）公民参与是保持政府合法性的重要途径。合法性是政治系统的成员对该系统的心理认同和忠诚，它是政治系统存在和维系的基石。众所周知，政府行为不可能什么时候都得到公民的心理认同，当出现这种情况的时候，公民参与可以有效地矫正政府行为与公民意愿之间的矛盾。公民参与可以为政府体系提供大量的信息和活力，通过吸收和消化这些信息，政府可以准确地把握公民社会的要求，并且根据公民社会的要求及时调整自身的政策。"政治参与反映出公民的意愿。当政府顺应民意，而且当公民通过政治参与同国家保持一体感时，其政治体制是稳定的；反之，当政府违背民意，公民对政府怀有明显的不信任感时，政府和公民间的关系将日趋紧张。"② 可以设想，一个参与渠道畅通、能够以大多数民众的利益和意愿为依归的政府，必然获得公民的信任感和归

---

① 参见（美）格林斯坦、波尔斯比：《政治学手册精选》（下卷），竺乾威等译，北京：商务印书馆1996年版，第291页。

② （日）蒲岛郁夫：《政治参与》，解莉莉译，北京：经济日报出版社1989年版，第5页。

属感，其存在和管理的合法性也相应得到提高。

谈到政府与公民社会之间良性互动而提高政府合法性的例子，最著名的莫过于美国总统富兰克林·罗斯福的"炉边谈话"所带来的效果。1932年，美国发生了有史以来最为严重的经济危机，美国经济在短短几个月内几乎崩溃，全国至少有1300万人失业，3400万人没有任何收入。人们依靠私人施舍、市和州政府少得可怜的公共救济，以及自己微不足道的积蓄度日。经济的萧条、信用的危机，终于导致1933年情人节晚上整个美国银行的总崩溃，各州的信托公司已到山穷水尽的地步，银行成批地倒闭，全国银行库存黄金不到60亿元，却要应付410亿元的存款，银行门前人山人海，挤兑风潮遍及全国。在这种背景下，罗斯福宣誓就任美国新一任总统。在宣誓就职的时候，他发表了一篇经过长时间思考的、充满自信与激情的、简洁缜密的就职演说，并取得了巨大成功，仅周末就有50万封信飞向白宫。人们热烈期待着新总统的"新政"。同时，为了获得人们对新政措施的理解和接受，他还举行了著名的"炉边谈话"，以一种亲切诚恳、质朴实用的方式向美国人民阐述了新政的措施，并耐心地回答人们的提问。"炉边谈话"前后举行了30次之多，每当国家面临重大事件之时，总统都会用这种方式与美国人民沟通。谈话化解了长期郁结在人们心中的疑团和不满，使政府深深赢得人民的认同，为美国走出危机的阴影奠定了扎实的社会基础。

（2）公民参与是教育公民的重要途径。现代社会需要的是有主体意识、权利意识、妥协精神和政治技巧的公民，公民参与在形成这些素质的过程中有着不可或缺的作用。公民通过参与，可以学会如何发挥自己的政治作用，变得关心政治，增强对政治的信赖感，并感到自己是社会的一员，正在发挥着正确的政治作用，从而获得一种满足感。进而言之，公民通过各种形式的参与，可以提高对于政治体系的归属感，并发展宽容的精神。如果政治上的决定是在民主的气氛中做出的，即使这种决定与自己的意愿相反，也都变得可以接受。"从某种意义上说，在政治参与过程中，可以教育公民更多地注意到他人的立场，因而变得更加成熟。"[1] 这种对于政治的依赖感、关心感、归属感和宽容精神，正是现代民主制度赖以建立的文化基础。亚里士多德在谈到公民理智和德性的时候说过，德性像所有其他艺术技巧一样，必须通过练习和培养才能获得。"理智德性主要由教导而生成、由培养而增长，所以需要经验和时间。"[2]

（3）公民参与是公民进行利益表达和监督政府的重要方式。任何参与都带有公民或者公民团体特定的政治意图，与公民的利益紧密相连。通过各种形式的参与，公民向政府表达了自己对公共财富与价值分配的意愿和选择，并施加了压力，使政府将它们纳入决策的过程中，从而左右了政府的决策。从这一意义而言，公民参与也是监督政府的行为并使之与公民社会的发展现状始终保持一致的重要武器。通过充分而有效的公民参与，可以防止政治机器走向异化。

---

[1] （日）蒲岛郁夫：《政治参与》，解莉莉译，北京：经济日报出版社1989年版，第5页。
[2] （古希腊）亚里士多德：《尼各马可伦理学》，王旭凤、陈晓旭译，北京：中国社会科学出版社2007年版。

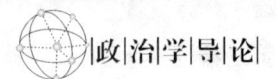

8.2 公民结社

8.2.1 公民结社的含义

在现代社会,"结社自由和集会自由被认为是构成民主社会的基石。因为在一个民主社会里,为了使公民所持有的不同观点具体化和系统化,不同社会团体之间的协同和互动是必要的"①。政治学和法律学意义上的结社是一个狭义的概念,指人们按照一定的宗旨和遵守一定的原则自愿结成不以营利为目的的社会组织。结社权是现代公民的基本权利之一,它的发展体现了市民社会与政治国家之间矛盾的产物。近代以来,随着商品经济的发展和政治民主观念的深入,市民社会也得到了蓬勃的发展。结社权正是市民社会为维护和促进自身利益、抵御国家权力入侵的重要武器。公民结社的发展以市民社会的发展为前提。

一般来说,市民社会通常还被看做是公民社会的同义词,尽管两者之间仍然存在着某些细微的差别。德国思想家黑格尔最早论述了市民社会的各种形态,市民社会是处于家庭和国家之间的地带,其组成部分包括市场经济、自愿组织等。在当代,人们一般把市民社会看做是"国家和家庭之间的一个中介性的社团领域,这一领域由同国家相分离的组织所占据,这些组织在同国家的关系上享有自主权并由社会成员自愿结合而形成以保护或增进他们之间的利益或价值"②。社会成员自愿结合组成的各种社会团体,正是公民结社的表现。从某种程度来说,没有现代意义上的公民结社,也就没有现代意义的市民社会。公民结社一方面是市民社会内部个体联合的要求和结果,另一方面也是市民社会防止国家权力无限扩张的要求和结果。公民结社的含义包括五个方面。

(1) 公民结社具有浓厚的自愿特征,社团则具有浓厚的契约色彩。公民加入或退出某一社团是完全自愿的和自由的,不应受到外来的非法强迫和干涉。这种自愿行为很大程度上建立在公民对于自身利益的判断和兴趣上。在现代社会,结社权之所以成为公民最基本的权利之一,归根结底在于它体现了民主、开放、公共的生活选择和自由自主活动的深层底蕴。从社团的角度来看,社团和政府分属两个不同的系统,政府在政治国家之下靠权力运行,而社团则在市民社会中依契约活动。社团是契约的产物,是若干个体经由合意建立起的公共性组织。社团的运作也得依靠契约,这主要表现在社团与其成员或服务对象之间的相互关系中。在社团内部,社团章程成为人们处理相互关系以及分配权利义务的基本准则,而这个准则本身便是一种契约。人们依该契约享有待遇并承担义务,体现公民意愿和行为的自由。除了契约之外,社团内部不存在公法意义上的命令与服从、责任与惩罚。因此,在一定程度上,"……结社权利也许应该被看做是契约自

---

① (美) 阿米·古特曼:《结社:理论与实践》,吴玉章、毕小青译,北京:生活·读书·新知三联书店 2006 年版,第 28 页。

② 何增科:《公民社会与第三部门》,北京:社会科学文献出版社 2000 年版。

由的一个类别"①。

（2）公民社团必须是一种自治性的组织。结社是自愿的，社团则是自治的，这是社团区别于一切政府机构的基本特征。在市民社会理论中，社团被赋予了一种基本的职能，那就是超越政府权力的控制，并以一种独立和自主的面目对公共权力时刻保持警惕，达到维护社会利益的目的。社团的自治应是全方位的自治，这包括：首先，社团的设立应当是自发的，它是若干私人自治意愿的产物，而非官方权力运作的结果。当然，在中国，依照《社团登记管理条例》的规定，公民建立社团要求事先到政府机关进行登记和审查，但是社团设立本身仍然是一种私人的行为。其次，社团的日常事务应当是自我管理的，只要社团的活动没有违犯国家法律，公共权力就不能进行干预，这是社团自治性的集中体现。最后，社团的主要目的和宗旨不在于承担某种应由政府负担的管理职能，社团和政府之间应当有相对明晰的职能分工，如果社团忙于政府的职能，则容易丧失独立性，蜕化成为政府的附属物。

（3）社团组织是具有独立人格的法律主体。社团虽然是出于公民的联合而建立起来的，但它们一旦成立，就与其成员的私人身份存在区别。通常情况下，社团组织会制定出自己的章程，建立起它的领导班子，有时是一个集体，有时是某一个人。社团可以以自己的名义进行活动，对外进行交往、对内管理社务。另外，社团还应具备从事司法诉讼的能力与资格。因为求助于司法救济是社团保障自身及其成员利益的重要途径。在西方一些学者看来，"所有社团法人都具有一个重要的共同特征，那就是它们都有能力参与法律诉讼并且从事其他法律事务……获得在法院出庭的资格往往是成立社团或法人社团的主要理由"②。

（4）结社不是出于经营商业为主要目的。按照德国洪堡大学克里斯蒂安·托姆夏特（Christian Tomuschat）的归纳，社团主要包括以下类型：工会、雇主协会、政党、商业协会、宗教派别、少数群体、根据公法而成立的团体。③ 这一点表明，社团不同于企业和公司，前者是致力于为组织成员提供公共服务的社会组织，后者是致力于工商业经营的经济组织。这一点也为各国立法明确规定，如《德国基本法》第9条，同时提到了社团和公司，这两个类别被放在不同的法律中加以调整。我国相关法律也做出规定，禁止社团从事以营利为目的的经营性活动④。拒绝社团的商业化，是为了保证社团特定职能和宗旨的实现，即作为一个社会性组织，协调和团结某个群体，提供公共服务，形成公共意见，促进个人发展和社会合作。当然，社团在有些情况下也可以从事某些营利活动，但其收入主要用于日常支出和社团建设，不得在社团成员中进行分配。

（5）公民结社必须依法活动。旨在从事犯罪或其他危害性行为，因其与公共福祉之宗旨相冲突，自然不能成为合法的行为。从社团组织的角度来看，旨在推翻现行政权的政治性组织，无论其为革命或反动，因与市民社会的利益完全背道而驰，也不能成为

---

① （荷）埃弗尔特·阿尔科马：《结社自由与市民社会》，载《环球法律评论》2002年夏季号。
② （荷）埃弗尔特·阿尔科马：《结社自由与市民社会》，载《环球法律评论》2002年夏季号。
③ 参见（美）阿米·古特曼：《结社：理论与实践》，吴玉章、毕小青译，北京：生活·读书·新知三联书店2006年版，第28~31页。
④ 参见我国《社会团体登记管理条例》（1998）第4条规定："……社会团体不得从事营利性经营活动。"

合法的社团组织。"虽然三K党也是一个公民组织，它在一个多样性的社会里是在破坏而不是在培育成员之间的互利互惠。"① 社团应当合法，这一点在各国宪法确认结社权时都做了明确规定。

8.2.2 公民结社的意义

结社作为公民的一项基本权利和活动方式，对于政府组织、公民社会和公民个人都有着非常重要的意义。法国的《人权宣言》指出："任何政治结合的目的都在于保护人的自然的和不可动摇的权利。"② 公民政治结合的结果是成立国家、建立政府。但要使国家和政府能够保护人的权利，除了必须具备良好的制度架构以外，还依赖于公民社会的活动和良好的公民素质。公民结社正好在这些方面可以起到非常重要的作用。概括地说，公民结社主要具有两个方面的意义。

（1）公民社团是防止公共权力被滥用的重要手段。政治权力的使用方式主要有两种，或者是民主的方式，或者是专制的方式。民主的方式以公民选举议员行使立法权，选举政府首脑行使行政权，并且作为代理人的议会和政府必须受到人民监督和对人民负责的代议制形式表现出来。但是，这只是公民对政治生活的第一次参与，被选举出来的代理人能否真正无私地奉献于选民的利益仍然很难得到保证。在这种情况下，为了防止代理人或者公共权力的异化，还依赖于公民对政治生活的第二次参与。在这其中，除了言论、控诉、集会、罢工、示威游行等方式之外，结社自由就是重要的一个环节，并且与其他环节构成了一个有机的整体。社团是个人的联合，个人做不了的事，社团或许能因其人力、智慧、财富、影响上的优势而轻易实现。对一个普通人来说，人微言轻，在庞大的国家机器之前，个人显得非常渺小，而一旦多个个人结成社团，则会因一种规模效应引起国家重视，从而对政治生活施加较大影响。如果说一个多元且独立于国家之外的自组织的市民社会是民主不可或缺的条件的话，那么公民社团就是市民社会的中坚力量。社团提供了一种将个人组合成群体，催生政府之外的多元的社会力量，对公共权力形成强大的监督。

（2）结社是维护公民权利的重要武器。首先，结社是形成公共意志并使这种意志上升为法律的重要途径。众所周知，立法是有关权利确认和社会资源分配的初始方案，而公民的结社活动在法律生成过程中有着重要的作用。立法活动最初始于公共领域中人们对有关社会问题的讨论，假如这种讨论可以在理性交谈的基础上形成公共意见，并从而形成一种有力的公共意志，那么这种公共意志就有可能通过立法程序转化为法律。统一而有力的公共意志的形成是立法过程中的关键环节，而在该公共意志形成之中，社团扮演着重要的角色。它可以团结同道，发起讨论，表达意见，从而形成公意，并向立法机构提出议案或施加压力，影响到国家法律的诞生。其次，社团还是当公民权利受到侵

---

① （美）阿米·古特曼：《结社：理论与实践》，吴玉章、毕小青译，北京：生活·读书·新知三联书店 2006 年版，第 4 页。
② 转引自苏珊·邓恩：《姊妹革命：美国革命与法国革命启示录》，杨小刚译，上海：上海文艺出版社 2003 年版，第 254 页。

害时提供救济和帮助的主体。这表现在两种情况下：一是社团本身以仲裁人和公断者的面目受理有关案件并做出裁决，与司法救济相比，社团裁决程序简易，成本小，但业务精，对于维护集团内部乃至社会团结有着重要的作用，显示出强大的适应性和活力；二是社团以各种方式帮助和支持成员就其损害向法院提出诉讼，或者社团直接以当事人的身份参加旨在维护个人私权的法律诉讼。在前一种情形下，社团向公民的司法诉讼提供智力或财力上的支持。在后一种情形下，由于私人本身没有出庭资格或胜诉的机会非常少，则由某一特定的社团直接出面进行诉讼。

社团组织还可以使个体获得心理上的归属感①，使个体的政治素质得到提高，并且提供了大量的社会服务。社会团体是公民的自愿组织，公民之间的共同利益、共同爱好等共同点在结社过程中发挥了重要的作用，这些共同点既是各种结社活动得以展开的前提，也为组织成员提供了心灵上的归属感和慰藉感。显然，通过结社实践，公民对国家与社会之间的关系、对公共权力的运作方式等也会有更加深刻的认识，并且在结社实践中使自身的组织能力、协调能力、表达能力等个人素质得到提高。除这些个人方面的好处以外，从社会的角度看，社团组织还提供了大量的社会服务，弥补了政府公共服务存在的不足。在市民社会发达的国家，存在着形式多样、数量巨大的社团组织，包括宗教团体、行业团体、慈善团体、艺术团体、环保团体、特殊人群团体，它们向社会提供的服务是周到和详尽的，既包括社员或公众的日常私生活要求，又对其事业进步和业务开展等公共生活提供帮助。显然，在政府的社会保障体系之外，社团开拓了一个广阔的服务空间，社会和公众可以较方便地从社团那里获得信息、建议、安慰或物质帮助，这些对保障个人生活水平和生活幸福有着重要的意义。

8.2.3 公民结社在中国

（1）新中国成立前的公民结社。中国进入近代以来，公民结社开始出现，公民结社活动先后经历了几个高峰发展阶段。清朝末年，由于清政府的腐败和卖国，出现了政治结社的第一次高峰。"戊戌变法"时期，出现了一大批以介绍西学、主张改革的维新团体，其中，仅湖南在维新运动期间建立的社团就达15个，著名的如湖南巡抚陈宝箴支持下的南学会等。1895年，北京和上海两地的"强学会"先后成立。《上海强学会成立章程》指出，本会"专为中国自强而立"，以通声气、聚图书、讲专门、成人才、成"圣教"作为办会宗旨，随后出版的《强学报》大力倡导维新变法，提出开设议院等政治主张。维新运动时期的政治社团成为启迪人们的政治思维、宣传维新派变法主张的重要工具，在封建专制思想长期主导下的中国，各社团的政治主张为中国社会发展注入了新的思维。

"戊戌变法"失败后，中国公民结社运动进入第二个发展高峰，主导这次结社高潮的政治力量主要是以孙中山等为代表的资产阶级革命派。1894年，孙中山在美国檀香山最早建立起革命派政治组织兴中会，提出"驱逐鞑虏，恢复中华"的政治纲领，主

---

① 参见（美）阿米·古特曼：《结社：理论与实践》，吴玉章、毕小青译，北京：生活·读书·新知三联书店2006年版，第76页。

张以革命的方式推翻清政府的统治。此后，华兴会、光复会、日知会、科学补习所等组织相继成立。1905年，中国同盟会在日本东京成立，实现了各政治团体的第一次大联合。中国同盟会以"驱逐鞑虏，恢复中华，建立民国，平均地权"作为革命旗帜，明确提出了革命党的任务和目标。资产阶级革命派掀起的政治结社运动在揭露清政府腐败、启蒙人们思想、团结革命力量和推动新文化运动发展等方面起到了非常重要的作用。

"五四"运动爆发后，中国的政治结社运动又进入到一个新的阶段。面对北洋政府的腐败和卖国，先进青年更加清楚地看到国家命运的岌岌可危，更加感到腐败黑暗的社会现状难以忍受，他们以救国救民、改造社会为己任，积极探索拯救中国的道路。1919年"五四"运动爆发。此后，各地青年纷纷成立社团组织，如马克思主义研究会、马克思学说研究会、新民学社、觉悟社等；传播新思想的刊物如雨后春笋般大量涌现，仅"五四"运动后的一年，全国就出现了400余种刊物，各种学说竞相争鸣。这一时期政治结社运动的巨大成就主要体现在对人民思想的启蒙和对马克思主义学说的传播上。

抗日战争胜利后的国内政治格局使中国政治结社运动重新掀起高潮。抗日战争胜利后，国共两党鼎立的政治格局为国内和平开启了机会。在这种背景下，中国国民党革命委员会、中国民主建国会、中国民主同盟等中间势力纷纷成立政党，从各自所处的立场出发阐明自己的建国主张，并积极推动国内局势走向和平。这些政党尽管主张各异，但都主张走"和平"、"民主"、"进步"的发展之路。这一时期的政治结社促进了中间势力的团结和发展，为中国共产党建立爱国统一战线奠定了坚实的政治基础。

新中国成立以前的结社运动主要体现出如下特点：首先，相对于国家政权而言，公民结社运动大多表现为非法的结社。造成这种情况的原因，一方面是由于政治民主的缺乏，使公民很难通过合法的途径建立起公民社团；另一方面，相关程序性法律的缺失也是造成"非法"结社的重要原因。从1908年的《钦定宪法大纲》到1946年的《中华民国宪法》，历次宪法尽管都规定了公民有结社的自由，但这些规定仅仅体现为宽泛的宪法规定，很少有相应的程序性法律对公民结社进行更严格的规定。其次，从总体上说，公民结社与国家政权的合法性呈负相关关联，政治性社团活动频繁。每次公民结社的高峰发展大多是由于政府腐败、卖国使人民深感不满和失望而引起的，人民成立各种政治性社团以抗议和推翻当时的政权。

（2）当代中国的公民结社。新中国成立后，公民结社自由权载入了宪法，但在专门立法方面仍然不足，只存在由行政机关制定的相关管理条例。1949年《中国人民政治协商会议共同纲领》第5条规定，人民享有结社自由权。1954年《宪法》第87条规定公民有结社的自由。1975年《宪法》、1978年《宪法》和现行《宪法》也都对公民的结社自由进行了规定。可以说，自新中国成立之始，公民的结社权就得到了宪法的保证。但是，一切宪法规定的权利显然还需要相应的专门法规予以明确化和程序化。迄今为止，我国尚未制定专门的结社法或者社团法。宪法规定的公民结社权的行使主要由国务院制定的社团登记条例予以确认和规范。1950年，当时的政务院曾经制定《社会团体登记暂行办法》，确立了社会团体的类别、登记等有关事项，形成了社会团体分级登记管理体制。1989年国务院公布《社会团体登记管理条例》，确立了社会团体双重管理的体制，并于 1998 年对该条例进行了修订。

尽管如此，公民结社活动在某些历史时期仍然得到很大的发展。新中国成立初期，政府没有记录全国社团总量的变化，1956 年之后，几乎所有党政机关都参与社团管理，每个部门都负责与自己业务相关的社团，社团无须集中登记注册。这种情况一直到 1989 年才发生改变。由于这个原因，在这 30 多年里，政府缺乏对社团的系统统计。改革开放之后，被"文革"中断的社团开始恢复活动，中国的注册社团经历了一个快速增长的时期。1989 年，民政部承担起社团管理职责时，据估计当时共有 1600 个全国性社团和 20 万个地方性社团。在 1989~1991 年的社团清理整顿当中，大量社团无法找到业务主管单位，结果注册社团总数从 1989 年 20 万个左右跌到了 1991 年 11 万个。20 世纪 90 年代上半叶社团数量又开始迅速增长，到 1996 年，全国社团总数达到了 18.6666 万个，仅稍低于 1989 年 20 万个的峰值。1998 年，国务院修改《社会团体登记管理条例》，提高了社团注册资金门槛，并且要求业务主管部门对所属社团的行为担负起全面责任。这些措施导致了 1996~2001 年间注册社团数量的又一次剧减。但下降趋势很快又被扭转，到 2003 年底，中国共有 14.2 万个注册社团。[①] 但实际上，中国社团总数远不止民政机关登记的这些数字。由于注册资金的限制和对业务主管部门的要求，全国范围内仍然存在着许多没有登记注册但开展社团活动的社会团体和民办非企业单位。此外，根据法律规定，我国还存在大量无须在民政部门登记注册的社团，包括作为政协成员的八大人民团体和 25 家由国务院批准的免登记团体（如中国作协、中国新闻工作者协会等）及其基层组织。更重要的是，大量县以下的草根组织无须在民政部门登记注册，比如在企业、政府机关、学校、街道、乡镇和村内开展活动的社团。因此，我国实际的社团总数应当远远高于民政部门登记的数字。

从总体来看，我国目前对公民结社的价值和功能尚缺乏科学的认识，对公民结社权利和社团发展造成了妨碍。1）在结社的立法方面，新中国成立以来，我们一直没有制定专门的结社法，从而使公民行使结社自由权得不到具体的法律保障和司法救济。虽然公民的结社自由权有宪法的明确规定，国务院也制定了相关的管理条例，但作为公民的一项基本权利，显然还必须有详细的立法来保证权利的实施和救济，目前仅存的行政机关制定的管理条例，不仅降低了公民权利的神圣性，而且在某些方面还妨碍了社团的发展。2）在社团管理方面，世界各国宪法与法律关于结社程序上的限制主要有两种，即追惩制和预防制。前者要求在结社前不需要任何手续，但在团体成立后的任何时候，政府可以对其违法行为依法加以处罚，甚至禁止社团活动、解散社团；后者是公民要组织社团必须事先向政府提出申请，或者至少向政府报告。从我国的《社会团体登记管理条例》看，实行的是严格预防制和追惩制。社团不仅必须预告申请，而且还必须找到业务主管机关，并且必须有高额的注册资金，从而加大社团成立的难度。3）在社团的地位方面，我国目前对社团进行行政化管理的现状，一方面违背了社团自治和结社自由的精神，另一方面也削弱了社团所具有的监督政府权力的功能，同时还造成社团日益体制化和政治化的倾向。

---

① 以上数据均来自王绍光、何建宇：《中国的社团革命》，载《浙江学刊》2004 年第 6 期。

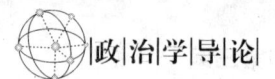

8.3 公民选举

8.3.1 公民为什么选举

（1）参加选举的理由。安东尼·唐斯在《民主的经济理论》中从"理性经济人"的立场出发，认为不论是政府、政党还是公民个人，在选举过程中都会根据成本—收益的平衡理性地调整自己的行为，公民之所以参加投票，是因为投票所带来的收益超过了投票本身所支出的成本，收益是公民参加投票的根本原因。如果候选人承诺当选后将实行减免农产品税收的政策，他就很有可能获得农民的投票。收益是多方面的，除经济收益以外，还包括政治权力、地位、名声等；同样，成本也表现在多个方面，除投票过程中直接支付的车费、时间等成本外，还包括获取信息的费用、个人精力等。① 在大部分情况下，唐斯的选举理论还是能够说得过去，但他预先设定了每一个公民都充分理性、政治市场完全民主、信息资源充分对称的立场。实际上，这些情况是不可能如此理想地存在的。从公民理性的角度来看，还可能出现完全是被动员去投票或者出于宗教狂热而投票的情况，就如传统社会主义国家或者伊斯兰原教旨主义国家所出现的情况那样。考虑到条件的复杂性，公民参与投票的实际原因也就比唐斯假设的要复杂得多。

但唐斯毕竟揭示了公民参与投票的一种普遍原因。从更根本的原因来看，公民参加投票的意愿首先预设了公民已经拥有了选举的公民身份权利。在当代民主国家，这当然不再成为一个问题，但即使在稍微晚近以前，情况也就不再那么不证自明。"生活在西方社会的人们，从不怀疑自己是特定国族的'公民'……但是，公民身份权利的发展，尤其是普遍公民权的发展，仅仅是相对晚近的事情。"② 到目前为止，妇女获得选举权的时间尚不足百年，而某些伊斯兰国家的妇女至今还不拥有选举权。在整个争取选举权的历史上，选举权除了经济上的意义以外，更重要的还在于政治上平等的身份象征，以及与传统专制国家比较上的人民主权意义。

与现代选举权的含义相反，19世纪的美国选举权更代表了一种排斥。《美国宪法》第15条修正案尽管规定："合众国或其任何一州，不得因种族、肤色或此前曾为奴隶之关系，拒绝或限制合众国之公民投票权。"③ 但对于美国公民来说，投票权之所以宝贵，它的意义并不在于通过行使投票权所获得的权利保障和地位平等，选举权的意义并不在于选举本身，而在于它所标示的社会身份，即被"承认"是完整意义上的人。选举权标示的是一种完整的公民地位，它切断了与印第安人、黑人、奴隶、妇女等地位低下群体之间的联系。个体一旦被排斥在选举权之外，不仅意味着被否定了做人的资格和社会尊严，而且还意味着不再成为完整意义上的人，意味着与奴隶没有什么差别。奴隶

---

① 参见（美）安东尼·唐斯：《民主的经济理论》，姚洋等译，上海：上海人民出版社2005年版，第199~200页。
② （英）安东尼·吉登斯：《批判的社会学导论》，郭忠华译，上海：上海译文出版社2007年版，第12页。
③ 转引自（美）汉密尔顿、杰伊、麦迪逊：《联邦党人文集》，程逢如等译，北京：商务印书馆1997年版，第470页。

缺乏独立做人的资格，只能过着一种时刻蒙受羞辱的生活。选举权的意义仅在于它在公民与奴隶之间划下了不可逾越的界线，它使公民的生活与奴隶、妇女等地位低下群体的生活形成鲜明的对照。茱迪·史珂拉在《美国公民权》中认为："具有深远意义的是权利，而不是权利的行使。一个人没有选举权就不是完整的公民。一旦他获得了选举权，这个权利就实现了它的功能，拉开了这位公民与地位低于他的人——尤其是奴隶和女性——的距离。"①

（2）影响选举的因素。公民拥有选举权，也有了参与选举的充分理由，但他们是否就真的会去参加投票呢？事实表明，在这一过程之间，还存在着一系列的因素影响公民的投票行为。1992年，美国大选的投票率是55%，比1960年时候的63%下降了8个百分点。② 但在我国近年来推选的村民选举中，情况却表现得完全不一样。以2002年公布的有关数据为例，投票率平均高达80%，其中广东省的投票率达97%，海南省为97%，四川省为93.46%，选民亲自参与投票的比率达到77.88%。③ 有哪些因素造成投票结果的记录相差如此悬殊呢？

第一，收入和教育对投票的影响。在通常情况下，高收入群体比低收入群体更有可能投票，受过良好教育的群体比仅受过中学以下教育的群体更可能参加投票。④ 对于富裕群体而言，他们感觉参与选举非常重要，因为不同候选人上台后会形成相当不同的政策，因此自己必须参与投票，争取让自己中意的候选人登上权力宝座。但对于普通民众来说，他们所感到的投票功效却可能完全不同。在他们看来，不论哪个政党上台执政，他们所得到的工资都不会有什么两样，投票却常常使他们花费不菲的时间、精力、金钱去获得信息与参加投票等。在这种理性的权衡下，他们更可能选择不去投票。同样，教育程度的差异也是影响公民投票的重要因素。受过高等教育的群体对于政治通常表现得更加好奇，对选举也表现得更加敏感，从而使他们不仅仅局限于经济上的考虑。除上述因素外，美国政治学家塞缪尔·P.亨廷顿还认为，经济富裕和教育程度还决定了"公民的价值观和态度"，"培育了人际间相互信任、生活满足感和凭能力竞争的性格，这些情感又反过来与民主制度的存在有高度相关性"。⑤ 这种发展趋势很可能导致的情况是：政治越来越成为精英的事情，绝大部分社会民众则成为"沉默的大多数"。

第二，年龄、民族因素对投票的影响。调查统计表明，不同年龄阶段的人们对于投票的关注也不同。与年长者相比，25岁以下的年轻人更不关注政治，在美国，大约有一半18~25岁的年轻人不去登记投票。⑥ 造成这种情况的原因主要在于，年轻人处于创业的起步阶段，本身收入很低，也几乎没有什么财产需要保护，从而觉得自己在经济上与选举的结果不会有什么太大的关系。年轻人处于体格发展的壮年阶段，对于社会保

---

① （美）茱迪·史珂拉：《美国公民权：寻求接纳》，刘满贵译，上海：上海人民出版社2006年版。
② 参见（美）迈克尔·罗斯金等：《政治科学》，林震等译，北京：华夏出版社2000年版，第237页。
③ 参见王金华：《村民直接选举村委会成为农民政治生活重要内容》，载《瞭望周刊》2002年12月23日。
④ 参见（美）迈克尔·罗斯金等：《政治科学》，林震等译，北京：华夏出版社2000年版，第239页。
⑤ 参见（美）塞缪尔·P.亨廷顿：《第三波——20世纪后期民主化浪潮》，刘军宁译，上海：上海三联书店1998年版，第75页。
⑥ 参见（美）迈克尔·罗斯金等：《政治科学》，林震等译，北京：华夏出版社2000年版，第240页。

险、疾病医疗等社会保障的要求相对较低，也一定程度地降低了参与投票的积极性。年轻人所关注的事情与年长者也存在较大的差异，相对而言，他们对于抽象而严肃的政治问题更加缺乏关注的兴趣。从民族的角度来看，在我国的少数民族地区，公民参与投票的比率明显偏低。近年来，学者们对少数民族地区村民自治情况所做的调查表明，村民低度参与的现象仍然较为普遍。究其原因，少数民族地方相对落后的交通条件无形中加大了投票的成本；相对封闭的居住条件则使选民对候选人缺乏了解，从而在客观上降低了他们参与投票的积极性。另外，前面谈到的教育和收入水平对公民投票造成影响，相对低下的教育水平影响了公民对政治的关心程度，而收入上的限制则使他们以一种非常工具理性的眼光来看待选举的收益与支出。

第三，性别等其他因素的影响。女性的家庭角色定位使她们长期被排斥在选举的范围之外。19、20世纪之交，新西兰和芬兰最先授予妇女选举权，此后，其他一些国家的妇女才逐渐获得选举权。在传统上，几乎每个社会的男性都比女性更有可能参加投票。在当今中国，农村女性参加选举的比率明显较低仍然是一个不容忽视的事实。不少研究发现，中国农村妇女参与政治的状况并不容乐观：中国农村妇女政治参与的民主意识淡漠、选举信任感低下、参与行为被动。究其原因，农村妇女的文化程度普遍低于男性的确给女性参加选举造成了很大的影响。但除此之外，传统的性别分工模式也是重要的原因。在农村，男女性别分工存在很大差异，在男主外女主内的性别模式下，通常女性很少参与村中的公共事务，而把更多的精力放在家务和子女教育方面。这两个方面结合在一起，从根本上造成了女性公共参与程度低的事实。

第四，居住区域等其他一些因素的影响。按照通常的情况，城市居民比农村居民更有可能参加投票。这当然与城市居民相对较容易到达投票处而农村投票地点相对分散有关，但也与城市居民相对具有较高的文化水平、较强的政治意识有关。除此之外，公民是否参加投票还受地点甚至天气等其他偶然因素的影响。

8.3.2 公民如何选举

公民投票的原因很多，影响投票的因素也很复杂。但即使在投票原因和影响因素都固定的情况下，选举的展开还必须通过一系列程序，其中每一个程序都能对公民的投票意愿和选举结果产生影响。具体地说，选举的程序主要有选举机关的建立、选区划分、选民登记、候选人的提出、投票、计票、选举结果公布和选举诉讼等。

（1）选举机关的建立。举行选举首先必须有相应的选举主持机关。它是由法律明确规定的代表国家或者全体选民办理行政性选举事务的机关。选举机关的性质关系到选举是否公正无私的问题，因此，中立性是对于选举主持机关的本质要求。选举机关的职权非常广泛，包括监督《选举法》的执行、负责选区划分、组织投票、指导计票等一系列职权。

依据选举的范围不同，选举机关的类型大致可以划分为三种。一是全国性选举机关和地区性选举机关。前者如英国、法国、意大利等国的内政部，后者如美国总统大选时的州选举委员会等。二是常设性选举机关和临时性选举机关，前者不会因为选举工作的完成而撤销，如韩国的选举委员会任期为5年，菲律宾的选举委员会任期为7年；后者则在每次选举前的一段时期内成立,在选举完成后即行撤销,如缅甸1974年的宪法规定,人民议会应在人民议会和各级人民委员会任期届满前6个月成立一个选举委员会,为选举新的人民议会和各级人民委员会做准备。三是立法型选举主持机关、行政型选举主持机关、司法型选举主持机关和独立的选举主持机关。立法型选举主持机关指由立法机关承担选举的组织和主持,如中国的《选举法》规定,全国人大常委会主持全国人民代表大会代表的选举,省、自治区、直辖市、设区的市、自治州的人大常委会主持本级人民代表大会的选举。行政型选举主持机关指由行政机关负责选举的行政性事务,如英国、法国、意大利由内政部负责中央选举机关的职权。司法型选举主持机关指由司法机关负责主持选举工作,如巴西的选举法院和选举法官除负责选举诉讼案件外,还具体负责办理选举的行政性事务。独立的选举主持机关指独立于立法、行政、司法机关的专门选举机关,如日本、美国等国的独立性选举委员会。

(2) 选区划分。选区是组织选举、开展选举活动的基本单位。选区的划分,对于选民参加选举、候选人的提出、代表的当选和代表当选后的活动等都有着直接的影响。只有在直接选举中才有选区划分问题。划分选区必须适中,使之便于选民了解候选人情况,便于选民参加选举活动,便于进行选举的组织工作,便于代表听取选民意见和对选民负责,便于选民对当选代表依法监督。现代各国一般都实行区域代表制的原则,即按照地域划分选区,由各选区分别选出本选区的代表。在划分选区的过程中,通常采取两项原则:一是行政区原则,即以行政区为选区划分的依据;二是人口分配原则,即按现有人口的多寡为划分选区的依据。

在我国,只有县乡级人大采取直接选举的原则,因此只有在不设区的市、市辖区、县、自治县、乡、民族乡、镇的人民代表大会代表的选举中才存在选区划分的问题。依据我国《选举法》的规定,选区的划分必须遵守两项原则:可以按居住状况划分,也可以按生产单位、事业单位、工作单位划分;选区的大小要按照每一选区选1~3名代表划分。现在各地的通常做法是,选举县级人民代表大会的代表,在农村按村民委员会划分选区,也可按几个村民委员会联合划分选区。乡级人民政府机关及所属单位,按分布情况单独或联合划分选区。城镇原则上以街道办事处或居民委员会划分选区,人口较多的街道办事处可划分若干选区,人口较少的居民委员会可与邻近的居民委员会联合划分选区。选举乡级人民代表大会的代表,可按一个村民小组划分选区,也可按几个村民小组联合划分选区。

(3) 选民登记。在选举过程中,具有选举资格的公民必须经过登记才能成为正式的选民。选民登记同样只有在直接选举时才有必要,间接选举不存在这个问题。选民登记是选举工作的一个重要环节,对于搞好整个选举具有重要的意义。首先,它是选民资格的一种确认,通过事先确认,可以避免在投票日因选民资格纠纷而带来麻烦,使选民投票得以顺利进行;其次,选民登记也是固定选民与选举单位的关系,避免选民与选举单位之间的不确定性以及由此引起的选民与选区之间的混乱;最后,它还有助于确定各种政治势力活动的对象,避免不正当的交易或者舞弊现象。

从世界各国的实践来看,选民登记可以划分为两种类型。1) 主动登记与被动登记。前者指选举单位设有选民登记机关,在投票前的公告时间内接受选民亲自登记,把合乎法定资格的选民列入选民名册，美国和拉丁美洲一些国家主要实行这样一种登记制度。后者指选举机关投入人力和物力，使用各种方法促成选民进行选民登记。如英国由登记官挨户劝说登记，德国、瑞士等国则以户口资料自动形成选民名册的方式。2）常设登记与定期登记。常设登记指公民一旦列入选民名单便长期有效，并定期检查，将死亡、变更依据或丧失选举权者从名单上删除的制度。定期检查的时间各国长短不一，英国、意大利、德国、日本每年检查一次，而比利时则每两年检查一次。定期登记则指每隔一定时间，选民名单作废、重新进行选民登记的制度。美国一些州实行这种制度。选民登记完成以后，还必须公布选民名单，这一方面是为了便于公民监督选举工作，保证登记名册准确无误，另一方面也是对选民资格的最后确认，以便发现错误或者漏登者能够及时纠正。

（4）候选人的提出。候选人指享有被选举权并在投票前被预先提出供选民选择的人员。相对于选民而言，候选人在国籍、年龄、居住、财产、种族、性别、职业、教育、品德等方面存在更严格的要求。候选人的产生是选举过程中的关键环节。现在世界各国基本上通行两种做法。一种是候选人只能在一个选举区被提名。例如，法国规定，任何人不得同时兼为一个以上选区的候选人；葡萄牙规定，同一候选人不得出现在一种以上的候选人名单中。另一种是候选人可以在多个选举区被提名，如同时在两个以上单位被提名，只能保留一个席位。例如，英国在选举下议院议员时，候选人可以在任何选区登记、被提名和竞选。在提名程序上，一般存在选民提名和政党提名两种方式。前者指一定数量的选民可以提出候选人，只不过各国所规定的能够提出候选人的选民数量不等而已，如意大利众议员候选人需要取得500名以上的选民支持。政党提名是现在世界各国采取的一种比较普遍的做法。美国总统大选前，每个政党内部都必须先进行初选，由党员从各个竞逐者当中选出自己中意的候选人。

我国《选举法》规定，县乡级人大代表候选人按选区提出，代表候选人可以由各政党、各人民团体单独或联合提出，也可以由选民10人以上联名推荐提出，但每个选民联名推荐的代表候选人的名额，不得超过本选区应选代表的名额。在名额分配方面，按照农村每一代表所代表的人口数4倍于城市（镇）每一代表所代表的人口数的原则分配。同时，还对少数民族地区和军队的代表比例进行了规定。

（5）选举投票。选举选票是选民对候选人的选择。现在较为通行的投票方式主要有公开投票、秘密投票或者半公开投票三种。公开投票是选民向公众公开表示自己的选择，如欢呼投票、排队投票、举手投票等。公开投票常常不利于选民表达自己的意愿，容易招致候选人的打击报复，因此现在已普遍为秘密投票所取代。在秘密投票中，选民不向公众公开自己的选择，选民无须在选票上写上任何人的名字，只需在印有候选人姓名的选票上画记号以表示其选择意向。秘密投票有利于选民表达自己的真实意愿。半秘密投票是介于公开投票与秘密投票之间的一种形式，如单记名投票，选民只在选票上填写被选举人的姓名而不填写自己的姓名的做法。我国抗日战争时期解放区曾实行过的投豆投票法也属于半公开投票类型。我国《选举法》规定的投票原则主要有：投票由选举委员会主持，各选区设立投票站、流动票箱或者召开选举大会进行选举；选民凭身份证或选民证领取选票；投票之前，主持选举的工作人员应统计并宣布出席的选民人数，当众检查票箱，并组织选民推选监票、计票人员；选区全体选民过半数参加投票，选举有效，如参加投票的选民不足半数，须改期选举。

(6) 选举计票。计票是选举时对选民投票结果的计算，内容包括对投票人数和选票总数的计算，对有效选票和无效选票总数的计算，对各个候选人或政党所获选票总数的计算，对各个候选人或政党所获选票的总数与所获议席之间关系的计算。计票与当选之间存在着密不可分的关系，不同的计票方法通常导致选举结果的巨大差异。现代世界各国的当选计票方法种类繁多，而且选举舞弊也主要出现在计票环节。归纳起来，现在各国实行的计票方法主要有两大类：多数当选制和比例当选制。有的国家同时实行这两种制度，如墨西哥、西班牙、日本等国。多数当选制指候选人、政党或政党联盟获得选区内一定多数选票即为当选或取得全部议席的制度。根据各国所要求的多数不同，多数代表制又分为绝对多数当选制和相对多数当选制。前者要求候选人在一个选区获得过半数的选票才能当选，后者则只要求每个候选人在一个选区内获得比其他候选人多的选票即为当选。比例当选制指按政党所获选票总数在总票中所占的比例分配议席的制度。显然，比例当选制只适用于大选区制。这种制度使获得多数选票的政党取得多数议席，获得少数选票的政党获得少数议席，较真实地反映了民意。在计算选票的过程中，比例当选制通常导致复杂的计算方法。

我国《选举法》规定，代表候选人获得参加选举的选民过半数的选票，始得当选。如获得过半数票的代表候选人名额超过应选代表名额时，以得票多的当选。如代表候选人得票数相等时，应就票数相等的候选人再次投票，以得票多的当选。获得过半数选票的当选代表人数少于应选代表的名额时，不足的名额另行选举。另选时，根据在第一次投票时得票多少的顺序，按照法定差额比例，确定候选人名单。另选以得票多的当选，但所得票数不得少于参加选举总选票数的1/3。

(7) 选举结果公布和选举诉讼。各选区计票结束后，由选举主持机关确认选举结果是否有效，并予以公布。如我国《选举法》规定，投票结束后，由监票、计票人员和大会主席团人员核对投票人数和票数，做出记录，并由监票人签字，选举结果由大会主席团确定是否有效，并予以宣布。选举结果的公布必须及时，迟迟不公布，通常导致选民的猜疑，进而引发选举纠纷。

选举诉讼是因选举纠纷所引起的诉讼，当选民或候选人认为选举主持机关、其他选民或候选人有威胁、利诱以及其他舞弊行为，或者认为当选人资格不符等问题时，按照各国选举法的规定，可以在法定期限内向法定机构提起诉讼，并由法定机关依法裁决的制度。从世界各国的实践来看，负责选举裁判权的机关有议会、普通法院、宪法法院、行政法院、选举主持机关、专门的选举裁判机关。2000年美国总统选举，由于小布什在佛罗里达州仅领先戈尔1200余张选举人票，不到总选举人票的1%。按照该州法律，需要进行重点。但由于选票设计失误而导致大量废票和误投现象的产生，最后引发了选举诉讼。州和联邦法院先后介入此事，最终以联邦最高法院以7票对2票的结果做出有利于布什一方的判决，这一事态才告终结。

8.3.3 选举能保证公民的权利吗

一直以来，由民选议员组成的议会被看做是"除了不能把女人变成男人或者把男人变成女人外，在法律上什么都能做"的万能议会。但人们可能会发现，现在一切都正在发生变化：旨在使人们更好地履行权利的政党正变得越来越寡头化，曾经坚定代表自身利益的政党正变成代表所有人的政党，曾经深深吸引自己的政党意识形态现在正变得立场暧昧，等等。的确，曾经被选举权控制的许多事物现在正变得不可控制了。

（1）中间选民定理与政党趋同。与选举制度联系在一起的是竞争型政党制度，如两党制、多党制等。不论哪一种形式，竞选纲领都是政党对选民将要提供的公共物品的一揽子承诺。在竞选过程中，为了赢得多数选票，政党必须尽可能许诺为最大多数的选民提供他们所希望的公共物品。政党的这种取向导致了政治学上的"中间选民定律"的产生。所谓中间选民定律，指政党为了赢得选举的胜利，必须将自己的施政纲领尽可能定格在中间立场，以便同时吸引来自左右两边的选民。① 人们可以假定，在社会中，处于中庸立场的人总是占据多数。

中间选民定律对公民选举带来的最大的危害在于它使政党过度趋同。这种趋同不仅表现在政策上，而且表现在意识形态方面。在大选中，任何想要赢得选举的政党都必须将自己的政纲设定在中间位置上，这使得政党之间的政策差异越来越小，意识形态也越来越不存在原则性差别。政党的这种发展趋势给社会大众造成的普遍印象是：政党之间的一致性大于彼此存在的分歧，政党在基本价值观、意识形态以及政纲等方面都存在着大量的雷同之处，政党竞争总是围绕着一些微小的、细枝末节的事情展开。当出现这种情况的时候，不仅将导致公民对选举的冷漠，而且还削弱政党代表公民利益的功能。

（2）兼容型政党。"二战"以前，发达资本主义国家的政党大部分都建立在特定人群的基础之上。如社会主义政党的目标主要局限于工人阶级，农民党的目标主要集中在农民身上，天主教党的目标主要集中在天主教徒身上，等等。但是，在中间选民定律的拉动下，政党为了获得最大多数选票，本身也发生了重大的转型，越来越向规模庞大、意识形态暧昧、超越特定人群基础和尽量包容各方面关注和需要的方向发展。德国政治学家奥托·基希海默创造性地用"兼容型政党（catch-all party）"来描述这种新型的政党。"要想获得大选胜利就必须成为'兼容型政党'，这几乎成了一条公理。"② 兼容型政党的特征主要有：政党的意识形态色彩大大减弱；上层领导集团的地位加强；单个党员的作用下降；减少对某一个具体社会阶层的重视以利于在全体社会成员中更广泛地吸收支持者；保持和各种利益集团接近的渠道；等等。③ 工人、农民、商人、天主教徒、妇女等阶级或团体的利益，只要你能举得出来，兼容型政党都试图去代表之。

兼容型政党绝不是一种理论想象的结果，当代西方国家政党，如英国的保守党和工

---

① 参见（挪威）斯坦因·U. 拉尔森：《政治学理论与方法》，任晓译，上海：上海人民出版社2006年版，第204页。
② 参见（美）迈克尔·罗斯金等：《政治科学》，林震等译，北京：华夏出版社2001年版，第222页。
③ 参见（英）戴维·米勒、韦农·波格丹诺主编：《布莱克维尔政治学百科全书》，邓正来译，北京：中国政法大学出版社2002年版，第99页。

党、美国的共和党和民主党、法国的社会主义政党和日本的自民党等，它们的兼容色彩都体现得尤其明显。但是，兼容型政党导致了各种不良的后果：一是它日益淡化了政党的集体认同感。政党的集体认同必须以特定的社会群体为基础。当政党日益超越自身的群体基础而扩展到其他社会群体时，它也就必须越来越多地放弃其原有的价值观和集体认同。兼容型政党的发展与集体认同感的淡化之间存在着一种正相关关系。二是兼容型政党的出现使政党之间的竞争性民主转换为政党组织内部的派系斗争。由于"兼容型"政党十分庞大，组织内部充斥着各种不同的观点，党内派系林立，使得围绕重大问题而展开的斗争主要发生在党内，而不是党派之间。① 这种情况使发生在社会大众之间的选票竞争转换为政党内部派系之间的力量对比，政党组织的发展导致反民主倾向的产生。

（3）民主选举与政党寡头化。德国政治社会学家罗伯特·米歇尔斯是一位著名的精英理论家、平等和民主的信仰者。在对政党进行了系统研究之后，他提出了著名的结论：社会民主政党和民主党的首要目标是反对一切形式的寡头统治，但这类政党现在却正在走向它们自己都极力反对的方向。② 他为此得出的理由是：为了实现其政治目的，这些政党不得不进行有效的组织，他们的政治对手是强有力的保守力量；组织就意味着领导，一旦党的领导者占据了党的最高层位置，他们就乐于把自己的角色看做是永久性的，要把自己锁定在权力上；大多数党员认可这种地位并服从领导，而不是想取代他们；最终，领导就变成了寡头，只由少数人统治。不管开始如何民主，人类组织都将向寡头制转变，这是无法逆转的"寡头统治的铁律"。

如果真如米歇尔斯所说的那样，这的确是对公民选举权的深度悖论：政党本来是实现民主的组织，但却越来越走向民主的对立面。米歇尔斯深信自己提出的"铁律"，并且以对民主制的绝望而投入了法西斯的怀抱。但事实证明，米歇尔斯的"铁律"只不过是对民主过于极端的看法，一些更加客观的研究者后来发现，政党领导者与选举者之间实际上是一种双向的关系，政党领导人必须时刻关心选民的要求及其变化。如果这样，"寡头统治的铁律"最多只不过是一种"橡胶律"而非"铁律"。③

8.4 公民治理

8.4.1 公民治理的含义

"治理"是公民参与领域的新现象，直到20世纪80年代，治理都还是一个并不多见的词汇。1989年，世界银行在概括当时非洲的情形时，首次使用了"治理危机"概念。④ 此后，在政治发展研究领域，"治理"一词开始得到广泛运用。1992年，世界银行年度报告的标题是《治理与发展》，1996年，经济合作与发展组织（OECD）发布了

---

① 参见（美）迈克尔·罗斯金等：《政治科学》，林震等译，北京：华夏出版社2001年版，第222~223页。
② 参见（德）罗伯特·米歇尔斯：《寡头统治的铁律》，任军锋等译，天津：天津人民出版社2003年版，第10页。
③ 参见（美）迈克尔·罗斯金等：《政治科学》，林震等译，北京：华夏出版社2000年版，第84页。
④ 参见俞可平：《治理与善治》，北京：社会科学文献出版社2000年版，第1页。

一份《促进参与式发展和善治的项目评估》，1996年，联合国开发署（UNDP）的年度报告以《人类可持续发展的治理、管理的发展和治理的分工》为题，1997年，联合国教科文组织（UNESCO）提出了一份《治理与联合国教科文组织》的文件，1998年《国际社会科学杂志》出版了一期名为《治理》的专刊。20世纪末叶，联合国甚至还成立了"全球治理委员会"，并创立和出版了《全球治理》杂志。在当时，研究治理与善治的主体主要是联合国、经济合作与发展组织等相关国际组织，治理的内容也主要是描述后殖民地国家和发展中国家的政治状况。

治理理念的兴起以对传统公共行政模式的反思作为起点。在美国学者盖伊·彼得斯看来，传统公共行政的信条主要建立在六种基本原理之上：第一，政治中立的公务员制度，即公务员不应有明显的政治倾向，他们应该能够为任何一个具有合法地位的统治者或者由政党组成的政府服务；第二，科层制和规则，即政府内部实行严格的层级管理制度，并且严格按规章制度进行管理；第三，永久性和稳定性，即公务员被看做是一项终身职业，可以有稳定的收入和安全的职业；第四，制度化的公务员制度，公务员的任职、升迁、考核、薪酬等各个方面存在着严格的制度规定；第五，内部管制，即公务员必须毫不迟疑地接受和响应其上司的命令；第六，平等，即传统公共行政模式尽可能做到结果平等，强调给资格相同的公务员提供平等的报酬和工作条件，政府部门对于其服务对象的决定也必须严格地做到尽可能相同，目标相同的顾客所得到的利益必须尽可能相同。①

在彼得斯看来，传统的公共行政体制尽管做得规范和成功，但20世纪80年代以后出现的全球化、民主化等浪潮，也给传统官僚体制带来了一系列严峻的挑战。例如，传统官僚体制无法充分地激励其组织成员有效率地做好其分内工作；传统官僚体制将广大社会成员排斥在政府公共组织之外，很少关注公众作为公民和纳税人的角色，造成公共组织部门化的后果；制度化的公务员队伍制度和永久性的任职制使政府蜕化为保守的中心，使公务员把保住工作和维持组织存在的重要性看得比效率、服务、创造性、责任性更加重要；内部管制也带来了严重的后果，管制不仅增加了公共经费的开支，而且限制了公共管理者的主动性、创造性，使之无法对瞬息万变的市场和社会需要做出及时和灵活的反应。社会变迁与传统官僚制的缺陷，成为治理与善治理论兴起的背景。

尽管不论在中国还是在世界，治理目前都已成为一个非常重要的概念，但迄今为止，有关治理的内容却并不存在统一的定义。例如，R. 罗茨认为，治理意味着"统治的含义有了变化，意味着一种新的统治过程，意味着有序统治的条件已经不同于以前，或是以新的方法来统治社会"。在他看来，治理至少包括了以下六种定义：作为最小国家的管理活动的治理，指国家削减公共开支，以最小的成本取得最大的效益；作为公司管理的治理，它指导、控制和监督企业运行的组织体制；作为新公共管理的治理，它将市场的激励机制和私人部门的管理手段引入政府的公共服务；作为善治的治理，指强调效率、法治、责任的公共服务体系；作为社会—控制体系的治理，指政府与民间、公共

---

① 参见（美）盖伊·彼得斯：《政府未来的治理模式》，吴爱明等译，北京：中国人民大学出版社2001年版，第4~15页。

部门与私人部门之间的合作与互动；作为自组织网络的治理，指建立在互利基础的社会协调网络。斯托克则对目前各国学者所使用的治理定义进行了梳理，认为治理概念至少存在着以下五种观点：第一，治理意味着一系列来自政府但又不限于政府的社会公共机构和行为者；第二，治理意味着在为社会和经济问题寻求解决方案的过程中存在着界限和责任方面的模糊性；第三，治理明确肯定了在涉及集体行为的各个社会公共机构之间存在着权力依赖；第四，治理意味着参与者最终将形成一个自主的网络；第五，治理意味着办好事情的能力并不仅限于政府的权力，不限于政府的发号施令或运用权威。①

由此可见，治理实际上是一个有着复杂含义的概念：从治理主体的角度来看，它既包括公共部门的治理，也包括私人领域的公司治理；从治理的内容来看，有人强调政府公共部门的改革，有人强调公民社会的公共参与；等等。我们从公民参与的角度出发认为，治理是与官僚制公共行政相对的一种公共管理模式，它强调改变传统自上而下的公共行政模式，建立政府与公民社会对公共事务进行合作管理的模式。从这一角度来看，治理实质上是政府与公民社会之间关系的一种改变，它使政府从原来的封闭、统治、等级、低效等状态转向开放、协商、平等、高效等状态。透明性、回应性、有效性、责任性等是治理的基本特征。

8.4.2 公民治理的形式

作为政府与公民社会之间合作治理的新模式，治理并不是仅仅体现在学术界的相关研究上，20世纪末以来，公民治理实际上得到了蓬勃发展，民主听证会、民主恳谈会、社区自理、村民自治等公民治理形式得到了快速发展。就当前来说，公民治理已成为提高公共政策质量的重要途径，成为对公共事务进行有效管理的基本环节。在中国，自20世纪90年代以来，公民治理同样得到了较快的发展。

（1）社区治理。社区治理是20世纪末以来公民治理的基本形式之一。美国著名学者理查德·C.博克斯指出，21世纪是美国地方治理的新时代，这个时代是以公民治理为中心和主导的时代，这是美国地方政府改革的发展趋势。② 在美国，社区治理表现在公民、议员和职业行政管理者之间的角色变化和关系调整上。传统行政管理模式将权力过于集中在议员和职业行政管理者手中，将公众对政策过程的影响排斥在外，公民丧失了对政府的控制能力。公民参与的社区治理模式寻求三者之间的关系互动。一方面，公民积极、能动地参与公共事务，成为社区公共事务管理的直接参与者，而不仅仅是"纳税人"和公共服务消费者的角色。另一方面，承认即使在地方社区，即便是最小型的地方政府，公共事务管理也已经变得非常复杂，如果没有议员和职业化的管理者，社区公共事务管理将变得难以想象。实现社区治理的关键不在于抛弃代议政治和专业化的

---

① 以上两位作者的观点均转引自俞可平：《治理与善治》，北京：社会科学文献出版社2000年版，第3~4页。

② 参见（美）理查德·C.博克斯：《公民治理：引领21世纪的美国社区》，孙柏瑛等译，北京：中国人民大学出版社2005年版。

行政管理，而在于如何创新公民、代议者与职业行政管理者之间的良好关系，通过新型的角色定位，共同创造美好的社区管理模式。在这一思路下，社区治理的倡导者指出，必须将传统的"委托—代理"关系模式转变成为"协商—互动"的关系模式，在地方治理结构上引入公民"社区协调委员会"、"社区公民协商委员会"等组织，借助这样一种平台，一方面使公民代表获得更大的合法性和认同，从而增加自己的权力，更有效地承担起公共事务管理者的角色；另一方面使广大社区公民也能够表达自身对于社区发展的利益要求和期望，加强对社区的认同感和归属感。

社区治理同样是中国城市管理的基本模式。改革开放以前，我国城市社区管理的主体单一，政府自上而下地控制了所有社区事务，社区组织受到压制和打击，公民的自主参与受到限制。在这种管理模式下，公民与政府之间是一种依赖和庇护的关系。改革开放以来，随着国家行政链条在社区的收缩，社区自治获得了相当的政治空间。同时，市场经济的发展则促进了多元化社区组织的发展，公民的主体意识、权利意识也得到了明显的提高。在这种背景下，城市社区自治得到了迅速的发展。1990年，我国开始实施《城市居民委员会组织法》，社区居民委员会作为社区自治组织开始得到普遍建立。与此同时，小区业主委员会也得到了快速的发展。作为小区业主组织的业主委员会、作为居民自治组织的居民委员会、作为企业组织的物业管理委员会之间的自治互动格局开始形成和发展。

(2) 村民自治。村民自治是具有中国特色的公民治理形式之一。中国大部分国土面积是农村，一半以上的人口是农民。在计划经济时代，农村实行"政社合一"的管理体制，人民公社肩负着实现农村工业化、农村全民所有制以及逐步向共产主义过渡的光荣任务。在集中领导、统一经营、分级管理的公社体制下，农民自主治理的政治空间基本消失，农民基本丧失了参与公共事务管理的主动权，丧失了创造社会财富的积极性，同时，农民还被庞大的公社体制所吸纳，沦为反复政治动员的对象和工具。

1978年改革开放之后，农村开始实行联产承包责任制。联产承包责任制的推行使农民获得了自主经营的权利，公社体制的最终废除则为村民自治提供了巨大的政治空间。公社体制撤出之后，农村公共事务由谁来管、如何管的问题已成为迫在眉睫的问题。在这种情况下，农村契约性质的村规民约和以农民自己组织起来进行自治的形式开始出现，农民开始自己负责管理农田灌溉、防火、防盗等本村的公共事务和公益事业。农民尝试的这种自我管理、自我服务的组织形式得到了各级党委和政府的承认，并且在20世纪80年代以后迅速推广开来。农村基层群众自治组织——村民委员会应运而生。村民委员会是旨在实现村民自我管理、自我教育、自我服务的群众性自治组织。为探索农村公共事务治理的途径提供了基本的组织形式。1998年，随着新的《中华人民共和国村民委员会组织法》的颁布和实行，村民自治逐步走向制度化、规范化发展的道路，以"民主选举、民主决策、民主管理和民主监督"为内容为村民自治制度在我国得到了长足的发展。

(3) 公共政策参与。公共政策事关公民的切身利益，广泛听取公民意见并吸收公民参与决策制定已成为20世纪70年代以后公共政策领域的新现象。在美国学者约翰·克莱顿·托马斯看来，20世纪末的公共管理者已经面临着与传统完全不同的环境，公民参与公共政策过程是政治生活中不可或缺的部分，现在问题的关键在于如何将公民积极参与的热情和行动与有效的公共管理过程有机平衡或结合起来，即将有序的公民参与纳入到公共管理过程中来，在公共政策制定与执行中融入积极、有效的公民参与。① 为此，托马斯还提出了公民参与的有效决策模型，将公民参与作为提高公共政策质量的核心变量之一。

在现实生活中，公共政策中的公民参与主要表现在各种形式的听证会和恳谈会上。公共政策听证是公共政策出台之前或实施之后，就公共政策问题、公共政策方案或公共政策效果等方面听取相关人员的意见。听证本意为法院在审查事实或法律问题时以公开举行的方式听取证人和当事人的意见，以保证审判公平和司法公正的制度。后来，听证被延展到公共决策领域，成为实现科学、民主决策的手段。对于公共政策来说，听证制度主要具有三方面的意义：首先，它可以在相当程度上保证政策的合理性，有效地避免重大的政策漏洞；其次，政策听证过程本身就是一个利益相关者参与决策的过程，是一个民主的过程，它能够在相当程度上保证政策的代表性，不至于在政策出台后面临多数利益相关者的反对和抵触；最后，它可以及时发现政策在实施过程中的重要不足，以便不断调整和完善相关政策。目前，听证制度已成为我国公民参与的基本形式之一，许多重大政策出台前都吸收公民参与相关的听证会议，为科学、民主决策奠定坚实的基础。民主恳谈会是一种具有浓厚中国特色的公民治理形式。它是基层政府旨在扩大民主参与以及提高公共决策的科学性、有效性而采取的一种有效尝试。在公共事务决策过程中，基层政府把利益相关人召集起来，通过各种形式的沟通和讨论，使利益相关人充分表达其意见和建议，从而为政府的最终决策提供依据。毫无疑问，民主恳谈不仅有利于促进公共决策的民主化，而且还有利于形成公民与基层政府之间的合作治理。

小结

公民参与是公民实现其权利的过程，是普通公民或者公民团体在特定的体制框架内影响政府人事构成和政策制定的各种行为，具有保持政府合法性、提高公民素质和监督政府运作的功能。公民结社是公民参与的重要组成部分。公民结社指公民在自愿、合法、自治和不以营利为目的的原则下结成的公民组织，它具有监督政府运作、锻炼公民参政能力和维护公民利益的功能。新中国成立以前，由于内无民主制度、外受民族压迫，公民结社大多表现为非法形式。新中国成立以后，公民结社得到了快速的发展，但我国有关公民参与和公民社团的立法严重不足，制约了公民结社的发展。公民选举也是公民参与的重要形式。选举是公民进行利益表达、利益综合的重要途径。公民选举依赖于一系列相应的选举程序。但是，随着现代选举制度的发展，公民选举也不同程度地表现出异化的趋势。20世纪末以来，公民治理得到了迅速的发展。治理是政府与公民社会对公共事务的合作管理，具有回应性、有效性、责任性等基本特征。公民治理主要表

---

① 参见（美）约翰·克莱顿·托马斯：《公共决策中的公民参与》，孙柏瑛译，北京：中国人民大学出版社2005年版。

现为社区自治、村民自治和公共政策参与等形式。

阅读书目

1. （日）蒲岛郁夫：《政治参与》，解莉莉译，北京：经济日报出版社1989年版。
2. （美）阿米·古特曼：《结社：理论与实践》，吴玉章、毕小青译，北京：生活·读书·新知三联书店2006年版。
3. （英）安东尼·唐斯：《民主的经济理论》，姚洋等译，上海：上海人民出版社2005年版。
4. （美）理查德·C. 博克斯：《公民治理：引领21世纪的美国社区》，孙柏瑛等译，北京：中国人民大学出版社2005年版。
5. （美）约翰·克莱顿·托马斯：《公共决策中的公民参与》，孙柏瑛译，北京：中国人民大学出版社2005年版。

思考题

1. 简述公民参与的含义与功能。
2. 亨廷顿的公民结社思想主要表现在哪些方面？
3. 中国公民结社主要经历了哪些重要发展阶段？
4. 影响公民参与选举的因素主要有哪些？
5. 简述公民治理的含义与形式。

第四编
现代政府

제4장

대 한 기 독

第9章 政府权力的纵向配置

人类政治生活中被称为"利维坦"的国家,都要在集权制与分权制中进行"两难抉择"。从构建国家政权的角度而言,首先要构建一个统一的主权国家,实现全国性政府的集权。但是,在现实国家治理中,主权国家一般都有较为辽阔的疆域,受制于一级政权管理幅度的限制以及出于提高政权管理有效性等因素的考虑,在纵向上一般实行分层管理。简言之,国家治理中必然存在着全国性政权与地方性政权分工治理与协作的问题。这就意味着必须有相应的地方分权。如何既维持必要的全国性集权以建构一个统一的主权国家又发展适当的地方分权以提高国家治理的绩效?在政治学理论中,这就是政府权力的纵向配置问题。

9.1 国家结构形式的政治学意义

9.1.1 国家结构形式要解决什么问题

与近代以来的民族—国家结构不同的是,在中世纪欧洲的传统国家中,其主要特征是地方权力对国家权力的排斥,地方上的封建领主们各自为政。在传统国家中,"封建贵族、教士和自治市镇各有其不同地位、法律和习俗,它们是三种社会,都受其本身的规则和权力所统治。它们之间有关系,有接触,可是没有真正的联合。它们组成不了一个严格意义上的民族国家和政权统一的国家。……事实上,这时期的大部分贵族都完全独立于国王,许多贵族不知何为国王,与国王几乎没有或根本没有任何联系。一切主权实体都是地方性的,独立的。国王的头衔,加在封建贵族中的某一人身上,只表示一种记忆,有名无实"[①]。

尽管这种政治权力多元、结构松散的政权结构,在某种程度上更有利于商品经济的发展和资本主义生产关系的成长。但是,伴随着商品经济的发展,这种分封割据制度却日益成为商品经济进一步发展的障碍。因为,城市与商品经济的发展,需要建立国内统一的大市场,要求统一法律、统一货币和度量衡,要求贸易安全和贸易自由,这样,建立中央集权的民族国家就成为历史发展的必然要求。最终,"各自独立的、几乎只有同盟关系的、各有不同利益、不同法律、不同政府、不同关税的各个地区,现在已经结合

---

① (法)基佐:《欧洲文明史——自罗马帝国败落到法国革命》,程洪逵等译,北京:商务印书馆1998年版,第161页、第158~159页。

为一个拥有统一的政府、统一的法律、统一的民族阶级利益和统一的关税的国家了"①。

查尔斯·蒂利曾经这样定义近代国家在其发展的早期阶段所体现出来的基本特征："国家是一个控制特定的人口、占有一定领土的组织，因而：1）与其他组织在同一领土上的活动存在着差异；2）具有自主性；3）它是集权的；4）它的各个组成部分之间存在着正式的协作关系。"②

在以西欧国家成长为原型的国家政权建设理论系谱中，近代国家是由传统国家转型而来的。不过，绝对主义的崛起只是近代国家发生的第一步。从完整的国家政权建设理论来看，绝对主义国家发展到一定阶段，必然要完成向宪政国家的转型以及最终实现向宪政民主国家的转型。但宪政民主国家与绝对主义国家一样强调政权的国家性与集中性，区别主要在于国家政权的合宪性与正当性。

对此，马克思主义认为，对于近代西方社会而言，在新兴的资本主义力量急于摆脱旧有封建制度掣肘的时代背景下，中央集权制首先是作为一种历史推动力发挥作用的。"中央集权的国家政权连同其遍布各地的机关……起源于专制君主制时代，当时它充当了新兴资产阶级社会反对封建制度的有力武器。"③

在分析第一次法国革命时，马克思谈到，这场以建立民族—国家为己任的革命，"必须消除一切地方的、区域的、城镇的、外省的独立性"，即克服封建分权制体制的弊端。由此决定"这次革命不得不继续进行专制君主制度已经开始的工作，也就是使国家政权更集中更有组织，并扩大国家政权的范围和职能，增加它的机构、提高它对现实社会的独立性、加强它对现实社会的超自然控制"。在当时西方所处的历史条件下，这种中央集权制"以实行系统分工和等级分工的国家政权的计划调节代替中世纪互相冲突的势力所造成的错综复杂的（光怪陆离的）无政府状态"，因而是一个巨大的时代进步。④

正因为如此，马克思、恩格斯在研究自己祖国革命时也格外强调中央集权制对于当时德国的重要性，认为德国的进一步发展有赖于打破经济上和政治上的割据状态。所以，1848年他们就指出，"在德国，中央集权制和联邦制⑤的斗争就是近代文明和封建主义的斗争"；而资本主义经济关系自身的发展"也会迫使德国采取严格的中央集权制"。⑥ 其后，他们又继续指出："目前在德国实行最严格的中央集权制是真正革命党的任务。"⑦

值得注意的是，马克思主义创始人还从历史发展的角度阐述了近代西方国家中央集

---

① 《马克思恩格斯选集》（第1卷），北京：人民出版社1995年版，第277页。
② Charles Tilly. "Reflections on the History of European State-making." in Charles Tilly, ed. *The Formation of National States in Western Europe.* Princeton：Princeton University，1975. p. 70.
③ 《马克思恩格斯选集》（第3卷），北京：人民出版社1995年版，第52页。
④ 参见：《马克思恩格斯选集》（第3卷），北京：人民出版社1995年版，第91页。
⑤ 据童之伟教授的考证，德文的联邦制与邦联制语词表达并没有严格区分，此处应该是指邦联制，因为当时的德国还不是一个统一的民族国家。（参见童之伟：《单一制、联邦制的理论评价与实践选择》，载《法学研究》1996年第3期。）
⑥ 《马克思恩格斯全集》（第5卷），北京：人民出版社1958年版，第48页。
⑦ 《马克思恩格斯选集》（第1卷），北京：人民出版社1995年版，第373页。

权制的功能蜕变过程。西方中央集权制功能演化的基本动力来自工业进步所引起的资本与劳动之间更为广泛、深刻的阶级对立。于是，这种中央集权的国家机器"在性质上也越来越变成了资本借以压迫劳动的全国政权，变成了为进行社会奴役而组织起来的社会力量，变成了阶级专制的机器"①。

因此，在从传统国家向近代国家转型中，首先要解决的就是中央集权问题。

但是，在治理实践中，一个国家要维持稳定的政治秩序，一方面要使国家意志能传达到全体国民，另一方面要及时掌握全国各地的信息，既为制定政策提供依据，也是因为要时时监控以防不安定因素的萌发。只设立一级政府对整个国家进行管理，这只可能在极少数地域狭小、人口稀少的国家实现。因此，当今世界绝大部分国家都在国内设有不同层级的地方性政府。

不仅如此，由于地方性政府更接近地方居民，信息相对于全国性政府而言更为对称，因此能更为清晰地知晓地方居民的需求偏好，比全国性政府能更为有效地提供地方性公共物品。诚如托克维尔所言："一个中央政府，不管它如何精明强干，也不能明察秋毫，不能依靠自己去了解一个大国生活的一切细节。它办不到这一点，因为这样的工作超过了人力之所及。当它要独力创造那么多发条并使它们发动的时候，其结果不是很不完美，就是徒劳无益地消耗自己的精力。"②

而经济学研究则提出了全国性政府在处理地方居民需求偏好上可能存在的"误识"问题。这是因为："全国性政府在提供公共物品时往往采取'一刀切'的办法，这对全国性公共物品是合适的，但对满足地区性特殊需求的公共物品而言，就会产生或大或小的偏差，不是供给不足，就是供给过剩。"③ "一项公共工程，如不能以其自身的收入维持，而其便利又只限于某特定地方和某特定区域，那么，把它放在国家行政当局管理之下，由国家一般收入维持，总不如把它放在地方行政当局管理之下，由地方收入维持，来得妥当。"④

可以说，除少数袖珍国家以外，如果没有地方性政府的存在，全国性政府就不可能在全国范围内实现有效的治理。

这样，对于现代国家而言，就面临两个基本问题：一方面，要维护必要的中央权威和适度的全国性政府集权；另一方面，又必须给予地方性政府适当的自治权和自主权。尽管从理论演绎出发，维护中央集权并不意味着牺牲地方利益、拒斥地方自治。事实上，地方自治"不同政治的和全国的中央集权制相抵触……也并不一定同自治州或乡镇的狭隘的利己主义联系在一起"⑤，而且，"在恩格斯看来……这种自治在各个市镇和省自愿坚持国家统一的同时，绝对能够消除任何官僚制度和任何来自上面的'发号施

---

① 《马克思恩格斯选集》（第3卷），北京：人民出版社1995年版，第53页。
② （法）托克维尔：《论美国的民主》（上卷），董果良译，北京：商务印书馆1988年版，第100～101页。
③ Ricard W. Tresch. *Public Finance: A Normative Theory*. Texas: Business Publication Inc., 1981. p.574.
④ （英）亚当·斯密：《国民财富的性质和原因的研究》（下卷），郭大力、王亚南译，北京：商务印书馆1974年版，第292页。
⑤ 《马克思恩格斯选集》（第1卷），北京：人民出版社1995年版，第374页。

令'"①。但是，在实践中，要实现全国性权力与地方性权力的分工合作治理却是每一个现代国家所面临的艰巨任务。

历史发展的经验表明，从以往较为分散、地方化和多中心的政治权力转化到统一和集中的国家权力中心往往是一个充满暴力和战争的过程。从近代欧洲国家的成长过程来看，充满着刀光剑影与血雨腥风。在帝制时代的中国，王朝政府内部在分封制与郡县制的激烈论争中也充满着血腥的杀戮。也即是说，无论是传统国家还是绝对主义国家，都没有找到一种合理的方式来处理好全国性权力与地方性权力之间的关系。这一复杂的政治难题是在从近代国家向现代国家的演进中，逐渐获得解决的。综观世界各国的历史经验，现代国家主要是通过规范明确的法律制度来达成相对分散和多中心的地方性权力与相对集中的单中心的全国性权力之间的平衡。这一问题，就是政府权力的纵向配置问题，在宪法学和政治学研究中通常被称为国家结构形式问题。

9.1.2 国家结构形式如何定义

根据童之伟的考证，在当代中国，"国家结构"一词是从苏联输入的。② 20 世纪 30 年代，苏联宪法将这一概念确立下来。在 1936 年的苏联斯大林宪法中，有专门的一章是讲国家结构问题的。对于这一点，苏联的教科书上写得非常清楚："当斯大林宪法草案公布以前，在苏维埃著作中，'国家结构'这一术语并没有确定的界说。有些人将国家结构理解为管理形式、国家制度、国家的政治形式、国家最高权力机关的组织和构造等等。斯大林宪法给了这一术语以完全的明确性，将关于国家结构问题与相近的诸问题，予以分界，特别为国家结构问题真正科学的分析创造了条件。"③ 而自苏联 1936 年宪法生效直至 1991 年苏联解体，其宪法中都有关于国家结构的专章条文。尽管从欧美学术界的研究来看，几乎找不到关于国家结构形式的提法。但正如童之伟所言，在政治学与宪法学的研究中，使用一个语词在含义上概括或包容单一制与联邦制是一种客观需要。④ 后来，中国学者在引入这一概念后，一般用它来表达宪法制度上国家整体与其组成部分之间的关系，并将其逐渐转变为国家结构形式。

在中国政治学和宪法学的研究中，对国家结构形式一词所下的定义基本上是一致的。例如，王浦劬认为："国家结构形式是国家的中央权力机关和地方权力机关、整体与局部之间关系的构成方式，它是中央权力与地方权力关系在国家组织结构形式和原则上的体现。"⑤ 许崇德认为："国家结构形式指的是特定国家表现其国家的整体与局部之间相互关系所采用的外部总体形式。"⑥ 因此，国家结构形式的主要内容是从法律制度上规范国家整体与部分、中央与地方之间的权力配置问题。正是在这个意义上，有学者将其界定为"在国家结构体系内纵向配置国家权力行使权并规范其运用程序的

---

① 《列宁选集》（第 3 卷），北京：人民出版社 1995 年版，第 175~176 页。
② 参见童之伟：《宪法学国家结构形式范畴形成史考略》，载《武汉大学学报》1995 年第 4 期。
③ （苏）特拉伊宁等编：《苏联国家法教程》（上册），上海：大东书局 1951 年版，第 223 页。
④ 参见童之伟：《国家结构形式论》，武汉：武汉大学出版社 1997 年版，第 80 页。
⑤ 王浦劬主编：《政治学基础》，北京：北京大学出版社 1995 年版，第 253 页。
⑥ 许崇德主编：《中国宪法》，北京：中国人民大学出版社 1989 年版，第 153 页。

制度模式"①。

从实践来看,国家结构形式只有两种基本类型,即单一制和联邦制。在国内政治学和宪法学的教科书中,虽然很多学者经常提及第三种国家结构形式即邦联,但邦联是一个十分松散的群体而不是一个统一的主权国家,只是一个主权国家之间的联合体,因此不能成为一种主权国家内部的国家结构形式类型。

关于单一制与联邦制的区别,传统的、很有影响的观点是:"联邦制与单一制根本差别之所在,我们以为应全在国家事权划分的手续。凡属联邦制国家,其中央政府与各邦政府的事权,全由宪法划定,所以各邦政府的事权,有宪法为保障;其在单一制国家,无论分权至何种程度,其地方团体的事权,总系经由中央政府以普通的法律或命令规定,所以地方团体的事权,初无宪法的保障。"② 而童之伟则认为:"区别只有一条,那就是看主权权力是由全国性政府独占还是其与区域性政府分享;由全国性政府独占主权性权力的是单一制,由全国性政府同区域性政府分享主权权力的是联邦制。"③ 单一制和联邦制作为现代民族国家的两种基本类型的国家结构形式,二者的差异不在于政府权力的集中还是分散。草率地将集权与单一制相联系,使分权与联邦制画等号,只会使二者的区别表面化,对准确把握二者间的关系毫无裨益。

在当今世界各国的政治实践中,单一制与联邦制的边界正在逐渐模糊化。当单一制国家正在增强地方分权化的时候,联邦制国家则越来越多地采用统属性的办法组织国家政权。一方面是单一制国家包容了联邦制的因素,另一方面是联邦制结合了单一制的特点。单一制与联邦制已经不再是截然相反的两极,其间的差别"只是程度上的,不是二元对立的"④。如果说单一制代表了国家整体对各个区域的统治属性,那么联邦制就代表了国家权力的分散性和区域单元的自主性。而这两种因素都是现代国家治理所不可或缺的。一个现代国家既需要国家的一体性来促进地区间的交往和人民福利的平等,也需要地区分权化和自主性保证民主与效率的统一。因此,在全球化的时代,正如同这个世界的其他事物一样,单一制与联邦制正在不断地彼此吸收和相互融合。

9.2 国家结构形式选择的理论基础

关于国家结构形式的理论基础问题,在不同论者那里有不同的说法。英国学者 R. A. W. 罗德斯在分析英国中央与地方政府关系时,特别强调必须对传统观点(例如代理人理论与合伙模型)进行批评与修正,尽量避免遗忘理论要求、地方行政裁量的多样性、政治影响、专业角色等重要的分析方向。⑤ 英国学者格林伍德认为,狭隘的中

---

① 童之伟:《国家结构形式论》,武汉:武汉大学出版社1997年版,第92页。
② 王世杰、钱端升:《比较宪法》,北京:商务印书馆1936年版,第485页。
③ 童之伟:《国家结构形式论》,武汉:武汉大学出版社1997年版,第146页。
④ (美)罗伯特·D. 帕特南:《使民主运转起来》,王列、赖海榕译,南昌:江西人民出版社2001年版,第52页。
⑤ 参见 R. A. W. Rhodes. *Control and Power in Central-Local Government Relations*. Hampshire, England: Gower Publishing Company Limited, 1986. pp. 14~34.

央与地方关系研究,不能解释中央与地方关系中的"易变、模糊、复杂和交互作用的"特点。他强调,正因为没有明文规定,这种关系才逐渐改变,并且表现为一点一点地发生变化。中央和地方以及各个地方之间,在政治、经济、社会等方面应当优先考虑的问题可能大不相同,而且随时都会改变。[①] 我国台湾学者江大树在总结前人理论的基础上,提出了四种中央与地方关系的分析模式,并且命名为宪政舞台的权力互动、理性选择的新制度论、财政补助的资源依赖、政策执行的网络管理。[②] 而林尚立在分析中央与地方关系时,将其总结为四种主要的类别,即集权主义、地方分权主义、均权主义、联邦主义。[③] 综合已有的研究,可以将国家结构形式选择的理论基础概括为三种,即中央集权理论、地方分权与自治理论、均权理论。

9.2.1 中央集权理论

中央集权之所以必须存在,是因为一个主权国家必须具有一个强有力的中央政府来维持国家的统一和主权独立。中央集权不但使国家得以存在,而且也使国家得以繁荣富强。中央集权最根本的存在必要性就在于保持一个独立的政治统一体,因为只有这一政治统一体的存在,才标志着国家作为一个整体的存在。此政治统一体对外代表国家,对内则稳定国内的社会生活秩序。

恩格斯在其早期著作中有这样经典的论述:"集权是国家的本质、国家的生命基础……每个国家必然要力求实现集权,每个国家,从专制君主政体起到共和政体止,都是集权的;只要存在着国家,每个国家就会有自己的中央,每个公民只是因为有集权才履行自己的公民职责。"[④]

即使是在自由主义思想家托克维尔那里,中央集权也是非常必要的。他将集权分为政府集权和行政集权两种,并认为这两种集权都是指将某类事情的领导权集中于同一地方或同一个人手中。政府集权所处理的主要有诸如全国性法律的制定、本国与外国的关系问题等与全国各地有利害关系的事物。而行政集权涉及的则是地方建设事业即国内某一地区特有的事情。托克维尔对政府集权(中央集权)赞赏有加,认为"绝不能设想一个国家没有强大的政府集权会生存下去,尤其会繁荣富强";不仅如此,托克维尔还以英国政府为例来表达自己的观点,"在现代,英国政府的权力也很大,政府集权达到了它可能达到的最高点国家就像一个单独的人在行动,它可以随意把广大的群众鼓动起来,将自己的全部权力集结和投放在它想指向的任何地方"。[⑤]

在现代社会中,中央集权理论的依据在于:第一,有利于社会化大生产的发展;第二,有利于提高中央政府的权威,消除社会的无政府状态,从而保证社会的稳定与发展;第三,有利于社会资源的合理利用和有效配置;第四,是后现代化国家实现现代化

[①] 参见(英)格林伍德等:《英国行政管理》,汪淑钧译,北京:商务印书馆1991年版,第160～164页。
[②] 转引自赵永茂等:《府际关系》,台北:元照出版社2001年版,第25～33页。
[③] 参见林尚立:《国内政府间关系》,杭州:浙江人民出版社1998年版,第25～39页。
[④] 《马克思恩格斯全集》(第41卷),北京:人民出版社1982年版,第396页。
[⑤] 参见(法)托克维尔:《论美国的民主》(上卷),董果良译,北京:商务印书馆1988年版,第96～97页。

的重要保证。①

在权力来源上，中央集权理论认为地方性政府的各项权力来自全国性政府的分配，全国性政府对地方性各级政府权力的大小起支配性的作用。换言之，地方性政府的权力，只是由地方性政府以全国性政府代理机构的身份行使，最终各项权力仍然属于全国性政府，地方性政府处理各项事务只能奉命行事。从政府间职能的配置关系来讲，下层地方政府承办的政府事务主要是上层或全国性政府的委托性事务。这样，地方性政府就成为"地方缩微版的全国性政府"。

从权力制衡的角度讲，中央集权理论强调，全国性政府严格控制和监督地方性各级政府，地方性政府在制度上没有与全国性政府"讨价还价"的余地。全国性政府被认为是国家主权的代表，其权力是固有的、至高无上的。地方性政府的权力是全国性政府权力的地方延伸，是全国性政府的附属。未经全国性政府授权，地方性政府不可擅自制定法律，而且在执行上级政府的政策时，要随时接受上级政府的指挥和监督。在层层节制的政府间关系的网络中，只有全国性政府才具有最终的裁决和监督权。在实际政治中起监督作用的所谓的"上级政府"，只不过是在代理全国性政府行使监督地方或基层政府的权力。全国性政府监督地方性政府的手段较多，有立法、行政、司法等监督，但是起主导作用的是行政监督。其主要目的在于强调地方政府是全国性政府的"地方代理机构"的理念，以利于全国性政府的控制和指挥。

中央集权理论的主要前提是全国性政府的权力是最高的，地方各级政府作为全国性政府在地方的代理机构必须尊重中央权威，接受中央的指挥和监督。该理论的基本特征在于权力面向是集中向上的，这与其理念基础——代理理论支持密切相关。

9.2.2 地方分权与自治理论

虽然中央集权对一个国家的民主政治和经济繁荣有重要意义，但是它也会导致全国上下都达到表面上的完全一致，从而造成循规蹈矩的僵化状态。这也就是托克维尔所言的"中央长于保守，而短于创新"。因此，这就需要地方分权来弥补中央集权之不足。

地方分权的核心是地方自治，因此地方分权往往与地方自治密不可分。地方自治是相对于中央集权而言的一种治理地方社会的理念、制度、方式。一国庞杂之地方事务，主要由中央权力机关及其直辖的下属官僚机构来决定、办理，还是主要由各地方人民自组组织并自行决定、办理，是区分中央集权与地方自治的标尺。② 以"自治（home rule）"作为地方独立的观念是个古老的学说，地方自治作为一种思潮则发生于18世纪末叶，形成一种运动，则滥觞于19世纪中叶。③ 作为法律的观念，地方自治起源于19世纪末。④ 所谓地方自治，是指"在一定的领土单位之内，全体居民组成法人团体（地方自治团体），在宪法和法律规定的范围内，并在国家监督之下，按照自己的意志组织

---

① 参见林尚立：《国内政府间关系》，杭州：浙江人民出版社1998年版，第27~29页。
② 参见罗志渊：《地方自治的理论体系》，台北：台湾商务印书馆1970年版，第44页。
③ 参见董修甲：《中国地方自治问题》（上册），北京：商务印书馆1937年版，第9页。
④ 参见罗志渊：《地方自治的理论体系》，台北：台湾商务印书馆1970年版，第44页。

地方自治机关，利用本地区的财力，处理本区域内公共事务的一种地方政治制度"①。

地方分权与自治是近代宪政的有机组成部分，无论对任何一种国家体制来说，都在某种程度上把地方自治和地方分权问题作为民主国家不可或缺的内容，予以明确定位。

在托克维尔那里，地方分权就是指地方政府被赋予其在本辖区的较为充分的权力。在这样的范围内，人们的意志自由联合从而形成了强大的社会力量。这种力量促使人们都去关心自己的国家，尤其是自己所在区域的命运。因为关心这些事业就是去关心自己的命运，这些事业与自己的利益密切相关。这样一种力量也因长年累月的发挥作用，而逐渐成为一种自觉的和持久的感情。这样一种感情的产生也可能就是托克维尔最为钦佩的政治效果。托克维尔将这种政治效果描述为："在美国，到处都使人感到有祖国的存在。从每个乡村到整个美国，祖国是人人关心的对象。居民关心国家的每一项利益就像自己的利益一样，他们以国家的光荣而自豪，夸耀国家获得的成就，相信自己对国家的成就有所贡献，感到自己随国家的兴旺而兴旺，并为从全国的繁荣中获得好处而自慰。"②

与之相对，如果不赋予地方政府足够的权力，不允许地方政府独立自由，而只允许它服从，这样一个高度集权性的中央政府或者说一个权威当局，的确能迅速地集中全国的力量和财富去完成一些较重大的事业。但是，它会只造就一个又一个的顺民而不是公民。托克维尔对此有过恰当的论述："是我的自由和生命的专制主人，包办整个社会的活动和生活，以致当它无精打采时周围的一切也得无精打采，当它睡觉时周围的一切也得睡觉，当它死去时周围的一切也得灭亡。有一些欧洲国家，其居民认为自己是外来的移民，毫不关心当地的命运。他们对国内发生的一些重大变化均未参与，甚至并不了解变化是怎样发生的，只是感到发生了变化，或偶然听到了他人讲述某某事件而已。更有甚者，他们对自己村庄的遭遇、街道的治安、教堂教士的处境都无动于衷。"③

马克思主义经典作家在强调中央集权的同时，并不排斥地方分权与地方自治。

由于集权制作为"国家的本质"具有功能异化的可能，因此它需要其他形式的补充以克服其制度供给不足。分权制在一定程度上发挥了此项功能。关于这一点，马克思曾谈到，"分权和权力互相监督"是"为了自由的利益所十分必需的"④。恩格斯也主张，应当实行地方自治，给予地方更大的自由。他在《1891年社会民主党纲领草案批判》中要求把地方自治写进社会民主党的基本纲领，并建议可以表述为："省、专区和市镇通过由普选权选出的官吏实行完全的自治，取消由国家任命的一切地方的和省的政权机关。"⑤

列宁也是主张地方自治的，因为"民主集中制不仅不排斥地方自治和具有特殊的经济和生活条件、特殊的民族成分等等的区域自治，相反地，它必须要求地方自治，也要求区域自治……非常明显，如果不保证每一个在经济和生活条件上具有比较大的特点

---

① 《中国大百科全书·政治学·"地方自治"词条》，北京：中国大百科全书出版社1992年版。
② （法）托克维尔：《论美国的民主》（上卷），董果良译，北京：商务印书馆1988年版，第105页。
③ （法）托克维尔：《论美国的民主》（上卷），董果良译，北京：商务印书馆1988年版，第105页。
④ 《马克思恩格斯选集》（第1卷），北京：人民出版社1995年版，第314页。
⑤ 《马克思恩格斯全集》（第22卷），北京：人民出版社1965年版，第276~277页。

以及具有特殊民族成分的区域享受的这种自治,那就不可能设想现代的真正的民主的国家"①。

地方分权与自治被认为是对全国性政府过度集权的一种制衡力量,即以中央地方利益上的对立作为解决中央地方关系的观念前提,发展和确保地方自治权力的实现,在坚持国家主权和国家统一原则的前提下,尊重地方居民的意愿,满足他们的参与愿望,实现生动、活泼的地方生活。地方分权与自治不仅是纵向的国家权力分配方式,其背后还有深刻的社会政治理念作为其制度支撑。现代语境中的地方分权与自治是对绝对国家主义的克服,是个人主义和个人自由等价值在地方生活的体现。它奉行"二元论"的认知模式,强调中央与地方、国家与个人之间的对抗。地方分权与自治除了一直被认为是对全国性政府过度集权的一种制衡力量以外,其功能还覆盖另外两个领域:作为代议制民主的组成部分,促进地方民众的实质参与;以及自由精神在地方生活中释放的实现形式。在一国垂直方向的权力分配上,始终存在着兼容多种价值的欲求,在不使国家解体和失控的前提下维持地方自由,不使"中央吞并所有地方生活"②。

地方分权与自治理论还体现了国家与个人关系的深刻思考。法国宪法学家让-玛丽·篷蒂埃说道:"在法国宪法史上,国家与个人的关系始终是人们思考和辩论的内容。特别是在基督教的影响下,人们一直认为国家是因为个人(或个体)而存在的,而不是相反;最高价值或终极价值是人,而不是其他。这种思想自然导致承认平衡砝码的合法性。而地方分权就是这种平衡砝码之一。"③ 因此,承认地方分权与自治是国家和个人之间关系的平衡器,地方分权与自治权可以分散过度的中央集权。

9.2.3 均权理论

长期以来,均权理论在政府理论研究中一直处于比较特殊的地位,这种理论主动跳出传统的中央集权和地方分权的二元纷争,希望寻找处理中央与地方关系的"第三条道路"④。均权理论的产生和发展,与现实政治的要求密切相关。当中央高度集权和地方过度分权呈两个极端的发展态势,必将影响到社会的发展时,均权理论成为调和矛盾的理想选择。

孙中山先生是均权理论的倡导者。在辛亥革命之前,孙中山在思考中央与地方关系问题时亦主张实行联邦制。后来,民国肇建之后中国政局演变的纷乱,使孙中山深切感到实行地方分权的联邦制并不适合中国国情,且易为军阀利用而不利于国家统一,但实行中央集权的单一制又易出现专制政府。因此,辛亥革命之后,孙中山一直试图构想一种能汲取中央集权和地方分权两种政体优点的新型的中央与地方关系。

1923年,孙中山在《发扬民治说帖》中指出,均权原则是实现民治的关键。1924年1月,他在《中国国民党第一次全国代表大会宣言》中,首次提出"均权"的概念,

---

① 《列宁全集》(第20卷),北京:人民出版社1958年版,第29~31页。
② (法)托克维尔:《旧制度与大革命》,冯棠译,北京:商务印书馆1992年版,第22页。
③ (法)让-玛丽·篷蒂埃:《集权与分权:法国的选择与地方分权改革》,载《中国行政管理》1994年第4期。
④ (日)松村歧夫:《地方自治》,北京:经济日报出版社1989年版,第132页。

即"关于中央及地方之权限采均权主义。……不偏于中央集权制或地方分权制"①。他主张,无论是对中央政府的治权,还是对地方政府的治权,或是以县为单位的人民自治权利,均应用宪法和法律加以明确区分和规定,使之界限分明、井然有序,使之各有所遵又相互协调,使各级政府及自治团体之所为,都以法的规定为依归,而不以执政者个人的意志为转移。"均权主义"思想的核心,是以事务的性质作为划分中央与地方管理权限的基本标准。它不是权力关系上的平均主义,即把权力在中央与地方之间进行"平均"分配,而是依据事务的性质,对其管辖权进行科学而合理的划分。

孙中山关于中央与地方关系的思考,突破了时人主张中央集权或地方分权的非此即彼的思维局限,根据中国国情提出了一个兼采两者之长的均权构想。孙中山的均权构想包含三大内容。

(1) 关于均权的原则。孙中山认为中央与地方的权限分配,"不当以中央或地方为对象,而当以权之性质为对象。权之宜属于中央者,属之中央可也;权之宜属于地方者,属之地方可也。例如军事、外交,宜统一不宜分歧,此权之宜属于中央者也。教育、卫生,随地方情况而异,此权之宜属于地方者也。更分析以言,同一军事也,国防固宜属之中央,然警备队之设施,岂中央所能代劳,是又宜属之地方矣"②。

(2) 关于均权的主体。孙中山认为,国家权力分配于中央与地方问题,与主权在民无涉。也就是说,均权中所均之权是指对国家的各项管理权,即治权,而不是民国的主权,主权是不可分割的。而且,孙中山进一步强调指出,治权也必须要由人民掌握,实行民治。孙中山说,权在于官,则为官治;权在于民,则为民治。苟其权在于官,无论为中央集权,为地方分权,为联省自治,则均为官治。如为官治,则"今之行联省自治者,其所谓一省之督军、总司令、省长等,果有以异于一国之皇帝、总统乎"。③

(3) 关于均权的前提。孙中山认为要使均权贯彻实行,就必须实行地方自治。但孙中山所主张的地方自治不同于联省自治,他认为自治单位应定位于县,而省则作为中央与县之枢纽,"省长一方面为本省自治之监督,一方面受中央之指挥,以处理国家行政事务"④。如有自治单位为省,则"仍不啻集权于一省也"。孙中山将县定为自治单位,其论述了四点理由:第一,以县为自治单位,所以移官治于民治也。第二,事之最切于人民者,莫如一县以内之事,县自治尚未经训练,对于中央及省,何怪其茫昧不知津涯。第三,人口清查,户籍厘定,皆县自治最先之务。此事既办,然后可以言选举。今先后颠倒,则选举舞弊,所在皆是。第四,人民有县自治以为凭藉,则进而参与国事,苟如不是,则人民失其参与国事之根据,无怪国事操纵于武人及官僚之手。⑤

由此可以看出,均权主义是在总结和综合集权主义与地方分权主义基础上的新发展。它跳出了集权主义和地方分权主义在中央与地方权力分配问题上的争论,从中央和地方的职能关系上,寻求中央与地方关系的平衡和地方自治的合理性。

---

① 《孙中山全集》(第2卷),北京:中华书局1981年版,第603页。
② 《孙中山集外集》,上海:上海人民出版社1990年版,第32~33页。
③ 参见:《孙中山集外集》,上海:上海人民出版社1990年版,第33~34页。
④ 《孙中山全集》(第9卷),北京:中华书局1985年版,第128页。
⑤ 参见:《孙中山全集》(第7卷),北京:中华书局1985年版,第67页。

均权主义所理想的中央与地方关系模式是：1）从保证国家整体和谐出发，在中央与地方之间进行职能划分，并赋予相应的权力；2）在职能划分中，涉及整个国家安全和全社会进步与幸福的职能归属中央政府，并赋予相应的权力，涉及地方事务的职能划归地方，也赋予相应的权力，因而，地方与中央的权力，都不是相互之间让予而形成的，而是由职能决定的，是均衡的；3）实行地方自治，以保证地方充分实现其职能的能力和积极性，地方自治是实现国家健康发展的基础；4）地方必须执行中央在其职能范围内所发布的有关全国事务的法令与政策，必须承担由中央政府指导的国家事务，从而保证国家有机体的协调和统一；5）在中央政府和地方政府实现职能和权力的有机均衡基础上，实现中央与地方政府之间的积极的合作。①

9.3 单一制模式

9.3.1 单一制及其特征

对于单一制这一概念的具体界定历来都是众说纷纭，一般都以对其特点的概括来替代对概念的界定。② 一般而言，单一制国家的显著特点是：1）全国只有一部宪法，一个中央机关体系；2）各个行政单位和自治单位都接受中央政府的统一领导，没有脱离中央政府的独立权力；3）不论中央政府与地方政府的分权达到什么程度，地方政府的权力都由中央政府通过法律文件予以规定或改变，地方政府权力没有宪法保障。③

也有学者从与联邦制加以区分的角度将单一制国家的特征概括为："1）中央以法律授予地方权力，而不是以宪法授予地方权力；2）中央对地方享有完全的监督权；3）地方没有立宪权，即没有自主组织权；4）地方不享有联邦制国家的联邦成员单位的中央参政权。"④

总之，单一制国家是由不具有独立性的行政区域组成的统一国家，国家整体与组成部分之间是一种行政隶属关系；单一制下的地方政府或其他政府机构由中央政府将权力转交或委托给它们，但这种权力是委托的，并不是由宪法分配的，从法律意义上说，这些都属于中央政府。在单一制框架下，全国只有一个最高立法机关和中央政府，国家有统一的宪法和统一的最高权力机关，国民具有统一的国籍，在国家内部按地域划分行政区域，各行政区域的地方政府都接受中央政府的统一领导，在对外关系以及国际事务中，中央政府代表国家行使主权，地方政府对外不具有独立性。当然，虽然在单一制国家，中央政府对地方政府有很强的控制，但中央政府并不能完全控制所有地方事务⑤；地方政府在地方事务的管理中，一般也享有不同程度的自主权。

---

① 参见林尚立：《国内政府间关系》，杭州：浙江人民出版社1998年版，第35~36页。
② 参见童之伟：《国家结构形式论》，武汉：武汉大学出版社1997年版，第197页。
③ 参见何华辉：《比较宪法学》，武汉：武汉大学出版社1987年版，第148页。
④ 王磊：《论我国单一制的法的内涵》，载《中外法学》1997年第6期。
⑤ 参见（美）迈克尔·罗斯金等：《政治科学》，北京：华夏出版社2001年版，第265页。

9.3.2 单一制的类型

综观单一制国家的宪法，以划分中央与地方权力的方式为标准，可以将单一制的类型归纳为六种。

(1) 宪法按民主集中制原则划分中央与地方权力。这是单一制社会主义国家宪法普遍采用的中央和地方的权力划分方式。其特点是，规定中央和地方权力都集中由经过普选产生的人民代表机关掌握，其他国家机关由人民代表机关产生，受其领导和监督。同时，中央权力高度集中统一，地方要服从和接受中央的领导与指挥。在不违背中央制定的法律、法规、政策的情况下，根据中央的授权，地方也在不同程度上享有一定的权力。

(2) 宪法具体规范中央权力，对地方权力只作原则规范。如《芬兰宪法》详尽规定了中央国家机关的权力，而对地方权力的陈述只是把全国划分为若干个省、城镇市和乡村市，规定各省设省长一人，负责全省的行政。乡村市的行政管理应依照专门法律的规定实行地方自治。关于较乡村市为大的区域实行地方自治的方式及范围，由法律规定。

(3) 宪法在详尽规定中央权力并对地方权力作原则规定时，附带地方主要权力内容。如1947年的《意大利宪法》详尽地规定了中央的各项权力，而对地方权力则强调意大利"承认并鼓励地方自治；在国家各项公职方面实行最广泛的行政上的地方分权；并使其立法原则与立法方法适应地方自治与地方分权的要求"。同时，规定地方的主要权力有财政自治权、可以制定和颁布立法性规则、有自己的章程；各区可以拥有自己的公产和财富。

(4) 宪法对中央和地方的权力都详尽列出。如1978年的《西班牙宪法》明文规定了国家中央的职权32项、地方自治的制定章程及行政管理职权22项；同时还规定："本宪法未明确赋予国家的职权，可由自治区根据其章程行使。自治区未承担的职权，由国家行使。在发生冲突的情况下，在所有未划为专属自治区职权的问题上，国家高于自治区。在任何情况下，国家权力均是自治区权力的补足。"

(5) 宪法在对中央和地方权限划分的同时，设立某类特殊的地方自治机构，赋予该类机构特殊的地方权力。如《阿塞拜疆共和国宪法》规定了中央和地方的各自权力，又规定在不违背阿塞拜疆宪法和法律的原则下，所属的纳希切万自治共和国可制定自己的宪法法律，实行高度的自治。

(6) 宪法在对中央和地方权力进行规定的同时，强调中央集权的核心由神权控制。如1979年的《伊朗宪法》总纲第2条第一款规定："只有一个真主（'安拉是唯一的真主'）、只承认真主的统治并归顺真主的意向。"规定地方国家权力机构"地方委员会"的决定不能违背伊斯兰教义和国家法律。规定在中央国家机关之上设置宗教"领袖或领袖委员会"，该宗教领袖或领袖委员会有权批准总统候选人，任免最高法院院长，任免军队总参谋长、伊斯兰革命卫队总司令，建议宣战、停战，等等。神权在国家权力中处于至高无上的地位，无论是中央还是地方的权力都听命于宗教神权，中央和地方权力的分配皆为宗教神权服务。

此外，还有一种常见的分类方式。在单一制国家，按照地方政府所享有权力大小，可以分为中央集权型单一制、地方自治型单一制和民主集中型单一制国家。①

在单一制框架下，实行中央集权制在一般意义上具有以下几个方面的优势：一是权力集中在中央，中央在决策上与地方相比更有远见；二是中央集权有助于中央集中资源办大事；三是通过中央对地方的财政控制和转移支付制度，有利于平衡各地经济；四是可以节省资源，减少地方政府不必要的开支。但是，中央集权制也可能因为事事听从中央政府安排而压抑地方政府的积极性，中央严密控制地方也容易导致中央专制和个人独裁，而且层次繁多也容易损害管理效率。与中央集权制相比，地方自治型单一制的相对优势在于：一是地方政府能够因地制宜、灵活机动地处理本地事务；二是分权分工，可防止中央专断与个人独裁；三是地方自治有利于培养地方的主动性和创造性。但是，也可能因为地方分权过度以形成地方本位主义而损害国家政治整合以及地区间不平衡发展加剧等负面影响等等。

9.4 联邦制模式

9.4.1 联邦制及其特征

世界上实行联邦制的国家虽然只有20多个，仅占主权国家总数的1/10左右，但却包括了绝大多数大国、全世界近1/2的土地和1/3左右的人口。联邦制国家数量不多，但从国家结构形式分类的观点看，彼此间差异极大，这给准确地界定联邦制的概念造成了相当大的困难。以致有学者认为："不存在被接受的联邦制理论，也不存在究竟什么是联邦制的一致的答案。"② 由于被称为联邦制的国家已经具体化为各种形式，包括所有这些形式的任何思考都要冒将所有政府形式包括在内的风险，因而当代许多研究者不给联邦制下定义。③ 事实上，不同的联邦制国家甚至连名称都不一样，如加拿大和瑞士将自己称为"Confederation"，而澳大利亚则称自己为"Commonwealth"，而被认为是最典型联邦制的美国使用的则是"the United States"。

对于作为国家结构形式的联邦制概念，人们的界定方式有很大差异。国外有的学者从分享立法权的角度将其看做是"一种立法权由中央立法机构和组成该联邦的各州或各地域单位的立法机构分享的立宪体制"④。有的学者则认为，联邦制是"国家的一种管理制度。在联邦制下，同时存在一个联邦或中央政府（立法机关和行政机关）和若干州或地方的立法机关和政府。……联邦和州政府的权力都由联邦宪法加以规定，两者在各自特定的领域内享有最高权力并直接行使于人民。因此，州政府行使的权力并不是

---

① 参见童之伟：《国家结构形式论》，武汉：武汉大学出版社1997年版，第220~222页。
② Ivo D. Duchacek. *Comparative Federalism: The Territorial Dimension of Politics*. Lanham, M. D.: University Press of America, 1987. p. 189.
③ 参见 Preston King. *Federalism and Federation*. London: Croom Helm Ltd., 1982. p. 71.
④ 参见（英）戴维·米勒、韦农·波格丹诺主编：《布莱克维尔政治学百科全书》，邓正来译，北京：中国政法大学出版社2002年版，第255页。

联邦政府授予的,并且州政府也不隶属于联邦政府。联邦制更适合于一些大国,在这些大国中,中央集权制的实行将会变得复杂和困难,广袤的分散地区的需要和愿望将得不到满足。联邦制还适用于这样一些国家,即在这些国家中存在一些在种族、语言、法律等特殊性的地区,而这些地区希望其特殊性得到保障"①。

在我国学术界,学者们则倾向于将联邦制看做是一种由若干个享有独立权限的组成单位联合而成为统一联盟国家的国家结构形式。② 在联邦制下,国家整体与组成部分之间的关系不是中央与地方的关系,而是权限范围不同的中央与地方的关系,它们各自的权限范围由联邦宪法规定,并在规定的范围内享有最高的权力,直接行使于人民,彼此之间不得相互干涉。联邦制国家有统一的最高权力机关和联邦政府;有统一的宪法和法律,但各联邦组成成员还有各自的宪法和法律;国民具有统一的国籍;联邦国家除设立作为联邦国家机构的立法、行政、司法等政府机构外,各成员还设有各自的立法、行政、司法等政府机关;联邦国家与各成员单位之间实行纵向上的分权,各自的权力由联邦国家宪法规定;在对外关系以及国际事务中,联邦国家以及联邦政府享有主权和外交权,但各联邦成员享有由联邦宪法所规定的一定的独立性。

联邦制是联邦主义的制度体现。联邦主义的应用可以追溯到公元前 13 世纪,古代希伯来人用以维持国家的统一,将各个部落统一在一个单一的国家宪法和几个邦联的政治机构之下。到了中世纪,商业城镇运用联邦主义原理组成了共同防御和互助的同盟。1291 年,为保卫独立而提供相互援助,瑞士山区共和国邦联成立。16 世纪,受到宗教改革的影响,瑞士、苏格兰、荷兰、英格兰以及法国和德国的部分地区开始将联邦制原则运用于国家建设,推动了作为社会原则的联邦主义的发展。随着民族国家的兴起和他们彼此间冲突的加剧,联邦制被用来解决民族统一问题和实现国际秩序问题。最终美国人将联邦主义变成了一种实用的政府制度。③

联邦主义通常被认为是一种在相反和敌对的利益之间以权力制约权力的政府理论。正如西方世界的许多哲学家、神学家和政治理论家所指出的那样,联邦主义思想根植于《圣经》之中。联邦主义关注自治与分享治理的结合。就最广义而言,联邦主义涉及个体、群体和持久的政体之间的联系而又有限的联合,使得在维持各党派相互的完整性的同时准备积极追求共同目标。作为一个政治原则,联邦主义与宪法权力的分散有关。

从制度上看,联邦主义"在本质上局限于政府或政体之间的关系中","是一个有关政体的形式问题"④。作为政体形式的联邦主义有多种类型,包括:联盟(unions)、宪政分权联盟(constitutionally decentralized unions)、联邦(federations)、邦联(confederations)、盟邦(fedarcy)、联合国家(associated states)、国际共管(condominiums)、

---

① 《牛津法律大辞典》,北京:光明日报出版社 1988 年版,第 330 页。
② 参见许崇德主编:《中华法学大辞典·宪法学卷》,北京:中国检察出版社 1995 年版,第 235 页。
③ 参见(美)丹尼尔·J. 伊拉扎:《联邦主义探索》,彭利平译,上海:上海三联书店 2004 年版,第 138~172 页。
④ 参见(美)丹尼尔·J. 伊拉扎:《联邦主义探索》,彭利平译,上海:上海三联书店 2004 年版,第 26~27 页。

同盟（leagues）、共同权力机构（joint functional authorities）以及混合体（hybrids）。①在这些不同的模式其中，联邦的影响最大，被认为是一种特定的政府形式，一种由历史决定的法律结构的宪法模式，一种基本的国家结构形式。

按照阿伦·利法特的观点，制度形态的联邦主义有五个主要特征：1）一个明确说明分权并保证中央和地方政府所分得的权力不能够被剥夺的书面宪法；2）一个两院制的立法机关，其中一个议院代表大多数人，另外一个议院代表联邦政府的组成单位；3）在两院制立法机构中，联邦政府议院里较小的组成单位的代表人数超出比例；4）组成单位踊跃参与联邦宪法修订过程的权力以及单方面更改自己宪法的权力；5）分权的政府，也就是说，地方政府在联邦政府中享有的权力与中央集权制国家地方政府相比较拥有的大权力更多。②与此相对应，赫蒙·费纳尔则更进一步细化列出联邦制的八个特征（也是联邦制的判断标准）：1）对修正案的控制；2）与权力由各州保留相对照的权力向中央的分配；3）上院中由成员单位保留的特殊代表权、否决权和制止权；4）凌驾于联盟和地域单位之上的法院的存在；5）独立的财政来源；6）联盟在对外关系上的排他性控制；7）一些组成单位的独立政党组织；8）两套独立的法院的存在，一个是联盟法院，一个是地方法院。③

对一个政治共同体来讲，实行联邦主义有三大优点。

（1）保护个人自由、落实公民权和扩大民主参与。作为一种政治组织的手段，联邦主义"所建立的政体是由实体组合而成的，而这些实体维持了它们各自的完整性，也因此保护了它们的公民的自由"④。同时，增加政府的层次也相应增加了公民行使政治权利的层次，给人民通过投票箱来民主地表达他们的诉求提供了更多的机会，增加了每一张选票的分量，并通过把政治决策定位于平民百姓所最易知晓的层面上，也有利于知情的理性的民主参与。⑤

（2）有利于保持政治的灵活性。联邦主义关注两个问题，一是"关注以自由的名义出现的政治权力的扩散，同时也关注和代表整体或充满活力的政府的政治权力的集中"⑥。在联邦主义中"政体的特点是非集权制，也就是说，他们内部的政府权力是分散在各个中心的，而不是集中于一个单一的中心。这些中心及其权限的存在得到了最高宪法的保护"⑦。"没有更高的或更低的权力中心，只有政治决策和政治行动更大一点或更小一点的舞台"，"真正的联邦制度并没有首都，但他们有政府的中心"。⑧ 因此，在

---

① 参见（加拿大）罗纳德·瓦茨：《联邦分权的模式》，《国际社会科学杂志》2002年第1期。
② 参见（美）丹尼尔·J. 伊拉扎：《联邦主义探索》，彭利平译，上海：上海三联书店2004年版，第27~28页。
③ Ivo D. Duchacek. *Comparative Federalism: The Territorial Dimension of Politics.* Lanham, M. D.: University Press of America, 1987. pp. 252~253.
④ （美）丹尼尔·J. 伊拉扎：《联邦主义探索》，彭利平译，上海：上海三联书店2004年版，第35页。
⑤ 参见（加拿大）丹尼尔·威恩斯托克：《走向规范性的联邦制理论》，载《国际社会科学杂志》2002年第2期。
⑥ 参见（美）丹尼尔·J. 伊拉扎：《联邦主义探索》，彭利平译，上海：上海三联书店2004年版，第40页。
⑦ （美）丹尼尔·J. 伊拉扎：《联邦主义探索》，彭利平译，上海：上海三联书店2004年版，第41页。
⑧ （美）丹尼尔·J. 伊拉扎：《联邦主义探索》，彭利平译，上海：上海三联书店2004年版，第87页。

一个理想的联邦制中,由于权力配置的合理性,也就能够把分权与集权(整合)统一起来,把自治与对集体的认同较好地结合起来,形成各自的责权范围与相互的权利义务关系,也由于它所强调的伙伴关系所形成的解决分歧问题的合理程序,从而既有利于维护一个共同体的政治稳定,也有利于保持共同体在应对各种问题时所具有的灵活性。

(3) 有助于推进国家的稳定繁荣。联邦主义既是"自治加上共享治理"制度结构,又是一种协调合作的程序,它内含着各构成要素之间所具有的以契约为基础形成的伙伴关系和伙伴意识,根据承诺就某个问题在所有政治团体内进行公开谈判,力求一致,如果谈判失败,也要力求进行调和以保护所有参与方的基本完整性。这样"联邦主义通过创立一种辩证互动关系使得它不仅包含了人类之间的不同之处,也包含了人类内部的不同之处。……在联邦制度内,各个因素的互动关系以及导致互为矛盾的方向的牵引力会产生一个个富有创造性的、辩证的紧张关系,比之于力图扼杀这种不同的甚至矛盾的冲突的表达法,这种紧张状况会产生更好的结果"①。虽然当今只有20多个国家实行联邦制,但占去了世界大约1/2的土地和1/3以上的人口。这些国家选择联邦主义有两个条件是必不可少的。一个是以"大"为特征的地理因素,一个国家的面积越大,地理环境的差别就越大,因而也越有可能采取能够包容地区多样性的联邦主义。另一个是以"多"为特征的人文因素,在一个国家中存在着丰富多样的民族、宗教、语言和文化传统也是实行联邦主义的充分条件(如瑞士、比利时等)。

从当今世界范围内来看,虽然联邦制在宪法的修改、全国性政府与地方成员单位的权力分配等方面表现了比较僵硬的刚性特征,但其在从多样性中创造统一性的过程中所表现出的灵活的、包容的功能特征,却使它成为一些国家解决国内民族问题、地区问题乃至维护国家统一的一个理想的目标选择。但是,联邦制并非一种解决问题的灵丹妙药,加拿大、俄罗斯等国家始终面临着地区分离主义的强大压力,而且始终没有寻求到治疗的有效手段。所以,有学者指出:"实行联邦制是很困难的,如果联邦制的组成部分在文化、经济、语言或历史上存在着太大的差异,那么一个联邦体系可能掩盖不了他们之间的分歧。"②

9.4.2 联邦制的类型

综观联邦制国家的宪法,以划分纵向政府间权力的形式为标准,可以分为四种类型。

(1) 单独列举全国性政府事权,而把全国性政府权力之外的国家权力归各州、邦、省或其他地方组织,即"联邦政府事权列举、地方成员单位事权概括"。其典型代表为美国。《美国宪法》规定:"全国(中央)政府只有宪法授予它的那些权力,——各州则有未授予中央政府的一切权力";"宪法,主要是前三条,将立法权、行政权和司法

---

① (美) 丹尼尔·J. 伊拉扎:《联邦主义探索》,彭利平译,上海:上海三联书店2004年版,第37页。
② (美) 迈克尔·罗斯金等:《政治科学》,林震等译,北京:华夏出版社2003年版,第271页。

权授予全国政府"。①

（2）仅列举地方事权，而将未列举的职权推属于联邦中央，即"联邦政府事权概括，地方成员单位事权列举"。其典型代表为前《南非联邦宪法》。前《南非联邦宪法》在列举4个联邦成员的权力后，规定凡未列举的权力属联邦中央所有。

（3）既列举中央事权，又列举地方事权，即采取并列制。这种方式的早期代表是《加拿大宪法》。

（4）既列举联邦事权，又列举联邦和地方成员单位共同管辖的事权，而将未列入的事权归属于地方成员单位行使。其典型代表为1993年12月12日颁布的《俄罗斯联邦宪法》。该宪法第71条规定了俄罗斯联邦中央的18项国家权力；第72条规定了属于俄罗斯联邦中央和地方各主体共同享有的14项国家权力；第73条则规定："根据俄罗斯联邦和俄罗斯联邦各主体共同管辖的对象，俄罗斯联邦各主体拥有俄罗斯联邦管辖范围和俄罗斯联邦职权范围以外的全部国家权力。"

此外，有研究者以全国性政府集权的程度为标准来对联邦制进行分类。如美国著名学者威廉·H. 瑞克尔就主张将联邦制划分为完全集权联邦制与部分集权联邦制。② 而我国著名学者童之伟主张将各国宪法中明示或默示的组成联邦制的宪法原则与主权权力的分享格局结合起来进行分类，将联邦制分为中央集权型、分权制衡型、民主集中型、自治民主型四种类型。

在中央集权联邦制国家中，全国性政府集权程度比较高，联邦成员单位分享的主权性权力比较少，而且在与全国性政府发生权限争议时，全国性政府显然居于绝对优势的地位。在分权制衡联邦制中，全国性政府与联邦成员单位之间按照分权与制衡原则划分权限，权力分配相对均衡，是一种实行时间最长、已经相当成熟的联邦制类型，如美国等。而苏联，从其宪法条文上看，则更接近于民主集中的联邦制类型；前南斯拉夫则属于自治民主型联邦制。③

9.5 当代中国的中央与地方关系

9.5.1 法律的规范

我国1982年《宪法》及相关法律对中央与地方关系做了四条规定。

（1）以单一制为基础，以民族自治区和特别行政区为补充。1982年《宪法》规定，我国是"统一的多民族国家"（序言），"各少数民族聚居的地方实行区域自治"（第4条），"国家在必要时得设立特别行政区"（第31条）；"国家机构实行民主集中制的原则"，其重要内容之一是"中央与地方的国家机构职权的划分，遵循在中央的统

---

① （美）詹姆斯. M. 伯恩斯等：《美国式民主》，谭君久译，北京：中国社会科学出版社1993年版，第67页。

② 参见（美）威廉·H. 瑞克尔：《联邦论》，见（美）佛莱德·L. 格林斯坦等主编：《政府制度与程序》，台北：幼狮文化事业有限公司1983年版，第188页。

③ 参见童之伟：《国家结构形式论》，武汉：武汉大学出版社1997年版，第222～225页。

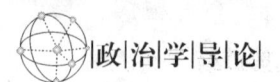

一领导下，充分发挥地方的主动性、积极性的原则"（第3条第四款）。

(2) 立法领域权限划分。根据宪法，全国人大有权修改宪法、制定和修改基本法律（包括分权的法律）、监督宪法的实施等；全国人大常委会有权解释宪法，监督宪法的实施，有权制定和修改法律。《中华人民共和国立法法》（以下简称《立法法》）具体列举了只能由全国人大及其常委会制定法律的事项。同时，依照《中华人民共和国地方各级人民代表大会和地方各级人民政府组织法》（以下简称《地方组织法》）和《立法法》的规定，省级和较大的市的人大及其常委会，在不同宪法、法律、行政法规和本省、自治区的地方性法规相抵触的前提下，可以制定和颁布地方性法规。根据《宪法》和《中华人民共和国民族区域自治法》，民族自治地方的自治机关有权依照当地民族的政治、经济和文化的特点，制定自治条例和单行条例，报请批准后施行。根据《中华人民共和国香港特别行政区基本法》和《中华人民共和国澳门特别行政区基本法》，香港、澳门特别行政区享有立法权。特别行政区立法机关通过的法案经行政长官签署、公布即生效，这些法律虽然须报全国人大常委会备案，但备案不影响法律的生效。

(3) 行政领域权限划分。中国行政事务十分纷繁复杂，宪法只是原则规定由国务院"统一领导全国各级国家行政机关的工作，规定中央和省、自治区、直辖市的国家行政机关的职权的具体划分"。《地方组织法》规定，县级以上的地方人民政府管理本行政区域内的经济、教育、科学、文化、卫生、体育事业和财政、民政、公安、司法行政、计划生育等行政工作。

(4) 司法领域权限划分。根据宪法的规定，我国的司法权包括审判权和检察权两个部分，分别由人民法院和人民检察院来行使，各级法院和检察院由同级国家权力机关产生，向它负责、受它监督。最高人民法院与地方各级人民法院、上级人民法院与下级人民法院的关系是监督与被监督的关系，最高人民检察院与地方各级人民检察院、上级人民检察院与下级人民检察院的关系虽然是领导与被领导的关系，但是地方各级人民检察院在服从最高人民检察院的同时还要接受同级国家权力机关的领导。所以，地方司法机关的经费主要来源于地方财政，司法机关的人事也主要由地方管理。

9.5.2 实践的过程

从20世纪40年代末到50年代中期，我国逐步形成了中央高度集权体制。在这种体制下，中央与地方关系的总格局是"中央权力过大、地方权力过小"。

改革开放之前，在现实政治、经济环境的巨大压力下，高度集权的中央与地方关系一直处在不断的变革与调整过程中。一方面，由于资源匮乏状况长期困扰着人们，不能满足多种多样的社会需求，中央政府需要集中有限的资源加速国民经济主导产业的建设，以致高度集中的计划管理—资源再分配—利益满足体制不可能有很大变化。另一方面，长期以来，政治体制一直没有将发展经济作为中心任务，主要强调以阶级斗争为纲，频繁地发动政治运动。中央政府在政治运动中不断强化的高度集权和政治动员以及政治民主的匮乏，使地方政府实际感受到的压力主要是来自中央的政治压力，而不是来自本地社会经济发展的压力，以致它们在隶属于中央高度集权的政治领导方式下，不能形成地方政府自主角色的明确意识。地方政府往往忽略了经济机制中产生的许多矛盾和要求，不能将这些矛盾产生的经济压力转化为中央与地方经济关系变革的动力。

因此，中央与地方关系的变化，首先受政治运动的影响，表现为没有章法以及与实际经济运行状况严重脱节；其次，中央与地方关系的基本模式没有根本性变化，从权力下放的领域来看，一般只涉及经济管理的具体事权，而不涉及经济计划和资源分配，中央财政管理体制虽几经修改，但是中央高度集中的"统收统支"格局未变；最后，由于政治民主的匮乏，使得中央与地方缺乏必要的互动，表现为中央集权和单向控制，中央的计划管理体制和财政管理体制往往通过中央各部门（条条）对地方相应部门（块块）的控制而实现。

从20世纪50年代中期到70年代末，中央与地方在权限划分上几经调整，经历了"收权—放权"的两次大反复，结果陷入了"一收就稳、一稳就死、一放就活、一活就乱、一乱又收"的恶性循环。

鉴于高度中央集权的传统体制愈来愈无法适应经济社会发展的要求，改革开放以后，中央与地方的关系开始逐渐发生变化。这一变化大体上可以分为两个阶段。

（1）20世纪80年代的放权改革。我国的全面改革是从经济体制的改革开始的。推动改革开放全面展开的党的十一届三中全会将放权确定为改革的一个基本主题，其具体内容包括：一是改革权力的配置，给地方政府和生产单位更多的决策权；二是改革利益的分配，给地方、企业和劳动者个人以更多的利益。通过这种"简政放权"或"放权让利"的改革，调动地方政府和生产者的积极性。

经济体制改革的突破口是财政管理体制的改革——实行划分收支、分级包干的财政管理体制。1980年，在江苏、四川试点成功的基础上，国务院颁布实施财政体制改革。这次改革的特点是由过去的"一灶吃饭"改为"分灶吃饭"，由"条条"分配为主改为以"块块"分配为主，由"一年一定"改为"一定五年不变"，由"总额分成"改为"分类分成"，[①] 因此，财政体制改革就是要实现"分灶吃饭"，即按照经济管理体制规定的隶属关系，明确划分中央和地方财政的收支范围，将收入划分为中央财政固定收入、地方财政固定收入和中央与地方调剂收入，并根据核定的地方的收支基数，分地区确定地方固定收入上缴比例、调剂收入上缴比例或定额补助数额。[②]

"分灶吃饭"使地方可以在限定的比例和数额内拥有财政支配权，这就赋予了地方较大的财政自主权。而且，从"条条"向"块块"的支配权转变，改变了过去下放权力时"条条"为主所导致的财政系统内放权，而地方财政没有实质自主权的现象，地方财力的分配和使用完全与中央各经济主管部门脱钩，不再受到来自中央各经济主管部门的干涉，拥有了真正的财政自主权。由于"分灶吃饭"对地方产生的刺激作用，各地方的财政收入迅速增加，极大地提高了地方政府在经济管理中的影响作用，使得地方政府成为地方经济发展的主宰。

由于财政收入的获得与企业的经营是密切联系在一起的，因此，下放财政权的同

---

① 参见宋新中：《中国财政体制改革研究》，北京：中国财政经济出版社1992年版，第48~49页。
② 参见田一农等：《论中国财政体制改革与宏观调控》，北京：中国财政经济出版社1988年版，第91页。

时，中央也下放了企业的经济管理权，即下放了与企业有关的人、财、物的支配权。对企业管理权的下放，使得地方政府的经济管理权日益扩大。据统计显示，1983年，中央政府所掌握的工业产值只有30%~35%，省级或省级以下的政府进行直接或间接控制的达65%~70%。① 这种控制规模的比较，导致中央相应地扩大地方在财力、物力、人力、外汇、投资等方面的支配权，使得地方政府又成为地方利益的代表。由于中央政府对地方政府的财政与经济管理权的下放，并不是以变更旧的管理体制为前提，放权仍是一种行政性放权，并没有脱离以前放权实践的本质，因此，这种放权并不能避免集权、分权的恶性循环。为了回应经济上的变化，必须进行相应的政治体制的变更。

政治体制改革的突破口是改变权力结构，即改变权力过分集中的现象，从根本上讲，就是要改变党的一元化领导。改革突破口的选择，决定了中央与地方关系这种纵向关系的调整，在政治方面的切入点却是从横向上入手的。

由于中国共产党内的集中制管理原则与特征相当突出，当党的力量从横向上对政府的行政工作进行直接控制时，这种党内的纵向集中会加重政府部门的集权化倾向，从行政的角度来说，地方政府要获得政治权力是相当困难的，只有从横向上对党与政府的关系加以调整，才能为中央与地方政府行政权的划分提供保障，因此，横向集权现象的改革就是要实现党政分开。实现了党政分开，各级政府之间的上下级关系就可以由原先党组织的上下级关系转变为行政的上下级关系，这对地方政府是一种权力上的"松绑"。这一"松绑"，首先，使得行政首长负责制可以顺利推行，直接或间接地加强了政府行政在整个政治体系中的地位和作用；其次，使得地方人大的作用得以发挥，特别值得一提的是，有些地方的人大在政治运行中起到了强大的作用，如广东省人大对政府管理工作的指导与监督作用就在迅速地发展；最后，它还活跃了公民社会的力量，继而又直接推动了地方政府的发展。当然，与经济体制的改革相比，政治方面的放权是相当有限的；但是，这种有限的变革却对经济改革的顺利进行提供了必要的政治环境，促进了我国地方经济的迅速发展。

(2) 20世纪90年代加强中央权威的改革。20世纪80年代的"简政放权"，无论在经济上，还是在政治上，都为地方政府的发展创造了有利条件；然而，地方政府的发展与权力的扩大，反过来导致了中央权力的弱化，中央对地方的宏观调控能力减弱，地方割据强势对中央进行一定程度的抗拒。

这引起了学术界和理论界的极大关注，维护中央政府权威成为1988年的讨论热点。为此，经济学家还给出了一些有利于强化中央政府权威的政策建议，如实行分税制、强化中央银行的稳定货币职能②、建立国有产权组织、加强银行独立化过程等③。这些政策建议成为指导我国20世纪90年代改革深入进行的理论基础。

从1989年开始，中央以行政强制方式实施治理整顿，加强了中央政府的宏观调控能力，控制住了过热的经济发展。三年治理整顿之后，建立社会主义市场经济体制、实

---

① 参见雷朴实、吴敬琏：《论中国经济体制改革的进程》，北京：经济科学出版社1988年版，第138页。
② 参见吴敬琏、周小川等：《中国经济改革的整体设计》，北京：中国展望出版社1988年版，第3~24页。
③ 参见刘国光等：《80年代中国经济改革与发展》，北京：经济管理出版社1991年版，第168页。

行整体配套改革成为 90 年代改革的主旋律。1993 年 11 月，中共中央做出了《关于建立社会主义市场经济体制基本问题的决定》，指出要建立现代企业制度，即政企彻底分开、培育市场体系、实行分税制，这些措施从物质上与制度上为加强中央权威提供了强大支持。特别是分税制，它是中央与地方关系的根本性变革，为中央与地方走向一种集分并存、相互依赖的权力关系模式奠定了基础，在从单纯的中央行政性集权的权力关系向在制度和法律保障下的中央集权和地方分权并存的关系的转变过程中，发挥着直接的推动作用。

经过 30 余年的权力下放和其他改革措施的实施，中央与地方关系的格局发生了重大变化。1）在党政领导体制上，改变了过去权力过分集中于中央的现象，地方领导机构的权力得到了加强，地方人事任免、干部管理权限得到扩大；同时，党政权力的适度分工，也改变了过去权力过分集中于党委手中的现象。2）在决策体制上，地方和企业的决策权有了扩大。3）在经济管理上，在坚持集中统一的前提下，扩大了地方政府的管理权限。4）在对外开放上，中央通过举办经济特区和开放区，向中心城市放权，赋予地方大城市省一级的管理权限。5）中央颁布了全国人民代表大会组织法和地方各级政府组织法等法律文件，使中央与地方的职权划分进一步规范化和法制化。

经过一系列的改革与调整，中央高度集权体制发生了深刻变化，地区间联合与竞争的局面开始形成，地方的积极性、主动性和创造性得到了充分发挥，这是中国经济腾飞的重要推动力。

但是，在这一过程中，中央与地方关系的一些新矛盾也开始出现。一方面，由于政企职能没有完全分开，企业未能从行政附属地位中解脱出来，这不仅使政府组织与经济组织的职能交叉，增加了正确划分中央与地方职权的难度，而且使中央下放的权力被地方政府截留，强化了地方政府利益，加剧了市场分割和地区封锁。另一方面，中央与地方的职权划分法制化程度不高，变动的随意性较大。一些本该由中央政府掌握的权力被下放给地方政府，由于缺乏约束机制，结果导致宏观调控失灵和"有禁不止、有令不行"。除此之外，还应该注意到，当前在处理中央与地方关系上还缺乏规范的法律机制，仍然还依靠一些传统的手段来解决问题，这势必对中央与地方关系的良性发展造成不利影响。

因此，适应改革开放和现代化建设的需要，还需要进一步调整中央与地方的关系。

小结

国家结构形式要解决的问题是调整好中央集权与地方分权之间的关系。从现代国家的实践来看，一般是通过法制化的方式来对全国性政府与地方性政府的权力关系进行划分与规范。

单一制与联邦制作为实践中的两种基本国家结构形式的具体类型，其间存在的差异是相对的，也无绝对的优劣之分。从现代国家的政治实践来看，两种国家结构形式之间的相互学习与融合是一个基本的趋势。

国家结构形式选择的理论基础包括中央集权主义、地方分权主义、均权主义。

当代中国的中央与地方关系正处在不断发展与改革之中。

阅读书目

1. 童之伟:《国家结构形式论》,武汉:武汉大学出版社1997年版。
2. 王丽萍:《联邦制与世界秩序》,北京:北京大学出版社2000年版。
3. 林尚立:《国内政府间关系》,杭州:浙江人民出版社1998年版。
4. 张志红:《当代中国纵向政府间关系研究》,天津:天津人民出版社2006年版。
5. (美)丹尼尔·J. 伊拉扎:《联邦主义探索》,彭利平译,上海:上海三联书店2004年版。

思考题

1. 如何理解国家结构形式的政治学意义?
2. 国家结构形式选择的理论基础是什么?
3. 单一制的特征是什么?
4. 联邦制的特征是什么?
5. 如何理解单一制与联邦制之间的关系?

第10章 政府权力的横向结构

现代政府一般可以分为行政、立法和司法三个组成部分。原则上而言，立法机关制定法律，行政机关执行立法机关通过的法律，而司法机关解释法律、裁定法律内涵，即三个机关分享立法权、行政权和司法权。本章主要介绍公权的基本形态以及立法机关、行政机关和司法机关各自的职责、功能和权限。

10.1 政府权力的分与合

在现代政治中，作为公权的政府权力有三种基本形态，即立法权、行政权和司法权。围绕这三种政府权力究竟应该"分立"抑或应该"合一"，分权学说与议行合一理论做出了不同的判断，并由此建立了不同的政府权力结构。同时，不管是分权学说，还是议行合一理论，其理论设想与实践之间都存在着一定的差异。

10.1.1 权力分立

在18世纪启蒙时期，政治学理论家孟德斯鸠和杰斐逊宣称，只有在政府分成两个部分或是三个部分即立法部分、行政部分和司法部分且彼此都能给对方制约与平衡时，自由才能得到保证。然而，在西方三权分立的现实运作中，三种权力的分割并非如此清晰，三个部门的关系也并非如此明确。

（1）纯粹分权学说。在《论法的精神》中，孟德斯鸠明确把国家权力划分为立法权、行政权和司法权三种。在他看来，这三种权力不但应该由三个不同的机关掌握，而且彼此应该相互制约并保持平衡。

"当立法权和行政权集中在同一个人或同一个机关之手，自由便不复存在了；因为人们将要害怕这个国王或议会制定暴虐的法律，并暴虐地执行这些法律。

"如果司法权不同立法权和行政权分离，自由也就不存在了。如果司法权同立法权合而为一，则将对公民的生命和自由实行专断的权力，因为法官就是立法者。如果司法权同行政权合而为一，法官便将握有压迫者的力量。

"如果同一个人或是由重要人物、贵族或贫民组成的同一个机关形式这三种权力，即制定法律权、执行公共决议权和裁判私人犯罪或争讼权，则一切便都完了。"①

根据纯粹的分权学说，建立和维护政治自由的关键就是要将政府划分为立法、行政和司法三部门或三部分。这三个部分的分权包括三层含义。首先，职能的分享。三个部

---

① （法）孟德斯鸠：《论法的精神》，张雁深译，北京：商务印书馆1995年版，第156页。

门中的每个部门都有相应的、可确定的政府职能,即立法、行政和司法的职能。政府的每个部门必须限于行使自己的职能,不允许侵蚀其他部门的职能。其次,机构的分设。根据立法、行政和司法三种职能,需要将国家机构分设为立法机关、行政机关和司法机关。最后,人员的分离。组成这三个政府机构的人员一定要保持分离和不同,不允许任何个人同时是一个以上部门的成员。这样一来,每个部门对其他部门都将是一个制约,没有任何一群人能够控制国家的全部机器。①

事实上,分权的理想形态和实际运作存在一定的差距。在不同的政府体系下,立法、行政和司法之间的关系往往并非如纯粹分权学说假设的那样清晰分立,特别是在议会制和总统制这两种不同的政权组织形式下,立法权与行政权的关系存在相当的差异。

(2) 议会制和总统制。议会制与总统制最大的差别就在于其行政权与立法权之间关系的差异(见图 10-1)②。这里,我们先看看这两种政权组织形式的特征。

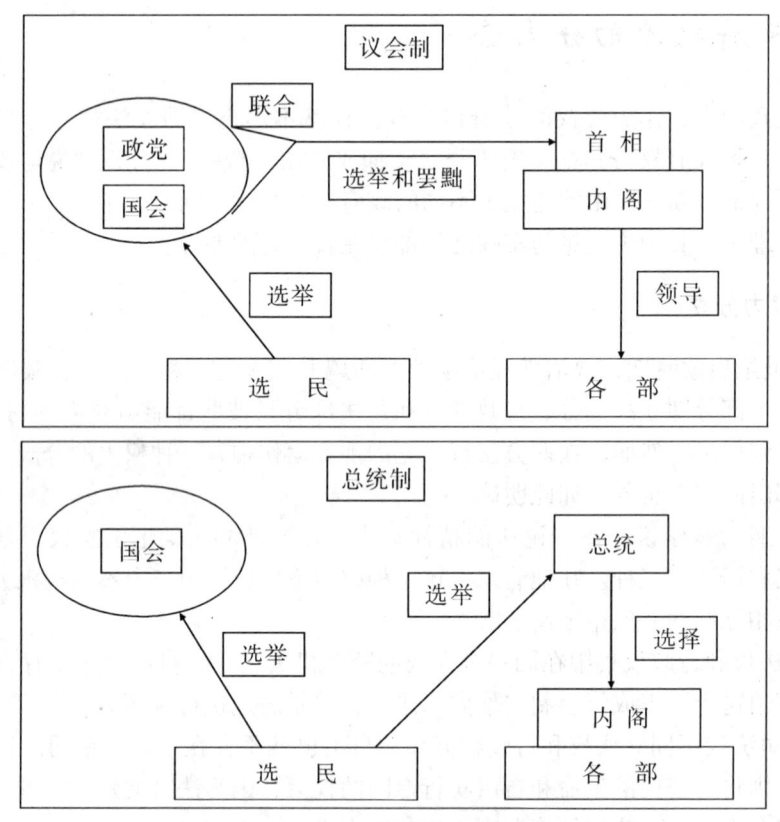

图 10-1 议会制与总统制对比

以英国为代表的议会制政府的特征主要包括四个方面。1) 国家元首是虚位元首,

---

① 参见(英)M.J.C. 维尔:《宪政与分权》,苏力译,上海:上海三联书店 1997 年版,第 12 页。
② 参见(美)迈克尔·罗斯金等:《政治科学》,林震等译,北京:华夏出版社 2001 年版,第 285 页(略有改动)。

是形式上的国家最高首脑，但不负行政责任。2）由国家元首任命在议会选举中获得多数席位的政党或政党联盟的领袖出任政府首脑并组织政府。3）内阁全体对其政策向议会负连带责任，受议会的监督。内阁的存在以获得议会的多数支持为前提。一旦内阁丧失了议会的多数支持，则或是内阁辞职，或是由首相提请国家元首下令解散议会，重新进行议会选举。4）身份兼容。行政机关的成员必须是议会的议员，这种身份上的兼容使内阁事实上成为议会行使行政权的委员会，便于议会对行政权的监督。

以美国为代表的总统制政府的特征主要包括四个方面。1）总统不仅仅是一个名义元首而且还是有实际功能的政府的首脑。2）总统由人民直接选举产生，有固定任期，并被赋予相当大权力，并且不能被立法机关轻易罢免。3）国家实行严格的三权分立，立法、行政、司法三种职能分别由三个不同的国家机构来行使，三者互不隶属，彼此相互制衡。政府各部部长由总统任命（须经由议会批准），向总统负责。4）行政部门与议会分离，行政部门成员不得同时兼任议会议员，不能参加议会立法的提案、讨论和表决。

可以看到，与纯粹分权理论的理想形态不同，在不同的政府体制下，立法权、行政权和司法权并非一定完全分割于立法机关、行政机关和司法机关，立法、行政和司法机关之间也并非一定做到职能和人员的分离。

第一，职能的交叉。不管在议会制还是在总统制下，立法和行政机关之间都存在一定的职能交叉。在英国，英王只能任命众议院中多数党的领袖为首相，由多数党领袖组织政府。在这种制度下，议会虽然拥有制定法律的权力，但是，在众议院掌握着多数议席的内阁首相在一般情况下完全有把握可以使政府提出的议案顺利地通过议会审议的各阶段而成为法律。英国政府大臣向议会提出的"公共议案（Public Bill）"多是政府所推行的政策的具体体现，其重要性也要高于普通议员提出的"私人议员议案（Private Members' Bill）"，而且通过的可能性也大于私人议员议案。在美国，总统每年要向国会提出大量咨文。这些咨文实际上就是由总统提出的政府要求国会立法的方案。虽然美国的总统和部长都没有提出立法权案的权力，但在总统提出咨文后，由行政部门起草的议案可以通过国会议员来提出，整个国会的立法活动时常就是以总统咨文为中心在进行。国会通过的法案，总统如果不同意还可以行使合法权，这当然也是总统干预国会立法的重要手段。①

第二，人员的交叉。议会制和总统制最大的区别就在于行政首脑是如何产生的。在议会制下，选民选出议会，议会推选出总理或首相，而在总统制下，选民既要选举议会，也要选举总统。在议会制下，行使行政权的人来自于议会的下院，总理是多数党领袖，由议会推举，他们同属立法机关和行政机关，而非如纯粹分权学说所假设的那样实现人员的完全分离；此外，产生议会成员的选举往往是间接产生总理的选举，而总理必须保持议会大多数成员的信任，否则要么下台，要么解散议会，重新举行大选。②

相对于总统制而言，议会制国家行政权与立法权更加合而为一，这使得议会制具有两个方面的优点。1）经常发生在美国体制中的行政—立法僵局不会在议会制中发生，

---

① 参见孙承谷：《立法权与立法程序》，北京：人民出版社1983年版，第9~11页。
② 参见王绍光：《民主四讲》，上海：上海三联书店2008年版，第182页。

这是因为行政部门和立法部门都由同一政党控制。2）首相和内阁能够因缺乏议会的支持而很快被罢免。国会中任何一次重要投票都可能成为一次信任投票。如果首相失败，那么首相会将这当做缺乏议会支持的信号而辞职。不等内阁任期结束，议会就能因为内阁所犯的重要错误罢免首相，但在总统制国家，必须等到任期届满。①

但是，权力的交叉也使得问题相伴而来。1）由于议员一般都能服从他们政党领袖的领导，所以议员会按照其政党指定的方式投票，"议会演讲"和"走廊游说"不起任何作用。议员失去了独立性，而议会也不过是内阁的"橡皮图章"。虽然法案的通过更有效率，但立法机关并不能发挥独立的影响。2）在没有一个政党能单独控制议会的绝对多数席位的情况下，许多政党往往组成联合内阁以期控制议会过半数议席。而联盟伙伴经常发生政策冲突，最终一个或更多的政党从联盟中撤出，从而使联盟少于在议会中所必需的多数，导致内阁失去议会的多数支持而倒台。因此，多党制的议会制国家中普遍存在的问题是内阁的频繁更迭。②

相对于议会制而言，总统制国家的权力更加严格地分立和相互制衡。根据美国宪法，立法权属于美国国会，但是议案经参议院和众议院通过后还需总统签署，应在10日之内附上不签署的理由将议案退回。该议案如再度经国会两院先后以2/3的多数通过，便不必再送交总统即可成为法律。这是行政权同立法权之间的制约。此外，美国存在着联邦各级法院可以审查国会通过的以及各州的法律是否符合联邦宪法的管理。这种司法审查的权力，是司法权对于立法权的制约。

但同时，这种分权制衡也存在负面效应。比如，不受欢迎的总统不能及时得到罢免，国会弹劾机制太过繁琐和复杂而使得弹劾权难于行使。议会和总统因为对立而容易造成政治僵局，总统因国会的阻挠而不能制定和实施前后一致的、有效的全国政策，从而削减了政府的效能。

当然，除了立法权和行政权的关系存在差异之外，在不同的体制下，司法权与行政权和立法权的关系也存在相当的差异。比如，在美国，司法机关在相当程度上独立于政府其他部门之外，甚至最高法院可以执行与总统以及国会完全不一致的政策，此外，最高法院还拥有审查新政和立法执法令是否合乎宪法的司法审查权；而在英国，"议会至上"意味着英国的法院不能宣称立法无效；在一些国家，司法权则更加为行政权所左右。

10.1.2 议行合一

作为对资产阶级民主批判的一部分，马克思和恩格斯对三权分立与制衡进行了强烈的批判，提出了议行合一的政府权力结构，并在巴黎公社、苏维埃政权和人民代表大会制度中得到践行。不过，议行合一的政府权力结构并非完全排斥权力的分工。在中国，行政权、立法权和司法权由不同的政府部门分工行使。

（1）议行合一的理论。在实际运作过程中，分权与制衡并非完全如纯粹分权学说

---

① 参见（美）迈克尔·罗斯金等：《政治科学》，林震等译，北京：华夏出版社2001年版，第287页。
② 参见（美）迈克尔·罗斯金等：《政治科学》，林震等译，北京：华夏出版社2001年版，第287~288页。

所设想的那样，特别在当代，在三权之中行政权力有着越来越强大的趋势。这些都指出了分权制的局限和不足。然而，在马克思主义经典作家看来，分权与制衡还有更为严重的根本缺陷，正是由于这些缺陷，社会主义国家的民主制度安排必须从根本上避免和克服这些问题，从而建立起真正代表人民意志的国家政权，建立起真正的民主制度。马克思、恩格斯和列宁对于三权分立的批判特别集中在对资产阶级议会的虚伪性上。他们从两个方面指出了资产阶级民主制度的欺骗性。

第一，权力分享的虚伪性。在马克思和恩格斯看来，资产阶级国家虽然实行分权与制衡，并且以议会选举来保障民意的表达，但是，这种议会本质上是资产阶级的议会，它最终是为了维护资产阶级的统治，议会选举也不过是决定统治阶级中谁来代表资产阶级统治和压迫人民，而不可能真正代表人民的意志。列宁就认为："凡是实行议会制的地方，都实行并且承认民主的代表权。但是，这种代表权只限于人民两年有一次投票权，而且往往有这样的情形：有些人利用人民的选票当选之后，却去帮助统治者镇压人民，而人民则没有撤换和采取有效的制裁措施的民主权利。"① 因此，要防止国家政权的蜕变，就需要采取措施切实保障权力不被滥用。

第二，资产阶级议会不过是虚伪的"清谈馆"，是欺骗和愚弄人民的制度。在马克思看来，要从根本上改变议会的资产阶级虚伪性，就需要使这种议会真正掌有实际力量和权力，使其真正成为代表民意的机构。因此，作为对于资产阶级三权分立思想和实践的批判，马克思主义经典作家对于社会主义国家政权组织的总体构想是，国家的一切权力集中于人民代表机关手中，由人民代表机关行使国家最高权力。1871年巴黎公社胜利以后，就建立了"议行合一"的政权体制，即国家的立法权、行政权和司法权都由巴黎公社统一行使。马克思在《法兰西内战》中就指出："公社是由巴黎各区普选选出的城市代表组成的。这些代表对选民负责，随时可以撤换。其中大多数自然都是工人或者是公认的工人阶级的代表。公社不应当是议会式的，而应当同时是兼管行政和立法的工作机关。"②

列宁继承了马克思关于议行合一的思想，他在《国家与革命》中就明确提出，要摆脱议会制，就需要将议会由"清谈馆"变为具有实际执行力的"工作机构"，苏维埃制度不仅需要把立法权和对执行法律的监督权集中在手里，而且要通过苏维埃全体委员把直接执行法律的职能集中在自己的手中，以便逐步过渡到全体劳动居民人人履行立法和管理国家的职能。

1918年苏俄的宪法确立了"议行合一"的国家权力构架。根据宪法规定，苏维埃代表大会是国家最高权力机构，在代表大会闭会期间由苏维埃中央执行委员会行使国家最高权力，一切具有全国性的事宜都由全俄苏维埃代表大会和全俄中央执行委员会决定。苏维埃共和国工农政府即人民委员会是专门行使行政权的国家最高管理机关。人民委员会由最高权力机关任免，对全俄苏维埃代表大会和中央执行委员会负责并受其监督，全俄中央执行委员会有权撤换政府及其成员。

---

① 《列宁全集》（第26卷），北京：人民出版社1959年版，第316页。
② 《马克思恩格斯选集》（第3卷），北京：人民出版社1995年版，第55页。

(2) 人民代表大会制度。人民代表大会制度是我国的根本政治制度。我国《宪法》规定,"中华人民共和国的一切权力属于人民","人民行使国家权力的机关是全国人民代表大会和地方各级人民代表大会"。人民代表大会由民主选举产生,对人民负责,受人民监督。人民代表主要来自工人、农民、知识分子等各方面的人士,体现了广泛的代表性。

我国《宪法》规定,"全国人民代表大会是最高国家权力机关,它的常设机关是全国人民代表大会常务委员会"。宪法把全国人民代表大会定位为最高国家权力机关表明,一方面,全国人民代表大会处于国家权力的最高层,其他国家机关都要服从它;另一方面,全国人民代表大会是权力机关,它与作为国家行政、审判、检察机关的国务院、最高人民法院、最高人民检察院在性质上是不同的。它处于国家的决策层次,其他国家机关处于执行层次上;它制定宪法和法律,其他国家机关执行;其他国家机关都由它产生,对它负责,受它监督。① 因此,我国国家机构中各个机构之间的地位并非是并列的,这样一种国家权力框架确实不同于"三权分立,互相制衡"的权力结构。

人民代表大会制度深深扎根于中国大地,它既汲取了苏维埃政权的有益成果,又有我国的创造。建立于对三权分立的批判基础之上,按照议行合一的理论构想,基于民主集中制的组织原则,人民代表大会制度不仅以其广泛的代表性体现了人民主权的原则,而且以其独特的制度安排避免了"三权分立"制度所带来的议行脱节、分而不立、互相掣肘的种种弊端。

同时,人民代表大会制度框架下的政权组织并不排斥政府权力内部的合理分工。我国宪法在规定全国人民代表大会是国家最高权力机关的同时,也区分了立法权、行政权和司法权,并将这三项权力交给不同的国家机关行使。我国《宪法》分别对立法权、行政权和司法权的行使机构进行了规定:"全国人民代表大会和全国人民代表大会常务委员会行使国家立法权";"中华人民共和国国务院,即中央人民政府,是最高国家权力机关的执行机关,是最高国家行政机关";"人民法院依照法律规定独立行使审判权,不受行政机关、社会团体和个人的干涉";"中华人民共和国人民检察院是国家的法律监督机关"。这意味着建立在人民代表大会制度基础上的中国国家权力结构虽然没有实行权力分立,但依然有权力分工。

因此,一方面,根据宪法,我们必须坚持人民代表大会制度;另一方面,我们也须按照宪法规定厘清人大与其他国家机构的关系。比如,在人大与司法机关的关系上,一方面,宪法不仅规定人民法院行使审判权,还规定法院依法独立行使审判权。这就表明人大作为权力机关不能代替人民法院行使审判权,而是应当依据宪法的规定,充分尊重和保障人民法院的独立司法。在加强人大对司法机关监督的同时必须明确,人大对司法的监督是在宪法所确认的权力分工的基础上进行的。监督应遵守的基本原则是,人大不妨碍司法机关依据宪法的规定独立行使审判权,在监督过程中人大不能代行法院的司法权,也不能直接介入或从事案件的审理工作。另一方面,人民法院独立行使司法权,前提是必须依法接受人大的监督。人大对司法机关的监督具有最高的权威性,这不仅是因

---

① 参见蔡定剑:《宪法精解》,北京:法律出版社2004年版,第269页。

为宪法赋予了权力机关此种最高权力，而且是因为权力机关是代表广大民众对司法机关进行监督的。同时，由于权力机关是立法机关，其对宪法和法律的解释具有最高的权威性，在司法机关使用宪法和法律过程中，全国人大在监督过程中所做出的任何决定、意见都将产生法律效力。权力机关对法院行使审判权等活动的监督，主要表现在监察并督促法院严格执行实体法和程序法，公正审理各类案件，维护公民以及各种合法社会组织的合法权益。

在了解以上政府权力的基本形态和现实权力结构之后，接下来我们要具体考察立法权、行政权和司法权的内容，以及立法机关、行政机关和司法机关的组成、程序与职责。首先我们来看看立法权和立法机关。

10.2 立法权与立法机关

立法权，即制定和修改法律的权力，是议会的首要权力。在现代国家，各国普遍将立法权授予立法机关。立法机关是指有权制定、修改或废止法律的机关，即行使国家立法权的机关。现代意义的立法机关产生于17世纪的英国，随着资产阶级革命的胜利，中世纪的等级会议逐步发展为资本主义国家的立法机关。

10.2.1 立法权

一般而言，立法权分为两类。1）制定和修改宪法的权力。法国大革命时期，政治家西耶士提出制宪权应和立法权分开，制宪和修宪的权力应属于全体人民。如果国土太广，在实际上全体人民难以行使这种权力时，也应把这一权力交给特别的制宪团体去行使。"二战"后，这种将制宪权与立法权分离以体现宪法最高法地位的观念渐成主流。目前，在英国等国家，制宪和修宪权仍然为议会享有；而在美国、法国、日本和意大利等国家，则由特别程序或成立专门机构来制定和修改宪法。2）制定和修改普通法律的权力。一方面，立法机关自己制定法律；另一方面，立法机关授权行政机关制定法规、条例、决议和命令等，它们都具有法律规范的性质。

虽然立法权一般由立法机关行使，但是，在现实运作中，议会很少行使积极的立法权，立法提案和方案主要由行政部门提出，而后者拥有制定政策所必需的组织协调、专家建议和信息。美国国会是发达国家中最强势和最独立的议会，但其审议的立法案中现在仍有近80%是总统提出的。议会的消极立法权，即其否决或修改法律案的能力也受到限制。在英国，政府在下院受挫的情况很少出现，甚至可以说极为罕见。绝大多数情况下，立法案是"经"议会通过，而不是"由"议会通过。委任立法制度的出现，使得立法机关的立法权进一步弱化。在美国，"国会日益把更多的立法权委托给总统，涉及的范围亦日益广泛，本世纪以来尤其如此……这种情况引起了严格信奉三权分立人士的不满和焦虑，他们担心美国的根本宪法体制会遭到破坏"[①]。

在现实运作中，立法权具有四个特点。1）立法权并非经常性权力，立法机构只能

---

① 李道揆：《美国政府和美国政治》（上册），北京：商务印书馆2004年版，第421页。

以定期召开会议的方式来开展立法活动，故立法权对于社会环境的变化反应总难免相对迟缓。2）立法权具有审慎的特征。由于立法活动对国家具有重大的影响，不能草率为之，而要在充分讨论的基础上以民主投票的方式来决定。一项立法往往要经十分繁琐复杂的程序才能获得通过。3）立法权的基本原则是少数服从多数。4）立法权的效力具有持久性和稳定性。一项立法一旦做出，便对社会具有相当持久的效力，不能轻易更动，法无常法就会导致社会动荡。立法权的稳定乃是社会稳定的重要标志。

10.2.2 立法机关

当代几乎所有的国家都有立法机关，其称谓有议院（Chambers）、上下议院（Houses）、参议院（Senates）、国民议会（Assembly）、人民代表大会（NPC）等。立法机关在不同国家里的实际权力是不一样的，但这些机构的设置表明，一个合法性政府至少需要一个代表民意的机构。任何国家的法律都规定，立法机构的成员或代表由选举产生，并对选民负责。

（1）立法机关的结构。世界上大约2/3的立法机关有两个议院，比如，英国的上院和下院，美国的参议院和众议院，这些都被称为两院制。在大多数国家的两院中，其中一个占主导地位，另一个起牵制和搁延作用，一般而言，下院具有实际上的优越地位。但美国的两院制是例外，参议院和众议院具有同等的权力。此外，世界上有少数国家实行一院制，比如，中国的全国人大、瑞典的国会、以色列的议会等。

在现代国家的议会中，普遍设置各种类型的委员会，作为议会的辅助性机构，协助议会从事立法和监督工作。委员会是议会下设的一级工作机构，委员会所从事的活动是在议会的委托和授权之下进行的，委员会做出的结论不等于议会的决定，最终要经过议会全体议员的辩论和表决才能形成议会的决议。委员会的主要功能是审查每个会期中收到的立法提案，并挑出少数值得认真研究与考虑的。同时，立法机关规模太大以至于提案不可能由所有成员起草，而是由委员会对议案进行修改和定型。

议会委员会的种类一般有五种。1）常设委员会。这类委员会是为适应议会立法、监督以及协调议会内部经常性事务等而设置。2）临时委员会。有时，议会为处理某些具体问题会设置一些临时性的委员会，通常这些特别或临时委员会会就某一个领域或某一个公众关心的问题展开调查和研究，并有权就该问题向议会提出立法建议。3）两院联合委员会。在实行两院制的国家中，由两院选派议员共同组成联合委员会，其职权通常局限在管理议会的一些日常事务上。4）两院协商委员会。在美国，一旦国会两院就同一个方案通过的决议意见不同，就需要建立两院协商委员会。它的工作是解决分歧，找出一个两院最终都能接受的一致的文本。5）全院委员会。它是由议会的某一院全体议员组成的委员会，是全院大会为审议诸如税收、财政、拨款等有争议性的重要法案而随时采用的一种变通的审议形式，实际上也就是按一种特别程序进行活动的全院大会。

为保证议会的正常运作，各国议会中还设有若干办事机构，直接为议会的议员和各级议事机构提供各类服务。按服务的内容大致可分为：辅助立法事务机构，为议会活动提供服务保证的行政机构，为议会委员会或议员个人提供服务的专门工作人员，图书馆，等等。

(2) 立法机关的功能。总体而言，不管处于何种政治体制下，立法机关一般具有五种功能。1) 立法。各国法律均经立法机关议决通过，至少在形式上大多如此，君主的圣旨就是法律的时代已不复存在。2) 监督。各国的立法机关拥有不同形式的监督功能。有的立法机关享有质询权、弹劾权、调查权和倒阁权等，有的立法机关享有对行政部门的政策法案以及经费预算的审查权、主要行政官员任用的同意权等。3) 代表。一般而言，立法机关是代表人民和反映民意的主要机制。4) 政治甄补。在竞争性民主体制下，立法机关是国家政治人才的重要甄补渠道。许多国家行政领袖往往担任过立法机关的议员，特别是在内阁制下，在立法机关担任议员的经历往往是通往部长和首相职位的不二途径。5) 正当性。不管立法机关是否真正能够起到代表和监督的作用，由于立法机关成员由选举产生，因此，立法机关往往是提供政府合法性和正当性的重要制度安排。[①]

(3) 立法程序。西方国家的立法过程极为漫长，也极为复杂。以美国的第103届为例，众议院各委员会共接到1500项提案，参议院各委员会共接到600项提案。但是，委员会只按自己的意愿选择其中很小比例的提案加以讨论后，才呈送国会，其余的大部分提案则如泥牛入海。在报告给国会之前，委员会要邀请相关的行政部门写出有关提案的书面报告，然后举行听证会，以决定是否采取相应的对策或是否有必要向国会报告，最后一步才是向国会提交议案报告。一般而言，立法大体须经三个程序。

第一步，提出议案。议案有多方面的来源，包括议员、行政部门、议会党团等。在大多数民主制下的立法机关中，任何成员都可提出方案。当参议员或众议员们提出自己的议案时，所有参与者都要做出准确的书面表达，并由立法委员会复核以后保证措辞得当。但是，如果没有更大的群体的支持，往往单个议员的提案难以走得很远；在一些国家，比如德国，单个议员不能以自己的名义而必须加入一个议会党团 (由15名成员组成的团体) 以提出议案；在许多国家，提案经常起源于行政部门，常常是一个机构提出一项建议并找一个持相同意见的议员在国会中提出这个议案。在议会制里，行政部门可以直接提出法案，因为内阁成员在国会里占有席位。

第二步，介绍议案。在美国国会中，当提案在众议院或参议院的办事处登记并交由特定委员会后，正式的介绍程序就开始了。绝大多数提案经过委员会简单的考察后被搁置，并再也不会被提起。但当委员会认为提案有可取之处时，它就被送到小组委员会作进一步考察。对非常重要的提案可能会召开公开听证会，在有争议的条款被提交讨论时，听证会有可能延续好几个月。当小组考察或公开听证会结束后，提案就被全体委员会再次审查。在这个阶段，委员会在投票赞成或反对议案的通过前可能会修改议案的某些部分。如果议案被赞成通过，它就会被送到众议院的规则委员会或参议院的多数党领袖，然后就会被排上适当的日程以备议会讨论。

第三步，修订议案并提交议案报告。一旦提案能进入正式的介绍程序，提案就会被再次讨论、修改和订正。在投票表决前，如果两院的多数都同意议案，众议院和参议院就会组成联席会议委员会，在这个委员会里两院的差异已被排除。已获赞成的提案然后

---

① 参见周继祥：《政治学：21世纪的观点》，台北：威仕曼文化事业股份有限公司2005年版，第305~308页。

就会又回到参议院和众议院进行例行投票，这时它一般很少会遇到争议。在这之后，两院领袖会在提案上签字并送给总统执行。如果总统在提案上签字同意，就成了法律。否则的话，国会需要以很难达成的 2/3 多数来推翻总统的否决案。如果总统既不签字同意也不否决，那么提案就会在 10 天之内自动成为法律（条件是国会仍在开会期）。但是，如果在 10 天过去之前国会已休会，那么提案就不能成为法律。

在立法过程中，英国这样的议会制国家中的执政党往往控制了行政部门和立法机关，内阁能得到它所想要的一切。委员会工作和议会讨论的重要性并不高，因为政党纪律确保其党员几乎自动按政党领袖所要求的方式去投票。在美国这样的总统制国家，政党纪律涣散，党员有时会反对自己的政党。但纵使在美国，立法机关的日程中有许多也还是被白宫送来的项目决定的：经济政策创新，对海外派兵，扩大或缩减国内项目，为污染和汽车安全设置新标准，等等。即使是预算权——被称为赋予立法机关重要性的"控制开支的权力"，现在也已成为对白宫预算办公室所提预算的年度反映。①

10.3 行政权与行政机关

在现代政府结构中，"行政机关"与负责制定普遍规则的"立法机关"和负责依据法律裁决社会纠纷的"司法机关"并立，主要负责国家法律和政策的"执行"。在法律上，行政权总是受立法机关和司法机关的制约并被限定在一定的范围之内，然而，实际上，行政机关是国家决策机器的中心部分，它不仅仅执行政策，同时也参与政策的制定。到 20 世纪，特别是"二战"以后，随着国家对社会事务管理领域的扩大，行政权力不断扩张，逐步从军事、税收和外交权扩展到社会经济生活的方方面面，出现了所谓的"行政国家"。

10.3.1 行政权

战争、税收和财政支出曾被认为是现代政府的三大行政职权，然而，随着社会经济发展的日益复杂化和专业化，处于政府体系核心的行政机关的职权日益扩展，承担了更多社会经济监管的职权，甚至侵蚀到立法和司法领域。总体而言，现代政府的行政权可以划分为三种②。

（1）行政管理权。各国的中央政府，作为国家行政管理的统帅机关，对涉及国家政治、社会、经济和外交的行政事务进行统筹管理。其一，行政领导权。它对行政机关有指挥和监督的权力，享有行政机关的人事任免权。其二，公共事务管理权。在政治上，各国政府都统一掌管全国的警察和监狱，维持公共秩序；在社会经济方面，各国政府都有权运用行政权力通过制定规则、实施规划和采取必要的政策手段，来对国民经济的生产、流通、分配和消费等环节进行管理和监督。同时，各国政府也都有权对教育、科学、文化等社会事务进行组织和管理，对社会福利、社会保障、社会救济及环境保护

---

① 参见（美）迈克尔·罗斯金等：《政治科学》，林震等译，北京：华夏出版社 2001 年版，第 290 页。
② 参见陈振明：《政治学》，北京：中国社会科学出版社 2006 年版，第 134 页。

等进行管理、调节和监督。其三，外交权。各国政府一般都有权制定对外政策并具体处理对外事务。其四，军事权。它包括领导国家武装力量的建设和其他的军事行动。

(2) 行政立法权和立法参与权。政府为实施宪法和法律的规定，有制定法规、条例、指示、决定或发布命令的权力。行政立法权在西方国家主要有委托立法和补充立法两种形式。其一，委托立法。它是指议会只制定法律的一般原则，对于法律条文本身所具有的具体内容不作详细规定，而用明文委任无立法权的团体和个人另行制定决议、命令、条例、细则等具体措施。受权者的范围很广，包括政府、公共事务行政机构和委员会、法院、大学和其他机构，其中政府行政部门是委托立法的受权主体。其二，补充立法。它是指政府有权制定与法律效力相等的法规以补充法律的不足。

我国国务院的行政立法主要包括职权立法和授权立法两种基本形式。职权立法是指国务院及其所属各部委根据宪法和组织法规定，在其职权范围内制定和发布行政法规和行政规章的活动；授权立法是国务院及其所属各部委根据宪法和组织法以外的法律授权，或根据全国人大或全国人大常委会的授权而进行的立法活动。

广义的立法参与权包括行政立法在内，狭义的立法参与权则专指政府有权参与立法机关制定法律过程中的某些环节。总统制国家政府的立法参与权主要体现在法律公布权和立法倡议权上。法律公布权除包括作为国家元首的总统所享有的法律公布权外，还指总统有权延缓公布法律或否决法律；同时，总统还有权以国情咨文的形式向国会作立法倡议。议会制国家的政府立法参与主要体现在法案创议权上，即政府有权向议会提出法律草案。我国国务院的立法参与权主要体现在国务院有权向全国人大及全国人大常委会提出其职权范围内的、包括法律草案在内的议案。此外，有些国家如法国中央政府还享有修改宪法的建议权。

(3) 行政司法权和司法行政权。行政司法权是指政府有权运用仲裁、复议审查等司法手段来解决民事争端、处理行政事务的权力。现代各国政府都曾大量运用仲裁手段来解决民事上的权属纠纷、侵权纠纷和损害赔偿纠纷，运用复议审查来处理行政相对人不服行政主体的具体行政行为而提出的复议申请。

司法行政权则指行政机关影响甚至直接行使了部分司法权力。西方国家政府的司法行政权主要体现在两个方面：一是部分国家的政府首脑有权任命法官，如美国联邦大法官就由总统任命，参议院批准；二是部分国家的政府首脑赦免权，赦免权主要包括大赦、特赦以及减刑、免除执行刑罚和恢复权利等。我国政府的司法行政权主要体现在对人民调解、劳动教养、劳动改造、公诉事务、律师事务等司法行政工作的组织和管理上。

一般而言，行政权的特征主要表现在四个方面。1) 行政权具有集权特征。与立法权坚持少数服从多数的民主原则不同，行政权强调权力履行的等级制特征。行政命令自上而下进行贯彻，下级必须服从上级，对上级负责。2) 行政权以效率作为首要目标。行政权所追求的是最小的成本获取最大的收益，它不考虑政策本身是否民主、正确，只关心政策本身能否以最有效的方式得到贯彻。故一些西方国家以"价值中立"作为行政权的基本原则，强调对上级命令被动消极的执行，在这一过程中摈除一切人格化的力量和价值判断。3) 行政权具有经常性。行政权涉及的都是社会日常性的、具体的管理项目，因而行政权的履行也必须具有经常性，迅速及时地对社会变化做出有效的反应，乃是行政权的内在要求。4）行政权是一种积极的权力。这里所指的是，就行政权与社会关系而言，它是一种主动的权力，即行政权对社会的管理是相对积极的，并且存在主动扩张职能的可能。

10.3.2　行政机关

行政机关是指那些拥有权力制定政策、执行法律法规的机关。一般而言，不同政府组织形式的国家，其行政机关的结构也存在不同。

（1）总统制下的行政机关。在总统制下，总统同时兼任国家元首与政府首脑，它是一种一元行政体制。其基本特征是：行政权独立于立法权之外，实行行政首长个人负责制。美国是最为典型的总统制国家。

总统制行政体制有五大特征。1）总统是最高国家元首也是最高行政首脑。他对联邦政府机关实行最高领导，集国家元首、政府首脑和武装力量总司令于一身，拥有广泛的立法倡议权、议案否决权，负责提出和执行国家的对内对外政策。2）总统由普选产生非由立法机关产生；总统有权签署或有条件地否决国会决议的法案；总统的任期由宪法规定，而不受国会信任与否的影响。3）国会批准总统对官员的提名。4）法院审查总统和国会的行为是否违反宪法。5）总统是唯一对国家所有事务负责的行政官员，各部部长对总统而非立法机关负责，他们充当总统政策顾问而非决策者的角色。

（2）议会制下的行政机关。议会制模式中国家元首与行政首脑分立，是一种二元行政体制。议会制发源于英国，并成了当今西方世界的主要政府制度。英国、德国、日本、意大利、北欧国家都是议会制政府模式的代表。

议会制模式的基本特征表现在五个方面。1）国家元首是国家权力的象征和名义上的代表，但不执掌实际权力，不负实际责任。国家元首在履行其宪法职责时，通常不能单独行使职权，而需由行政官员副署方能发挥法律效力，副署的官员承担因此需产生的法律责任。2）由于行政权源于议会，并与政党政治关系密切，所以需要一个独立的国家元首来履行礼仪性的职责。3）行政机构由议会产生，意味着总统制中立法和行政人事上的分离在议会制中不存在。4）行政机构直接对议会负责，或至少对议会下院负责，如果议会通过对内阁的不信任案，或者否决内阁的信任案，内阁必须总辞职，或者由政府首脑提请国家元首下令解散议会，提前进行议会选举。5）内阁在行政首脑的领导下，集体对议会负责。原则上而言，内阁是一个集体决策机构，但事实上，行政首脑的地位要高于行政机构的其他成员。

在议会制下，政府首脑一般由国家元首任命，但这种任命通常不过是对议会选举结果的一种书面确认，政府首脑不对国家元首负责而对议会负责。与总统制下的行政首脑相比，总理所拥有的正式权力的范围通常不是很大，其中最重要的是控制任命权，即对部长的任免升迁权。由于总理的职责在宪法上仅有宽泛的规定，因此该职位取决于在位者所选择的作为，或更准确地说，在位者能够有什么作为。近年来，总理的权力有所增长，有的研究者因而认为，总理实际上已从内阁的桎梏中解放出来，形成某种总理制政府。例如，印度在英迪拉·甘地及其子拉吉夫领导下形成了风格独断的总理制，并为国大党在议会拥有稳固多数席位,严格控制中央政府机器,使甘地王朝长期支配着印度的重要社会阶层。

(3) 半总统制下的行政机关。以法国为代表的半总统制是一种结合议会制和总统制特征于一体的混合政府体制。

半总统制的主要特征表现在三个方面。1) 存在两名行政首脑,即总统和总理。2) 总统由选民直接选举产生,须向选民负政治上的责任。但总统一经当选,在其任期内没人能迫使他下台。国民议会拥有对总统的弹劾权,但行使的条件只是在总统犯有叛国罪的时候。3) 政府总理由总统任命,其他成员由总理提名,提请总统任命,内阁会议通过的法令和决议均须总统签署。同时,总理又必须代表政府就其施政纲领向议会负责,立法机关通过对政府的不信任投票案时,总理必须向国家元首提出政府总辞职。

可见,在半总统制的行政体制下,总理在行政权力结构中事实上扮演了三重角色:一是总统意图的具体执行者;二是总统与议会之间的纽带;三是代总统的决定在议会中承担责任的"保险丝"。[①] 由于总统和国民议会分别由选民普选产生,当总统与议会的多数派同属一个政治派别时,呈现的是一种强势总统弱势总理的特征,议会透过总理对总统的制约是微弱的。当总统与议会的多数分属不同的政治派别时,总统尽管仍可以选择"自己人"担任总理,但考虑到总理要对议会负责,为避免政府的行动过分受到议会的牵制,可能被迫选择议会多数派组阁。这时候,总理往往能够依靠议会中的多数与总统相抗衡,但因为这种制衡缺乏明确的宪法依据,带有某种不确定性,可能会对宪政体制的稳定造成冲击。

10.4 司法权与司法机关

司法机关在国家机构中占有重要地位,是现代国家机构体系中不可缺少的组成部分。近代资本主义国家三权分立原则确立后,司法机关脱离立法机关和行政机关,成为独立的国家机关。

10.4.1 司法权

司法权由司法机关运用,以对利益主体之间的社会冲突加以解决。司法权对行政权的制约则通过控诉制度来实现。公民针对行政权的不当行使,可以依照法律程序向有关法院提出法律救济要求,以维护自身的合法权益。这样,司法权成为保障公民合法权益不受其他社会成员和政府侵犯、维持社会平等和正义的重要力量。

(1) 司法权的特征。在《联邦党人文集》中,汉密尔顿忧心忡忡地写道:"行政部门不仅具有荣誉、地位的分配权,而且执掌社会的武力。立法机关不仅掌握财权,且制定公民权利义务的准则。与此相反,司法部门既无军权,又无财权,不能支配社会的力量与财富,不能采取任何主动的行动。……归根结蒂,对自由的威胁,既不虑单独来自

[①] 参见景跃进、张小劲:《政治学原理》,北京:人民大学出版社 2006 年版,第 125~126 页。

司法部门，则司法部门与其他二者任何一方面的联合乃最堪虑之事；纵然有分权之名，一经联合则必置前者于后者庇护之下；因司法部门的软弱必然招致其他两方的侵害、威胁与影响；是故除使司法人员任职固定以外，别无他法以增强其坚定性与独立性；故可将此项规定视为宪法的不可或缺的条款，在很大程度上并可视为人民维护公正与安全的支柱。"①

这里，汉密尔顿指出了司法权与行政权和立法权所具有的独特性。概括而言，与其他政府权力相比，司法权具有明显的特征。1）基层性。与行政权一样，司法权也是经常性的权力，同时司法权还具有基层性质，即在司法权的运用中，政府是直接面对公民的。2）被动性。司法权在某种意义上就是判断权，是对有关一方提交事项做出回应，法官就是决断人。司法权必须是被动的，而不能主动行使。司法活动的惯常机制是"不告不理"，司法程序启动离不开权利人或特定机构的提请或诉讼，司法者从来都不能主动发动一个诉讼。3）多方参与性。司法尽管也是国家权力的运作，但由于司法权是一种消极的、被动的权力，司法过程离不开多方当事人的诉讼参与：在刑事诉讼中需控辩双方的质证、辩驳和对抗，而刑事诉讼中需原被告双方的举证、辩论、协商和交涉。4）司法权的基本原则是"自然公正"，指的是法官在审理案件时不得有所偏袒，必须给予控辩双方充分的申诉权利。这需要一系列机制为条件，其中最为重要的，一是司法程序的正当性，即审判必须严格遵循有关的法律程序；二是法律面前人人平等，不能存在任何歧视，尤其是必须强调"无罪推定"的原则，即被告在未经法院判决的情况下应当被认为是无罪的。

（2）司法权的内容。

第一，独立审判权。西方国家的宪法都规定了司法权的独立。《美国宪法》规定："合众国之司法权属于最高法院及国会规定设置之下级法院。"《日本宪法》规定："一切司法权属于最高法院及由法律规定设置的下级法院。"司法独立意味着法官审案时能够独立地做出判断的，既不受诉讼当事人意见的支配，也不受公众舆论的控制，更不能成为政府权力附庸。亨廷顿在谈到政治组织的自主性时指出："司法机关的独立表现在它只遵循自己特有的司法规则，表现在它的观念和行为不被其他政治机构和社会团体的观念和行为所左右。"② 这是由司法活动的性质决定的，司法的任务是解决公民之间以及公民与国家之间的纠纷，以控制社会冲突和社会紧张关系，这就要求裁决纠纷的第三者必须处于居中位置。

司法的独立性有别于行政的从属性。在行政系列中，上级对下级有发布指令的权力，下级对上级则有服从的义务，其权限受上级的制约。而在司法体系中，奉行的是以法官为主体的"审判独立"原则。在法院内部，法官之间相互独立，互不从属，法官根据自己对于法律条文的意义和对正义准则的理解来判案。法院体系内不同审级的法院

---

① （美）汉密尔顿、杰伊、麦迪逊：《联邦党人文集》，程逢如等译，北京：商务印书馆1997年版，第391～392页。

② （美）塞缪尔·P. 亨廷顿：《变化社会中的政治秩序》，王冠华等译，北京：生活·读书·新知三联书店1989年版，第19页。

之间也不存在领导与被领导的关系。

第二，立法权。司法机关对宪法和法律的解释，以及在司法审判中创制判例，都是一种立法行为。由于任何法律条文的表述都采取抽象语言，而尽量避免过于具体化，以适应一般性的情况。随着社会的发展会出现许多新的情况，不同案件的具体情况也有其特殊性，因此法院在法律实施过程中对于适用法律条文的解释，就显得尤为重要。法院对宪法和法律的解释实质上是一种立法行为，解释法律的结果创设了新的判例，对于后来的司法审判活动就具有约束力。英美法系实行判例法，判例规则就是永久性判决。为此，法官的判决应和先前的判例一致。在成文法不准确时，或在缺乏成文法领域内，法官可以通过判决制定法律，这种判决对其他法官有约束作用。因此，法院常常"制定法律"。

第三，违宪审查权。违宪审查权又叫司法审查权，是指法院通过司法程序对立法机构和行政机构制定的法律法令或政府官员的行为是否违宪进行审查和裁决的权力。如果政府机构或政府官员的法律法令或行为与宪法条文相抵触则宣告无效，甚至要追究法律或政治责任。一般认为，美国联邦最高法院在1803年"马伯里诉麦迪逊案"中所确立的联邦最高法院解释宪法和裁决违宪的权力，是现代违宪审查制度的直接渊源。

违宪审查权由普通法院或专门的宪法法院履行，一般以审理具体案件的方式来进行违宪审查。违宪审查权在某种意义上也具有立法功能，法院通过判决一项立法违宪而"拒绝执行"或宣布无效，已经成为立法活动的一个部分了。美国最高法院曾多次运用司法审查权。例如，1908年，最高法院判决有关禁止铁路公司开除加入工会工人的国会立法为"违宪"，理由是此种禁止违反了"契约自由"原则。

第四，行政裁判权。这是法院受理行政诉讼案件并做出裁决的权力。行政裁判权所针对的是行政机构及其工作人员行政行为违法、失职、越权或其他过失所引起的诉讼，本质是防止公民合法权益受到行政权力的侵害，或对损失进行补救。行政裁判权由普通法院或专门的行政法院履行。通过对行政裁判权的运用，法院对行政机构及其工作人员滥用权力的行为进行纠正和监督，维护了公民的合法权益。

与纯粹分权学说假设的不同，在现实政治中，立法、行政与司法三权的区分并不是那么纯粹。在当代，司法权就出现了日益扩张的趋势。例如，违宪审查制度日益普遍化。这意味着较之于近代时期，现当代的司法权极大地扩张了其解决社会冲突的功能，即涉及行政权和立法权的那一部分冲突也被纳入了司法权的作用范围。甚至选举的合法性与政党的合法性等政治性极强的社会冲突也可经由司法机制加以解决。学者发现："扩张的司法机关的作用，是20世纪中期以来美国法律最突出的一个方面。美国抛弃了对司法权范围的传统限制。法院在越来越多的领域发挥着一种积极的政治作用。"[①]

10.4.2 司法机关

司法机关是代表国家行使审判权和法律监督权的国家机关，也就是行使司法权的国家机关，是维护法律的部门。它通常包括审判机关和检察机关，即法院和检察院。

[①] （美）施瓦茨：《美国法律史》，王军等译，北京：中国政法大学出版社1990年版，第283页。

(1) 法院。审判是法院对各种案件审理并做出判决或裁决的活动,作为审判机关的法院是司法组织的核心。法院有普通法院、行政法院和专门法院以及宪法法院之分。

第一,普通法院。普通法院是各国法院系统中区别于各类专门法院而普遍设立的审判机关,是法院系统的主体。普通法院的概念对于两大法系的国家而言其范围有所不同。英美法系国家只有一个统一的法院系统,下级法院既可以审理普通的刑事案件和民事案件,也可以审理由行政行为引起的行政诉讼案件,以及某些宪法权利方面的争议。最高法院本身对立法和行政行为的合宪性具有司法审查权,同时对民事、刑事案件拥有终审权。而大陆法系国家通常具有两个独立的法院体系,在司法管辖范围上有明确的分工,行政诉讼由行政法院来审理。因此,大陆法系国家普通法院的概念,不仅仅区别于一般的专门法院,也区别于行政法院,仅指受理民事和刑事案件的法院。

第二,行政法院。行政法院是大陆法系国家所特有的法院类型,主要受理国家机关之间或公民对国家机关、公务员因行使公务而发生的诉讼案件。特殊法院一般指的就是行政法院。

第三,专门法院。专门法院是作为普通法院的补充而设置的以审理某类特殊案件为目的的法院。现代社会中,诉讼案件涉及的领域日益复杂,有些案件的审理需要运用专门的知识和特殊的手段,于是,各国根据审判实践的需要,设置了各种专门法院。

第四,宪法法院。在一些大陆法系国家中,除普通法院、行政法院和一些专门法院外,还设有宪法法院。宪法法院不审理普通的民事、刑事和行政诉讼案件,其主要职能是实行违宪审查,保证宪法的实施。从某种意义上说,宪法法院既是一个司法机构,也是一个政治机构。它的职能是对法律的合宪性进行审查,并对国家公共权力机关之间、联邦制国家联邦和各州之间以及各州宪政权限的争议进行裁决。此外,在一些国家中,宪法法院还行使弹劾的审判权,如意大利的宪法法院有权审理根据宪法规定对总统和各部部长在执行职务时的政治犯罪活动提起弹劾的案件。

除了按照法院业务的不同划分类型之外,我们还可以按照法院的纵向层级结构划分类型。各国的法院体系一般都由初审法院、上诉法院、最高法院等组成,这使得法院系统中也有一个金字塔式的纵向层级结构。处在金字塔底层的是数量众多的初审法院,数量较少的上诉法院居中,而居于金字塔顶端的是最高法院。法院系统内的这种纵向层级结构被称为审级制度。现代世界各国法院的审级划分往往是根据案件的性质、影响范围和诉讼标的金额的大小来进行的。一般将案情简单、涉及面较小和诉讼额不大的案件,划由基层法院管辖,而把案件性质严重、案情复杂、涉及面广、诉讼标的额较大的案件,划由上级法院管辖。

(2) 法官。司法活动从一定意义上说,就是法官适用法律知识解决社会冲突的过程,是法官通过自己的理性判断,把法律规定正确地适用于具体案件的过程。

美国联邦法院的法官由总统提名,经参议院同意并公布任命。联邦法官是终身制,除非他遭到弹劾或刑事起诉。终身制使法官从行政或其他政治权力中独立出来。美国州法官由民众选举或任命,任期4年。两党经常提名同一个候选人以至于法官选举很大程度上是无党派事件,法官选举的党派斗争很少发生。英国所有的法官均由首相建议君主任命,首相主要是根据上院大法官的推荐,大法官通常是内阁成员。为鼓励司法独立,英国法官实行终身制。在一些大陆法系国家，法官的任职是以职业募选的方式选任的，德国是其中的代表。德国各州法官的任命和晋升由州司法部长决定，在有些州要经过法官任命委员会（由州议会议员、法官和律师组成）的同意。法科毕业生要成为法官，首先要经过两次严格的国家司法考试，取得全科法律学者的资格，即取得从事司法职业的资格；然后，由州司法部提出申请，由州司法部长决定是否任命。

为保证法官廉洁公正和独立执法，当代国家普遍建立了法官保障制度。如规定法官在任期届满之前，非经弹劾，不得被免职、撤职和令其提前退休。法官在任职期间，不得兼任行政、立法机构以及营利性机构的职务，不得有政党身份或从事政治活动。国家以法律明确规定给予法官高薪待遇，法官到达一定年龄可以退休，退休后可以拿到优厚的退休金。

（3）检察机关。检察机关是代表国家监督法律的执行、行使法律监督权的国家机关。其主要职能是弄清案情，确定是否触犯法律，并代表国家向法院提起公诉，追究被告人的刑事责任以及监督审判活动。但有的国家不独立设置检察机关，或将检察院归属由法院系统或司法机关领导。

检察机关的传统职权主要包括两个方面：一是作为政府部门的法律顾问，为政府提供法律咨询；二是在刑事诉讼过程中行使侦查、起诉和控诉的职能。随着现代国家的政府对经济和社会生活干预的不断加强，各国检察机关的职能呈现不断扩大的趋势，主要包括三个方面：1）在刑事案件中参与侦查、起诉和出庭支持控诉的职能。2）法律监督的职能。在一些国家中，检察机关还是国家法律实施的监督机关，负责监督法律、法令、政令正确并统一实施的职能。3）干预民事诉讼的职能。一般只参加那些涉及国家利益、社会公共利益或公民重大权益而且影响较大的案件的诉讼，而并非所有的民事诉讼。

在大多数国家，检察机关隶属于政府的行政机关，被看做是执行机关，因此，检察机关通常担负一定的行政管理方面的职能。如法国的检察官有权批准报纸杂志的出版，有权批准私立学校的创设，有权领导司法警察的活动，有权对经纪人、拍卖估价人、证人、律师和司法助理等人员的活动进行监督。

检察机关的存在，一定意义上弥补了司法权"不告不理"所带来的局限性，从而使司法权带有某种积极性质，检察机关可以主动地提出公诉，保证法院受理案件。这样，检察机关就构成了对法院司法审判权的制约。在检察机关没有侦察和提出公诉之前，法院无权受理案件；法院对于案件的审判结果，也在很大程度上取决于检察机关的侦察工作。

（4）陪审团。陪审团虽不属于审判机关和检察机关，但陪审制度作为一种诉讼程序和审判方式，被赋予深刻的政治意义，作为司法民主的重要体现而得到广泛采用。值得注意的是，陪审制在现代因受到越来越多的质疑和批评而式微，在一些国家中甚至被废除。

西方国家的陪审制采取大陪审团和小陪审团两种形式。大陪审团一般由16～23名陪审员组成。其职责体现在两个方面：一是保护公民免受无事实根据的刑事控告，如果大陪审团裁决检察官控告的证据不足，此案便不得起诉；二是提出证据证明被告犯了所控的罪行，这是一种司法职能。大陪审团不出席法庭，不在民事案件中使用。目前，大陪审团制度已很少使用。

我们说的陪审团主要是指参与民事和刑事案件审判的小陪审团，由12人组成。在审判过程中，小陪审团在听取原告和被告的陈述、双方律师质证、法官指示法律要点后（因为陪审团被认为不懂法律），退入陪审团室进行讨论和表决。对于民事案，陪审团要裁决原告全部或部分胜诉或败诉；若请求损害赔偿者，陪审团还得就是否应予补偿以及补偿数额进行裁决。如果裁定无罪，当场释放被告；如果裁定有罪，即由法官进行法律判决。

进入20世纪，陪审制度有所衰落。1969年，伦敦民事案件采用陪审制审理的只占2.2%。美国的许多法律、法官和有关当局也要求限制使用陪审团以及限制陪审团的人数，甚至取消民事陪审团。

小结

作为公权力的政府权力有三种基本形态，即立法权、行政权和司法权。根据纯粹分权学说，三种权力为立法机关、行政机关和司法机关所分享，它们在机构、职能和人员上分立而制衡。但是，在实际运作中，立法、行政和司法权的关系错综复杂，在议会制和总统制国家，三者的关系特别是行政权和立法权的关系存在相当的差异。在我国，马克思关于议行合一的理论设想以及苏俄议行合一的政治实践对于我国国家权力构架产生了重大影响。人民代表大会制度是我国的根本政治制度，立足于人民代表大会制度的中国国家权力框架与三权分立的权力结构有着本质的区别。

在政府权力区分为三种基本形态的基础上，现代政府一般分为行政、立法和司法三个部分。立法机关是指有权制定、修改或废止法律的机关。大多数国家的议会实行两院制，设立上下院，少数国家是一院制。议会的结构还包括各种类型的委员会。立法权是制定和修改法律的权力，是议会的首要权力。立法的程序包括提出议案、介绍议案和议案再次修订并提交议案报告等步骤。立法权有萎缩的趋势。行政机关是指那些拥有权力制定政策、执行法律法规的机关。一般以国家元首和政府首脑是否分立为标准，将行政体制分为一元行政体制、二元行政体制以及混合行政体制。行政机关的行政权实质上是执行权，即指法律的执行权。各国宪法和法律一般都赋予政府以广泛的职权。主要有行政管理权、行政立法权和立法参与权以及行政司法权和司法行政权等。行政权出现了不断扩张的趋势。司法机关是代表国家行使审判权和法律监督权的国家机关，也就是行使司法权的国家机关。它通常包括审判机关和检察机关，即法院和检察院。司法权由司法机关运用，以对利益主体之间的社会冲突加以解决。司法权主要有独立审判权、立法权、违宪审查权和行政裁判权等。在当代，司法权也出现了日益扩张的趋势。

阅读书目

1. （法）孟德斯鸠：《论法的精神》，张雁深译，北京：商务印书馆1995年版。

2. （英）M. J. C. 维尔：《宪政与分权》，苏力译，上海：上海三联书店1997年版。

3. （美）艾伦·李帕特：《当代民主类型与政治：二十一个国家多数模型与共识模型政府》，陈坤森译，台北：桂冠图书股份有限公司1993年版。

4. （美）汉密尔顿、杰伊、麦迪逊：《联邦党人文集》，程逢如等译，北京：商务印书馆1997年版。

5. 孙承谷：《立法权与立法程序》，北京：人民出版社1983年版。

思考题

1. 纯粹分权学说的基本观点是什么？
2. 总统制与议会制下行政权与立法权的关系有何不同？
3. 多数型民主体制和共识型民主体制的主要区别是什么？
4. 什么是委托立法？
5. 立法权、行政权和司法权在现当代分别出现了什么演变趋势？

第 11 章　政府的功能与运作

政府应该干什么？政府能干什么？政府如何来运作？从"利维坦"方案到"三权分立"设计，从神权统治到民权政治，从国家乌托邦到市场神话，政治家和政治学家进行了各种政治实践和理论探索。经济学就政府的职能定位有着两种截然不同的争论：一种观点认为，政府的目标必须是实现全社会公共福利最大化，政府在行政过程中不能有自己的经济利益考量；另一种观点认为，政府主体也要追求经济人效用最大化。政府是一种组织单位，而且是一种超级组织单位，它最重要的目标是实现社会公共福利最大化，但是政府能否有自己的利益诉求，能否以自身利益最大化为工作目标？政府在市场经济与社会公共事务中应该扮演什么角色？本章将对现代社会中的政府功能设置与发挥以及政府运作方式和运作程序进行简略的分析。

11.1　政府职能：政府应该做什么

是自由放任还是国家干预？这不仅仅是一个应然性问题。自亚当·斯密以来，欧美国家一直在这两极中寻找一个平衡点。进入 20 世纪 70 年代后期，私有化、放松管制和减税等政策开始席卷全球，但对它的质疑也不绝于耳，政治学界也因之产生了种种主义之争。

11.1.1　政府角色的定位

（1）福利国家。福利国家理论"二战"后在英美和北欧等一些国家得到应用。该理论主张政府必须为公民提供"从摇篮到坟墓"的保障，政府负担全民享有的医疗保险、失业救济、工作训练、退休金、社会扶助和教育帮助等。但反对者认为，福利国家中的政府角色太浓厚，对自由经济是一种威胁；而且它需要庞大的税收作为保证，同时也可能导致部分公众的惰性，不利于社会发展。在某些领域，政府提供的这些公共物品可能低效且造成浪费。

（2）混合政治经济国家。这一理论介于市场和计划经济形态之间，主张国家治理必须由市场的自发调节和国家干预相结合。以公共服务目标弥补私人自利性目标的不足，以政府宏观经济决策弥补个人自发性决策的不足，以政府刚性和外生性调节弥补市场弹性和内生性调节的不足。在这种体制下，国家与市场、政府与企业和个人通过职能分工合作来实现国家经济的稳定增长和社会福利的最大化供给。当代很多国家都在尝试走混合政治经济国家道路。

（3）全能主义国家。以法西斯德国和苏联为代表，相信国家乌托邦，主张国家对社会的全面控制和管理。这一理论认为国家是神圣的，政府是万能的，国家居于社会之上，社会成员必须完全归顺政府。在全能主义之下，政治侵入公众生活的各个领域，个人没有自由。全能主义是一种典型的国家神话理论，全能主义国家的领导者似乎都对自己的统治能力充满信心，但其政治实践受到人民的普遍唾弃。在全能主义的政治体制中，政府包办了社会一切事务，政府官员也自认为是人民利益的唯一代表者。知情权的缺失导致没有合适的机制来保障人民对这些代表和由这些代表所控制的政府进行监督。

11.1.2 政府职能

《1997年世界银行发展报告：变革世界中的政府》中把政府职能分为三个层次：小职能，中型职能，积极职能。具体见表11-1。

表11-1 政府职能的层次性

	解决市场失灵问题		促进社会公平
小职能	提供纯粹的公共物品：国防、法律与秩序、财产所有权、宏观经济管理、公共医疗卫生		保护穷人：反贫穷计划、消除疾病
中型职能	解决外部效应：基础教育、环境保护	规范垄断企业：公用事业法规、反垄断政策	提供社会保险：再分配性养老金、家庭津贴、失业保险
积极职能	协调私人活动、促进市场发展、集中各种举措		再分配

世界银行认为，一个国家应根据其政府能力，也就是其财政能力、机构能力和政治能力等来行使其职能，政府能力弱时，政府职能应限于做好小职能，政府能力强时应逐步过渡到中型职能，然后到积极职能。从政府职能的历史演变来看，各国政府职能的发展可以划分为四个阶段。

(1) 政府对经济不干预时期。这一阶段主要是在20世纪30年代以前，即自由资本主义时期。政府职能理论受古典经济自由主义理论的支配，普遍推崇自由放任的经济政策，充分肯定市场的作用，把政府的作用限制在狭小的范围之内。亚当·斯密在其《国民财富的性质和原因的研究》中把政府职能限定在三个方面：保护本国的社会安全，使其不受其他国家侵略；保护人民，不使社会中任何人受其他人的欺侮和压迫；建设并保护某些公共事业及某些公共设施。

(2) 政府对经济进行强干预时期。这一时期，政府职能理论受凯恩斯主义理论的左右，主要流行于20世纪30~70年代。1929~1933年世界性经济大危机促发了凯恩斯主义、美国制度学派、瑞典斯德哥尔摩学派等政府强制干预理论的成长，苏联社会主义"全能政府"的示范效应更强化了这方面理论的影响。凯恩斯主张加强政府干预经济的力度，如通过国家兴办公共工程等直接投资和消费来弥补私人消费和投资的不足，提高国民收入，实现充分就业；通过货币总量控制来调整利息率，刺激投资，增加有效需求，达到充分就业；实行赤字财政，用举债方式兴办资本项目，增加投资，增加有效需求，增加就业总量；政府不仅要干预生产，还要干预分配。1933年，美国罗斯福总统的"新政"是凯恩斯主义理论应用最成功的典范。

（3）政府对经济放弃或减少干预时期。20世纪70年代，西方世界由于石油危机触发了经济滞涨和高失业率，凯恩斯主义理论一时难以解决，导致了新自由主义经济思想的产生。新自由主义经济学派包括现代货币学派、理性预期学派、供给学派、公共选择学派等。新自由主义理论认为，市场缺陷与市场失灵固然可怕，而政府缺陷或失灵危害更大。英国撒切尔首相在80年代采用新自由主义理论推行公共事业的私有化、自由化，通过引入私人投资，以降低政府的投资和财政赤字。同一时期，美国总统里根采用供给学派理论，尽可能减少政府干预，让企业自由经营，在石油天然气行业搞私有化、自由化以及降低社会福利水平，并用减税来刺激社会投资。

（4）政府对经济进行适度干预时期。20世纪80年代，私有化、自由化只是达到了减少政府财政赤字的目的，公共服务质量并没有由此而提高，企业的社会责任却在流失。这一时期具有代表性的理论有新公共管理理论（新管理主义理论）和新制度学派理论，以科斯为首的新制度学派把政府与市场看做两种可以相互替代的资源配置方式，从产权理论出发研究市场缺陷与市场失灵的原因，并提出自己的治理政策。这一时期，英国首相布莱尔提出的"第三条道路"和克林顿政府提出的公众（雇员）参与决策制度，都是超越传统的官僚强制干预体制和政府不干预体制的新型的政府"适度干预"体制。

概而述之，在市场经济的发展过程中，西方国家在理论和实践上经历了一种弱政府—自由放任—市场失灵到强政府—国家干预—政府失灵的反复过程。政府的职能可以概括为政治职能和社会管理职能两大领域。具体而言，它包括：保障国家安全和主权完整，通过暴力建立国家机器以维护统治秩序，参与国际公共事务，如武装军队、外交斡旋、参加联合国维和行动等；完善法律，保障公民生命和财产安全，保证社会生活安定和有序，如建立警察治安队伍、明晰产权、打击刑事犯罪活动等；提供教育、文化、科技和体育事业等必要的公共物品和公共服务，对基础产业、基础设施以及国防等提供强大的政府支持，如兴办学校、普及九年义务教育、保护文物等；调控宏观经济，通过货币政策、产业政策、经济计划和财政政策等加强政府对经济活动的宏观控制，保证全社会的经济总量平衡，如调控利率、鼓励出口导向、扶持高新科技产业等；消除负外部性影响，治理污染，维护生态平衡；通过政策激励，引导和鼓励正外部性行为，如鼓励私人办学、保护湿地、退耕还林、改革户籍制度等；通过税收和财政转移支出来对社会财富进行再分配，通过失业保险和养老保险、工伤保险等来保证社会的公正和稳定，如规定最低工资标准、征收个人收入调节税、财政转移支付、发展慈善事业等；借助经济手段和必要的行政手段来引导产业布局，控制垄断行为和外部不经济行为，消除地方壁垒，减少市场摩擦，促进资源的合理配置，如"西部大开发"、"西电东送"、"西气东输"等。

必须强调的是，政府以何种职能为主导，不仅与它所处的时代或环境密切相关，更与它的社会性质或意识形态相关。一个民主的政府当然必须以民众福祉为主要任务，一个独裁国家可能更多地关注独裁者的利益。同时，政治职能与社会管理职能也不是截然分开的，良好的政治统治或稳定的外部环境将为社会管理和社会发展提供一个好的制度条件。

11.2 政府能力：政府能做什么

塞缪尔·P.亨廷顿在他的《变化社会中的政治秩序》一书的开篇就说："各国之间最重要的政治分野，不在于它们的政府形式，而在于它们政府的有效程度。共产主义国家和西方自由国家一般都归入有效能的国家范畴，美、英、苏三国各具有不同的政治体制，但三种体制的政府皆能安邦定国，是因为三个国家都具备强大的、能适应的、有内聚力的政治体制，它包括有效的政府机构、组织完善的政党、民众对公共事务的高度参与、文官控制军队的有效系统、政府在经济方面的广泛活动、控制领导人更替和约束政治冲突等一套合理而行之有效的程序。"①

亨廷顿的观察是在"冷战"背景下做出的，随着"冷战"的结束，这个观察结论还十分值得商榷。但亨廷顿对政府行政能力的新观察向度引起了比较广泛的讨论，即什么样的政府是好政府？什么样的政府是有能力的政府？

11.2.1 政府能力的定义

政府职能要回答的是政府要做什么和不要做什么。而政府能力则是指政府实际能够履行这种职责和功能的程度，它要回答的是政府如何去做、通过什么方式去做的问题。政府能力的大小强弱决定了政府职能的实现程度，一个合理建构的政府体制就是政府职能与政府能力匹配良好的体制。

加布里埃尔·A.阿尔蒙德和小G.宾厄尔·鲍威尔从结构功能主义的方法论出发，提出一国的政治功能包括三个方面即系统功能（包括政治社会化、政治录用、政治沟通）、过程功能（包括利益表达和综合、政策制定、政策实施）、政策功能（包括提取、限制、分配与输出），阿氏用"政治生产力"来概括一个特定政府的生产能力。② 我们可以从两个层面来理解这种政治生产力：一是指什么样的能力，即能力的类别；二是指何种程度能力，即能力的大小和强弱。

在此，我们认同阿尔蒙德和鲍威尔对政府能力的定义，即政府能力是指政府能否成功地适应环境挑战的能力。具体来说，政府能力是指政治领导部门和政府行政机构拥有制定政策和执行政策的能力，特别是维护公共秩序和维护合法性的能力。

11.2.2 政府能力的内涵

《1997年世界银行发展报告：变革世界中的政府》指出："在世界各地，政府正在成为人们注目的中心，全球经济具有深远意义的发展使我们再次思考政府的一些基本问

---

① （美）塞缪尔·P.亨廷顿：《变化社会中的政治秩序》，王冠华等译，北京：生活·读书·新知三联书店1989年版，第1页。

② 参见（美）加布里埃尔·A.阿尔蒙德、小G.宾厄尔·鲍威尔：《比较政治学：体系、过程和政策》，曹沛霖等译，上海：上海译文出版社1987年版，第433页。

题,它的作用是什么,它能做什么和不能做什么,以及如何最好地做这些事情。"①

大多数学者都把政府能力与国家能力、中央政府能力等同起来,在中国这样一个单一制国家中,中央政府对地方政府的统领能力本身也是国家能力的一部分。1993年,学者王绍光和胡鞍钢在他们的《中国国家能力报告》中也把政府能力、国家能力和中央政府能力作为同一概念来定义,即国家能力是指国家(中央政府)将自己的意志转化为现实的能力,国家能力包括汲取财政能力、宏观调控能力、合法化能力以及强制能力。②

王绍光和胡鞍钢在2003年出版的《第二次转型》一书中认为,中国的国家治理进入了第二次重要转型时期。与开始于1978年的第一次转型相比,这次转型的重点不是以经济建设为中心,而是要以国家基本制度建设为中心。他们提出了八个方面的国家治理能力即强制能力、汲取能力、濡化能力、监管能力、统合能力、再分配能力、吸纳能力、整合能力。③

从政治发展的角度来看,政治学者阿尔蒙德认为两个重要的变量影响政治发展:一是政府能力,二是人民参政(或称民主化)水平。国家(政府)能力被看做政治发展内涵的重要方面,是衡量一个国家政治发展的重要指标。

美国学者米格代尔将国家能力看做是一个国家中央政府影响社会组织、规范社会关系、集中国家资源并有效地加以分配或使用的能力。具体来说有四个方面:国家对社会各个部门发挥影响的浸透(penetrate)能力;社会内各种关系的调节(regulate)能力;社会内存在的资源汲取(extract)能力;把汲取资源适当地分配或使用的能力。④ 在此基础上,我国学者金太军认为,政府的能力结构包括社会抽取能力、社会规范能力、维持社会秩序能力、社会整合能力、维持社会公正能力、创新能力、宏观调控能力和自我更新能力⑤。

尽管学者对政府能力有着不同的定义,一国的政治制度和政治体制的内容是决定政府能力的根本。专制色彩浓厚的国家,统治者和被统治者对政府能力的迷信要多一点;民主制度下的国家,无论是委托者还是代理者,都对政府的行政能力保持有足够的警惕和冷静。

政府能力要通过具体的政策绩效来体现,在政治绩效方面体现为政治产品的供给、宪法的尊重、民权的保障、效率与公平的平衡、"一国两制"的贯彻、基层自治的落实、人大代表监督权的强化、司法中立的实现;在经济绩效方面体现为通货膨胀率、失业率、基尼系数等重要指标,也可体现为GDP的增长率、经济特区开放、"西部大开发"、"振兴东北"、"让一部分地区一部分人先富起来"等政策导向;在社会绩效方面

---

① 世界银行:《1997年世界银行发展报告:变革世界中的政府》,北京:中国财政经济出版社1997年版,第1页。
② 参见王绍光、胡鞍钢:《中国国家能力报告》,沈阳:辽宁人民出版社1993年版,第222页。
③ 参见王绍光、胡鞍钢、周建明:《第二代改革战略:积极推进国家制度建设》,载《战略与管理》2003年第2期。
④ 转引自王绍光、胡鞍钢:《中国国家能力报告》,沈阳:辽宁人民出版社1993年版,第5页。
⑤ 参见金太军:《政府职能与政府能力》,载《中国行政管理》1998年第12期。

体现为市民的安全感、妇女权利保障、义务教育与希望工程、犯罪率、公立医院的床位数、人均绿地面积等方方面面,这些绩效反映了政府能力的大小和强弱。

政府能力大小和强弱取决于以下几个方面:政府的有效程度,政府的权威程度,政府的法治程度,政府的透明程度。政府掌握强大的组织优势和动员力量,政府拥有法律和国家机器作为后盾,政策透明化使政府赢得公众的信任,也使政府政策更为科学和合理。从这个意义上来说,强大的政府保证了一个稳定和安全的社会。

用强弱和大小来衡量政府能力,把它放于与社会互动的关系下来看,共有四种不同的状况:强政府—弱社会模式,如东南亚的新加坡、马来西亚和东亚的韩国等政府;弱政府—强社会模式,如"守夜人"时代的资本主义国家;弱政府—弱社会,这一模式很少存在,或者是处于动乱中的国家;强政府—强社会模式,主要是当代一些发达资本主义国家。①

诺齐克式的小政府也许不为恶,但在救困扶贫时可能显得力不从心;同样,一个能力弱的政府如果负荷太重,其过程可能捉襟见肘,其效果可能适得其反。

11.2.3 政府能力的特点

政府能力以国家绩效为体现,以民众满意度为标准,以政府资源为后盾,以法治和强制为保障,它不同于其他私人部门能力。政府能力是政府各个部门能力的总和,政府系统与作用于其外部的环境系统是一个相互关联的整体,因此,政府在其环境系统中的一切行为,包括输入、转换和输出均可视为政府能力的有机组成部分。政府能力体现在它能够综合各种资源,也能够平衡好内外各种环境力量。政府的各种能力有层次性,对中央政府来说,政府能力可能意味着保家卫国修长城;对于地方政府来说,也可能意味着招商引资上项目。在不同的时期,政府的能力作用点也不一样,有时政治统治能力要求高一些,有时经济调控能力要求强一些。在民主国家的政治能力中,社会管理能力的要求就高一些;在专制统治的国家中,其政治统治能力较强些;福利国家对政府的社会服务能力要求较高,比较成熟的民主国家的社会平衡能力就较强。② 在中国,"以阶级斗争为纲"和"一个中心、两个基本点"的两条基本路线反映了国家政治生活主题的变迁,也体现了不同时期国家治理能力的差异。

政府能力具有严格的政治性。政治正确意味着公众利益至上,公众通过政治投票来选择他们自己的利益代表者,再由这些代表者来组成政府。因此,政府权力来源于全体公民的政治委托,政府行政能力的大小取决于公民政治意志的委托程度。只有代表公众利益的政府才是合法政府,只有为公众服务的政府才是有效政府,只有代表公众利益的政府行为才是政治正确的行为。政府的任何能力都是为了满足社会和公民的物质和精神需要。政府除了政治统治功能外,还有社会管理、社会服务和社会平衡功能,政府要服务于整个社会的广大民众。"情为民所系,利为民所谋,权为民所用"以及"为人民服务"是政府能力的目标取向,不论政府领导个人是如何自信,规模是如何庞大,离开

---

① 参见刘世军:《现代化过程中的政府能力》,载《理论学习月刊》1997年第2期。
② 参见施雪华:《论政府能力及其特性》,载《政治学研究》1996年第1期。

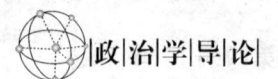

了这些方向，这种政府是不可能长久持续的。

不同的环境系统对政府的行政能力要求不同，政府的能力不单体现在政府部门本身，更体现在政府对其环境挑战的适应力上。政府能力不仅表现为外在的显性的运作能力，而且还表现为内在的隐性的潜在能力；不仅表现为政府机关对自己事务的管理能力，而且还表现为政府机关对社会事务的管理能力。复杂的内外环境要求政府部门不断地权变。

在全能主义国家模式中，公众对政府能力的敬畏总是多于对政府能力的制度约束；对政府强制作用的恐惧总是多于对政府合法性的尊重；政府随意提取民间财富的能力总是强于民间对政府支配财富的监督。相对于社会力量来说，强政府和强中央不一定是好事，它可能会造成政府权力的过分膨胀和对个人经济自由权利的侵害。一般而言，因为有法律和权威，政府能力要大于社会能力，但这两者能力的挥洒都有各自的边界。网络也要实名制、舆论总是要"营造"、榜样总是靠"塑造"、夫妻在家不能看"黄碟"、农民进城要办证等反映了国家力量对社会的不正当干预。

巴林顿·摩尔在《民主与专制的社会起源》一书中提出，"在政治上，成功的现代化意味着在广阔的领域确立安定和秩序，这便要求有一个强有力的中央政府"①。国家（政府）权力既是个人权利的保护神，又是个人权利的最大最危险的侵害者。对于正在经历转型阵痛的中国来说，限定政府的行动范围、提高政府的行动自律化程度、培养社会的自主能力尤其迫切。

11.3 公共政策：政府选择做什么

11.3.1 公共政策的定义

政府对"做什么"的选择正是公共政策的理性基础。政策学的创始人拉斯韦尔也指出，公共政策应当是一门具有丰富实践性的科学，现代公共政策科学即是丰富的实践活动推动的结果。"二战"后美国社会问题激增，传统公共行政学在政策制定和执行方面的研究和解释明显不足，于是作为政治学和公共行政学之间的交叉区域的公共政策学产生了。公共政策学派强调把公共问题的解决放在政策的制定和实施层面上来观察，放在"经济—政治—社会"框架下来进行分析，主张采用多学科尤其是经济学和数学模型来解释政策的运行。

给"公共政策"下一个完整而精确的定义确实比较难，仅就政策的制定主体而言，政府——包括广义的政府——是政策制定的主体，这其中既有代表行政权力的政府，也有行使着立法权的议会，其他的公共权威如社会团体和公共媒体也都能够广泛地影响政府的政策制定和实施。政策的制定本身也是一个动态和发展的过程，它也是行政机构、立法机构、社会团体和公众就某些利益进行博弈的过程，这个过程贯串着从政策议程创设到政策执行和政策评估整个环节。

---

① （美）巴林顿·摩尔：《民主与专制的社会起源》，拓夫等译，北京：华夏出版社1987年版，第379页。

公共政策的目的是对社会价值进行权威性的分配，它包括什么标准的社会价值，又以什么标准来分配这种价值以及以什么方式来分配价值。除了分配社会价值外，政府还应该通过公正而有效的公共政策来创造价值，正义、公正、公平、和平、自由等都是公共政策要实现的价值，政府通过选择作为还是不作为来实现这些价值。

公共政策通过立法机关的规范性法律，行政机关制定的命令、方案、决议等行政性规范甚至司法机关的判决所确定的某些原则或司法解释来实现其价值，它们是公共政策的典型形式。在中国，中国共产党的文件也是公共政策的一种表现形式。

11.3.2 公共政策的特点

（1）公共性。公共性是公共政策的基本属性，公共政策是以公共性为其逻辑基础的。公共政策的这种公共性从另一角度来看也就是它的政治性，代表人民利益的公共政策也就是政治正确的公共政策。

在政策制定主体上，公共政策是由公共权威部门制定的，政府机构和立法机构是政策制定的主体。在中国，政党通常也是政策制定的主体，如何"把党的意志通过法定程序上升为国家意志"只是一个技术问题。

公共政策分配的是全社会的价值和利益，它所分配的对象包括社会各阶层的利益，绝对不是某一个人、团体或阶层的价值和利益。在分配的过程中，它要求政策主体既要注重效率，更要关注"公平下的正义"，其价值追求是"代表最广大人民的根本利益"。

在政策过程中，公共政策强调个人和团体的互动合作，公共政策本身就是一个多元社会的民主过程。政策过程要完备多元表达程序，尊重多元表达结果。公共政策不能靠"统一思想"来解决问题，更反对"全体一致"式的表决。

公共选择学派认为，政策的形成就是一个如何把个人偏好通过某种集体选择机制来转化为社会决策的过程，单个选民的决策不能代表集体决策，因为它没有体现公共性。在涉及公共物品的提供等集体行动时，必须建立一种有效的决策机制和畅通的决策参与通道。

制度分析学派认为，任何政策的交易各方都必须尊重对方的利益表达，交易各方须在均衡和稳定的基础上来累加对方的共同利益和降低交易风险，这是一个契约过程。在这个契约过程中，公共性就体现在一个共同的契约规则制定上，个人主义和机会主义将受到契约和规则的惩罚。

政府代表着公共权力，它是公众权力的代理者，它反映公众的意愿和利益，提供公共物品，塑造公共秩序，规范公共交易，满足多数和保护少数。

公共政策的公共性价值还体现在：公共管理者必须在宪法的规范下运作，宪法为公共政策提供存在的空间，同时又对公共政策主体进行约束。

（2）权威性。一个经过民主程序产生的政府所实施的公共政策对全社会的成员具有普遍的约束力，得到社会成员的普遍认同和遵守。这种权威性既来源于政策制定主体的权威地位，也来源于政策实施的法律保证，同时还来源于政策制定和实施过程中的严格程序。

政策主体的这种权威性是由它所代表的民意决定的，行政机构也好，立法机构也

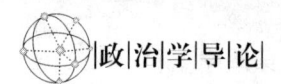

好,这些机构都是由人民选举产生或授权的,但是公众要时刻警惕政府"以人民的名义"来为自己对人民滥施淫威寻找合法性。也正因此,在我国,"人民城市人民建"、"人民教育人民办"等许多冠冕堂皇的口号后面往往可能意味着对人民利益赤裸裸的侵害,也可能只是代表着官员的政绩和形象。

政策实施中的强制性是由法律来保证的,没有强制性,政策的执行将是一句空话。因为任何公共政策都不可能满足全社会所有人的利益,它只能是代表多数人的利益,而且这种利益格局还在不断地调整中。法律的强制性确保了政策主体的权威,也确保了政策实施的顺利。

公共政策的严格程序既是指政策主体在制定政策过程中的严格程序,也是指政策在实施过程中对政策执行者和政策对象的约束。城市的交通管制政策的出台必须广泛地诉诸民意,尊重公众的意见表达;市民出行要遵守交通规则,听从指挥;警察的执法要依章进行。严格的程序排除特权,也约束部门利益;严格的程序能为执法寻找合法性,也产生秩序美。

(3)复杂性。公共政策本身就是政府用来行政的,而政府行政的目标多样,方式也多样,这决定了公共政策的复杂化。公共政策有元政策、基本政策和具体政策之分。例如,可持续发展是元政策,实行计划生育是中国实现可持续发展的基本政策,"只生一个好"是实行计划生育的具体政策。公共政策按性质可分为政治政策、经济政策和文化政策等。"一国两制"与"和平共处五项基本原则"是政治政策;分税制、家庭联产承包责任制等是经济政策;高校扩招、义务教育免费等是教育文化政策。

政策问题的复杂性也体现在政策目标的多元性和政策问题的关联性上。"以经济建设为中心"是一种元政策,"稳定压倒一切"也是一种元政策,发展中国家总是面临效率和公平两难困境、GDP神话与可持续发展的冲突、扩张性财政政策与紧缩性财政政策的摇摆等等。公共政策问题的这种复杂性决定了政策能力的重要性,资源的有限和问题的复杂性要求政府能够审慎决策。

公共政策的复杂性还体现在它的动态性上,因为中央政府能够清醒地对中国的国情国力做出判断,所以"让一部分人一部分地区先富起来"政策与"西部大开发"和"振兴东北"政策不仅没有冲突而且还体现了政策的连贯性。

世易时移,环境的变化要求公共政策必须权变。在经济体制问题上,从"社会主义计划经济"到"计划经济为主,市场调节为辅"再到"有计划的商品经济",直到1992年"有中国特色的社会主义市场经济"的提出,这个逐渐演变的过程反映了政策的灵活性。但是,政策也必须具有相对的稳定性,否则政策朝令夕改,将损害政策的严肃性和连续性,打击群众的工作积极性。政策没有预期,公众将只是关注短期利益,而不愿做长期投入。家庭联产承包制的稳定性使农民有了长远投入的积极性,农业土地政策的稳定带来的是粮食生产的巨大进步。邓小平的"有中国特色"、"摸着石头过河"、"白猫黑猫论"政策论述都是灵活性的典型体现。

11.3.3 公共政策的功能

转型时期社会利益呈现出多元化特征,公共政策的合法性来源也多元化,与其说公共政策是决策者制定的，不如说是决策者选择的，它是相互竞争的利益群体在利益冲突中达到平衡的产物。具体来说，公共政策的功能包括五个方面。

（1）替代功能。替代功能主要是指公共政策的修正、调整和终结，它涉及政策目标、政策方案、政策措施、政策关系、政策主体和目标群体的修正和调整，其方式有政策增加、政策删减和政策更新，也包括政策替代、政策分解和政策废止等。

中国渐进改革中公共政策的调整和创新主要表现形式是政策替代，即创新公共政策逐渐来替代原有政策，它不是对原有政策的全盘抛弃，而是一种增量性的替代。"让一部分地区和一部分人先富起来"和"经济特区试验"就是典型的渐进替代政策。

（2）控制功能。政府通过公共政策来直接或间接调整社会公共事务中出现的种种利益冲突。政府通过直接和积极的财政转移支付政策来促进西部大开发，政府也可以通过间接的宏观调控来抑制投资过热现象。

（3）规范制约功能。威尔逊认为，公共政策是具有立法权的政治家制定出来的由公共行政人员执行的法律和法规。[①] 公共政策通过规范的法律和严格的程序来保证社会生活的正常运作，保证市场有序发展。在中国，改革开放后中央政府与地方政府之间政令如何畅通，如何避免"上有政策、下有对策"是一个老大难问题。

（4）价值导向功能。公共政策要"对全社会的价值作权威性的分配"，任何一项公共政策都反映了政府行政的价值，公平、民主、公正、责任、服务、安全等都是政府的治理目标，政府通过公共政策来引导和调节社会生活。

（5）推动功能。公共政策以其明确的价值导向来推动社会的发展，公共政策涉及对社会资源进行重新配置问题，诸如环境保护、人口控制、产业导向、反恐怖活动、打击邪教、义务教育等政策都直接推动社会政治、经济和文化的发展。在重新配置资源过程中，公共政策必须有鲜明的价值导向。

公共政策在中国的发展还处于起步阶段，这与中国的民主化进程十分相关，也与中国经济发展和市场成熟程度密切相关。中国社会全方位转型与全球化的冲击使得公共政策在发展过程中有着鲜明的中国特色。

中国社会转型具有多质性特点，中央政策、地方政策、部门政策、地方"土"政策既相互补充又相互冲突，甚至中央政府可以默认地方政府的一些"擦边球"政策。公共政策的转型也是渐进的，从计划到市场，从行政命令到法治，从效率优先下的公平到公平条件下的效率，这种转型随环境不断变化。最为重要的是，中国的公共政策变迁始终处于党和政府的高度控制下，党的基本路线成为公共政策的绝对指南，政府尤其是中央政府一直发挥主导作用，从经济特区政策的推动到西部大开发的战略部署都是在中央政府的强大推动下完成的。中国的地方政府在政策创新方面表现出了巨大的积极性，如安徽凤阳的家庭联产承包制、吉林梨树村村民自治中的"海选"制、浙江温岭的民主恳谈会都是地方政府和地方群众自我创新的产物。

[①] 转引自伍启元：《公共政策》，香港：商务印书馆1989年版，第10~11页。

11.4 公共预算：政府如何花钱

11.4.1 公共预算是什么

经济学研究是建立在资源稀缺的假设基础上的。预算的实质在于配置稀缺资源，因此，它必须"斤斤计较"，它意味着在潜在的支出目标之间进行复杂的选择；预算也意味着平衡，这个平衡需要一定的决策制定过程。预算决策的制定是一个重要的政治过程，所有政府的政策问题都将反映在预算过程中，它不仅包括政府的收入和支出如何平衡的问题，还包括政府的范围、财富的分配、政府向利益集团的开放程度、政府对公众的责任等。

正是因为预算被赋予如此沉重的责任，它与政治的关联性一直以来被诸多利益集团所关注。爱伦·鲁宾认为，预算是政府扩张的产物。当政府的功能还不如今天这般复杂时，预算当然没有必要。美国联邦预算系统直到1921年《预算和会计法案》（The Budget and Accounting Act）通过才正式建立。鲁宾对公共预算的定义是：公共预算通过列出政府开支来描述政府行为，预算把即将实行的任务与达成这些任务所必需的资源联系起来，以确保财政资金用于支付战争费用、供给住房或者维修街道等公共事务。公共预算将政府支出限制在政府可能获得的收入之内来防止透支，从而确保预算平衡。①

所有的公共预算都必须按一定的法定程序来批准。在中国，预算包括政府机关、社会团体和企业事业单位在一定期间（年、季、月）的收支统计。国家预算也即是中央政府和各级地方政府在每一财政年度全部公共收入支出结构一览表，它记载了一个国家的中央政府和各级地方政府公共收支计划，反映一个国家的经济实力与政策走向。因此，我们认为，公共预算是指社会各利益相关者在公共资金使用、公共资金分配机制和预算决算监督等方面充分地表达自己意见的过程，是一切政府活动的基础条件和资金保障，是政府活动的重要组成部分，也是全社会的政治博弈过程。

11.4.2 公共预算的政治性

公共预算不仅是技术性的，更是政治性的。西方公共预算是一项政治契约。契约分政治契约和经济契约两大类。政治契约是以选票作为回报的对某一政策或方案的承诺，它包括多个契约方：选民、政治家、管理者。与经济契约相比，政治契约的条款要隐晦得多，因而留下更多的解释空间，有更多的空子可以钻，有更多的机会来推卸责任。比如一项减税的承诺很少规定具体减税多少，一旦预算状况比预期要糟糕得多时，减税的承诺可能就不会履行。

管理者与政治家之间存在着信息不对称现象，管理者由于直接处理事务而对本部门的实际情况拥有更为及时、准确和全面的信息。在信息的传递过程中，与管理者或管理

---

① 参见（美）爱伦·鲁宾：《公共预算中的政治：收入与支出，借贷与平衡》，马骏等译，北京：中国人民大学出版社2001年版，第1页。

部门利益攸关的信息可能被扭曲、过滤或屏蔽。在公共预算领域，上述现象可能更为突出。在中国，由于预算部门和人大代表们处于信息劣势，人大与政府之间的预算博弈还没有一个稳定和成熟的程序。

在公共预算的决策流程中，纳税人和议员（人大代表）在不断地要求政府应答以下问题：政府应该提供何种服务？哪些公民有资格享受这种服务？这涉及政府做什么和不做什么的选择。在经费有限的情况下，城市政府是先修歌剧院还是先修盲道必须在议会或人大会议中进行广泛的辩论才能付诸于政府部门去执行。

议员来自不同的选区，是本区选民的代表，因此，预算反映出立法者对于其选区选民的重视程度和倾听利益集团需求的意愿程度。公共预算反映了支出上的优先权，预算过程在对政府有着不同需求的集团和个人之间进行调节，并最终决定由谁来获得。例如，在抵制奥运会的一部分市民看来，奥运会完全就是官僚们的一种政绩行为，因此反对者坚持认为他们无须为此付费，洛杉矶的城市管理者不能因为奥运会的承办而增加这些反对者的税收负担。

公共预算反映公民对于不同形式和不同水平的税收偏好，也反映了特定集团的纳税人转移税负的能力。公民的利益和偏好与特定利益集团的利益和偏好肯定对不上号，特定的利益集团是如何"光明正大"地劫贫济富也可以通过预算反映出来。预算反映不同的个人和组织影响预算结果的相对权力，预算决策的制定描述了政府机构内部以及机构之间的预算行动者的相对权力。[①] 政府需要平衡这些不同机构之间的冲突，政府的自利也可能被巧妙地掩饰或恣意地张扬。

一个国家可能有很高的财政收入汲取能力，但它在如何合理配置财政资源和提高国民福利方面可能做得很糟糕，从一个国家如何向公众收钱到如何花掉公众的钱可清晰地反映出国家的基本性质，也可以看出它与人民的关系是否和谐。因此，现代国家预算中的公共性、民主性与人民性是同义的。公共预算涉及政治民主、社会福利及良好的公共治理。

11.4.3 公共预算的要素

公共预算是一个复杂的决策过程，公共预算决策要素包括决策参与者、价值与目标、决策权力的配置和决策信息等等。参与到预算决策的主体分别有立法机构、政府部门、预算部门、利益集团、媒体和普通公众等多种力量。现代公共预算最主要的决策者是议会机构，议会拥有立法权，拥有预算通过权、否决权和修正权。公民参与预算的行为也越来越普遍，在中国浙江的温岭市，通过民主恳谈会这一制度创新，乡镇人大代表成功地探索出了一条有中国特色的参与式预算改革之路。价值与目标包括价值要素与事实要素两部分。公共预算是让最大多数人得到最多的服务还是最少数人得到最多的服务，这关涉政府行政的理念。公共预算要做什么项目、花多少钱、需要什么程序、谁来评估都必须有明确的规定。预算决策过程同时也是预算权力的分配与运用过程，有人提

---

① 参见（美）爱伦·鲁宾：《公共预算中的政治：收入与支出，借贷与平衡》，马骏等译，北京：中国人民大学出版社2001年版，第2页。

出预算申请,有人审议申请,有人或批准或削减或否决申请,这个过程体现了公共预算的民主和理性。决策过程实质上是对相关信息的收集、整理、分析和运用的过程,现实中的预算决策要根据不断变化的信息动态及时调整①,鲁宾称之为"实时预算决策"。

在美国,公共预算改革经历了从线性预算、绩效预算、项目预算、零基预算到新绩效预算的漫长的改革之路。"二战"前,线性预算是主流预算方式,它强调了将预算收入与支出进行分类,而且收入与支出也与相应的公共项目联系起来,从而提高了公共部门的公共责任感。"二战"后的绩效预算将重点从单纯的支出控制转向支出所取得的成果,它更着眼于提高资源分配的经济效率。而项目预算的主要目标是将传统的一年一度的预算准备转变为着眼于政府长期的公共政策目标,它强调的是预算的计划功能。零基预算是指中央政府在编制预算时,一切从零开始,对原有的各项开支项目重新进行核定,不是停留在修改上一年度预算或审查新增部分上,政府各部门必须每年重新核定每项计划,测算不同项目所需要的资金。零基预算力求提高预算决策的灵活性,它要求全盘考虑所有的预算支出项目并按其重要性排序。而新绩效预算认为预算的重点在于公共项目取得的结果而不是公共预算的投入,它强调组织改革和下放预算权力,强调对公共部门的政绩进行评定。这一改革过程体现了预算理性的进步。②

公共预算在程序上分为编制—审议—执行—决算四个阶段。每一个预算年度开始前,由行政当局的预算编制机构(一般是财政部门)出面编制年度预算,经过立法机构,也即议会的审议批准,以法律形式确定其为正式预算,审计部门进行日常监督。年度预算终结后,由行政当局提出决算报告包括预算执行报告、年度收入报告和审计报告一起交议会审议批准。

11.4.4 公共预算的功能

政府通过公共预算来筹集资金、安排支出,目的就是提高全社会福利水平。作为政府弥补市场缺陷的重要手段,公共预算通过对预算收入的组织和预算支出的安排来约束政府行政。

政府的公共预算直接参与了整个社会资源的分配过程。政府的宏观调控和间接调控的作用体现在对因市场而带来的外部性缺陷的修正上,特别是在混合经济体制下,公共部门经济是整个混合经济的有机组成部分。财政和税收手段具有收入分配、稳定经济和资源配置的功能,因此政府参与市场调控的程度、范围和手段都应严格约束。

政府预算的功能通过公共收支状况来全面反映政府活动的内容,反映政府某一时期内的政策取向。在美国,预算功能现在发生了很大变化,有学者在研究了美国联邦的管理和预算之后发现,预算机构的官僚变得越来越像政策分析家,这些机构已经从控制取向开始转向政策取向,在州一级政府,预算机构的目标也转向了管理和政策分析。③ 政

---

① 参见董静、苟楠:《公共预算决策分析框架与中国预算管理制度改革》,载《财贸经济》2004 年第 11 期。
② 参见牛美丽:《美国公共预算改革:在实践中追求预算理性》,载《武汉大学学报:社会科学版》2003 年第 6 期。
③ 参见马骏:《公共预算原则:挑战与重构》,载《经济学家》2003 年第 3 期。

府公共行政能力的强弱可以通过预算执行体现出来,预算执行可以较全面地反映政府介入社会经济发展的规模、范围和深度。

公共权力有着天然的扩张冲动,要对付公共权力的扩张,实现对政府规模的控制,从约束公共财政支出入手是一个有效办法。预算的特点就是要求政府把其所有活动及其为进行这些活动所需的每项经费开支都纳入立法机关,亦即民意代议机关的审议和批准之下。

预算中公共资金的流向反映了政府政策的选择偏好和公共权力的政治意图,反映了国家的政治价值观。因为不同于私营部门的经济利益最大化目标,所以政府部门制定的预算目标更体现在非营利事务上,它具有强烈的政治功能。实施预算政治功能的重要手段是转移支出。政府转移支出是指政府为了实现社会公平目标,通过二次分配来弥补效率主义下市场分配的不足。对社会资源的二次配置,既实现了配置效率也实现了政治公正。

11.4.5 公共预算案例:政府关门国会慌[①]

在美国,按照法律程序,每年 10 月 1 日进入新的财政年度时,政府必须在所有相关授权法和拨款法都经国会通过和总统签署后才可以运转。但在多数情况下,拨款法不能及时全部签署,甚至国会内部可能还没有达成一致,在这种情况下国会可提出临时拨款联合决议案(Continuing Resolution,简称 CR),CR 规定在一定时间内某些未获得拨款的部门或项目参照上一年度的拨款继续运作,由总统签署后生效。根据法律规定,如果相关拨款法案在国会没有获得通过,政府部门只能关门,该部门不得行使日常职能和提供例行服务,不能开支,不得签订新合同,不得做出任何承诺。但要害部门或出现紧急状态除外,这些部门主要涉及国防、公共卫生与安全等领域,一旦停止运作将立即导致人身或财产安全威胁,总统任命的官员、国会议员、正规军人仍然照常上班,也有工资。被列为"要害部门"的联邦政府工作人员必须上班,但得不到补偿。而国防部 31% 的工作人员(约 25.83 万)、交通部 19% 的工作人员(1.8 万)、健康与人力资源部 58% 的工作人员(3.463 万)、国务院 90% 的文职人员、白宫 89% 的工作人员以及 82% 直属机构人员被联邦管理与预算局列为"非必要工作人员"。

1981 年 11 月,因里根拒签 CR,40 万联邦政府工作人员上班到中午后被告知回家休息,当天晚些时候,里根妥协。1990 年 10 月,老布什总统拒签 CR,政府 3 天没有拨款。克林顿执政时期国会与总统闹得很僵。1995 年 11 月 14~19 日,克林顿拒签第二个 CR 导致 80 万政府工作人员"下岗"6 天,因政府关门,克林顿总统没有出席在日本大阪召开的亚太经合组织(APEC)领导人非正式会议。1995 年 12 月 16 日至 1996 年 1 月 6 日,政府再度关门,这是美国历史上关门时间最长的一次,以 1 月 2 日为例,有 28.4 万人没有上班,47.5 万人因属"要害部门"必须"为人民服务"(上班但拿不到工资)。

[①] 参见丁孝文:《政府关门国会慌》,见:《走进国会山》,上海:复旦大学出版社 2001 年版(引用时编者有删减)。

政府关门影响非常大。1996年初克林顿政府关门时，大约有1300万靠政府福利生活的人没能按时拿到支票，就连许多露宿街头的流浪汉（无家可归者）也没能按时领到派发的购物券。图书馆、博物馆、国家公园的管理人员不上班，给百姓的日常生活带来诸多不便，也给旅游业造成损失。海关停办手续，许多外国人滞留机场，美国一些驻外机构也关门，等待签证赴美的人只能更改机票或取消访美。

总统与国会围绕拨款的斗争主要有三个方面的原因。一是对财政形势看法不一。联邦政府管理与预算局和国会预算局对来年国家收入、支出、盈余（赤字）的预估有差异，对拨款的安排也就无法一致。二是财政政策不同。1995底的拨款之争，主要是共和党控制的国会提出要在7年内实现预算平衡，因而要削减开支，可削减的都是克林顿（民主党）关注的领域。克林顿同意逐步实现预算平衡，但坚持步伐要小一些。国会还要大幅度减税，克林顿指责这样做是"劫贫济富"，会使"富人更富，穷人更穷"。三是拨款重点不同。共和党主张增加国防开支，民主党强调增加教育投资。

11.5 公共行政：政府如何管理

20世纪70年代产生的公共行政改革理论引发了西方各国强大的"政府再造"运动。这场改革不是传统的对政府系统内的机构调整，也不是仅从行政管理的角度出发，而是借助于经济学、政治学等理论对政府的结构、政府的职能和政府的运作方式进行一场全面的反思。现代公共行政可以被看做是以政府为核心的多元社会行为主体及其组织的网络化行动结构，为了最大限度地实现和增进公共利益，广泛运用各种方法和方式，在公共参与下对社会公共事务所实施的管理活动。

在前面章节中我们对政府的职能、政府能力和政府公共政策的制定与实施以及政府公共预算进行了一个简略的概述，本节我们来观察一下，现代政府如何来实现自己的有效治理，如何通过良好的治理手段来迎接这种变革时代的挑战。

11.5.1 公共行政的价值导向

按照公共管理学家欧文·休斯的归纳，传统公共行政学有四个原则：官僚制，政府管理体制以韦伯的科层制理论为基础，一旦涉及政策领域，它将通过官僚机构提供公共物品和服务；主张政治与行政事务分开，行政是执行命令的工具；职业化的官僚，终身受雇用；对效率的过分追求。[①]

传统的公共行政学理论及实践模式与西方工业社会的政府管理相适应，但随着西方各国由工业社会向后工业社会的转变，传统理论模式赖以生存的理念和基础受到了挑战，以1971年的《迈向新公共行政：密诺布鲁克观点》一书为代表，在对传统公共行政学进行批判的基础上，现代公共行政学派提出了当代政府管理的新的价值坐标，即社会公平、民主行政、市场化和顾客导向、责任意识。

---

① 参见（美）欧文·休斯：《公共管理导论》，张成福等译，北京：中国人民大学出版社2001年版，第62页。

(1) 社会公平。社会公平打破了传统行政学的效率、政治中立和科层制、单中心权威等价值观。正如这一时期伟大的政治学家罗尔斯所认为的,公平和正义不仅是一种伦理价值,还是一种法律、社会制度和社会结构体系。以效率为中心的政府价值观损害了社会的公平和正义基础。先富者要带动后富者,民工工资不能被拖欠,财政转移要加大,社会保障要完善,义务教育要落实,公共卫生要投入,穷要有所济,恶要有所报,幼要有所养,老要有所终。

(2) 民主行政。民主行政是公共行政的"学术识别系统",民主行政中"公共性"的实现是公共行政的核心价值。公共行政不能受制于集团利益,不能黑箱操作,不能没有程序。决策要透明,预算要公开,任免要公示,职位要竞争,权力要监督,权利要尊重。权力不能被买卖,公众不能被糊弄,人大不能作"花架子",政协不能尽唱高调子。

(3) 市场化和顾客导向。公众以政治选票作为权利保证的工具,政府必须积极回应公众的要求,政府的工作业绩是以公众的评价为标准的。市场化的取向要求政府以私人部门的改革精神来处理公营事业,凡市场能够解决的,政府一定不能参与,以市场化手段来提高政府的运转效率。自来水不一定非得政府来供应,军火也不一定只能政府来生产,机票价格可以自主打折,春运票价要进行听证,政府的大门要为公众敞开,官员的脸不能总是朝上。

(4) 责任意识。政府是应民众要求组织的,官员是民众代表选举产生的,因此他们必须"对人民负责、受人民监督"。责任意识也意味着官员必须专业化,向公众提供专业化的行政服务。经典的公共行政理论认为,行政机关向代议机关负责是最好的责任政府,这一体制也叫做向上负责体制,现代公共行政理论要求以市场为基础,直接向顾客负责的政府责任制。责任意识意味着官员不是对上负责,而是对下负责。高官问责制要落在实处,引咎辞职不是异地做官。

11.5.2 公共行政的特征

现代政府面临的变革压力前所未有,公众对政府扩张抱有一种先在的敌意,特别是公共开支的增加和官员冗多导致公众对政府的不信任,而私有化、信息技术和全球化的冲击更是对公共行政的严峻挑战。政府因在资源配置和经济发展方面的低效率而受到私人部门的诟病,而且,"全球化要求私有化,但私有化却扩大了腐败的机会"①。这种紧张的局面使得西方各国不断地调整策略,如美国在20世纪90年代就发动了全国绩效评估运动并签署了政府绩效和结果法案。围绕着时代的新问题,政府的公共行政理论和公共行政目标及手段都在不断地变革中。与传统的政府管理不同的是,公共行政在服务对象、服务主体、行政目标等多方面都发生了深刻变化。

(1) 公共行政对象:公共事务。对公共事务的关注意味着在管理方式上由政府管理向社会管理的转变,政府的职能由政治统治向社会服务转变,由国家本位向社会本位转变。对公共事务的管理也意味着更多地关注结果导向和外部评价;同时,公共事务的

---

① (美)阿里·法拉兹曼得:《全球化与公共行政》,载《北京行政学院学报》2000年第6期。

复杂性也要求公共行政必须是多样化管理、个性化管理和具有灵活性手段。

（2）公共行政主体：多元参与。公共服务的提供打破了政府的大包大揽，引进私人部门的竞争机制提高了公共服务的效率。各个参与者之间的合作与伙伴关系成为新时期的治理理念，而且中央政府把更多的责任转移到地方政府身上。各种非政府公共机构、民间自治机构以及私人部门、公民与政府一起构成一个庞大的治理网络。这种多元治理也即是善治，善治的本质即是国家权力向公民社会的回归，其衡量标准包括合法性、透明性、回应性、有效性、参与性、稳定性、廉洁性、责任性、法治性、公正性等等。

（3）公共行政目标：注重结果与顾客导向。公共行政目标是让结果满足顾客的需求，政府与公民之间的关系被定义为服务提供者与顾客之间的关系，对顾客服务质量的衡量是评估其结果，而且这种结果评估必须指标化。赋予大众以顾客权或消费者权，这种赋予的核心便是对垄断的打破和对竞争的引入；顾客或消费者还必须拥有知情权，他们知道选择什么，如何选择。对公共服务质量的检验应当是基于公众对公共服务的满意程度，这一理念后来成为英国"公民宪章"运动的基石。

（4）公共行政手段：契约主义与市场力量。公共服务的提供者不应仅限单一部门，而是要引入竞争机制，契约与合同正好满足了这些原则。这一手段在撒切尔首相时期被广泛使用。针对国有公用事业、国有企业和公共服务业的低效率，英国政府大刀阔斧地引入私人部门和市场化力量。因为私有化和市场竞争力量能够提供更多的和更好的效率、质量、技能和灵活服务，私有化和市场化还能降低成本。项目管理、战略管理、绩效评估、顾客至上、结果控制、合同雇用、绩效工资等被广泛运用于私人部门的管理方法被借鉴到公共行政中来。

（5）公共行政方式：紧缩与分权。政府的紧缩和分权可以从以下几个方面着手：用合同制管理代替传统的层级制管理；决策部门与执行部门分离，把一些执行职能承包给私人部门；削减规模与层级，由垂直式的组织结构变为扁平结构，大量冗员被裁减；公共服务的复杂性要求政府能够灵活应对，追求组织的灵活性，既强调中央或上级政府的转移支付或其他手段的平衡能力，也重视基层政府对地方性公共事务的治理优先权。

（6）公共行政内容：关注外部环境和战略。公共管理更为灵活，其管理活动不一定只是发生在政府体制内部，它可能跳出传统的官僚机构；不仅关注政府内部事务、程序性事务，也关注外部环境和战略问题。

（7）公共行政技术：信息化和人力资源。信息技术不仅带来效率，也带来压力。电子技术要求政府更为开放和透明，也挑战政府管理者的知识和能力，因此，对人力资源的更新和再造就尤其迫切。电子技术还推动了政府的目标管理（MBO）和全面质量管理（TQM）。技术的变革为公共管理在绩效评估、战略计划编制以及电子政府方面发挥了巨大作用。

针对公共部门的改革运动还在不断地持续中，中国的体制改革和经济转型为西方的公共行政理论获得了一个发展和传播的机会。近年来，在改革公营部门领域，中央和地方政府进行了不断的创新，如任前公示制、合乡并镇制、引咎辞职制、财政包干制、竞争上岗制，这些改革检验和丰富了公共行政改革理论。

小结

政治学家对政府角色的定义是根据政府对社会的控制程度和政府对经济活动的介入程度来进行的。无政府主义和全能主义是国家与社会两者相互角力光谱中的两极。无政府主义国家从来就没有实现过,"守夜人"国家、福利国家、混合政治经济国家和全能主义国家的实践反映了人类对美好国家形态的探索。

市场不一定万能,但政府也可能失灵。是坚持强政府还是坚持强市场,首先必须对政府职能有一个比较清醒的认识。当前,西方主要国家实行的都是混合型政治经济制度,政府的角色是向公众提供必要的公众服务和公共产品,以弥补市场带来的负外部性。

政府的能力取决于政府的合法性、权威性、有效性和透明性程度。政府的强制能力、统合能力、汲取能力、调控能力、再分配能力等决定了国家的治理效果和公众的生活质量。国家权力既是个人权利的保护神,又是个人权利最危险的侵害者。

公共政策的核心价值是公共性,它对全社会的价值进行权威性分配。公共政策的公共性体现在政策主体的多元性、政策目标的全局性、政策手段的权威性、政策程序的严格性、政策内容的复杂性等方面。

公共预算是一个理性和民主化的过程,预算也是一个政治过程,不同的利益集团在这个过程中不仅有表达的权利而且有监督的权力,各种利益集团的价值偏好可以通过公共预算体现出来。

公共行政打破了传统行政的官僚制和价值中立,在关注效率的同时更要求公平。公共行政追求民主行政和责任意识。公共行政强调治理主体的多元性,治理范围的网络化,治理手段的市场化,治理技术的信息化。

阅读书目

1. (美)戴维·奥斯本、特德·盖布勒:《改革政府:企业精神如何改革公营部门》,周敦仁等译,上海:上海译文出版社2006年版。

2. (美)迈克尔·罗斯金等:《政治科学》,林震等译,北京:华夏出版社2001年版。

3. (美)费勒尔·海迪:《比较公共行政》,刘俊生译,北京:中国人民大学出版社2006年版。

4. (美)安东尼·B.阿特金森、约瑟夫·E.斯蒂格里茨:《公共经济学》,郭庆旺等译,上海:上海三联书店、上海人民出版社1994年版。

5. (美)爱伦·鲁宾:《公共预算中的政治:收入与支出,借贷与平衡》,马骏等译,北京:中国人民大学出版社2001年版。

思考题

1. 福利主义国家面临哪些挑战?
2. 试述政府能力与政治体制之间的关联。
3. 针对下列政策实例,阐明公共政策价值取向:计划生育基本国策、高校扩招政策、城市生活无着的流浪乞讨人员救助管理办法、燃油税改革政策。
4. 什么是财政联邦主义?
5. 新公共行政如何处理效率和民主的关系?

第五编

在公民与政府之间

第12章 现代政党

在当今世界200多个国家中,除了梵蒂冈等20多个国家没有政党之外,都有政党组织存在。从现代政治史来看,政党不仅是一种组织严密的政治组织,而且在各国的政治过程中都发挥着极为重要的作用。举凡政府的组成与更迭、权力的分配与运作、政策的制定与执行,几乎都与政党政治密切联系在一起。可以说,政党在现代政治舞台上纵横捭阖,以不同的方式参与和影响国家政权的活动,对政治、经济和社会发展产生了深刻影响,是现代政治过程中最活跃、最有影响的政治主体。学习政党要求掌握政党和政党制度的相关内容。

12.1 政党

"党"可以指代分裂古代共和国的派别(factions),也可以指代意大利在文艺复兴时期围绕着雇用兵而组成的集团(clans),或者革命议会的议员们聚会的俱乐部(club),或者在立宪君主制下为准备选举而组成的委员会(committees),当然,也可以指代在现代国家架构下发动以及组织民意的庞大群众性组织。[1] 为了澄清这些可能产生的理解,我们需要把握政党的内涵、特征、分类、功能和组织,并在此基础上了解各种不同的政党制度。

12.1.1 政党的内涵与特征

理解"政党"以及政党制度首先需要我们知道政党的内涵和特征。然而,由于政党本身在历史的演进中经历了巨大的变迁,对于它给出任何一种单一的定义往往是十分困难的。比如,一般认为,政党是有明确的政治纲领的政治团体。这对于有明确意识形态导向的政党而言十分适用,但是,如今这一被认为是政党最显著的特征也在逐渐淡化,在处理各种新生的具体政治社会经济问题中,许多兼容型政党(catch-all party)常常在没有明确的政治纲领的情况下运行,它们往往只是不断提出具体的社会经济政策以应对各种新生的挑战。还有的研究者将"政党"定义为"政党是组织松散的、以特定的标签(政党名称)寻求选举政府官员为目标的组织"[2]。而这一定义就将许多非竞争性政党体系下不通过选举来实现执政的政党排除在外。因此,对于"政党"的定义需

---

[1] 参见(法)莫里斯·迪韦尔热:《政党概论》,雷兢璇译,香港:青文出版社股份有限公司1991年版,第vii页。

[2] Leon D. Epstein. *Political Parties in Western Democracies*. New York: Praeger, 1967. p. 9.

要涵盖其在纵向和横向的不同形式。

这里，着眼于区分政党与其他追求政治目标的社会组织，我们从三个方面来界定"政党"。1）它是表达和聚集政治要求的政治组织。这一特征使得政党区别于追求非政治目标的社会团体。2）它以夺取或者巩固政权为目标。这既指在竞争性选举中以执政或者取得一定席位为目标的政党，也指在非竞争性选举体制中以武装或者和平方式夺取或者维持统治为目标的政党。这一特征使得政党区别于利益集团等其他有一定政治目标的社会组织。3）它有比较健全的组织系统和领导机构。在当代政治生活中，一些社会运动有明确的政治纲领和政治目标，甚至有的直接以执政或者推翻现政权为目标。因此，清晰地界定"政党"还需要明确它较为稳定和严密的组织体系，这一特征使得政党区别于这些追求一定政治目标的社会运动。①

12.1.2 政党的分类

法国政治学者莫里斯·迪韦尔热是最早提出政党分类方法的学者之一。他将政党分为干部型政党（cadre party）、大众型政党（mass party）和信徒型政党（devotee party）。大众型政党包括西方的各类民主党，它们与干部型政党的区别不在于数量的多少，而在于招收党员是否是开放性的。所谓开放性，也就是说大众型政党打破阶层的界限，对一般的民众开放。而干部型政党在原则上是要从积极的政治活动精英人物中选拔成员。而信徒型政党主要是指纳粹党这样围绕一个超凡魅力领袖为核心来组织的政党。②

此后，研究者根据西方政党的演进，又提出了所谓兼容型政党（catch-all party）和职业政治家政党（party of professional politicians）。政治学家基希海默尔发现，社会经济的新发展和福利政策的普遍施行不断模糊了工业革命时期的阶级分野和阶级冲突，传统的阶级认同不断减弱，阶级对立不断缓和。选民的投票方向并不再简单地取决于其集团或者阶级归属。在这样的情况下，政党的意识形态导向逐渐淡化，政党为了赢得更多选民的支持而针对具体的政策纲领制定具体的政策，以扩大对各阶级和阶层的包容性。

而"职业政治家政党"又称为"卡特尔政党（cartel party）"、"媒体政党（media party）"等。它指向的是政党发展的四个趋势。1）职业化和专业化。政党及其组织日益走向专业化，拥有越来越多的专业竞选班子和智囊机构，不再像过去那样依靠广大党员的支持。2）媒体核心。与政党专业化趋势一致，一方面，政党越来越少依赖党员的支持；另一方面，政党更加面向广大选民而非党员，为了争取选民的支持越来越依靠大众媒体进行政治宣传和竞争。3）资金密集。伴随着政党竞争的专业化和更加依靠大众媒体，政党也更加依靠大规模的资金募集和公共资助而非党员的党费。4）政党间合作。政党竞争的激烈化也推动了政党将竞争限定在一定范围之内，相互之间建立某种合

---

① 参见（英）凯特·纳什等主编：《布莱克维尔政治社会学指南》，李雪等译，杭州：浙江人民出版社2007年版，第149～157页；（意）G.萨托利：《政党与政党体制》，王明进译，北京：商务印书馆2006年版；（美）迈克尔·罗斯金等：《政治科学》，林震等译，北京：华夏出版社2002年版。

② 参见（法）莫里斯·迪韦尔热：《政党概论》，雷竞璇译，香港：青文出版社股份有限公司1991年版，第vii页。

作关系，摈弃意识形态的分歧，而以具体的政策领域的差异为分野。① 表 12-1 介绍了欧洲政党的发展阶段。

表 12-1 欧洲政党发展的阶段②

	精英政党	大众型政党	兼容型政党	职业政治家政党
时期	1918 年以前	1918 年到 20 世纪 50 年代末	20 世纪 50~70 年代末	20 世纪 80 年代后
代表理念	没有授权的受托	指派	代表	享有独立性的代表但对多数做出回应
基本目标	攫取特权或者挑战特权	实现意识形态观念	碎片化的政策	碎片化的政策
领导资格	法定地位	意识形态魅力	具有在特定政策领域的能力	具有企业家式的才干
成员结构	宗派团体和派系	被动员的大众但试图控制政党领袖	民主政党结构但遵从政党领袖	对选民而非党员的奖惩做出回应
竞选	副产品	工作密集型的选战	媒体导向的选战，大量运用人力和资金	专业化的选战，资金密集型
政党经费	个人资金和有钱人捐助	党费和捐助	公共补助和捐助	大规模的募集资金和公共补助
媒体角色	宗派接触	党有媒体	公共媒体渗入	购买私营媒体的播放时段的商业化策略

此外，根据其他不同的划分标准，研究者还提出了政党划分的其他类型学。

以政党是否执掌中央行政权为标准，将政党划分为执政党、在野党（或反对党）和参政党。执政党与在野党（或反对党）的二元划分主要应用于实行竞争性政党制度的西方国家。而在一些社会主义国家，在存在一个明确的执政党的前提下，又允许其他政党参与政权，如当代中国的八个民主党派，这些政党既参与政权但又不是执政党，与执政党的关系是亲密合作的友党关系而非西方意义上的执政与在野关系，故被称为参政党。

---

① 参见 Klaus von Beyme. "Party Leadership and Change in Party Systems: Towards a Postmodern Party State." *Government and Opposition*, 1996, 31 (2): 135~159.
② 参见 Klaus von Beyme. "Party Leadership and Change in Party Systems: Towards a Postmodern Party State." *Government and Opposition*, 1996, 31 (2): 135~159.

按照政党的政治倾向为标准，可以将政党划分为右翼、左翼和中间型政党。在传统意义上，一般将老牌的资产阶级政党称为右翼政党，主要是指他们更多的代表垄断资产阶级的利益，而左翼政党更多的是指代表中小资产阶级利益的政党，政治色彩比较明显。后来，这一概念更多地用于反映其政策倾向。右翼政党往往对社会政治生活采取比较保守的立场，希望能保持和维护现状。左翼政党是指对现实社会政治生活不满或比较不满，要求对其进行改革的政党。中间政党一般不主张对现有社会政治经济体制进行根本性变革，而只是在现有框架内进行局部改良，以主动适应社会进一步发展的需要。

按照政党的活动地域为标准，可以将政党划分为地区性、全国性和国际性政党。所谓地区性政党，是指以一个国家中的某一个地区为活动区域的政党。在一般情况下，地区性政党的组织发展和政治影响主要集中在其活动区域，但也有少数在全国也具有一定的影响。例如，德国巴伐利亚基督教社会联盟就是以巴伐利亚为其活动区域的地区性政党，但它在全国政治生活中曾长期与德国基督教民主党联合执政，成为德国执政联盟之一。所谓全国性政党，是指以整个国家为活动区域的政党。实际上，各国的政党大多属于全国性政党，其组织发展和政治影响几乎遍及全国各地。因此，全国性政党依靠其组织和政治优势更有可能成为执政党。所谓国际性政党，是指其活动区域超出一国国界而至少是两个国家以上的政党，其组织发展和政治影响也是跨越国界的，具有国际性影响。

按照政党的体制和性质为标准，可以将政党划分为极权型政党和民主型政党。极权型政党对外不希望与反对党同时并存，甚至可能对其他政党进行摧残、打压和消灭；对内实行党魁独裁，不希望有异己分子的存在，为此经常用"清党、整肃、整风"等非常手段戕害意见不同的党员，以达到排除异己的目的。在现实社会政治生活中，极权型政党为了强制人民贯彻其主张，还常常公开地使用军警力量对人民进行镇压，甚至还暗中广布特务人员，侦察和监视党内外持不同意见的人士。民主型政党恰好与极权型政党相反，对外都普遍接受合法反对的理念，容许反对党的合法存在与活动。与此同时，民主型政党对内也认为各种不同意见皆有同时存在的权利，彼此都可以从自由竞争中获取领导权，不必由独裁者指定。

12.1.3 政党的功能

现代"政党"的兴起与政治秩序理念的改变密切相关。在中国和西方政治以及思想史中，与"政党"相关的词汇长久以来都并非一个正面的指谓。这是因为，人们一直将"一致"与"和谐"作为政治秩序建立的基础，而"党"、"派"则意味着冲突和分歧，是对政治秩序的破坏和对公共性的侵蚀。而现代政党的兴起与人们将冲突与分歧容纳到政治秩序理念中来密切相关，人们日益认识到，冲突与秩序并非截然对立，分歧可以包容于一致之中。作为秩序的基础的"共识"，它是一种多元化的一致。在这样的秩序理念下，政党促进而非摧毁政治秩序，这具体表现在它的诸多功能之中。

在古代中国，上层统治集团中的官僚们时常为了个人进退而党同伐异，从而形成不同的政治派别，一般被称为"朋党"。利害冲突、政见分歧、地域偏见、血缘区别、门第观念等都可以成为朋党的起因。一般认为，朋党以控制中央和地方政权、垄断仕途、独占各项政治经济资源为宗旨，以党同伐异为特征，而以残害政敌为其实现目标的手段。下层民间社会中也产生过一些带有浓厚迷信和神秘主义色彩的"会党"组织,诸如哥老会、洪门会、青帮和红帮等。它们有的是下层民众互助性的团体,有的是被当时统治集团利用的社会团体。

在西方,"政党"一词源自拉丁语,来自动词"partire",含义是"分开"。许多政治思想家和政治家都对政党进行了谴责。在他们看来,政党不过是一种规模较大、组织较好、力量较强的派系。本杰明·富兰克林就担心"政党相互谩骂不休,把一些最优秀的任务弄得四分五裂"。杰斐逊也说:"要是不参加一个政党就不能进天国,我宁愿不去天国。"① 美国开国总统华盛顿在其告别演说中也警告:"那些常见的党派思想的形式,往往是最令人讨厌的,并且确实是政府最危险的敌人。它往往干扰公众会议的进行,并削弱行政管理能力。它在民众中引起无根据的猜忌和莫须有的惊恐;挑拨派系对立;有时还引起骚动和叛乱。它为外国影响和腐蚀打开方便之门。外国影响和腐蚀可以轻易地通过派系倾向的渠道深入到政府机构中来。这样,一个国家的政策和意志就会受到另一个国家政策和意志的影响。"②

伯克首次将政党与派系区别开来。在他看来:(政党的) 如此坦坦荡荡地争取权力的意图……和那些为地位和薪水而进行的卑劣而自私的斗争是很容易相区别的。而"政治中的联系"对于我们公共义务的充分实现在本质上是必不可少的。虽然这些联系偶尔倾向于蜕变为宗派。③此后,政党逐步从宗派的阴影中摆脱出来。正如 G. 萨托利所指出的,只有单色的世界并不是国家政权唯一可能的基础这一观念取代了"对分裂的恐惧"的时候,人们才日渐认识到,多样性和分歧并不一定不容于政治秩序,政党才获取了它存在的合法性。

那么,原本被当做一种"朋党"和"宗派"的政党,如何能够促进政治秩序的形成? 这就需要我们具体考察现代政党发挥的多种功能。

(1) 利益聚集。政党作为一定阶级、阶层或集团的利益代表,理应反映特定的利益要求和政治意识。但是,在现实政治生活中,公民的利益要求和政治意识往往是分散的、肤浅的和多变的。这时,政党可以通过制定和阐明自己的理论纲领和方针政策,使本阶级、集团或阶层的分散的或肤浅的和多变的利益要求与政治意识理论化、集中化、政治化、深刻化和明确化,从而起到有效凝聚利益要求和政治意识的作用。所以,有研究者认为,正是政党的存在与运作,使得选民四分五裂的利益表达进入了秩序化的轨道。

(2) 利益表达。政党不仅要将社会上分散的、四分五裂的利益诉求集合起来,而且还要将这种相对集中的利益诉求表达出来,以影响政府公共政策的选择,从而使得这一利益诉求得以最终转变为公共政策。因此,政党需要将其所代表的阶级、阶层或集团的利益,通过政治目标、纲领或政策等形式反映出来,并通过组织竞选等活动,在选举获胜组织政府执掌政权的时候,使其利益得到实现或部分实现。这是政党的一项很重要的功能。从这个意义上讲,政党在民众与政府之间架起了一座沟通的桥梁。

---

① Richard Hofstadter. *The Idea of a Party System.* University of California Press,1969. pp. 2~123.
② 转引自王绍光:《民主四讲》,上海:上海三联书店 2008 年版,第 168~169 页。
③ 转引自(意) G. 萨托利:《政党与政党体制》,王明进译,北京:商务印书馆 2006 年版,第 23 页。

(3）动员和组织。政党推动政治动员和政治组织的功能表现在三个方面，即组织政治力量、推动政治动员和政治社会化以及培养和遴选政治精英。首先，组织政治力量。政党要壮大本集团的力量，必须首先动员和组织本集团的政治力量，同时争取其他集团同盟者的支持和拥护。因此，政党担负着集合和发展本集团政治力量的责任，从而最大限度地壮大本集团的政治力量。其次，政治动员和政治社会化。在现代社会中，政党是进行政治动员的重要组织。通过竞选活动，政党将分散的选民个体组织起来，参加社会政治生活。而社会化功能是与参与动员相伴生的。政党通过组织个人参与政治生活，使得个人对政治生活有更多的了解，并对自己的政治角色有了比较清醒的认识。大众传播媒介的发展，虽然可以部分地替代政党的教育与动员大众的功能，但政党给个人提供的政治生活"实验场"的作用，却是大众传播媒介所无法取代的。最后，培养和遴选政治精英。在现代政治过程中，政治精英的形成与录用越来越成为政党所独有的一项重要功能。政党不仅有责任而且也有条件来培养和选拔政治精英。政党通过招募、训练政治精英，提名他们担任公职，动员各种资源，支持政治精英参加选举、赢得选举等方式来培养和遴选政治精英。并且，政党培养和选拔政治精英并不只限于党内，更多的还通过各种途径，特别是选举的方法，将其选拔、输送到各级政府部门和各种社会政治团体中去，从而扩大政党的作用范围，使政党能够更加深入、直接、有效地发挥政治影响力。

(4）影响国家政治生活。掌握国家政权是现代政党区别于其他社会政治组织的一个根本特征。与之相适应，以国家政权为中心，影响国家政治生活应该成为现代政党的最重要功能。政党在没有取得国家政权之前，往往通过制定自己的一整套比较完善的、切合实际的纲领和政策，组织党员和动员民众开展合法的或非法的、和平的或暴力的、议会内的或议会外的政治斗争来影响国家政治生活，使其朝着有利于自身的方向发展。政党在取得国家政权之后，就会以执政党的身份控制和监督国家机构，并把自己的纲领和政策通过国家机关变为国家意志，借助于国家权力向社会推行；同时，政党还以派遣党员担任政府要职、直接参与国家政策执行过程等方式来支配和领导国家政治生活的发展和实际运作。

(5）政治稳定。通过参与制度内的竞争，政党把形形色色的个人与团体纳入现行政治秩序，防止异端政治势力破坏现行政治秩序。亨廷顿就发现，无政党国家是最为脆弱的："政党诚然会带来腐化的动机，但形成强有力的政党却能够以一个制度化的公共利益来取代四分五裂的个人利益。处在早期发展阶段的政党看上去确实像是宗派，似乎是在加剧冲突和分裂，然而一旦羽毛丰满，政党就会成为维系各种社会力量的纽带，并为超越狭隘地方观念的效忠和认同奠定基础。同样，通过使领导权更替和吸收新集团进入政治体系的程序规范化，政党就为稳定和有秩序的变革打下基础，使动荡无由发生。……归咎于政党的这种种弊端，实际上是朋党宗派热衷于攻伐乱政的病象，而真正的政党此时恰恰是不存在的或仍然是很弱小的。医治这种痼疾的良方就是政治组织，而在一个处于现代化之中的国家中，政治组织即意味着政党组织。"[①]

[①]（美）塞缪尔·P. 亨廷顿：《变化社会中的政治秩序》，王冠华等译，北京：生活·读书·新知三联书店1989年版，第374页。

12.1.4 政党的组织

在政党组织原则上，一般而言，列宁主义政党实行民主集中制原则。所谓民主集中制，是指在民主基础上的集中与在集中指导下的民主相结合的一种组织原则。从历史渊源来看，马克思、恩格斯在领导和参与建立建设无产阶级政党的过程中，形成了民主集中制的思想，并把它作为第一国际的组织和活动原则。列宁在领导俄国革命和俄国无产阶级政党的建立建设中，明确地主张民主集中制。事实上，在国际共产主义运动中，民主集中制作为列宁主义政党的组织原则提出，一开始就强调民主与集中的统一，而且把集中看做是党在艰苦环境下进行斗争的重要前提，更多地强调集中，认为民主应该以不动摇党的纪律和高度集中统一为前提。因此，这一原则的初衷是想实现民主与集中的辩证统一，但在实际操作中更多地趋向于集中而损害了民主。

西方国家的政党一般奉行民主原则。这是指党的决策均由党的权力机关讨论表决通过，党的干部以及党所推荐的各种公职候选乃至党所提出的总统候选人等都由选举产生。这一原则反映在组织纪律上，就是缺乏严明的党纪约束，党员个人无须被动地受到党组织的约束，在政治行为选择上仍然保留相当的自由。法西斯政党和一些民族主义国家的政党则采用专制集权的组织原则，党的权力集中在中央领导机构和党的领袖等少数人手中，地方和基层组织直接受其上级和中央领导与指挥，甚至强调一个党、一个领袖和一个主义，对内要求党员个体无条件服从于党组织，不允许任何不同意见的合法存在。

就具体的政党组织而言，虽然政党的组织体系可能存在相当大的差异。但是，我们可以大体上将政党组织分为几个部分，即基层组织、地方组织、中央组织、议会党团和政党领袖。

（1）基层组织。政党的基层组织是训练党员、组织民众、社会调查、参与选举或其他党务斗争的实际行动的基本单位。不同性质的党的基层组织的作用是不一样的。列宁主义政党的基层组织是党在社会基层的战斗堡垒，西方政党基层组织的主要功能是从事选举、服务社会和争取选票。

（2）地方组织。政党的地方组织是政党组织结构中的中间组织，不同政党的地方组织因政治制度和政党性质的差异其功能也大相径庭。列宁主义政党的地方组织是联系基层组织和中央组织的纽带，其任务是把中央的方针政策传达到基层组织中去，在政治思想上要与中央保持绝对的统一。西方民主国家政党地方组织的主要功能是参与和组织地方层级的政治过程，包括地方性竞选和地方性公职分配以及筹集资金等。

（3）中央组织。政党的中央组织是该政党的神经中枢，是政党的指挥中心，不论哪一类政党，一般都以全国代表大会作为最高权力机关。党的全国代表大会，有制定、通过党章与党纲，决定政策路线，选举中央委员会和任命各种重要工作人员的职权。党的全国代表大会，通常是由各地方党组织依党员人数比例，选出代表，和在党务工作中担任重要职务的当然代表组成。

在不同的政治制度背景下，由于政党性质的差异，政党的纵向组织结构之间的权力关系是有很大差异的。在西方国家，由于政党历史传统和组织功能的原因，政党的中央组织与地方、基层组织之间相对松散，不存在严格的权力等级关系，而更多的是合作与说服、影响与被影响的关系；政党的上级组织无权对下级组织实行权力控制，而主要通过经费分配的手段加以限制；而且，纵向层次上各级组织之间在大选之外并没有实质性的组织联系。在列宁主义政党或受到列宁主义影响的政党中，其纵向组织结构非常类似于行政科层制，上下级组织之间等级关系森严明确，其权力在纵向上不断向上集中。

（4）议会党团。在多党制和两党制国家，同一政党的议员在议会中还会组成议会党团，其作用是建立议会中党的领导机构、决定立法和预算等政策、沟通该党同该党议员之间的意见以统一该党议员的行动。有些国家的议会党团由一个政党组成，有的则是由两个或几个政纲大致相近的政党组成，有的甚至是同一个政党因为内部派系林立而形成几个议会党团。议会党团享有一定的权力，可以参与议长提名、酝酿内阁、规定议程、组织议会委员会及其他事务的协商。

（5）政党领袖。政党领袖是政党组织结构中的重要内容。政党领袖对外代表政党，对内统率全党，统一党员的观念与行动，策划监督政党政策的制定与执行，发号施令，并可以按党的规章对所属成员进行调处与制裁。他不但是党的最高决策者，而且为党的意志的最高执行者。确实，一个党如果没有领袖作为领导核心，就无法维持其内部的统一而形成涣散局面。政党领袖一般都是由直接选举或间接选举产生，而且任期固定。政党领袖还分为名义领袖和真实领袖两种：前者由选举产生，从理论上讲享有党的领袖所应有的一切权力，但实际权力却很有限；后者由其他途径产生，实际上掌握了政党领袖权。

此外，政党为了扩大对社会的影响力，还拉拢一些社会组织为其服务。在政党的周围，形成了一些稳定的、关系密切的社会组织，它们在政党活动中主要起沟通、协调本党党员等辅助性的作用，这就是政党的外围组织。政党的外围组织是政党伸向社会的触角，是政党和社会的边缘性组织。

12.2 政党制度

所谓政党制度，是指一个国家政党分布的一般形态。政党制度分类最重要的标准是政党的数量，比如一党制、两党制、多党制等。然而，政党数量的计算并非是显而易见的。比如，英国被认为是两党制国家，它的两大政党是工党和保守党。但是，在英国议会2005年产生的第55届下议院里，除了这两个大党占据了646席中的553席之外，还有另外12个政党的议员。截至2007年，英国有200多个登记在册的政党。那么，究竟为什么将英国的政党制度称为"两党制"？① 这就需要我们了解政党制度的分类标准。

12.2.1 政党制度的类型学

目前，对于政党制度的分类有多种标准。我们大致可以分为三种情况，即按照政党数量来划分、按照政党竞争程度来划分、结合有效政党数量和竞争程度来划分。

---

① 参见王绍光：《民主四讲》，上海：上海三联书店2008年版，第172~173页。

(1) 按照政党数量划分。许多对于政党制度的划分都是以"有效政党"的数量来确定的。但是,对于如何计算有效政党,却往往存在许多不同的标准。有的研究者提出,有效政党是指占据下议院95%席位的前几位政党的数量。①有的研究者则认为,有效政党就是在选举中获得5%以上选票的政党。有的研究者则进一步认为,有效政党需要是至少参加三次选举并且至少一次达到了5%门槛的政党。按照法国著名政治学家迪维尔热在1951年出版的名著《政党概论》中按照有效政党数量对于政党制度的划分,大致存在三种类型的政党制度:一党制、两党制和多党制。②前世界236个政体中,26个没有政党,49个一党制(包括41个一党独大制),35个两党制,126个多党制。

一党制。它是指一个国家长期由一个政党执掌政权的政党制度,包括一党独存的一党制和多党共存的一党独大制。前者是一个政党完全垄断政权,在法律上明确禁止其他政党活动,党的机构与国家机构合一,党的领袖就是国家元首、政府首脑和军队最高统帅,党的领袖集国家大权于一身,形成了"党化国家模式"。后者是一些国家在法律上允许多党存在,各政党在理论上都有执政的可能,但是在政党政治的实际运作中,政权长期为某一政党所垄断。

两党制。它是指在一个国家中存在着许多政党,其中两个居于垄断地位的政党,通过定期的选举,长期有组织地轮流控制国家政权,其中一党是执政党,另一党为在野党和反对党。其他政党虽然可以合法存在和参与政治竞争,但无法对两大政党产生根本性挑战,不可能在国家政治过程中起决定性的作用。

多党制。它是指两个以上的政党联合轮流执政,或几个政党联盟轮流执政的制度。多党制的特点在于选举中多党竞争,没有一个政党具备单独长期执政的力量,通常采取几个政党或政党联盟联合执政的方法;多党制一般在议会选举中采取比例代表制。多党制属于一种不稳定的政治格局,各党分歧随时可能导致政府危机。

当然,这种根据有效政党数量的划分可能仍然存在一些模糊的地方。比如,一些政党可能并没有获得5%的门槛门票,但是却在政党政治中发挥了重要的作用。比如,意大利的共和党在相当长的一段时间内得票率大约为2%,然而它却对于组成执政多数起到了重要的平衡作用。为了进一步修正在计算有效政党时可能导致的模糊,萨托利进一步提出了"相关政党"的概念。他认为,在多党的情况下,决定一个政党何时应该或者不应该被计数的规则可以描述如下:

规则1 较小的政党只要它在一段时间里是多余的,也就是在任何可能的联盟多数中不再被需要或可利用,就可以作为不相关的政党而被忽略。反过来,一个较小的政党,不论它有多么小,如果它在一段时间或者某些时刻处在至少是可能的政府多数之一的位置上,则不能被忽略不计。

规则2 一个政党,无论何时,只要它的存在或出现影响到政党竞争的战术,特别

---

① 参见王绍光:《民主四讲》,上海:上海三联书店2008年版,第172~173页。
② 参见(法)莫里斯·迪韦尔热:《政党概论》,雷竞璇译,香港:青文出版社股份有限公司1991年版,第vii页。

是当它改变了定位于执政的政党的竞争方向——通过决定从向心到离心的转变，不论是左向、右向，或在两个方向，那么它就具有了相关性。

按照这个标准，萨托利更具体地将政党制度的不同类型进行了细化，他将政党制度分为7种类别，即：一党制，霸权党制，主导党制，两党制，有限多党制，极端多党制，碎片化多党制。这里，萨托利将一党制和多党制进一步分为三种类别。它们的界定分别是：

一党制。它是指只允存在一个唯一合法政党，拒绝任何形式的政党多元主义，不论在法律上还是在事实上。萨托利将解体之前的苏联，和政权转型之前的匈牙利、阿尔巴利亚、罗马尼亚等东欧社会主义国家都当做是一党制。

霸权党制。它是指虽然有其他政党的存在，但却既不允许正式的也不允许事实的权力竞争。萨托利将社会主义时期的波兰作为这种政党体制的唯一代表。

主导党制。它允许大党之外的政党存在，而且也允许它们作为主导党法律上的且合法的竞争者而确确实实地存在，尽管它们不一定是有效的竞争者，因为轮流执政实际上并不会发生。萨托利认为，20世纪六七十年代的印度、日本、乌拉圭和土耳其就是典型的主导党制。当然，这一情况在如今发生了变化。

两党制。它是指法律上允许多党存在，但事实上有执政现实可能的只有两个政党，这两个政党通过定期选举，获得多数者执政，形成两党轮流执政局面，如英国和美国等。

有限多党制（又称温和多党制）。它是指法律上允许多党存在，并且事实上存在着三个或三个以上有执政可能的政党，但政党之间的意识形态距离相对较小，共识较多。因此，有限多党制的主要特征是联合政府，政党之间往往不是轮流执政，而是交替组成联盟的联合执政。在有限多党制的国家，相关政党的数量一般在3~5个之间，如德国、丹麦等。

极端多党制。它最重要的两个特征是反体制政党的存在，以及这种反体制政党是多边而非单边的。也就是说，存在两类反对党，它们永远不会联合起来。这从根本上造成了政党之间意识形态距离大，分歧严重，政党组合和政府频繁更替。一般而言，极端多党制的政党在6~8个之间，如20世纪六七十年代的智利、丹麦、芬兰、意大利等。

碎片化多党制。它是作为剩余的一类来参与分类的。表示在这一政党制度下，我们不再需要知道确切的政党数量，超过这一门槛政党的数量，不论是10个、20个或者更多都没有什么差别。①

（2）按照政党竞争程度来划分。在一些情况下，按照政党数量来划分政治制度的类型，可能会模糊我们对于政党政治的认识。卡尔瓦斯在反思政党制度研究时就指出，对于政党数量类型学的强调可能会将政党体制与政权体制混淆在一起。实际上，除了一党制（以及模糊的霸权型政党制）外，其他类型的政党制都是以竞争性政体为前提条件的。特别是将主导型党制与一党制并列起来的时候，这种分类法的问题就暴露出来了。因为事实上，在主导型体制下，执政党可能非常具有竞争力，而在一党制下，执政

---

① 参见（意）G. 萨托利：《政党与政党体制》，王明进译，北京：商务印书馆2006年版，第165~320页。

党并不处于竞争之中；否则，单纯按照政党数量来划分政党制度类型可能会造成模糊和混乱。①

因此，为了进一步勾勒出不同国家政党体制的差异与分野，按照是否存在事实上的政党竞争，我们将政党制度分为两种类型：其一，竞争性政党体制；其二，非竞争性政党体制。在萨托利的政党类别中，属于竞争性政党制度的有极端多党制、有限多党制、碎片化多党制、两党制、主导一党制；属于非竞争性政党制度的有一党制和霸权党制。

根据非竞争性政党制和竞争性政党制的划分，一党制与主导党制不再模糊地属于一个类别，由于政党竞争存在的差异，它们分属于完全不同的两种政党制度，同时也就将它们所指向的政党制类型与国家政权类型相勾连起来。

同时，虽然两党制和多党制较之一党制，更具有竞争性。但是，竞争性本身与政党数量并无成正比。党派竞争在多党制下也可能不如在主导政党制或者两党制下，在后两者制度下政党领袖们都是为争取选票而激烈竞争。而在许多多党制下，每一个政党往往都是积极地在选举地盘上争取选票，而非通过政党竞争相互挖墙脚。②

一般而言，竞争性政党制度的存在是防止政党沦落为"宗派"和精英掌权的工具，积极促进其代表、组织和稳定等功能的前提条件。作为研究现代政党组织的开创者，罗伯特·米歇尔斯指出，组织意味着寡头统治。在他看来，无论是革命型的政党，还是号称民主的政党，都不免要落入寡头统治的结局："组织是寡头统治的温床。在任何组织中，无论它是一个政党、工会组织，还是其他任何类型的协会，其贵族化倾向是显而易见的。组织的结果在赋予自身稳定性的同时，却使组织化的大众发生了深刻变化，完全改变了领导者与被领导者之间的关系地位。组织使得政党或专业工会分化为少数领导者和占人口大多数的被领导者。"③

那么，如何避免这种所谓政党"寡头统治的铁律"？这就与竞争性政党制度有着密切的联系。李普塞特就指出，虽然政党组织总是为精英所掌控，但是，在竞争性政党体制下，政党之间的竞争可以为那些处于权威结构之外的人们提供接近政治权力的通道（access），从而实现对于权力的分享。④这是政党逃脱寡头统治铁律最重要的条件。

12.2.2 社会分化与政党制度

我们经常会说，任何一种政党制度都是特定环境下发展的产物。而这所谓的特定环境可以指向多种维度。这里，我们介绍影响政党制度的三方面因素。其一，社会分化与政党制度；其二，选举制度与政党制度；其三，政治精英与政党制度。我们首先看看社

---

① 参见斯塔西斯·卡尔瓦斯：《前苏东国家一党制的衰朽和瓦解》，见荣敬本、高新军主编：《政党比较研究资料》，北京：中央编译出版社2002年版，第286页。
② 参见（美）塞缪尔·P. 亨廷顿：《变化社会中的政治秩序》，王冠华等译，北京：生活·读书·新知三联书店1989年版，第396～397页。
③ （德）罗伯特·米歇尔斯：《寡头统治铁律：现代民主制度中的政党社会学》，任军锋等译，天津：天津人民出版社2003年版，第28页。
④ 参见（美）西摩·马丁·李普塞特：《〈寡头统治铁律〉英文版序言》，见（德）罗伯特·米歇尔斯：《寡头统治铁律：现代民主制度中的政党社会学》，任军锋等译，天津：天津人民出版社2003年版，第25页。

会分化与政党制度的关系。

政党是联系国家与社会的政治制度安排，因此，政党制度往往被认为是社会分化力量在政治结构中的表现。李普塞特是最早指出社会分化与政党制度之间关联的研究者之一。在他看来，当代政党制度几乎反映的仍然是20世纪20年代的社会分化结构。也就是说，影响政党制度的因素在于社会分化，这些社会分化反映到政治结构中就形成了不同的政党制度。

李普塞特将这种社会分化分为四种类型。第一种分裂结构是中心与边缘，即民族国家建设过程中中心文化与边远省份的芸芸大众在种族、语言和宗教上日益增长的敌视之间的冲突；第二种分裂结构是教会与政府，即中央集权的、大一统的和实施动员的民族国家与教会拥有在历史上承袭下来的一些特权之间的冲突；第三种分裂结构是地主阶级的利益和新型工业企业家之间的冲突；第四种分裂是工人与雇主以及所有者之间的冲突。在这四种分裂结构中，前两种分裂是民族革命的直接后果，而后两种分裂是工业革命的产物。①在此研究基础之上，许多研究者进一步对于社会分化与政党制度的研究进行探讨，将其他种种社会分化纳入考察视野中来，关注阶级、宗教、教育、地域和族性等社会属性对政党偏好和政党制形态的影响。

此外，研究者还进一步提出，不仅政党制度的不同形态可以追溯到不同的社会分化，而且，要保持政党制度本身的稳定性也需要让政党制适应新生的社会分化。亨廷顿对于新型民主国家的研究就指出："政治稳定的先决条件在于有一个能够同化现代化过程所产生出来的新型社会势力的政党制度。"②这就需要通过政党体制本身扩大政治参与，从而达到先发制人并使紊乱或者革命的政治活动无法展开，缓解和疏导新近动员起来的集团得以参与政治，使其不至于扰乱体制本身。

亨廷顿进而对不同政治制度对于缓解社会分化的作用进行了比较。在他看来，一党制往往不会由于政党间竞争而强化社会原有的分裂，但是，一个政党对于权力的独占可能会阻碍政党吸纳、动员和组织新型的社会力量；相反，多党制下，单个的政党适应性可能很弱，它们会随着社会结构和政治活跃人口成分的变化兴衰存亡，但是，多党制本身却很有适应性，它可以容纳由新型社会力量转化而来的新生政党。而对于两党制，它能够有效地使政治两极化成为制度并使之得以缓和。"在一党制下，政治领袖主宰社会势力，在多党制下，社会势力则主宰政党，而两党制却与社会势力和政党之间维持着一种更为公平的均势。"③

12.2.3 选举制度与政党制度

无疑，社会分化与政党制度之间存在着某种关联，但是，在制度主义研究者看来，

---

① 参见（美）西摩·马丁·李普塞特：《一致与冲突》，张华青等译，上海：上海人民出版社1995年版，第150页、第197页。

② 参见（美）塞缪尔·P. 亨廷顿：《变化社会中的政治秩序》，王冠华等译，北京：生活·读书·新知三联书店1989年版，第388页。

③ （美）塞缪尔·P. 亨廷顿：《变化社会中的政治秩序》，王冠华等译，北京：生活·读书·新知三联书店1989年版，第393~400页。

对于这两者关系的过分强调显然存在某种系统功能主义的预设，亦即将政治结构设想为社会系统的反映，为了维持某种系统平衡，政治结构会随着社会系统的变化而相应地变化。这可能就忽视了其他政治制度对于政党制的作用。在其他各种政治制度中，选举制度对于政党制度的形态具有重大的影响。

根据著名的迪韦尔热（Duverger）定律，选举制度对于政党制度至少有三个方面的影响。

（1）单一选区相对多数选举制，趋向形成两党制。在这种选举制度下，只有在一个选区获得相对多数的政党才能够获得这个选区的单一席位，在这样的情况下，政党的分裂必然导致选举的失败，团结的政党往往能够取得竞选的胜利。因此，这种选举制下，往往是两个庞大的政党促成一个相互交替、轮流执政的局面。

（2）复数选区比例代表制，趋向形成一个多党制，而且数目众多的政党一般同时都有严密、稳定和独立的组织。在这种比例代表制下，一个选区选出多名席位，每个政党制约获得小比例的投票即能够按照比例获得一定的席位，从而形成一个稳定的多党制局面。

（3）单一选区两轮投票多数选举制，趋向形成战略同盟的多党制。在这种选举制度下，选民第一轮的投票产生大量分散的候选人，由于一个选区只能选出一个人，因此，在第二轮投票前，有些政党就会倾向于相互作政治交易，在不同的选区选择策略性地支持对方，形成战略同盟的多党制。因此，在此选举制之下的政党不但数目众多，而且都是结构松散、依赖性相对稳定的政党。①

在迪韦尔热定律的基础上，诸如李帕特等研究者进一步对选举制度与政党制度的关系进行了探讨，深刻揭示了社会分化并非是影响政党制度最重要的原因（见表12-2）。

表12-2 选举制度与政党制度的关系②

选举制度/政党制度	两党制	多党制	一党独大	一党制	无党制	总计
简单多数/相对多数	31（66%）	42（30%）	20（51%）	5（100%）	10（84%）	108
比例制	9（28%）	57（49%）	7（18%）	0	0	73
混合制	1（3%）	14（13%）	12（31%）	0	1（8%）	28
其他	1（3%）	4（4%）	0	0	1（8%）	6
总计	42	117	39	5	12	215

12.2.4 政治精英与政党制度

除了社会分化和选举制度以外，研究者还提出，政党制度还为政治精英的决策和选

---

① 参见王绍光：《民主四讲》，上海：上海三联书店2008年版，第176页。
② 转引自王绍光：《民主四讲》，上海：上海三联书店2008年版，第177页。

择所影响。特别是对于第三波民主国家而言。如果说第一波国家之中，政党制度更多的是在民族革命和工业革命的社会演进中形成的，因而深刻地反映了当时的社会分化；那么，对于第三波民主国家而言，自上而下而非自下而上的影响就更为明显。

这是由于大部分第一波民主国家拥有长期而且连续的民主历史，因此权威主义的领导人几乎没有机会压制旧的政党制度并创造新的制度。而在权威主义统治和民主转型时期，国家能够最深刻地重塑政党制度。国家和政治精英往往拥有大量的武器，包括压制、禁止政党和政党领袖活动以及明目张胆地支持某些政党，从而重塑政党制。

简单而言，国家的政治精英至少可以从两个方面影响政党制度的形态。第一，取消或者禁止政党；第二，自上而下地创建政党，利用公共资源来进行党的建设并且建立一个不平等的竞争环境，国家领导人也能够制定选举法和政党法来影响候选人名单。①

12.3 当代中国的政党制度

我国《宪法》规定，"中国共产党领导的多党合作和政治协商制度将长期存在和发展"②。我国的政党制度主要由三个方面的内容构成。

（1）中国共产党是领导核心。中国共产党是中华人民共和国的领导核心，是中国社会主义事业的坚强堡垒。中国共产党之所以取得对中国国家政权和社会主义事业的领导权，既是中国近百年历史发展的必然结果，也是由中国共产党的性质、指导思想和奋斗目标所决定的。

（2）多党合作。在新中国成立之前，由于共产党对各民主党派实行正确的统战政策，各民主党派在抗日战争和解放战争时期，为反抗日本侵略者、反对国民党独裁专制，促进革命的成功，作出了重大的贡献。这为新中国成立后实现中国共产党领导的多党合作制奠定了基础。新中国成立后，各民主党派在中国共产党的领导下，参与国家政治生活，为建设社会主义和实现现代化继续作出贡献，从而逐渐形成了共产党领导的、有各民主党派参加的多党合作、共同管理国家事务的政治格局。

中国共产党领导的多党合作制具有自身的特点。首先，这一制度的前提在于承认中国共产党的领导。各民主党派从早在1949年参与政协的筹备工作时期起，就正式宣布接受中国共产党的领导，以后又把这一基本的政治原则写进各自的党章。其次，这一制度的目的是服务于社会主义事业。坚持走社会主义道路，把中国建设成为伟大的社会主义国家，是现阶段中国共产党与各民主党派的共同奋斗目标。再次，这一制度坚持"长期共存、互相监督、肝胆相照、荣辱与共"的指导方针。最后，这一制度以人民政协为主要政治形式和组织形式。

（3）有中国特色的政党制度。中国共产党领导的多党合作制不同于西方意义上的两党制和多党制。邓小平对中国与西方国家的政党制度曾经进行过比较，他指出："我

---

① 参见斯考特·梅恩瓦宁：《在第三波民主中重新检视政党理论》，见荣敬本、高新军主编：《政党比较研究资料》，北京：中央编译出版社2002年版，第271~272页。

② 《中华人民共和国宪法》（注释本），北京：法律出版社2006年版，第69页。

们国家也是多党,但是,中国的其他党,是在承认共产党领导这个前提下面,服务于社会主义事业的。"① 与西方国家政党制度的区别在于:尽管中国共产党尊重各民主党派在宪法规定的权利与义务范围内的政治自由、组织独立和法律上的平等地位,但是其前提是各民主党派承认并接受共产党的领导;中国共产党与各民主党派之间不是执政党与在野党或反对党的关系,而是执政党与参政党的关系,是亲密合作的友党关系;等等。中国共产党领导的多党合作制也不同于一党制。当代中国的政党制度允许多党合法存在,允许它们参政议政。其他合法存在的政党以民主协商制度与中国共产党亲密合作而非政治竞争。

小结

在本章,我们学习了政党和政党制度几个方面的内容。首先,我们了解了政党区分于其他有政治追求的社会组织的特征,从而把握了政党的基本内涵。然后,我们介绍了按照不同的分类标准划分的政党,包括精英型政党、干部型政党、大众型政党、兼容型政党和职业政治家政党等。随后,我们讨论了不同政治秩序理念下的政党功能,现代政党的兴起与将冲突和分歧包容在政治秩序之中的理念密不可分,现代政党不再仅仅被认为是宗派和分裂力量,相反,人们日益认识到它在利益表达、政治动员、精英遴选和政治稳定等方面扮演的重要作用。在"政治制度"一节,我们介绍了按照政党数量和竞争程度两种标准划分的政党制度类型,并进而分析了社会分化、选举制度和政治精英对于政党制度不同形态的影响。最后,我们介绍了当代中国的政党制度,即中国共产党领导的多党合作和政治协商制度,这是我们必须长期坚持的一项根本政治制度。

阅读书目

1. (意) G. 萨托利:《政党与政党体制》,王明进译,北京:商务印书馆 2006 年版。
2. (德) 罗伯特·米歇尔斯:《寡头统治铁律:现代民主制度中的政党社会学》,任军锋等译,天津:天津人民出版社 2003 年版。
3. (美) 西摩·马丁·李普塞特:《一致与冲突》,张华青等译,上海:上海人民出版社 1995 年版。
4. (美) 塞缪尔·P. 亨廷顿:《变化社会中的政治秩序》,王冠华等译,北京:生活·读书·新知三联书店 1989 年版。
5. 王绍光:《民主四讲》,上海:上海三联书店 2008 年版。

---

① 《邓小平文选》(第2卷),北京:人民出版社 1994 年版,第 267 页。

思考题

1. 政党的主要特征是什么？
2. 干部型政党和大众型政党有何区别？
3. 按照政党数量和竞争程度，政党制度可以分为哪些类型？
4. 如何理解社会分化与政党制度的关系？
5. 选举制度如何影响政治制度的形态？
6. 我国的政党制度是什么？

第13章 利益集团

研究政治运作逻辑和政府行政过程都绕不开利益集团这一概念。利益的表现形式千姿百态，人们为了追求自己的利益，必然结成各种各样的团体，团体的规模有大有小，存在的时间有长有短，团体成员进进出出也是习以为常，这是我们对利益集团的一个最简单的理解。现代社会是一个高度组织化的社会，利益冲突和斗争也更为复杂。大到拥有军队的国家或国家联合体，小到为争夺生存权的拆迁"钉子户"群体和同性恋团体。

政治学者迈克尔·罗斯金说过，在每个高度组织化现代社会中，利益集团是政治生活的一个重要因素，就算是在国家的社会、政治和经济生活都实行中央计划体制的情况下也存在着利益集团，只不过它们是无声的。[①] 利益集团的存在与意识形态没有必然的关系，即使是极权时代的社会主义国家也不例外。中国古代的朋党之争、藩镇割据以及大大小小的宫廷事件都是各派利益集团斗争的表现。在当代中国，自市场化改革后，中央与地方、城市与农村、干部与群众、条条与块块之间产生了不同的利益群体，经济和政治领域的每一项改革都是对既有利益集团的一个挑战。在现代社会，利益集团的力量日渐增强，它已经渗透到社会生活的角角落落。

13.1 利益集团理论定位

早在18世纪，美国的一些政治学者就注意到了有组织集团在政治生活中的重要性，政治学对它的研究是从利益集团在政府决策过程中的作用及其对民主制度的影响开始的。利益集团理论随着利益集团在社会政治进程中的不断深入而发展，大致可以分为三个阶段：第一阶段是利益集团理论的萌芽阶段，早期利益集团理论主要集中在利益集团的价值判断上，以詹·麦迪逊的有害论和托克维尔的有益论为代表；第二阶段是利益集团理论的形成阶段，这时期利益集团理论关注的是利益集团在国家中作用的争论，以罗伯特·达尔的多元主义理论为代表，多元主义把利益集团看做是现代国家权力的核心；第三阶段是利益集团理论的发展阶段，这时期的特点是关注利益集团与政府决策之间的联系，利益集团理论也被广泛地运用在经济学的研究中。

麦迪逊是美国联邦宪法创始人物，1787年10月他在《联邦党人文集》第十篇中阐明了利益集团的重要性，他把利益集团称之为"派别"。派别就是"为某种共同的感情或利益的冲动所驱动而联合起来的一些公民，不论他们占全部公民的多数还是少数，反

[①] 参见（美）迈克尔·罗斯金等：《政治科学》，林震等译，北京：华夏出版社2001年版，第194页。

对其他公民的权利，或者反对社会的永久的和集体的利益"①。

较早对利益集团予以积极评价的是法国政治家托克维尔，他认为"结社自由已经成为反对多数专制的一项必要措施"，人们结成集团，"首先是为了显示自己的力量和削弱多数的道义力量，其次是为联合起来进行竞争，从而找出最适于感动多数的论据"②。

利益集团理论的出现，重大突破是在 20 世纪初，当时美国政治学界还迷恋在规范和制度分析等理论套路中，对三权分立所确立的政府运作逻辑深信不疑。立法机关制定政策，行政机关执行政策，法院对政策过程中的争议进行仲裁，这些固定的机构，按照固定的程序，构成了政府过程。但是，这种规范化的制度分析，很快就显得力不从心，因为政治生活的现实使得大多数人都清楚，法律和宪制结构对政府过程的理解是不完全的，在更多的情况下，对制度的正确描述仅仅从法律的角度是不够的，必须进一步观察现实生活中人们之间的互动，这就为政治利益集团的存在提供了巨大的空间。

本特利是美国 20 世纪提出利益集团的第一人，他首次用利益集团概念来解释美国政治，1908 年他出版《政府过程》一书系统地阐述了自己的利益集团理论。本特利认为，社会是利益集团的复杂组合，政府行为是利益集团相互作用的结果，在利益集团之外无法理解政治，公共领域的一切方面如法律、政党、公共舆论乃至政府本身都是利益集团发挥作用的结果，政治过程就是利益集团之间的相互作用，政府机关均为利益集团作用于政府的中介，政府组织则是协调各种利益的工具。利益集团的重要性在于它具有代表功能，集团的政治影响取决于它代表了某种利益的能力和特性，政府的作用是了解利益集团所代表的人群和利益，利益集团在这一过程中推动着公众利益的实现。③

戴维·杜鲁门是 20 世纪 50 年代研究利益集团的著名学者。他于 1951 年发表了同样命名为《政府过程》的著作，他的理论观点在学术研究界得到了广泛的响应。杜鲁门给了利益集团以积极的评介，认为利益集团是美国民主最基本和积极的成分，杜鲁门系统地论述了利益集团在政府决策中的作用，认为利益集团是指一种在其成员所持的共同态度的基础上对社会上其他集团提出某种要求的集团，"一个人通常是几个集团的成员，而每个集团都对他提出要求，这种重叠的成员资格有助于控制派别的祸害"，他把利益集团看成是美国民主政治进程中必不可少的组成部分。④

与本特利不同的是，杜鲁门更加关注利益集团本身的特征和性质，提出利益集团的组织特征是它表现出来的在原则上和目标上的一致性和凝聚力，利益集团凝聚力使冲突发生于集团之间，各种利益集团由于冲突产生分裂或联盟，最终形成共同利益。在这一过程中，利益集团努力影响政府政策，政策结果就成了利益集团作用于政治过程的结果。杜鲁门还将利益集团视为政治参与的工具，个人通过这种工具寻求政治权力和自身利益。利益集团形成的公共领域具有积极的多元主义的价值，它们使各种不同的集团具

---

① （美）汉密尔顿、杰伊、麦迪逊：《联邦党人文集》，程逢如等译，北京：商务印书馆1980年版，第45页。
② 参见（法）托克维尔：《论美国的民主》（上），董果良译，北京：商务印书馆1988年版，第217页。
③ 转引自谭融：《美国利益集团政治研究》，北京：中国社会科学出版社2002年版，第34页。
④ 转引自（美）诺曼·奥恩斯坦：《利益集团、院外集团和政策制订》，潘同文译，北京：世界知识出版社1981年版，第17～18页。

有多个途径进入政府决策系统，最终产生一种稳定理想的决策机制。

杜鲁门和本特利把政府和政策看成是集团在政府内外相互作用的结果，而杜鲁门更强调利益集团是民主政府进程中的必要组成部分，当它向政府的任何机构提出其要求时就成为一个政治性利益集团。

多元主义和精英主义也对利益集团给予了充分的重视。多元主义最早可以追溯到《联邦党人文集》的相关论述。在这部经典著作中，麦迪逊认为，"由于获取财产的各种不同才能，立刻就会产生不同程度的和各种各样的财产占有情况，而由于这一切对各财产所有人的感情和潜在的影响，从而使社会划分为不同利益集团和党派"，麦迪逊根据占有财产和拥有资源的多少划分不同的利益集团和党派，进而阐述了政策过程中党争的问题，并给出了解决和控制的办法。实际上麦迪逊已经开始认识到公共政策产生过程中利益集团对政策制定的影响。①

将多元主义上升到一个新理论高度的是美国政治学者罗伯特·达尔。达尔认为，各种各样的组织，尤其是政党和利益集团，都以复杂的形式与政府组织相互影响，政党和利益集团所享有的独立程度是现代民主政府区别于专制形式和早先共和国的特征之一。在现代民主国家，（党派）精神则以政党和利益集团的形式得以制度化，所有的民主国家都是多元的。② 政府不是中立的，它本身也有利益偏好，可见政策过程中的多元主义本质上是一种利益集团与政府作用模式，各种利益集团相互竞争，以便接近政策制定过程，从而影响公共政策的产生，不同的利益集团日益分化，因而权力就不再以某个利益集团的优势为转移了。政治权力受到各种成员利益集团的牵制，因而决策权分散在许多不同的人手中，政治就是通过有影响的集团和政治精英之间的讨价还价和妥协，最终做出民主决策。多元主义强调，现代社会中结成利益集团的自由可以限制公共权力的自我膨胀，利益集团的竞争又可抵消集团的自我膨胀，因此利益集团在根本上说不仅与全社会一致，而且会促进社会的公共利益。

精英主义理论对多元主义发起了批判，但同样强调利益集团的作用。在许多人看来，美国不会存在着权力的过分集中问题，美国的自由民主以及权力平衡一直是世界各国学习的榜样。但精英理论的重要代表人物米尔斯却认为，美国社会的权力结构已经发生了本质性变化，最主要的国家权力已经集中在经济、政治和军事领域，且这三大领域彼此间渗透融合，这三种权力的掌门人——公司富豪、政治董事和军界领袖——共同组成了美国的权力精英，他们不仅有着类似的心理结构和社会习性，而且有着一致的利益，共同制定至少具有全国性效果的决策，是一个控制了集中权力的"小集团"。③ 米尔斯的《权力精英》一书将主流的平衡理念和多元主义当做了靶子，从而遭到支持多元主义的自由主义的反对。米尔斯主义、马克思主义和多元主义三者之间似乎形成了一

---

① 参见（美）汉密尔顿、杰伊、麦迪逊：《联邦党人文集》，程逢如等译，北京：商务印书馆1980年版，第47页。
② 参见（美）罗伯特·达尔：《多元主义民主的困境》，周军华译，吉林：吉林人民出版社2006年版，第28~29页。
③ 参见（美）米尔斯：《权力精英》，王崑、许荣译，南京：南京大学出版社2004年版，第7页。

个"权力精英—统治阶级—利益集团"三种范式对立的格局。①

在杜鲁门系统的研究带动下,研究利益集团的各种理论层出不穷,20世纪50年代成为利益集团理论的黄金时代。近年流行的新制度主义理论,同样将利益集团视为重要的制度因素。新制度经济学将利益集团视为制度演进过程中的一个基本单元,制度演进的方向是由社会中处于强势地位的利益集团决定的,强势集团之所以能够决定制度演进的方向,又主要是通过一定的方式获取国家政权的支持,与政府形成合作的关系。道格拉斯·诺斯等人在对经济史的研究中认为,利益集团之间的博弈过程和结果与制度演进的方向紧密相关,如果说政府是游戏规则制定者,那么利益集团就是玩家。②尽管不同的学者对利益集团的定义各不相同,但基本内涵是一致的。我们对利益集团的定义是,对某些问题具有共同的利益和主张的人,为使政府维护其利益或采纳其主张而组织起来,采取共同行动的集团;利益集团的主要特征是,一般都具有共同的利益,具有一定的组织形式,通过权力机关进行活动。

13.2 利益集团的论争

13.2.1 反对者的观点

利益集团理论的创始人麦迪逊对利益集团的活动持反对观点。从麦迪逊的定义来看,如果说存在一个所谓社会的公共利益,那么利益集团作为局部利益是与公共利益相悖的,因而利益集团的存在对于社会公共利益、对于社会中其他人的权利都是有害的,利益集团既损害了别人的利益也损害了整个社会的利益,因而是自私的和狭隘的。

另一个政治学者西奥多·洛伊对利益集团的活动提出了四个方面的批评:1)它扰乱和破坏了人们对民主的组织机构及其制度的期望,并表露出它对民主的不尊重;2)它使政府变得无力,不能计划;3)它以关心管辖权限(由哪些采取行动的人做出决定)来代替关心正义(做正当的事),使政府道德败坏;4)它用非正式的讨价还价来反对正式的程序,削弱了民主的组织机构及其制度。洛伊甚至认为利益集团损害了现代民主的合法性,"利益集团自由主义的发展有可能使政府丧失其基本的合法性和权威性,权力进一步放弃给私人集团,从而使国家政策歪曲甚至无效,出现近代的民主政府的腐败"③。

精英主义认为,直接决定国家机器的是其内部的铁三角——利益集团、国会和行政机构,这三者相互支持,形成狭小的不受外部干扰的政策领域,反映了少数人对政策领域的垄断,因此精英控制着美国政治并且控制着重要决策,利益集团仅对国家政策产生一定的影响作用而不是决定作用,利益集团并不能推动政治发展,政治发展依赖于政府

---

① 转引自吕鹏:《"权力精英"五十年:缘起、争论和再出发》,载《开放时代》2006年第3期。
② 参见(美)道格拉斯·诺斯:《历时经济绩效》,载《经济译文》1994年第6期。
③ Theodore J. Lowi. *The End of Liberalism: The Second Republic of the United Seates.* New York: Norton Company, 1979. pp. 32~34.

要保证所有相关的利益都能在最终结果中反映。

曼克·奥尔森则从经济学角度否定了利益集团。他指出利益集团具有排他性，它们既会阻碍技术进步、效率提高和资源的合理性流动，又会提高社会交易成本而降低社会经济效益，从而阻碍经济增长。奥尔森认为，利益集团不会关心社会总收益的下降或公共损失，其活动非但没有增加反而在减少社会财富。因此，为了经济社会的发展必须限制利益集团。①

政治学家主要是通过观察利益集团影响政府决策而损害社会利益和民主制度的角度来论证其害处的，而经济学家关注的是利益集团阻碍经济发展与经济改革的负面作用。总结起来，对利益集团的批评集中在三个方面。

（1）利益集团的活动会损害公共利益。有组织的利益集团特别强调自身特殊利益的增长，而会导致公众事务的支离破碎，由于利益集团内部保持一致性，当它们与外部发生冲突时，集团成员就会将其局部利益置于与社会公共利益对立的地位。

（2）利益集团的出现并不能表明现代民主充满活力，因为社会上仍然存在着一些依附性的群体，如老人、失去劳动能力的人和穷人，他们既无经济资本，又无组织上的支持，他们没有机会表达自己的观点，相对贫困的社会成员并不能加入利益集团，因而在政治体系中就得不到代表。这些边缘团体不熟悉利益集团的规则，他们的要求往往很容易被压制；相反，那些有竞争力的利益集团更容易通过政治的方式来保护自己的利益，如实业家和军队的上层人物就比劳工组织的影响力要大得多。奥尔森证明，在利益集团的作用下政治体系有一种使强势利益集团更为有利的天性，政治体系的代表性比想象的要小得多。

（3）在利益集团的作用下不同的利益不能被平等地代表，而且即使各种利益都能得到表达，利益集团互相竞争的结果也不一定能体现公共利益，因为政府不能保证所有利益集团平等地进入。政府决策向强大的利益集团倾斜，从而导致政治过程发生梗阻。私人权力渗透于当代美国社会，控制着政府，形成了国家权力的重组和再分配，利益集团组织并不具有民主性，政府的分权状况使得公共政策无法排除来自利益集团的影响，最终的结果是不公正地实现了私人利益。多元主义将利益集团理想化了，忽视了那些围绕着某些特定问题提出要求，但没有组织起来的集团，将一部分公众排除在政策过程和政策结果之外，构成一种缺少公众控制和不负责任的行政和决策，使利益集团成为创造特权的工具。

13.2.2 支持者的观点

尽管麦迪逊认为利益集团的存在本质上是坏的，但他也认为，因为利益集团的出现来自人的本性，来自部分人对共同利益的维护，所以利益集团不可能自动消失，也不应该使用强制的方法加以消除，于是麦迪逊提出了利益集团之间"遏制与平衡"的概念。麦迪逊认为，必须依靠一个利益集团的野心与另一些利益集团的自私倾向相互对立的办

---

① 参见（美）曼克·奥尔森：《集体行动的逻辑》，陈郁等译，上海：上海三联书店、上海人民出版社1995年版，第3页。

法来使"利益集团的祸害"受到遏制。①

以托克维尔为代表的一批学者充分肯定了利益集团的积极作用。托克维尔认为，个人利益、利益集团的局部利益与社会公众利益是可以调和的，"没有人放弃自己的意志和理性，但要用自己的意志和理性去成就公共事业"，多元的利益集团存在本身就是民主的一种形式，是美国民主的一种固有的特征，所以并不是什么坏事，绝大多数美国人都参加到有组织的集团中去了，虽然个人并不直接参与决策，但他们可以参加到有组织的集团中来，并通过集团参与决策而显示出他们的影响。"在法国，凡是新创办的事业，都是由政府出面，在英国，则由当地的贵族来带头，在美国，你会看到人们一定组织社团。"②

本特利更多地把利益集团看做政治生活中的一种客观现象。他将集团视为政治生活的原材料，社会是个复杂的组合，政治行为是利益集团互动的结果，如果排除了集团便无所谓政治现象。集团之间的合作竞争、联合分裂和改革调整，最终构成了反映公众需求的政策，如果说社会是一幅拼图，那么利益集团就是拼图的制造者。

达尔对利益集团在现代民主政治中的作用评价更高。达尔认为，通过利益集团之间的相互作用，决策过程会成为一种积极的善政，而不是对民主的威胁，将利益集团置于决策的中心，这为民主政治过程提供了一种保护。管理社会的国家位于分散的权力结构中，国家是一个中立的仲裁者，要对各个集团的行为做出公正的裁决，当这些集团发生争执时，国家负责调解。为了防止某些集团过分追求既得利益而导致社会的腐败现象越来越多，国家要借助于福利机构提供广泛的服务，以解决人民遇到的各种问题；反过来，人民也应当通过压力集团、公共舆论和政治党派等途径广泛地参与政治生活。

制度主义学派代表人物康芒斯在《制度经济学》一书中也认为，只有利益集团才是美国经济政策最有代表性的力量，积极意义也最大，而且利益集团是实现公平合理的经济秩序不可或缺的工具。康芒斯尤其推崇经济利益集团，认为它们比那些以地域代表性为基础的立法机构更代表民意，是社会中最重要的机构，是民主的生命线，自由地组织利益集团的重要性远甚于其他民主自由。③

毫无疑问，利益集团的主要功能就是进入政治过程和影响政府政策。利益集团在政治生活中的活动几乎无孔不入。为了达到它们的目的和要求，政治利益团体寻求接近这些政府机构中重要的决策环节。利益集团的积极作用可以归纳为三个方面。

（1）利益集团已经成为公民与政府决策者之间的桥梁，通过提供有益的信息，弥补代议制的不足，把各个阶层人员的意见统一起来共同参与政治的制定过程。这种由大大小小的利益集团形成的公共领域具有积极的多元主义意义，多元政治使各种不同的集团具有多个环节进入政府决策系统，产生一种稳定的理想的决策机制，并最终构成了代议民主政治的现实。

---

① 参见（美）诺曼·奥恩斯坦：《利益集团、院外集团和政策制订》，潘同文译，北京：世界知识出版社1981年版，第14页。
② （法）托克维尔：《论美国的民主》（下），董果良译，北京：商务印书馆1988年版，第636~637页。
③ 转引自（美）曼克·奥尔森：《集体行动的逻辑》，陈郁等译，上海：上海三联书店、上海人民出版社1995年版，第141页。

（2）利益集团能够把分散的政治力量集中起来，把重要的问题提到公共日程上来，对政府的立法过程起到监督作用。利益集团为个人寻求对政治活动的影响提供重要工具，激发公众参政的兴趣，有利于政治的沟通和利益表达，普通公众的意见存在着分散、模糊和情绪化的缺点，利益集团可以把它转换成集中、明确和理性化的意见和要求，能起到缓解社会冲突的安全阀的作用，保持社会的长久稳定，利益集团因而成为各个层次政治过程的核心。

（3）利益集团可以综合各种不同集团的意见，协调彼此之间的矛盾，平衡相互之间的隔阂与分歧。托克维尔最先认识到多元利益集团间平衡的重要政治制衡价值，在考察美国的民主后，他提出，社会政治力量的对比是区分民主与专制的主要原因，多元的、重叠的、强大的、自主的社会团体的存在和发挥作用，可以对政府权力构成一种社会制衡，使得权力从中央政府向外扩散，助长心智习惯和文明社会的形成。

13.3 利益集团的政治活动

13.3.1 利益集团的类型

从利益所指向的目标群体来看，可分为特殊利益集团和公共利益集团。人们总是把利益集团与利己或自私联系在一起，但实际上利益是一种客观的存在，既可以是利己，也可以是利他的，或者有利于公共利益。早期的利益集团给人们留下了消极印象，是因为这些利益集团过多地代表了个人或小群体利益。自20世纪50年代以来，政治生活中发展得最为迅速的利益集团是公共利益集团。这些利益集团所主张的目标并非针对本团体成员的直接利益，而是表达其社会整体价值观的利益，如民权运动、女权运动和环境保护运动，而后又发展到一些新的领域如残疾人权利、防止虐待儿童或家庭暴力、争取动物权利、同性恋权利保护运动等。

从集团成员的来源来划分，可分为初级集团和压力集团。奥尔森将利益集团分为两大类型：初级团体是最基本的，建立在出身或家庭背景特性基础上，如性别、宗教、地区或种族特性上，这类集团的特性一般是不会变化的。第二类型集团是自愿参加的团体或者以政治目的设立的，如生命权利集团呼吁制定宪法修正案禁止堕胎，又如工会、商会通过政治候选人来保护其主要的经济利益，这些集团总称为"压力集团"。[①] 按照阿尔蒙德和维巴的估计，57%的美国人、47%的英国人和44%的德国人属于某一个集团成员，而在意大利和墨西哥这一比例只有30%和24%。[②] 在美国不长的历史上，利益集团几乎涵盖所有阶层的民众，其组成成员类型非常复杂，包括厂商、行业、选民、劳工等，其共同特征是成员之间享受某种程度的共同利益，但在规模、资源、力量和政治导向上存在着显著的差异。

---

① 参见（美）曼克·奥尔森：《集体行动的逻辑》，陈郁等译，上海：上海三联书店、上海人民出版社1995年版，第15页、第165页。

② 参见 Gabriel A. Almond and Sidney Verba. *The Civic Culture*. Boston：Little Brown，1963. p. 246.

从利益集团对政府产生的影响程度来看，可分为政治利益集团、压力集团和院外集团。利益集团对权力施加的影响不同，其称谓也不尽相同。利益集团一般都要对政府各部门进行活动，争取政府做出有利于自己的决策，故也称之为政治利益集团；利益集团有时要对国会议员和行政官员施加这种或那种压力，故又称之为压力集团；利益集团的代理人主要在国会两院进行游说活动，对政府施加压力或影响，故也称为院外集团。上述三种利益集团在活动方式上也有差别，政治利益集团是一个比较宽泛的概念，而院外集团则是个十分活跃的力量，那些从事游说活动的说客常常被称之为乐辩士（lobbist）。

从利益集团的获益或受损程度来看，利益集团在中国可分为：特殊获利者集团、普通获利者集团、利益相对受损者集团、社会底层集团。① 特殊获利者集团包括民营企业家、职业经理、企业或工程承包人、影视明星、企业高级管理者等等，这类群体对公共政策的变迁十分敏感，也有能力影响政策制定。普通获利者集团这一群体人数庞大，包括普通干部、一般知识分子、中下级公务员。这一集团是改革开放中最大的获益群体。利益相对受损者集团由于制度转型和政策的淘汰，他们的地位比改革前有较大的下降，这一群体包括城市下岗工人和农民，他们的经济地位低，受剥削感强烈。社会底层集团也是利益绝对受损群体，他们的经济收入处于贫困线以下，收入不稳定，无正当工作和居所，他们远离社会，没有社会归属感和政治参与感，对社会有强烈的不满。除此之外，如根据目标，可分为经济性和非经济性利益集团；根据存在时间长短，可分为永久性利益集团和临时性利益集团；根据其社会性质，可分为合法性利益集团和非法性利益集团；根据其组织程度，可分为高度组织化利益集团和松散性利益集团；等等。

13.3.2 利益集团的活动方式

利益集团的活动可分为两个领域，作为一种内部战略，利益集团要最大限度地利用各种方式，扩大同议员接触的机会，加强其内部联系；作为外部战略，主要是加强与选民或选区的联系，以取得内部战略所达不到的效果。因此，利益集团的活动功能是多种多样的，"从心理上的（象征性的或意识形态性的）到具体的（经济上的、提供情报的和工具性的）几种功能。这些功能中的每一种都可能包含着一种政治成分，并且要求集团卷入政治活动"②。其中，主要是关注政府的政治活动，倡议政府采取行动，或采取反政府行动。正如美国著名学者施里夫特盖塞所说的"院外活动是与立法同时产生的，压力集团是与政治同时产生的"③。

利益集团的活动方式主要有三种。

一是广泛介入立法过程。在美国，国会一直是利益集团进行院外活动的主要目标，中心目的就是使国会制定对其有利的法案，撤消对其不利的法案。也就是说，在参众两院里争取更多的议员为自己服务，积极参与有关法案的制定，以求在投票表决时得到多

---

① 参见李强：《转型时期中国社会分层》，沈阳：辽宁教育出版社2004年版，第158页。
② （美）诺曼·奥恩斯坦：《利益集团、院外活动和政策制订》，潘同文译，北京：世界知识出版社1981年版，第34页。
③ 转引自姜曦：《美国政治进程中的利益集团剖析》，载《武汉理工大学学报》2001年第1期。

数人的支持。议员们总是利用利益集团来达到自己的目的,而利益集团也总是利用议员来推销自己的政策。议员得到大财团的支持才能当选,国会议员也都是一些知名人士而不是普通百姓。在中国,人民代表大会是最主要的立法部门,人民代表来自各个领域,代表不同阶层的利益,他们的利益能够在人大会议上得到主张,因此,利益集团也可以通过人大代表会议的每一个立法环节来影响代表的投票。人大会议也会采取各种形式来征求公众的立法建议,利益集团可能利用这些机会来表达自己的利益,也可以向相关团体施加压力来影响立法进程。在美国,游说活动主要有以下几种形式:参加包括总统顾问在内的政府官员私人会议,使他们了解游说者的委托人的利益,出席国会委员会和小组委员会的听证会作证,为立法者或行政官员提供大量的免费服务,包括为立法者或政府官员起草法律或详细的立法建议,邀请立法官员出席利益集团主办的社交性聚会和宴请,为议员和其他政府官员提供政治信息。

二是影响政府行政行为。政府行政部门执行国会或人大制定的各项政策法律,利益集团对行政部门的人事方面极为重视,往往在公职人员尤其是高级公职人员的任选上施加影响,着重选择同自己有关的机构和人员建立长期和深入的联系。利益集团之所以将游说活动延伸到行政部门,首先是因为行政部门作为实权部门,它们拥有根据授权制定某些政策和法规的权力以及执行法律的权力,往往会直接或间接影响到利益集团的切身利益。尤其是现在行政权力扩张,利益集团越来越多地将游说活动转向行政部门,他们的活动方式与游说国会相似。在美国,主要途径包括:对总统及其白宫的办事机构施加影响、对行政各部和独立机构官员及其工作人员施加影响、影响行政部门和独立机构负责官员的人选和任免、派人参加行政部门和独立机构的顾问委员会等等。

三是影响司法过程。法院作为一个独立的公正的机构,它一般要求保持中立、无党派或无集团偏见。但许多利益集团同样可以把游说之手伸向法院法官。利益集团对法院施加影响有三大目的。一是争取通过法院的裁决来改变立法或行政机构的决定,如美国20世纪70年代山岭俱乐部曾经控告环境保护署放宽污染空气的标准,经过最高法院的判决,环境保护署只好维持原来规定的标准。二是争取法院支持某种要求和观念,并且通过法院的裁决使这种要求和观念合法化。最突出的例子就是美国全国有色人种促进会为了争取平等权利进行了一系列诉讼,争取法院对这些种族歧视案件做出有利的判决,这些判决对改变黑人地位起了积极作用。三是利用法院诉讼揭露问题,以影响国会立法。此外,利益集团还可以通过影响法院的人选来达到影响司法的目的,其手段包括向联邦最高法院推荐自己喜欢的人选和阻止那些对本集团不利的人选进入联邦最高法院。

利益集团参与政治过程不是单向的,利益集团与政府、国会或行政官员之间存在着彼此依赖和制约的关系。在"二战"以前,国会是美国政治的权力中心,利益集团的院外游说活动主要集中在国会。"二战"以后,行政部门的力量越来越强势,因而也越来越成为利益集团的重点游说对象。

除此之外,在一个开放的政治体制中,利益集团的表达方式也可以通过其他一些途径来完成,如示威和抗议、诉诸公众或媒体。而在一个非民主的政体中,利益集团的活动受到许多限制,他们的表达方式更多的是通过暴力或诉诸个人,寻求个别权势人物的保护往往是这类国家利益集团的重要手段。

13.4 当代中国的利益集团

中国计划经济体制向市场经济体制的转变,导致社会各个领域发生了翻天覆地的变化,代表不同阶层的利益集团出现了,利益集团之间的冲突也逐渐显性化。

13.4.1 社会转型和利益集团的形成

改革开放前中国社会是不承认利益集团的,传统社会主义意识形态认为,社会主义国家人民的利益高度一致,而且价值观也是集体主义取向的,强调个人利益服从组织利益,局部利益服从全局利益,所以局部的利益集团是不应该存在的,个人利益只能通过上下效忠的等级制来保证。华尔德在《共产党社会的新传统主义》一书中,提出计划经济时代国有企业中的工人三重依附论:工人在经济和社会地位方面依附于企业、在政治上依附于工厂的党政领导、在个人关系上依附于车间的直接领导。这些依附被称为"共产党社会的新传统主义",这种依附体制下的个人利益很难得以正常表达。①

澳大利亚学者安戈和陈佩华用"组合主义"来解释中国的政治特点。组合主义认为,政府在每个界别或社会集团中仅仅承认一个全国性组织(例如全国总工会、全国商会、全国农会等),并由这个唯一的组织来全盘代表该界别或集团中一切个人或单位企业的集体利益,由政府决定某个组织是否合法。政府再与这些组织建立一种不平等的伙伴关系,这类组织甚至不时还会被纳入决策过程,而且经常帮助政府推行国家的政策。因此,组合主义制度不仅仅意味着政府与代表各个利益集团的组织之间的协作,这些积极主动干预社会的政府通常还会协调各个社会组织之间的关系。由于政府被假定为公共利益的捍卫者,捍卫着超越各小团体狭隘私利的整体民族利益,所以政府便有资格以总裁判或总协调的身份来进行干预,政府也要求各组织对其所属成员加以一定的制约与控制。在国家化组合制度之下,甚至连组合主义组织都要由政府来创建并管理,政府还掌握了随意指定或罢免这些组织的领导人的权力。这类"代表性组织(representative organizations)"通常起着防止独立的群众组织兴起的作用,因此,中国的这种国家化组合主义制度的基本特征是自上而下的控制。②

市场化改革后,利益集团已经成为社会中一种重要的影响力量。社会的发展重塑了整个社会结构,阶层与阶层、群体与群体之间在经济与社会方面的差异日益显现,越来越多的社会成员以联合的方式组成集团表达自己的利益诉求,执政党第一次明确承认利益集团的存在是在1988年3月中共十三届二中全会,这次会议报告明确指出,在社会主义制度下,人民内部仍然存在着不同利益群体的矛盾。2006年10月,中共十六届六中全会通过的《关于构建社会主义和谐社会若干重大问题的决定》进一步指出,当前我国社会发展发生了四个深刻变化:经济体制深刻变革,社会结构深刻变动,利益格局

---

① 参见(美)华尔德:《共产党社会的新传统主义——中国工业中的工作环境和权力结构》,龚小夏译,香港:牛津大学出版社1996年版,第17~22页。
② 参见(澳)安戈、陈佩华:《中国、组合主义及东亚模式》,载《战略与管理》2001年第1期。

深刻调整，思想观念深刻变化。在这种情况下，政府的任务就是如何让各种群体、各种利益集团都能够平等地表达自己的利益诉求，尤其是那些容易被忽视的群体有足够的制度来保护自己的利益免受侵犯，使社会中的各种力量相互制约、平衡发展，而不会被强势集团所挟持。

社会学家陆学艺将中国目前利益集团的发展不平衡性归纳为以下三个方面：一是国家与社会管理者阶层即权力集团非常强势，因为执政党和政府组织控制着整个社会中最重要和最广泛的资源；二是新兴资本集团与知识集团地位持续上升；三是劳工群体地位持续下降。①

在各种各样的利益集团面前，政府需要提供的是制度框架，实现利益表达、博弈的规范化，提供顺畅的合法的利益表达渠道，让各种力量在相互博弈和沟通中谋求共识。从长远来讲，面对社会中不同的利益集团，政府还要从利益集团的政治性影响和政府能力的提高方面建立合理的政治参与体制。一方面，要建立制度化、规范化、公开、透明、公正的利益表达机制和决策参与机制，将利益集团行为纳入制度化轨道；另一方面，要实现利益调控的制度化和制度设施的民主化，同时要提高政府在利益集团政治中的自主性，防止政权丧失自主性。

在目前尚未承认政治利益集团合法地位的背景下，缺乏一种容纳各种利益集团平等地谈判、博弈的制度框架，中国社会的现实是正在出现一种结构性不平等的政治参与。这种政治参与以分利型的政治利益集团（包括潜在的利益集团）为主体，以影响政府政策及政府官员为主要的活动方式。一些强势利益集团凭借自身拥有的强大经济资源和社会资本，以超政治权力的方式，在制度的边缘和政权的默认下，日益收获通过影响公共政策所带来的超额租金。而弱势群体、阶层，由于资源和社会资本的匮乏，其表达利益诉求的活动受到制度的强制而无法合法化，只能以潜在利益集团的形式存在于政治生活中，缺乏有效的政治参与效果。②

13.4.2　中国利益集团的活动特点

作为维护某个群体利益的工具，利益集团的活动方式和活动范围等受到特定的社会经济条件以及政治文化条件的制约。如果说西方利益集团的活动已经发展成为制衡国家（政府）的强大而又制度化工具的话，在中国，利益集团的活动还没有走上一个良性发展的道路。这种区别具体表现为两个方面。

（1）中国的利益集团对政府和执政党的依赖性强。威权政治决定了它对利益集团特别是政治性利益集团的高度敏感，因此，在中国，无论是何种性质的利益集团都不能对政权统治构成任何威胁，利益集团的制衡性很弱，近年来不断发育的民间力量开始冲击这种威权体制。但总体来说，利益集团与政府的合作较多，而制衡较少。

（2）利益集团分化越来越剧烈。经济性利益集团的活动十分活跃，而政治性利益集团或公益性利益集团比较弱小。经济性利益集团因为与政府部门或官僚集团的结盟而

---

① 参见陆学艺：《当代中国社会阶层研究报告》，北京：社会科学文献出版社2001年版，第9～10页。
② 参见陈尧：《利益集团与政治过程》，载《读书》2005年第11期。

变得十分强大,开始通过自己合法或非法的游说活动来影响政府的政策议程,从而最大限度地获利。受注册登记法规的限制,非官方的政治性利益集团在中国的活动是非法的,而公益性利益集团因为它的民间性和底层性缺乏活动资源,其活动也十分有限。

小结

  利益集团是现代社会生活中的重要政治现象,是现代社会结构的重要组成部分,也是经济发展的充分产物,它伴随着民主政治的发展而不断进步。本章先对利益集团的概念进行了一个全景式的介绍,通过对历史上不同政治学者的定义来理解,利益集团概念的演进其实也就是它对社会生活影响力进程的反映。早期的利益集团概念还比较粗略,这同样说明利益集团介入当时的社会生活还不够深入。20世纪50年代以后,利益集团理论得到突破,这也说明利益集团介入现实生活已经越来越全面和深入。杜鲁门、达尔、奥尔森等学者的分析都是建立在对当时社会深入分析基础上的。

  对利益集团利与弊的认识,已经渐渐摆脱了意识形态的束缚。即使是在社会主义国家,执政者也已经认识到这个群体活动的重要性和广泛性。要建设一个现代政府,政治领导人必须充分发挥利益集团的作用。这就要求:一方面,执政者要容忍和接受利益集团的公开活动,要合理培育和引导利益集团的壮大;另一方面,执政者要通过立法和行政渠道来保证各种利益集团都能得到平等的表达机会。

  公共政策不能只是由某一部分利益集团来主导,政府应该创造更公平的政治环境让不同的利益集团有发挥的空间。在中国,全国妇联一直被看做是一个典型的群众组织,在相当的一段时期内,妇联与其他如工会、工商联等机构一起,作为联系党和群众的一个渠道,但仅仅是渠道而已。

  转型中国利益集团的出现,一方面它成为一种新的制衡国家的力量,另一方面,它给整个社会带来的冲击也十分明显。在中国,经济性利益集团与政府或官僚的结盟经常侵犯到公民的生活,这在土地征用、强制性拆迁、农民工权益保护等领域尤其突出。

阅读书目

  1.(美)戴维·杜鲁门:《政治过程——政治利益与公共舆论》,陈尧译,天津:天津人民出版社2005年版。

  2.(美)诺曼·奥恩斯坦:《利益集团、院外集团和政策制订》,潘同文译,北京:世界知识出版社1981年版。

  3.谭融:《美国利益集团政治研究》,北京:中国社会科学出版社2002年版。

  4.(美)曼克·奥尔森:《集体行动的逻辑》,陈郁等译,上海:上海三联书店、上海人民出版社1995年版。

  5.(美)米尔斯:《权力精英》,王崑、许荣译,南京:南京大学出版社2004年版。

思考题

1. 如何看待西方国家中利益集团的政治参与活动？
2. 利益集团发展必须具备哪些社会条件？
3. 改革开放以来中国利益集团的发展有哪些特点？
4. 以中华全国总工会为例分析，中国组合主义制度有哪些特征？
5. 现阶段中国的利益集团的活动方式有哪些？

第14章 大众传媒①

14.1 从政治传媒到传媒政治

14.1.1 大众传媒在人类政治生活中的作用

随着通讯科学技术的普及和发展,大众传播媒介在信息告知、解释政策、舆情监督、教育公众等方面的作用越来越明显。现在是一个即时通讯的时代,大众传播媒介的传播手段已经可以把发生在全球各个角落的事件及时传播到世界各地。各种大众传播媒介也拥有越来越多的各个层次的观众、听众或读者,传播媒介在当今社会生活中的作用日趋重要,在社会政治生活中的作用也越来越突出。美国著名历史学家和政治评论家西奥多·怀特曾说,在美国,没有任何国会的重大立法、任何国外冒险、任何外交活动、任何重大社会改革能够成功,除非新闻界准备好了公众的思想。② 可见,大众传播媒介对政治活动推动作用的重大。正是由于新闻媒介在监督政府、影响舆论、制造政治形象和确定政府决策议程方面的巨大影响,同时也有新闻媒介在政治选举过程中的作用,几乎没有人不怀疑它的"第四权力"的地位。

对于大众传媒在社会政治活动中的具体作用,周鸿铎将其归纳为"公共通道功能",即提供和推动公共信息的流动,形成公共舆论和社会政治民主的作用。张昆则把这种作用细化为四项,即提供政治信息、表达政治意见、提供榜样示范和引导国民舆论。③ 大众传播媒介的提供政治信息功能表现在社会公众一般是通过大众传播媒介来了解千变万化的政治世界的。一般来说,人们与政治界有较远的距离,只能通过大众传播媒介来得知政治界的信息。

而表达政治意见功能在不同政治制度的社会有不同的表现。在西方国家一般会把媒介看成是一个为社会成员提供交流公共信息、探讨公共议题和形成公共舆论的"公共领域",媒体通过汇集多种政治意见,为人们提供意见选择和确定的依据。在社会主义国家,大众传播媒介是执政党的政治宣传和教育工具,媒介表达的是执政党的路线、方针和政策。

---

① 本章与任剑涛教授主编的《政治学:基本理论与中国视角》(北京:中国人民大学出版社2009年版)第12章"大众传媒"之作者同为中山大学传播与设计学院张宁副教授。
② 参见(美)西奥多·怀特:《美国的自我探索》,美国驻华大使馆文化处1984年版,第83页。
③ 参见张昆:《大众媒介的政治社会化功能》,武汉:武汉大学出版社2003年版,第48~52页。

提供榜样示范功能就是媒体在日常有关政治生活信息的报道中通过褒贬特定的人和事来达到树立学习榜样、规范公众政治行为的目的，媒体树立起来的榜样对国民有很好的示范和教育作用。同时，大众传播媒介还通过传播特定的政治文化和政治行动范式来引导国民舆论。媒体的政治传播是一种长期和不断重复特定意识形态的过程，这种传播行为可以形成独特的社会政治氛围，人们长期接受这种意识氛围的熏陶就会习惯于接受特定的政治理念和观点。

以上观点说明，媒介的政治传播活动一般是融于普通的社会传播过程中的，其在政治方面的具体作用与大众传媒在当今社会的高普及率、多样化和它对政治体系天生的敏感和高关注程度是有关的。

14.1.2 政治传媒

所谓政治传媒，是指在政治领域里发挥重要作用的各种大众传播媒介。因传播特点的不同，它们在政治传播活动中所起的作用也不相同。政治传媒可以大致分为报纸、杂志、广播、电视和网络五种。

报纸是历史最长的大众传媒，从一产生它就与社会政治生活有密切的联系。较早的报纸都属于机关报或者党报的性质，是以传播特定观点和言论为主要目的的。报刊发展历史的每个阶段都有参与政治和服务社会的主题，特别是报纸具有深度报道和多角度评论的特点，其读者稳定且素质较高，至今为止都是政治传播的重要媒体。

杂志比报纸在长篇、深度报道和读者的高层次上具有更多的优势，因为它的专业性和出版周期较长，杂志更加适合政治议题的解说和分析评论。例如美国的《时代》和《新闻周刊》的国际政治报道就有世界性影响。

广播的传播特点是速度快，传播范围广，对听众没有文化程度和经济层面上的较高要求，其口语化的传播方式也非常适合政治政策的解说和沟通。美国的罗斯福总统早在1933年就采用"炉边谈话"方式对政府新政进行解说，在其12年总统任期内，罗斯福共做了30次"炉边谈话"，每当美国面临重大事件之时，他都用这种方式与美国人民沟通，形成了一种独特的政治传播方式。

电视的传播特点在于通过视频效果让公众直接体会事件的现场感，由于真实感较强，它在政治传播中的作用也比较大。例如，电视媒体可以直播政治候选人的辩论会和投票场面，可以通过政治人物在电视节目上的表现形成政治形象，还可以直播战争以及重大的危机事件来让人们感受政治组织的作为[①]。由于电视媒体在世界范围内的普及和它对受众文化程度限制较少，所以它是目前最为大众化、最具有政治传播效力的媒体之一。

网络媒体的信息量大、传播速度快和传播范围的无国界化使它迅速成为政治传播的重要媒体之一。首先，网络媒体不同于传统媒体，它提供的信息平台把关程度不高，平民百姓也可以成为信息的发布者，这就方便了民众政治参与的积极性和可能性，广泛

---

① 例如，1991年的海湾战争是通过CNN直播的，2001年的"911"事件在发生过程中也被美国电视媒体直播。

的、较为自由的网上政治讨论也能提高民众的政治素质和参政能力。网络媒体具有各种传播上的新特点新方式，这也是它更能调动民众关注政治议题、参与政治讨论的原因之一。例如政治家开设的博客和个人网页、政治家与网民的网上交流等等。而在美国选举中，一种新的网络媒体更是被政治家们所青睐。据有关资料表明①，白宫的候选者们已经把选举战场转移到网络世界最热门的共享视频网站 YouTube② 上了，参选的政客们可以通过这个平台与选民们进行交流，从而为自己拉拢更多的选票。

从上面的分析可以看出，各种政治传媒有其不同的传播特点，它们在政治传播过程中所起的作用也不同。但是，不管哪种政治传媒，它在政治领域里的作用一般都集中表现在三点上。

第一是形成特定的政治文化。在当今信息化和全球化的背景中，无论一个国家的政治制度如何，媒介政治传播的明显效果都是形成与这个国家政治生活相对应的政治文化。政治文化是由一个社会公民拥有的政治认知、政治信念、政治感情、政治态度、政治价值观等，由于公民无法直接接触实际中的政治领域，他们的这些认知结果和价值观一般来说是在大众传媒的政治新闻报道、政治评论中获得信息并形成的。而政治组织通过政治传播所试图达到的目的也是通过传媒报道中潜在的政治导向和评论角度影响公众的政治理性、参政热情和对政治权威的态度。在这个过程中，大众传媒的作用是举足轻重的。

第二是促进政治民主化。政治民主以公民权利的自由和平等为核心原则，具体表现为公民在政治生活中的机会和资格的平等，同时还以多数决定为基本规则，以法制作为实施的条件和保障。在信息化社会里，信息尤其是政治信息的充分流畅是政治民主化的前提，也就是通过大众传媒保证公民对政治事务的了解，达到政治过程的规则和结果的透明，公民只有掌握足够的政治信息才能保证他们能正常地行使权利。政治信息的公开化不仅可以提高公民对参政议政的兴趣，还可以对政治领域里的各种行为进行有效的监督，防止权力滥用，而政治决策的科学性也要通过信息公开和决策过程的公开来保证。大众传媒的深度报道和监督批评无疑可以达到这个目的。

第三是促进政治社会化。政治社会化是指一个公民的政治态度、政治价值观和政治认知模式形成的过程。政治社会化需要通过传播行为来达成。例如，社会成员需要通过特定的政治符号的传播来了解国旗、国徽、国歌、政治领袖肖像的意义；需要通过大众传媒的政治新闻报道来了解政治议程和政治发展的方向；政治组织更需要通过大众传媒的报道和宣传来达到动员、鼓舞、吸收、协调组织成员的目的。政治社会化的过程是一个持久的、不可间断的过程，只有大众传媒的传播行为可以达到世代间的信息传承。

14.1.3 传媒政治

由于通讯传播技术的不断发展和现代社会整体的信息化与全球化趋势，大众传媒对

---

① 资料来源：搜狐网，http：//it.sohu.com/20070302/n248460685.shtml（2007，5）。
② YouTube 是著名的共享视频网站，它开设了专门的 YouChoose08 竞选频道，网站的地址为 http：//www.youtube.com/youchoose。

社会各个领域的影响越来越明显，尤其是对政治领域。对于普通人来说相距太远、难以得到亲身体验的政治世界现在可以通过大众传媒日复一日地简单地呈现在面前，而且电子媒体还可以通过视频画面来表明政治世界的真实性，政治人物不断地出现在各种电视节目中，政治会议被详细报道甚至可以实况转播，政治选举更是以充满娱乐元素的多种形式鼓励人们的参与。这些都说明了一个问题，就是现代社会的政治行为已经越来越多的通过大众传媒以文字、声音、视频等传播方式来进行表现或被表现了，因为在大众媒体上呈现的政治行为可以更加具有影响力，更容易被公众所认知和理解，更容易获得人们态度上和行为上的认可。这就是传媒政治的一个特征。

所谓传媒政治，就是指大众传媒作为政治的一种手段、方式或者一种工具，通过其特有的传播效果对社会进行控制管理，通过传媒的报道和评论影响公众的意识形态和政治价值观，通过传媒的信息控制与传播达到促成政治目的实现的行为。传媒政治的主导者可能是政治组织和政治人物，他们因为拥有的重要信息来源和社会、经济实力可以直接或间接地操纵大众传媒的报道内容；大众传媒组织在特定的情况下也可以成为传媒政治的操纵者，传媒拥有的"公众代言人"的信赖资源和高超的社会信息收集能力也保证它们能在特定情况下成为左右政治过程的重要因素之一。

从历史角度来看，传媒政治的形成有一个漫长的过程，这与大众传媒的发展和政治领域对政治传播活动的更高要求有关。17世纪后期到18世纪中期，报业媒体在美国等国家发展迅速，这时的报纸媒体基本上还是党报、机关报性质，报纸背后都有支撑其经营的政党，报纸的政治倾向也非常明显。可以说，这个阶段的大众传媒其实就是政治斗争的工具。

18世纪后期开始，美国出现了以营利为目的的商业化大众报，这些报纸价格低廉，重视能吸引市场和人们关注的社会新闻，而轻视政治言论。19世纪30年代，广播电台的出现使人们能更快更直接地接受各种信息，这种当时的新媒体立刻得到了美国政治人物的关注，成为一种直接面向公众作政治说明和动员的沟通方式。

在1935年，美国的盖洛普民意测验所首次把民意测验的结果提供给美国35家媒体，《华盛顿邮报》的首家报道引起社会关注，表明民意测验的结果就是重大新闻，也表明了报纸媒体的民意测验报道可以直接影响政治选举的结果。

20世纪50年代开始，电视媒体在美国开始普及，这个当时的新式媒体因为其特有的视频画面的传播方式使本来远离大众生活的、抽象的政治领域变得具体和形象了，电视媒体上开始出现一种"形象政治"，越来越多的政治节目在电视媒体上出现了，如CBS的《60分钟》以采访著名政治人物并与其辩论政治问题而知名；美国广播公司的《早安美国》以新闻节目的形式及时报道国内外的政治信息；CSPAN（美国国会公共事务电视网）从1979年开始被批准进入国会作现场报道。而进入60年代后，美国报纸媒体的政治调查报道如"水门事件"的报道，也表明了报纸媒体对政治领域的影响力还在不断增加。

报纸媒体的深度政治报道在影响公众政治观点的同时，也影响政府政策的决定和实施；广播媒体能提高政治人物与公众的沟通效果；电视媒体更是通过画面把一个社会的政治生活具体形象地呈示在公众面前。由此，一个社会的政治生活也因大众传媒的存在而发生了变化，这就是政治人物越来越重视在大众媒体上表达说明自己的政治观点，越来越倾向于通过大众传媒来与公众沟通，越来越重视被大众传媒报道出来的"政治形象"问题。与以往的政治人物相比，现代社会的政治人物不但要重视大众传媒的政治传播作用，更要具有与媒体友好相处的公关能力以及在媒体上优秀的表达能力和个人形象的呈示能力。

所谓传媒政治时代，不仅仅是大众传媒在政治生活中起重要作用的时代，而且也是公众有关政治生活的整个"画面"在多数情况下是被大众传媒所"把关"所"构建"的时代。现在，公众政治信息的最大来源是日复一日不断观察政治活动、及时提供详细深入的报道的大众传媒，当然，这些信息是有媒体按特定的标准进行选择的，并不能按政治组织或者政治人物的根本意愿来报道。同时，大众传媒的新闻价值观、信息制作方式、经营准则和媒介组织准则都会影响到政治生活在媒体上如何被呈现，社会公众对自己所处社会环境中政治生活的认识和理解也与媒体的政治报道、媒体上的政府形象和政治人物的形象有密切关系。

传媒政治不同于以往时代的政治形式，由于政治组织和政治人物对大众传媒的积极使用和媒介组织本身积极介入政治生活，现代社会的传媒政治具有四大特点。

第一，政治沟通形式不断多样化。媒体通讯技术的发展促使各种新媒体成为政治传播的主角，政治竞选者不但要在电视节目中说明自己的观点和主张，并批驳竞争对手的言论，还要在网络上通过视频、电子邮件、个人博客等方式来与个人的选民沟通。在美国，政治竞选者对新媒体的利用状况往往与其受欢迎的程度成正比。

第二，由于大众传媒具有的传播效果，它们成为政治宣传和政治动员的不二选择，政治领域的各种活动越来越依赖大众传媒的传播来得到社会公众的了解和认可，政治人物只有在大众媒体上出现才能被更多的公众所了解和支持，所以，政治行为越来越成为媒体上的"政治图像"，公众对政治生活的读解也越来越依赖媒体上的印象。

第三，由于大众传媒日复一日的政治新闻报道，政治决策变得越来越公开化了。决策过程的透明是政治民主的一个重要条件，这个条件也带来了另一个结果，这就是政治过程中的多元化博弈状态。社会组织为了自身的目标和利益可以通过各种努力或者各种渠道参与、影响政治过程，政治决策过程因此会充满多种势力的博弈和竞争。

第四，由于大众传媒在政治传播中的地位和作用，政府组织与媒体的关系也会越来越复杂化。政府组织需要通过传媒展开日常的公共信息传播和政治宣传，传媒则视政府组织为最大的公共信息来源和重要的社会信息发布者，两者的这种关系在一般情况下可以通过互相协作来维持，但是在战争和社会危机发生的情况下，或者当重大政治事件发生时，两者的矛盾就集中在对特定信息的传播控制上了。

14.2 传媒与政治的双向互动

14.2.1 政治操纵传媒

政治对传媒的控制自古就有，而现代社会的政治组织对大众传媒的操纵和控制有新的方式，这些操纵方式的形成要从传媒业发展的历史角度具体解读。

20世纪中期以来，多数西方国家都陆续设置了维护新闻自由的法规，政府机构一般都会避免直接地干涉或限制传媒的传播活动，而是通过公共关系的手法和潜在控制的手法来实施控制。只是在当国家利益受到威胁的危急时刻，西方政治机构对媒体的操纵行为会比较明显。

现代社会中不同的国家存在不同的政治制度，政治组织在社会传播领域中的控制方式会因国家性质或社会体制的不同而不同，一般来说有三种操纵方式。

第一是国家控制式。这种控制方式以国家统治者的个人意志或者执政党的权力意志和政党利益为主宰，对大众传媒进行专制性控制，传播内容需要符合特定的审查制度才能得到传播。

第二是法律控制式。也就是说大众传媒虽然是不受政府直接约束的独立的社会组织，但是政府制定的相关的法律条款会规定大众传媒的作用和行动范围，如果其传播活动超出这个范围就会受到法律制裁。

第三是垄断控制式。政府对特定的传播媒介组织实行国家占有或国家垄断，经营主权属于国家管理下的公营制或者公营私营相结合的形式对媒体的传播行为进行参与介入式控制。

14.2.2 传媒操纵政治

大众传媒又是如何操纵政治的呢？应该说，大众传媒作为一种社会组织不具备直接控制或者操纵社会政治行为的权利，大众传媒的力量来源于新闻媒体是一种社会公器，是公众利益"代言人"特定的立场，因此，媒体对政治的影响是通过媒体的传播行为所产生的社会反响而间接达成的，也来源于政治组织和政治人物对社会责任的感知和承担。一般来说，大众传媒影响政治的方式有五种。

第一，大众传媒可以构建或破坏特定的政治价值。在一个社会的政治生活中，大众传媒通过广泛和持续不断的传播活动，在社会成员的心目中构建了特定的政治价值体系，如爱国主义思想、民族统一的愿望、政治体系稳定的重要性，还有法制观念、自由、民主、人权、平等等等，对公民进行政治教育、形成特定的政治态度和健全的政治人格以及保持和维护政治系统的运行有积极的推动作用。相反，大众传媒也可以通过对不同政治理念的报道和介绍，通过揭露现行政治体系的阴暗面来破坏原有的政治价值体系。

第二，大众传媒可以形成或改变特定的政治态度。在政治生活中，公众政治态度的形成或改变受到大众传媒的直接影响。这是因为公众无法直接体验或者了解政治世界的具体情况，只能通过媒介渠道、通过媒介图像来了解，而被传媒编辑加工过的媒介图像往往被公众直接作为真实的现实而用来构筑自己头脑中的政治风景。同时，公众对于政府、政党、国家等形象的认识和态度也来源于媒介图像。

第三，大众传媒可以塑造或毁灭政治人格。由于大众传媒的社会影响力和传媒政治的普及，政治行为和政治人物越来越依赖大众传媒的报道来得到公众的认可，这样，大众传媒的政治报道在特定时候可以提升一个政治组织的声誉，也可以导致一个政治领袖的倒台。

第四，大众传媒可以维持或改革政治体系。大众传媒在社会变革时期通过信息传播活动为政治体系的创新和改革进行先期的思想传播和启蒙，同时也可以起到影响舆论和公众的作用。当然，大众传媒维持现有政治体系的作用更为明显。一般来说，大众传媒在三个方面对现有政治体系有维护作用。即维护社会的主流政治价值、形成公众的服从性格和对政府政策的支持，具体表现在大众传媒的新闻报道一般都有维护社会稳定和形成社会共同价值观的倾向上。

第五，大众传媒是引发或应对政治危机的有力工具。政治危机往往在大众传媒大加报道后被公众得知的情况下才真正形成，政治组织和政治人物只有在大众传媒把政治危机曝光的情况下才真正感到巨大的公众舆论压力，所以多数的政治危机有时候就是一种媒体报道的危机，而能成功应对政治危机的政治组织往往也是及时通过大众传媒的传播积极有效地说明情况、引导舆论、解决问题的。

14.3 大众传媒与选举政治

14.3.1 选举政治中的大众传媒

大众传媒在选举政治的实施过程中越来越重要。

（1）政治选举需要公众参与投票。这就是说，需要公众对政党和政治候选人有良好的认知和支持的态度，而在这方面大众传媒是最有效的工具。大众传媒在设置政治议题、引导公众的政治关注点、树立政治威信方面能起到明显的效果，这形成了美国选举政治的一个突出的特点——政治广告费用或者说选举宣传费用巨大。例如，2002年美国共和党准备中期选举的费用有8200万美元，民主党的参选费用也有4650万美元①。由此可见，大众传媒在选举政治中的不可缺少的作用。

（2）政治选举需要公众对政治候选人个人形象的肯定。近年来，美国政党组织在选举中的诸功能慢慢弱化，政党组织已不是传统选举政治中的核心角色，而候选人个人才是选举政治中的核心角色，候选人的竞选组织、政治顾问、媒体和利益集团在选举中的作用越来越重要。②也就是说，政治候选人成功的因素越来越多地依赖于本人的知名度、政绩和媒体形象。美国的政治候选人能否取得成功，关键因素是三个M，即Message（信息创造）、Media（媒体传播）、Money（效益比较）。③

（3）政治选举需要公共舆论的支持，也就是所谓的政治造势。很多选民在临近投票时尚未决定投票对象或者犹豫不决，这时公共舆论的导向就能起较大的引导作用，所谓的"沉默的螺旋"效应就是指选举过程中多数人意见对少数人意见的施压和引导作用。而大众传媒的选举报道，正是公众判断哪种意见是安全的大多数人的意见、哪种意见处下风的重要依据。

---

① 资料来源：http://news.tom.com/archive/2002/1/18-65569.html。
② 参见张立平：《美国政党与选举政治》，北京：中国社会科学出版社2002年版，第78页。
③ 参见孙哲、沈国麟：《美国政治中的媒体与国会选举》，载《美国研究》2002年第2期。

正如前面也论述过的那样，现代社会里公众的政治感觉在很大程度上依赖于大众传媒的报道，这同时表明了选举政治中传媒的重要性。

14.3.2 大众传媒对候选人和选民的影响力

由于大众传媒在政治选举中的重要性，现代政治候选人不得不重视对传媒的资金投入和以提升自己媒体形象的各种活动。最为明显的是，政治候选人一般都有针对自己特制的媒体策略，也就是如何有计划有组织地运用信息发布等手法，让自己以正面形象出现在媒体上，引起公众的关注。政治候选人的竞选班子会由资深的专家来设计信息内容和个人形象，突出候选人的优点。这是美国政治选举专业化的标志之一。竞选班子的主要任务是面对大众传媒的，例如宣传广告的排放、竞选口号的提出、候选人的媒体见面会、候选人成为新闻主角的新闻策划等等。美国总统选举的投票日前夜，往往会有两位最终候选人的电视辩论会，电视直播候选人之间的自我主张和对手批判，展示他们的表达才能和应对才能，同时也是一场令全国公众感兴趣的辩论秀，这场辩论的结果会直接影响次日的投票结果，所以政治候选人都会积极准备、演练这场辩论。

而大众传媒对投票者的影响更是不言而喻，大众传媒对投票者的影响力表现在四个方面，即强化选择、形成态度、转换态度和容忍转变。首先，大众传媒不能直接改变投票者原有的投票意愿，但是与投票者原有意愿相同的报道却能明显地加强其对这个意愿的持有决心。其次，大众传媒的报道对尚未有明确投票意愿的公众来说，能明显地帮助他们形成新的投票意愿。再次，政治态度不是一成不变的，传媒的报道往往能引起公众改变自己意愿的苗头。最后，每个人都有一个自己可以接受的态度与改变的范围，传媒的长期报道也许可以引起公众态度的范围内的改变。

显然，不同的大众传媒对投票者的影响方式不同。一般来说，报纸媒体的报道适于深度解说，可以帮助公众深度了解竞选议题，了解政治体系的内部状况，报纸的评论也可以引导公众关注特定的问题和对策提出者；而电视媒体则适于形象塑造和候选人个人性格展示；网络媒体面向中青年投票者，也适于候选者与选民间的个人沟通。报纸、电视和网络媒体同时也是政治广告较多出现的媒体。

14.3.3 选举政治中的广告

广告是选举政治中不可缺少的一个重要因素，政治广告的风行表明政治选举的过程与商品推销的过程十分相似。在政治广告中，候选人是商品，广告传播的是候选人的亮点即卖点，广告的目的在于让公众正面了解候选人的特点，同时贬低竞争对手，也要讲究传播策略，尽量以较少的广告成本取得较大的收益。

从内容上看，选举广告可以分为四类，即陈述政治见解、攻击竞争对手、反驳批评意见和塑造候选人形象。相关选举广告研究表明，美国的政治选举广告有六个基本的诉求因素。第一是有关政策选择的诉求，主要是告诉投票者特定的政治主张和政策内容，并附以政治承诺，是以政策主张吸引投票者的方式。第二是政策政绩的回顾，通过对过去政绩和表现的评介来提高投票者对候选人的信心。第三是个人形象的诉求，展示候选人的个人素质，如诚实、热情、正直、知识、活动、能力等个人属性。还有候选人所在政党的介绍，表明候选人在党内的地位和对党派的忠诚。另外，也有意识形态层次的诉求，如是保守派还是革新派；象征的诉求，如运用文化、宗教等理念来说明政策或领袖品质的方式。①

14.4 大众传媒与公共舆论

公共舆论是一种社会的产物，脱离了具体的社会环境，就很难说明和分析公共舆论的形成过程。也就是说，公共舆论作为社会成员的一种思想互动和集成，是个人在一定的社会环境中，针对特定的社会事务有感而发，通过与其他成员互相沟通和整合后形成的较为一致的群体意见，参与这种意见沟通和整合过程的社会要素很多，如果无视它们，就不能从根本上理解公共舆论的形成过程。以下将分别论述公共舆论的环境特点和形成过程，以及公共舆论形成的基本模式和活动规律。

14.4.1 公共舆论环境

公共舆论是公众对自己周围发生的社会事务做出的评价，如果脱离具体的社会事务，公共舆论就失去了评价和议论的对象。所以说，将公共舆论与社会环境分离开来是无法说明公共舆论的形成的。刘建明从四个方面总结了舆论与社会环境的相互作用。1) 人们在社会环境中进行的社会交往是舆论形成的前提。2) 舆论的形成受社会规范的制约。3) 社会意识与社会舆论密不可分。4) 各种各样的社会的"场"对舆论的形成产生影响。②

公共舆论是一种社会的综合产物，它的形成与社会环境有千丝万缕的关系。一般说来，公共舆论的环境可以分为四种，即经济环境、政治环境、社会文化环境和传播环境。

一个国家的经济体制与它的公共舆论的形成有着密切的关系，计划经济与市场经济不同的思维方式会导致人们对公共事务完全不同的看法和认识。例如，对外资企业进入我国发展一事，在前者的环境中必将引起公众较大的反响和各种讨论，而如果在后者的环境中，则属于一件自由竞争司空见惯的事，公共舆论不会对此有太大的关注。在经济发展比较快的环境中，公众的物质生活和文化娱乐生活水平比较丰富，信息交流环境也比较优越，这对公共舆论的形成也有影响，人们对事物的评价标准会相对开放和多样化，公共舆论的形成方向也会反映出这个特点。

政治环境反映的是特定政治体制的结构和特点。一般来说，每个国家的政府都会重视公共舆论的走向，对公共舆论进行疏导和控制。不同政治体制的政府对公共舆论的管理手法不同，导致每个国家中公共舆论形成的方式和途径也会不同。一般来说，政府控制程度较为缓和，公民具有民主意识和大众媒体的独立程度较高的国家或地区，其公共舆论形成的自由度比较高。在我国，人民代表大会制度的建立保证了公民对公共事务管

---

① 参见彭芸编：《政治广告与选举》，台北：正中书局1992年版，第16～17页。
② 参见刘建明：《舆论传播》，北京：清华大学出版社2001年版，第56～57页。

理的发言和参与权利，宪法规定的言论自由保证了公共论坛和舆论的流通，大众媒体的体制改革从另一个侧面促使媒体在促成和传播公共舆论方面起着越来越大的作用。

舆论是一种社会意识，所以舆论的形成不能脱离它所处的社会文化环境。一个社会中的道德规范、民族文化、宗教历史等都对公共舆论的形成有一定的影响。在有较长儒教历史的社会环境中，人们容易从"三从四德，相夫教子"的角度对女性的社会地位和独立的生活方式抱有偏见。不同的社会道德规范和民族文化心理也会导致人们对特定的社会现象和潮流有不同的看法，例如对离婚、婚外情、网恋等违背传统理念的行为有争议。

传播环境可以分为制度环境和技术环境两种。现代科学技术的飞速发展使传播的技术环境日新月异，从传播速度上和传播范围上保证了各种信息的流通。传媒出于对公众意识的关注，最新最有影响力的公共舆论往往都是媒体最乐于传播的内容。可以说，与过去的时代相比，现代社会的传媒力量为公共舆论的传播提供了较好的条件。另一方面，如果从制度的角度来看传播环境的话，不同的传播制度会形成不同的公共舆论传播背景。集权主义的传播制度主张严格控制公共舆论，新闻自由理论的传播制度则主张顺应公共舆论的潮流，两种制度下公共舆论的走向会完全不同。当代许多国家从媒体社会责任理论的角度主张从国家利益的角度对公共舆论的走向进行有效的引导和控制。

14.4.2 公共舆论的形成

公共舆论的形成有一个时间上的过程，这个过程虽然无法用具体的时间单位来衡量，但是基本上可以划分为五个阶段，即关注社会事务→个体意见形成→个体意见汇合→舆论领袖指导→主流舆论形成。

社会的发展和变动的过程是社会矛盾的出现、激化和解决的过程，社会公众对发生在自己身边、影响自己社会生存环境的事物和变化有与生俱来的关心，他们会关注事物的发展，以及相关的信息和解释说明，还会运用已有的知识试图解释和说明问题的原因，形成自己的见解和对策。

当公众关注某个社会问题的发展，并形成自己的立场后，他们会在自己的信息圈内开始小范围的表达、交流和沟通。如果自己的意见与他人相同，原有的意见立场无疑会得到增强；如果自己的意见与他人不同，有的人会修正或放弃自己的意见，有些人仍然会坚持原有意见。不管结果如何，在这个阶段中，个体公众在小范围内表述自己的意见，或探知他人的立场，形成对同一个问题的多种个体意见。

随着社会问题的尖锐化，多种个体意见通过多次表露、交流和融合，形成了相对成形的言论，即最初多种多样的公共意见汇总为几条主流意见，由意见领袖在公共论坛上表述，进行再沟通和整合。

舆论领袖一般是具有较高社会地位和知名度的人，在引导公众意见的时候能汇集各种意见，消除人们思维上的差异，促使意见的整合。由于意见领袖特殊的社会地位或经验，他对公众的意见具有一定的指导作用和影响力。在公共论坛上，意见领袖的作用是提出指导性见解，整合不同意见，促使主流舆论的形成。公共论坛上的意见交锋和交流，使几条主流意见再次得到整合，最终形成的就是主流意见。主流意见通过大众媒体的传播，使多数的社会公众得以了解、支持与回应，这种代表了多数社会公众的立场和意见的舆论就成为公共舆论。

在公共舆论形成的五个阶段中，大众媒体的作用遍及每个阶段。在初级阶段，大众传媒的信息为公众提供了关心的话题，同时为公众意见的形成提供了讨论的场所。在公共舆论形成的后期，大众传媒的报道方向对舆论的走向和大多数公众意见的整合会有一定的影响。

不管何种公共舆论，其内容如何，它的形成都是按起因→扩张→整合→波动的模式来展开的。公共舆论的起因是社会变动而引发的问题或危机，它们对公众原有的观念和思维方式产生了冲击力，引起公众的关注和思考，形成公共舆论。

个体公众的意见形成后，通过在公共论坛上表露会得到进一步的扩张，大众传媒的舆论扩张作用更为明显，大众媒体能使不同地区和不同阶层的人们得到信息共享，为公共舆论的最后形成提供条件。下面这两个理论概括了公共舆论在传播或形成过程中的特点。

14.4.3 两段式传播

从传播学角度展开的"两段式传播"研究能用来说明公共舆论的形成和传播。这个理论认为，在集团内部的人际传播过程中，会有一个或几个意见领袖存在，当外界的信息传入集团内部时，意见领袖会首先接触它，通过意见领袖的再次传播，集团内部的个人才会接触到这个信息。也就是说，媒介的信息是否会对个人产生影响，在于社会集团的意见领袖会怎样去传播这个信息。不但是组织内部的舆论形成，在社会环境中，意见领袖对舆论的形成也有指导和整合作用。这个理论强调，公共舆论形成的关键不是公众，而是那些高高在上的意见领袖，公共舆论朝哪个方向发展，意见领袖对信息和社会现象的解释非常重要。

14.4.4 沉默的螺旋理论

这是德国传播学者诺伊曼分析公共舆论形成过程中公众心理的理论。人生活在复杂的社会里，对孤立有一种恐惧感，他会时常观察自己周围的情况，以避免让自己陷入孤立。所以，针对某个社会问题，当一个人判断自己的意见和社会上大多数人的意见一致时，他会坦然将自己的意见说出口；相反，当一个人判断自己的意见和社会上大多数人的意见相反时，为了避免和多数意见冲突而导致被孤立，他会暂时保持沉默，不公开自己的意见。这样，被认为是社会上的多数意见的意见，会被越来越多的人支持，以一种类似螺旋上升的形式被扩大和公开，从而形成强势舆论；而被认为是少数人的意见则越来越少，直到无声无息地消失。

当人们观望社会上意见风向的时候，大众传媒的报道起了很大的作用。媒介的报道告诉人们目前多数派的意见即强势舆论是什么，是人们观察社会的重要的观望镜。虽然人们还可以通过人际传播来了解周围的情况，但是，人们会更相信大众传媒的报道。也就是说，大众传媒在公共舆论形成的时候起了重大作用。

14.4.5 公共舆论与政治的相互作用

在现代政治生活中，公共舆论起着重要的作用。一方面，公共舆论反映了基本民情，是社会管理者必须了解的内容。通过了解公共舆论，按民意的走向修正政策方向，这样的社会管理者及其政策比较容易得到社会公众的理解和支持。另一方面，社会管理者可以通过对公共舆论的引导和控制，将特定的政治意见导入公共论坛，并使之成为主流舆论，以此来整合其他意见。这两方面的作用，反映了公共舆论与政治相辅相成的关系，正如有的学者所比喻的，公共舆论既是政治的"感应器"，也是政治的"扩音器"。

现代社会中各国的政治形态虽然不同，但是一般来说，各国政府都是越来越重视公共舆论的作用，尤其重视政策决定过程中公共舆论的方向和政策执行过程中政府对公共舆论的引导和监控。

公共舆论的支持可以说是政治的基础，在现代社会，如果失去了公共舆论的赞同，任何一项政治活动或政策都是难以实现的。公众对政府行为或政策的意见叫做政治舆论。一般来说，政府对公众政治舆论的重视反映在对政治舆论的观察和采纳上。

第一，政府通常会通过自己的信息收集部门或媒体的报道，不断观察不同时期的舆论走向。政府还会定期实施全国范围内的民意测验，了解公众对某个特定问题的态度和意见。在了解了公众基本的政治舆论后，政府会从各种各样的政治舆论中确定政治目标和政治议题，采集政治见解，形成初步的政治方向。

第二，对于政府已确定的政治目标或政治议题，政府会通过媒体展开公众讨论，从中了解公众的态度和意见。同时，还会通过舆论领袖的作用，将分散的分支舆论汇合，整理成主流舆论。从政治舆论形成的角度来讲，政府的决策过程往往是在各种论坛上反复议论各种意见、整合各种意见、形成最为理性的意见的过程。

第三，参考公众政治舆论形成的政府决策，可能会在一定的时期内比较符合社会的实际情况，但是随着社会的发展，政府决策会面临不再适应实际、需要修整的问题，而政府决策的问题点往往首先表现在对此最为敏感的公共舆论上，这就需要社会管理者及时地观察民意，尊重民意，采纳公共舆论中合理的成分，促进新的科学的政治决策的形成。

公共舆论就像一条运载社会系统的船，进步的、理性的公共舆论，有反映民意、整合社会群体意识以及对社会管理进行监督的作用，会使社会的巨轮朝既定的方向安稳地行驶；而落后的、非理性的公共舆论则会扰乱人心、破坏社会安定，使这条船处于无法前进的混乱状态。一般来说，政府对公共舆论有引导和控制两种主要方式。

在中国古代，不少哲学家和政治家就不断主张政府要重视或尊重民意，指出政府对公共舆论引导的必要性。例如"防民之口，甚于防川，宜疏导不宜堵塞"，"政之所兴，在顺民心；政之所废，在逆民心"，"明君顺人心，安性情"，等等，这些古代政治哲言都反映了顺应民意对政治管理的重要性。

所谓政府的公共舆论引导，是指政府通过发布特定的信息，设置适当的政治议题，引导公众对此的关注和讨论，并促使公共舆论的形成方向符合社会发展规律的方向。政府对公共舆论的引导具体表现在四个方面。

第一，设置政策议题。政府可以通过设置具体公共事务的议题引起公众的关注或关心。政府工作的主要内容是对社会公共事务的管理，所以，要发现问题，制定相应的方针政策，政府就要经常唤起公众对公共事务的关心，了解他们的意见和建议，在此基础上构思具体的政策。政府唤起公众对公共事务关心的最为普通的手法是在大众传媒上发布与社会公共事务相关的信息，引起公众的注意。

大众传媒的议题设置功能可以使公众普遍留意被媒体重点报道的问题。政府可以通过自身的权威性和对公共信息的掌握权，利用大众媒体和公众对公共事务的关注来有效地在媒体上设置议题。在现代社会，可以说，不论是哪一个国家的政府都在利用大众媒体设置公共议题，只是设置的手法有所不同。有的国家的政府通过对封锁信息来源和对媒体报道的严格控制来设置，有的国家则巧妙地通过文化、宗教、种族等因素来促成媒体议题的设置。

第二，设置公共论坛。政府可以通过设置公共论坛促使公众公开表达自己对公共议题的意见。当某个议题被公众广泛了解，并在各种社会集团内部形成了各种具体的意见后，政府要采取适当的措施，促使公众在公共场合公开表达自己对公共议题的意见。公众公开表达自己意见的方式有多种，如我国的人大代表会制度和政治投票等；较为常见的是在大众媒体上展开的媒体公共论坛，如报纸上的群众来信、电视上的讨论型和访谈型节目等，都是公众表达自己意见的场所。政府可以通过以上的方式了解公众对具体公共议题的意见。

第三，整合公众意见。政府可以通过大众媒体或舆论领袖整合公众对公共议题的意见。在公共论坛上公开表达的意见一般来说是各种各样的，为了把握多数公众的意见，政府有必要通过大众传媒和舆论领袖对众说纷纭的意见进行归纳、汇总和整合。大众媒体对某个意见进行重点传播和积极评价，有影响力的舆论领袖在公共论坛和媒体上不断发表特定的意见，这些做法都会使原本不一致的公共舆论渐渐地朝特定的方向汇合。同时，政府还可以通过自设的信息发布机构如新闻发言人和宣传部、自控媒体等向社会发布信息，以此来直接或间接地影响公共舆论的形成方向，引导公共舆论向政府意见靠拢。

第四，收集反馈意见。政府可以通过公共论坛或大众媒体收集公众对公共政策的反馈意见。政府根据公共舆论的主流形成了管理方针和政策后，还必须再次甚至是多次在公共论坛和大众媒体上积极收集公众对公共政策的反馈意见，了解某个公共政策实施的效果和存在的问题。政府必须通过这种手段来保证政府长期的有效的管理。

公共舆论是一种反映社会精神面貌和意见互动的过程，这个过程对社会管理者的管理行为有着举足轻重的影响，所以，任何一个国家的社会管理者对公共舆论在积极引导的同时，都或多或少地进行着舆论控制。政府对公共舆论的控制，具体是指作为社会管理者的政府为了保证现有社会管理系统的稳定运行，对公共舆论形成的限制、约束、支配和管理的过程。

政府对公共舆论的控制主要表现在三个方面。

第一，传播渠道的控制。公共舆论形成和传播渠道有大众媒体传播、组织传播和人际传播等形式。大众传媒传播由于其传播速度和传播范围的优越性，可以说是最为有效的公共舆论传播方式，所以社会管理者对大众传媒的管理和控制也最为严格，政府对大众媒体传播内容的控制可以从制度上和法律上得到体现，如对媒体传播内容的各种审查制度、战争时期特殊信息发布制度等。

第二，传播源的控制。最主要的舆论传播源有两种，即大众传媒和舆论领袖。对他们的控制方式则是切断信息源与其他传播体的信息来往，或者说是封锁消息，禁止有关信息外露。这种方式多使用于战争时期或重大社会危机发生时。各个国家的政府都有相关的保密法或战时信息发布条例，用来限制不符合当时政府立场的信息传播。

第三，传播环境的控制。舆论传播环境是指促使公共舆论形成、发展壮大和基本定型的社会环境。政府对公共舆论环境的控制可以分为宏观控制和微观控制两种。舆论环境的宏观控制表现为政府通过政策、法律、条令和规章制度等来限制媒体舆论和社会公众对公共事务的意见传播，具有较长的实践性和稳定性；而对舆论环境的微观管理则是针对具体公共舆论形成的状况，政府发布的临时性管理条例，如在某种社会危机发生时颁布有时间限制的宵禁、戒严或集会禁止令等。

必须说明的是，舆论引导和舆论控制不是对立的；相反，这两者是相辅相成的。在现代社会中，可以说每个政府对公共舆论都是采取既引导顺应又管理控制的方式。舆论引导中含有舆论控制，舆论控制中也会有舆论引导，两者在现代政治生活中是不能被截然分开的，而作为社会管理者的政府对舆论引导和舆论控制的使用，则是以最终的结果能否有利于人民的利益和社会发展为根据的。

小结

大众传媒具有政治传播功能，它在现代社会政治生活中所起的作用越来越明显。所谓传媒政治，就是一种传媒深刻影响政治过程，政治过程也对传媒有较大控制作用的政治生活形态。信息化全球化的进程中大众传媒有了新的变化，也导致政治过程一些新的特点。在政治选举中，大众传媒的作用一再被学者重视和强调，美国的政治选举过程为此提供了佐证，表明大众传媒在政治选举过程中对候选人和投票者的影响力，尤其是大众传媒对公共舆论的影响不能忽视，公共舆论的形成过程和形成模式都与大众传媒有密切关系，政治组织或者政府可以通过政策控制、法律控制和经济控制的方法对公共舆论进行有效的传播控制。

阅读书目

1. 张昆：《大众媒介的政治社会化功能》，武汉：武汉大学出版社2004年版。
2. 刘华蓉：《大众传媒与政治》，北京：北京大学出版社2001年版。
3. 沈国麟：《镜头中的国会山——美国国会与大众传媒》，上海：复旦大学出版社2005年版。
4. （美）罗伯特·麦克切斯特：《富媒体 穷民主——不确定时代的传播政治》，谢岳译，北京：新华出版社2004年版。
5. 程世寿：《公共舆论学》，武汉：华中科技大学出版社2003年版。

思考题

1. 大众传媒的政治传播作用有哪些？试举例说明。
2. 大众传播媒介对政治过程有哪些影响？例举中外政治史上的事例进行说明。
3. 美国的大众传媒为什么积极参与选举报道？
4. 什么是舆论领袖？在公共舆论形成的过程中其作用是什么？
5. 公共舆论与政治有怎样的关系？试举例说明。

第六编

政治与文化

第15章 政治文化

15.1 政治分析的文化维度

15.1.1 政治文化研究的兴起

研究政治文化的先行者可以追溯到古希腊政治科学的创始人亚里士多德和近代地缘政治学的创始人孟德斯鸠，或者至少可以追溯到现代政治科学的产生之初。作为一个学术概念，政治文化最早是由德国浪漫主义的先驱约翰·哥特弗里特·赫尔德提出来的，它主要关联到文化、精神、情绪和价值等议题，决定着一个民族或集团的政治行为方式。直到"二战"之后，政治文化才成为政治科学的一个重要分支和一门显学。政治文化研究的兴盛主要归因于对魏玛共和国崩溃和纳粹上台原因的探索。这是因为，惨绝人寰的德国极权主义与大屠杀这种历史教训直接推动着学者们去思考：民主的政治制度究竟需要何种相应的文化环境？怎样的政治文化类型有利于民主制度的建立与发展？相反，哪些类型阻碍甚至破坏了民主制度的稳定？这些问题成为"二战"结束前后的美国社会科学尤其是政治科学界的最主要问题，也是使政治文化成为一种新兴理论领域和方法论的直接驱动力。那些逃避纳粹政权屠杀的犹太科学家和哲学家们大量记录了自己的亲身经历，并产生了大量的创造性成果。这直接影响到以加布里埃尔·A. 阿尔蒙德为代表的美国政治科学家，他们首先关注文化对国家政治制度、集体政治行动的关键作用。这样，在20世纪50年代的美国社会科学和政治科学领域中，主要的研究课题是，德国民主制度何以崩溃？英美民主制何以明显具有反抗独裁的能力？此外，在德国战败之后，自由主义与马克思主义两大意识形态的直接对抗、美苏阵营的对立以及对殖民地的争夺推动着美国战略性地掀起跨文化研究的热潮，为政治文化研究成为一门显学创造了现实条件。

当然，从学科分化来看，政治文化的兴起也具有现代政治科学发展的逻辑必然性。与传统政治科学相比较，现代政治科学的基本特征是把政治分析的基点从政治制度转向政治行为。但随着这种研究范式的深入，不可避免地提出的问题是，人的政治行为及政治过程又是由什么来决定？政治学家认为，政治文化恰好可以回答这个问题。正如政治文化研究的代表之一卢西安·W. 派伊在《政治文化与政治发展》一书中指出："政治文化支配着人的行动，它在任何时候都'不是漫无目的的聚合，而是代表着共同适合与共同强化的内在模式；在任何具体的共同体中都存在着一种有限的、不同的政治文化，它赋予政治过程以意义、预见性和形式，每个人必须根据其自身的历史关系，学习

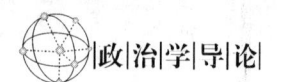

关于其人民和共同体之政治的情感与知识,并且融入到其个性之中'。"①

在这种历史、现实与学科发展的背景下,美国政治学家阿尔蒙德首先把政治文化作为政治学中的一个专门概念和专门的研究课题。1956 年,他在《政治学杂志》上发表了《比较政治体系》一文,首次使用了"政治文化"的概念,并对这一概念进行了初步的阐释。在该文中,阿尔蒙德用"政治文化"代替传统的"民族性格"、"民族精神"、"政治意识"、"政治态度"等概念来指代政治体系中支配人们政治行为的诸种主观因素。他指出,这一概念的产生是三种各自独立的思想发展相互吸收的结果:1) 社会心理学和精神分析人类学,特别是弗洛伊德的著作和人类学家如马林诺夫斯基和本尼克特的观点。2) 以韦伯、帕雷托、涂尔干的研究为代表的欧洲社会学。韦伯以"文化的"根据向马克思提出挑战,他认为宗教和价值观对经济活动和政治结构具有决定性影响。这些学者的许多理论,特别是关于社会规范与价值作用的理论在美国为帕森斯所发展。3) 调查研究,以及抽样、访谈和数据分析等功能更为尖端的技术迅速发展,使得研究者们去搜集特定集团或者民族与政治有关的心理—文化倾向方面的数据。所以,阿尔蒙德的这一概念一经提出,便很快得到政治学界的广泛应用,随后也相继出现一系列研究成果,其中有代表性的是加布里埃尔·A. 阿尔蒙德和小 G. 宾厄尔·鲍威尔合著的《比较政治学:发展研究途径》(1966)、卢西安·W. 派伊的《沟通与政治发展》和《政治、人格和国家建设》(1967),以及派伊和 S. 维巴主编的论文集《政治文化与政治发展》(1965)、加布里埃尔·A. 阿尔蒙德和 S. 维巴合著的《公民文化》(1963)等等。

政治文化研究的兴起在当时开创了政治学研究的全新路径,对政治学的学科发展作出重要的贡献。首先,政治文化在宏观分析与微观分析之间架起了一座桥梁。西方政治学的学科史在 19 世纪之前侧重于制度研究和结构—功能分析,而 20 世纪之后转向微观分析,集中于个体的政治行为、政治态度等方面的调查研究。二者之间因存在一定的鸿沟而无法对话或相互论证。政治文化作为个体层面上对外部政治目标的一种心理导向,或者一种主观的认知、情感和价值,它以宏观政治系统作为直接的反映对象;同时,政治文化又是个体的政治行为、政治经验及政治社会化的主要表现。因此,在政治文化层面上,明显存在宏观政治系统与微观政治心理之间的互动。从实际运行过程来看,宏观结构的主要功能将通过一定的方式影响到每个个体的认知、意义、规范与价值。虽然这一过程对个体心理的影响是潜在的,但是当个体置身于具体的政治运行环境中时,他将根据自己已有的文化体系,对政治对象做出一定的心理反应,这就是政治文化。其次,政治文化的概念本身具有较强的分析功能,作为一个新兴的词汇,它使得人们对政治意识形态、民族精神等过去一直长期使用的概念的理解更加清晰、系统,从而为科学的量化研究奠定了基础。最后,政治文化研究的发展体现了政治学对其他社会科学研究成果的有效利用。政治文化研究的兴起受到了包括心理学、社会学和文化人类学等各学科领域内文化研究的强大影响。政治文化不但应用了心理学的最新研究成果,而且采用了

---

① Lucian W. Pye. "Introduction: Political Culture and Political Development." in Lucian W. Pye and Sidney Verba, eds. *Political Culture and Political Development*. Princeton, N.J.: Princeton University Press, 1965. p. 3.

高度专业化的调查研究技术，使得政治学研究者们能够从传统的研究对象中挖掘新的意义。

15.1.2 政治文化的内涵与特征

什么是政治文化呢？学术界至今没有统一的严格定义与规范，但一般都遵从阿尔蒙德首次揭示的政治文化内涵，即政治文化是政治体系成员的基本政治倾向或心理因素。1978年，在《比较政治学》第二版中，阿尔蒙德进一步明确地指出："政治文化是一个民族在特定时期流行的一套政治态度、信仰和感情。这种政治文化是在该民族的历史和现在社会经济、政治活动进程中形成的。人们在过去的经历中所形成的态度类型对未来的政治行为有着重要的制约作用。这是因为，首先，政治文化并非与一个特定的政治体系或社会完全一致，对政治的导向类型可能或一般地总是超越于政治体系的界限之外；其次，政治文化与一般文化并不是一回事，虽然它总是与之相关。"①

这两点解释为后来的政治文化研究提供了广阔的舞台，并给一系列的论战提供了理论上的伸缩空间。

阿尔蒙德认为，政治文化具有三大特征：一是政治体系文化，即"对于国家的认同意识"；二是过程文化，即"对于政治过程的一系列倾向"；三是政策文化，即"对公共政策的倾向模式"。同时，他还把个人对政治的态度分为三个组成部分来考察。其一是认识性因素，即个人对政治体系、政治过程、政治目的、政治角色、政治产品等方面的认识。这些认识有正确的，也可能是错误的，它本身反映了认识主体的政治态度。由于人们的政治行为源于这些认识，因而无论这些认识是否正确，都应予以关注。其二是感情性因素，即个人对政治体系的热爱、忠诚、怀疑、疏远等情绪的反应，这些感情因素决定了人们对政治当局的要求的反应。其三是评价性因素，即个人根据自己的价值标准对政治体系所进行的价值判断。最后，阿尔蒙德还指出，政治倾向的这三个部分是相互联系的，并以各种方式相互发生影响。政治认识可能受到政治感情的影响，也可能影响政治感情；政治认识和政治感情决定了政治主体对政治的价值判断，但它们又都受到个人政治态度形成过程中诸种因素的影响。

一般认为，阿尔蒙德对政治文化的解释比较全面地反映了政治文化概念的内涵。后来，不少政治学家对政治文化的概念也做过表述，虽然他们各自研究的视角不同，但对政治文化内涵的界定，实质上都没有超过阿尔蒙德的定义范畴。例如，派伊从20世纪60年代初到70年代初曾几次给政治文化下过定义。其中最重要、最详细的阐释见于《政治文化与政治发展》的"导言"。他承认政治文化就是某一特定模式的政治行为取向；又认为，政治文化是政治体系里一种有秩序的、主观性的领域，它构成政治结构内容、机构的规范以及个人行为之间的社会联系。显然，派伊的政治文化定义与阿尔蒙德是一致的。

政治文化不同于政治原则、政治理论、政治思潮等其他政治意识形态，它具有几个

---

① （美）加布里埃尔·A. 阿尔蒙德、小G. 宾厄尔·鲍威尔：《比较政治学：体系、过程和政策》，曹沛霖等译，上海：上海译文出版社1987年版，第29页。

明显的特征：自发性、深层性、代传性。

自发性。政治文化是人们通过政治社会化过程在现实生活中自发地形成的情感取向，是对社会政治现实不自觉的、不系统的和不成熟的反映。虽然从最终意义上说，它也反映了人们所处之阶级、地区和社会发展阶段的经济利益和政治要求，但这种反映主要是潜意识的，是以感性的形式而不是以理性的形式反映的。因此，政治文化基本上是一种自发的社会意识形态。

深层性。政治文化作为感性的意识活动，从认识论的意义上讲，它是最肤浅和粗糙的认识活动，然而政治文化作为理性认识的政治理论、政治信条等却是更深刻的认识活动。因而，在整个政治上层建筑中，政治文化处于最基本的层面。物质形态的政治设施受制于一定的政治理论和政治学说，而一定的政治理论和政治学说又受制于一定的政治文化，社会的政治生活受制于人们的政治互动行为，而政治行为又受制于人们的政治心理、情感、认知等政治取向。由此观之，政治文化是政治上层建筑这个整体中最深层的结构。

代传性。社会的政治理论和政治原则虽然具有一定的继承性，但这种继承性极小，而且显然不可能代代相传，但社会的政治文化却在一定程度上有着代传功能。说政治文化有代传的功能并不是说所有政治文化都绝对要一代传至一代，而是说政治文化中的某些部分，尤其是核心的政治道德和政治价值，由于深深地扎根于该社会或民族的历史经验中，以至于作为一种遗产而流传下来。政治文化具有一定的代传性的明证之一，就是各民族国家一般都拥有带有民族特色的某种政治取向模式，而不同民族的政治文化或多或少有着某些重大的区别。

15.2 政治文化的构成

政治文化是政治关系的心理积淀和精神折射，是人们在特定政治共同体从事政治活动的语境、认知和信仰等的综合体。一般来说，政治文化由政治心理、政治观念形态、政治价值取向三部分组成。其中，政治心理包括认知、情感、态度、情绪和信念等，是政治文化的表层和感性部分，是政治文化的直接体现；政治观念形态又名意识形态，是在政治生活和政治制度与政治文化交互作用过程中，人们尤其是思想家们总结和提炼特定时空的政治文化所表现出来的各种政治观念，这种观念形态的差异性是政治文化的形态差异性、矛盾与冲突的深层机缘；政治价值是政治文化对特定政治生活、政治制度、政治事件表现出来的价值判断和认知选择，是政治文化直接影响政治制度和政治生活的集中表现。政治文化三个构成部分之间的逻辑关联是：政治心理长期积淀成为政治观念形态，而观念形态通过政治价值取向，对外在的政治制度和政治行动做出判断和反应。

15.2.1 政治心理

政治心理是政治文化的重要组成部分，但政治心理学本身却是一门相对独立的学科，是政治学与心理学相交叉的一个研究领域，突出表现为政治科学对其他学科更普遍的依赖性。其研究要点是"人类动力的作用（有时是无意识的作用）和人类对政治结果的知觉"①。但这个学科却是非常晚近的。在奥地利著名精神病学家弗洛伊德的"精神分析"理论形成后，人们才有意识地运用心理学的基本理论、原则来分析政治现象与政治过程等问题，在这个研究过程中才形成政治心理特定的含义、构成要素及其发挥的作用。政治心理是指"作为政治人的社会成员在政治社会化过程中，由于外界政治环境因素的刺激，对政治制度、政治行动、政治文化等社会政治生活各方面形成一种自发的、不系统的心理反应，主要表现为政治主体的政治认知、政治情感、政治动机、政治态度以及政治愿望信念等"②。

研究政治心理的最根本目的就是要揭示政治心理与政治行为、政治过程的互动关系，引导作为政治人的社会成员形成健康进步的政治心理。政治心理作为对社会政治生活的一种自发反应形式，由政治认知、政治情感、政治动机和政治态度等要素构成。③

政治认知是政治主体对于政治生活中各种人物、事件、活动及其规律等方面的认识、判断及评价等。政治认知的形成，必须有认知者、被认知者和情境等三个要件。政治认知过程就是认知者、被认知者和情境等因素交互作用的心理过程，按心理发展的高低不同层次，可依次分为政治知觉、政治印象和政治认知判断三个层次。其中，政治知觉是整体政治认知过程的基础，是政治主体对认知客体的各种不同属性、各个不同方面及相互关系的综合反映；政治印象是政治主体在政治知觉基础上对认知客体的成像反映，表现为政治主体对认知客体较为固定的记忆；政治认知判断则是政治认知主体在上述两个过程基础上对认知客体的评价和推论，是对认知客体的综合分析。

政治情感以政治认知为基础，由政治情绪和政治感情两个心理层面构成。政治情绪是政治主体在政治生活中根据其政治期望和需求的满足程度而产生的、暂时性的主观体验，分为积极、肯定的情绪体验和消极、否定的情绪体验两种；政治感情则是政治主体在对政治关系的认知过程中产生的一种复杂而稳定的心理体验，具有持续、稳定、较为理性和易于自我控制的特点。作为政治心理的一个重要过程，政治情感既是政治生活的感情纽带，也是政治动机的动力来源和感情基础。

政治动机是指激励并维持政治主体的政治活动以达到一定政治目的的内在动力，它隐藏在人们的政治行为背后，是政治行为的内驱力。政治动机由政治主体的需求和目标两方面有机构成。需求是指主体对内部缺乏状态的心理反应，是要将某种由于缺乏而不满足的状态变为较满足状态的一种欲求，包括生理需求和社会需求。④ 政治需求则是社会需求的内容之一。政治主体的目标是政治主体对能够满足自己需要的政治条件的综合反映，是对某种政治角色、政治方式等条件的比较选择。

政治动机是构成政治行为的直接原因。政治主体在自身政治社会化过程中，由于受到外在的现实政治环境和其他因素的刺激，会自觉或不自觉地感到自身的某种缺乏状态，产生某种心理欲求；当某种政治角色或政治方式成为满足这种需求的条件时，政治

---

① （英）戴维·米勒、韦农·波格丹诺主编：《布莱克维尔政治学百科全书》，邓正来译，北京：中国政法大学出版社2002年版，第612页。
② 《中国大百科全书·政治学卷》，北京：中国大百科全书出版社1992年版，第506~507页。
③ 参见 Jeanne N. Knutson. *Handbook of Political Psychology*. Jossey-Bass, Inc., Publishers, 1973. p. 11.
④ 参见（英）格雷厄姆·沃拉斯：《政治中的人性》第1章，朱曾汶译，北京：商务印书馆1995年版。

主体就会把争取扮演某种政治角色或实现某种政治方式当做自己的政治目标，从而实现由政治需求向政治目标的转化，为实现政治目标而实施的各种行为就是政治行为。

政治态度是政治主体对政治客体相对稳定的综合性心理反应倾向。表现为对某种政治生活、政治现象、政治过程，或肯定或否定、或赞成或反对的倾向状态。政治态度在政治心理过程中具有十分重要的地位。它是政治行为的准备阶段，是政治心理转换为政治行为的必经环节，政治态度的倾向性决定了政治行为的选择指向。

上述各要素构成政治心理的有机整体，各要素之间是不可或缺、相互联系、相互依存的，从而构成政治刺激—政治心理—政治行为的互动反馈模式。① 正是由于这种互动反馈模式，政治心理才可能对政府政策的制定、政治制度的变迁以及政治理论的创新都产生重要的影响。

政治心理是政府制定政策的心理依据。政策制定者如果不能把握社会成员的政治心理倾向或人心向背，就不能制定出顺应历史、合乎民意的正确政策。这是因为：一方面，一定社会政治心理作为一定社会政治形势的晴雨表，总要反映或显现为一定社会阶级、阶层、集团的政治情绪、政治倾向、政治觉悟、政治要求、社会思潮和公众舆论等；另一方面，政策的实现必须通过社会政治主体的实践，而政治主体的政治行为是受政治心理支配的。所以，制定政策或做出重大决策，必须充分重视人们的社会政治心理，孟轲所主张的"政在得民"，讲的就是这个道理。

政治心理是社会政治变革的制约力量。社会政治心理是社会基本矛盾运动的心理基础，对于社会政治变革具有不可忽视的重要影响，是制约政治变革的重要力量。一般情况下，包括政治制度更替在内的政治变革主要受制于客观主观两方面条件，当客观物质条件具备后，人们对革命的认识、情感、态度、愿望等主观心理因素，就在一定程度上起决定作用。路易十六那一句"是卢梭灭了法国"的哀叹证明了政治心理这方面的作用。

政治心理可以促进政治理论和实践的创新与发展。一方面，政治理论在很大程度上来源于政治心理，是对政治心理的集中、加工、提炼和升华，因而高于政治心理；另一方面，政治心理又必须接受政治理论的指导和作用，是政治理论反映社会存在的桥梁。政治理论能否正确有效地指导政治实践，在于它能否科学地阐明和回答人们在政治心理层面提出的新问题；反之亦然，每一种政治心理问题的解决，社会政治生活实践都会创新性地推动政治理论的发展。

15.2.2 政治观念

政治观念形态就是学术界和人们日常生活中常说的"意识形态（ideology）"，丹尼尔·贝尔《意识形态的终结：50年代政治观念衰微之考察》② 这一名著的主副标题之间的关系可以证实这一点。"意识形态"应该是政治学概念群体中最富有争议的概念之

---

① 参见（美）威廉·F. 斯通：《政治心理学》，胡杰译，哈尔滨：黑龙江人民出版社1987年版，第3章。
② 参见（美）丹尼尔·贝尔：《意识形态的终结：50年代政治观念衰微之考察》，张国清译，南京：江苏人民出版社2001年版。

一，如何界定也似乎成为一个非常棘手的问题。其原因有三：其一，20世纪常常被人们称为是意识形态斗争的世纪，不仅有前期诸如自由主义、社会主义、法西斯主义、无政府主义和民族主义等形形色色的流派，而且后期出现更多令人目不暇接的思潮，如女性主义、生态主义、社群主义、后现代主义等；其二，意识形态不仅可以通过政治哲学、政治理论、政治学说、政治思想、政治观点和政治主张等学术领域表现出来，而且还通过政治权力的霸权话语和人们日常生活的政治实践来体现；其三，意识形态既可以在马克思确定为"虚伪性"的贬斥意义上来使用，也可以从卢卡奇那种略微褒奖的意义上来使用，还可以在卡尔·曼海姆那种较为中性的意义上来使用。

尽管如此，我们还是有必要把意识形态概念的基本发展脉络简要勾勒出来，进而试图在一种较为中性的意义上来把握它。最初是法国的特莱西创立"意识形态"概念，他是用来描述一种新的"观念科学（science of ideas）"——按其字面意思就是观念学（idea-logy）。马克思从贬斥的意义上使用这个概念，用来指代那些通过掩盖阶级社会矛盾进而在从属阶级中促成虚假意识和政治冷漠来为统治阶级利益服务的观点。马克思据此认为，意识形态和科学是可以划清界限的，二者分别代表着谬误和真理。从贬斥意义上使用意识形态概念的另一派是保守的思想家，他们采取奥克肖特的观点，把意识形态看成是处心积虑地引导政治脱离现实和历史背景，追求抽象目标和原则的思想体系，认为只有那些精心雕琢、自成一体和居于统治地位的党派学说才属于意识形态的范畴。与这种贬斥意义上的观点不同的是一种积极性意义上的意识形态概念。该观点认为，意识形态是一种关于社会的乌托邦构想，是对某一特定社会的一种期望，是被建构、创造或发明出来的某些事物。具体地说，这种意识形态所要扮演的角色是：何种社会—文化体系或者什么样的世界观将最适合该群体，即什么样的描述性意义上的意识形态最可能使该群体成员满足他们的欲望、需求和利益。① 但是，曼海姆的知识社会学提出了一条不同的发展路线。他试图把意识形态的概念中立化，其方法是在功能上将它与科学知识、实用策略或者道德主张区分开来。他把意识形态视为一种符号系统，它不能因缺少科学理论、实用策略或合理的道德哲学所具有的性质而遭受非难。当传统的准则不再发挥其实际功能时，意识形态以其特有的价值观念，对现实世界做出具有指导性的解释说明，从而为文化构造提供明晰的范畴。这样一来，它们只能是具有党派特色的和精心设计的。②

基于以上贬义、褒义和中性的三种解说，我们对"意识形态"的界定采取《布莱克维尔政治学百科全书》中相关条目的解释，即"意识形态是具有符号意义的信仰和观点的表达形式，它以表现、解释和评价现实世界的方法来形成、动员、指导、组织和证明一定的行为模式或方式，并否定其他一些行为模式或方式"③。首先，在这种意义上，每一个意识形态都以一种"世界观（world view）"的形式为人们提供对现存秩序

---

① 参见 Raymond Geuss. *The idea of a Critical Theory: Habermas and the Frankfurt School.* Cambridge: Cambridge University Press, 1981. p. 22.
② 参见（德）卡尔·曼海姆：《意识形态与乌托邦》，黎鸣译，北京：商务印书馆2002年版。
③ （英）戴维·米勒、韦农·波格丹诺主编：《布莱克维尔政治学百科全书》，邓正来译，北京：中国政法大学出版社2002年版，第368页。

的说明和批评。其次，它提供人们想要的未来模型，即"美好社会"的图景。最后，它为政治变革能够如何发生和应当如何发生提供基本轮廓。可见，意识形态之所以复杂，就在于它既是一种描述性的战略，也是一种解释性的价值，还是一种规范性的批评，并且打通了理论与现实的界限。

意识形态概念在意义和用法上的变化是与政治对抗方式的转变相关联的。例如，马克思主义者把自由主义、保守主义和法西斯主义解释为用于迷惑与支配被压迫阶级"资产阶级意识形态"的不同表现形式。随着20世纪50年代"冷战"的到来，自由主义理论家不断找出法西斯主义与共产主义之间的相似之处。他们认为二者都是内在具有压迫性的"官方"意识形态，都压制反对力量并要求系统化的服从。但是，在20世纪五六十年代也有越来越多的人声称，意识形态已经过时和多余，其中，贝尔提出的"意识形态的终结"最受欢迎。这种观点不仅反映了意识形态的重要性在西方下降，而且也反映出自由主义、保守主义和社会主义之间的相似之处与不同之处相比已经变得更加明显。由此，贝尔才可能反复申明自己"政治上是自由主义、经济上是社会主义、文化上是保守主义"[①]。

然而，意识形态衰亡的断言根本没有成为现实。20世纪60年代以来，意识形态在政治分析中的地位变得更加重要和稳固起来。这是因为：1）意识形态的社会科学定义被更广泛地使用，这意味着意识形态不再背负政治包袱，可适用于所有的"主义"或具有行动导向的政治哲学；2）不断出现一些新的意识形态，包括60年代的女权主义和生态主义、70年代的新右派和80年代的宗教原教旨主义和经济原教旨主义；3）简单化的行为主义政治学研究方法夕阳西下，增强了人们对意识形态的兴趣。意识形态不仅被视为一种推论出政治行动在多大程度上取决于政治行为者的信仰与价值观的方法，也被当成是一种承认政治分析总是会被打上分析者自身价值观烙印的方式。

一定社会的政治意识形态是该社会的某个主导阶级或阶层建立起来的，因此，它必须为阶级或阶层的政治和经济服务。然而，这种服务并不是直接的、纯粹的，因为意识形态是作为主导阶级的思想体系以观念的形态而存在的，因此，意识形态必须介入人们的社会生活，影响人们的心理和思想。这种所谓的意识形态的影响就是意识形态在执行它的社会功能。

第一，意识形态反映的是一定阶级的思想，是一定阶级自我维护的意识。但是，要发挥维护统治阶级的作用，意识形态有它赖以发挥作用的载体——意识形态国家机器。意识形态与意识形态国家机器的结合就达到了自身传播的目的并为统治阶级统治的合法性辩护。当然，我们应该对合法性的问题持一种非常科学的态度，并不是仅靠意识形态的凭空说教就能实现论证政治合法性的目的，因为合法性需要一定的基础。意识形态总是特定阶级的意识形态，它体现特定阶级的精神面貌、意志和利益，因而意识形态与国家政权存在内在的一致性。只有当一个国家致力于发展自己的经济文化，增强自身的综合实力，并使社会成员获得切实利益的时候，统治阶级的合法性才能在意识形态的论证

---

① 参见（美）丹尼尔·贝尔：《资本主义文化矛盾》，赵一凡译，北京：生活·读书·新知三联书店1989年版。

中体现出说服力。

第二，从一定意义上说，意识形态是社会的主导思想和主导阶级的行动指南。它执行管理和控制社会生活的功能主要体现在三方面。一是社会团结功能。想取得成功，那么首先必须取得意识形态领域的领导权。葛兰西对意识形态的社会功能有很精辟的论述。他把意识形态的这种社会功能比作是一种"社会水泥"。他说"在保持整个社会集团的意识形态上的统一中，意识形态起了团结统一的水泥作用"①。也就是说，一个政党要靠争取意识形态的"领导权"而成为一个历史集团，从而使社会成为统一体，意识形态在这个过程中起到了类似于社会水泥的黏结作用。二是目标导向功能。意识形态是社会阶层集团、阶级根本利益在观念上的体现，是一种酷似客观的真理理论。所以，意识形态对于一定社会集团和阶级具有绝对的价值定位和行为导向的功用。统治阶级在社会中居于统治地位，那么统治阶级就将代表其根本利益的意识形态合理化为全社会的价值取向，并且对整个社会都具有价值导向和行为规范的作用。三是教化功能。意识形态是一套系统化、理论化的思想观念体系，它以政治法律思想为核心，具有严谨的逻辑性和深刻的理论创见，因此，特定的意识形态总能给人以影响、教育和教化。不仅从理论逻辑上证实该社会制度和该阶级所拥有权力的合理合法性，而其他的社会制度和其他阶级所拥有权力的不合理性，并把本阶级或本集团的行动纲领、理想蓝图普遍化为全社会的发展目标，从而影响人们的思想信念、价值观和行为方式。

第三，意识形态作为社会的主流文化，对社会的发展具有全面的影响，发挥纽带作用。意识形态体现的是主导阶级的精神面貌和阶级意识，也是占主导地位的文化，意识形态借助文化得以传播，文化也借助意识形态得到发展。意识形态作为阶级社会的主流文化，构成了阶级社会的主导文化环境，构建了人们的思维和行为方式。人们的活动在意识形态的影响下展开，同时这些活动的成果，无论是物质方面还是精神方面，最后都在意识形态中得到了汇合和凝聚。当外在的物质环境一定的时候，人们活动的强度和成果就取决于当时意识形态所建构的文化环境。人们的思维和行为方式在一定程度上受到了意识形态的作用。而且，此时的意识形态不论是旺盛的还是颓废的，人们所创造的物质的和精神的文明总是通过意识形态来彰显。被创造出的精神文明也就在意识形态中得到了记载和传播。在20世纪以降的社会，人们总是成长在一定的意识形态构成的文化环境中，总是在这种意识形态环境中形成自己的社会特性。人正是在意识形态环境中成为文化主体，对意识形态的接受、反思和批判等就构成了人生的思想文化内容；也正是在这个意义上，人所处的社会就是一个以意识形态为主体的文化社会。意识形态和文化使人成为自然存在和社会存在的有机统一体，使人成为影响社会发展的活动主体。

15.2.3 政治价值

自19世纪奥古斯都·孔德创立实证主义方法以来，社会科学研究中的价值分析一直受到所谓科学主义者的怀疑和批判，尤其是在政治学领域。19世纪末，政治学家就试图与价值问题划清界限，似乎一谈价值问题，政治学就不再是科学了。第二次世界大

---

① 转引自普兰查斯：《政治权利与社会阶级》，叶林等译，北京：中国社会科学出版社1982年版，第213页。

战后的五六十年代在西方盛行一时的行为主义政治学更是将这一倾向"意识形态化",认为政治学只能研究实际政治现象中的各种心理和文化因素,只能研究影响政治行为的各种因素和政治行为的规律。因此,政治价值是一个被人们所忽略或有意忘却的问题。然而,正如 A. 艾萨克所指出的那样:"从事自然科学的人不涉及价值,质子和分子无所谓好坏。但社会科学家却要涉及价值,因为人是道德的存在,所以,社会科学家不可避免地要潜心于价值问题,政治科学尤其如此。"①

政治价值是政治文化的永恒主题,因为价值是政治的永恒主题。"在政治中,我们总是永不停息地争论是与非,辩论互相替代的政策的优与劣,争辩那些终极目标的明智性,并且衡量可能方法的有效性。一句话,我们置身于对价值的探索之中。"②

所以,理解政治价值的内涵、构成和现实功能,是政治文化研究的重要任务。

什么叫政治价值,这首先要从价值谈起。从政治学考察价值论的学者普遍认为价值是表示主客体关系的概念,是客体的属性、功能对于主体需要的满足程度。美国学者杰克·普拉诺等主编的《政治学分析辞典》认为:"价值是值得希求的或美好事物的概念,或是值得追求的或美好事物的本身。因此,价值反映的是每个人所需求的东西:目标、爱好、追求的最终地位,或是反映人们心中关于美好的和正确的事物的观念,以及人们'应该'做什么而不是'想要'做什么的观念。价值是内在的、主观的概念,它所提出的是道德的、伦理的、美学的和个人喜好的标准。一个人所持的或一个团体所赞同的一组相关价值叫'价值系统'。"③

因此,所谓政治价值就是表示政治主客体关系的一个范畴,指的是政治客体对政治主体需要的满足程度,即包括政治个体和政治组织在内的"政治人"即政治主体对政治生活的需求。换言之,政治价值就是政治客体对政治主体所具有的意义。

从政治文化的范畴来看,政治价值是由政治民主、政治自由、政治平等、政治秩序、政治权利、政治正义等多种范畴构成的要素体系。政治主体立基于真切的政治生活实践,在追求自身生存与发展的人性目标的过程中,在政治理性与政治道德的价值推动与伦理规范下,催生和确立政治秩序、政治权利、政治民主、政治自由、政治平等等合乎政治人性以及社会公共善(在本质上体现为全体人民的共同利益)的基本政治价值。政治价值体系各要素、各层级的多元性与矛盾性以及政治机器的自主性必然引起政治权利与政治权力的冲突与紧张。由此,消解这种冲突与紧张并把它控制在一定范围之内,便成了政治正义这一最高层次和最深层次政治价值立场的必然要求,政治正义的价值使命便是促使政治价值要素系统维持适度的紧张与总体和谐,使政治主体可以控制政治机器。

政治价值的本质规定是通过诸多特征体现的,如同价值具有效用性、客观性、社会历史性等特征一样,政治价值也具有自身特征。

---

① (美)A. 艾萨克:《政治学的视野与方法》,张继武译,南京:南京大学出版社 1988 年版,第 80~81 页。
② (美)莱斯利·里普森:《政治学的重大问题——政治学导论》,刘晓等译,北京:华夏出版社 2001 年版,第 17 页。
③ (美)杰克·普拉诺:《政治学分析辞典》,胡杰译,北京:中国社会科学出版社 1986 年版,第 187 页。

效用性。政治价值是相对于政治主体的需要而言的，某种政治价值系统之所以存在，因为它能够满足政治主体的需要，因此，政治价值首先具有效用性的特点。如果政治主体没有必要，就不存在相应的政治价值。从这一意义上讲，政治主体、政治客体及政治价值应该是相互和谐、相互匹配的。但现实政治生活中，三者之间往往存在各种不和谐、不匹配的状况，如政治客体对政治主体的限制、失效以至于异化，政治价值的滞后与失真，等等。政治价值的效用性说明，政治不应当是一种压抑人性、妨碍个人自由和阻止社会进步的因素，它应该是尽人之性、促进合作、共存共荣的事业。

实践性。政治价值不是水中月镜中花，它具有强烈的实践性特征。因为只有政治实践才是将政治主体与政治客体联系起来的桥梁。政治价值确立和实现的过程，也就是政治实践的过程，二者是高度一致的。没有政治实践活动，政治主客体就无法发生联系，无法进行双向互动，也无法展现政治价值的真实面貌。通过政治实践活动，实现着政治主体客体化和政治客体主体化的双向运动，实现着政治价值自身的不断革新和完善。实践性的特征，决定着政治价值并非虚无缥缈的空谈，并非远离大众的唯理性主义的抽象，而是奠基于人们坚实的政治经验和政治认知活动之上。

社会历史性。任何一种政治价值都是在特定历史条件下形成的，也只有在特定历史条件下才具有现实意义。因为政治主体总是随着时代的变化而变化，政治客体也因之做相应变化，因此，随着社会时代特征的变迁和政治主客体的变化，政治价值或迟或早也要做相应的变化。直接地看，人类政治价值取向的不断变化与政治主客体的变化相关，当政治主客体发生变化后，政治价值也必定发生变化；但政治主客体的变化又受到人类生产方式和经济生活的规定。因而，从根源上讲，人类政治价值取向的不断变更根植于社会生产方式之中。因此，人类社会生活的变迁和社会转型包含着政治价值取向的逻辑进程。当然，任何一种新的政治价值观的建立都不是一蹴而就的简单过程，它往往需要经过多次反复的整合与重构。

政治价值是人们在政治活动中所体现的价值诉求，是社会政治活动的基本出发点和最终归宿。在现代文明社会中，诸如人权、自由、平等、公平、正义等政治价值已经成为各个国家、各种不同社会、各个不同政治体制活动的基本出发点和终极奋斗目标。所以，探讨政治价值有着不同寻常的意义，政治价值有一定的理论指导功能和现实指导功能。

政治价值的理论指导功能，指的是政治价值通过理论分析和评价来实现理论上的指导。因为政治价值是一个由相关概念和知识构成的完整知识体系，它不仅涉及政治主客体，还涉及政治理论和政治制度等，所以，通过政治价值，我们可以分析包括政治主客体、政治理论、政治制度等概念的理论意义。在分析这些因素之后，政治价值就可以对各种政治理论、政治思潮、政治主张进行评价，判定其科学合理与否。因为它可以集中反映政治主体的政治理想，并体现在主体的信念和态度之中，所以，政治价值成为主体评价、选择政治目标的终极标准并规范主体的政治活动，可以实现对现实政治生活和政治主体的价值指导，创造人民所最需要的政治生活条件和政治追求。同时，它是人们在活动中进行抉择和评价的标准，会对政治主体产生一定的理论指导作用。当政治主体的认知结构、政治评价和政治态度在政治价值的理论指导下有了明确的取向之后，也就提高了自己的政治认知。随着政治社会的发展，人民根本利益也相应改变，必须有新的政治价值理论来指导政治主体。所以，政治价值的理论指导功能是从政治价值出发，形成一个由政治主客体、政治理论和实践、政治制度等概念组成的相对系统，并对其研究，在此基础上形成对政治主体的理论指导。

政治价值的现实功能，指的是政治价值可以将政治系统置于人的需求关系之中，从人自身生存与发展的角度认识政治，使人们认识到是政治应该如何去适应人而不是人应该如何去适应政治，以此来显示政治主体的重要性，它要求从本质上将政治活动置于人类生活的目的之下，让政治真正地服务于人。我们知道，一方面，当人们力图创建其所需要的政治的时候，这种政治在现实中并不存在，它并不会从社会运动中自动产生出来，只能由人们自己自觉创建，而人们要创建自己所需要的政治，必须事先清楚自己究竟需要怎样的政治，政治价值就可以指导人们到底需要什么样的政治，它是政治生活的目标与标准，也为解决一切现实政治问题提供了最根本的理论依据和现实指导；另一方面，政治价值可以通过对政治主体、政治客体及其相互关系的关注，使政治活动走下神坛，走进普通人的生活，让人们明了政治事务是其共同的事务，同时可指导人们否定和反对任何违反政治本意的政治异化现象，保障自己的自由、民主、平等、人权、公平、正义等政治价值，自觉追求并维护公正、法治、有序、和谐的社会秩序。

15.3 政治文化与社会资本

15.3.1 政治文化的复兴与社会资本

政治文化理论自20世纪50年代创立之后，至70年代初达到兴盛。进入70年代之后，它遭到来自各个方面的批评，人们指责其保守、僵化，低估了社会结构和权力结构的作用，不具有解释力与预见性，等等。在这些批评声中，政治文化的研究一度陷入低潮。进入80年代末90年代初之后，政治文化的研究又呈现出复兴的态势。对此，阿尔蒙德称之为"重返政治文化"。1989年，霍华德·瓦尔达则宣称，"政治文化眼下正在复兴"[1]。其根据是，包括塞缪尔·P. 亨廷顿、A. 威尔达夫斯基、H. 艾克斯坦和卢西安·W. 派伊等政治学专业领域中的重要人物当时出版和发表了运用政治文化研究的重要著作和文章，而且，更多的研究是聚焦于民族文化方面的。

政治文化理论的复兴从80年代中期初显端倪，到80年代末全面展开，进入90年代达到鼎盛。最早提出"政治文化复兴"概念的是罗纳德·英格尔哈特。他在1988年发表的《政治文化的复兴》一文中提出："现在是矫正社会分析中的偏向的时候了。"他认为，自60年代末以来，以经济变量为基础的理性选择理论成为占主导地位的分析模式，而文化因素却被贬低到与实际不符的程度。到1993年，政治文化研究的奠基者加布里埃尔·A. 阿尔蒙德再次肯定了政治文化复兴的存在。他为L. 戴尔蒙德主编的

---

[1] Howard Wiarda. "Political Culture and National Development." *Fletcher Forum of World Affairs*, 1989, 13 (2): 199.

《发展中国家的政治文化与民主》一书所写的序言的标题便是《政治文化的回归》。他指出:"只需匆匆一瞥就会发现,仅在过去几年中,就有五本著作、两篇美国政治学会主席的演讲、两篇《美国政治学评论》的刊首论文都是研究政治文化问题的。很显然,政治文化研究和政治文化理论已经回归,或如 R. 英格尔哈特所说已经'复兴'。"①

政治文化理论的这次复兴不仅仅意味着一种理论重新回到政治学研究的舞台中心,也意味着政治文化研究从此将成为政治学研究恒久的组成部分。此外,这次复兴也不是对过去经典政治文化研究的简单重复。用米切尔·伯林特的话说:"政治文化从复兴那一刻起就意味着一种过去的再生、重释和再创造。"② 复兴的政治文化研究力图克服早期政治文化研究的各种缺陷,从各种角度推进人们对政治文化的认识,并更为有效地将政治文化变量引进政治分析之中。然而,90 年代之后的政治文化复兴体现在哪里呢?有何明显标志?我们认为,帕特南在 1993 年出版的《使民主运转起来:现代意大利的公民传统》一书中提出"社会资本"的分析框架,正是政治文化研究重获新生的标志,进一步激励着学术界和人们的研究工作。

15.3.2　社会资本的概念

那么,什么是社会资本?这个概念为何有利于分析政治文化问题?帕特南综合了前人研究的成果,将社会资本界定为"社会组织的特征,诸如信任、规范以及网络,它们能够通过促进合作行为来提高社会的效率";"信任是社会资本的必不可少的组成部分"。③ 简言之,我们可以将社会资本的基本含义简洁阐释为:它是以信任为核心、以公民参与的网络和互利互惠的规范为来源的一种资源集合体。

首先,社会资本应该具有资本属性,必须像其他物质资本一样是一种循环利用和可再生的资源形式。根据布尔迪厄的观点,资本的概念及其全部理论可以引入社会生活,因为资本是积累的劳动(包括具体和抽象形式),当个体或组织排他性地占有这种劳动时,他们就获得了社会资源,这种劳动就能为行动者创造利润。布尔迪厄把资本分成物质和非物质的,前者是指经济资本,后者可分为文化资本和社会资本,这些资本形式可以相互转化,从而社会资本可转化为经济资本来测量。个体和团体的社会资本之所以能按某种显性或隐性规范得以维持并产生利润,就是因为行动者占有的资本均能产生收益增值效应,个人为了创造收益才彼此信任、建立网络并参与互动,而且利润是团体内部有凝聚力并相互信任的基础,正是这种收益和利润使理性的个人或团体在参与公共政策时积极发挥社会资本的作用。

其次,要与其他资本一样具有生产力并进行循环再生产,社会资本必须以信任为核心。这是因为社会资本是一种道德资源,它通过合作得以加强,互动行为本身就是对社会资本的投资,而合作产生信任,越信任就越容易互动合作,因此社会资本不会越用越

---

① Gabriel A. Almond. "Foreword: The Return to Political Culture." in Larry Diamond, ed. *Political Culture and Democracy in Developing Countries*. Lynne Rienner Publisher, 1993. p. 9.
② Michael Brint. *A Genealogy of Political Culture*. Boulder: West View Press, 1991. p. 1.
③ (美)罗伯特·D. 帕特南:《使民主运转起来》,王列、赖海榕译,南昌:江西人民出版社 2001 年版,第 195 页。

少，只会越用越多，不用则会枯竭。从这种意义上说，社会资本是一种公共财富，"许多社会资本具有的公共物品特征是社会资本与其他形式资本最基本的差别"①，因此，它也会出现估价不足和供不应求的问题，从而社会资本必须通过开展一些促进相互信任的社会活动而不断得到生产和积累。进入20世纪90年代以来，公民社会支持者认为，公民之间的责任和信任是社会资本的基础。福山指出："充裕的社会资本储备往往会产生联系紧密和相互信任的公民社会，而公民社会是现代自由民主制度的必要条件。"②正因为以信任为核心，创生社会资本一方面可以大大削减经济活动中的交易费用，而另一方面则会增进政治运作的腐败现象和寻租行为，以致制定和执行公共政策时出现偏差。

最后，社会资本的生产、维持和积累主要依赖于两大来源：互利互惠的规范和公民参与的网络。能够加强社会信任和生产社会资本的规范有很多，其中最为重要的就是互利互惠。按帕特南的观点，互利互惠可以区分为两类：一类是平衡的或特定的互利互惠，即同时交换同等价值；另一类是普遍的或弥散的互利互惠，在某个特定的时间并没有回报和平衡，但在将来能够期望获得回报的持续交换关系，普遍的互惠是一种具有高度生产性的社会资本。一种有效的普遍的互利互惠规范与密集的社会交换网络相关。当信任与回报成正比例发展时，人们的交换更容易进行；反过来，长期不断的交换也会促进普遍的互利互惠规范的形成。这种显性或隐性的规范，一方面加强了相互信任的合作，从而增强交换双方的社会资本存量；另一方面又促进公众参与的激情，拓展相互合作的网络范围，有利于培育经济繁荣的公民社会和增强公共政策有效运行的国家能力。帕特南认为，公民参与的网络分两种：一是横向的平等关系网络，二是垂直的等级关系网络。横向参与的网络是社会资本的基本组成部分，在一个共同体中，此类网络越密，其公民就越有可能进行互利合作。社会资本包含共同价值、规范、非正式沟通网络以及社团型成员资格。它通过两方面起作用：在微观上，社会关系和人际信任能够在个体行动层次上减少交易成本而获得利润；在宏观上，社会凝聚力和公民参与能加强民主治理，促进共同管理的诚实和效率。二者都是通过克服集体行动困境而有助于解决社会秩序问题，减少不确定性和交易成本，促进交易效率。

但社会资本存在明显的负面后果，比如黑社会、恐怖组织就把社会资本作为其组织资源的基础，而且社会资本还会引起官僚作风、裙带关系和腐败等问题，个人或团体在培育自身社会资本的同时也会摧毁其他形式的社会资本，由于资源配置的不平等而降低了整体福利水平，因此"无法保证创造社会资本就一定能增加人类福利"③。垂直的等级关系网络主要是指公民个人或团体利用自身的社会资本参与公共政策过程或进行政府寻租，从而有利于社会资本的积累和利润的增加；相反，政治精英或决策者也利用网络关系了解公共舆论和政策评估。此外，两种网络关系可能出现交叉与混合，如弱小的个

---

① （美）詹姆斯·科尔曼：《社会理论的基础》（上册），邓方译，北京：社会科学文献出版社1990年版，第342页。
② （美）福山：《社会资本、公民社会与发展》，载《马克思主义与现实》2003年第2期。
③ Elinor Ostrom. "Social Capital: A Fad or a Fundamental Concept?" in Ismai Serageldin, ed. *Partha Dasgupta*, 1999.

体通过公民社团的联结而使团体和民间的社会资本变得强大,从而积极参与政治选举和政策制定。帕特南通过对几十年来美国公民参与结社活动和政治选举的考察,正是从这个意义上认为"独自打保龄球:美国下降的社会资本",即有利于共同利益而协调合作的团体社会资本储量(诸如网络、规范和社会信任等)在美国近年来一直减少。

15.3.3 社会资本的作用

社会资本对于政治民主化、政治参与、政治稳定有着重要的作用。

(1) 社会资本为协商民主提供了社会信任基础。"信任是在一个社团之中成员彼此诚实、合作行为的期待,其基础是社团成员拥有的规范以及个体隶属于那个团体的角色。"① 信任是同一社会中的人们建立在共同价值观基础上的坦诚对待和相互认同。这一心理行为发生在公民与公民、公民与团体、公民与政府之间。协商民主要吸纳政治共同体的自由、平等的公民来参与政治过程的前提是公民与公民、公民与团体、公民与政府之间的信任,这是协商民主实行的心理基础。而社会资本所蕴涵的信任恰恰能够充当此功能。社会资本使公民有合作、信任理解和彼此产生共鸣的倾向——互相以公民而不是陌生人、竞争者或潜在的敌人来对待。社会资本能够提高社会的凝聚力,"把人们从缺少社会道德心或共同责任感的利己主义者和以自我为中心的算计者转变为利益共享、责任共担和有社会公益感的社会成员"②,从而促进国家与社会、政府与市场、国家与个体之间的信任与合作。

(2) 社会资本激发和培育公民的公共精神。公共精神是民主政治的重要基础。公共精神也称为公民性或公民精神,是在由公民组成的共同体中,公民对共同体公共事务的积极参与,对共同体价值的认同和对公共规范、公共原则的维护。在帕特南的"公民共同体"概念中,它包含了公民的参与、政治平等以及团结、信任、宽容与社团活动情况这四项内容。在这种共同体中所表现出来的政治平等和对公共事务的积极参与就构成共同体的"公共精神"。正如迈克尔·沃尔泽指出:"对公共事务的关注和对公共事业的投入是公民美德的关键标志。"③ 公民意识、公民精神不是可以简单移植的,也不是短时间内可以迅速建设起来的,它必须在公民日常生活中的各个方面加以贯彻,逐渐获得训练,积久成习,公共精神就成了自然而然的思维、态度和行为方式。因此,政府必须摒弃怀疑和不信任的观念,在行为上祛除管制、包办的做法,提供更多政府与公民合作、沟通的平台,使公民在公共事务的决策过程中体会到公共精神的价值,激发公民的参与热情和创造精神。通过公共事务的公民参与,能够促进公民间的交流和了解,增强公民的归属感,使公民从中获得鼓励、同情、理解和认可,通过公民之间长期、频繁、密切的交流和沟通,唤起一些有助合作的价值与创造一种群体的身份和意识,从而激发公民参与社会公共事务的热情。

---

① (美)福山:《信任:社会美德与创造经济繁荣》,李宛容译,呼和浩特:远方出版社1998年版,第30页。
② (英)肯尼斯·纽顿:《社会资本与民主》,载《马克思主义与现实》2000年第2期。
③ 转引自(美)罗伯特·D. 帕特南:《使民主运转起来》,王列、赖海榕译,南昌:江西人民出版社2001年版,第100页。

（3）社会资本能够培养公民对政治制度的认同感。政治的统治基础是合法性，而合法性来自社会对政治的认同。在现代政治中，衡量合法性高低的最重要的一个标准是公民对政治的信任度。公民对政治的信任度高说明合法性程度高；相反，就说明合法性程度低。民主制度能够由精英甚至由外国的征服所强加，但它们是否继续存在取决于它们是否在公众中生根，因为对民主来说，公众是一个至关重要的政治因素。[①] 对政治而言，社会资本中的信任主要以两种形式体现出来：一是对制度的信任，二是对具体统治者的信任。相比较而言，公民对制度的信任能够更持久地维持一个政权，而公民对具体统治者的信任则经不住时间的考验，多数家族式的君主政权由于其信任根基是建立在统治者个人魅力基础上的，所以，一旦现任统治者发生更迭，政权就会陷入动荡的旋涡之中。因此，阿尔蒙德建议，政治发展中国家的一个关键问题是，如何把合法性从个人身上转移到政权（也就是制度）上来。[②] 一个社会如果形成了公民对制度的牢固信任传统，那么这种公民文化就能够维持政治的长期稳定，这是作为政治文化资源的社会资本对政治的重要意义所在。而且，信任能够培养公民的宽容和妥协精神。政治学家区分了两类信任，即特殊信任和普遍信任。特殊信任是指人们只将信任给予诸如亲朋好友这样的封闭的"小圈子"，而对于社会上的大多数则不信任；普遍信任则相反，人们愿意信任"陌生人"。这两种信任对于政治而言其意义也迥然有别。普遍信任者能够在政治生活中养成宽容和妥协的品德，允许与自己不同的信仰和意见的存在，如果一个社会是宽容的，不同群体和集团之间就不会形成根深蒂固的仇恨，当争议发生的时候，彼此之间容易达成妥协。而特殊信任者担心自己的价值观念暴露在他人面前，所以不能包容不同的意见，无法容忍其他派别的存在，在这种社会中，政治冲突和分裂比较严重。特殊信任要么支持一个霸权政体，要么将一个竞争性政体毁灭于恐怖和冲突之中。

15.4 政治社会化

15.4.1 政治社会化的过程与功能

政治社会化是政治文化传递与社会资本再生的过程，是政治文化形成、维持和改变的过程，是政治文化传承与创新的过程，是个人角色学习与系统再生产互动的过程，是一个复杂、多元与持续的过程。学科意义上的政治社会化的真正产生时间是20世纪50年代末60年代初。它的历史渊源可以追溯到美国20世纪20年代末30年代初对公民政治教育的讨论和研究。当时，由美国历史学会发起的一系列研究，考察了公民的正式教育问题，并由C.梅里安编辑了一套丛书——"公民的形成"。50年代初，人们在对公民的政治教育研究中引进了政治社会化的概念，50年代末60年代初开始了对政治社会

---

① 参见（美）罗纳德·英格尔哈特：《信任、幸福与民主》，见马克·沃伦主编：《民主与信任》，北京：华夏出版社2004年版，第91页。

② 参见（美）加布里埃尔·A.阿尔蒙德、小G.宾厄尔·鲍威尔：《比较政治学：体系、过程和政策》，曹沛霖等译，上海：上海译文出版社1987年版，第40页。

化的直接研究，并且迅速升温，蓬勃发展。1959年，海曼发表了政治社会化的评论文章，阐述了政治社会化的有关问题，并出版了《政治社会化：政治行为的心理研究》专著，首开了政治社会化研究的先河。迄后，弗雷德·格林斯坦、戴维·伊斯顿和罗伯特·赫斯对儿童态度进行了以经验为根据的研究。到60年代中期，研究的势头发展得非常迅猛，1969年出版的《社会心理学手册》中的文章有1/3是论述政治社会化问题的。据西尔斯考察，自那以后，其研究成果以几何级数速度增加，并出版了若干读本和文选。

政治社会化的过程有三个方面，这三方面恰好是政治社会化的三种功能：一是政治文化的传播、代际传递与变迁的方式和过程；二是社会个体学习政治知识，获得政治取向，形成和完善政治人格，以适应政治生活的过程；三是研究政治体系的运行过程及与政治社会化的关系。

（1）政治文化的传递、维持与变迁。政治文化的传播和传递是政治社会化的母体内容和总任务，政治社会化的其他内容和任务都是政治文化的传递派生出来的。政治文化与政治社会化的关系从总体上说是内容与形式、目的与手段的关系，政治文化是政治社会化的内容，也是政治社会化的根本目的。政治文化既是政治社会化的起点，也是政治社会化的终点。这个终点既可能是旧的政治文化的维持、传递，也可能是新的政治文化的产生。政治社会化则是政治文化的存在形式和传递的手段与机制。这一关系既表现在政治文化的传播和传递之中，又表现在政治文化的维持和变迁之中。社会成员学习政治知识，获得政治价值取向的过程，以及社会群体和组织教导占主流地位的政治文化塑造政治人的过程，就是政治文化的社会化过程。一个民族、一个国家的政治文化就是这样通过政治人的培养和塑造，使政治文化一代一代传递下去，以至于相隔几百年上千年还能找到政治文化同质性的痕迹和联系。政治文化的变迁同样也是经过政治社会化这个机制进行的。改变或消灭一种政治文化的主要途径是批判该种政治文化表现形式的政治理论、政治信念、政治价值准则，并以新的政治理论、政治信念、政治价值准则去代替被批判的政治理论、政治信念、政治价值准则。这种批判旧的政治文化，宣传、灌输新的政治文化的过程，就是通过政治社会化变革政治文化的过程。

（2）政治人格的形成、完善与政治自我的形成和发展。阿尔蒙德认为："政治自我是各种不同感觉和态度的混合，包括基本的政治态度和信仰，对政治制度的认识，对当前的政治事件、政治问题、政治人物和政策的看法。政治态度是政治自我的核心部分，但不能把对政治自我的解释局限于政治态度层次。政治自我就是一个人的政治自我意识，包括个体对自己的政治认识、政治体验，个体对自己的政治评价，个体对自己的政治调控能力。"[①]

例如，个体对自己在政治群体与组织中的地位、权利和义务的认识与体验；个体对自己与他人、政治组织关系的认识和态度；个体对自己的政治能力、政治成就感、政治责任感的认识、觉察和评价，对自己在政治上的自尊感、自卑感的觉察和评价；个体对

[①] （美）加布里埃尔·A. 阿尔蒙德、小G. 宾厄尔·鲍威尔：《当代比较政治学》，北京：商务印书馆1993年版，第50页。

自己的个性及其对政治影响的认识和评价；个体为达到预定的政治目的与实现理想的政治自我而对自己的意志和政治实践过程不断地进行积极自觉地计划、检查、评价、反馈、控制、调节的意识能力和过程；等等。

（3）政治角色的学习和扮演。政治角色是社会政治系统所规定、社会成员所期盼的特定政治人的行为模式。政治角色通过政治人在政治社会中的地位、职务、身份表现出来。政治人的政治地位、职务、身份及其行为只有通过与其他政治角色或社会角色的互动和联系才能表现出来，政治角色的相互联系、相互依赖、相互作用，构成了政治社会。政治角色就是这个政治社会的最小单位。政治角色是政治系统的构成要素，政治角色的扮演过程就是政治社会的运行过程。政治角色的扮演首先要知觉和认识角色期盼。角色期盼的内容有四个方面：一是充当某一政治角色应具备的才能、素质；二是占有某种政治地位、担任某种政治职务所应享有的权利和应尽的义务，以及对该种地位、职务的权力和责任的规定；三是政治体系对扮演该政治角色所应遵守的政治价值取向、政治习惯的规定和要求；四是社会成员也包括其他政治角色对政治人扮演这一政治角色的期待。前三项内容一般都由一个政治团体的政治规范所规定，如宪法、政治组织法、公务员法等等。而人们对政治角色的期待和希望则从大众舆论、公共舆论中表现出来，并以公共舆论为某行为的最终评价。

政治角色的扮演是指具备了充当某一政治角色的政治人承担和表演政治角色的过程及活动。许许多多相同的政治角色形成角色组列（子系统），各种角色组列构成政治系统、政治社会。政治角色的行为不是任意的行为，而必须按特定政治角色的角色期盼行动。因此，要扮演政治角色，首先，必须认识和把握角色期盼，其中包括认识和掌握扮演某一政治角色的政治规范，公众对扮演这一政治角色的希望，自己对扮演好这一政治角色的目标、打算及政策，等等。政治期盼是对政治角色扮演者的约束，也是对政治角色扮演的好与坏、合格与否的评价标准，只有按角色期盼而行，按民意而行，才能成为优秀的政治角色的扮演者，也才能得到人民的拥护。所以，要扮演好政治角色，必须深刻理解和把握角色期盼，必须认识和把握民意。其次，要准确地知觉自己在政治角色结构中的地位，认识自己所充当的政治角色的权力的大小，自己与其他相关政治角色的关系。最后，学习扮演政治角色的政治技能。扮演特定的政治角色需要特定的政治艺术和能力。这些特定的或职业性的政治艺术与能力是通过学习获得的，是通过成年后的再政治社会化获得的。

15.4.2 政治社会化的途径

对于一个政治共同体来说，培养社会成员政治态度的具体方式是多种多样的。在任何政治体系中，政治社会化只有借助于一系列职能机构的相互配合才能有效实施。一般来说，家庭、学校（包括高等学校）、自己圈内的人们、舆论工具和社会领袖是政治社会化的主要"经纪人"；另外，还可以加上国家、政党、教会、商行、学校和军队，他们的作用无疑也很大。其中，家庭、学校、大众传播媒介及同辈群体等非正式组织在政治社会化功能实现中具有普遍意义。

（1）家庭。家庭是构成社会的基本单位，也是政治社会化的起点站。对个体成员而言，家庭是最初的教育环节。家庭在儿童政治社会化过程中的贡献是巨大的，正是家庭首先向孩子做出对现存世界的解说，向他介绍某些道德、社会、宗教和政治价值观。而且，如果父母关心政治，他们的兴趣通常会传给子女。父母常常把自己的政治观点和政党定向传给孩子。而且，由于家庭教育常常对孩子进行耳提面命的反复训练，并且一般都具有十分浓烈的感情色彩，因此，它的影响力往往贯串于人的一生，既强大又持久。在家庭的熏陶下，儿童会产生一种朴素的政治心理，如对国家、民族和领袖人物的认同、敬仰与忠诚等。同时，家庭教育还可能对儿童未来的政治人格、政治抱负、政治理想及政治行为方式的塑造起着某种关键性的作用。

（2）学校。学校是社会成员从早期政治社会化到成人政治价值观确立的中介之一，也是将儿童从家庭引向社会的桥梁。它作为向社会成员系统传授与灌输政治知识、政治技能和政治价值观念的专门场所，将进一步巩固和拓展青少年在家庭教育中形成的政治感知方式和政治视野，并通过较为正规严格的系统培养将公民的政治素质提升至一个更高的水平。在许多西方国家，特别是美国对学校在政治社会化过程中的作用尤为重视。在低年级时，向儿童介绍被授予权力的社会人物；教学生社会行为规范、民族格言、口号和象征等等，训练学生通过民主途径解决问题。中学阶段，则有意识地培养其成为在政治上可信赖的公民，使他们熟知政治过程、政治制度和价值观，并理解那些被认为是政治中正确的东西。在大学阶段，几乎所有的高等院校都开设了一系列的政治理论课程，尤其值得注意的是，政治学作为普及教育课程在美国所有大学生的公民教育中占有重要地位。当前，美国110所大学有权授予政治哲学博士学位，还有150所大学有权授予从事政治研究的人文社会科学硕士学位，其他只有政治学学士学位授予权力的学校增加得相当快。这些做法对美国社会经济政治的发展产生了巨大的推动作用，其中的许多经验是值得我们借鉴的。

（3）大众传播媒介。对现代社会而言，电视、音像、广播、报纸、杂志、书籍等大众传播媒介在推动政治社会化方面日益引起了人们的广泛关注。它在传播政治信息、引导政治方向等方面发挥着重大的作用。这种作用的发挥主要通过两个途径：一是"使政治事件引人注目"，即通过新闻报道、舆论渲染等方式，吸引社会大众对问题的注意力，增加他们的关心程度和了解程度，从而引导社会成员政治心理的发展方向；二是在各种各样的宣传报道中，除提供政治信息外，还直接宣传某种带有倾向性的政治价值观念，以制造、引导和左右公众舆论，从而影响和塑造人们的政治情感、政治认知、政治评价与政治抉择。因此，在现代社会中，大众传播媒介是推动政治社会化的一股强劲的力量。

（4）同辈群体等非正式组织。现代社会的某些非正式组织也是政治社会化的重要途径，它们对人们的政治态度和政治价值观的形成有重大的影响。同辈群体即是其中之一。所谓同辈群体，就是年龄相近以及教育程度、身份地位、兴趣爱好和价值观念大体相同的人们的自愿组合。这种同辈群体尽管是非正式的，但由于它来自个人的自由选择，所以能够使群体成员产生强烈的心理认同感。这类群体一般都有其约定俗成的价值标准和行为方式，因而，它能够"通过推动或迫使成员遵守该群体所公认的态度或行为而使成员社会化。特别是随着传统社会向现代社会的历史变革，家庭纽带相对松弛，同事、朋友之间的交流与沟通空前扩大，从而使得同辈群体在传播政治信息、塑造公民政治人格中发挥着不可忽视的作用。

小结

政治文化作为现代政治科学的一个重要主题，兴起于"二战"结束前后美国政治科学界对德国纳粹大屠杀和极权主义的文化反思，这是政治文化成为一种新兴理论领域和方法论的直接驱动力，也为当时的政治学研究开创了全新路径，对政治学的学科发展作出了重要的贡献。阿尔蒙德首次界定的政治文化是指政治体系成员的基本政治倾向或心理因素，它由相互关联的政治心理、政治观念、政治价值三部分组成。政治文化研究在20世纪70年代之后一度陷入低潮，但到80年代末又呈现出复兴的态势，集中表现为社会资本研究的兴起，主要是研究以信任的核心、以公民参与的网络和互利互惠的规范为来源的资源集合体。社会资本的研究延续了政治文化主题对政治社会化过程与功能的重视，重新发现家庭、学校、大众传媒和非正式组织的政治社会化作用。

阅读书目

1. （美）加布里埃尔·A. 阿尔蒙德、小G. 宾厄尔·鲍威尔：《比较政治学：体系、过程和政策》，曹沛霖等译，上海：上海译文出版社1987年版。
2. （美）罗伯特·D. 帕特南：《使民主运转起来》，王列、赖海榕译，南昌：江西人民出版社2001年版。
3. （美）福山：《信任：社会美德与创造经济繁荣》，李宛容译，呼和浩特：远方出版社1998年版。
4. （德）克劳斯·冯·柏伊姆：《当代政治理论》，李黎译，北京：商务印书馆1990年版。
5. 王乐理：《政治文化导论》，北京：中国人民大学出版社2000年版。

思考题

1. 政治文化的含义与特征是什么？
2. 如何理解政治心理过程？
3. 简述政治观念形态的特性与作用。
4. 社会资本对政治发展有何作用？
5. 政治社会化有何功能？

第16章 政治价值

政治价值是政治生活中所追求或应当追求的价值目标，它们同时也构成了对政治制度和公共政策进行评价的指标。在政治实践中，这些价值也是人们推动政治变革的重要动力。

政治是人们组织群体生活的方式。但个体乃是人存在的一种基本形态，因此，在这种群体生活的形式之下，个人自由是否重要、什么才算作自由、它如何得以实现、自由与群体秩序和政治权威之间是什么关系，这类问题自然就十分重要。虽然对个人自由的强调更多的是近代以来的事情，但自由却是自古就与政治生活联系在一起的一种基本价值，只不过在古代，人们对自由的强调可能着眼于不同的层面。

在种种政治价值当中，人们最为频繁地将其与自由相提并论的，便是平等了。无疑，人与人之间存在明显的多样性，无论是智力、体力，还是出身、财富，差异是任何时代、任何社会的常态。但如何对待这些差异，却不是事实问题，而是价值问题。虽然人类曾长期生活在等级制度之下，但平等却是一种古老的追求。只不过，在现代社会，平等表现出越来越大的、直觉上的道德力量，而且超越了特定群体的限制，呈现出普遍性的特征。面对差异的事实，追求平等的理由何在？平等又应当表现在哪些方面？它应当具备什么样的限度？这些问题，无疑是政治理论中不可回避的价值问题。

一个与平等相关的问题是：一个社会是仅仅在政治与法律上承认人们参与政治的平等身份，并让他们在政治之外的经济生活中听命于自己的出身、能力和机会，还是应当为人们的生活福利承担某种集体的责任？在现代社会，福利国家几乎成了一个得到普遍认同的目标，虽然这种认同的范围和程度仍然存在差别。与此同时，对福利国家及其提供福利方式的反思越来越多。但是，为人们的生活福利承担某种集体责任，为人们的生活建立一张安全网，这既有源于公平的考虑，也有源于对社会稳定的策略性考虑，这两个层面上的理由都足以说明，福利是一种不可忽视的政治价值。

政治价值当然不只是这三种，但它们大体上构成了最为基本的方面，其他的价值，比如政治共同体、公民友爱等等，在许多情况下都可以根据它们得到说明。不过，在政治领域，却有一个人们常常用来评判政治安排的总标准，这个标准就是正义或社会正义。在政治这种群体生活方式之中，总是会形成一些利益，同时也产生一些负担，这些利益和负担如何在人与人之间进行划分才算是恰当的？这个问题几乎涉及所有的政治价值，它具有最大的综合性，而这正好就是正义的基本关切所在。无论政治安排涉及哪一个方面或涉及哪一种具体的政治价值，人们似乎更习惯于用正义与否来对之进行评价，这足见正义这一政治价值的特殊重要性。从常识的角度看，一个社会在正义问题上存在一种基本的共识，乃是一个稳定的政治社会的必备条件。然而，见之于生活之中的正义观和正义感常常表现出很大的分歧,这就足以使我们认识到,正义这一政治价值是一个多么重要而又棘手的问题了。

16.1 自由

18世纪美国弗吉尼亚著名的政治家和演说家亨利有一句名言,叫做"不自由,毋宁死"。这句话曾激励过一代又一代人对自由的追求。著名思想家卢梭也赋予自由以特殊的重要地位:"放弃自己的自由,就是放弃自己做人的资格,就是放弃人类的权利,甚至就是放弃自己的义务。"① 但对于自由,历史上并不仅仅是赞颂之辞。罗兰夫人就有一句震撼人心的话:"自由,多少罪恶假汝之名以行。"其实,自古希腊以来,就有人对自由抱有警惕之心。比如苏格拉底在批判民主政治(即平民政治)的时候把这种制度等同于无政府主义,因为这种制度下的人们为所欲为。在他看来,对自由的过分热衷,最后导致了民主政治本身的瓦解,促成了僭主政治的产生。他得出的结论就是:"无论在个人方面还是在国家方面,极端的自由其结果不可能变为别的什么,只能变成极端的奴役。"② 为了能够对这些不同的观点予以澄清,我们应当首先弄清楚自由的含义。

16.1.1 两种自由概念

在思想史上,对自由的概念进行分析的杰出代表,当数当代思想家伯林。他对消极自由与积极自由的区分,成了学术界讨论自由概念的重要起点,同时也成了当代学者积极争论的对象。但是,在介绍伯林的观点之前,我们应当知道,思想史上另外有两位重要的思想家对这种概念的区分做过重要的工作,甚至直接启发过伯林的思考。

第一个就是康德。他在其道德哲学中曾提及对自由的消极阐释与积极阐释。根据前者,自由就是指意志不受外来原因的限制而独立地起作用;根据后者,自由就是服从道德律,而道德律乃是我们理性的规定,是理性的自我立法。③ 康德的区分确实与伯林后来对消极自由与积极自由的区分有一些概念上的渊源关系,而且康德在其道德哲学中所主张的自由是积极的自由,它也属于伯林后来所理解的积极自由之列。

只不过,康德所讲的积极自由与哲学史上形而上学的自由概念具有直接的关联。形而上学的自由概念所关注的核心问题乃是意志自由与必然性、决定论之间的关系。如果我们身处一个受必然规律所决定的世界,意志自由是否还有可能?在哲学史上,围绕这个问题形成了尖锐的对立。一方认为自由意志与决定论是相容的;另一方则认为二者是对立的,也就是说,如果决定论是真实的,那么自由意志就是虚幻的。这个问题的重要性还在于,在道德上,责任与自由常常被认为是联系在一起的。如果人们的行为是被决定的(这些决定因素包括环境、个人已经形成的个性与气质等等),那么我们有什么理

---

① (法)卢梭:《社会契约论》,何兆武译,北京:商务印书馆1980年版,第16页。
② (古希腊)柏拉图:《理想国》,郭斌和、张竹明译,北京:商务印书馆1986年版,第342页。
③ 参见(德)康德:《道德形而上学原理》,苗力田译,上海:上海人民出版社2002年版,第69~70页。

由要人们对他们的行为承担道德责任？进而，我们对人们的行为进行道德评价的基础何在？但我们在此仅限于提出这些问题，以便指出概念上的区分，而不试图加入对这些问题的讨论，因为在政治理论当中，我们所理解的自由一般都不直接涉及意志自由，而仅仅是在社会和政治领域内去讨论。

这就涉及第二个对自由概念进行分析的理论家，即法国的邦雅曼·贡斯当。贡斯当在一次著名的演讲中阐述了古代人的自由与现代人的自由。他的这种区分被认为开启了自由主义对自由进行概念分析的先河，而且伯林自认深受他的影响。

贡斯当所说的古代人的自由，主要是指古希腊至古罗马时期的城邦和小型共和国中人们所追求的自由。由于领土狭小，贸易不发达，特别是由于奴隶制度为自由人提供了闲暇，所以古代人生活的主要内容是公共生活。在这种情况下，他们的自由也主要体现在公共政治生活当中，而不是在私人生活中："在古代人那里，个人在公共事务中几乎永远是主权者，但在所有私人关系中却是奴隶。作为公民，他可以决定战争与和平；作为个人，他的所有行动都受到限制、监视与压制；作为集体组织的成员，他可以对执政官或上司进行审问、解职、谴责、剥夺财产、流放或处以死刑；作为集体组织的臣民，他也可能被自己所属的整体的专断意志褫夺身份、剥夺特权、放逐乃至处死。"①

在这种自由观念中，自由主要强调的是一种公民身份，是一种参与公共事务辩论与决策的权利。相比较而言，现代社会是大型社会，商业高度发展，人们的生活较之古代要复杂得多。与此相应，现代人所看重的自由更多地体现在私人生活中，它要求有一个不受干涉的私人领域："自由只是受法律制约、而不因某个人或若干个人的专断意志而受到某种方式的逮捕、拘禁、处死或虐待的权利，它是每个人表达意见、选择并从事某一职业、支配甚至滥用财产的权利，是不必经过许可、不必说明动机或事由而迁徙的权利。它是每个人与其他个人结社的权利，结社的目的或许是讨论他们的利益，或许是信奉他们以及结社者偏爱的宗教，甚至或许仅仅是以一种最适合他们本性或幻想的方式消磨几天或几小时。最后，它是每个人通过选举全部或部分官员，或通过当权者或多或少不得不留意的代议制、申诉、要求等方式，对政府的行政施加某些影响的权利。"②

现代人的自由本身并不强调积极的政治参与（虽然它也不与积极的政治参与相冲突），并不要求人们像古代人一样去积极地行使手中的权力份额。它与现代社会的一个状况是相适应的，即政治并非生活的全部，甚至也不是其中的主要部分。

值得我们注意的是，贡斯当并没有完全否定古代人的自由，亦即政治自由；相反，他强调，两种自由各有其侧重，各有其利弊。他还特别警告现代人，享有政治自由、分享政治权力，这是我们私人生活得以自由的基础："离开政治自由，我们从哪里寻找保障呢？先生们，放弃政治自由将是愚蠢的，正如一个人仅仅因为居住在一层楼上，便不

---

① （法）邦雅曼·贡斯当：《古代人的自由与现代人的自由》，阎克文、刘满贵译，北京：商务印书馆1999年版，第27页。
② （法）邦雅曼·贡斯当：《古代人的自由与现代人的自由》，阎克文、刘满贵译，北京：商务印书馆1999年版，第26页。

管整座房子是否建立在沙滩上。"① 个中理由其实很朴实，因为没有政治权力的保障，私人生活的自由很容易受到侵犯。因此，一种普遍的政治冷漠即使是对于私人生活的自由也是有害的。也正因为如此，著名政治学者克里克把私人生活的自由比作政治生活这棵果树的果实，显然，没有果树，果实是无从存在的。在他看来，一个对政治生活不太感兴趣的自由主义者的问题就在于，"他希望在不付出代价或无视痛苦的情况下享受政治的果实。他喜欢尊重果实，而不是果树"②。

在总结前人理论成果的基础上，伯林提出了消极自由与积极自由的区分。消极自由主要试图回答这样一个问题："在什么样的限度内，某一个主体（一个人或一群人）可以或应当被容许，做他所能做的事，或成为他所能成为的角色，而不受到别人的干涉？"③ 因此，消极自由从根本上讲是一种免于干涉、免于他人强制的自由。消极自由因此主要表现为一种"免于……（free from…）"的自由，它强调的是干涉与强制的不存在，因此是消极的。在政治和社会领域中，干涉和强制主要都是指来自外在的、他人或机构的妨碍。

相反，积极自由则试图回答这样的问题："什么东西、或什么人，有权控制、或干涉，从而决定某人应该去做这件事、成为这种人，而不应该去做另一件事、成为另一种人？"④ 相对于消极自由而言，积极自由更多的是"去做……（free to do…）"的自由，它强调主体有能力和权力决定做应该做的事、成为想要成为的那种人、过想要去过的那种生活，要自己做自己的主人，而不仅仅是没有他人的干涉，因此它是积极的。

相对而言，消极自由涉及的主要是"控制的范围"，或者说是"免受控制的范围"，而积极自由则强调的是控制的"来源问题"。就其政治意义而言，几乎任何一种政治制度之下，总有外在的权力没有控制或不能控制的地方，因此就总是存在消极自由的空间。所以，伯林强调，消极自由"与某几类专制政体，或至少与自治（self-government）之阙如，并非不能相容"⑤。也就是说，消极自由本身对政治制度并没有特别的识别力，这是我们需要注意的地方。人们之所以常常把消极自由与现代自由民主制度联系在一起，其实并不是因为它们存在本质上的关联，而是因为后者为消极自由提供了一个较大的空间，而且这个空间常常因为有明确的法律制度规定，所以是稳定的。

但在政治领域当中，积极自由在对政治制度的识别方面是否具有特殊的能力呢？如果积极自由仅仅限于政治的范围内，亦即它仅仅是指人们自己掌握权力，即决定人们行为的控制力量来自人们自己，那么它无疑要求一种容许乃至要求人们积极参与政治生活的政治制度，也就是民主、共和制度。民主与共和制度相对于君主制度和贵族制度而言，确实是试图把控制力量放到人们自己手中，因而具有积极自由的意涵。

不过，积极自由的概念有其复杂性，因为它常常与某种关于"自我"的形而上学

---

① （法）邦雅曼·贡斯当：《古代人的自由与现代人的自由》，阎克文、刘满贵译，北京：商务印书馆1999年版，第45页。
② Bernard Crick. *In Defense of Politics*. 2nd. England：Penguin Books Ltd. , 1982. p. 123.
③ （英）伯林：《自由四论》，陈晓林译，台北：联经出版事业股份有限公司1986年版，第229~230页。
④ （英）伯林：《自由四论》，陈晓林译，台北：联经出版事业股份有限公司1986年版，第230页。
⑤ （英）伯林：《自由四论》，陈晓林译，台北：联经出版事业股份有限公司1986年版，第239页。

观点联系在一起。这种观点把人性分为理性的部分与非理性的部分，同时认为，只有当我们服从理性的指导和控制，我们才是真正自由的。控制的来源确实在于自身，但它是自身之内的一个特殊的部分。所以伯林才说，"'积极的'自由观念，认为自由即是'自主（self-mastery）'，实已暗示了自我分裂交战之意，在历史上、学理上以及实践上已经轻易地助长了人格的剖分为二：其一是先验的、支配的控制者，另一则是需要加以纪律、加以约束的一堆经验界的欲望与激情"①。言下之意，不听从理性，只是听任于自己的欲望，那我们将是自己非理性的奴隶，是不自由的。康德认为，服从经验欲望和偏好，那不是自律，而是他律。同样，卢梭也认为，服从理性才能实现道德上的自由："唯有道德的自由才使人类真正成为自己的主人；因为仅只有嗜欲的冲动便是奴隶状态，而唯有服从人们自己为自己所规定的法律，才是自由。"②

确实，在我们的生活经验当中，我们有时会感到自己或他人沉迷于欲望之中而不能自拔，我们也会认为这是不自由的状态。还有，我们有时候可能一度追求过某些目标，并为这些目标的实现感到满足，但后来却感到后悔，因为这些目标并不符合我们自己的"真实的利益"。在这个意义上，我们也可能说我们在追求这些目标时是不自由的。此时，我们就是在运用积极自由的概念。这种积极自由的思路在政治上的可能后果则是：统治者可能会引导人们放弃那些为统治者自己所不喜欢的欲望，并据此声称人们实现了"真正的利益"，从而获得了自由；或者，"理性的"人可能据此强迫那些"不理性的"人去做出所谓"理性的"行为，并且认为这是"强迫"他们获得"自由"。强迫与自由，它们在消极自由的概念中本来是两个完全对立的东西，就这样被积极自由的概念放在一起了。在这种情况下，我们可以断定，积极自由往往并不意味着民主、共和制度，而是专制和家长制。

16.1.2 第三种自由

学术界对伯林在自由概念上的二分法也提出了一些质疑，其中最具代表性的观点甚至明确地提出了第三种自由的概念。美国学者佩迪特认为，伯林对消极自由与积极自由所做的区分预先封闭了第三种可能性，而在概念上却又留有这种可能性。这主要是因为两个概念存在不对称性，而这种不对称性为我们对自由的理解留下了其他的选择：积极自由是对自我的主宰（mastery），消极自由是免于他人干涉，"然而，主宰与干涉不是同一回事。因此，自由存在于某种缺位（absence）——消极概念恰恰具备这种东西——之中，但却是存在于他人之主宰的缺位，而非干涉的缺位之中的居间可能性是什么。这种可能性将与消极概念有一种共同的概念元素，即集中于缺位而不是呈现，同时与积极概念也有一种共同元素，即集中于主宰而非干涉"③。佩迪特把这种自由称为是"免于支配（domination）的自由"或"非支配的自由"。

消极自由一般被认为是自由主义的核心立场，而佩迪特则把他所说的第三种自由概

---

① （英）伯林：《自由四论》，陈晓林译，台北：联经出版事业股份有限公司1986年版，第245页。
② （法）卢梭：《社会契约论》，何兆武译，北京：商务印书馆1980年版，第30页。
③ Philip Pettit. *Republicanism*. New York: Oxford University Press, 1997. pp. 21~22.

念看做是共和主义的立场。在佩迪特看来，支配关系意味着支配方可以基于任意的基础对被支配方的选择进行干涉，虽然他事实上可能并不实行干涉。这种关系典型地体现在主奴关系当中。免于支配的自由就是要消除这种任意干涉的可能性，而不仅仅是满足于消极自由所追求的实际上的不干涉。换言之，免于干涉的自由具有偶然性，而免于支配的自由正是要消除这种偶然性和任意性。此外，免于支配的自由承认某些形式的干涉的存在，因为它要避免的不是干涉本身，而是任意的干涉。法律会对人们的生活构成干涉，但这种干涉不一定是任意的，也不一定意味着损害自由。上述两个方面的差别可以总结如下："对共和主义而言，一个人可由下述事实变得不自由：他人有一种干涉他的任意权力，即使那一权力并未针对他而运用；自由要求这样的权力不存在，而不仅仅是不运用。从第二个差异之处来看，对共和主义者而言，一个人并不以同样的方式由法律的力量使之不自由，只要那一力量得到适当的制约且并非是任意的。"①

此外，值得注意的是，"共和主义传统所重视的非支配意味着他人在场情况下的免于支配，而不是通过孤立而获得的免于支配"②。也就是说，这种自由是公民自由，而免于干涉的自由是与自然自由（比如人们在自然状态下所拥有的自由）而非公民自由连在一起的，它意味着可以在他人不在场的情况下、在隔绝于社会的情况下享有这种自由。所以，非支配的自由相对而言更具有公共性的维度，它与共同体、政治生活具有更多的关联性。

第三种自由概念是在共和主义思想的当代复兴中提出来的，它被当做共和主义区别于自由主义的一个核心概念。但这种概念是否具有区别于消极自由与积极自由之外的独立意义，却仍然是一个富有争议的问题。比如，它是否就是贡斯当所说的"古代人的自由"即"政治自由"？它确实不需要在人性当中预设理性与非理性的二元区分，但如果它实质上就是政治自由，那么它仍然可以归之于积极自由的范围。相反，由于认为古典共和主义的思想家们在讨论自由的时候没有求助于什么特别的形而上学的东西，也没有诉诸客观的幸福概念，所以思想史家斯金纳反而认为，"他们从未诉诸一种'积极的'社会自由观念。……他们是与一种纯粹消极的、作为不存在实现我们择定目的之障碍的自由观念共处的"③。因此，这一概念的独立价值仍然有待澄清。

16.1.3 自由与权威

政治社会相对于非政治社会的一个关键因素就是公共权力或权威的存在，在一般的意义上，政府就代表着这样的权威。因此之故，自由与权威的关系就成了政治学中的一个重要问题。与此相关，自由与法律、自由与秩序的关系也理应得到重视。我们不妨粗略地把这些问题放在一起来讨论，并以自由与法律的关系为中心来对这些问题作一简单说明。

---

① Philip Pettit. *Republicanism*. New York: Oxford University Press, 1997. pp. 298.
② Philip Pettit. *Republicanism*. New York: Oxford University Press, 1997. pp. 66.
③ Quentin Skinner. "The Paradoxes of Political Liberty." in David Miller, ed. *Liberty*. New York: Oxford University Press, 1991. p. 202.

对于自由与法律关系的不同看法，在很大程度上取决于我们如何理解自由本身，有时也取决于我们如何理解法律的概念。就消极自由而论，由于它强调的是免于干涉，因此它与法律往往构成直接的冲突，因为根据消极自由的观念，"自由这一语词，按照其确切的意义说来，就是外界障碍不存在的状态"①。毫无疑问，任何法律的存在都对人的行为构成一种障碍。所以，消极自由的主张者一般都把自由与法律当做完全不同范围内的事情。约翰·密尔的如下观点就是一个典型："情事一到对于个人或公众有了确定的损害或者有了确定的损害之虞的时候，它就被提在自由的范围之外而被放进道德或法律的范围之内了。"② 自由在这里甚至与道德约束也是对立的。

当然，这并不意味着支持消极自由的人一定会反对任何法律，只是他们会承认这其中的代价。他们接受法律与相应的惩罚，主要是为了防止对自由的更大损害，或者为了更大程度地增进自由，但他们仍然从消极自由的角度把惩罚看做是一种恶："然而所有惩罚都是损害，所有惩罚本身都是恶，根据功利原理，如果它被允许，那只是因为它有可能排除某种更大的恶。"③

反过来，如果我们认同的是一种积极自由的概念，我们往往能够把自由与法律、自由与权威统一起来。因为在积极自由的倡导者那里，自由就是服从自己所制定的法律或法则。卢梭式的契约论就是要达到这样的目标："要寻找出一种结合的形式，使它能以全部共同的力量来卫护和保障每个结合者的人身和财富，并且由于这一结合而使每一个与全体相联合的个人又只不过是在服从自己本人，并且仍然像以往一样自由。"④ 如果积极自由只是限制在政治范围之内而不预设任何关于人性的形而上学，它也可以把自由与法律、自由与共同体统一起来。因为正是特定法律的存在让人们获得了免于任意干涉、免于支配的自由。

以上是从不同的自由概念出发所进行的分析。事实上，对法律的不同理解也可以引起对自由与法律之关系的不同看法。弗里德利希·冯·哈耶克对此做了全面的总结："一些论者认为法律与自由不可分离，而另一些论者则认为法律与自由是不可调和的。我们在古希腊人和西塞罗经中世纪到约翰·洛克、大卫·休谟、伊曼纽尔·康德等古典自由主义者以及苏格兰道德哲学家，直至19世纪及20世纪的许多美国政治家的历史发展过程中发现了一个伟大的传统：对于他们来说，法律与自由相互依存而不可分离；然而，对于托马斯·霍布斯、杰里米·边沁、众多法国思想家和现代法律实证主义者来说，法律则必然意味着对自由的侵犯。在这么多伟大的思想家之间所存在的这一明显的冲突，并不意味着他们达致了相反的结论，而只意味着他们是在不同的意义上使用着'法律'这个术语。"⑤

如果说法律实证主义的法律观使得自由与法律相冲突，那么何种法律观可以把自由

---

① （英）托马斯·霍布斯：《利维坦》，黎思复、黎廷弼译，北京：商务印书馆1985年版，第166页。
② （英）约翰·密尔：《论自由》，程崇华译，北京：商务印书馆1959年版，第89页。
③ （英）杰里米·边沁：《道德与立法原理导论》，时殷弘译，北京：商务印书馆2000年版，第216页。
④ （法）卢梭：《社会契约论》，何兆武译，北京：商务印书馆1980年版，第23页。
⑤ （英）弗里德利希·冯·哈耶克：《法律、立法与自由》（第1卷），邓正来、张守东、李静冰译，北京：中国大百科全书出版社2000年版，第74～75页。

与法律统一起来？最直接的回答肯定是自然法，自然法可能规定每一个人拥有自由权利。但哈耶克所说的法律则不完全是自然法的翻版。他强调，自由预设了个人具有某种确获保障的私人领域，亦预设了他的生活环境中存有一系列情势是他人所不能干涉的。而为了确定这一领域，就需要相应的规则，以便能够对"你的"和"我的"做出界分，而在他看来，法律就是这样的规则："每个个人的存在和活动，若要获致一安全且自由的领域，须确立某种看不见的界线，然而此一界线的确立又须依凭某种规则，这种规则便是法律。"① 从而，自由就是他所说的"法律下的自由"。这里的法律并不是指有待政府颁布的那些法律，而是在人类生活中自发形成的一些行为规则，一个自由社会的立法不能违背这些规则。

16.1.4 自由的派生概念

从自由的概念中可以引申出两个重要的派生概念：一个是自由权项，一个是自由的价值。

第一个概念，所谓"自由权项"，意在表明两个含义：它是权利，而且是一项一项可数的权利。因此，我们可以说"liberties（诸自由权项）"或者"a liberty（一项自由权）"。之所以要讨论这个概念，是因为自由成为一项一项的权利之后，它就与一定的制度规范相联系了，而且它可以在人们中间进行配置。此时，我们不再是谈论一般而论的免于干涉的消极自由。用康德的话来说，"权利乃是以每个人自己的自由与每个别人的自由之协调一致为条件而限制每个人的自由"②。也就是说，权利意味着自由的相容性，意味着平等的自由。因此，自由权项使得我们超出了消极自由的层次去讨论自由问题，因为相对于消极自由，自由权项应当"被理解为得到法律承认并免遭干涉"③。换言之，自由权项乃是与法律和制度结合在一起的，它本身就是一种规则体系："基本自由权项是由制度性的权利和责任所确定的，这些权利和责任授权公民去做他们愿意去做的事情，并禁止他人干涉。基本自由权项是一种受到法律保护的行为方式（paths）与机会的框架。"④ 我们可以说，自由权项这一概念为我们理解自由与法律的关系提供了一个不同的视角。而且，政治理论，尤其是自由主义的政治理论所真正关切的，可能并不直接是消极自由或积极自由问题，而是自由权项问题："综观整个民主思想史，焦点一直是取得特定具体的自由权项及其宪法保障，正如在各种权利法案和人权宣言中所发现的那样。"⑤

第二个概念是自由的价值（the worth of liberty）。这个概念是由著名政治哲学家罗尔斯提出来的，除了其独立的意义之外，这个概念也有助于我们反过来澄清自由的概念

---

① （英）弗里德利希·冯·哈耶克：《自由秩序原理》（上册），邓正来译，上海：上海三联书店1997年版，第183页。
② （德）康德：《历史理性批判文集》，何兆武译，北京：商务印书馆1990年版，第181页。
③ H. L. A. Hart. "Rawls on Liberty and Its Priority." in *Essays in Jurisprudence and Philosophy*. Oxford: Clarendon Press, 1983. p. 228.
④ John Rawls. *Political Liberalism*. 2nd. New York: Columbia University Press, 1996. p. 325.
⑤ John Rawls. *Political Liberalism*. 2nd. New York: Columbia University Press, 1996. p. 292.

本身。根据消极自由的概念,"唯有在某人使你无法达到某一个目的的情况下,你才可以说你缺乏政治自由。仅仅是没有能力达成某一个目的,并不代表缺乏政治自由"①。也就是说,消极自由把自由与能力明确分开,这是它的一个特点所在。一个人所受的教育水平、他所拥有的财富,都会限制一个人实现其目的的能力。根据消极自由的概念,自由与这些东西无关。但我们知道,自罗斯福"新政"以来,免于匮乏也成了自由的一个方面,而且采用了消极自由的概念形式("免于……")。许多人认为,教育水平低、贫穷都导致一个人实质上的不自由,因为他们没有真正的机会、条件和能力去行使法律所认可的自由权利。对于这些情况,罗尔斯更愿意认为,它们不是影响了人们的自由,而是影响了自由的价值。他对自由与自由的价值做了如下区分:"自由表现为平等公民身份的完整的自由权项体系,而自由对于个人或团体的价值则取决于他们在该体系所确定的框架内促进其目的的能力。"② 据此,自由或自由权项对于个人确实因其能力的不同而具有不同的价值,但这并不必然意味着他们没有平等的自由权项。当然,是否要保证自由权项对公民具有公平的价值,这是正义理论所要处理的问题。

16.2 平等

平等作为一种重要的伦理与政治价值为人们所熟悉,同时也备受争议。托克维尔在考察美国社会之后的最大感受就是:身份平等的逐渐发展,是事所必至、天意使然。他甚至认为,"平等的逐渐向前发展既是人类历史的过去又是人类历史的未来"③。言下之意,人类的历史就是持续走向平等的历史。在现代社会,平等甚至被认为是一种最基本的政治道德。当代著名的政治哲学家德沃金在阐述其政治哲学思想时就开宗明义地提出:"政府要关心其治下的人们,也就是把他们当做可能受苦受挫的人,同时要尊重其治下的人们,也就是把他们当做能形成应如何过其生活的明智观念并按之行动的人。政府不仅必须关心和尊重人们,而且要给予平等的关心和尊重。……这些要求集合在一起表达了可称之为自由式平等观念的东西,但它们表达的是一种平等观念,而不是作为许可的自由观念。"④

虽然平等被赋予历史趋势一样的不可阻挡的力量,以及一种不可抗拒的道德直觉的约束力,但如果止步于此,并没有解决任何关于平等的实质理论问题。在围绕平等的争论当中,有两个核心的问题:一个关乎理由,即为什么要平等;另一个关乎内容指向,即关于什么东西的平等。

16.2.1 平等的根据

虽然平等常常是我们用以评价他人行为以及社会政策的一个不加反思的标准,但正

---

① (英)伯林:《自由四论》,陈晓林译,台北:联经出版事业股份有限公司1986年版,第230页。
② John Rawls. *A Theory of Justice*. Cambridge, Mass: Harvard University Press, 1971. p. 179.
③ (法)托克维尔:《论美国的民主》(上卷),董果良译,北京:商务印书馆1988年版,第7页。
④ Ronald Dworkin. *Taking Rights Seriously*. Cambridge, Mass: Harvard University Press, 1977. p. 272.

如诺齐克所说，平等和不平等一样需要辩护，我们不能仅仅"假定"平等必须被纳入对社会正义的考虑之中。① 不仅如此，当我们所讨论的平等的内容指向不一样的时候，它们所需要的辩护根据也往往不同。

从人性内部为平等寻找根据，这大概是一个最古老的思路。对于普遍平等较为系统的最早论述，大概属于希腊化时期的斯多亚派，他们主张每一个人都有理性，因而是一个世界公民。这里所说的理性，当然主要是认识和奉行道德法则的能力。大体上讲，这一思路在启蒙运动时期仍然得到坚持，只不过此时的理性概念具备了更进一步的内涵。理性此时既指我们的认识能力，也指我们的道德能力，尤其是指进行道德立法的同时又服从道德法则的能力，因为后一种能力，每一个人都具有平等的尊严，因而应当被当做目的而不仅仅是达到目的的手段来对待。当然，这种道德尊严上的平等究竟能在社会政治领域内结出什么果实，却仍然是有待澄清的。即便它可以得出结论说，人人都应当有平等的政治权利，那么对于经济领域内的平等主张，它似乎仍然缺乏必要的证明力量。

除了理性而外，从信仰的层面为平等寻找根据，在西方也是一种有影响力的思路。生命都是上帝按照上帝的形象创造出来的，因此在上帝面前人人平等，这是《圣经》的教导"并不分犹太人、希腊人，自主的、为奴的，或男或女，因为你们在基督耶稣那里，都成为一了"。因此，"你们做主人的，待仆人也是一理，不要威吓他们。因为知道，他们和你们同有一位主在天上，他并不偏待人"。② 基督教的精神无疑是西方关于平等的一种重要资源，但它也遇到两个相互关联的局限。一是基督教就其本意来讲关注于灵魂的拯救，所以对现世的不平等关切不够；相应的第二个局限，就是它所倡导的平等精神是否可以转换到政治领域当中，也就是转变为平等的政治权利，这一点常常遭到一些人的怀疑。③ 基督教教义长期把服从世俗政权当做一种义务来对待，而且并不强调对不同政权体制的区分，这一点助长了一些人对其平等理念在政治领域予以应用的可能性的疑虑。

最棘手的问题无疑在于社会经济领域中的平等诉求，因为这种平等是一种只能通过人为的手段才能实现的事态，而这种人为的手段常常意味着违背市场"自然"运转的结果，从而在一些人眼中也就侵犯了人们的自由。古典自由主义者强调市场受到价值规律这只"看不见的手"的自然调节，其对经济平等的态度可想而知。强调经济平等的理论家们主要是源于公平的考虑，就像罗尔斯那样，把社会当做一个公平合作的体系，因此在分配上应当遵守相互性与互惠性的原则。然而，这种基于公平的主张仍然受到自由至上主义者们的强烈批判：如果人们的财富是在一个自由市场中自愿交易、转让、馈赠的结果，政府有什么理由将其拿出去分配给其他人呢？

特别需要提出的是，对于经济平等，向来有一些强有力的主张，它们是基于政治上的理由而被提出来的。所谓政治理由，具体表现在两个方面。一是政治策略上的考虑，

---

① 参见 Robert Nozick. *Anarchy, State, and Utopia*. New York: Basic Books, Inc., 1974. p. 233.
② 《圣经·以弗所书》6：9。
③ 直到美国内战前后，对这一问题仍然存在尖锐的争论（参见 Harry V. Jaffa. *A New Birth of Freedom*. Lanham: Rowman & Littlefield Publishing Group, Inc., 2000. pp. 151~152.）。

因为经济上太过不平等所引起的社会情绪容易导致政治的不稳定，甚至导致民主或共和国的瓦解。另一个更具规范色彩的政治理由则是，唯有一定程度的经济平等，才能保障人们在政治上的平等和自由，保证社会可以建立公正的立法并遵循公平的政治程序。因为如果经济太过不平等，拥有更多财富以及其他实现目的之手段的人们可能联合起来，排斥那些拥有较少手段的人。易言之，政治上的平等对经济上的平等提出了一定的要求。罗尔斯认为，从历史上看，立宪政府的一个主要缺陷就在于没有真正为人们的政治自由提供实实在在的保障，也就是没有为其公平价值提供保障；相反，那些财产与财富分配上的不平等，虽然远远超出了可与政治平等相容的范围，却得到了法律制度的普遍容忍。① 我们可以看到，出于政治平等或政治自由的考虑，社会经济的分配必须实现一定程度的平等，或者说，分配的不平等应当受到限制。当罗尔斯写作《政治自由主义》的时候，这一主张就更加明确了。其主要表现就在于他把保障政治自由权项的公平价值这一规定直接放到第一条正义原则当中。原因在于，他认为我们不能确信，第二条正义原则所允许的不平等是否足以防止富人联合起来在政治上排斥穷人的情况发生，所以它所寻求的经济平等对于保证政治平等而言还不够。他对此所做的解释是："之所以把对政治自由权项的公平价值的保障包括在正义的第一原则之中，是因为它对于建立公正的立法，同时确保由宪法确定的公平政治程序在大致平等的基础上对每一个人开放而言具有根本的意义。"②

如果说民主主义的平等就是主张公民们在政治上享有参与管理社会的平等机会，那么社会主义其实是把这种平等和民主从政治领域扩展到社会经济领域当中。③ 而且我们可以说，社会主义的这种扩展其实是民主主义自身逻辑的延伸，原因就在于前者看到了政治与经济之间的上述联系。

值得一提的是关于平等尤其是经济平等是否是一种合理的目标，这一点仍然处于争论之中。对于这一目标而言，最严重、最具讽刺性的否定莫过于 O. W. 霍姆斯的这样一种观点："对于那种追求平等的热情，我毫无尊重之感，因为这种热情对我来说，只是一种理想化了的妒忌而已。"④ 时至今日，持有这种观点的人仍然不在少数，他们把追求平等的热情看做是弱者对于强者、失败者对于成功者的一种妒忌。

16.2.2 平等的指向

无论是从人本身的各种构成性因素还是从人所处的外在环境来看，多样性乃至不平等都是一个基本的社会事实。因此，如果平等是重要的，我们所指的平等究竟应当指向什么东西的平等，这个问题就变得重要起来。事实上，在主张平等的各种理论当中，人们在平等的内容指向上存在广泛的不一致，这种不一致反而成了有些人反对平等的一个

---

① John Rawls. *A Theory of Justice*. Cambridge, Mass: Harvard University Press, 1971. pp. 198~199.
② John Rawls. *Political Liberalism*. 2nd. New York: Columbia University Press, 1996. p. 330.
③ 参见（英）戴维·米勒、韦农·波格丹诺主编：《布莱克维尔政治学百科全书》，邓正来译，北京：中国政法大学出版社2002年版，第245页。
④ 转引自（英）弗里德利希·冯·哈耶克：《自由秩序原理》（上册），邓正来译，上海：上海三联书店1997年版，第102页。

理由，他们甚至认为平等是"一个本身不具备任何实质内容的空洞形式"①。

用托克维尔的话来讲，"身份平等"确实成了人们普遍接受的东西，而这种平等首先意味着特权与等级制的消除。应当说，在这个问题上，现代社会已经有广泛的共识。问题是，一旦平等的问题超出这个范围，对平等的内容指向的关注便成了一个中心："自由主义一直部分地代表平等；但如果平等作为理想不再能仅仅意味着贵族特权和封建效忠的终结，那么'什么东西的平等'问题就被逼向前沿。"②所谓"什么东西的平等"，它从形式上借用了经济学家阿马蒂亚·森在一次讲座中所使用的标题。③ 这个标题所代表的问题在很大程度上刺激了当代西方关于平等的内容指向问题的讨论。

基于不同的内容指向，便可以得出不同的平等类型。英国著名历史学家 J. R. 波尔在分析美国追寻平等的历程时，提出了一个"经受历史检验的"平等类型的清单：政治平等，即每一个选民拥有一张选票以及最终实现成年人的普选权；法律面前的平等，即不论人的阶级、种族和地位，在法庭享有相似的法律程序，法律的实质性内容应以同样的方式作用于每一个人，立法者也应受到他们所制定的法律的约束；宗教平等，即政府不偏不倚地对待不同的教派或教会，最终实现教徒与非教徒在个人心灵上的平等；机会平等，它最初是为保障平等的经济、教育和社会权利所采取的保护性手段，而后来则意味着通过政府的干预来促进上述权利的实现；性别平等，即妇女和男子能够担任可以互换的角色；受尊重的平等，即假定每个人都具有平等的价值的权利。④

这个平等类型的清单估计在关于平等的理论争论中不会引起太多的争议，因为它们都得到了广泛的认可。唯一具有争议性并且需要进一步解释的就是"机会平等"。机会平等在西方的提出，首先是针对结果平等而言的，因为后者被普遍认为是不可能而且也不可欲的，似乎唯有机会平等既可以满足人们对平等的渴望，同时又可以维护社会的自由与个人的责任。但机会平等本身却具有广泛的解释空间。

道格拉斯·雷认为，机会平等有两种含义：一是基于前途考虑的机会平等，即每一个人都有达到一个既定目标的相同的可能性；比如地位和职务向所有人开放，但并不考虑人们实际上是否同等地拥有达到它们的手段和资源。二是基于手段考虑的机会平等，即每个人都有达到一个既定目标的相同手段。不仅要考虑人们对各种机会的平等权利，而且要考虑人们对各种机会的平等手段，要保证每个人都拥有利用这些机会的手段、资源和能力。⑤ 显然，第一种意义上的机会平等更多是形式上的，而第二种机会平等则更

---

① Peter Western. "The Empty Idea of Equality." *Harvard Law Review*, 1982, 95（3）: 596.
② Henry S. Richardson. "The Problem of Liberalism and the Good." in R. Bruce Douglass, Gerald M. Mara, and Henry S. Richardson. *Liberalism and the Good*, eds. New York: Routledge, Champman and Hall, Inc., 1990. p. 1.
③ 参见 Amartya Sen. "Equality of What?". in S. McMurrin. *Tanner Lectures on Human Values*, Vol. 1. eds. Cambridge: Cambridge University Press, 1980. pp. 197~220.
④ 参见（英）J. R. 波尔：《美国平等的历程》，张聚国译，北京：商务印书馆2007年版，第418~426页。作者在"中文版序"1~2页中就此进行了专门概括。
⑤ 参见 Douglas Rae. *Equalities*. Cambridge, Mass: Harvard University Press, 1981. pp. 65~71. 关于机会平等的另一种代表性的解释，可参见 Bernard Williams. "The Idea of Equality." in Peter Laslett and W. G. Runciman, eds. *Philosophy, Politics and Society*（second series）. New York: Barnes and Noble, 1962.

具有实质性。实质意义的机会平等相当于罗尔斯所说的"公平的机会平等原则",即"职位不仅在形式的意义上对人们开放,而且所有人都应当有一种获得这些职位的公平机会";更明确地说,"假定有一种自然禀赋的分布状况的话,那些在天赋和能力方面处于相同的水平,并拥有相同的意愿去运用这些天赋和能力的人,应当具有相同的成功前景,无论他们在社会体系中的初始地位如何"。① 罗尔斯在机会平等原则之前再加上一个"公平的"限制,显然是要排除来自社会环境方面的偶然性对人们的限制,例如不同的出身和地位等。只有排除了这些限制,机会平等原则本身才具有更实质的公平意义。事实上,在罗尔斯的正义理论中,仅仅做到公平的机会平等还不够,因为它还没有排除来自个人本身的偶然性,比如天赋和才能的区别等等,因此他在正义理论中还补充了其他的原则。

正是实质意义的机会平等把我们引向更丰富的平等理论的深处。一个理论的事实在于,平等的内容越是具有实质性,它受到争议的可能性就越大。具有实质内容的平等理论对平等的内容指向提出了三种主要的主张,结果导致了福利平等、资源平等和能力平等三种基本取向。

福利(welfare)在平等理论中主要是指偏好的满足,或者说幸福。显然,福利平等是一种结果、状态意义上的实质平等。个人或群体具有不同的偏好,因而对幸福的体验和感知亦大不相同。在这种情况下,要实现福利平等,虽然具有某些理想上的可欲性,但在伦理上和操作上无疑面对许多难题,从而也招致大量的批判。这些批评主要表现在三个方面。

第一,有些人的偏好具有冒犯性,它对社会和其他人具有攻击性。从伦理上讲,对这样的偏好予以同等的满足,无疑对他人构成伤害,而且导致他人偏好的无法实现,从而也有违福利平等的初衷。

第二,有些人的偏好实现起来代价特别重大,这样的偏好被称为"昂贵的趣味(expensive taste)"。这样的趣味如果要予以满足(如果可能得到满足的话),需要社会和他人付出巨大的代价。考虑到那些具有相对简单的趣味的人,对"昂贵的趣味"予以同样的满足显然是不公平的,但福利平等理论却没有理由拒绝向这些人进行资源的转移。② 最终,资源平等理论并没有让个人对自己的生活承担起必要的责任。

第三,著名经济学家阿马蒂亚·森提出,福利平等关注偏好的平等满足,但这种做法本身可能迁就太多的不平等,因为有许多偏好的形成仅仅是适应生活现状的结果。如此一来,福利平等就可能建立在对不平等予以认可的基础上。这样的偏好也可称为"适应性偏好"。例如:"欲望包含着与现实的妥协,而现实对某些人比对另一些人而言要更为严酷。无望的赤贫者仅仅想生存下去,无地的农民竭尽全力寻求他的下一餐,日夜不停工作的家庭佣人谋求几个小时的喘息之机,处于从属地位的家庭主妇为争取一点

---

① 参见 John Rawls. *A Theory of Justice*. Cambridge, Mass: Harvard University Press, 1971. p. 63.
② 德沃金对"昂贵的趣味"进行了分析,并由此引发了对福利平等理论的深入批判(参见 Ronald Dworkin. *Sovereign Virtue: The Theory and Practice of Equality*. Cambridge, Mass: Harvard University Press, 2000. pp. 11~64.)。

个性而斗争，他们可能都学会了让他们的欲望与他们各自的困境保持一致。"① 穷人基于自己的糟糕处境，可能放弃一些对于他们本来应该得到但却自认为不可能得到的东西的希望，从而安于现状，或仅仅追求低层次的目标。

正是因为福利平等理论存在诸多的弱点，因此学术界进一步提出了资源平等的理论，其典型代表就是德沃金。他认为罗尔斯的平等理论可以划在资源平等理论的大范畴之下。资源平等具有复杂的理论构造，我们在此只是试图提示其基本的伦理维度，尤其是在其与福利平等相比较的意义上提示其主要特点。资源在这里主要是指满足人们的种种生活目标、可用于交换的种种益品，尤其是私人物品。

在资源平等理论中，有一个重要的区分是前提性的，即个人与其环境之间的区分。资源平等理论认为，个人的趣味（taste）、抱负、信念和态度等属于界定何为成功生活的东西，个人应当为之负责，而其他为成功提供手段或形成障碍的生理上、精神上和人格上的特征则属于个人的环境。简言之，"我们把趣味和抱负归于个人，而把身体和智力权能归于他的环境"②。这个区分的意义在于资源平等理论把前者归入个人应当承担责任的范围，而对于后者，则应当由政府来承担某种集体的责任。资源平等理论试图通过一种拍卖过程反映个人的选择对于其他人所带来的代价，同时以一种虚拟的保险市场的方式来处理一些个人性的生理、精神能力的差别问题。而所有这些过程，都意在突出个人的责任。③

把平等与责任统一起来，这是资源平等的两个重要原则："第一个是平等重要性原则：从客观立场来看，人类生活的成功而不是荒废是重要的，而且从同一立场来看，这对每一个人的生活具有同等的重要性；二是特别责任原则：虽然我们必须承认一个人生活成功的平等的客观重要性，但一个人对属于他的那种生活成功负有特别的和终极的责任。"④ 资源平等理论的最大优势，也就是它与福利平等之间的根本区别，无疑体现在它试图把平等与个人责任统一起来，从而克服福利平等在伦理上的不合理性。用德沃金的话来讲，资源平等与福利平等之间的区别，乃是"平等者的国度与瘾君子的国度之间的区别"⑤。

然而，资源平等也同样面对许多困难。比如，它所划归到个人而非其环境之下的那些因素，其形成可能恰恰与环境因素有关，甚至与整个社会的制度环境有关。因此，我们如何能够让人们对这些因素，包括对自己的选择承担严格的责任呢？而如果这个问题是真实的，资源平等理论的基本前提可能就是不可靠的。福利平等理论所面对的"适

---

① Amartya Sen. "Well-being, Agency and Freedom: The Dewey Lectures 1984." *Journal of Philosophy*, 1985, 82 (4): 191.

② Ronald Dworkin. *Sovereign Virtue: The Theory and Practice of Equality*. Cambridge, Mass: Harvard University Press, 2000. p. 81.

③ 关于资源平等的实现机制，尤其是拍卖和保险问题，可参见 Ronald Dworkin. *Sovereign Virtue: The Theory and Practice of Equality*. Cambridge, Mass: Harvard University Press, 2000. pp. 65~83.

④ 关于资源平等的实现机制，尤其是拍卖和保险问题，可参见 Ronald Dworkin. *Sovereign Virtue: The Theory and Practice of Equality*. Cambridge, Mass: Harvard University Press, 2000. pp. 5.

⑤ 关于资源平等的实现机制，尤其是拍卖和保险问题，可参见 Ronald Dworkin. *Sovereign Virtue: The Theory and Practice of Equality*. Cambridge, Mass: Harvard University Press, 2000. pp. 303.

应性偏好"的问题在资源平等理论中也可能同样存在,而且更加堂而皇之地以个人责任的名义被赋予了合理性。我们由此也可以看到,一种让个人承担责任的理论,首先应当对基本的制度结构有一种应有的考虑,罗尔斯的正义理论恰恰对此关注颇多。

现在我们介绍另一种平等理论,即阿马蒂亚·森、拉斯鲍姆等人所提出的可行能力(capacity)的平等。在森看来,平等是自由的平等,自由是一种有效自由(effective freedom),有时又称为实质自由(substantial freedom)或真实自由(real freedom),它指的是人们在选择去过他们有理由珍视的生活方面的各种可行能力。简言之,"实质自由包括免受困苦——诸如饥饿、营养不良、可避免的疾病、过早死亡之类——基本的可行能力,以及能够识字算数、享受政治参与等等的自由"①。根据亚里士多德式的伦理理论,每一个人都有认为值得去做或值得达到的多种多样的事情或状态,这些事情或状态的范围很广,从基本的需要一直到高级的复杂活动,如参与社区生活、拥有自尊等。这些东西被称为功能性活动(functionings),而可行能力或曰实质自由则代表了个人有可能实现的各种可能的功能性活动的组合。可见,可行能力关注的是个人选择去过一种或另一种类型生活的实质自由,它意味着进行选择的真实的可能性。没有一些可行能力,这些选择就是不可能的。

但人们最终成功地过上了什么生活、获得了何种功能性活动,这是成就问题,它不是可行能力的平等所强调的:"成就关乎我们力图实现的东西,自由则关乎我们所拥有的、实现我们所看重的东西的真实机会。"②可见,可行能力的平等既有实质的、后果的一面,也有形式的一面,即机会本身。在可行能力的平等理论看来,选择的机会本身既具有工具价值,也有其内在的价值。

可行能力的平等强调的是真实的自由和真实的机会,因此它比一般而论的机会平等更具实质的内容。同时,它并不像福利平等那样要求实现偏好满足上的完全平等,而只是提供一些基本的可能性条件。此外,相对于资源平等,它也有可能更好地克服福利平等理论所带来的"适应性偏好"问题,因为它以可行能力的标准为人们提供了一些普遍适用的条件。当然,这一理论的不足也很严重。例如,可行能力涉及许多方面,而且既包括选择的机会本身,也包括其他一些实质的结果,因此它最后能为平等设定一些什么样的指标,这是一个极大的困难。此外,该理论在实施的过程中,政府如何获得关于个人可行能力方面的信息,尤其是对于那些超出贫困水平之外的可行能力的信息,这是一个很大的挑战。③

16.3 福利

在古希腊城邦和古罗马共和国时代,与经济、生计相关的问题被认为涉及自然的和

---

① (美)阿马蒂亚·森:《以自由看待发展》,任赜、于真译,刘民权、刘柳校,北京:中国人民大学出版社2002年版,第30页。
② Amartya Sen. *Inequality Reexamined*. Cambridge, Mass: Harvard University Press, 1992. p.31.
③ 关于可行能力平等理论的弱点,笔者要感谢葛四友先生所给予的一些提示。

生物的必然性，它们被放在了家庭的领域，而公共政治领域则是对这一领域的超越，它是一个自由行动的领域。但自近代以来，这两个领域的界线被打破了，政治与经济被紧紧地结合在一起，它越来越多地承担起经济、生产方面的事务，使得现代国家仿佛成了一个大家庭，一个巨大的家政管理机构。① 现代政治与政治理论越来越关注福利问题，福利也越来越成为一种基本的政治价值，大概与这一变迁是密切相关的。对于福利问题在现代社会和政治理论中的重要性，有学者做了这样的总结："评价或排列社会和政治理论要看它们如何处理福利问题，或者要看物质意义上的福利强化政策如何从它们当中引申出来，这似乎是'现代主义'的一个特征。它既是个人主义的、以市场为基础的社会理论的特征，也是集体主义的理论特征。不管它们究竟有什么不同，但在如下信念上它们似乎统一了起来：社会哲学和公共政策的目标是为了让人民'更快乐'或更繁荣——某种幸福状态是政府应该追求的目标，它的实现要么通过很少干预人民生活，要么通过大量干预人民生活。"②

我们可以看到，在现代社会，至关重要的正义、权利之类的概念已经不可避免地与福利问题绑在一起了，它们在很大程度上似乎必须依靠福利概念才能得到完整的说明。

16.3.1 福利的两个维度与基本形式

福利一般是指个人的欲望乃至偏好的满足与体验。有时候，人们甚至认为它纯粹是个人的主观偏好问题，这些欲望和偏好是不可通约的，没有一个共同的标准可以把它们在人与人之间进行比较。这就是从个人主义的维度对福利的理解。与此相对应，福利的提供形式也就主要依赖于市场中的自愿交易。比如，根据古典自由主义的个人主义模式，一个人的福利就取决于通过神圣的契约而与其他人进行的自愿交易。根据这种理论，福利的范围仅仅包括市场交易中的个人所体验到的那些满足。当然，基于同样的理性人的假设，一些具有非排他性的公共物品在古典自由主义看来不应当由个人和市场来供给，所以政府应当承担起供给公共物品、建立公共机关、兴建公共工程的责任："这类机关和工程，对于一个大社会当然是有很大利益的，但就其性质来说，设由个人或少数人办理，那所得的利润均不能偿其所费。所以这种事业，不能期望个人或少数人出来创办或维持。"③

但是，在现代社会，福利也常常被当做一种集体目标来对待，这就涉及理解福利的集体主义之维。根据这种维度的理解，福利并不是或并不完全是纯粹的个人主观选择问题，它反倒是一种独立于个人选择的社会价值。比如上文中所谈到的几种基本的平等理论中，有许多理论实际上就主张政府有责任推进人们的福利，至少有责任提供一些基本的资源。这说明，有一些相对客观的指标，它们构成了人际之间进行福利比较的尺度，从而构成了集体的目标和责任。

---

① 汉娜·阿伦特在《人的条件》一书中对这一古今政治变迁做过全面的分析。（参见（美）汉娜·阿伦特：《人的条件》，竺乾威等译，上海：上海人民出版社1999年版。）
② （美）诺曼·巴里：《福利》，储建国译，长春：吉林人民出版社2005年版，第6页。
③ （英）亚当·斯密：《国民财富的性质和原因的研究》（下卷），郭大力、王亚南译，北京：商务印书馆1974年版，第284页。

比如，在罗尔斯的正义理论中，他设计了一些所谓的"基本益品（primary goods）"，它们是与公民的基本需要联系在一起的，而生活的基本需要往往被认为具有某种普遍性和客观性："基本益品的理论是需要之观念的扩展，它不同于抱负和欲望。因而人们可以说，作为公民，良序社会的成员基于一个公共的和客观的（扩展了的）需要之尺度，在公正地对待人与人的问题上以集体的方式承担责任，而作为个人和联合体的成员，他们对其偏好和信念负责。"① 所有追求社会经济平等的理论都对个人福利有某种强调，相对而言，古典自由主义，以及休谟、哈耶克、诺齐克的正义观则对福利表现出极大的冷漠，它们的关注中心乃是个人的自由。

我们现在所谈论的福利，虽然最终可能要落实到个人的生活体验上，但它首先都表现为某种集体的责任，是政府的目标。我们常常说"社会福利"，大概也有这个方面的意思。在这个意义上，社会福利有两种基本形式，即现金与实物。而政府究竟应该以什么形式提供福利，则存在一定的争论。比如，对于困难家庭，我们是应该为他们提供一笔满足他们基本需要的经济收入，还是为之提供食品、汽油、衣物和住房？我们应该直接确保儿童在公立学校获得基础教育，还是给每个家庭发放等额的教育券，以便他们可以在教育市场中进行选择？

政府以现金的形式提供福利的最大优点，在于它体现了对个人自主性的尊重。因为现金给予使用者以最大的选择权，使用者可以用它们来选择自己所需要和想要的东西，因而可以将现金效用最大化，使其最大限度地促进使用者的幸福。唯一的条件是，消费者是理性的，他能够对他的利益做出正确的判断。

相对而言，用实物形式提供福利可能导致不人道的结果，因为统一的实物供给会抹杀个人的差异，而且有某种标识的色彩（如政府提供的救济品可能带有一些统一的标志）。但实物形式也有其优势：一是从效率上讲，政府企业在生产和分配批量产品或服务时可能效率较高；二是从最终效果上讲，实物救助更能确保救助落实在目标人群上，而且不会像现金那样被用于其他事物之上，从而更有利于保证救助效果。

我们可以说，对福利的提供形式的选择背后其实体现着不同的价值观。比如，用现金的形式来保障消费的自主性，这具有个人主义色彩，而从管理和效率上考虑出发选择实物，则具有强调社会控制的集体主义的意味。

16.3.2 福利国家

在现代社会，讨论福利不可能回避福利国家的问题。所谓福利国家，它是由国家通过立法来承担维护和增进全体国民基本福利的政府形式。在福利国家当中，国家通过立法保障个人和家庭在遭受工伤、职业病、失业、疾病和老年时期维持一定的固定收入并获得其他各种补助。福利国家的一些通常做法包括扩大公共开支、兴建公共工程、创造就业等等；直接进行二次分配，以提供养老、医疗、失业保险、最低生活保障等；国家直接兴办盈利性企业，以获取公共积累。

---

① John Rawls. "A Kantian Conception of Equality." in Samuel Freeman, ed. *Collected Papers*. Cambridge, Mass: Harvard University Press, 1999. pp. 261~262.

值得注意的是，享受社会福利在福利国家中是个人的权利，提供社会福利则是政府的责任和义务，它是制度化、法律化的要求，而不是出于统治者的仁慈或施舍。从这个意义上，真正的福利国家原则上讲是民主国家。

早在19世纪末之前的很长一段时期内，所有国家都承担了一些公共福利方面的责任。例如，英国在1603年颁布的《济贫法》让政府代替教会承担起济贫救困的责任。但是，直到社会保险制度发明以后，传统济贫方式才让位于现代福利制度。福利国家的诞生往往被人们追溯到19世纪80年代俾斯麦在德国采取的各项有关保险的社会立法。俾斯麦首相想通过实际的建设性的福利措施来抚慰苦难之中的工人，以获得政治上的稳定。1881年，他在德意志帝国国会建立法定计划，最终形成了国家健康保险（1883）、工伤保险（1884）和残障与退休保险（1889）。但福利国家的真正诞生，则是在"二战"时期。1942年英国的威廉·贝弗里奇爵士提出的"社会服务国家"的构想和1944年国际劳工组织通过的"费城宣言"，为战后大规模出现的福利国家制度的实际建立提供了基本依据。战后欧洲福利国家的典型做法是以全体国民为对象的普遍的社会保障计划，在英国和斯堪的纳维亚国家，这一普遍性原则得到最彻底地贯彻。其中，1948年，艾德礼所领导的英国工党政府宣布建立了世界上第一个福利国家。

战后西方经历了一段经济发展的"黄金时期"，福利国家也得到了快速发展。福利的对象从针对特定人群（如工厂劳工、失业者、退休工人等）发展到覆盖全民；而福利的标准也从最初设定为接近最低生存标准线的援助水平提高到符合主流社会的体面生活标准的水平。然而，1973年，石油输出国家组织欧佩克（OPEC）将世界原油价格翻了两番多，因而导致世界经济陷入"石油危机"，这标志着战后经济发展的黄金时代已经终结。经济萧条连同因人口增多而导致的援助需求增多，高额的福利开支导致税收和开支系统呈现入不敷出的局面。在此情况下，福利在所有国家都成了众矢之的，社会福利水平不断削减。美国总统里根、英国首相撒切尔等右翼都把过去几十年的福利增长当做是导致经济衰退以及导致社区与家庭衰落的根源。各福利国家采取了一系列措施，包括提高领取全额社会保障的年龄资格，延长失业、疾病救助资格的等候时间，冻结儿童援助，提高领取养老金的退休年龄，等等。当然，即便如此，各国也不能完全退回到过去自由放任的年代，由于福利已经成为一项基本人权，因此全面放弃福利已经不可能成为一项政策选择。

福利国家的政治本质以及它的发展历史说明，福利国家能够为人们接受，其中有两个缺一不可的要素，即民主与繁荣："没有普遍的选举，统治阶级的政治手法就不会宽容接受这样的思想，即政府的目标是为人民的利益服务的；没有物质的繁荣，政府则完全不能负担开支庞大的现代社会保险、医疗、住房和社会服务计划。"[①]

到了20世纪90年代，福利国家本身出现了一系列的危机，它反映了福利国家在现代社会的内在困境。比如，社会上出现了一种所谓的"福利病"，即依附性的心理。由于高水平的福利保障，致使人们缺少奋斗动机，而社会福利也被许多人认为与经济自由

---

① Neil Gilbert Paul Terrell：《社会福利政策导论》，黄晨熹、周烨、刘红译，上海：华东理工大学出版社2003年版，第52～53页。

之间存在根本的冲突。由于主导大量的社会福利事业，政府越来越官僚化，并导致资源浪费。此外，在福利国家，人口老龄化的问题日益突出，同时，高福利对于移民具有巨大的吸引力，但移民是否应当与原住国民享有同样的福利待遇，这是一个极具争议的问题，而且常常引起社会冲突。还有，对于处于现代化过程中的转型国家，高福利提高了企业的成本，结果吓走了经济发展所必需的投资者，而在经济全球化的背景下，资本流动既简单又频繁，一个国家的高福利很容易导致资本流出，税源减少。这些危机近些年来已经活生生地体现在西方福利国家的政治生活中。

16.3.3　道德责任与公民身份：福利的根据

如前所述，在现代社会，福利已经成为个人的权利。在古典自由主义占主导地位的时期，这一点是不可接受的。因此，我们有必要追问社会福利的根据问题，也就是，它如何可以成为个人的一项权利呢？

根据古典自由主义的设想，市场经济是一种合乎自然的制度，个人在其中自由竞争，竞争的结果在道德上是中性的，因此社会不需要为此承担道德上的责任；相反，个人应当为自己的行为选择及其结果负责。正是这种个人主义的设想，导致了对社会福利的冷漠甚至反对。相反，20世纪福利哲学发展的主要因素是，人们经历了大规模的失业，并且日益强烈地认识到只有政府才能加以缓解。大萧条让人们认识到，贫困不再仅仅是与个人的道德失败相关联，在明显不可控的和偶然性的经济力量面前，任何人都是脆弱的，要他们为自己的一切遭遇承担责任，这看来是说不过去的。除了这些来自社会的偶然性而外，上文在讨论平等问题时所涉及的个人身上的偶然性，也被认为是个人无法为之承担责任的，它们需要从社会的层面予以处理。易言之，适当地引入社会的责任、集体的责任，而不仅仅是强调个人的责任，这是社会福利作为个人权利的一个基本前提。

进而，社会福利的思想还有一个关于个人与共同体之间关系的隐蔽预设。在自由放任的经济思想当中，个人之间主要是一种交易关系，他们在原则上并没有一种超越私人利益的社会、政治联系。因此，他们相互之间除了承担互不伤害的责任而外，也没有其他的相互性的责任。建立在这种基础上的国家或政府自然也没有义务拿一部分人创造的财富去补助另一部分人。相反，社会福利的思想以及福利国家的建立需要一种更强的、更有实质意义的共同体观念：人们是一个共同体的成员，他们之间是一种伙伴关系，甚至需要某种公民间的友爱。这种伙伴关系使得他们之间相互承担起某些道义上的责任，而每一个人因其是这个共同体的成员，便享有相应的某些权利，包括获得社会福利的权利。我们可以认为："现代福利理论的诞生依附于对某些关键政治概念的重新解释：特别是自由、社群和平等。这种重新解释的效果是要改变社会的性质，它从一个由共同规则捆在一起但缺乏共同目标的、松散协调的个人集合概念，变为一个更亲密的秩序形式（一个'社群'）。如果人们由超越契约关系的社会纽带捆在一起，那么他们可以作为共同企业公民，相互提出要求，如果在更精确、更经济的概念上来衡量，这些要求会超过他们的贡献。从这个角度看，国家福利便不再被视为一种慈善行动，而被视为一种权利资格。"①

我们需要一种共同体的观念,其中,作为共同体一员的成员资格就可以赋予人们以某些权利,包括享受社会福利的权利。英国著名的社会学家 T. H. 马歇尔关于公民身份的理论就被认为是把公民身份与社会福利联系在一起的代表性主张。他认为,公民身份是共同体的所有成员都享有的一种地位,所有拥有这种地位的人,在这一地位所赋予的权利和义务上都是平等的。他还揭示了公民身份中权利观念的演进过程。其一是确立于 18 世纪的公民权利(由个人自由所必需的权利组成,包括人身自由、言论自由、信仰自由、拥有财产的权利、签订契约的权利等);其二是出现于 19 世纪的政治权利(主要与选举有关);其三是出现于 20 世纪的社会权利(某种程度的经济福利与安全、根据社会通行标准享受文明生活的权利等,如教育与福利权利)。显然,在 20 世纪,公民身份开始意味着一个公民具有享受社会福利的权利。

16.4 正义

正义、公正与公平这三个概念之间存在一些微妙的差异。相对而言,公正意味着相同情况相同对待、不同情况不同对待,它强调的是一般性规则对特殊情况的适用,要在特殊情况下做出正义的判断。公平则有"平等"、"合比例"和"不偏不倚"的意味。一般说来,在道德哲学与政治哲学中,这三个概念大体上可以通用。

作为一种政治价值,正义与自由、平等、福利等相比,可能处于一种更为根本也更加抽象的层次上,因为它在很大程度上正是我们对待和处理那些价值的方式。大概正是因为正义的这种根本重要性,所以自古以来的思想家们都把正义视为对国家和政府的根本要求。比如,奥古斯丁说,如果没有正义,王国就与强盗团伙无异。当代政治哲学家罗尔斯在其名著《正义论》中开宗明义地强调,正义是社会制度的首要美德。

16.4.1 正义的概念与观念

正义是我们用以评价个人行为尤其是社会制度的一种价值标准,与之相关的概念还有正义观、正义感等等。我们可以发现,虽然古今都使用同一个正义的概念,但古人与今人甚至今人之间在正义观或正义感方面,却往往存在较大的差异甚至强烈的冲突。这就涉及正义的概念(concept)与正义的观念(conception)之间的区别。

正义的概念是一个中性的界定,它试图揭示种种正义观念的作用。就此而论,正义指的是社会在其成员间划分基本的权利和义务、分配基本的利益与负担的方式。而正义观念则带有评价性的内容,它既与人们的道德理性有关系,也与人们的利益和主观感受有关,因而具有很强的争议性。②

---

① (美)诺曼·巴里:《福利》,储建国译,长春:吉林人民出版社 2005 年版,第 39~40 页。
② 在西方政治哲学中,对正义的概念与正义的观念之间的区分,最具代表性的人物是哈特和罗尔斯。可分别参见(英)哈特:《法律的概念》,张文显、郑成良、杜景义、宋金娜译,北京:中国大百科全书出版社 1996 年版,第 155~160 页;John Rawls. *A Theory of Justice*. Cambridge, Mass: Harvard University Press, 1971. p. 5.

比如，在罗尔斯看来，当制度对基本权利与义务的分配没有在个人之间做出任意的区分，当基本的规则在对社会生活之利益的冲突性要求之间做出了恰当的平衡，此时这样的制度就是正义的。显然，这仍然只是从概念的角度做出的解释，因为真正要害的问题是对于"任意的"、"恰当的"这些评价词，人们往往有不同的看法，而这就涉及正义观的领域了。

在古代社会，正义并不像如今那样直接指向自由、平等以及财富的分配，它就是指给每个人以其"应得"的东西。所谓应得（deserve），就是指每个人因其种种 merits（它的大意是指价值、优点、功过等）而配获得某些东西。这种对正义的理解在古代社会，比如在古希腊时期，乃是一种普遍的看法。但是，一旦涉及对 merit 的理解，人们正义观的区别就出来了。所以，亚里士多德一方面对基于应得的正义概念进行了阐述，另一方面也认识到正义观方面的分歧："没有人不同意，应该按照各自的价值分配才是公正。不过对所谓价值每个人的说法却各不相同。平民派说，自由才是价值，寡头派说，财富才是价值，而贵族派则说，出身高贵就是德性。"①

正因为正义观在历史上为人们争论不休，著名法学家和政治学家凯尔森在谈到正义问题时说，"没有任何别的问题得到了如此富有激情的探讨；没有任何别的问题导致人们流下了这么多珍贵的鲜血和痛苦的泪水；没有任何别的问题成为从柏拉图到康德的最杰出的思想家如此紧张思索的对象；然而还有，这个问题在今天一如既往地没有得到解答"②。面对正义观的分歧和争议，在实际政治生活当中，似乎总是统治者们在规定着什么是真正的正义，所以自古以来就有一种非常悲观的看法，认为正义就是强者的利益，是强者的规定。这个命题乃是《理想国》中色拉叙马霍斯在与苏格拉底的对话中所直接表达出来的："难道不是谁强谁统治吗？每一种统治者都制定对自己有利的法律，平民政府制定民主法律，独裁政府制定独裁法律，依此类推。他们制定了法律明告大家：凡是对政府有利的对百姓就是正义的；谁不遵守，他就有违法之罪，又有不正义之名。因此，我的意思是，在任何国家里，所谓正义就是当时政府的利益。政府当然有权，所以唯一合理的结论应该是说：不管在什么地方，正义就是强者的利益。"③

显然，从人们的道德直觉来看，这毋宁说是对正义之可能性的否定。所以，在人类历史上，人们仍然在以种种不同的方式寻求真正的正义标准。而在介绍这些探讨正义的方式之前，我们先要简单地回答一个前提性的问题：人类社会为什么需要正义？

16.4.2 正义的自然与人性基础

人类社会之所以需要正义，其原因可以分为内外两个方面。所谓内在原因，即是人类自身的原因，或说是人性方面的原因；而外部原因则是自然环境方面的种种条件。

正义意味着以一些最基本的规则来调整人与人之间的关系，尤其是信用关系、财产

---

① （古希腊）亚里士多德：《尼各马可伦理学》，见苗力田主编：《亚里士多德全集》（第8卷），北京：中国人民大学出版社1994年版，第100页。
② Hans Kelsen. *What Is Justice*. Berkeley: University of California Press, 1957. p. 1.
③ （古希腊）柏拉图：《理想国》，郭斌和、张竹明译，北京：商务印书馆1986年版，第19页。

关系，它还要解决不同生活方式、价值观念之间如何共处的问题。它既是道德的要求，同时在社会政治领域中也可以通过法律的形式确定下来。因此，正义并不是一种圣人的、英雄的道德，而是普通人都能做到的、低限的道德要求，因为它常常只是要在人与人之间做到公平而已。与正义相对比，友爱、牺牲、纯粹的利他主义等道德精神很明显并不会去做公平的计较。因此，我们可以设想，如果人是足够高尚和仁爱的，而且普遍如此，那么正义反而没有什么发挥作用的空间。

亚里士多德正是因为认识到这一点，所以他一方面强调，"公正是一切德性的总汇"①，同时却明确地提出，"友爱把城邦联系起来，与公正相比，立法者更重视友爱。他们的目的就是加强类似于友爱的团结，另一方面则是致力于仇恨的消除。既然做了朋友就不必再论公正。但对公正的人却须增加一些友爱"②。之所以强调正义是一切德性的总汇，原因在于，有了这种德性，就能以德性对待他人，而不只是对待自身。而待人以德是困难的，所以，"公正不是德性的一个部分，而是整个德性；相反，不公正也不是邪恶的一部分，而是整个的邪恶"③。而之所以说要更加重视友爱，那是因为有了友爱就不会再去计较公正与否。

但友爱这样一种比正义要求更高的道德，能否成为维系人类社会的可靠支柱呢？这就要看人性所能许可的范围了，或者说要考察人性中的道德动力问题。从经验的角度看，人性中常常有一些慷慨、仁爱、利他的一面，但人也常常是自私的："人类的慷慨是很有限的，很少超出他们的朋友和家庭以外，最多也超不出本国以外。在这样熟悉了人性以后，我们就不以任何不可能的事情期望于他，而是把我们的观点限于一个人活动的狭窄范围以内，以便判断他的道德品格。当他的感情的自然倾向使他在他的范围内成为有益的、有用的人时，我们就通过同情那些与他有比较特殊联系的人的情绪，而赞许他的品格，并且爱他这个人。"④

正因为如此，我们不可能指望以"希圣希贤"的道德要求来维持这个社会，这也就是为什么以个人的道德修养来替代正义的制度建设是完全不可靠的。

一方面，从外在原因来看，人类社会之所以需要强调正义，还因为自然为人类所提供的物质条件并不是完全丰富到足以充分满足所有人的欲望而且避免人与人之间的相互争斗的地步。⑤从这个角度看，也必须有一定的正义规则来确定人与人之间的关系，因为物质条件是相对匮乏的。另一方面，从常态来看，自然所提供的条件也不是恶劣到只

---

① （古希腊）亚里士多德：《尼各马可伦理学》，见苗力田主编：《亚里士多德全集》（第8卷），北京：中国人民大学出版社1994年版，第96页。
② （古希腊）亚里士多德：《尼各马可伦理学》，见苗力田主编：《亚里士多德全集》（第8卷），北京：中国人民大学出版社1994年版，第165～166页。
③ （古希腊）亚里士多德：《尼各马可伦理学》，见苗力田主编：《亚里士多德全集》（第8卷），北京：中国人民大学出版社1994年版，第97页。
④ （英）休谟：《人性论》（下册），关文运译，北京：商务印书馆1980年版，第645页。
⑤ 在卢梭所设想的自然状态当中，人们的欲望与自然所提供的条件之间倒是十分匹配，人们欲望不多，也比任何其他一种动物都更容易获取食物。但无论是人类的欲望还是自然的条件，人类的状况与这种描述都是不相符合的。（参见（法）卢梭：《论人类不平等的起源和基础》，李常山译，东林校，北京：商务印书馆1980年版，第75页。）

能通过战争和争夺来分配财物的地步,人类生活的常态与霍布斯所描述的自然状态即"所有人对所有人的战争状态"毕竟不同。如果自然的条件恶劣到人们只能陷入战争状态,那么调整人与人之间关系的正义规则显然也就不可行了。人类的正常条件,可以像罗尔斯那样折中一下,可以说是处于一种"适度的匮乏(moderate scarcity)"[①]当中的。

总体而言,上述对正义的基础的说明,既试图表明正义的必要性,同时也反映其可能性。休谟对"正义的环境"的概括最经典地表达了这样一种条件:"正义起源于人类协议;这些协议是用以补救由人类心灵的某些性质和外界对象的情况结合起来所产生的某种不便的。心灵的这些性质就是自私和有限的慷慨;至于外物的情况,就是它们的容易转移,而与此结合着的是它们比起人类的需要和欲望来显得稀少。……把人类的慈善或自然的恩赐增加到足够的程度,你就可以把更高尚的德和更有价值的幸福来代替正义,因而使正义归于无用。"[②]

正是人性的二重性,以及自然条件的适度匮乏,使得人与人之间既有合作的必要,也有合作的可能。所有正义理论对正义问题的思考,都不得脱离人性与自然的这些限制。

16.4.3 正义理论的类型学

我们在这里不必深入到不同的正义观念之间的内在分歧,而是着重探讨几种讨论正义问题的不同理论类型,它们涉及我们思考正义问题时的理论切入点。当然,在此过程中,不同理论之间的基本分歧也可以自动呈现出来。自古至今,这些理论大体上可以分为三类:自然的正义;人为的而非刻意设计的正义;人为理性设计的正义。这种分类的基本标准,主要是它们对于人类在用正义来调整社会安排方面的力量与限度所持有的看法。值得注意的是,我们这里将要讨论的是正义理论的类型学,而不是具体的正义理论与正义观念,所以在同一种类型的正义理论之下,还可以有不同的正义主张。

第一类正义理论可以称之为自然正义理论。这种理论与西方的自然法思想有一定的联系,但自然法在西方经历了历史的变迁,不同的自然法主张之间也有很大的差别,因此,我们所说的自然正义理论并不能等同于自然法。自然正义理论更多的与古典的目的论(teleology)联系在一起。这种目的论认为,万事万物,包括人在内,都有其天生的内在目的,它们的成长和运动是受这种先在的目的来驱动的(这显然不同于近代以来的机械论思路),并趋向于这样的目的。这种目的与万事万物的自然本性密切相关,因此这样的理论又称为"自然目的论"。而且,这里所说的自然(本性)首先并不是指物理意义上的自然界,而是指整个宇宙的永恒秩序,因此极富道德伦理的内涵。用法学家梅因的话来讲就是:希腊的思想家们"在'自然'的概念中,在物质世界上加上了一个道德世界。他们把这个名词的范围加以扩展,使它不仅包括了有形宇宙,并且包括了人类的思想、惯例和希望"[③]。这种自然目的论具有浓厚的规范性意义,它常常意味着

[①] John Rawls. *A Theory of Justice*. Cambridge, Mass: Harvard University Press, 1971. p. 110.
[②] (英)休谟:《人性论》(下册),关文运译,北京:商务印书馆1980年版,第534~535页。
[③] (英)梅因:《古代法》,沈景一译,北京:商务印书馆1959年版,第31页。

普遍的、永恒的法则。它在道德领域常常意味着自然正当，而引申到政治领域，便成了自然正义。

与自然相对应的，就是所谓的约定或传统，它指的是不同地方的人们所持有的不同的准则和行为方式。相对而言，"自然"正义就意味着普遍的约束力。亚里士多德就认为："政治的公正，或者是自然的，或者是传统的。自然的公正对全体的公民都有同一的效力，不管人们承认还是不承认。"①他还用一个比喻来说明自然正义的这种特征："出于自然的东西是不能变动的，对一切都有同等效力，正如火焰一样，不论在波斯还是在希腊都同样燃烧。"②

随着以机械论为代表的近代科学的兴起，传统的目的论宇宙观受到冲击，因此导致了对上述自然目的论与自然正义观的怀疑。当然，亦有一些理论家并不认为这种宇宙观的改变能够否定自然正义的意义；相反，他们认为，放弃这种自然正义观所导致的相对主义、历史主义恰恰是不应当的，我们应当回归到古典的政治哲学。③ 从我们的分类来看，自然正义的一个重要特点即在于：它并非人们任意选择的结果，也不是人们的理性和行为可以改变的，确切的是，它的存在和道德约束力的形成与人们的行为无关。

第二类正义理论可以称为人为的但非刻意设计的正义。与自然正义相比较，这种正义理论认为，正义是人类行为的结果，但却又不是任意设计出来的，不是人类的理性创制出来的。

这里首先涉及休谟著名的事实与价值之间的二分。从道德方面看，这种二分法意味着单单从任何一种行为本身来看，我们是看不到应当与否、邪恶与否之类的价值的，单纯的行为只有物理的意义。在这个意义上，一种行为之为善或为恶，取决于我们内心的情感而不是行为本身。进而，在道德评价上，内心的动机起着关键的作用。就正义而论，它是一个社会中调整人与人关系的普遍规则，包括调整我们与那些我们并不认识、与我们没有直接关系的人之间的关系。但是，人的本性决定了我们对行为的判断总是取决于其效用所带来的苦乐感受，而对于那些超出了一定范围的行动与事物，我们本来是没有这样的感受的，所以说，我们本来是没有遵守普遍正义规则的心理动机的。综合上述观点，我们就可以发现一个悖论："我们并没有遵守公道法则的任何真实的或普遍的动机，除了那种遵守公道和功德自身以外；但是因为任何行为如不能起于某种独立的动机，就不能成为公道的或有功的，所以这里就有一种明显的诡辩和循环推理。因此，我们除非承认，自然确立了一种诡辩，并使诡辩成为必然的和不可避免的，那么我们就必须承认，正义和非义的感觉不是由自然得来的，而是人为地（虽然是必然地）由教育和人类的协议发生的。"④

---

① （古希腊）亚里士多德：《尼各马可伦理学》，见苗力田主编：《亚里士多德全集》（第8卷），北京：中国人民大学出版社1994年版，第108页。
② （古希腊）亚里士多德：《尼各马可伦理学》，见苗力田主编：《亚里士多德全集》（第8卷），北京：中国人民大学出版社1994年版，第109页。
③ 对近代以来的历史主义、相对主义的批判，以及对自然正当的捍卫，可参见（美）列奥·施特劳斯：《自然权利与历史》，彭刚译，上海：上海三联书店2003年版。
④ （英）休谟：《人性论》（下册），关文运译，北京：商务印书馆1980年版，第523页。

所以，正义并非自然的，而是一种"人为的美德"。休谟所说的协议，指的并不是社会契约，而是人类生活与交往实践中所形成的约定。普遍的正义规则乃是人类在交往实践中形成的，由于没有一种先在的正义观指导人们的行动，因此这种正义规则的形成是人们以一种类似于试错的方式慢慢确立起来的。例如尊重财产权、信守承诺这样的基本规则之所以被人们广为接受，就是因为人们在交往实践中逐渐认识到它最符合社会的普遍利益。

但休谟同时指出："正义的规则虽然是人为的，但并不是任意的。称这些规则为自然法则，用语也并非不当，如果我们所谓'自然的'一词是指任何一个物类所共有的东西而言，或者甚至如果我们把这个词限于专指与那个物类所不能分离的事物而言。"① 说正义规则是人为的，但并非任意的，是因为这些规则是在实践中形成的、对于维系社会的存在而言是必不可少的，在这个意义上它们也是"自然的"。显然，这里的"自然"仅仅是从普遍必要性的意义上而言的，它不同于古典的自然正义所说的自然。哈耶克把这种正义概括成"人为的，但非刻意设计的"，使之在概念上成为一种独特的正义理论的类型。他对这种正义进行了简单明了的解释："因为在大多数的时间中，我们文明社会中的成员都遵循一些并非有意构建的行为模式，从而在他们的行动中表现出了某种常规性；这里需要强调指出的是，这种行动的常规性并不是命令或强制的结果，甚至常常也不是有意识地遵循众所周知的规则的结果，而是牢固确立的习惯和传统所导致的结果。对这类惯例的普遍遵守，乃是我们生存于其间的世界得以有序的必要条件，也是我们在这个世界上得以生存的必要条件，尽管我们并不知道这些惯例的重要性，甚或对这些惯例的存在亦可能不具有很明确的意识。"②

由于这样的正义乃是人类社会得以维系的基本规则，因此我们可以想象，它们所提出的要求并不会太高，这样的正义规则首先指向的是人们之间不要互相伤害、要尊重彼此的财产权利等等，以维系社会的存续。

"在绝大多数情况下，正义只是一种消极的美德，它仅仅阻止我们去伤害周围的邻人。一个仅仅不去侵犯邻居的人身、财产或名誉的人，确实只具有一丁点实际优点。然而，他却履行了特别称为正义的全部法规，并做到了地位同他相等的人们可能适当地强迫他去做或者他们因为他不去做而可能给予惩罚的一切事情。我们经常可以通过静坐不动和无所事事的方法来遵守有关正义的全部法规。"③

我们看到，人为的但非刻意设计的正义关注于个人行为，而不是社会从总体上对经济如何管理、对资源如何分配。根据这类正义理论，正义就是个人行为的正义，而不是所谓"社会"正义。

"社会"正义属于第三类正义理论讨论的对象，这种理论所认定的正义规则的形成不仅与人类行为有关，而且本身就是人类理性设计的结果，它们属于理性设计的正义。

---

① （英）休谟：《人性论》（下册），关文运译，北京：商务印书馆1980年版，第524页。
② （英）弗里德利希·冯·哈耶克：《自由秩序原理》（上册），邓正来译，上海：上海三联书店1997年版，第71~72页。
③ （英）亚当·斯密：《道德情操论》，蒋自强、钦北愚、朱钟棣、沈凯璋译，胡企林校，北京：商务印书馆1997年版，第100~101页。

这也就是我们所说的"社会正义",当其主要强调由社会对资源进行分配时,便是"分配正义"。这种正义直接把评价对象指向社会制度,指向对社会资源以及权利与义务的分配,而不仅仅是个人之间的行为;相反,个人的行为是否正义,在很大程度上恰恰取决于社会正义的规则究竟是怎样的。

罗尔斯明确地把正义看做是社会制度的首要美德,而且制度的正义在他那里相对于个人的德性而言具有一种优先性。因此他认为,我们首先应当关注社会基本结构——亦即划分利益与负担的主要政治、经济制度与社会安排——的正义问题。原因在于,社会的主要制度在很大程度上影响到人们成为什么样的人、影响到他们的生活计划,并决定着人们的生活前景。只有社会的背景制度是正义的,我们才能保证说,个人自由交往、交易的结果永远是合乎正义的。没有一个正义的背景制度,个人之间持续的自由行动可能导致违背基本正义原则的后果。

从社会正义尤其是分配正义理论的内部来看,这类理论所要解决的最大难题,就是我们在讨论平等时所提到的问题,即如何对待个人的出身地位与天赋才能上的差异。自由放任的古典自由主义模式认为,一个人因生而具有的有利地位和天赋才能所获得的收益,完全正当地归他自己所有。强调分配正义显然意味着对此提出质疑。分配正义理论往往需要以如下观点为前提:"没有人应得他更高的天赋才能,或配得到社会中有利的初始地位。但这并不意味着应该消除这些差别。……自然(资质)的分布既非正义也非不正义,人们降生于社会中某种特殊的地位也不是不正义的。这些仅仅是自然事实,正义与非正义的问题乃是制度处理这些事实的方式。"①

在设计社会基本结构的时候,分配正义理论一般都主张把个人天赋才能的分布状况当做社会的公共资产来处理。当然,这种主张面对着一种重要的反驳,其代表人物就是诺齐克。他认为,我们对一个人的识别与他的才能和资质是不可分离的,如果我们把个人的天赋才能抽取掉,我们根本无法让人保持其身份认同,也不能表示出对人的尊重:"只要我们如此极力强调人与其禀赋、资材、能力和特征之间的区别,一种融贯的人格观念就仍然是一个有待解决的疑问。"② 这种反驳试图把分配正义理论带入关于自我之本质的形而上学争论。

除了这个根本的争论而外,社会正义或分配正义还面对两个看来是釜底抽薪式的批评。第一个批评源于把正义理解为个人行为范围内的事情的理论家,他们反对"社会正义"的提法。由于他们把正义限定在个人行为的范围内,所以认为不存在所谓"社会正义"这回事。哈耶克就明确地说自己对"社会正义"这个说法深恶痛绝,因为它对我们的道德感造成了破坏性的影响:"这个说法已经演变成了一种不诚实的暗示:它暗示人们应当同意某个特殊利益集团所提出的要求,尽管它对这个要求给不出任何切实的理由。如果要使政治讨论变得诚实无欺,那么极为必要的一点就是人们应当认识到这个术语乃是一个在智识上声名狼藉的术语——亦即负责任的思想家应当羞于使用的那种蛊惑民心的宣传语词或廉价报刊的煽动符号,这是因为,一旦人们认识到了这个术语的

---

① John Rawls. *A Theory of Justice*. Cambridge, Mass: Harvard University Press, 1971. p. 102.
② Robert Nozick. *Anarchy, State, and Utopia*. New York: Basic Books, Inc., 1974. p. 228.

空洞性，那么再使用它就是一种不诚实。"①

另一种批评则针对"分配正义"的概念。这种批评来自自由至上主义的观点。因为他们认为，每一个人所持有的东西如果来自自由自愿的交换和馈赠，那它对这种持有就拥有权利，而"分配正义"则意味着由政府出面进行再分配，也就是要侵犯个人的这种权利："'分配正义'这个词并不是一个中性词。一听到'分配'这个词，大多数人都会想到由某种东西或机制使用某个原则或标准来供给某些物品。某种错误可能顺势溜进了这一分配份额的过程。所以，我们是否应当进行再分配，是否应当把做过了的事情再做一遍，即使做得很拙劣，这至少是一个开放的问题。……每个人所得到的东西都得自另一个人，那个人给他这个东西是为了交换，或是作为礼物。在一个自由社会里，各各不同的人们控制着不同的资源，新的持有物来自人们的自愿交换和活动。……总的结果是众多个人决定的产物，这些决定是相关的不同个体有权做出的。"②

简言之，只要人们持有的东西来路正当，就没有实行再分配的理由。当然，这种批评的特点在于强调逻辑的彻底性，而回避历史的严峻性：对于持有财富的现状，人们究竟如何证明其有一个正当的历史，这基本上是无法深入追溯的。

小结

自由、平等与福利是一些基本的政治价值，而正义则可以理解为处理相关政治价值的方式。消极自由与积极自由代表着对自由两种基本的理解，而在政治制度安排尤其是正义的视域中，自由权项往往成为理论的中心。在平等的自由权项体系当中，自由与平等可以是统一的，但在此之外，自由与平等常常被认为存在根本的冲突。当我们试图保障自由权项的公平价值的时候，我们就以一种新的方式提出了自由与平等的关系问题。在平等的问题上，如果说福利平等是一种最有缺陷的理论的话，另外两种代表性的平等理论——资源平等理论与可行能力平等理论——虽然各自克服了福利平等理论的一些弱点，但它们也仍然处于争议当中。何种平等才算真正合乎正义，这仍然是一个开放的问题。自古以来，探讨正义的方式有许多种，除了古典的自然正义而外，人为的而非刻意设计的正义、人为理性设计的社会正义或分配正义是两种基本的竞争性的理论类型。正义仅仅是指向个人行为，还是以社会为主体？个人的天赋才能及其收益是否完全正当地归属于他自己？这些问题代表着一些核心的争论。

阅读书目

1. （英）伯林：《自由四论》，陈晓林译，台北：联经出版事业股份有限公司1986年版。

---

① （英）弗里德利希·冯·哈耶克：《法律、立法与自由》（第2、3卷），邓正来、张守东、李静冰译，北京：中国大百科全书出版社2000年版，第164页。
② Robert Nozick. *Anarchy, State, and Utopia*. New York: Basic Books, Inc., 1974. pp. 149~150.

2. （美）罗纳德·德沃金：《至上的美德：平等的理论与实践》，南京：江苏人民出版社2003年版。

3. （美）诺曼·巴里：《福利》，储建国译，长春：吉林人民出版社2005年版。

4. （英）休谟：《人性论》（下册），关文运译，北京：商务印书馆1980年版。

5. （美）约翰·罗尔斯：《正义论》，何怀宏、廖申白、何包钢译，北京：中国社会科学出版社1988年版。

思考题

1. 在伯林的两种自由概念之外，共和主义的自由概念是否可以成为一种独立的选择？

2. 如何从形式和实质这两个层面上理解机会平等的观念？

3. 如何理解福利哲学中个人主义与集体主义维度之间的关系？

4. 你认为正义应当首先指向个人行为还是社会制度？为什么？

5. 在社会正义的问题上，我们必须面对哪些偶然因素的作用？你认为在构造正义理论时，我们应当怎样处理这些偶然性？

第17章 意识形态

意识形态这个概念充满歧义。人们除了对它的界定存在分歧之外，对它本身的价值评判也抱有完全相反的态度。据考察，意识形态这个词最早由法国大革命时期的安东尼·德斯图·德·特拉西所创造，但由于马克思的原因才广泛流传起来。

对意识形态的一种最宽泛也最中性的理解就是，它是一套关于政治、社会、历史等问题系统的理论与观念。在此基础上，有人强调意识形态的封闭性，因为它作为一种"整全的"理论系统，各个部分构成一个有机的整体，排斥任何其他不同的解释。这个意义上的意识形态已经是一个贬义词了。另一种更富有贬斥性的意识形态概念来自马克思主义的经典作家，他们把意识形态看成是一种欺骗性的东西，是统治阶级为自己的统治进行辩护的观念主张。它之所以是欺骗性的，是因为任何国家都是阶级统治的工具，它只代表统治阶级的利益，然而统治阶级偏偏用一套理论把自己的利益说成是普遍的利益。到了列宁时期，他试图把意识形态的阶级性与科学性统一起来，认为马克思主义的理论就是这种意义上的意识形态。

大概正是因为意识形态有时具有负面含义，所以，"两种传统都在设想没有意识形态社会的可能性——一个马克思主义的社会，在那里不再需要被视为其阶级力量堡垒的意识形态；或者是一个资本主义社会，理性的市场经济的自明准则将加之于自身"[1]。前者试图摆脱欺骗性的意识形态，建立自由人的联合体；后者则试图形成一个个人凭借其理性而自由活动的社会，不需要任何封闭的意识形态来调整。事实上，本章将会讨论的保守主义，其本意也有反对这种意义上的意识形态的一面。但我们在这里对意识形态作宽泛的和中立的理解，大体上将其等同于一个个系统的理论，尤其是政治理论，它们常常被称为一个一个的"主义"。

从逻辑上讲，要在政治理论中对意识形态进行讨论，首先要面对的意识形态自然是无政府主义，因为是否需要国家和政府、政府是否应当存在，这无疑是政治理论应当处理的前提性的问题。此外，本章将讨论自由主义、保守主义和社会主义这三种意识形态理论，一来因为它们是在现实生活中最具影响力的理论，二来也因为它们之间常常构成争论的对手。

17.1 无政府主义

政治理论一般被理所当然地认为是直接处理政治社会与政治生活的理论，但对政治

---

[1] （英）大卫·麦克里兰：《意识形态》，孔兆政、蒋龙翔译，长春：吉林人民出版社2005年版，第2页。

社会、国家、政府之必要性与正当性的反思，理应处于更为根本的起点上。正如诺齐克所说："政治哲学的根本问题，在于是否应当有国家存在，这个问题优先于国家应当如何被组织起来的问题。"① 一旦正视这个问题，政治理论首先就要面对无政府主义的挑战。

17.1.1 无政府主义的历史、观念与实践

无政府主义长期是一种声名狼藉的主张，这既是因为它的信奉者曾经采取过的极端手段，也是因为人们对这一主张的重大误解，比如把理论与观念上的无政府主义当成是实践中的无政府状态、混乱状态。

最早提倡无政府主义思想的是德国的青年黑格尔派麦克斯·施蒂纳，他的代表作是《唯一者及其所有物》。在这本书中，他宣扬"自我"是"唯一者"，鼓吹绝对自由和极端的利己主义，要在"我"和"国家"之间作绝对对立的选择。这本书被称为"无政府主义宣言"。

但施蒂纳的思想并没有形成强大的社会影响力。在历史上，被称为"无政府主义之父"的，是法国人蒲鲁东。蒲鲁东第一个自豪地宣称自己是一个无政府主义者。1840年，他写成了《什么是所有权》一书。他在书中提出了"所有权就是盗窃"的著名观点。他同时反对私有制和共产主义："共产制和私有制的目的都是好的，它们所造成的结果都是坏的。为什么呢？因为两者都是排斥一切的并且各自忽略了社会的两种要素。共产制反对独立性和相称性；私有制则不能使平等和法律得到满足。"② 他把他所主张的社会形式称为自由，也就是既平等又独立的社会，它是共产制与私有制的综合。这是一种以个人占有为基础的互助制社会。所谓互助制，也就是一套互相效劳、互换产品、彼此贷款、相互保险、彼此担保的制度，在这种制度下，一个人只要履行同样的义务就享有同样的权利，每一个人都能够用劳务来换取相应的劳务。基于这种主张，他认为国家是多余的，政治组织将融化在经济组织中，被代之以信用制度。他反对国家，反对任何形式的统治与顺从，主张各地居民组成自治集团。

无政府主义思想史上另一个重要的人物是俄国人巴枯宁，他深受蒲鲁东的影响，视其为思想导师。巴枯宁的主要观点是，个性是绝对自由的，只有在个人获得最充分的自由的情况下，人性才能实现；一切权威都是对人性的否定，因此他主张废除国家，实现各阶级的平等和无政府的社会。在无政府的社会里，自由的个人将组合成小型的自由公社。建立无政府的社会之后，工厂归工人，土地归农民，他们自由地建立工业组合和农业组合，分散经营，不受任何集中领导和统一计划的限制。作为其理论的结果，他主张立即、直接消除政府。

19世纪末20世纪初，俄国人克鲁泡特金提出了无政府共产主义学说，其代表作是《互助论》一书。他把自己的理论称为无政府共产主义学说，以示与以往无政府学说的

---

① Robert Nozick. *Anarchy, State, and Utopia.* New York: Basic Books, Inc., 1974. p. 4.
② （法）蒲鲁东：《什么是所有权》，孙署冰译，北京：商务印书馆1963年版，第291页。作者所说的相称性，主要是指个人的所得与其贡献之间的相称性。

区别。在《互助论》中，他对达尔文的生存竞争、优胜劣汰的观点提出了自己的看法。他认为，生存竞争只存在于群与群之间。因为生物不是单个生存的，而是以群体的形式生活，因此强弱的判断在于物种之间，而不在单个生物之间。凡一种生物群内部各个生物之间实行互助的便成为强的群体，不实行互助的便很弱小。所以，生存至今的物种，一定是互助倾向很强的物种。人类也不例外，具有很强的互助本能，"在人类道德的进步中，起主导作用的是互助而不是互争"①。人类依靠互助的本能，就能够建立和谐的社会生活，而不需要借助权威与强制。根据互助原理，他认为，财产公有的共产主义是必然的，因为一切财富都是联合的力量产生出来的，是互助的结果，所以应当归大家所共有。而既然互助是人类的本能，因此即使没有权威，没有强制，没有政府，人类也能按照本能来组织社会生活。可见，无政府主义在很大程度上对人性抱有一种乐观的判断，这在某种程度上与自由主义的理论相呼应，因为后者认为，政府的存在，恰恰是人性恶的象征，是人性恶的结果。

我们已经可以看到，无政府主义具有两种表现形式：一是自由市场无政府主义，主张完全自由的放任主义，它是极端个人主义的，不允许也不需要国家在经济生活中起任何作用；二是无政府共产主义，提倡彻底废除私有财产，期待出现一个类似于公社的新的社会形态，人们在其中合作、互助，这是一种集体主义的无政府主义。

一个需要澄清的问题是，无论无政府主义采取哪种表现形式，我们都可以看到，它其实向往的是一个自由而有序的社会。所以，无政府主义绝对不能等同于实践中的无政府状态；相反，在无政府主义者的理想中，"无政府主义可能是最有组织的一种社会，其原因在于，在这样的社会里，每个人将和他的同伴互相协调地生活，在这样的环境里，个人将自愿和其他人共同合作地生活。它坚持这样一种不言而喻的真理，即只有到人们对自己的生活负责和掌握自己生活的时候，社会的弊病才能医治"②。从现实来看，即便在有政府的情况下，由于政府管制效能的欠缺，也可以导致无政府状态。当然，个别无政府主义者在19世纪末曾企图采取暴力行动，但无政府主义通常是充满理想的少数人的社会运动。在言论和行动上，无政府主义者对于战争、暴力、剥削、压迫等社会负面问题常常抱有严厉的谴责态度。

虽然无政府主义曾经风靡一时，而且时有回潮，但它的影响力总体而言是有限的。由于理论构造的相对薄弱以及对于现实缺少足够的解释力，所以有人说，无政府主义与其说是一种政治哲学，不如说是一种精神气质，一种不断造反的精神状态。然而，在无政府主义的思想中，还有一种深刻的哲学理论，它主张任何政府的存在本质上都不具有正当的道德理由，但它却并不直接主张取消政府。这便是所谓的哲学无政府主义。

17.1.2 政治义务与哲学无政府主义

哲学无政府主义是一种政治哲学理论，而且它直接面对的是政治哲学中最基本、最

---

① （俄）克鲁泡特金：《互助论》，李平沤译，北京：商务印书馆1963年版，第265页。
② 乔治·卡恩克罗斯：《无政府主义者——为它感到骄傲》，见（美）特里·M. 珀林编：《当代无政府主义》，吴继淦、林尔蔚等译，北京：商务印书馆1984年版，第178页。

古老的问题,即政治义务问题。政治义务指的是人们服从国家及其法律的义务,它是一种道德义务。如果存在政治义务,就反过来说明政府在道德上有权利要求我们服从,它是一种严格意义上的权威。但是,这种道德义务究竟是否存在,却是政治哲学中一直争论不休的问题,所谓哲学无政府主义,就是一种否认政治义务的理论。

美国政治理论家罗伯特·沃尔夫是哲学无政府主义理论的代表人物,我们在此将主要介绍他的论证思路。他对哲学无政府主义的论证建立在一个根本的理论前提之上,即自律与权威的冲突。为了理解这一点,我们必须先分别简单地谈谈这两个概念。

作为一个道德哲学概念,自律指的是一个人服从自己为自己所制定的法则。从这个意义上讲,自律意味着一个人的行动不是屈从于他人意志的结果,而是源于自己的判断。虽然一个自律的人也可能按照别人的命令或要求去行动,但那仅仅是因为经过他的反思,他认为他人的要求或命令符合他自己的判断。从道德哲学的角度看,自律是一个人对自己的行为负责任的条件——因为行动是源于他本人的意志和判断,所以他才应当负责。同时,从道德上讲,一个人应当为自己的行为负责。因此,自律在道德上是不能放弃的。这是第一个论点。

第二个论点涉及我们对权威的理解。在政治哲学领域,严格的权威意味着发布命令并要求得到服从的权利。权威与权力的不同就在于后者是一种现实的、可以强制实施的力量,但它本身并不形成道德上的权利。我们也可以从接受命令一方的角度来看待权威:"只有在听众承认他们并不是依赖于自己对所听到的话语得以成立的理由所下的判断和评价,而只是考虑到这些词句出自某个特定的说话者——这个说话者因其被公认的特性而区别于常人,且被人们接受为应当有权获得听众的反应——之口的时候,这些话语才被人们认为是具有权威的。"[①] 显然,认定一个人或机构是权威,就意味着仅仅因为他或它的身份就服从其命令,而并不加入自己的判断和反思,也不需要经过发布命令者的反复劝说。如果人们在接受命令之前首先要用自己的判断来"过滤"一下,那么,严格说来,发布命令者并不具有权威性。从这个意义上讲,如果承认存在一个外在于自己的权威,也就是放弃自己的自律。

权威与自律存在根本上的冲突,这已经一目了然了。在政治义务的问题上,这种冲突就表现为:"如果个人在任一场合下都给自己保留是否与政府合作的最终决定权,从而维持其自律,他就因此否认了政府的权威。另一方面,如果他顺从政府,接受了它的权威主张,……他就丧失了自律。"[②] 但如前所述,自律在道德上是不应当放弃的,因此,我们只能在道德上否定权威的存在,在政治上也就是否认政府有要求我们服从的权利,否认我们负有政治义务。

从逻辑上讲,还有一种可能的选择,即全体一致的直接民主制,也就是卢梭的社会契约论所设想的,"要寻找出一种结合的形式,使它能以全部共同的力量来卫护和保障

---

① (英)戴维·米勒、韦农·波格丹诺主编:《布莱克维尔政治学百科全书》(修订版),邓正来等译,北京:中国政法大学出版社2002年版,第47页。
② (美)罗伯特·沃尔夫:《为无政府主义申辩》,毛兴贵译,甘会斌校,南京:江苏人民出版社2006年版,第37~38页。

每个结合者的人身和财富,并且由于这一结合而使每一个与全体相联合的人又只不过是在服从自己本人,并且仍然像以往一样的自由"①。这种社会契约试图把共同体的意志与个人的意志统一起来。但要真正做到这一点,我们必须保证人们在每一个问题至少是每一个重大问题上保持一致的意见,但这显然是不可能的,更不用说这种直接民主制在技术上的不可行。除非在分歧出现的时候,我们可以"强迫一个人自由",但这就为极权主义开了方便之门。

哲学无政府主义的结论是坚定的:人们并不负有政治义务,无论面对何种政府形式。但是,它之所以是"哲学的",除了它是一种政治哲学理论而外,也是因为它自觉地停留在哲学的范围内,而并不主张人们在行动上去对抗政府或法律。虽然我们在道德上没有义务去服从政府,但我们还有一些其他的理由去服从至少是某些类型的政府,比如出于审慎的考虑、对抗法律对他人造成的损害、政府的正义性等等。② 或者,我们也可以用 H. L. A. 哈特关于道德理由的观点来分析这个问题。他认为,"虽然我对他负有做这件事的义务,但我不应当做这件事"。这种说法完全是可能的,因为有义务做一件事,但不应当做这件事,这源自"道德的不同维度",其中包含着"道德理由的两种极为不同的类型"。③ 原因在于,我们最终决定是否应当做一件事情,往往并不仅仅是出于义务的考虑,而是"通盘考虑之后(all things considered)"得出的结论,这种通盘考虑,就涉及义务之外的其他因素了。

17.2 自由主义

西方自近代以来,占主导地位的意识形态当数自由主义。与无政府主义认为没有任何政府具有严格意义的合法性(legitimacy)不同,自由主义认为某种特定类型的政府既属必要也属合法。我们对自由主义的认识和理解,最好就从其特殊的合法性理想开始。

17.2.1 个人主义与自由主义的合法性理想

自由的观念古已有之,但自由主义并不是自古就有的,"虽然历史学家从古代世界,尤其是古希腊和罗马那里发现自由观念的成分,但是,这些成分仅仅构成自由主义的史前内容,而不是现代自由主义运动的组成部分。作为一种政治思潮与知识传统、一种可以辨识的思想要素,自由主义的出现只是17世纪以后的事情"④。我们在下文中会说明为什么自由主义是一种近代现象。它是在启蒙运动时期形成和发展起来的,因此与启蒙运动(包括苏格兰和欧陆)具有内在的联系,从理念上讲,这种联系集中体现在

---

① (法)卢梭:《社会契约论》,何兆武译,北京:商务印书馆1980年版,第23页。
② 美国学者 John Simmons 在分析了种种政治义务理论的弱点之后,认为政治义务确实是不存在的;但他最后提出了一系列类似于我们在此提出的理由,认为我们仍然应当服从至少是某些类型的政府。(参见 John Simmons. *Moral Principles and Political Obligation*. N. J.: Princeton University Press, 1979. pp. 191~195.)
③ 参见 H. L. A. Hart. "Are There Any Natural Right?" *The Philosophical Review*, 1955, 64 (2): 186.
④ John Gray. *Liberalism*. England: Open University Press, 1986. p. 9.

它的合法性理想上，尤其是把个人理性置于其合法性理想的中心。沃尔顿对此做了如下解释："正如他科学领域中的经验主义同伴一样，自由主义者坚持，社会和政治生活中的合理辩护必须在原则上为每一个人提供，因为社会要被个体心灵而非传统或共同体意识来理解。它的合法性和社会义务的基础必须对每一个个体予以说明，因为一旦神秘的盖头已然揭开，每一个人都想要一个答案。如果存在某一个个体，他得不到辩护的理由，那么就他而言，社会秩序最好由其他安排所代替，因为现状没有对他的忠诚提出任何要求。"①

传统、神话已不足以成为人们接受政治安排的基础，这意味着欺骗性的、封闭性的意识形态也要遭到拒斥，自由主义的目标是要建立一个"透明的秩序"②。同时，一种未经反省的"共同体意识"也不是恰当的基础，政治安排首先要接受个体的检验，而且要面向每一个个体。自由主义之所以被人们认为预设了个人主义的前提，其最深刻的方面正在于此。近代以来，自由主义的社会契约论强调政府是建立在个人同意的基础之上的，这正是这种个人主义的体现。由于自由主义强调以个人理性作为检验政治合法性的根本基础，而理性又被认为是普遍的，因此自由主义一直是以普遍主义的姿态呈现在世人面前的，自由主义者认为自由主义是一种普适的理念和制度。

个人主义当然有许多方面的含义，与自由主义相关的是，它并不是要否认一切社会联系对于个人的重要性，而是首先要否定单纯把个人当做整体的一部分的观点。③ 在这个意义上，自由主义反对有机论的社会观，因为这种社会观试图把个人按其地位和功能限定在一个有机的结构体系中，给他一个固定不变的位置，并用这种位置来说明个人的价值（《理想国》根据其人性的假设，把人分为三个社会等级，就是这种思路的典型）。相反，个人主义意味着社会是由个人构成的，社会需要由个人来解释，而不是相反。

自由主义的个人主义还意味着个人拥有不可侵犯的权利。自由主义一般都主张，社会不能轻易地拿社会利益、集体利益和公共政策的名义来侵犯个人权利，甚至说，"权利最好被理解为背景性辩护的王牌，这种辩护针对的是确定共同体整体目标的政治决定"④。这种权利在洛克那里是用自然权利的语言来表达的。正是因为确立了个人主义的前提，尤其是使用了个人权利的语言，所以霍布斯被一些人视为自由主义的先驱之一，虽然他对主权权威的绝对性的强调显然不符合自由主义的追求。

---

① Jeremy Waldron. "Theoretical Foundations of Liberalism." in *Liberal Rights*. Cambridge：Cambridge University Press，1993. p. 44.

② Jeremy Waldron. "Theoretical Foundations of Liberalism." in *Liberal Rights*. Cambridge：Cambridge University Press，1993. p. 58.

③ 一直有人批评自由主义，说它预设的是孤立的、"原子式的"个人。参见 Charles Taylor. "Atomism." in *Philosophy and the Human Sciences*：*Philosophical Papers*. 2. Cambridge：Cambridge University Press，1985. pp. 187~210. "原子主义"这一说法的最早源头可能来自黑格尔，他认为，"在考察伦理时永远只有两种观点可能：或者从实体性出发，或者原子式地进行探讨，即以单个的人为基础而逐渐提高"[（德）黑格尔：《法哲学原理》，范扬、张企泰译，北京：商务印书馆1961年版，第173页]。

④ Ronald Dworkin. "Rights as Trumps." in Jeremy Waldron, ed. *Theories of Rights*. Oxford：Oxford University Press，1984.. p. 153.

17.2.2 自由与权力

自由主义的个人主义，最终的归宿就是对个人自由的捍卫。自由主义理论的内部存在诸多分歧，其理论主张多种多样，以致有人认为它成了一种无法辨识的理论。甚至有人认为，"自由主义没有本质"[①]。但无论理论分歧有多深，自由主义有一个不变的基点，那就是对个人自由的强调。

自由主义所倡导的自由表现在政治、经济与社会的不同方面。自由主义最初面对反对绝对主义政治的任务，因此它对自由的主张最初也表现为政治的自由，尤其是争取宪政政府和个人的政治权利。经济自由也是自由主义中的一个重要方面，它甚至构成古典自由主义的核心。以亚当·斯密为代表的自由主义者反对政府干预经济活动，主张由个人在经济当中自由竞争，用市场这只"看不见的手"来调整经济生活，这就是自由放任主义的经济模式。这意味着，个人有支配自己的财产和劳动的自由，有签订契约的自由，而洛克认为，政府的目的就是保护财产（包括生命、自由与财产）。

自由主义对社会自由的强调是一个特别值得重视的方面，其最重要的代表就是约翰·密尔，他把人们对自由的关注从政治、经济的领域转向社会生活的领域。这种自由被用于对抗大众舆论、多数派的偏好与道德意见的压力。他把这种情况称为"社会暴虐"，而且，"这种社会暴虐比许多种类的政治压迫还可怕，因为它虽不常以极端性的刑罚为后盾，却使人们有更少的逃避办法，这是由于它深入生活细节更深得多，由于它奴役到灵魂本身"[②]。显然，在这里，自由的重心已经从政治转向社会，转向社会意见领域的"多数的暴政"。密尔在这方面受到托克维尔的影响，因为托克维尔强调，在平等的时代，任何人都难以对抗多数，从而有失去自己的个性和自由的危险。当然，这种转向也有一个基础，即保障政治领域的自由的政治法律制度基本上已经建立起来了。

无论自由主义对自由的关注重心何在，它所主张的自由基本上都是消极自由，并寻求把个人不受干涉的空间以自由权项的形式确定下来。自由主义者一般都坚信，个人是其自己利益的最佳判断者，应当让每一个人按照自己的意志去选择自己的生活方式。当然，在历史上也有过主张积极自由的自由主义思想，但并不占主流。

应当指出，自由主义对自由的强调是基于其个人主义前提的，它要维护的是"个人"自由。相反，古典时代虽然也有自由观念，但用霍布斯的话来讲，"古希腊罗马人的哲学与历史书以及从他们那里承袭自己全部政治学说的人的著作和讨论中经常推崇的自由，不是个人的自由，而是国家的自由，这种自由与完全没有国法和国家的时候每一个人所具有的那种自由是相同的"[③]。古希腊、古罗马强调整体的自由，包括国家不受其他国家的奴役，国家确实是自由的一个主体。霍布斯的这种概括或许有失偏颇，当如果我们联系到贡斯当所说的古代人的自由，我们就可以说，古代人的自由确实主要是公

---

① （英）约翰·格雷：《自由主义的两张面孔》，顾爱彬、李瑞华译，南京：江苏人民出版社2002年版，第27页。
② （英）约翰·密尔：《论自由》，程崇华译，北京：商务印书馆1959年版，第4页。
③ （英）霍布斯：《利维坦》，黎思复、黎廷弼译，北京：商务印书馆1985年版，第166页。

共生活中的自由。相对而言，自由主义所主张的个人自由，则更多地指向私人生活。这就是为何强调自由观念的古典时代并没有自由主义的原因所在。

正是因为自由主义强调的是个人自由，而且主要是私人生活的自由，因此它必然对公共权力、对政府抱有怀疑甚至恐惧之心。自由主义一般都相信政府是一种"必要的恶"，它只是一种必要的工具而已，没有内在价值。政府之所以必要，完全是因为人性恶劣的缘故。自由主义者相信，权力内在地具有导致腐败的倾向，而绝对的、不受限制的权力绝对会导致腐败。正因为如此，自由主义往往与有限政府的思想联系在一起。这里的"有限"，是指权力和职能上的有限。古典自由主义与自由至上主义（libertarianism）往往把国家当做社会的"守夜人"来看待，它只扮演保护者、裁判员的角色。即便具有平等主义色彩的自由主义，也总是强调把自由放在优先的位置。

自由主义强调通过制度的设计来限制权力、保障个人自由。三权分立就是自由主义所信奉的一种典型的制度形式，因为：

"当立法权和行政权集中在同一个人或同一个机关之手，自由便不复存在了；因为人们将要害怕这个国王或议会制定暴虐的法律，并暴虐地执行这些法律。

"如果司法权不同立法权和行政权分立，自由也不存在了。如果司法权同立法权合而为一，则将会对公民的生命和自由施行专断的权力，因为法官就是立法者。如果司法权同行政权合而为一，法官便将握有压迫者的力量。

"如果同一个人或是由重要人物、贵族或平民组成的同一个机关行使这三种权力，即制定法律权、执行公共决议权和裁判私人犯罪或争讼权，则一切便都完了。"①

这种限制权力的方式就是所谓的"以权力约束权力"、"以野心对抗野心"。需要补充的是，人性恶的预设被认为是对人性的普遍概括，因此它成为自由主义之普遍主义姿态的又一个根据。

由于自由主义对自由的强调，使之面对着自由与平等之间的张力。本书第16章在讨论自由与平等的时候，已经提到这一问题。自罗斯福"新政"以来，自由的含义开始扩展，自由主义也开始以理论的形式试图容纳自由与平等这两种价值，这方面的理论杰作就是罗尔斯的《正义论》。当然，对自由的再度申述与捍卫却也同时在进行着，比如本书已经数度引用的哈耶克、诺齐克就是这方面的代表。

17.2.3 多元主义与宽容

自由主义强调个人自由，这与宽容的原则是密切相连的。如果政府不能容忍异见，个人自由自然是没有保障的。从历史的角度看，自由主义在近代的兴起，正是源于宗教战争之后的宗教宽容。由于宗教改革导致了信仰的个人化、主观化，因此出现了深刻的宗教分歧，并导致了长达百年的宗教战争。血的教训让人们认识到，通过强制的手段是难以达到信念上的统一的。出于秩序的需要，各方之间最初以妥协、权宜之计的心态容忍对立的宗教信仰，尔后，宽容逐渐成为一种道德原则。

宽容预设了一个前提，即多样性的存在，表达这一前提的学术概念即是"多元主

---

① （法）孟德斯鸠：《论法的精神》（上册），张雁深译，北京：商务印书馆1961年版，第156页。

义（多元论）"。自由主义常常被认为是以多元主义为前提的，它承认多元主义并尊重多样性。

但对于自由主义与多元主义之间的关系，学术界却仍然存在争论，这在很大程度上是由于人们对多元主义有不同的理解。第一种理解是伯林式的："存在诸多客观的目的、终极的价值，其中一些与其他的互不相容，它们由不同时代的不同社会所持有，或由同一社会的不同群体，由整体的阶级或教会、种族，或由它们内部的特殊个体所持有，其中的任何一种都可能发现自己处于不能被结合起来然而却具有同等终极性和客观性之目的的冲突性要求之中。"①

这种对多元主义的理解本身就是一种哲学信念，它是一种关于价值之本质的形而上学学说。此种多元主义因而是与价值的客观性而不是主观主义、相对主义联系在一起的。正是因为许多不同的价值在本质上同样客观，同时又不能同时实现，因此我们必须在它们之间作悲剧性的选择。同样，也正是因为价值具有客观性，所以，这种多元主义成立与否，与人们是否在事实上拥有不同的价值观念在逻辑上是不相干的。

第二种多元主义恰恰正是指人们事实上持有不同的善观念（conception of good），他们信奉不同的生活方式，对幸福持有不同的看法，他们有不同的生活目标和计划，等等。这种多元主义意味着，社会上不再有一种统一的、客观的幸福概念，也不能由哲学家或政府来提供统一的关于幸福和良善生活（good life）的标准。显然，这样一种多元主义主要是对社会事实的一种描述和承认。无论价值是否在本质上是多元的，现实的人们都可以持有不同的善观念——也许他们根本不理解、不关心价值在本质上是一元的或多元的。

现在回到自由主义与多元主义的关系上来。自由主义究竟需要预设哪一种多元主义呢？尤其重要的是自由主义是否需要价值多元论的哲学前提？如果价值多元论的哲学信念是正确的，那就意味着许多价值之间是不可通约的，也无法进行比较和排序。但在现实生活中，不同的人们对不同的价值常常有一种高下优劣的判断和先后次序的选择，这就形成了多元的善观念。所以，如果价值多元论的哲学前提是正确的，那么，多元的善观念本身即便各自有其存在的合理性，它们所包含的价值判断和排序从哲学上讲却无疑是没有根据的。

然而，自由主义恰恰声称要尊重人们不同的善观念，包括尊重其中所作的价值排序。因此，我们似乎可以说，自由主义其实主要的关注在于对于人们事实上所持有的不同善观念的尊重，而不必然要肯定伯林式的、价值多元主义的哲学理论。伯林自己也曾这样评论自由主义与他所说的多元主义的关系："多元论和自由主义是互不相同甚至也互不交叉的两个概念。有各种不属多元论的自由主义理论。我既相信自由主义，也相信多元论，而这两者并没有逻辑上的关联。"② 也正是在这个意义上，有人认为，"自由主义并不从对多元论的接受中得出其基本原理，也并不必寻求促进它的价值（virtues）"③。

---

① Isaiah Berlin. *The Crooked Timber of Humanity*. New York: Alfred A. Knope, Inc., 1991. pp. 79~80.
② （伊朗）拉明·贾汉贝格鲁：《伯林谈话录》，杨祯钦译，南京：译林出版社 2002 年版，第 40 页。
③ Charles Larmore. *The Morals of Modernity*. Cambridge: Cambridge University Press, 1996. p. 153.

善观念的多元论是一个社会事实,而宽容则是自由主义对这种事实所采取的一种特定的道德态度。为什么应当采取宽容而不是其他的态度?自由主义自然需要对此做出说明。然而,综观整个自由主义的思想史,对于这一核心立场,自由主义虽然经常予以讨论,但却没有给出让人们普遍接受的一致答案。单纯的妥协或临时协定虽然也可以导致暂时的宽容,但它是不稳定的,各方仅仅是出于审慎而非道德的考虑,因此不足以提供充分的论证。从自由主义的传统来看,对宽容的论证主要是从两个角度进行的:一是理性的角度,二是怀疑论的角度。

这里所说的理性,是从手段与目的的关系角度而言的,亦即所选择的手段是否适于实现所设定的目的。洛克最早在申述宗教宽容、反对宗教强制的理由时对此进行了经典的说明:"真正的宗教的全部生命和动力,只在于内在的心灵里的确信,没有这种确信,信仰就不成其为信仰。不论我们表示相信什么样的信仰、遵从什么样的外部礼拜形式,如果我们在自己的内心里不是充分确信前者为纯正的信仰,后者为上帝所喜悦,这样的表白和礼拜便毫无裨益,而且注定会成为我们灵魂拯救的巨大障碍。因为这样做,不仅没有通过礼拜赎免我们原有的罪过,反倒因为我们用看来会触犯上帝的方式去礼拜全能之主而增添了新罪,这就是对神圣陛下伪善和蔑视之罪。"从而,权力的掌握者没有掌握干涉个体信仰的权力:"掌管灵魂的事不可能属于民事长官,因为他的权力仅限于外部力量,而纯真的和救世的宗教则存在于心灵内部的信仰,舍此没有任何东西能够为上帝所接受。悟性的本质就在于,它不可能因为外力的原因而被迫去信仰任何东西。监禁、酷刑和没收财产,所有这类性质的东西都不能改变人们已经形成的关于事物的内在判断。"①

由于通过强制的手段根本不可能改变内心的信仰而只能改变外在的形式,所以宗教强制不可能达到统一宗教信仰的目的,从这个意义上讲,它是非理性的。

宽容问题上的怀疑论,是指由于信仰、知识、意义、价值上的对与错以及真与假是不确定的与难以认定的,所以应当保持宽容。洛克在阐述宗教宽容的时候曾把宗教信仰称为"这些不肯定的事情"②,这其实就是一种怀疑论的态度。密尔对怀疑论的运用则更突出。他强调,社会要保持宽容,不要压制不同意见,因为我们无法肯定我们所压制的意见是错误的,而"凡压默讨论,都是假定了不可能错误性"③。所以,自由和宽容之所以必要,就在于我们的不确定,在于它们对于发现真理的工具性意义,因为压制有可能让真理无法显现。在当代,仍有学者坚持怀疑论的立场,认为这个世界上本来没有作为客观实在的意义和价值,我们必须"把我们的意义印刻在世界上"④。

然而,对于这些重要的论证,甚至在自由主义内部也还没有得到一致的认可。主要原因在于,从哲学上讲,人们对这两种论证思路都持有广泛的争议。一来,有人认为它们本身并不能自圆其说。比如,有学者就认为,通过某些强制手段,可以改变人们的内

---

① (英)约翰·洛克:《论宗教宽容》,吴云贵译,北京:商务印书馆1982年版,第6页。
② (英)约翰·洛克:《论宗教宽容》,吴云贵译,北京:商务印书馆1982年版,第20页。
③ (英)约翰·密尔:《论自由》,程崇华译,北京:商务印书馆1959年版,第18页。
④ Bruce A. Ackerman. *Social Justice in Liberal State*. New Haven: Yale University Press, 1980. p.369.

心信仰。① 二来，这些论证本身并不必然导致自由主义的结果。比如，有人认为，如果这个世界上确实没有客观的意义和价值，那么，"一种自然的替代选择是，价值的建构是一个社会的事业：道德意义经常据说是由整个共同体的实践、理解或习俗而产生的。然而，如果价值是一种公共物品，那么，为何一个表达共同体意志的政府不能把它的决定建立在它们之上呢？"② 言下之意，如果怀疑论是正确的，我们或许应当选择某种集体主义的生活形式，而不是个人主义的自由主义。

虽然宽容作为一种原则已经被自由社会广泛接受，但其理论根据上的脆弱仍然让自由主义饱受批判，所以为宽容寻找一种可靠的基础，乃是自由主义理论的一项基础性的工作。更进一步的问题是，如果宽容的各项理论根据是有争议的，那么这样的宽容能否算得上真正的宽容？换言之，那些有争议的理论基础与多元的善观念之间有无根本的联系？如果这种联系是真实的，那么我们把宽容建立在一种特定的理论根据上，就不足以表明我们对不同的善观念真正表示了宽容的态度。

当代政治哲学家罗尔斯针对善观念的理解尖锐地提出了这一问题："一种善观念通常由一种确定的终极目的和目标体系，以及作为依恋与忠诚对象的某些人和联合体应该繁荣的欲望所构成。我们与世界的关系的观点——宗教的、哲学的或道德的——也包含在这一观念之中，这些目的和依恋通过这种观点得到理解。"③ 言下之意，宗教、哲学与道德观点也是我们善观念的一部分，同时，我们的一些具体的目的也通过它们而得到解释。因此，自由主义如果要严肃对待宽容，就不能把宽容的根据建立在任何一种特殊的、有争议的理论基础上，因为这些有争议的理论本身就是一些有争议的善观念的一部分。

那么，宽容的真正基础在哪里？罗尔斯提出的"政治自由主义"可谓是对这一问题的最新探索，其基本主张在于，让社会的政治道德原则限定在政治的范围内，而无涉于任何一种特殊的完备性学说（即得到精致表达的同时适用于个人、社会和政治制度的宗教以及道德或其他形而上学学说）。④ 对这一理论的可能性与合理性的争论，构成了这些年自由主义内部的理论焦点之一。

关于多元主义与宽容的问题，涉及自由主义中的一个重要论点，即正当之于善的优先性。正当与善是两个基本的道德哲学概念，前者指判定行为之恰当与否的准则，后者则是指目的、欲望等。这两者之间何者更为优先，涉及道德哲学中的基本理论取向问题。自由主义一般都强调正当优先于善，这种优先性表现在两个方面："在其道德意义上，义务论反对后果主义，它描述一种包含特定绝对责任和禁令的一阶伦理（first-order），这些责任和禁令对于其他道德的和实践的关切具有绝对的（unqualified）优先性。

---

① 参见 Jeremy Waldron. "Locke: Toleration and the Rationality of Persecution." in Suan Mendus, ed. *Justifying Toleration: Conceptual and Historical Perspectives*. Cambridge: Cambridge University Press, 1988. p. 81.
② George Sher. *Beyond Neutrality: Perfectionism and Politics*. Cambridge: Cambridge University Press, 1997. p. 141.
③ John Rawls. *Political Liberalism*. 2nd. New York: Columbia University Press, 1996. p. 302.
④ 关于政治自由主义的理论阐释，可参见 John Rawls. "Justice as Fairness: Political not Metaphysical." *Philosophy and Public Affairs*, Vol. 14, NO. 3, 1985, pp. 223~251. 对这一理论进行全面阐述的著作则是 John Rawls. *Political Liberalism*. 2nd, New York: Columbia University Press, 1996.

在其基础的意义上，义务论反对目的论，它描述一种辩护的形式，其中第一原则以一种不预设任何人类意图或目的，也不预设任何确定的人类善观念的方式被推导出来。"①

前一种意义显然是规范意义上的优先性，即人们对目的的追求应当接受普遍规则的限制和约束；后一种意义则更进一步，试图为前一种优先性寻找哲学上的基础。应当说，前一种优先性在现代社会常常得到广泛的接受，无论是自由主义还是其批评者都承认这一优先性。唯有这一优先性，才能在约束人们行动的同时保证每一个人的自由和权利。争议主要在于后一种层次上的优先性，基本的道德原则是否像康德所说的那样，不是源于什么价值和目的，也不是源于对后果的计较；相反，它们是从纯粹实践理性中所生发出来的规则，即"绝对命令"。

17.3 保守主义

保守主义是一种较为独特的意识形态，甚至它是否可以算作一种意识形态也是一个问题。一方面，人们非常自然地把保守主义与传统、守旧等事物或观念联系在一起，因此它似乎为人们所熟知。但另一方面，相对于其他意识形态，保守主义往往缺少足够严密系统的理论构造，许多人甚至怀疑保守主义者构造理论的可能性，因此它似乎又是难以言说的。事实上，我们将会看到，保守主义常常不得不借助于比喻的方式来表达其思想。

17.3.1 保守主义是一种意识形态吗

保守主义之所以为人们所熟知，主要是源于人们身上的一种普遍的保守倾向。这种倾向是一种自然的性情，一种心理上的态度，它抵制对习惯性的生活和工作方式带来的混乱的变化，希望维持现状。学术界一般把这种保守主义称为"本性上的保守主义"或"天然的保守主义"。著名哲学家迈克尔·欧克肖特的下面这段话是对这种保守主义情感的全面概括："保守就是宁要熟悉的东西不要未知的东西，宁要试过的东西不要未试的东西，宁要有限的东西不要无限的东西，宁要切近的东西不要遥远的东西，宁要充足不要过剩，宁要方便不要完美，宁要现在的欢笑不要乌托邦的极乐。宁要熟悉的关系与忠诚，不要更有利的依附的诱惑；保持、培养和享受比得到与扩大更重要，失去的悲痛比新奇或允诺的刺激更剧烈。保守就是按自己的收入水平生活，安于自己和自己环境的不那么完善，将这同样视为自己的财富。"②

当代保守主义理论家罗杰·斯克拉顿也强调，哲学上的论证并不是保守主义的全部，因为，"像任何政治存在物一样，保守主义者也会'赞同'某些事物，他之所以赞同它们，不是因为持有对它们有利的论据，而是因为了解它们，接受它们，并且发现干

---

① Michael J. Sandel. *Liberalism and the Limits of Justice*. Cambridge: Cambridge University Press, 1982. p. 3.
② （英）迈克尔·欧克肖特：《政治中的理性主义》，张汝伦译，上海：上海译文出版社2003年版，第127页。

预它们运作的企图威胁到他的认同感（他往往不知道是如何受到威胁的）"①。这也从一个侧面反映出保守主义情感的一面、态度的一面，而不是哲学的一面、理性的一面。

这种保守主义被称为"天然的"、"本性上的"，正在于它强调的是人性中的一种普遍而常见的态度，因此跟政治上的意识形态显然有一定的距离，这是学术界区分天然的保守主义与政治上的保守主义的一个关键理由。但对于二者之间的关联性，不同思想家却有不同看法。保守主义思想家休·塞西尔认为，政治上的保守主义"当然主要来源于和依赖于几乎在每个人心中都存在的那种天然的守旧思想"②。卡尔·曼海姆对此则持有完全不同的观点，他把塞西尔所说的"天然的保守主义"称为"传统主义"，而"传统主义的行为甚至在今天也与政治保守主义或任何其他各类的保守主义毫不相干"。③

很多正统的保守主义者并不认为保守主义是一种意识形态，因为它恰恰是反对封闭的、抽象的意识形态，它只是一种态度，一种性情，一种生活方式，其关注重心并不在政治。这里有一个重要的原因在于，自近代以来，意识形态就一直与革命联系在一起，它意味着用一套抽象的观念和原则为社会历史提供某种蓝图，并通过革命的手段去实现这种理想的目标。法国大革命是历史上第一次由抽象的意识形态所主导的政治运动，但它所导致的某些灾难为一些人所恐惧："法国革命乃是世界上迄今所发生过的最为惊人的事件，最可惊异的事件，在许多事例中都以最荒谬和最荒唐的手段并以最为荒唐的方式发生了，而且显然的是用了最为可鄙的办法。在这场轻率而又残暴的奇异的混乱中，一切事物似乎都脱离了自然，各式各样的罪行和各式各样的愚蠢都搅在了一起。"④

保守主义者们正是为反对这种意识形态和革命而开始阐述自己的思想的，因此保守主义一开始就有反对革命和意识形态的成分。他们一方面张扬传统的价值，另一方面则强调政治本身是没有外在目的的，因此不可通过革命的方式实现某种社会理想："在政治活动中，人们是在一个无边无底的大海上航行；既没有港口躲避，也没有海底抛锚，既没有出发地，也没有目的地。事情就是平衡地漂浮；大海既是朋友，又是敌人；航海技术就在于利用传统行为样式的资源化敌为友。"⑤ 理解了这一点，就知道不能以计划的方式给社会提出或强加一项目标。

但保守主义确实也有一个学理化的过程，这个过程最早可以追溯到柏克的《法国革命论》，尽管柏克本人也反对意识形态。塞西尔说："柏克成为阐明'保守主义'的第一个、也许是最伟大的导师，他以非凡的修辞才能倾写出反对革命信仰的篇章，赋予'保守主义'运动以哲学信条的尊严和宗教十字军的热情。"⑥ 如果我们把标准放宽一些

---

① （英）罗杰·斯克拉顿：《保守主义的含义》，王皖强译，刘北成校，北京：中央编译出版社2005年版，第2~3页。
② （英）休·塞西尔：《保守主义》，杜汝楫译，北京：商务印书馆1986年版，第3页。
③ （德）卡尔·曼海姆：《保守主义》，李朝晖、牟建君译，南京：译林出版社2002年版，第56页。
④ （英）柏克：《法国革命论》，何兆武、许振洲、彭刚译，北京：商务印书馆1998年版，第13页。
⑤ （英）迈克尔·欧克肖特：《政治中的理性主义》，张汝伦译，上海：上海译文出版社2003年版，第51页。
⑥ （英）休·塞西尔：《保守主义》，杜汝楫译，北京：商务印书馆1986年版，第25页。

的话，亚里士多德、西塞罗、圣奥古斯丁、托马斯·阿奎那、黑格尔乃至休谟的思想体系都具有许多保守主义的特质。综合这些思想资源来看，保守主义确实拥有一套自身的原则和信条，它们是可以言说和清晰表述的。这个意义上的保守主义，大概正是我们所讨论的保守主义的意识形态。

但一直有人认为，保守主义在理论和原则方面有明显的缺陷。哈耶克认为，保守主义之所以对变革持有惧怕之心，恰恰在一定程度上体现了它没有原则，缺少抵抗新观念的论辩力量："从保守主义者的观点来看，他们之所以惧怕新观念，乃是因为保守主义者自身并没有独特的原则可资抗拒这些新观念；更有甚者，由于保守主义者不相信任何理论，并且除了接受那些已为经验所证实者以外对未知事态又毫无想象力，所以他们实际上是在思想的斗争展开之前就已丢失了自己的武器。"① 因此，政治上保守主义的原则与理论基础确实还有待澄清。

17.3.2 经验、传统、特殊主义

保守主义是以反对抽象的意识形态为出发点的，它不赞成用抽象的理念来指导政治实践，因此，强调具体事物的经验主义主张便成为其最重要的哲学基础。亚里士多德在批判柏拉图理念论的时候就强调说，"明智不只是对普遍者的知识，而应该通晓个别事物，从而，一个没有知识的人，可以比有知识的人干得更出色。……明智是实践的。理论与实践两者都为必要，但重要的还是经验"②。言下之意，在实践的领域，实践的智慧主要不在于抽象的理论知识，而在于对具体事物的经验。后世的保守主义思想家在这方面继承了亚氏的思想，反对用技术理性的态度对待政治实践。例如，欧克肖特就区分了两种知识，即技术的知识与实践的知识或传统的知识。前者是可以通过学习规则、公式或其他书本的东西来掌握的，后者则类似于亚氏的实践智慧，它只能通过长期的实践达到得心应手的效果。③ 政治当中是不适用技术理性的，它没有普遍确定的知识可以依赖；相反，倒是传统为人们提供了可靠的智慧和资源。曼海姆对此做了这样的概括："这种保守主义的经验和思想方式最本质的特征之一，似乎在于它通过实用的方式对直接事物和具体事物的坚持。"④

在政治领域中反对理性主义，似乎也有一个附带的后果，即反对少数精英把自己特殊的识见强加于社会大众："最优秀的人也只不过是谈理论的人。但是不管出色的少数人可能怎么样，构成其特性并且最后决定其方向的，却是整体的素质和质量。在所有的团体之中，凡是将实行领导的人，必定也在很大的程度上要跟随在后面。他们必须使他

---

① （英）弗里德利希·冯·哈耶克：《自由秩序原理》（下册），邓正来译，上海：上海三联书店1997年版，第196页。
② （古希腊）亚里士多德：《尼各马科伦理学》，见苗力田主编：《亚里士多德全集》（第8卷），北京：中国人民大学出版社1994年版，第128页。
③ 参见（英）迈克尔·欧克肖特：《政治中的理性主义》，张汝伦译，上海：上海译文出版社2003年版，第7~8页。
④ （德）卡尔·曼海姆：《保守主义》，李朝晖、牟建君译，南京：译林出版社2002年版，第77页。

们的种种提议符合他们所希望加以指导的那些人们的趣味、才能和心性。"①

政治领域中的知识主要是实践的知识或传统的知识，如果说普通大众在理论知识、技术理性上有欠缺从而不及社会精英的话，在实践知识的领域，他们却是不可或缺的主体和参与者，因此恰恰要受到尊重。保守主义常常体现出某种反智主义的倾向和较强的草根性，其原因大概在此。

保守主义的上述经验主义思维显然强调从传统当中获取灵感。保守主义者反对抽象的一般原则，而是注重挖掘传统中潜藏的智慧。他们相信，政治的知识已经潜在地包含在传统当中。用欧克肖特的话来讲就是，保守主义相信传统的"暗示"："一个英国人的自由不是反映在人身保护法的程序中的什么东西，在那一点上它是利用那种程序的有效性。我们希望享有的自由，不是一个我们独立于我们的政治经验预先策划的'理想'，它是已经在那经验中暗示了的东西。"② 他据此认为，政治就是"追求暗示"："在政治上，每件事情都是作为结果发生的事情，都是追求，但不是追求梦想或一般原则，而是追求一种暗示。"③ 这里包含两个方面的意思：首先，政治不是对抽象原则的追求，而是要汲取传统的智慧；其次，传统的智慧并不完全是直接显露于外的东西，而是需要发掘的。所以，对传统的尊重也并不意味着保留传统的任何一个方面。保守主义者往往都强调自由，但是，"我们的自由乃是我们得自我们祖辈的一项遗产"④，而不是来自普遍的、抽象的伦理规定。

反对抽象的原则，这是保守主义与自由主义在近代发生冲突的一个重要方面。其重心就在于，保守主义反对自然权利学说："政府并不是由天然权利而建立的，天然权利可以而且确实是完全独立于它而存在的；并且是以更大得多的明晰性和以更大得多的程度上的抽象完美性而存在的；但是，它们的抽象完美性却是它们实际上的缺点。"⑤ 抽象的自然权利在形而上学的意义上可能是正确的，但在道德和政治上却总是虚假的，它与社会的传统和经验没有任何联系。

对传统的尊重、对抽象原则的反对，一个必然的结果就是保守主义反对激进的革命。虽然在历史上持有极端立场的保守主义者也采取过革命的方式，但这不是保守主义的内在思想倾向。在许多保守主义者看来，革命是匪夷所思的事情，"它就像迫不及待地谋杀患病的母亲，以便取出据说孕育在她子宫里的婴儿"⑥。当然，保守主义者往往同时强调，保守主义并不反对任何变革："保守主义的天性并不是阻止变革，因为那是国家必不可少的运动，而是捍卫历经变革保留下来的本质，它使我们能够确信，不同的

---

① （英）柏克：《法国革命论》，何兆武、许振洲、彭刚译，北京：商务印书馆1998年版，第53页。
② （英）迈克尔·欧克肖特：《政治中的理性主义》，张汝伦译，上海：上海译文出版社2003年版，第46页。
③ （英）迈克尔·欧克肖特：《政治中的理性主义》，张汝伦译，上海：上海译文出版社2003年版，第49页。
④ （英）柏克：《法国革命论》，何兆武、许振洲、彭刚译，北京：商务印书馆1998年版，第43~44页。
⑤ （英）迈克尔·欧克肖特：《政治中的理性主义》，张汝伦译，上海：上海译文出版社2003年版，第78~79页。
⑥ （英）罗杰·斯克拉顿：《保守主义的含义》，王皖强译，刘北成校，北京：中央编译出版社2005年版，第7~8页。

变革阶段就是整个国家或民族生命历程的各个阶段。"① 这里已经涉及下文中我们所要谈到的社会有机论了。

当然，保守主义之所以反对革命，可能还与它对人性的悲观主义态度有关："不管是什么名义、权力、职能、人为的制度，都不能把任何权威体系所由以组成的那些人们，造就成为并不是上帝和自然和教育和他们的生活习惯所造就成他们的那种样子。人民并没有超出这些之外的能力。"② 革命往往对人性的希望过高，它所希求实现的秩序往往需要人性有一个根本的改变，而这在保守主义看来是不可能的。

基于保守主义的经验主义哲学以及它对传统的尊重，我们可以看出，保守主义的特点在于它的特殊主义而不是抽象的普遍主义："令保守主义肃然起敬、生气勃勃的正是特定的国家、特定的历史、特定的生活方式。"③ 这种特殊主义是其理论思路的必然结果。特殊主义与普遍主义，也是保守主义与自由主义的一个重要分野。虽然在历史上，有些保守主义表现出过于强烈的民族主义，甚至最后堕落为帝国主义，但这似乎并不能代表保守主义的主流。

17.3.3 个人与社会、自由与权威

保守主义原则上反对自由主义的个人主义预设，同时坚持一种有机论的社会观和国家观："保守主义者认为，国家不是一部机器，而是一个有机体，甚至是一个人。它的规律也不外是生死交替、推陈出新。它蕴涵理性、意志和友情。它的公民并非完全都处于同等的水平，一些人享有其他人不具备的特权。"④ 相应地，他们也不在契约论的意义上去理解社会和国家："国家的本性也不在于契约关系中，不论它是一切人与一切人的契约还是一切人与君主或政府的契约。把这种契约的关系以及一般私有财产关系掺入到国家关系中，曾在国家法中和现实世界造成极大混乱。过去一度把政治权利和政治义务看做并主张为特殊个人的直接私有权，以对抗君主和国家的权利，现在却把君主和国家的权利看成契约的对象，看成根据于契约，并看成意志的单纯共同物，而由结合为国家的那些人的任性所产生的。以上两种观点无论怎样不同，但有一点是相同的，它们都把私有制的各种规定搬到一个在性质上完全不同而更高的领域。"⑤

人们结合而为国家，并不是因为偶然的原因，也不是为了私人的利益，而是一个世代相续的道德关系。在黑格尔看来，从契约的角度理解国家，完全是把国家与市民社会混为一谈了。保守主义对国家的这种理解显然不同于霍布斯或洛克式的契约论，根据后者，国家确乎仅仅是满足个人利益的工具而已。

---

① （英）罗杰·斯克拉顿：《保守主义的含义》，王皖强译，刘北成校，北京：中央编译出版社 2005 年版，第 38 页。
② （英）柏克：《法国革命论》，何兆武、许振洲、彭刚译，北京：商务印书馆 1998 年版，第 53 页。
③ （英）罗杰·斯克拉顿：《保守主义的含义》，王皖强译，刘北成校，北京：中央编译出版社 2005 年版，第 22 页。
④ （英）罗杰·斯克拉顿：《保守主义的含义》，王皖强译，刘北成校，北京：中央编译出版社 2005 年版，第 35 页。
⑤ （德）黑格尔：《法哲学原理》，范扬、张企泰译，北京：商务印书馆 1961 年版，第 82 页。

由于这样一种有机论的社会观和国家观，保守主义显然不可能赞同自由主义的个人主义；相反，保守主义认为，"个人应当到社会中寻求自身的完善，应当把自身看做高于自身的秩序的组成部分，这种秩序超然于自身意志所产生的任何事物。个人必须把自己看做参与其中的那一秩序的继承者而非创造者，以便从那一秩序（从它的'客观'状况）得出能够决定自我认同的观念和价值标准"①。保守主义并不承认康德式的抽象的个人自主的理想，也并不认为个人单凭自身就具有自我完善的能力。自我形象是一种社会创造物，而不是自我本身的创造，自我认同一定要与社会和传统秩序联系在一起才有可能。

基于上述关于个人与社会之间关系的看法，保守主义的合法性观念也有明显不同于自由主义的特点，它倾向于主张"公众高于私人、社会高于个人、特权高于权利"②。保守主义对特权的态度让自由主义认为不可接受，后者虽然承认精英在文明进化中所发挥的作用，但还是认为，这些精英并不具有特权，他们必须接受同样适用于所有其他人的规则的约束，并通过证明自己的能力来维护其地位。

与这种合法性观念相关，保守主义对自由与秩序或自由与权威之间的看法也与自由主义不同。在保守主义那里，自由固然重要，但秩序可能是一个更为重要的主题，自由更多的要在既定的秩序中去发现其位置。进而，相对于自由主义而言，保守主义倾向于对政治权威给予更多的重视。"保守主义与自由主义的主要区别就在于如下这个事实：保守主义者认为，个人自由的价值并非绝对，而是从属于另一种更高层次的价值：既定政府的权威。历史表明，能在政治上令人民满意的并不是自由，而是合意的政府，哪怕他们总是用'自由'之类的说辞来描述对合意政治的基本冲动。对于遵从社会交往准则的每一个人而言，政府是第一需要，自由只是各种渴盼中的一种。"③

这一点正好构成了自由主义予以批判的对象。因为在个人自由与权威之间偏向后者，恰恰违背了自由主义对宽容的强调，政府因其被赋予的权威地位可能对异见者进行压制。哈耶克正是据此批评保守主义者，因为"他们并不具有这样一些政治原则，亦即那些能够使他们与持有不同道德价值的人进行合作以建立一种双方都能遵循各自信念的政治秩序的原则"④。

值得一提的是，发端于西方尤其是英国的保守主义特别强调宗教对于道德与秩序的价值。柏克在阐述保守主义的立场时曾提出，"人在本质上是一种宗教动物"⑤。许多保守主义思想在现实中也常常对宗教表示出极大的虔敬，有些保守主义思想家甚至主张要用政治的力量来支持宗教，因为"支持宗教是'保守主义'最重要的职能。这是全部

---

① （英）罗杰·斯克拉顿：《保守主义的含义》，王皖强译，刘北成校，北京：中央编译出版社2005年版，第50页。
② （英）罗杰·斯克拉顿：《保守主义的含义》，王皖强译，刘北成校，北京：中央编译出版社2005年版，第171页。
③ （英）罗杰·斯克拉顿：《保守主义的含义》，王皖强译，刘北成校，北京：中央编译出版社2005年版，第5页。
④ （英）弗里德利希·冯·哈耶克：《自由秩序原理》（下册），邓正来译，上海：上海三联书店1997年版，第193页。
⑤ （英）柏克：《法国革命论》，何兆武、许振洲、彭刚译，北京：商务印书馆1998年版，第122页。

建筑物所依赖的拱门和拱顶石"①。当然，保守主义是否在本质上必须与特定的宗教保持如此紧密的联系，仍然是值得商榷的，但它在这个方面确实潜在地具有不宽容的一面。

17.3.4 保守主义的批判性

由于保守主义强调传统、秩序与权威，反对激进的革命性变革，而且往往持有特殊主义的立场，因此，它必然要面对一种怀疑，即它作为一种政治理论是否具备起码的批判能力？比如，当代英国著名政治学者克里克就这样讽刺保守主义者："在政治中声称纯经验化的人，仅仅是毫无批判地保留既定的秩序，仅仅是一个没有学理的保守主义者。'经验主义'在这个意义上可以被公正地称为'英国人的谬误'。英国的经验主义者是一匹被蒙住眼睛的马，它在一个秩序良好的孤岛花园中吃草。"② 保守主义对这种质疑的回应主要是从两个方面进行的：一是对"传统"设定一些标准；二是在自身的理念中强调正义的地位。

如前所述，欧克肖特强调传统的"暗示"，就表明符合保守主义要求的传统并非是一堆既定的事实，而是需要进一步阐发的。保守主义者试图表明，他们所要维护的并不是任何意义上的传统，而是符合特定标准的传统。当代保守主义理论家罗杰·斯克拉顿提出，传统必须满足三个独立的标准才符合保守主义者的要求："首先，它们必须具备成功的历史，也就是说，它们必须是曾经久不衰的某种事物的可感知的部分，而不是一连串夭折的开端之后的又一次开始。其次，它们必须能够博得参与者的忠诚，能够使参与者在意识深处确定关于自己是什么以及应当是什么的观念。……最后，它们必须指向某种持久的事物，这种事物要比它所产生的行为更持久，并使这些行为具有意义。"③

这三项标准无疑仍然是不够明朗的，尤其是第一条和第三条似乎还有些重复。具体而言，第一条标准强调的是成功的、持久的实践；第三条标准不仅强调持久性，更强调这种持久的事物已经成为意义的源泉，也就是包含着人们用以对行为进行评价和判断的根据；第二条标准的意思是说，这种持久实践的事物能够帮助人们建立起自我认同，也就是帮助人们识别自己的身份。虽然这些标准比较含混，但有一些典型的实践确实可以据此被排除在保守主义所尊重的传统之外，比如酷刑、犯罪与革命的传统，这是保守主义基本的批判性之所在。

保守主义之批判性的另一种资源在于它所秉持的正义观念，保守主义可以据之评价各种不同的共同体。对于这种正义观念，保守主义理论家们似乎并没有能够做出完备的说明。他们往往把它当做是一种直觉的观念："从儿童到成人、从生物性存在到理性存在的成长过程本身就涉及一个人与其同胞之间的关系。倘若没有关于何为公正的直觉观

---

① （英）休·塞西尔：《保守主义》，杜汝楫译，北京：商务印书馆1986年版，第73页。
② Bernard Crick. *In Defense of Politics*. 2nd. England: Penguin Books Ltd., 1982. p. 116.
③ （英）罗杰·斯克拉顿：《保守主义的含义》，王皖强译，刘北成校，北京：中央编译出版社2005年版，第28页。

念来调和那些关系,他们就享受不到友谊、仁慈和爱的温暖。"① 保守主义者关心的是这种正义观念在政治上的重要性,至于它的起源和理由则被归为哲学问题而未予深入探究。它们实际上普遍存在于社会当中,存在于人们的情感和意识当中:"从政治上说,重要之处在于这种正义观是直观的,构成了社会交往的外观的一部分。任何政治权力都无法从人类情感中根除这种正义观,任何'再教育'的步骤也不可能彻底消除它。"②

这些调整人们之间关系的普遍的、直观的正义标准,实质上接近于休谟、哈耶克所阐发的"人为的,但非刻意设计的"正义,只不过休谟和哈耶克为之提供了一种严密的哲学解释。当然,由于其他一些原因,哈耶克对保守主义提出了批判。这样一种正义观念确实赋予了保守主义以一定的批判性,它具有反对专制和暴政的力量。但如果持有这样一种具有普遍意义的正义观,保守主义如何还可以坚持自己的特殊主义立场呢?

这就涉及这种正义观本身所具有的限度。根据休谟的解释,"如果没有正义,社会必然立即解体,而每一个人必然会陷于野蛮和孤立的状态"③。可见,这种正义仅仅是社会生活得以进行的基本道德条件,诸如信守诺言、尊重财产权等,它并不像我们现在所理解的"社会正义"那样具有强烈的政治性质。它的这种特点决定了它所具有的批判性是严格的,但也是低限的。因为社会生活完全可以在诸多不同的政治制度形态下进行,易言之,许多不同的制度都能够满足这种正义的要求。所以,建立在这种正义基础上的保守主义,其批判性是相对宽松的,它可以与许多不同的政治制度相容,从而保守主义在政治上仍然可以持有特殊主义的立场。

正如我们在本书第 16 章所说的那样,这种正义观更多的是指向个人行为的,因此,在强调这种正义的同时,保守主义者一般都反对"社会的"正义,因为"社会正义"一般指向的是某种社会状态或事态,而不是个人行为。同样,"分配正义"也是值得怀疑的。在这方面,保守主义对私有财产的维护甚至比许多自由主义者更为坚定:"'保守主义'最实际的意义莫过于它对财产问题的态度。自从'保守主义'兴起以反对 1789 年的革命运动以来,维护财产制度一直是它的主要目的之一。"④ 保守主义在正义方面的立场,确实与古典自由主义相似。有人认为,在西方,保守主义就是要保守自由主义的成果,这大概是一个重要的原因。

17.4 社会主义

对许多人而言,社会主义首先是作为一个社会形态范畴而为人们所熟知的。作为一种意识形态的社会主义,则较此要复杂得多。在社会主义的思想史上,社会主义从空想到科学的发展是一条重要的历史线索。但是,在后来的历史进程中,民主社会主义

---

① (英) 罗杰·斯克拉顿:《保守主义的含义》,王皖强译,刘北成校,北京:中央编译出版社 2005 年版,第 68 页。
② (英) 罗杰·斯克拉顿:《保守主义的含义》,王皖强译,刘北成校,北京:中央编译出版社 2005 年版,第 68~69 页。
③ (英) 休谟:《人性论》(下册),关文运译,北京:商务印书馆 1980 年版,第 538 页。
④ (英) 休·塞西尔:《保守主义》,杜汝楫译,北京:商务印书馆 1986 年版,第 74 页。

（它最初被称为社会民主主义，后来被称为民主社会主义，现在则又被称为社会民主主义。其名称虽有变化，但其基本思想却是一脉相承的，因此，它们属于同一种意识形态，我们在下文中将把二者交互使用）与科学社会主义之争则更为引人注目。

鉴于科学社会主义在我国已广为人知，因此，我们在此将主要讨论民主社会主义的问题，而且主要通过对它与科学社会主义与自由主义的比较来揭示其基本立场。

17.4.1 民主社会主义的演进

民主社会主义或社会民主主义作为社会主义意识形态的一个分支，最初与马克思主义属于同一阵营。"社会民主主义"一词最初出现于1848年欧洲革命时期。那时候，为完成民主革命的任务所建立的政党称为社会民主党，意即肩负社会主义与民主主义的双重任务。社会民主党的指导思想当时通称社会民主主义。马克思、恩格斯从1873年起自称"科学社会主义"，但他们也同意使用"社会民主主义"的提法。当时马克思和恩格斯的战友、德国社会民主党领导人威廉·李卜克内西甚至认为，科学社会主义跟社会民主主义是一回事。

随着资本主义社会内部的变化，工人生活有所改善，政治上也有了广泛的民主参与，在这种情况下，费边主义和伯恩施坦修正主义应运而生。费边社主张和平进化到社会主义，伯恩施坦则全面修正马克思主义，提出以阶级合作代替阶级斗争、以议会民主代替暴力革命，通过渐进改良和平过渡到社会主义。这两种理论思潮的出现，标志着社会民主主义实现了不同于科学社会主义的理论体系建构。值得一提的是，巴黎公社革命失败之后，随着欧洲形势的变化，马克思和恩格斯的思想也发生了变化。尤其是1895年恩格斯写成《〈法兰西阶级斗争〉导言》，提出一个新的观点，即随着西方资产阶级议会民主的发展，将来无产阶级政党在民主国家可以利用议会民主和平过渡到社会主义。不过，这个新观点并没有否定暴力革命，恩格斯特别声明无产阶级"没有放弃自己的革命权"。

1951年6月30日，在德国法兰克福召开了国际社会党第八次代表会议，通过了将会议改为社会党国际的决议。会议通过了此后长期作为西欧各国社会党思想、政策基础的纲领性文件——《民主社会主义的目标和任务》，即《法兰克福宣言》，宣布以"民主社会主义"为自己的思想体系。这个名称试图既体现社会主义的理论主张，同时又强调其对民主的重视。相比其他的社会主义理论，民主社会主义的基本社会政治主张显然重在强调民主的一面："民主社会主义的目标是完全的民主，是作为生活方式的民主。社会塑造的一切手段和途径都应当遵循这一方向。"[①] 民主社会主义强调，没有民主就没有社会主义，而且，这种民主不能仅仅局限于政治层面，而是要深入到经济和社会生活的方方面面。

东欧剧变、苏联解体之后，西方的社会党认为，现实的社会主义已经被证明是不合理、不可行的，同时也为了摆脱"社会主义"所带来的意识形态压力，它们再次把自己的思想改称为社会民主主义。

[①] （德）托马斯·迈尔：《社会民主主义导论》，殷叙彝译，北京：中央编译出版社1996年版，第103页。

17.4.2 民主社会主义与科学社会主义

从基本的思想倾向来看，民主社会主义与科学社会主义之间的分野至少体现在三个方面。

（1）作为一种意识形态，民主社会主义强调思想资源的多元化。除了马克思主义之外，基督教、欧洲古典哲学、人道主义等都是其思想理论基础中的内容。我们也可以说，民主社会主义是一种倡导意识形态多元化的意识形态主张，它试图表现出更大的包容性："不论社会党人把他们的信仰建立在马克思主义的或其他的分析社会的方法上，不论他们是受宗教原则还是受人道主义原则的启示，他们都是为共同的目标，即为一个社会公正、生活美好、自由与世界和平的制度而奋斗。"①

（2）相应地来说，民主社会主义更多地从价值上去理解社会主义。不同的思想资源之所以能被民主社会主义广泛容纳，主要原因正在于民主社会主义认为它们都可以接受社会主义的一些基本价值和原则。民主社会主义对社会主义的认同，首先并不在于某一种特定的制度形式，也不在于其科学性和历史必然性，而在于一套原则。德国社会民主主义的杰出理论家托马斯·迈尔曾经提出了民主社会主义的36个论点，第一个论点便是："民主社会主义是建立一种政治和社会秩序的原则，在这种秩序下，所有的人都能通过团结互助和社会的组织而在生活的一切领域享有平等的自由权利。"② 在民主社会主义看来，社会主义与资本主义之间的冲突，首先并非不同历史发展阶段的冲突，也并非生产力发展水平之间的差异："资本主义和社会主义之间的冲突，归根到底，向来就是价值的冲突。资本家认为，物质的价值是人类进步的主要标志。而社会主义者所向往的则是体现在国民经济中的平等、自由和友好关系这些人类的普遍理想。这些理想都从它们的不同角度表达出每一个人的人格的基本价值，它们把人当做衡量美好社会的标准。社会主义奋斗的目标正是人的平等、人的自由、人的友好关系，而不只是人的经济利益。"③

因此，民主社会主义并不局限于特定的制度模式，而是重在强调用那些社会主义的价值和原则来评判不同的社会制度："社会主义并不意味着立即和全面地由完全不同的另一种模式取代资本主义社会。社会主义并不是一个有着明确规定的机构制度的社会模式，而只是组织社会的一种原则（就是说，各阶层的人由于团结互助和组织起来而都享有自由）……无论建立了什么样的机构制度，都必须根据社会主义的原则和经验来经常对之进行复核。"④

民主社会主义及其在当代欧洲的广泛实践并不主张推行固定的制度模式，包括公有制，其原因正在于此，因为任何制度模式都只不过是实现社会主义价值原则的手段而已，而不是目的本身。社会的体制结构可以因社会发展阶段和经验的不同而具有很多不

---

① 《社会党国际文件集》编辑组编译：《社会党国际文件集：1951～1987》，哈尔滨：黑龙江人民出版社1989年版，第3页。
② （德）托马斯·迈尔：《论民主社会主义》，刘芸影等译，北京：东方出版社1987年版，第6页。
③ （英）社会主义同盟编著：《二十世纪的社会主义》，孟长麟译，北京：商务印书馆1964年版，第15页。
④ （德）托马斯·迈尔：《论民主社会主义》，刘芸影等译，北京：东方出版社1987年版，第40～41页。

同的形态，只要它们能够让所有人都平等地参与到社会各方面的活动当中去。以公有制为例，在社会民主党长期执政、作为民主社会主义之典范的瑞典，虽然公共部门与其他西方国家相比非常之大，但瑞典的企业有90%左右是私营的，其社会福利体系主要是通过高税收来实现的。

同样基于这种原因，民主社会主义更多地强调社会主义的伦理价值内涵，而不是其科学、规律、必然性的层面，它并不主张用"科学"来标识社会主义："诚然，对社会的社会主义改造，要求对那个社会的运转方式和支配那个社会及其发展的规律先有一个科学的了解，但是选择和献身于社会主义原则以及创造性的思想，都绝不单纯是科学的行动，而是人民的利益或正义感的结果。"① 在民主社会主义看来，社会主义与其说是历史的必然性，倒不如说是道义的必然性，它也不仅仅只为无产阶级服务，而且要为所有因为不公正的社会条件而处于不利地位的人服务。

（3）民主社会主义主张放弃暴力革命的方式，强调通过改良的途径实现社会主义的价值原则。根据科学社会主义最初的设想，在有产阶级有教养的知识分子的引导下，无产阶级自己组织起来，通过暴力革命的方式打碎旧的国家机器，这是实现社会主义的唯一途径。但随着资本主义社会的自我完善以及政治参与的广泛扩展，民主社会主义认为通过渐进改良的方式，包括通过议会民主的渠道，让民主的原则深入到社会生活的各个方面，乃是实现社会主义可行的最佳手段。从而，民主社会主义并不主张用暴力革命的激进方式实现社会制度的更替。

17.4.3　民主社会主义与自由主义

民主社会主义在20世纪，尤其是在东欧剧变、苏联解体之后，曾经遭遇过一些挫折，但90年代中期以来又迅速在欧洲崛起，社会民主党在许多资本主义国家实现了长期执政。这一点促使我们思考一个问题，那就是民主社会主义与资本主义及其传统自由主义意识形态之间的关系。

总体而言，当代民主社会主义或社会民主主义并不强调与自由主义之间的不相容，而是同时强调其继承的一面和批判的一面。简言之，"社会民主主义的基本思想总是承认自己是近代的自由主义自由运动的完成和继续，它认真对待这一运动所提出的要求，捍卫它在文化和国家方面取得的真正成就，但是要克服自由主义对经济和社会的理解中一切不符合平等的自由这一尺度的东西"②。如果说自由主义所信奉的最高价值是自由，那么社会民主主义则强调维护平等的自由，同时认为自由主义理念下的自由事实上可能成为资产阶级的特权。对于启蒙运动以来的自由、平等、博爱这些价值，社会民主主义不但不予反对，而且强调要予以发展。相应地，社会民主主义并不主张对资本主义制度进行革命性的改造，这也表明了它对资本主义文明的认可和尊重。

相比于自由主义，在社会经济方面，"社会民主党必须继续（尽管要通过新的途

---

① （德）托马斯·迈尔：《论民主社会主义》，刘芸影等译，北京：东方出版社1987年版，第43页。
② （德）托马斯·迈尔：《社会民主主义的转型：走向21世纪的社会民主党》，殷叙彝译，北京：北京大学出版社2001年版，第8页。

径）维护政治责任对市场逻辑的优先地位，维护社会基本保障和就业"①。可见，社会民主主义并不具有无条件崇拜市场的倾向，而是强调政府对社会福利所应担负的政治责任。据此，国家的职能并不仅仅在于维护财产和秩序，而且还应建立必要的社会结构和提供公平的经济秩序与社会秩序，以便维护所有人的自由。相应地，社会民主主义更为明确地对平等提出自己的承诺，虽然平等并不是消除差别："在平等和自由的维度上，它必须证明自己是有差别的平等政策的代言人。"② 在社会民主主义的价值目标中，自由是第一位的，个体要能够自由地发展自己的个性，但使个人获得发展其自由的均等机会，则始终是一项社会性的成就。为了获得自由，需要有平等的生活机会和社会保障。同样，社会正义也为社会民主主义所强调，因为"个人自由依靠集体资源，并且意味着社会正义"③。公正要求在收入、财产和权力分配方面实现更多的平等，也要求在接受教育、培训和增进文化素养方面有更多的平等。

在政治上，自由主义一般也都支持民主，但社会民主主义为民主主义赋予了更丰富的社会内容，除了政治方面之外，社会民主主义试图把民主推进到经济和社会生活的许多方面，以增强人们对自己生活的主导和控制能力。这也就是上文所说的"完全的民主"、"作为生活方式的民主"。

小结

从政治理论的角度看，无政府主义、自由主义、保守主义与民主社会主义作为不同的意识形态主张，显然体现着关于合法性的不同信念（甚至最终导致对任何政府之合法性的否定）。这些不同的信念似乎是源于对同一个问题的不同回答，这个问题就是个人与政府之间的关系。

无政府主义主张消除政府以保全个人自由或者各种合作组织，哲学无政府主义则强调个人自律与政府权威之间的绝对不相容性。自由主义可以被看做是处于极权主义与无政府主义之间的一种意识形态，它主张在有限政府的条件下实现个人自由与政府的共存共容，它的主要倾向则在于强调个人自由、限制政府干预，并更多地注重个人责任而弱化政府的集体责任。保守主义把个人放在既定秩序的框架之内来理解，因此在道德、宗教等方面更明确地强调尊重政府权威，但它对私人财产权的重视则是它与自由主义的契合之处。民主社会主义继承自由主义对个人自由与民主的追求，并要求把民主扩展到更深更广的领域，但同时旗帜鲜明地强调，为了实现平等而真实的自由，必须强化政府的政治责任。

近几十年来，自由主义、保守主义与民主社会主义之间呈现出融合的趋势。一方

---

① （德）托马斯·迈尔：《社会民主主义的转型：走向21世纪的社会民主党》，殷叙彝译，北京：北京大学出版社2001年版，第157页。
② （德）托马斯·迈尔：《社会民主主义的转型：走向21世纪的社会民主党》，殷叙彝译，北京：北京大学出版社2001年版，第158页。
③ （英）安东尼·吉登斯：《左派瘫痪之后》，见杨雪冬、薛晓源主编：《"第三条道路"与新的理论》，北京：社会科学文献出版社2000年版，第63页。

面，在自由主义成为最持久的传统的情况下，保守主义在很大程度上是对自由主义某些成果的再申述，而民主社会主义则毫不含糊地尊重自由主义的成就。另一方面，自由主义似乎也越来越多地强调平等、社会公正等价值。这种融合的趋势是20世纪的西方学者——包括法国思想家雷蒙·阿隆与美国社会学家爱德华·希尔斯以及丹尼尔·贝尔、政治学家李普塞特等——鼓吹"意识形态终结"的一个重要原因："在西方世界里，在今天的知识分子中间，对如下政治问题形成了一个笼统的共识：接受福利国家，希望分权、混合经济体系和多元政治体系。从这个意义上讲，意识形态的时代也已经走向了终结。"①

但是，这种终结论并不意味着所有意识形态真正合而为一。李普塞特在谈论围绕这一问题的争论时说："无论我们，还是我们提到的其他大多数论到这个问题的人，从来没有说过一统制政治概念体系的终结，乌托邦思想的终结，阶级冲突的终结，以及它们与不同阶级或其他政治利益集团之代表所拥护的政治立场的相互关系的终结。相反，我们当时指的是这样一种判断：一统制革命信条与工人阶级反体制斗争运动的狂热感情联系——以及由此而产生的工人运动反对者与反革命信条的联系——正在衰落。"②

由此观之，在现时代，意识形态的争论仍然存在并将继续发展，只是它们可能并不会伴随着激烈的革命与反革命的激情。这种争论的持续存在，乃是由种种意识形态之间在哲学基础与价值理念上的深刻分歧所决定的。

阅读书目

1. （美）罗伯特·沃尔夫：《为无政府主义申辩》，毛兴贵译，甘会斌校，南京：江苏人民出版社2006年版。

2. （英）洛克：《政府论》（下篇），叶启芳、瞿菊农译，北京：商务印书馆1964年版。

3. （英）柏克：《法国革命论》，何兆武、许振洲、彭刚译，北京：商务印书馆1998年版。

4. （德）托马斯·迈尔：《社会民主主义的转型：走向21世纪的社会民主党》，殷叙彝译，北京：北京大学出版社2001年版。

5. （澳大利亚）安德鲁·文森特：《现代政治意识形态》，袁久红等译，南京：江苏人民出版社2005年版。

思考题

1. 无政府主义的主张如何可以与服从政府的要求相统一？

---

① （美）丹尼尔·贝尔：《意识形态的终结——五十年代政治观念衰微之考察》，张国清译，南京：江苏人民出版社2001年版，第462页。

② （美）西摩·马丁·李普塞特：《政治人：政治的社会基础》，张绍宗译，上海：上海人民出版社1997年版，第491页。

2. 应当如何理解自由主义与多元主义的关系？
3. 自由主义与保守主义之间有哪些重要的区别？
4. 应当如何看待保守主义的批判性力量？
5. 社会主义是如何理解自身的科学内涵与价值内涵的？

后　记

作为教材，本书属于中山大学校级和（广东）省级（2006年度）精品课程"政治学原理"教材建设的项目；作为产品，它是集体合作完成的成果。主编虽然负责设计全书的整体框架、确定主要章节的标题，撰写第一章和第三章，就各章提出写作和修改意见，并对一些章节进行删改和通读定稿，但是，全体参与成员的分工作业、通力协作才是书稿得以完成的关键。没有各位作者的辛勤劳作，本书无法达到目前的水准。在此，根据全书各章的先后顺序，我们将本书写作分工的情况陈述如下，以记录和展示他们的辛勤劳动。

第1章　理解政治：肖　滨
第2章　研究政治：黄冬娅
第3章　民族—国家：肖　滨
第4章　国家与社会：黄冬娅
第5章　法治与民主：郭台辉
第6章　公民身份：郭忠华
第7章　公民充权：何欣欣　黄冬娅
第8章　公民参与：郭忠华
第9章　政府权力的纵向配置：张紧跟
第10章　政府权力的横向结构：邵任薇　黄冬娅
第11章　政府的功能与运作：黄　岩
第12章　现代政党：邵任薇　黄冬娅
第13章　利益集团：黄　岩
第14章　大众传媒：张　宁
第15章　政治文化：郭台辉
第16章　政治价值：谭安奎
第17章　意识形态：谭安奎

本书的编写得到了任剑涛教授的关心和支持，郭巍青教授、何高潮教授参与了本书写作提纲的讨论。

中山大学出版社的老编辑施国胜先生对本书编写、出版的关注与督促是对我们的一大鞭策，嵇春霞编辑严谨的工作态度和认真的专业精神为本书在短时间内顺利出版提供了重要条件。

研究生温松为本书的技术处理（目录编排、注释统一、表格完善等）花了不少时间和精力。

在此，我们向他们表示衷心的感谢。

限于我们的学识、能力与水平，书中的疏漏、错谬一定不少。我们渴望听到同行专家、教师、同学和读者批评的声音，正是批评的声音将为我们提供改正的机会。

主编

2009 年 10 月 10 日于中山大学